하나님의 비밀과 정보신학

엘림북스는 목회자와 연구자 그리고 평신도들의 의미 있는 기록들을 전문적으로 출판하는 세움북스의 임프린트입니다.

하나님의 비밀과 정보신학

정보신학으로 탐구하는 하나님 나라의 비밀

초판 1쇄 인쇄 2024년 12월 20일
초판 1쇄 발행 2024년 12월 25일

지은이 | 이갑헌
펴낸이 | 강인구

펴낸곳 | 엘림북스
등 록 | 제2014-000144호
주 소 | 서울시 종로구 대학로 19 한국기독교회관 1010호
전 화 | 02-3144-3500
이메일 | holy-77@daum.net

디자인 | 참디자인

ISBN 979-11-93996-26-3 (03230)

하나님의 비밀과 정보신학

이갑헌 지음

정보신학으로 탐구하는
하나님 나라의 비밀

엘림
북스

REALIZATION OF GOD'S SECRETS

Preface
책머리에

이 땅 위를 살아가는 사람이라면 누구나 반드시 알아야만 하는 두 인격이 있다. 하나는 인간을 창조하신 하나님이시고, 다른 하나는 짧은 인생을 살다 갈 인간 자신이다. 인생 자체가 유한한 까닭에 사람은 일평생 시간의 고통과 정보의 억압을 삶으로 살아내야 하는 존재다. 우리 일상에서 일어나는 모든 것들이 시공간적 압박으로 다가오기 때문이다. 이 억압에 묶인 반동으로 튀어나온 것이 사람의 헛된 욕망이며, 이 세상에는 존재하지 않는 영원한 유토피아를 향한 꿈을 갈망한다. 그리스도인이라면 최고의 믿음으로 가장 아름다운 신앙생활을 하면서 영원한 삶을 이 땅에서 살고 싶어 할 것이다. 인간의 삶 속에는 진리에 대한 갈망의 씨가 뿌려져 있긴 하지만 상당수 그리스도인은 자기 생각보다는 신앙의 열매가 훨씬 미치지 못한다고 답답해하고 있는 것도 부인할 수 없다.

현대사회에서 도전적인 신앙생활을 한다는 것은 생각하는 만큼 그렇게 녹록하지 않다. 혹자는 파도처럼 요동치는 혼잡한 아수라장 속에서 그나마 믿음의 씨앗 한 톨이라도 뿌리며 살아 존재하고 있으니 천만다행이라고 생각할지 모르겠다. 하지만 고인 물이 움직이지 않아 썩어가듯 역동성을 상실한 빈약한 신앙의 자리에서 주춤하고 머물러 있는 경우도 많다. 지금 어떤 감정이나 행위를 말하려는 것이 아니다. 참 진리에 대해 갈급해하며 확신이 넘치는 믿음이 위협받고 있음에 안타까워하는 간절한 심정의 신앙을 말하려 하는 것이다. 세상의 물질문명과 가치관은 이미 우리 삶 가운데 깊숙이 침투해 들어와 우리의 무감각을 무지(無知)의 상태로 묶어 놓고 있다. 눈만 뜨면 너무나 바쁜 일상에 어지럼증을 느끼며 세상의 정보 유혹에 쫓겨 다니는 모습이 우리의 현실이다. 문제는 자기 삶이 심각하게 왜곡되고 있다는 현실 자각도 없고, 단 한 번도 모든 것을 하나님 앞에 내려놓았던 기억도 없으며, 그로부터 진정한 자유의 길을 찾겠다는 고민도 해보지 않은 데 있다. 오늘의 내가 바로 지금 그렇게 무감각한 한때를 보내고 있는 것은 아닌가?

우리 신앙의 근원적인 장애물은 두 방향에서 온다. 하나는 하나님께서 이미 계시해 주신 하늘 비밀에 대한 이해가 부족하여 그 뜻을 왜곡하는 데서 오는 것이고, 다른 하나는 인간이 눈앞의 이익을 좇기 위해 세상 가치와 정보 수집에 몰입함으로써 하늘 비밀의 통로를 스스로 가로막고 있는 데서 오는 것이다. 세상에서는 평범한 관찰만으로도 손쉽게 필요한 정보를 얻고 대략 그것을 이야기할 수 있지만, 하나님의 비밀은 이와는 전혀 다르게 계시의 의미를 더 깊게 파고들어 가야만 깨달을 수 있다. 하늘 비밀과 땅의 정보, 이 둘은 항상 우리 모두를 무지(無知)와 무능력과 무책임의 굴레 속에 가두는 결정적인 것들이다. 모르면서 아는 체할 수도 없을 뿐만 아니라, 모르면 약이 될 수도 없는 독이 되기 때문이다.

어리석은 사람은 어둠 속에서 헤매는 것을 즐길지 모르나 슬기로운 사람은 자기 앞을 바라본다. 하늘 비밀을 계시해 주시는 하나님이 어떤 분이신지를 아는 것이 인생에서 가장 긴급한 일이라고 판단하고 있다면 슬기로운 사람이다. 하나님이 왜 이 우주와 세상 만물을 창조하셨는지, 그 의도와 목적을 깨닫는 것이 진리의 길이라는 사실을 아는 현명한 사람이다. 특히 하나님과 인간의 존재 목적은 하나님이 계시하신 비밀을 통해서만 알 수 있으나, 하나님의 비밀 계시에도 불구하고 인간의 무지(無知)는 극에 달해, 문자 그대로 '천지의 차이'가 나고 있음을 깨닫는 사람이 바로 지혜로운 사람이다. 사람이 무지하고 무능하다고 말하는 것은 하늘의 비밀에 관한 정보는 없고, 도리어 세상 정보에는 열정을 넘어서 혈안이 되어 있음을 의미한다. 성경은 그런 유의 사람들에 대해 종종 무식한 자, 왜소해진 사람, 뒤틀린 인간이라고 말하기도 하고, 더 나아가 야비한 사람, 잔혹한 사람으로까지 분류한다. 왜냐하면 그들은 현실 정보에만 눈독을 들이고 있어서 정신적 건강, 도덕과 윤리, 실천적 지혜와 예절의 일반적 적응 면에서의 결여 문제조차 해결하고 있지 못하기 때문이다. 심지어 교양 없음과 야만성, 거칠고 조잡하고 상투적이며 세련되지 못한 인물로 정의된다. 하늘 비밀에 대해 무신경으로 사는 그들은 외형적으로 보이는 것과 다르게, 인류문명과 자기 삶에 계속 보이지 않는 해를 끼치고 있는데도 그 누구도 그들을 비난하거나 뒤틀린 세계관을 바로잡아 줄 수 없는 상대주의 사고가 지금 우리 사회를 잠식하고 있다. 오늘 우리가 사는 세상은 사람의 정보 욕망이 너무도 강력하게 증폭되는 형국이라서 사람마다 항상 뭔가 새로운 말을 하거나, 그런 것처럼 보여야 한다는 강박증에 사로잡혀 있고, 실제 그렇게 살고 있다. 자기 정보력을 과시하고자 하는 왜곡된 인간의 의식 행태는 그렇지 않은 사람과 천지 차이라서 설명될 수 없을 정도로 심각한데 그 원인은 태생적인 근원의 문제이다. 하늘 비밀과 땅의 정보가 상충하며 겪는 갈등, 다시 말해 진리와 비진리가 격돌하는 데서 오는 고통이 우리 삶의 현장에서 지금도 펼쳐지고 있다.

문제는 우리가 하늘과 땅 사이의 틈새에 영원한 천국과 영구적인 지옥을 갈라놓는 큰 구렁텅이(눅 16:19-31)가 놓여있다는 사실에 전혀 관심을 두고 있지 않다는 데 있다. 성경은 이 구렁텅이 틈새에 대해 사람이 죽은 이후에는 영원히 오갈 수 없는 구별된 영역이라는 비밀까지 밝히고 있다. 이 엄연한 진리를 믿음으로 인식하지 못하는 사람이 있다면, 그는 최후 종말에 대해 한 번쯤 더 깊이 생각해 볼 것을 권고 받아야 할 사람이다. 인생의 종말에 가서 받게 될 심판의 자리에 서게 될 그곳은 한 방울의 물도 찾을 수 없는 두렵고 어두운 떨림의 장소라는 사실은 복음이 전파된 곳에서는 이제 더 이상 비밀이 아니라 공개된 정보이다.

그러므로 하나님의 비밀 계시를 알아보지 못하거나 깨닫지 못하고 있다면 그것은 전적으로 그 사람의 문제이다. 피조물인 인간이 창조주이신 하나님을 알려고 하지 않거나, 하나님 나라를 전혀 인지하지 못한다는 것, 세상의 인본주의와 물질주의, 소비주의라는 탐욕의 심리에 갇혀 있다는 것, 성경으로부터 나오는 경고음을 감지하지 못하고 있다는 것은 비밀 문맹자로 분류되어야 마땅하다. 세상 소음에 찌들어 잠자는 영혼들을 일깨우는 진리의 초인종 소리, 천상의 소리를 지금 듣지도 못하고 있는 사람은 영적 맹인이다. 그 원인은 무엇이며 어디서부터 시작된 것일까? 당연히 에덴동산의 선악과라는 정보 선택에서 시작된 일이라고 할 수 있다. 그리고 인간 삶의 모든 것들, 신앙의 난관과 방황은 근세에 생면부지의 기계류가 출현한 이후 땅 차원의 문명에 집착하면서 그 확장력은 심각성을 더하였다. 현대사회는 인류가 상상할 수도 없을 만큼 온 세상을 깜짝 놀라게 하는 정보혁명의 시대로 진입했다. 문제는 이 시대가 당초에 인간이 환상적으로 기대했던 바와는 달리 온통 어두운 그림자의 세상을 만들어 가고 있다는 데 있다. 물질적인 풍요와 소비의 쾌감은 오늘을 만족시켜주는 아름다운 태양이라고 느끼는 사람이 있을지 모를 일이지만, 인간의 영혼은 도시 문명에 메말라 가고 허기진 목마름의 다른 인간으로 존재하는 지금의 현상을 보는 것만으로도 공허와 어둠의 세상임을 분별할 수 있을 것이다.

이제 인간이 스스로 감당할 수 없을 정도로 하나님을 왜곡하고 말씀을 변질시키는 죄악들이 우리의 사고 영역에 침식해 들어와 있다. 문제의 심각성은 현대인들이 부정적으로 볼 수 있는 것에 더 많은 관심을 쏟고 존중하며 추종하고 있다는 점이다. 문화예술 작품의 대부분이 죽음과 파괴, 해체와 단절, 분열과 증오, 전쟁과 살인을 주제로 삼고 있음을 볼 수 있다. 모두가 다 '하나님 없이도 잘 살 수 있다'고 하는 타락한 가치관들을 주제로 삼고 있는 것이다. 이렇게 무너져 내린 인간 의식 구조는 이미 뒤틀린 사고 영역과 창작 영역을 한두 사람의 역량으로는 반전시킬 수 없을 정도로 심각한 위기 상태에 진입해 있다.

특히 우리 삶의 곳곳에 이미 스며든 이미지의 문명이 즉각적이고 시각적인 이미지로 대체되고 있고, 재화는 빠르게 소비되며 처음의 욕망이 사라지고 나면 또 다른 갈망이 뒤를 잇는다. 끊임없는 변화와 지속적인 혁신과 늘 새롭게 갱신되는 황홀한 제품들의 출현이 줄을 잇는 정보 혁명의 시대에서 하나님의 말씀에 관한 근원적인 이해 문제는 일회용 소비재처럼 잊혀가고 있다. 교회를 찾으려는 사람도 많지 않지만, 교회를 떠나 세상으로 돌아가는 사람들은 도리어 늘고 있는 것이 우리의 현실이 아닌가? 두려운 생각이 들 만큼 허물어지는 성곽의 잔상들이 엄습해 오는 듯하다

이 백성이 입술로는 나를 공경하되 마음은 내게서 멀도다. 사람의 계명으로 교훈을 삼아 가르치니 나를 헛되이 경배하는도다(막 7:6, 7. 참조).

이제 우리는 새롭게 자각해야 할 몇 가지 관점을 갖게 된다.

첫째로는, 태초의 에덴동산에 있었던 사람은 하나님과 함께 호흡하며 같이 거닐 수 있었던 신에 가까운 존재였다면 지금은 어떠한가? 선악과 선택의 자유가 허락된 이래, 정보 지식을 발전시키면서 역설적으로 그 풍요롭고 다정다감했던 우주는 점차 공허하게 되고 우리는 소망을 잃어 가고 있다.

둘째로는, 인간은 선악을 분별하는 정보 선택의 주체가 되고자 했는데 지금은 어떠한가? 인류문명이 발전했다고는 하나 아직도 인간은 선악을 분별할 능력도, 자격도 없는 불가능한 자라는 사실을 깨닫지 못한 채 새로운 역사를 쓰겠다며 억지 주장을 펴고 있다.

셋째로는, 하나님과 함께 시작된 인생이 점차 색깔과 냄새와 소리와 맛을 잃어 왔는데 지금은 어떠한가? 오늘에 이르기까지 인간 본연의 실체마저 완전히 상실해 가고 있지만 아직도 그 실상을 충분히 자각하지 못하고 있다. 진리는 사라지고 즉각적이고 시각적인 이미지로 대체되었다. 에덴의 처음 자리에 있었던 하나님 중심의 그 소중했던 초심이 어느새 인간 주도의 영역으로 옮겨지면서 감각과 생각, 은유와 감정들이 우매함에 머무르고 있다. 세상의 유물론적 감각에 더욱 민첩하게 감응하는 자동화 시스템에 예속되어 버린 것이다.

넷째, 이로써 사람이 하나님을 넘보고, 주관이 객관을 짓밟으며, 상대가 절대를 침범하는, 엉터리 자아는 빈둥빈둥 비대해지고 보기 흉한 상황들을 연출하고 있는데, 문제는 여기서 끝나지 않고 있다. 온 세상을 이상한 과학과 기계 문명으로 꽉 채우는 동안 어느새 인간의 마음속에서 진리를 솎아내는 세속화 작업도 함께 벌이기 시작한 것이다. 빛보다 어둠이 더 낫고 슬기로움보다 어리석음이 더 낫다는 역설을 공유하는 사람들이 많아지고 있다. 모든 사람이 거의 다 미련하고 어리석어진 까닭일까? 사람이라는 유기체에 영혼과 자아, 지성과 이성을 귀속시켜 놓은 것이 마치 하나님의 큰 실수라도 되는 양 서로 허공에 손짓하는 것은 아닌가? 비진리를 향하는 혼돈의 급변 사회를 조작해 내려는 엉뚱한 열정만 쏟아내고 있는 것은 아닌가?

C.S 루이스의 말대로 맹인만 사는 나라에서 암흑 속의 두 발 동물은 자신이 어떻게 불구가 되었는지도 모르고 있는 것(시집. 맹인의 나라)과 같다. 이 시점에서 사람 사는 세상의 맹점을 꼬집어본다면 시대적 유물인 정보 혁명의 위력에 완전히 포박되어 인간 존엄성과 정체성을 모두 잃고, 하나님과 단절된 소망 없는 삶을 살고 있다. 아무리 자신을 아름답게 보이려 해도 그것은 과도하게 포장된 외식일 뿐, 자괴감으로 자화상을 그려낼 수밖에 없는 엄연한 현실이 우리 앞에 있다. 현실에 대해 너무 비관적인 생각을 하고 있다고 지적하고 싶은 사람도 있을 것이다. 그러나 오늘의 현실을 신구약 시대의 연장선상에서 꿰어 놓고 보면 아주 심각한 불신앙의 구조에 갇혀 있다. 이 불신앙의 구조적 문제들을 확인하면 낙관만 할 수 없다. 그 심각성을 헤아릴 때 우리의 처지는 매우 절망적이며 절박하다. 오직 실재만이 진리라는 빗나간 현실 인식은 우리를 고삐 풀린 세상 가치관에 끌려다니는 불쌍한 자로 머물러 있게 한다. 이제 인간은 하나님 비밀 계시에 대해 새롭게 관심을 쏟고 참 진리를 깨닫는 자기 성찰로 영적 돌파구를 찾아야 하는 절실한 상황에 직면해 있다. 타락한 시대적 조류의 유혹에서 헤어나지 못하여, 하나님 비밀을 미처 깨닫지 못하는 우매함에 갇혀 사는 자가 바로 우리 자신이다. 하나님은 우리에게 이성과 지혜가 광란의 폭주를 감행하고 있는 비극의 현실을 분명하게 분별하고 있는가를 묻고 계신다. 이 참담한 현실 앞에서 잠시도 머뭇거

리지 말고 신속히 벗어날 돌파구를 찾아 진실한 믿음을 회복하라는 촉구다. 이 시대에 우리가 감당해야 할 시급한 과제는 무엇인가?

필자의 생각으로는 뒤틀린 믿음과 왜곡된 신앙의 여러 취약 부분을 들춰내 폭로하며 서로가 격려할 수 있는 참 진리를 회복하는 데 믿음의 조약돌들을 모아야 한다. 거기에 각자의 지혜와 정보 능력을 집중해 쏟아야 한다. 하나님과 그 나라에 대한 인식 결핍증이 인간 생존의 여러 문제에 실제적인 악영향을 미치고 있다는 심각성을 전제하고 시작해야 한다. 하나님 비밀(말씀) 왜곡의 틀에서 벗어날 최소한의 지혜를 성경 말씀 안에서 발견해 보려는 새로운 도전의 시기가 바로 지금이다. 하나님은 선하시지만, 인간은 항상 하나님의 말씀을 왜곡하며 그분에게서 멀리 떨어져 나가는 탈선을 낳아온 존재이다. 인간 중심의 고집불통 관념이 생산해내는 모순과 괴리들이 모두 사실로 밝혀지기를 기대한다. 특히, 성경 본문 중에서 좀더 구체적인 하나님 말씀을 근거로 비밀 계시에 대한 재인식의 절박성을 자각하는 한편 새로운 관점들을 이 책에 정리하고자 한다. 책 앞부분의 논리 전개에 사용된 중심 언어들은 책의 뒷부분에 가서 보다 구체적 내용과 함께 읽힐 수 있을 것이다. 이는 중복 개념보다는 강조 개념으로 생각하며, 주제어가 함유하는 중요한 뜻을 이해하려 한다면 더 좋은 믿음의 성장 동력이 될 것이다. 어쨌든 이 책에서 다루고 있는 하나님의 비밀과 인간의 정보, 이 두 영역 간에 의사소통의 한계로 빚어지는 진리 왜곡의 위험 요소들은 우리가 새로운 영역에 대한 인식 확장 측면에서 같은 배를 탄 운명체임을 알게 할 것이다. 종말에 가서는 누구나 영원한 구원이냐 아니면 영원한 멸망이냐에 관한 심판에 직면할 것이기 때문이다.

세상은 하나로 연결되어 뭉쳐 있는 것 같으면서도 모든 것들 사이와 사이에는 곳곳이 틈새로 갈라져 있다. 그중에서 가장 심각한 것은 진정한 의미의 의사소통 단절이다. 단절의 문제는 전통이나 가치관의 단절을 넘어서 진리 곧 하나님과의 단절이다. 그 빈자리를 가짜 진리로 메꾸고 있어서, 그 어떤 사건도 더는 결정적인 것이 될 수 없다면 심각한 문제가 아닐 수 없다.

진리를 발견하기 위해 단절과 단절 사이의 틈새를 다시 잇고 회복하는 데는 모든 이들의 자각과 의지들이 하나의 지향점으로 모아져야 한다. 이는 하나님의 절대적인 요청이자 명령이다. 땅과 하늘 사이는 거의 모든곳이 전적으로 진리에 대한 왜곡이 일어나는 특별 영역이 되어 있다. 지금은 세상 어디를 둘러봐도 비진리의 개념들이 핵심 가치라며 가장 중요한 자리를 차지하고 있다. 우리는 사방에서 세상적 진리 개념에 대한 거의 획일적인 합의들이 삶의 목을 조여오고 있음을 발견하게 된다. 모두가 급발진하는 과학기술과 정보 욕망을 바탕으로 하는 인간중심의 세상 가치관들이다. 세상의 거짓 진리 개념들은 유독가스와 같아서 문 틈새로 스며들어오는 그것을 막을 수 없는 것처럼, 인간의 정신세계 전 영역을 오염시켜버릴 기세로 밀어닥치고 있다. 문제는 하나님과 사람 사이의 틈새가 천지 차이로 설명될 수 있을 만큼 삶 속에서 멀어지고 있지만 사람들은 어떤 일이 일어나고 있는지를 거의 깨닫지 못하고 있다는 데 있다.

Recommendation
추천사

　본서는 인터넷의 고도 발달로 인한 첨단 정보의 시대를 향한 기독교의 선교를 위한 정보신학의 단초를 제공하는 창의적 저서다. 본서는 두 가지 정보를 말한다. 하늘의 정보와 땅의 정보가 있다. 하나님 계시의 정보와 인간 과학기술의 정보다. 본서는 "하나님의 비밀과 인간의 정보, 이 두 영역 간에 의사소통의 한계로 빚어지는 진리 왜곡의 위험 요소들은 우리가 새로운 영역에 대한 인식확장 측면에서 같은 배를 탄 운명체"임을 역설하고 있다. 본서는 "단절은 전통이나 가치관의 단절을 넘어서 진리 곧 하나님과 단절의 문제"를 다루고 있다. 본서는 오늘날 정보화 사회에 찌든 사람들이 더욱 하나님 비밀에 다가가기가 어렵게 되어가고 있는 현상을 신학적으로 다루는 정보 신학을 전개하고 있다.

　하늘 비밀과 땅의 정보 이 둘은 항상 우리 모두를 무지(無知)와 무능력과 무책임의 굴레 속에 가두는 결정적인 요인들이다. 정보혁명의 시대에서 하나님의 말씀에 관한 근원적인 이해 문제는 일회용 소비재처럼 잊혀가고 있다. 정보혁명의 위력에 완전히 포박되어 인간 존엄성과 정체성을 모두 잃고, 하나님과 단절된 소망 없는 삶을 살고 있다.

　본서는 하나님 비밀 계시는 성경이 가르치는 복음의 진리라고 역설하면서 정통 기독교적 입장에서 "패러다임의 전환: 새로운 관점"을 제시하고 있다. 그것은 "신앙 위기 사회의 재인식: 그 절박성과 미래를 인식, 초월 세계의 비밀 탐구: 말씀의 능력과 성령의 역사 인정, 종말론적 숙고: 존재의 한계성을 자각"하는 것이다. 저자는 "신구약 역사 이래 일관된 핵심 메시지는 하나님의 비밀 계시에 대한 인간의 무지, 무감각, 무능이 무책임하게 그분의 참뜻을 왜곡해 버리고 있음을 폭로"(667)한다. "성경은 이 자유를 영원한 생명과 영광, 우리의 기쁨과 주님의 기쁨, 아버지의 집과 영광의 나라로 묘사하고 있다. 이 영광의 자유를 누릴 수 있는 하나님의 자녀 된 자들이 찾고, 간구하고, 발견해야 할 하나님 비밀의 핵심이다"(675)고 천명한다. 본서는 오늘날 젊은 지식인들, 기독교인들, 특히 정보미디어 전공자들이 필히 읽어야 할 정보학 관련 창의적 사색의 저서다. 정통신앙의 입장에서 정보 신학의 본질에 관해 쓴 글로 적극적으로 추천하고 싶은 저서이다.

▶ **김영한 박사** _ 기독교학술원장, 샬롬나비상임대표, 숭실대 명예교수

　　교회의 개혁과 갱신을 위해 종교개혁 500주년을 넘어 507주년을 맞고 있는 지금 우리 한국교회 상황은 그간 교계의 분열과 갈등 등 이유로 인한 개신교의 신뢰 저하로 급속히 성도 수가 감소되고 있는 시점에 더욱이 지난 코로나19로 인해 더욱 벼랑 끝으로 몰아 한 해 동안 무려 20-30만 명씩이나 감소되어 현재 성도 수는 이단을 제외하면 600만 명에 불과할 것이라는 일부 통계를 생각해보면 최악의 현실에 처했다고 봅니다. 참으로 암담한 현실이라 하지 않을 수 없습니다. 이를 위한 극복방안으로는 교수 질적 향상과 출생률 제고 및 신학도 들의 고령화 지양과 심지어 커리큘럼 문제, 재정 건전화까지 거론되고 있는 실정입니다. 이는 중세 유럽교회의 전철을 밟고 있는 것 같아 씁쓸한 마음을 감추기 어렵습

니다. 우리는 이를 대처하기 위해서는 무엇보다도 하나님 영에 의해 살아야 한다는 전제하에 하나님 말씀을 제대로 아는 예배 회복이 급선무이며 복음 전도에 앞장서야 하는 사명감만이 한국교회를 다시 살릴 수 있는 유일한 방법이라는 데 이견을 제기할 분은 없다고 생각합니다. 이러한 때에 저자 이갑헌 교수님은 그간 오랫동안 공직생활을 거쳐 교수 특히 대학생들을 대상으로 한 성경 지도 그리고 목회 활동 등을 통해 겪은 다양한 경험과 연구 등을 토대로 본 저서를 저술하였습니다. 이 저서는 항간에 나도는 일반 서적과는 달리 유일하게 하나님 비밀에 관한 정보적 관점에서 천국 비밀에 대한 궁금증과 하나님 비밀에 대한 모든 절박한 질문 등을 심층적으로 다룸으로써 모든 궁금 사항을 풀어줄 수 있고 나아가 쉽게 읽어 이해할 수 있는 저서로서 모든 목회자와 신학도는 물론 일반성도 나아가 비기독교인들에게도 꼭 누구나 읽어야 할 필독서로 보입니다. 따라서 이 저서를 적극 추천하고 싶습니다.

▶ **김홍석 박사** _ 미국 훼이스기독대학교 신대원 멀티 총장

본서는 저자가 평생 국가 기관에서 공무를 수행하였고 특히 외교관 생활과 대학교수 사역, 그리고 현재 세움 어린이선교교회 세움 선교원 목사로 헌신하고 있는 등 다양한 영역에서 하나님 말씀의 인간 이해라는 관점을 신앙으로 체험한 결과물입니다. 하나님 말씀인 성경의 창세기부터 요한계시록까지를 하나님과 인간의 관계—비밀계시와 정보 인식—를 새로운 관점에서 해석하는 영역을 개척함으로써 우리 모두에게 도전을 주고 있습니다. 아담과 하와의 타락은 하나님의 말씀 왜곡과 전달 오류에서 비롯되었다는 지적은 AI시대에 살고 있는 오늘 우리 모두에게 '깨어있음'의 또 다른 면을 조명해줍니다. 하나님의 비밀이 인간에게 정보

로 인식되는 과정에서 하나님의 뜻을 왜곡하는 수많은 변수가 발생할 수 있다는 경고는 성경해석의 영역인 설교에 이르기까지 비밀계시 전달의 정확성을 요구하고 있습니다. 사탄은 거짓의 아비 즉 거짓 정보의 진원지입니다. 요한계시록은 지옥에 가는 자들에 대한 정의에서 죄와 관련된 자들의 정보를 알려주고 있습니다. 이 책을 신학자, 목회자들, 신학생들은 물론 일반 성도들에게 꼭 일독하길 추천합니다.

▶ **이일호 박사** _ 전국기독교수회 회장. 전 칼빈대 교수. 근동고고학회 회장

《하나님의 비밀과 정보신학》은 현대 정보화 사회에서 하나님 비밀에 대한 이해와 인식을 돕기 위해 쓰여진 책입니다. 저자는 우리가 매일 접하는 정보의 홍수 속에서 하나님의 진리를 잃어버리고, 영적 무감각에 빠지기 쉬운 현실을 날카롭게 지적합니다. 그리고 하나님의 비밀 계시와 인간의 정보 탐욕 사이의 갈등을 다양한 성경 이야기와 함께 설명하며, 현대인의 신앙 회복을 돕는 지침서입니다.

하나님께서 우리에게 가장 원하시는 것은 하나님을 아는 것입니다. 자신을 계시하시는 하나님을 더 정확하고 바르게 이해하는 길이 바른 신앙의 길입니다. 그래야 우릴 향한 그분의 사랑이 무엇인지, 독생자를 이 땅에 보내신 그 사랑의 실체가 무엇인지를 알게 되기 때문입니다. 결국 예수 그리스도가 곧 '하나님의 계시'이며 신의 현존인 것을 저자는 이 책을 통하여 분명히 밝히고 있습니다.

저자는 구체적인 성경 구절과 함께 우리가 일상에서 하나님의 비밀을 어떻게 적용할 수 있는지를 설명합니다. 이를 통해 독자들은 단순한 정보 습득을 넘어, 진리의 탐구자로서 역할을 새롭게 인식하게 됩니다.

저자는 목회자로서, 학자로서 또한 외교활동 분야에서 오랜 기간 일

한 경험을 토대로 성경에 감추어진 하나님 비밀의 계시를 논리적이면서 영적으로 풀어주고 있습니다. 인간 한계의 제약으로 올곧게 정보화되지 못하고 훼손 왜곡되고, 변질하며 거부하고 저항하는 현시대의 세태를 안타까워하면서 영적 갈망을 해소하고, 진정한 자유와 평안을 얻는 방법을 우리에게 제시해 주고 있습니다. 이《하나님의 비밀과 정보신학》은 현대 정보화 사회에서 신앙인들이 다시금 하나님의 비밀에 주목하고, 그분의 계시에 귀 기울일 수 있도록 돕는 귀중한 안내서임을 확신합니다.

저자의 수고로 인하여 하나님 비밀 계시의 문이 활짝 열리는 것을 경험하게 됩니다.

꽤 방대한 분량의 책이지만 마치 생생한 하나님의 음성을 듣는 듯하여 책을 놓을 수 없게끔 빠져들게 합니다. 마치 귀한 보물을 선물로 받는 듯합니다. 바라기는 이 책을 통하여 모든 그리스도인이 하나님과 깊은 교제를 회복하고, 진리의 길을 다시금 걸어갈 수 있는 용기와 지혜를 얻게 되길 바랍니다. 우리가 그리스도의 일꾼이요 하나님의 비밀을 맡은 자라면 분명한 하나님의 계시를 올바로 알고자 하는 노력이 반드시 수반되어야 할 것입니다.

이 시대의 예언자이자 학자로서 성경 속 계시의 비밀을 풀어주시고 올바로 정보화해 주시는 저자의 수고에 감사와 깊은 신뢰를 보내며 마음을 다하여 필독을 추천하는 바입니다.

이 책을 읽는 이들이 하나님의 마음을 더 깊이 깨닫고 믿음 안에서 하나님 앞에 더 가까이 나아가 하늘의 비밀을 깨닫는 기쁨으로 충만하길 바랍니다. 귀한 책을 읽게 되어 기쁘기 한량없습니다.

▶ **이진행 목사** _ 양주 세움교회 담임

Contents
목차

Introduction
서문

천국 혹은 천국 비밀에 대한 궁금증

오래전에 읽었던 한 에피소드가 떠오른다. 일곱 살짜리 여자아이가 병원으로 달려가서 늦둥이로 갓 태어난 남동생 갓난아이에게 이런 질문을 했다. "어서 말해 봐, 하나님은 어떤 분이야?" "하나님이 주신 특별한 말씀은 없었어? 있으면 빨리 말해 봐!" 참으로 영리하고 기특하고 신선한 독촉이다. 이 여자아이에게는 하늘 비밀에 대한 궁금증이 얼마나 강렬했길래 그랬던 것일까? 갓 태어난 동생인지라 방금 천국에서 왔으니 뭔가 중요한 하나님 나라의 비밀을 가지고 왔을 것으로 짐작한 것이다. 만약 우리 중에 누군가가 신앙의 열정을 가지고 이처럼 날카롭고 송곳 같은 질문을 던질 수 있다면, 그리고 그 누군가로부터 이에 대한 명확한 대답을 얻어 낼 수 있다면 얼마나 큰 축복이 될까? 만약 온 세상 사람들이 그렇게 되었다면 아마도 오늘날은 숨막힐 것 같은 혼탁한 세상이 아닌 전혀 다른 진리의 옷을 입고 있을 것이다. 그러나 참으로 안타깝게도 그 갓난아기는 아무런 대답도 해주지 않았고, 눈동자만 굴리고 있었다. 바로 그 순간 일곱 살짜리 여자아이에게 돌아온 것은 천국 비밀에 대한 호기심에 찬물을 끼얹는 허탈감뿐, 그 비밀로부터 얻어 보려 했던 하나님에 관한 상상력과 영적 갈급증이 한꺼번에 무너지는 좌절을 느끼는 순간이었다.

인간은 비밀을 탐색하는 정보적인 피조물이다. 태생적으로 비밀을 캐고 정보를 수집하며 생존과 안전을 도모하는 존재다. 주변 환경으로부터 자연과 사물에 관한 정보를 인식하고, 다른 사람으로부터는 다른 생각과 주장, 다른 지식과 지혜에 관한 정보를 인지하고 갈망하며 존재한다. 이 세상은 온통 정보의 생산과 소통의 장소로서 인류 역사를 창조하고 기록해 왔다. 인간 최초의 정보 선택은 선악과 정보를 선택한 날로부터 시작되었다. 하나님께서 왜 아담과 하와에게 정보 선택의 자유를 허용하셨는지에 관한 묵상은 끝없이 진행될 신앙의 주제이다. 사람은 누구나 매일의 삶 속에서 특정 첩보(information)를 선택하며 살게 되어 있고, 그 첩보를 비교 분석과 평가 판단 그리고 선택 결정의 과정을 거쳐서 생산된 정보(intelligence)로 먹고사는 존재다. 때로는 정보 선택이 만족과 기쁨을 제공하지만, 선택의 폭이 넓어질 때마다 선택 전의 고민과 선택 후의 갈등, 후회 그리고 다른 새로운 것을 다시 찾고자 하는 정보 충동의 욕망은 혼돈과 흑암을 반복적으로 경험하게 한다. 인간은 날마다 삶의 현장에서 정보 탐심에 의한 정보의 노예로서 정보에 대한 집착과 왜곡, 거짓의 남발, 사회 혼탁의 치명적인 작용에 고달파하고 있다. 오늘날 정보 혁명의 시대, 정보 범람의 세태는 인간의 사고력을 혼탁하게 할 뿐 아니라 영혼을 오염시키고 있다. 특히 하나님의 말씀을 왜곡, 희석하면서, 하나님 비밀에 대한 인식의 제약과 하나님 자체를 정면으로 외면하는 결정적인 요인이 되고 있다. 여기에는 인간의 정보 욕망이 인성에 미치는 문제와 함께 하나님 비밀 인식의 문제에 대한 새로운 각성이 요구되고 있다.

하나님은 온 우주 만물을 창조하신 조물주로서 모든 비밀과 정보의 담지자 곧 하늘 비밀 그 자체이시다. 하나님은 모든 하늘 비밀과 모든 인간 정보의 근원이시다. 하나님의 비밀은 두 가지 속성을 가진다. 하나는 비밀 자신이 '지켜지고 보호받기 위해서'이고, 다른 하나는 비밀 내용이 원안 그대로 타인에게 '알려지기 위한' 것이다. **하나님의 비밀 계시로부터 얻어 인식하게 되는 것이 곧 인간 정보이다. 비밀이 '알림이고, 알게 하는 것'이라면, 정보는 '알려 하고, 알게 됨'을 의미한다.** 좀 더 구체적으로 상징적 표현을 빌리자면 비밀은 하늘적이고, 정보는 땅적이다. 비밀은 하늘에서 내려보내고, 정보는 하늘로부터 수여받는 것이다. 만약 비밀이 정적이면서 계시하려는 특성을 가진 것이라면, 정보는 동적이면서 탐색하는 기능을 발휘한다. 여기에 하나님의 비밀 계시와 인간의 정보 인식이라는 새로운 메커니즘이 형성된다. 땅 쪽에서는 하늘로부터 비밀을 받아야 살아날 수 있고, 하늘에서는 땅 쪽에 계시해 줌으로써 정보가 살아나게 한다. 다시 말해 **비밀과 정보의 관계는 '주는 자와 받는 자', '아는 자와 모르는 자', 그리고 '보이지 않는 것과 보이는 것'의 차이로 대칭하면서도 불가분의 관계로 발전시켜 나간다.** 하나님은 자신의 비밀을 계시할 수밖에 없으시고, 인간은 그 계시에 의존할 수밖에 없는 정보적 존재로서 관계를 시작한다. 비밀과 정보 사이의 유일한 계시 수단은 하나님 말씀이며, 의사소통이 절대적인 가치를 지닌다. **하나님은 자신의 비밀을 계시하시면서, 인간이 그 비밀을 변질시키지 않고 원안대로 인지하고 깨닫는 정보인이 되기를 바라신다.**

통상 우리는 비밀(秘密)이라는 단어를 마주칠 때 머릿속에는 007 시리즈나 셜록 홈스 또는 수사반장과 같은 명탐정 이미지들을 떠올리기 쉽다. 사전적 의미에서 비밀(秘密)은 '완전히 이해되지 않는 것', 또는 '이해되지 않아서 당혹스럽게 하는 것'이나 '이해하기가 매우 어려운 것', '수수께기'라고 정의 된다.[1] 하지만 성경적 의미에서의 비밀은 히브리어의 '소드'나 헬라어의 '뮈스테리온(mysterion)'으로 표현되는데, 그 의미가 더 깊다. 헬라인에게 비밀이란 '불분명하거나 이해할 수 없는 것', '입회한 사람에게만 전달되는 신비', 또는 '계시 되기까지 알려지지 않는 것'을 의미하고 있다.

성경에서 비밀의 개념은 폭넓게 찾아내야 할 특수 영역이다. 신약성경에서는 '비밀, 뮈스테리온(헬, mysterion)이 단지 28회 나타나고, 구약성경에는 겨우 몇 번밖에 사용되지 않고 있다. 그렇다고 해서 이 단어의 의미를 축소해 보려는 시도는 옳지 않다. 왜냐하면, 초기 유대교나 히브리인들은 '비밀'을 뜻하는 아람어와 헬라어 단어를 모두 받아들이면서 이 용어를 수백 번이나 사용할 만큼 아주 비중 높게 취급하면서 하나님 비밀의 참뜻을 알아내려고 노력한 흔적들이 많이 발견되고 있기 때문이다. 특히 구약의 다니엘서를 보면 전체적으로 '계시하다', '드러내다'라는 어휘를 가장 많이 사용하고 있는데, **계시하다**(아람어 gala)라는 동사의 경우는 8회 정도 나타나고 있다. 특징은 하나님이 '비밀'(단 2:19, 28-30)이시고, '심오하고 감춰진 것들'(단 2:22, 깊고 은밀한 일)이나 환상을 통해 메시지(단 10:1)를 드러내신다. 그리고 이 진리들은 선악과 선택의 경우처럼 항상 정보 선택 사항으로 인간에게 주어진다.

하나님과 인간 사이에는 특수한 내용의 비밀 계시와 정보 선택 사항이 존재한다. 비밀 전부는 곧 정보 전부다. 신학적 측면에서 대표적인 예로 중요한 관점을 거론한다면 당연히 성경 말씀과 섭리, 복음과 진리, 십자가와 부활, 그리스도 예수와 성령, 성전과 율법, 선지자와 거짓 선지자,

---

1   아메리칸 헤리티지 사전(The American Heritage Dictionary of the English Language) 참조.

종교성의 억압과 탈종교성의 자유, 선악과와 아담, 하와와 뱀(사탄), 하나님의 섭리와 인도, 복과 저주, 심판과 경고, 그리고 그리스도인과 불신자 같은 것들이다. 이것들은 하나님에 의해 주어진 것으로 인간과의 정상적인 의사소통과 충분한 이해의 문제가 중요한 전제 사항이 된다. 이 모든 것들은 하나님이 자기 백성 곧 우리 인간을 구원하시기 위한 도구적인 수단과 방법으로서 땅 차원에서 하늘 차원으로 옮겨가는 '이동성'의 주제들이다. 예를 들면, 이런 변화와 이동이다.

유한에서 무한으로, 자기 중심에서 하나님 중심으로, 육에서 영으로, 육적인 것에서 영적인 것으로, 사망(죽음)에서 생명으로, 지옥에서 천국으로, 그리스도 예수에서 보혜사 성령으로, 진리 거부에서 회개로, 율법에서 믿음으로, 세상 나라에서 하나님 나라로 모든 것이 이동하고, 바뀌며 변화하는 일들이다. 이 주제들은 반드시 하나님의 비밀 계시로 알려져야 하는 것이며, 동시에 하늘 비밀에 대한 인간의 정보적 이해가 충분히 일어나야 하는 주제들이다.

하늘 비밀과 땅의 정보 사이에는 계시가 불가분 개입하게 되는데, 계시는 하나님 말씀의 참뜻을 인간이 올곧게 깨달아 가게 하는 빛이다. '**계시**'(revelation. 히, 하존. 헬, 아포칼륍시스. 啓示)'의 어원적인 뜻은 비밀의 의미에 가까운 '가면을 벗는 것', '그간 가려져 있는 것을 드러내는 것'으로 정의되고 있다. 성경은 비밀과 계시를 쌍둥이 형제처럼 함께 동원하여 제시하고 있는데, 비밀도 하나님의 것이고, 계시도 하나님의 소관이다. 우리는 진리의 사례들을 구체적으로 탐구함으로써 해당 단어 자체는 물론 고구마 넝쿨처럼 무수히 연결된 단어들의 개념도 심도 있게 깨달을 수 있어야 한다. 성경 말씀 가운데 종합적이고 입체적인 비밀의 참뜻을 발견할 수 있게 될 때라야 하나님의 비밀은 인간의 정보화로 완성되며 우리는 한 걸음 더 가까이 하나님 앞으로 나아갈 수 있게 된다.

성경의 모든 스토리는 하나님을 '알리고, 알게 하는' 그분의 행동을 기록한 것이다. 따라서 우리는 성경의 말씀을 통해 정보의 여호와 하나님으로 인식하게 된다. 하나님의 비밀은 적극적으로 계시(공개)될 때라야 비로소 인간은 그 계시로부터 새로운 정보 사항을 얻어 지식과 지혜를 쌓게 된다. 비밀 계시가 없는 인간은 완전 백지상태의 정보 무능자로 남아 있을 수밖에 없다.

비밀이란 원래 공개되어야 생명력을 갖게 되므로, 공개되지 않은 비밀은 단지 비밀일 뿐이다. 그 자체가 어떤 가치나 실효성을 발휘하지 못할 뿐 아니라 그 의미도 제한된다. 비밀은 가장 적절한 때에 가장 필요로 하는 대상에게 공개되어 가장 유익한 정보로 읽혀 질 때라야 비로소 그 생명력이 확증된다. 하나님의 계시도 그렇다. 하나님 비밀이 계시된 이후 인간이 그 비밀의 참뜻을 깨달아 하늘 정보로 인지하게 될 때라야 비로소 생명력이 발휘된다. 비밀은 비밀다워지고, 생명은 생명다워지며, 하나님을 하나님으로 인정하고, 인간은 인간답게 된다. 모든 것이 진리로 농축된 최적의 상태에 이르게 되는 바로 이때 하나님과 인간이 말씀으로 하나가 되는, 하나님 비밀의 인간 정보화로 생명의 대전환이 함께 이루어진다. 주목해야 할 문제는 하나님 비밀이 정적이나 계시적이라면, 인간의 정보 인식은 피동적이면서 행위, 율법적 특성을 갖는다. 거의 모든 경우 하나님 비밀(말씀)을 왜곡하고 변질시키는 인간의 임의적인 일탈 행위들이 바로 비밀의 정보화 곧 세속화 과정에서 일어나고 있다. 바로 여기에서 우리가 하나님의 비밀과 인간의 정보 욕망의 상호관계에 대해 새롭게 관심을 가져야 할 이유를 찾게 되고 문제점을 제기할 수 있다. 오늘날 정보 혁명의 시대와 더불어 우리의 의식 구조가 세상 정보 인식에 찌들어 가는 나머지 상대적으로 하나님 비밀에 대해서는 거리감을 두고 외면할 수밖에 없는 구조적인 환경이 조성되고 있다. 비록 하나님의 비밀이 인간에게 정보로 인식되더라도 그 과정에서 하나님의 뜻을 왜곡하는 수많은 변수가 작동하는 경우가 발생할 수 있다. 이런 현상이 인간 생존은 물론 영혼 구원에 있어서 위기를 초래하는 위험천만한 일이 될 것이라는 사실이다. 따라서 현대사회가 외치는 정보 혁명의 구호들이 양산해 내는 심각한 신앙 왜곡의 문제들을 깊이 자각하고, 복잡다단해지는 세상 환경을 거슬러 올라가며 천국 소망을 새롭게 하는 지혜를 간구해야 한다. 이로써 하나님께서 하늘 비밀에 대한 우리의 왜곡된 정보적 관점을 깨우쳐 주셔서 성경 말씀의 올곧은 해석과 이해의 폭을 넓혀 확고한 신앙의 기틀을 만들어 주시리라는 기대를 가져야 한다.

하나님 비밀에 대한 절박한 질문

하나님과 인간 사이에 많은 비밀이 주어지고, 하늘 정보로 인지된다. 하지만, 사람들은 하늘 비밀에 대해 왜(why), 무엇(what)을, 어떻게(how) 그런 것인가라는 가장 기초적인 질문조차 해 보지 않고 있다. 오늘날 다원 사회의 복잡성은 인간 사고의 다양성을 부추기는데, 거기서 독불장군식 사고는 마침내 왜곡의 틀을 만들어 내고 만다. 하늘 비밀의 단순화 또는 무시라는 오류를 범하는 경우가 많다. 앞서 이야기한 일곱 살짜리 여자 아이와 별반 다르지 않게 현대를 살아가는 그리스도인과 교회들이 겪고 있는 상실과 좌절, 절망의 감정이 해결해야 할 난제로 잠입한다. 하나님 비밀에 대한 궁금증이 어디에서 나오고 있는가를 질문해 보면 세상은 여전히 혼돈과 공허와 흑암의 깊음에 있고, 하나님의 비밀은 점점 깨닫기가 어려워지는 상황이 벌어지고 있음을 직감할 수 있다. 일곱 살짜리 어린아이가 갈망했던 하늘의 비밀을 캐묻고자 하는 절박함이 우리에게 조금이라도 남아있는가? '아니요, 아직'이라는 답변이 나올 수밖에 없다. 우리 사회가 여전히 올바른 가치관의 부재로 세계관의 혼재를 불러오는 일촉즉발의 위기 상황으로 치닫고 있기 때문이다. 그러함에도 별다른 감각들이 없어 보이는 것은 하나님을 부정하고 자기중심의 탐욕에서 헤어나지 못하고 있는 현대적 삶 때문이 아닌가? 여기에서 우리의 정보적 호기심과 궁금증은 어디를 향하고 있는가를 질문해 보는 것은 대단히 중요한 일이다. 하나님을 향하고 있느냐 아니면 세상을 향하고 있느냐에 따라 각 사람의 인생 방향과 삶의 질 그리고 신앙생활에 결정적인 결과가 만들어진다.

오늘의 이 시대를 진단한다면 눈과 귀를 요란하게 하는 소음과 잡음의 시대, 이미지의 시대, 지구환경 오염의 시대라고 정의할 수 있고, 여기서 한 걸음 더 나아간다면 AI의 비밀 잠식 위협과 그로 인한 정보 독점 후유증 시대, 자기 부재와 자기 상실의 시대라고 압축할 수 있을 것이다. 누구나 새로운 것들에 도전하며 기여하고 싶어 하는 심리를 이해할 수는 있지만, 세상 정보 욕망이란 잠깐 떴다가 사라지는 뜬구름 같은 것들인데, 우리는 한순간 망각되고 쓰레기처럼 버려질 유한한 정보에 얽혀 산다. 모든 사람이 저마다 자신의 정보 욕망을 충족시키기에 여념이 없고, 하나님 계시의 말씀으로부터는 저만큼 떨어진 곳에서 인간 문화 중심의 삶을 살기를 원한다. 이것이 곧 하나님 말씀을 보이지 않고 들리지 않는 한쪽 구석으로 몰아내려는 사탄의 책략이다. 우리는 밤낮 어느 곳에나 켜져 있는 소리와 영상들, 컴퓨터와 텔레비전 때문에 주의력은 산만해지고, 정신력은 몽롱하여 사리 판단을 분명하게 하지 못할 지경에 이르는 곳을 지향하고 있다. 인간 존재의 상태는 지극히 품격이 떨어진 언어와 극히 과장된 말들을 큰 자랑거리로 삼고 서로 부러워하는 생존환경을 조성해온 탓에, 하나님의 말씀을 명료하고 정확하게 듣고, 투명하게 전할 수 있는 믿음의 능력이 발휘되는 현장을 찾아보기 힘들어진 시대가 되었다.

우리의 일상을 돌아보면 하루 24시간 중 대부분의 시간을 깜짝 놀랄만한 긴급 뉴스에 촉각을 세우고, 관심을 끌고 있는 과장된 광고들의 속임수에 눈길을 빼앗기며, 자기 통제력과 판단력을 잃고 산다. 항상 지금 가지고 있는 것보다 더 박진감 있게 자기의 관심을 끄는 어떤 것을 찾는 데 심혈을 기울이고 있다. 조금이라도 더 자극적인 오락 게임이나 드라마틱한 연출들, 음식물이나 옷치장거리를 탐색하기에 여념이 없다. 자신들이 좋아하는 것들에 대해 과도하리만큼 시간과 열정을 쏟다가 잠시라도 충족되지 않으면 마약이나 알코올 중독 환자처럼 금단 증후군을 겪으며, 불안정한 심리로 정탐에 이리저리 끌려다니는 심각한 경우가 많다. 이런 것들은 당장 무슨 큰 유익이라도 줄듯 우리더러 꽉 붙들고 있도록 유혹하지만, 실상은 영혼의 파괴와 희망의 상실을 촉발하는 위험한 것들로 헛된 관념을 덧입혀 놓고 사라지는 것들이다. 우리는 매일 새로운 정보가 신선해 보인다며 좇고 있지만, 그 내막을 들여다보면 실상은 전혀 딴판이다. 한마디로 정보 욕망과 좌절의 함정에 빠뜨릴 뿐이다. 너절한 유혹에 영혼을 빼앗긴 자신을 돌아볼 겨를도 없고 오직 불의가 가득한 현실에 갇혀 사는 것이 우리 현실임을 부인할 수 없다. 너도나도 현대판 바벨탑 쌓기의 소용돌이 가운데 서성거리고 있다.

지금, 이 순간에도 대대적인 변화를 주도하는 시대적 역량이 각계각층에서 우후죽순처럼 자라나 사람들을 충동질하고 있다. 자동차에서 비행기, 스마트폰에서 SNS, 유튜브로, 급기야는 AI(인공지능)에 이르기까지 정말 숨 쉴 겨를도 없이 성장, 발전해 온 터다. 과학이 배가 되면, 고통이 배가된다는 말처럼 문명의 이기들이 유혹의 덩어리가 되었고, 마침내 괴물 덩어리로 변질시킬 날들이 멀지 않았다는 느낌이 들 정도다. 과학기술이 초래한 난관들은 점점 더 확장되고 복잡해지며 우리를 혼잡하게 만들어가고 있다. 끊임없이 도약하겠다는 혁신 과욕에 사로잡혀 매 순간 예기치 않은 난처한 상황에 직면하여 불안과 두려움의 함정에 빠져든다. 모든 정치, 경제, 사회와 환경적 현상들이 인간의 영혼을 무지로 얽어매는 혼란의 증후군을 이룬다. 최고의 것만 추구하는 정보 지식 사회의 대혼란은 이미 시작되었지만, 사람들은 이런 현상을 인류의 위대한 업적이라고 자화자찬한다. 정말로 그러한가? 이런 현상이 하나님의 비밀 계시에 대한 인간 사고와 행동에 어떤 영향을 미치고 있는가 하는 관점에서 세밀하게 들여다보아야 할 것이다.

한때 인간의 노동을 덜어주리라는 환호 속에 출발했던 기계류들의 장치가 이제는 더 고역스럽고 복잡해지지는 않았는가? 신속하게 즐거움과 쾌락을 확산하도록 도와주겠다던 인터넷상의 거짓 정보들이 이제는 광기로 둔갑하여 인간의 영혼을 혼탁하게 만들고 있지는 않았는가? 문명이 발달한 만큼 인간은 윤리적인가? 과학기술은 중립적이어서 지금 그 자체를 문제 삼는 것이 아니다. 인간들이 무분별하게 열광하고 환호하며 무작정 빠져들었다가 영혼의 방향까지 잃어버리고 있는 데 대한 각성을 촉구하는 질문이다. 그것은 우리의 믿음 생활에 결정적인 해를 끼치는 문제가 되기 때문이다. 많은 사람이 행복의 모든 근거를 과학 연구의 결과물에 두고 있다는 것은 사실이 아닌가? 연구 기관과 실험실의 증가, 연구 수단들의 지속적인 향상과 무한대, 무한소를 향하고 있는 거의 기상천외한 AI의 폭주는 단 한 순간도 현대인의 과학기술에 대한 신뢰를 흔들리지 않게 하고 있는 것이 사실 아닌가?

　AI(인공지능)의 급진적인 진보는 인류의 재앙과 멸망의 길잡이가 되지 않을까 하는 의구심을 갖기에 충분하다. AI를 중심으로 하는 인간의 탐욕은 가장 빠르고 단축된 기간 안에 가장 깊게 확장될 것이 분명하고, 이후 가까운 장래에는 인간의 영혼을 심각하게 잠식해 버리는 현실로 드러나지 않을까 심히 우려스럽다. 세상의 모든 정보가 전적으로 AI에 의존하여 흡입되고, 거기에 가짜 자료들까지 입력된다면, AI는 정보의 총집합체가 되어 그 자체만으로도 인간의 삶에 심각한 협박 요인이 될 것이다. 다시 말해 세상의 모든 좋고 나쁜 정보가 AI에 모여들어 막강한 비밀창고를 키워가는 데 반해 각 개인이 소지하고 있는 정보량은 절대적으로 부족하여 모두가 AI 의존적 인간으로 바뀌게 될 수밖에 없다. 여기에서 하나님 의존이 아니라 AI의 종살이 형태로 신분 변화를 겪고 있는 인간의 초라한 모습을 발견하게 될 것이다. AI를 뒤따라오는 폐단, 즉 가짜와 거짓 정보, 하나님의 비밀 외면 현상이 우리 사회와 인간의 사고 영역에 결정적인 영향력을 미치게 될 것이기 때문이다. AI가 이르게 하는 결국의 종점은 사람의 모든 지능과 지혜를 대신하면서 전지전능자처럼 우상화되다가 마침내 생각하지 않는 인간, 생각 없는 바보, 하늘을 바라보지 않고 땅만 내려다보며 바늘 찾기에 혼비백산하는 멍청이로 만들어 무지의 수렁에 빠뜨리게 될 것이다.

　하나님의 비밀이 각인되어야 마땅할 피조물이 세상 정보에 세뇌되어 영적 식물인간이 된 꼴이다. 하나님을 배척하고, 하나님 없는 세상, 하나님 비밀을 완전히 거부하는 지구촌을 만들려는 시도 자체가 세상의 멸망이요, 인간 존재의 절망이다. 사람이 만든 AI 기술에 사람이 스스로 흡수당하는 현실, 바로 그곳이 어둠이고, 진리가 메마른 척박한 땅이다. 생각하는 갈대인 인간이 사유의 능력과 하나님을 사모하는 동력을 AI에 몽땅 빼앗겨 버린다면 남는 것은 공허함과 황당함뿐이다. 인간이 생산하는 모든 정보는 시간을 다투다가 이내 가치를 상실하고 즉시 사라지고 말 것들이다. 그러함에도 각 사람은 자기 생존을 부지하기 위해 거기에 주렁주렁 매달리고 있어서 참으로 실망스러운 모습이 아닐 수 없다.

아담의 원죄를 이어받은 탐욕의 인간이 AI를 임의로 악용하지 않을 것이라고 그 누구도 보장할 수 없다면 그 해결책 또한 찾을 묘안이 없다. 하나님 말씀까지 외면해 버리는 세상이 된다면 그 자체가 바로 절망의 늪이다. 인간이 만든 AI 기술에 인간이 매수당하는 현실이라면 바로 그곳이 절망하는 죽음의 도시가 아니고 무엇이겠는가! 정보 과잉의 시대적 상황은 그 누구도 '스톱' 하며 멈춰 서게 할 수 없는 지경에 이르렀다. 거기에서 혼돈을 부추기는 거짓과 위선과 외식은 계속 확장세를 탈 것이며, 수많은 질문은 계속 쏟아질 것이다. 과연 누가 정보 탐욕의 흐름을 가로막아설 수 있을 것인가? 우리의 믿음을 뒤흔들며 하나님 말씀을 깨닫는 데 결정적인 청각 장애를 일으키는 요인들을 누가 치유해 줄 것인가? 한마디로 영적 빈곤과 무지에서 오는 칼바람이 지금 우리의 하루살이 삶을 위태롭게 하는 데 누가 바람막이가 되어 줄 것인가? 진리의 원천이요 지혜의 자료들을 AI에 맡겨버리고 필요할 때만 묻겠다고 벼르는 일이 그토록 열정을 쏟아야 할 만큼 긴급한 일인가? 왜곡된 안락과 즐거움, 방종으로 공허를 가득 채워보겠다는 인간 탐욕이 바로 그것이 아닌가? 만약 정보혁명의 세상에 AI가 답이라면 우리의 영혼이 쉽게 진리를 망각하고 속절없는 세태에 예속되는 현상을 어떻게 설명할 것인가? 우리는 과학 기술을 선악과 차원의 정보 선택을 함으로써 자신과 세계가 더 혼란과 고통을 더 겪게 된다는 숨은 진실을 한 번쯤 냉정히 생각해 보아야 하지 않겠는가? 뒤틀려 가는 믿음, 왜곡된 신앙으로, 진리를 벗어나는 변질되어가는 기독교의 현실을 자각하며, 회개하고 회복하는 것이 얼마나 절실하고 간절한 일인가? 이런 모든 질문에 대한 대답과 깨달음을 얻는 대전환점을 마련해야 한다는 주제가 실로 중요해졌다. 그리스도인의 마음 가운데 진리의 망대를 세우고 파수꾼을 배치해야 한다.

모든 질문의 마지막은 우리의 삶과 인생, 그리고 사회 공동체가 과연 올바른 방향으로 나아가고 있는가 하는 문제로 귀착된다. 너무 극단적인 표현이라고 말할지 모르겠지만, 우리 주변 아주 가까이에 다가와 있는 생명 파괴의 재난들이 심각한 위기라고 감지할 수 있는 독자라면 현재의 인간 세계가 결코 안전한 방향을 향해 순항 중이라고 동의하기는 어려울 것이다. 모든 시대적 환경은 하나의 미세한 원소로부터 시작해서 인간의 죄악에 이르기까지 복합적인 원인을 포함하고 있기에 인간의 지혜와 능력은 한계에 봉착할 수밖에 없도록 만들어가는 징후가 뚜렷하기 때문이다. 신앙의 품격이 떨어지고, 믿음의 표현 능력이 실종된 탓에, 오염된 언어를 교정하려는 통찰과 신앙의 회복을 위한 노력이 더욱 요구되는 자각의 시간을 이미 놓쳐 버린 것 같은 느낌이 앞서고 있는 것은 예사로운 일이 아니다. 이런 관점에서 보면 비록 일곱 살짜리 여자아이가 천국 비밀을 캐러 갔다가 아무런 정보도 얻지 못하여 크게 실망했던 그 순수한 심정이 우리에게 아주 중요한 몇 가지 메시지를 던져 준다.

첫째, 인간은 하나님의 비밀에 대해 갈급함을 느낄 수 있어야 산 자(Living Being)가 될 수 있다는 점이다. 그 갈급함을 해소하기 위한 가장 시급한 과제는 먼저 하나님을 알고, 인간 자신의 존재적 실체를 깨달아야 하는 것이다.

두 번째로, 하나님은 창세 이래 줄곧 하늘의 비밀을 계시해 오셨으나,

인간이 그 비밀에 대해 어떤 관심도 기울이지 않았고, 깨달으려고 고뇌하지도 않았다는 점이다. 우리는 그간 천국 비밀을 진심으로 갈망해 본 적이 있었는가? 하늘 정보를 얻지도, 깨닫지도 못한 적이 있었는가? 이러한 영적 자각이 수시로 일어나고 있어야 한다.

세 번째로, 인간의 생명과 존재 의미에 대해 깊은 성찰의 시간을 갖지 못했다는 점이다. 행여 하나님의 비밀을 왜곡하거나 포기하려 했던 적은 없었는가? 만약 그런 경우가 있었다면 그 원인은 어디에서 왔는가를 캐물어 본 바가 있는가? 정보 혁명이라는 시대적 상황 속에서 물질 중심의 인본위 가치관에 세뇌되어 자신을 상실하고 헤매고 있는 것은 아닌지를 성찰해 보는 것이다. 땅적 현실에서 벗어나 영적 세계를 향한 진리의 참뜻 찾기에 나서고 있는지 스스로 물어야 한다. 이 땅의 것들은 유한하나 천국은 영원한 소망의 대상이기 때문이다.

넷째, 우리 주변에는 하나님의 비밀(말씀)에 대한 인간의 마구잡이 해석과 곡해로 하나님의 뜻이 왜곡되고 전혀 다르게 이해되는 경우들이 비일비재하다는 점이다. 이 문제에 대해 한 번이라도 고심해 보았는가를 자문해 보는 것이다. 선악과를 따 먹은(창 3:6) 아담과 하와의 후손인 인간은 **태생적인 탐욕**(에피뒤미아, lust), 곧 두 마음으로 선악 판단의 주체자임을 자청하였다. '정보 탐욕의 틀'에서 비롯된 자기중심의 이기적이고 외식적인 행위, 즉 하나님을 대적하며 하나님같이 되고자 하는 인간의 생래적 정보 욕망이 먹음직하고 보암직한 선악 판단의 실체를 이루고 있다. 자기 중심성이란 오로지 자기 자신을 위한 정보 선택을 최고의 목적으로 삼고 즐거워하며, 왜곡된 자유를 마음껏 소모하려는 '하나님 없음' 추구의 욕망이다. 인간은 마땅히 하나님 창조 신비의 극치인 생명나무의 생명 수혈에 참여하는 것이 도리이지만, 내면에서 꿈틀거리는 갈망과 원함을 충족시킬 것을 전혀 다른 차원에서, 전혀 다른 방법으로 찾으려 하고 있다. 인간이 진리에 대해 늘 싸늘한 반응을 보여 온 이유는 바로 그릇된 갈망으로 왜곡에 집착하는 노예 의식의 학습된 뿌리에 있다. 지금 우리의 정보적 감각과 욕망이 어디를 지향하고 있는지를 가늠해 보면 자기 신앙의 좌표를 감지할 수 있을 것이다.

다섯째, 신구약 역사 속에 펼쳐진 하나님의 비밀 계시에 대해 인간 측의 더 깊은 연구와 이해하려는 노력이 있었는가? 인간이 여전히 자기 힘으로 모든 것을 이룰 수 있다며 하나님을 떠나 방황하고 있는 근본 원인은 무엇인가? 그간 필자가 신구약 성경을 읽고 연구하는 과정에서 깨닫게 된 관점 하나는 하나님께서는 인간에게 자신을 알리고, 깨달아 알아보도록 모든 지혜와 방법으로 하늘 비밀을 계시해 주셨지만 인간 측에서는 너무나 냉담한 반응을 보여 왔다는 사실이다. 예를 들면 성경에는 출애굽과 시내산 십계명을 비롯해 율법과 성전, 예수 그리스도와 십자가 등 많은 비밀이 계시되어 있었다. 하지만 이스라엘 민족은 종합적이고 입체적인 말씀 이해 과정을 통해 진리를 '하나로' 깨닫는 데 이르지 못했다. 신구약 성경 전체를 살펴볼 때 전지전능하신 주권자 하나님의 비밀 계시 열정에도 불구하고, 인간의 불신앙 문제는 항상 우리의 불신과 불성실, 그리고 무지와 무능에 그 원인이 있었다.

구약시대 때 난무했던 '다른 신, 이방 신'을 좇던 이스라엘의 우상숭배가 오늘날에는 '정보 숭배'라는 옷으로 갈아입었을 뿐, 인간이 영혼을 빼앗기고 사는 모습은 별반 달라진 게 없어 보인다. 진리의 눈으로 세상의 실제를 바라보면 인간의 세상 정보 갈급은 확실히 영적 갈급을 가로막고 우리의 삶을 지배하고 있다. 문제는 세상 정보의 숭배가 우리 믿음의 지평을 변질시키는 동인으로 작용하고 있다는 점이다. 정보 숭배가 하나님의 비밀 계시를 외면하고 차단하는 결정적인 역할을 한다는 사실은 현재 우리의 삶 가운데서 벌어지고 있는 영적 정보전(情報戰)이 가공할 정도로 치열한 수준이지만 이것마저 마음의 눈으로 발견하지 못하고 있다는 것에서 알 수 있다. 이는 결코 과소평가할 수 없을 정도로, 성령께서 우리의 우매함을 깨우쳐 주시기를 기도드려야 한다.

세상에 위대한 업적과 창조물과 사상들은 셀 수 없이 많으나 또한 어느새 완전히 망각되어 사라져 버린다. TV나 영화, 광고의 이미지가 빠르게 소비되다가 사라져 버림을 당하듯이, 진리에 관한 어떤 자료나 원천도 존재하지 않게 될 것이다. 진리와 지혜가 기피되는 현상 속에서 광기들의 승리가 폭죽을 터뜨리는 형국이다. 끊임없는 변화와 지속적인 혁신과 늘 새롭게 갱신되는 황홀한 제품들의 출현이 줄을 잇는 우리 시대에, 경험과 사유를 통해 깨달은 비밀의 지혜를 어떻게 해야 한 세대에서 다른 세대로 전달할 수 있겠는가? 전통적인 사회에서는 많이 경험한 사람이 많이 알고 있기에 노인의 말을 경청했고 진지하게 받아들였다는 것은 흔한 통설이었다. 그러나 오늘날 우리는 역전된 상황을 목격하고 있다. 스승에 대한 존경심도 바닥에 떨어뜨려 놓았을 정도이니 선후배 관계는 물론이고, 이웃 관계도 사라진 그야말로 정글의 숲에서 길을 잃고 헤매고 있는 유랑자의 시대에 진입해 있다. 오늘날은 질문 내용이 완전히 뒤바뀌었다. 요즘 '어른들의 연륜에서 나오는 지혜의 교훈을 경청합니까?'라는 질문은 사라지고, 도리어 '젊은 사람들을 이해하나요?' '유행을 타고 있나요?'라는 질문만 계속 이어지고 있다.

이렇듯 지혜자가 잊혀져 버린다면, 그가 일평생 쌓아온 정보 지식과 생각, 말하고 보여준 것들은 하나도 남지 않게 되고 만다. 이는 모든 다른 시대보다 훨씬 더 정확하게 우리의 정보혁명 시대에 적용되고 있다.

젊은 사람만이 새로운 기계에 대해 알고 사용할 수 있지만, 바보 같은 사람들이 우리에게 강요하는 기술 문화라고 불리는 거짓 문화 속에서, 비행기를 탈 수 있고, 비디오 기계를 다룰 수 있으며, 컴퓨터를 사용할 수 있는 사람만이 실용적인 지식을 보유한다. 옛날 부족사회나 씨족사회에서 최고의 경험적 정보를 보유했던 노인들과는 달리 이제 연장자나 노인의 경험은 아무짝에도 쓸모없는 것이 되고 만다.

그러니 요즘은 40, 50대 젊은 나이에 회사나 조직에서 퇴출당하는 사례가 늘어나고 있는데 이런 현상을 막을 방법이 없다. 따라서 오늘날 어리석게도 많은 사람은 중요한 경험은 물질적 대상들에 대한 경험이라고 믿는다. 인간관계를 많이 맺고 있는 인본주의, 개인주의, 세속주의나 물질주의, 성경 문맹 주의, 자기중심주의 등 하나님의 비밀 세계와는 동떨어진 세상에서 가장 괴리된 삶을 살아가고 있다. 이런 굴절된 가치관이 인간의 인생관과 세계관의 중심 사상으로 지금껏 펼쳐져 왔지만 정작 인간의 인격이나 교양, 신앙 측면에서 흔히 기대하며 말했던 것보다 더 큰 변화가 일어나는 것은 아니었다. 이런 어눌함이 하나님의 비밀과 인간의 정보 두 세계 사이에는 어떤 영향을 미칠 것인지가 분명해 보인다. 예수께서 '죽은 자들이 그들의 죽은 자들을 장사하게 하고 너는 나를 따르라'(마 8:7)고 하신 말씀의 진의가 어떠한 것인지를 새롭게 묵상해 보아야 한다. 그리스도 예수를 따르는 자만이 진정으로 살아있는 자, 영원을 사는 자다.

하나님의 비밀과 기독교

　신구약 성경 총 66권 중 창세기는 모든 신앙의 머리 역할을 할 뿐만 아니라 하나님의 창조와 인간을 향한 비밀 메시지들이 가득하다는 점에서 우리 모두를 주목하게 한다.

　태초에 하나님이 천지를 창조하시느니라(창 1:1).

　구약성경 창세기 첫 구절의 이 한마디 말씀이 하나님과 우주, 그리고 인간의 근원으로 우리를 인도한다. 하나님은 우주 만물을 창조하신 분으로, 우주 만물의 근원에 관한 비밀 그 자체가 되신 분임을 밝히고 있다. 하나님께서는 모든 인간이 자신이 창조하신 비밀을 깨닫기를 기대하며 계시해 오셨다. 성경은 하나님께서 인류의 긴 역사를 통해 하늘 비밀들을 끈질기고 일관되게 계시해 오신 역사를 기록한 책이다.

　신구약 성경을 읽다 보면 성경 전체를 관통하는 세 가지 큰 주제를 발견하게 된다.

　첫째, 하늘에는 비밀이 있으나, 땅 차원에서는 그 비밀을 알아차릴 방법이 없다.

　둘째, 땅의 세계에서는 하늘 비밀에 대해 충분히 해석하고 전해줄 만한 연결 고리도 없었다.

　셋째, 마침내 하늘과 땅 사이 곧 천지(天地)를 연결 짓는 십자가 복음을 통한 '거듭남'의 사다리가 놓였음에도 인류는 하늘의 비밀 깨닫기를 거부하고 오로지 땅에 매여 살아가기에 몰입하고 있다.

　천지(天地) 간을 연결 짓고 소통할 수 있는 매듭 풀기의 사다리로 이 땅에

오신 분이 바로 예수 그리스도이시다. 인류의 역사는 그리스도께서 하늘 비밀의 해법을 계시해 주셨음에도 그 뜻을 좇지 않았다. 하나님의 아들이 성육신하신 것은 그리스도인에게는 신앙의 동맥을 이어갈 믿음의 대상이지만, 그분을 믿지 않는 불신자들에게는 큰 걸림돌이다.

넷째, 천지 간에 발생하는 모든 문제 즉, 세상의 육적 문제이든 초월의 영적 문제이든 그 원인은 모두 인간에게서 비롯되었다.

하나님은 절대자이시고 인간은 피조물이다. 인류가 반드시 깨닫고 나아가야 할 가장 핵심적인 목적과 목표는 성경에 기록된 하나님의 말씀에서 발견할 수 있는데, 이를 정리해 보면 대략 7가지로 압축할 수 있다.

하나님 인식(인정)의 문제와 말씀 경청(믿음)의 문제, 인간의 자유 선택의 문제와 뱀(사탄)—하와의 합작으로 시작된 말씀 왜곡의 문제, 그리고 구약의 율법(행위)과 신약의 은혜(믿음) 식별의 문제, 구원과 천국 소망의 문제, 참 진리(말씀)의 깨달음 문제가 그것들이다.

기독교는 비밀 계시의 종교임을 분명히 하고 있다. 기독교는 하나님의 종교요, 예수 그리스도의 말씀을 믿는 신앙이다. 세상 모든 종교가 인간이 신에게 나아가는 길 찾기를 하고 있다면, 기독교는 사랑과 은혜의 하나님이 친히 인간 세상을 찾아오신 진리의 신앙이다. 하나님께서는 에덴동산의 아담과 하와를 창조하셨고, 노아와 아브라함에게 찾아오셨으며, 모세와 여호수아에게도 찾아오셨다. 하나님의 아들이신 예수 그리스도께서도 친히 성육신하신 후 열두 제자와 유대인들에게 찾아오셨고, 마침내 사울에게도 찾아와 만나셨다. 특히 하나님은 창조 비밀을 인간에게 친히 알리고자 말씀으로 찾아오시고, 성경을 통해 하나님께 순종하는 믿음으로 살아갈 존재라는 사실을 밝혀주셨다. 만약 성경이 '**말씀 = 하나님 =예수 그리스도 = 성령**'의 관계를 밝혀주지 않았다면 우리는 하나님 섭리나 인간 실존의 의미에 관해 아무것도 알지 못하는 무지막지한 식물인간으로 남게 되었을 것이다. 하나님께서는 계시를 통해 예수 그리스도가 하늘 비밀의 최종 종착지임을 깨닫는 신비를 우리에게 보여주셨다.

성경은 하나님의 뜻과 의지를 성령의 감동으로 담아 둔 진리의 보고이다. 태초에 천지를 창조하시기 전 그분의 묵시와 목적과 계획이 담긴 비밀이요 우리 인간을 향한 알림장이다. 하나님의 비밀은 곧 하나님이시며, 그리스도 예수의 십자가 비밀은 기독교의 원리와 교리를 모두 함축하고 있다. 예수께서는 수차례에 걸쳐 자기의 죽음과 부활을 예고하셨고, 구약성경은 예수와 그분의 사역을 예언해 왔다. 하지만 예수님의 정체성과 사역에 대해서는 사람들이 미처 기대하지 않았었는데, 이 점이 바로 인간의 무지한 측면이다. 요한복음은 예수께서 유대교 지도자들과 논쟁할 때 일어난 일들을 이렇게 밝히고 있다.

> 너희가 성경에서 영생을 얻는 줄 생각하고 성경을 연구하거니와 이 성경이 곧 내게 대하여 증언하는 것이니라 그러나 너희가 영생을 얻기 위하여 내게 오기를 원하지 아니하는도다(요 5:39, 40).

기독교의 뿌리는 하나님의 최종 비밀 곧 그리스도 예수다. 사도 요한은 하나님의 비밀 중 핵심이 되는 비밀의 태초 상황을 밝히 알게 하여 준다.

태초에 말씀이 계시니라 이 말씀이 하나님과 함께 계셨으니 이 말씀은 곧 하나님이시니라(요 1:1; 엡 1:4).

그 안에 생명이 있었으니 이 생명은 사람들의 빛이라(요 1:4).

하늘의 비밀은 '하나님 = 말씀 = 생명 = 빛'의 등식으로 우리 신앙의 결정적이고 직접적인 사실관계를 밝혀주고 있다. 여기서 빼놓을 수 없는 신비한 비밀은 '말씀 = 하나님 = 예수 그리스도'의 절대적 연계 관계성에 관한 것이다.

말씀이 육신이 되어 우리 가운데 거하시매 우리가 그의 영광을 보니 아버지의 독생자의 영광이요 은혜의 진리가 충만하더라(요 1:14).

율법은 모세로 말미암아 주어진 것이요 은혜와 진리는 예수 그리스도로 말미암아 온 것이라(요 1:17).

하나님은 자연과 초자연 세계의 모든 비밀을 창안하신 분이다. 하나님은 초월의 존재이시라서 그분의 비밀도 초자연 세계에 관한 핵심 주제들이다. 자연 현상에 관한 비밀은 어느 정도 계시되었고, 인간의 노력으로 이해되어 가는 측면도 있다. 하지만 초월 세계에 대해서는 이와는 전혀 다르다. 인간은 원래, 스스로는 그 어떤 것도 알 수 없는 비밀 정보 결핍증 환자였으나 자연 계시를 통해 하나님을 희미하게 알아가는 정도가 되었다. 사실 자연도 하나님의 말씀으로 지어진 것이므로, 각각의 자연물에는 하나님의 비밀 일부가 담겨있다. 하지만 그것만으로는 부족하다고 판단하신 하나님께서 말씀으로 비밀을 특별 계시(성경)하여 인간이 새롭게 받아들이도록 하셨다. 하늘의 비밀들을 인식하고 축적할 수 있다는 것은 인간에게는 유일한 능력이요 희망이다. 인간의 기억력 자체가 비밀

창고 역할을 한다면, 기억력은 하나님 비밀에 대한 갈망으로 하나님께 더 가까이 다가가는 기회로 만들어 낸다. 이때 인간이 비밀의 조각들을 퍼즐로 맞추어 가면서 부분적으로 그 뜻을 깨달아가는 모자이크 형 모델의 꼭지점에 도달할 수 있다. 쉽게 말하면 인간이 처한 현재의 자연 세계는 하나님의 관점에서 보면 단지 하나의 모형일 뿐이다. 원형 곧 초월의 비밀을 자각하려고 시도할 때 모형은 진리로 채워지고 완전하게 인지될 수 있다. 하나님은 자신에 대해 알고자 하는 사람에게는 계시로 비밀의 뜻을 밝히 알게 하신다. 그러므로 우리는 하나님의 뜻을 알고 다시 일상의 삶 속으로 돌아와 신앙의 길을 굳건하게 지켜나갈 수 있을 때 '회개하라 천국이 가까이 왔느니라'(마 4:17b)고 하신 예수님 말씀이 현재로 다가온다.

인간은 자신을 창조주 하나님의 위에 올려놓을 수 없고, 하나님의 비밀을 조사할 수도 없다. 그분은 무한하시고 영원하신 영이시기 때문이다. 행여 하나님 인식 과정에서 과학적 탐구로 하나님의 비밀을 추출하거나 정탐의 모험을 감행할 수 있지 않겠냐고 생각하는 사람도 있을 수 있다. 하지만 그것은 대단히 위험한 발상이다. 유한한 존재인 인간의 그릇에 무한하신 하나님을 담을 수 없기 때문이다. 그러므로 하나님에 관한 지식을 정탐하기 위해 그 어떤 목적이나 의도를 성경보다 우위에 두는 우(愚)를 범해서는 안 된다. 하나님께서는 자신 및 신적인 것에 관한 지식 발견의 일들을 인간에게 맡겨두시지 않으셨다. 오히려 하나님은 자유의지로 자기 계시 수단을 통하여 하늘 비밀을 인간이 깨달을 수 있게 해주신다. 따라서 분명한 것은 하나님은 결코 인간의 주체적 연구 대상이 될 수 없고, 오로지 하나님 자신만이 항상 주체이시다. 하나님의 주권과 전지전능하심은 따로 떼어놓고 생각할 수 없는 하나의 비밀이다.

우리는 형제를 사랑함으로 사망에서 옮겨 생명으로 들어간 줄을 알거니와 사랑하지 아니하는 자는 사망에 머물러 있느니라(요일 3:14).

세상 나라에서 하나님 나라로 옮겨지는 것은 곧 사망에서 생명으로 옮겨지는 것으로, 여기에 이르기 위해서는 땅적 차원에서의 자기 진단이 전제된다. 죄에 대한 자각과 회개, 영혼의 갈망과 천국 소망, 세상에 질식당하고 있는 자아와 영혼을 오염시키는 환경에 관한 인식 등이 바로 그것이다. 땅 차원에서 하늘 차원으로 옮겨지는 이동 과정에서 수많은 왜곡과 변질, 곡해와 오해가 발생할 수 있다. 따라서 여기에는 반드시 완전한 자각이 요구된다. 땅에 대한 몰이해나 하늘에 대한 몰이해, 하늘 가는 길에 대한 몰이해 등, 이 모든 것들에 대한 자각은 새로운 반전의 계기로 이어질 것이기 때문이다. 그러므로 천국 입성 직전까지는 소위 '3 깨'가 반드시 이루어지게 된다. 즉 '깨어짐'과 '깨뜨려 짐', 그리고 '깨달음'의 '3 깨' 과정이다.

인간은 반드시 자신의 육(몸)적 자아와 선입관, 고정관념이 깨어져야 한다. 아울러 그간 꽁꽁 묶여 있던 땅적인 모든 것들에 대한 탐욕의 그릇들이 십자가에 의해 깨뜨려짐을 받아야 한다. 하나님 말씀이 성령에 의해 진리에 대한 깊은 이해와 깨달음을 줌으로써 영적 자유로 하나님 영광을 찬송할 수 있어야 한다. 하나님 나라의 결국은 성령으로부터 얻게 되는 '하나 됨'의 자유에 이르게 할 것이다. 세상적인 것들의 포기와 죽음으로부터의 자유, 율법과 말씀 왜곡의 함정으로부터 해방, 선악과를 정보로 선택한 죄악, 그리고 시간의 유한한 압박으로부터 탈출하는 일들이 지금 동시적으로 우리 마음속에서 일어나고 있음을 확인해야 한다.

정보 신학(Realization of God's secret)적 관점에서

우리가 하나님의 비밀을 깨닫지 못하는 이유는 여러 가지가 있다. 그 중에 대표적인 예가 우리 사고방식에 고정관념으로 장착된 인본주의적 인 가치관과 율법적인 신앙관이다. 오늘 우리의 다원 사회 특징은 날이 갈수록 소위 비즈니스나 관광, 교류라는 명목으로 다양한 사람들의 빈번 한 왕래와 더불어 더 많은 정보의 교류와 소비 제품들을 생산해내고 있 다. 거기에는 인간들이 쏟아내는 수많은 말과 주의, 주장들이 맞부딪치 며 부서지고 깨어진다. 그리고 거기에는 수많은 법률과 시행령, 국제법 과 관례 등이 늘어나며 인간의 사고를 세속화의 틀 속에 가둔다. 이제는 어떤 법이 있는지조차 알 수 없을 만큼 우리 삶은 규칙과 규제들로 혼잡 을 더해 감으로써 한마디로 인간 생리가 율법적 사고에 깊숙이 길들여 지는 구조가 되어 버렸다. 이는 하나님 은혜를 멀리하는 율법적 신앙관 으로, 왜곡된 말씀과 뒤틀린 믿음을 고집하게 하는 위험 신호이다. 따라 서 필자는 하나님의 비밀과 인간의 정보 인식에서 오는 여러 현실적 상 황과 성경 주제들을 탐구해야 한다고 보고, 이를 위해 '정보 신학'이라는 카테고리를 설정하고 그 명제 아래 하나님 비밀의 깊은 메시지를 발견하 는 한편 우리가 견지하고 있는 신앙관 중에 빗나간 부분이 있다면 발상 의 전환을 통해 바로 세워갈 수 있길 바란다. 패러다임의 변화가 오직 하 나님의 지혜와 성령님의 인도하심에 의해 깨달음의 문이 활짝 열리기를 간구하는 마음을 갖게 한다. 특히 시대적 환경 조건을 배경으로 꿈틀거 리는 신앙의 왜곡과 불신앙의 뿌리 그리고 믿음의 현실에서 견고성을 약 화하는 공통된 문제들을 발견하기 위해 먼저 이해가 필요한 다음과 같은 논지를 제기한다.

첫째, 하나님의 계시는 전적으로 구원의 방향만 제시할 뿐 상황마다 일일이 우리가 '할 바'나 '갈 바'를 구체적으로 말씀해 주지 않으신다. 즉, 헌법과 법률 수준의 대강 원리와 지침을 주시지만, 시행령과 같은 장황한 행동 목록은 주시지 않으신다. 이는 **인간이 정보를 선택할 자유를 인격적 차원에서 허용하신 것으로 우리는 인생의 많은 부분에서 실제적인 선택과 결정을 내려야 하는 특혜를 입고 있다.** 그러나 우리는 여전히 하나님의 뜻이 계시되기를 기대하며, 믿고, 그분의 인도하심에 전적으로 의존하며, 그분 알아가기를 갈망해야 하는 피조물들이다.

둘째, 그러함에도 인간은 비밀 계시가 없더라도 세상에서의 생존과 번영을 위해 동분서주하며 물질 소비에 관한 정보를 얻어내려고 발 빠른 움직임을 보이는 존재이다. 이러한 인간 정보활동의 특징은 지극히 이기적이고 자기중심적인 자기 욕망 충족을 위한 경쟁일 뿐, 결국에는 하나님의 비밀을 외면하는 자기 확증편향 강화의 원인이 되고 있다. 그런 정보 욕망의 시작은 에덴동산에서 선악과를 선택한 아담과 하와에 뿌리를 두고 있다.

셋째, 세상 중심의 소비적 가치관과 세계관에 매몰되어 있는 사람에게는 설사 하나님의 비밀이 계시된다고 하더라도 알아보지도, 깨닫지도 못한다. 그들은 하나님과 말씀에 대해 그 어떤 관심도 없고, 진리를 이해하려는 노력도 하지 않는다. 특히 일부는 하나님 말씀에 긍정적으로 접근하더라도, 하나님의 정체성에 대한 왜곡을 자주 일으키게 된다. 인간의 의식 구조가 세상 정보 욕망에 지나치게 경도되어 있는 까닭에 하나님 비밀을 올곧게 받아들이기보다는 자기 입맛에 맞게 해석하며 참뜻을 곡해하기 때문이다.

넷째, 오늘날 정보 혁명의 시대는 사람들이 지나치게 경쟁하는 정보

시장에 뛰어들도록 유인하고 있다. 이런 시대적 환경은 신자나 불신자 모두에게 아주 불리한 환경 요인들을 재배치해 놓고 있어서 이러한 현실을 어떻게 이해하며 극복하고 진리 앞으로 더 가까이 나아갈 수 있을 것인가? 이는 아주 무거운 주제이지만, 심도 있게 논한다면 우리 영혼이 참 자유를 누릴 수 있는 아주 기분 좋은 기회를 열어 놓을 것이다.

다섯째, 우리 신앙의 환경은 몇 가지 결정적인 취약점을 드러내고 있다. 예를 들면 성경의 통독이나 설교에서 하나님 관점보다는 인간 중심의 해석에 치우치고 있거나, 하나님의 주권보다는 성경 인물 중심의 영웅화를 주제화하여 성경을 읽고 말씀을 전하는 경우다. 특히 세상 정보 환경에 오염된 나머지 하나님 비밀 계시에 대해 아예 눈을 가리고 있음은 물론 개인의 안목을 어둡게 하는 근원 인식의 문제를 비중 있게 다루지는 않고 있다. 이 세상에서 일어나는 모든 문제의 원인이 인간에게 있다는 점을 뒤로하고, 눈앞의 행복만을 찾으려고 탐색하는 수준에 머물러 있다. 하나님과 함께하려는 것이 아니라 세상 시류(時流)에 보조를 맞추려고 허겁지겁하고 있다. 혼돈은 결코 정보를 생성하지 못한다는 것을 알아야 한다.

여섯째, 인간에게 주어진 유일한 특권인 정보 선택권의 자유가 하나님 비밀 왜곡의 도피 구실이 될 수 있다. 정보 선택의 범위가 넓고 많아질수록 인간의 한계와 모순들이 묻어난다. 예를 들면 초콜릿을 선택할 때 둘이나 셋 중에서 하나를 선택하는 경우와 25개 혹은 30개 중에서 하나를 정보 선택하는 데서 오는 압박감과 만족도는 전혀 다르다. 2~3개 중에서 하나를 선택하는 경우는 판단에 필요한 정보가 많지 않아서 결정이 쉽고 빠르며, 선택 후의 만족감도 크다. 반면 25~30개 중에서 하나를 선택해야 한다면 거기에는 다른 것과 비교 판단할 많은 부수적인 정보들이 필요하다. 가령 초콜릿의 경우 색깔과 크기, 맛과 향기, 구매 방법과 장소, 지출할 돈의 액수 등에 관한 사전 지식과 질문이 요구되는 까닭에 선택 결정이 쉽지 않다. 선택 이후에도 선택하지 않고 포기한 나머지 초콜릿들에 대한 미련이나 아쉬움, 더 맛있고 색깔 좋은 것들을 제쳐놓고 온 것은 아닌지, 이미 선택하여 손에 쥐고 있는 것들이 과연 옳고 합당한지 등을 고민하게 된다. 바로 이런 심리가 정보 선택 결정을 그릇되게 하고, 하나님 비밀에 대해서는 아예 외면하거나 왜곡하는 도피의 구실이 될 수 있는 만큼 정확한 정보판단과 선택 결정이 요구된다.

> 내가 오늘 하늘과 땅을 불러 너희에게 증거를 삼노라. 내가 **생명과 사망과 복과 저주**를 네 앞에 두었은즉 너와 네 자손이 살기 위하여 생명을 택하고(신 30:19).

생명과 사망, 복과 저주라는 선택적 정보 사항이 누군가에게는 조금 낯설게 느껴질 수 있을지도 모르겠다. 하지만 이는 성경적 이해의 폭을 확장하고 하나님 비밀 계시에 대해 더 깊은 깨달음과 새로움을 더해 주는 말씀으로서 우리가 직면하고 있는 시대적 정보 선택 환경은 누구나가 주의 깊게 살펴야 할 명제이다. 하나님 비밀의 인간 정보화 개념은 곧 하나님 말씀에 대한 인간의 이해 정도를 범주로 삼는다. 그러나 이 책이 비밀정보 신학의 논제를 다루는 과정에서 현대사회의 정치, 경제, 문화나 생존 현장 상황으로부터 생생한 예화를 깊이 끌어들이지는 않을 것이다. 왜냐하면 이 시대를 사는 사람이라면 조금만 감각을 바로 세운다면 실제 삶 속에서 느끼고 체험 중인 자신을 발견할 수 있을 것이기 때문이다. 독자들이 어리둥절하지 않고 새로운 직감으로 하나님의 비밀 계시에 촉각을 세우며, 그분의 깊은 뜻을 올곧게 이해하여 자기 신앙을 바르게 세우는 데 조금이라도 도움이 된다면 그것만으로도 충분하다.

마지막 일곱째, 하나님의 비밀정보가 아닌 세상 차원의 정보와 비밀이 난무할 뿐이라면 그것은 곧바로 인간들을 거짓 정보에 익숙하게 만들어 버릴 뿐이라는 사실이다. 세상의 잣대로 하늘 비밀을 임의로 재단하고 왜곡해 버릴 여지가 많아지게 될 때 인간 존재와 생명에 치명적인 오류를 낳게 될 것이다. 하늘 비밀은 우리의 영원한 생명 구원과 직결되는 정보이다.

그러므로 **정보 신학적 관점에서 가장 중요하다고 보는 핵심은 성경 전체가 하나님 비밀의 인간 정보화 과정을 설명하는 증언이라는 이해의 관점이다.** 참 진리를 깨달아 가는 일에 집중할 이 책은 성경적 비밀에 대해 폭넓은 지지를 보내며 읽어야만 하나님 비밀 계시를 올곧게 깨달을 수 있다는 전제하에 읽기 시작해야 하고, 그리하면 반드시 숙고해야 할 주제들을 들춰내게 될 것이다. 이를 위해 우리는 두 가지를 주요 목표로 삼아야 한다. 하나는 구약 및 신약성경에 사용되는 비밀 개념을 정의하고 그것의 중요성을 파악하는 것이며, 다음으로는 신약성경 전체에서 다양하게 사용되는 비밀 용어와 결합 되어 나타나는 주제들을 가능한 한 정확하게 이해할 수 있도록 하는 것이다. 성경 탐구로 얻어 내는 최종 비밀의 결과인 십자가 사건은 유대인과 이방인 그리고 다양한 주제에 대한 우리 이해의 폭을 더 분명하게 확장해 줄 것이다. 성경 전편에 흐르고 있는 묵시나 암시의 비밀성을 탐구하는 데 초점을 맞추면서 본문에 존재하지 않는 의미를 그 안에 집어넣어 읽고자 하는 시도는 피할 것이다. 그 대신 전후 맥락에서 정보 신학적 관점의 연관성과 중요성, 그리고 그 의미의 타당성 판단을 생각해 볼 수 있다. 이 제안에 기초한 모든 연관성은 가능성과 개연성에 정도의 차이가 있겠으나, 단지 개연성이 있는 연관성만을 제시할 것이다.

비록 이미 제공된 비밀의 암시를 밝혀줄 수 있다 하더라도, 그것은 다양한 가능성을 좁히는 방향으로 이끌 수 있다고 본다. 예를 들면 성경 주석은 이전의 주석들을 따르는 경향이 많아서, 주석서에 기초한 전통은 자칫 신약성경 저자가 사용하는 성경 내적 배열을 왜곡하거나 오해하고 그 배열에 대한 새로운 창의적인 접근 방법을 놓칠 수 있었다고 본다. 이는 독자들이 동일 증거에 대해 다른 판단을 내릴 수 있고, 그 결과 성경 말씀의 곡해나 왜곡도 불러올 수 있음을 의미한다. 왜냐하면 어떤 이들은 특정 참조를 개연성이 있다고 분류하고, 다른 이들은 똑같은 참조를 약간 가능성이 있다거나, 심지어 가능성이 희박해서 분석할 가치조차 없다고 간주할 것이기 때문이다. 또 어떤 이들은 성경 저자가 구체적으로 어떤 암시를 의도하고 있는지 여전히 의문을 품고 궁금할 수도 있다. 그러므로 암시 또는 반향을 반드시 찾아내게 하려는 의도가 없음을 이해하면서도, 항상 하나님의 관점에서 진리가 목적하는 바를 빛으로 발견하려는 노력을 기울일 것이다. 다시 말해 전혀 다른 관점, 즉 하나님의 관점에서 하나님의 말씀을 바라봄으로써 성령의 깨우침을 받으려고 해야 한다는 것이다.

그런 의미에서 이 책은 하나님의 비밀과 인간의 정보라는 관점에서 출발하지만, 먼저는 우리가 부지중에 하나님 계시를 왜곡하는 정보 욕망의 굴혈(窟穴)에서 세상을 더듬고 있다는 점을 항상 의식하고 긴장하게 할 것이다. 하나님의 비밀 왜곡이야말로 최악의 비통한 경험일 텐데 그걸 감각적으로 느끼지 못하고 있다면 심각한 증상이 아닐 수 없다. 영적인 문제에 대해 죽어있는 영이 어떤 감각도 느낄 수 없다는 것들은 너무도 당연한 일인 것 같다. 그러나 인생의 모든 국면에서 각 사람이 앓고 있는 고난과 고통의 근원이 과연 무엇일까를 생각해 볼 때 하나님 비밀과 인간 정보의 관계에서 일어나는 착시 현상들이 많을 수밖에 없는 만큼 스스로 자각하고 깨우치는 일은 매우 소중한 책무가 아닐 수 없다. 영적인 시청각 장애로 높게 쌓아 올린 착각과 왜곡의 증상은 각자가 스스로 자각한 이후 성령에 의한 치유를 받아야만 완치될 수 있다. 성령의 역사 없이는 결코 거듭난 자가 될 수 없다.

이 책은 불신자와 불가지론자, 그리스도인과 신학자들이 자기 신앙의 현주소를 재점검하며 믿음을 바른 궤도로 회복하는 데 조그마한 주춧돌이라도 되길 바라고 소망한다. 이 책 후반부에서는 비밀이라는 용어가 나타내는 각각의 이야기들을 분석하고 전후 문맥에 특별한 관심을 기울임으로써 책 전반부에서 부족했던 부분을 채울 것이다. 대부분 비밀이라는 용어 사용과 연관되는 신구약 성경의 주변적인 암시와 인용에 초점을 맞춤으로써 비밀이라는 용어가 나타내는 각 경우를 살펴볼 것이다. 특히 구약성경의 인용과 암시를 탐구함으로써 비밀 계시의 뜻을 풀어 밝히는 데 도움을 얻으려 할 것이다. '감추어진 것'을 의미하는 **'비유' 역시 비밀의 영역이다.** 비유(수단) 자체는 그것이 전달하는 메시지(천국의 비밀)에 통합된다. 성경은 예수께서 모든 것을 무리에게 비유로 말씀하시고 비유가 아니면 아무것도 말씀하지 아니하셨다(마 13:34;막 4:33, 34)고 밝히고 있다. 따라서 비유 역시 비밀처럼 반드시 해독되거나 이해되어야 한다. 비밀과 감추어짐의 연결은 마태복음 13장 34절에서 주목할 만한 시편 78장 2절 인용의 기능을 다시 설명함으로써 도움을 받는다.

이는 선지자를 통하여 말씀하신바 내가 입을 열어 비유로 말하고 창세부터 감추인 것들을 드러내리라(마 13:35).

내가 입을 열어 비유로 말하며 예로부터 감추어졌던 것을 드러내려 하니(시

78:2).

우리는 이전의 하나님 비밀 접근 방법들이 율법주의 사고에 젖어 시작
된 까닭에 최상의 방법이 아니었다는 문제의식을 지니고 출발함으로써
하나님의 비밀을 하나님의 비밀 자체로 발견할 수 있도록 해야 한다. 특
히 신약성경의 개념은 주로 구약성경에 비추어서 이해되도록 확인해 줄
것이기 때문에 상호보완적으로 해석되어야 한다.

여호와께서 증거를 야곱에게 세우시며 법도를 이스라엘에게 정하시고 우리

조상들에게 명령하사 그들의 자손에게 알리라 하셨으니(시 78:5).

이 말씀에 근거하여 계시는 계속되고 있다는 믿음으로, 하나님을 더
깊이 알고, 그분의 비밀을 더 탐구하겠다며 도전하러 나서게 될 때 이 책
은 성경을 진지하게 연구하고자 하는 신학생, 목회자와 성도들을 위해
저술된 것이라고 말할 수 있다. 특별히 까다로운 본문들을 다룰 때 너무
복잡하며 어떤 부분은 명확하게 이해하기가 쉽지는 않겠지만, 비밀 용
어가 신구약 성경으로 연결된 분석론에서 유익을 얻는 경우 큰 어려움은
해소되리라 믿는다. 신약성경은 비밀과 계시라는 차원에서 구약성경과
의 연속성을 여전히 유지하고 있다. 대체로 하나님 비밀의 범주를 창조
부터 '마지막 날에' 일어나는 사건들과 관련된 것, 다시 말해 부분적으로
감추어진 하나님의 지혜에 대한 계시라고 정의할 것이다. 하나님의 비밀
이 이전에는 감추어져 있었지만, 지금은 '계시된 하나님의 지혜'라고 정

의한다면, 우리는 올바른 방향으로 나아가는 것이다. 사도 바울이 밝힌 바를 눈여겨볼 때 이해가 더 빨라질 것이다.

> 예수 그리스도 그가 모든 지혜와 총명을 우리에게 넘치게 하사 **그 뜻의 비밀을 우리에게 알리신 것이요** 그의 기뻐하심을 따라 그리스도 안에서 때가 찬 경륜을 위하여 예정하신 것이니(엡 1:8, 9).

여기서 주목해야 할 점은 성경 저자들을 통해 전달된 하나님 비밀 계시가 의도하는 바에 오늘날 우리도 적응이 가능하다는 사실이다. 비록 아무도 하나님이 계획하시는 바를 완전하게 파악할 수는 없지만, 특별히 구원과 성화 그리고 하나님의 영광이라는 목적을 위한 의도는 충분히 이해할 수 있을 것이다. 창세기로부터 욥기, 시편이나 요한계시록에 이르기까지 성경 안에서 더 많은 깨달음을 기대해도 된다. 신약성경은 때때로 구약성경을 인용하고 관련 주제를 공유하고 있는 만큼 새로운 방법으로 표현하고 있다는 점을 유념한다면 큰 깨달음의 수확을 얻게 될 것이다.

다만 하나 덧붙이고 싶은 것은 만약 독자들이 정보 신학적 관점 중 신앙의 성장 배경과 경험적 색채가 다를 수 있다는 사실을 부정해 버린다면 이 책은 무미건조하고 추상적이며 난해한 내용으로 치부되고 말 것이다. 특히 불신자의 상황에서 얻어진 실례들을 신자의 상황적인 그것으로 복제해 덮어버린다면, 무섭도록 딱딱하고 허술한 세상의 비밀을 접하는 것 같은 느낌이 들 수 있을 것이다. 또한 높은 산 정상에 올라서서 현재의 모든 시대적 상황에 정통해 있는 체한다거나, 하나님 비밀을 홀로 깨닫고 아는 척한다고 단정해 버린다면 그 또한 하나님의 참 진리를 깨달는 데 별 도움이 되지 않을 것이다. 대부분의 독자가 이점에서는 필자가 주제로 잡은 '하나님의 비밀과 인간의 정보'가 펼치는 견해를 공유할 수 있으리라 믿는다. 성경이나 다른 신학 서적을 읽을 때 얻는 즐거움과 교훈의 대부분은 바로 십자가 진리에 관한 깨달음이었음을 미리 고백해 두고자 한다. 왜냐하면 이 관점은 많은 사람이 세계적 인물이 되어 보려고 자기를 주장하는 목소리를 높이고 해괴한 논리를 쏟아내는 무미건조한 세상의 말장난들을 피하고, 더 진솔한 마음으로 성경 말씀이 주시는 진리를 깨닫는 것을 더 좋아할 수밖에 없는 이유가 되기 때문이다. 여기에서 우리가 놓치고 있는 기독교 정신은 어떠한 것들이 있으며, 또한 성경 말씀에서 하나님의 비밀을 깨닫기 위해 어떠해야 하는가를 각별하게 염두에 두고 이 글쓰기를 시작한다.

제1부
/
천지창조의
신비와 계시

제1장
하나님 존재와 현시(顯示)

창조 직후 하나님의 사유

성경의 첫 번째 책인 창세기의 구절은 '태초에 하나님이 천지를 창조하시니라(창 1:1)'는 말씀으로 시작한다. 태초에 관한 이 선언은 상상을 초월하는 깜짝 놀랄 만한 대전제이다. 하나님의 존재는 당연한 것으로 전제하며 그분에 대한 어떤 설명도 없이 시작하기 때문이다. 천지를 창조하신 하나님은 우리 눈에 보이지도 않고 손으로 만질 수도 없는 무한하고 영원한 분, 인간의 언어로 설명해 낼 수도 없고, 어떤 문자나 그림으로도 나타낼 수 없는 그런 분이시다. 이 선언은 태초의 시간에 이루어진 천지창조 곧 하늘과 땅이 만들어진 근원의 비밀을 알게 해주는 실마리를 제공한다. 오늘날 자연 과학이나 물리학, 우주과학의 대전제와도 완전히 일치한다. 특히 이 선언은 인간 생명의 근원을 밝히며 일평생을 믿음으로 이어가는 삶과 죽음 그리고 종말 이후를 이해할 수 있는 눈부신 빛이요 창조의 비밀을 깨달을 수 있는 절호의 기회를 제공한다. 우리가 생존하고 있는 지구와 우주 공간 밖에 존재하시는 하나님이 마치 개미처럼 이 땅에서 생존을 경쟁하고 있는 인간에게 영원한 생명에 대한 깨우침을 주시겠다고 하시는 그분의 약속을 감지할 수 있다. 우리가 하나님의 이 비밀을 깨닫게 하는 놀라운 '알림의 역사'를 알아차릴 때 영광과 찬송이 저절로 터져 나오게 된다. 하나님이 자신의 사랑과 은혜를 이해할 능력을 인간에게 주시려는 의지가 펼쳐지는 '하늘 열림'의 시작이다.

스스로 존재하시는 하나님께서 우주 만물을 창조하신 직후에 어떤 사유를 하고 계셨을까? 그분께서 창조를 완료한 이후 맨 처음 생각하신 일은 무엇이었을까 궁금하다. 이것은 인간 구원의 서정을 이해할 수 있는 아주 중요한 단서를 알아내려는 질문이다. 그에 대한 힌트는 하나님이 자기 형상과 모양으로 지어낸 피조물인 사람에게 하나님 자신을 '알려주고, 알아보게' 하시겠다고 하신 의지에서 찾을 수 있다.

그러므로 우리가 창조 전후 그분의 묵시와 생각은 어떤 것이었을까 추론해 볼 때 실로 놀라운 기적의 비밀을 감지할 수 있을 것이다. 특히 하나님께서 인간과 소통하기 위해 주시는 말씀의 뜻과 의도를 역지사지(易地思之:처지를 바꾸어 생각함)해 보는 것은 대단히 유익하고 기쁜 일이다. 왜냐하면 우리가 하나님께 좀 더 가까이 나아가 그분의 깊은 뜻을 깨닫는 일보다 우리 일생에 더 큰 축복이 없기 때문이다. 성경의 모든 말씀이야말로 하나님을 알게 하는 가장 소중한 단서이며 진리이다.

하나님은 태초 이전에, 즉 영원 전부터 스스로 존재하신 분이다. 그러던 어느 날 바로 그 태초에 우주 만물을 창조하시려던 묵시적 계획을 실행에 옮기셨다. 태초의 첫째 날부터 여섯째 날까지 천지 만물을 순차적으로 창조하셨다. 성경은 창조가 이루어진 그날마다 하나님께서는 보시기에 좋았다(창 1:3-25)고 찬탄하셨다고 기록하고 있다. 첫째 날에는 빛을 창조하셨다. 하나님이 빛이 있으라 하시니 빛이 있었고, 빛과 어둠을 나누사 빛을 낮이라 어둠을 밤이라 부르셨다. 둘째 날에는 궁창을 만드시고, 셋째 날에는 땅이 풀과 각기 종류대로 씨 가진 열매 맺는 나무를 내셨다(창 1:3-13. 참조). 이어서 넷째 날에는 첫째 날 창조와 한 쌍을 이루듯 하늘의 궁창에 광명체들이 있어 낮과 밤을 나뉘게 하고 그것들로 징조와 계절과 날과 해를 이루게 하셨다. 다섯째 날에도 둘째 날 창조와 어울리게 하나님이 큰 바다 짐승들과 물에서 번성하여 움직이는 모든 생물을 그 종류대로 창조하셨다(창 1:14-23. 참조). 그리고 마지막 여섯째 날에도 마찬가지로 셋째 날과 손뼉을 마주치듯 땅의 짐승과 가축, 땅에 기는 모든 것을 그 종류대로 내시는 한편 사람 창조를 마치셨다. 그리고 하나님 보시기에 '심히 좋았다'(창 1:31)고 기록하고 있다.

천지 만물이 다 이루어지고, 하시던 일을 마치시니 하나님께서는 모든 일을 그치고 일곱째 날에 안식하셨다(창 2:1-3). 우리는 하나님이 창조를 시작하여 완성한 이후 안식에 들어가시기까지 그날들을 복되고 거룩하게 하시며, 크게 만족하셨음을 알 수 있다. 하나님과 사람 모두가 거룩하고 아름다움이 충만한 모습이다.

여기에서 우리의 관점을 바꿔 보자. 하나님이 천지창조를 마치신 직후 맨 처음 생각하신 구상이 무엇이었을까? 이 호기심과 궁금증이 달래질 수 있을지 모르겠지만, 힌트는 하나님께서 에덴동산을 창설하신 데서 찾아볼 수 있다.

여호와 하나님이 동방의 에덴에 동산을 창설하시고 그 지으신 사람을 거기 두시니라 여호와 하나님이 그 땅에서 보기에 아름답고 먹기에 좋은 나무가 나게 하시니 동산 가운데에는 생명나무와 선악을 알게 하는 나무도 있더라(창 2:8, 9).

하나님께서 동방의 에덴동산을 창설하신 이후의 풍경인데, 참으로 여유롭고 풍요로운 장면으로 다가온다. 사람을 거기에 두셔서 그 아름다움과 평화를 만끽하며 자유를 충분히 누릴 수 있도록 배려하신 것이다. 이것이 하나님의 사랑이고 은혜이다. 이 말씀으로 확신컨대 하나님께서 모든 창조를 완성하신 이후, 그러니까 안식에 들어가시기 직전에 가장 먼저 고려하신 점은 첫 사람 아담과 최초의 관계를 설정하는 일이었음이 분명하다. 그렇게 사유하신 근원은 인간의 형상이 어떠하냐에 달려 있었다.

하나님이 이르시되 우리의 형상을 따라 우리의 모양대로 우리가 사람을 만들고(창 1:26a).

사도 바울에 의하면 거듭난 사람은 하나님을 따라 의와 진리의 거룩함으로 지으심을 받은 새사람이다(엡 4:24. 참조). 그러한 불가분의 관계에서 생명이 시작되었으니 하나님께서는 창조를 마치신 이후 사람을 그냥 내버려둘 수 없으셨다. 하나님 자신의 형상과 모양으로 만들어 낸 사람에게 본인이 지으신 우주 창조의 비밀을 어떻게든 알려 주어 깨닫게 하는 하늘 축복을 주고 싶어 하셨다. 이 같은 하나님의 애정 어린 마음은 하나님 자신과 인간 존재의 관계가 어떠함을 알게 한다. 창세기에서 추론되는 하나님의 은혜와 자비는 친히 말씀으로 나타내 주셨다.

하나님은 전지전능하신 분으로 단 하루 눈 하나 깜짝할 순간에 천지를 창조해 내실 수도 있었다. 그러나 첫째 날, 둘째 날 … 여섯째 날, 일곱째 날로 나눠 천지를 창조하신 것은 모두가 하나님의 일하시는 방식이며, 인간을 향해 무언가 중요한 메시지를 이해시키기 위한 어떤 의도를 가지고 계셨음을 말해 준다. 그것은 창조의 비밀에 관한 정보이다. 특별히 사람을 창조하신 후에 하나님이 지으신 그 모든 것을 보시니 보시기에 '심히 좋았더라'(창 1:31)고 말씀하셨다. 하나님의 이런 감정 표현에서 창조의 비밀을 '알리고, 알게 하시는' 것이 하나님의 기쁨이고 만족해하시는 일임을 읽어낼 수 있다. 하나님은 여기에서 그치지 않고 아담을 하나님의 계시를 알아볼 수 있는 완전한 사람으로 만들기 위한 짝꿍과 생존에 필요한 것들도 준비해 주신다.

> 여호와 하나님이 이르시되 **사람이 혼자 사는 것이 좋지 아니하니 내가 그를 위하여 돕는 배필을 지으리라** 하시라 여호와 하나님이 아담에게서 취하신 그 갈빗대로 여자를 만드시고 그를 아담에게 이끌어 오시니(창 2:18, 25).
> 하나님이 이르시되 내가 온 지면의 씨 맺는 모든 채소와 씨 가진 열매 맺는 모든 나무를 너희에게 주노니 너희의 먹을거리가 되리라(창 1:29).

하나님께서 온 지면의 씨 맺는 모든 나무를 주어 먹을거리가 되도록 배려하신 점은 인간의 기본적인 행복과 안전도 영원히 보장해 주시겠다고 하는 선언이다. 여기에서 하나님은 한 치의 오차도 없이 묵시 속에서 기획하시고 준비해 가신다는 사실을 알 수 있다. 그런데 '씨'의 의미는 생명을 함유하면서 또 다른 깊은 비밀을 담고 있음을 감지할 수 있다면 좋은 일이다.

이와 같은 성경의 가르침은 하나님께서 인간과 새로운 관계를 설정하여, 하나님 자신이 창조하신 우주의 비밀을 계시해 주시려는 데 그 초점이 맞춰져 있다. 더욱이 에덴동산에서 선악을 알게 하는 나무의 열매를 먹지 말라고 명령하신 것 자체가 인간과 깊은 교제로 소통하며 사랑의 빛을 비춰주시려는 은혜의 발로이다. 다시 말해 **하나님께서는 모든 사람이 금지 명령을(나중에는 율법을) 통해 죄를 깨닫고 창조주이신 하나님과 거룩하고 온전하게 하나 되기를 원하시는 특별한 관계에 대해 깨닫기를 원하신 것이다**(그러나 결국 아담은 죄를 지어 죄를 깨달았다). 사람이야말로 창조 마지막 날에 완성된 최후의 작품일 뿐만 아니라 하나님과 대화를 나눌 수 있는 유일한 존재이다. 특별히 생명나무와 선악을 알게 하는 나무의 열매에 관한 명령은 하나님의 '최초의 말씀'이라는 점과 인류의 최후를 가름하는 핵심 의지와 뜻이 담겨있다. 특히 이 비밀이 또 다른 최후의 비밀과 연계되어 있어 그 의미가 깊다는 사실을 의식하며 하나님의 섭리 역사를 읽어갈 필요가 있다. **사람이 분별력을 갖고 올바른 방향에 설 수 있도록 하나님께서 친히 준비하신 것들을 '알려주고, 알게 하여', '하나 되는' 연합의 미래를 담은 비밀이다.**

하나님께서는 첫 사람 아담과 하와가 단번에 그 말씀을 알아듣고 깨닫기에는 한계가 있다고 보신 것이 분명하다. 그 명령에서 그들의 인생 전반을 열어 주시는 천국 비밀과 현 위치에서 살아가야 할 목적에 대해 조금씩 깨닫게 되기를 바라는 그분의 뜻이 감지된다. 하나님의 은혜를 알게 되는 것이 인간에게는 기적 그 이상이다. 피조물인 인간이 어떻게 창조주의 비밀과 뜻을 알아차릴 수 있었겠는가? 하나님께서 아담에게 내리신 최초 명령 가운데 모든 비밀이 들어 있는 까닭에 성경을 많이 읽고 깨달아야 할 이유가 바로 여기에 있다.

특별히 하나님께서는 자연을 섭리하는 일보다도 더 긴박한 비밀을 계시해 주시고, 그 해법을 깨닫게 하셨다. 곧 죽음과 영생에 관한 실존적 과제다. 이 또한 천지창조의 연속선상에서 첫 사람 아담에게 하나님 자신의 자존성과 주권적 권능을 알게 하신 것이다. 인류에게 **너는 누구이며, 누구의 것인지를 깨닫도록** 필요한 비밀을 열어 주시고 따라오도록 인도하신 것이다. 물론 아담의 시각으로는 큰 그림의 작은 일부밖에 보지 못할 처지라서 하나님이 자신을 다스리신다는 사실조차도 감응하기 어려웠을 것이고 그 방법을 알 수 있는 것은 더더욱 아니었다. 그에게는 그 어떤 역사나 전통, 비교할 대상이 주어져 있지 않았기 때문이다.

첫 사람 아담의 생존 현실

아담은 창조 여섯째 날 최초로 이 땅 위에 두 발을 딛고 섰던 첫 사람이다. 그의 생존 현실에 대한 인식은 어떠했을까? 그는 아무런 정보도 없고 의지할 곳도 없는 무지의 위기 상태에 있었다. 막막한 바다 한 가운데서 홀로 일엽편주에 매달린 형국이었다. 그런 그에게 하나님께서 친히 그분 자신의 존재와 능력 그리고 인간이 일평생 추구해야 할 영원한 생명, 곧 구원의 길을 '알려주고, '알게 하신' 일은 막중한 비밀의 계시이다. 한마디로 아담에게 존재 현실에 대한 자각과 인식의 수준을 높여주는, 영적 훈련과 역량 강화를 해주시려는 것이다. 하나님의 뜻을 올곧게 이해하여 순종과 믿음의 길을 걸어가도록 인간에게 넓은 길을 열어 주신 것이다. 이것은 대단히 중요한 하나님 핵심 사역이다. 이런 관점에서 우리는 당연히 만물을 창조하신 직후 첫 사람 아담에게 명령하신 최초의 말씀에서 하나님의 깊은 뜻과 의지를 확인하려는 절대적인 노력을 쏟아야 한다.

하나님의 마지막 창조 작품인 아담은 하와라는 짝꿍을 선물로 받아 인류의 조상이 된다. 여기에서 우리에게 더해지는 궁금증은 최초 사람으로 창조된 아담과 하와가 두 발로 처음 흙을 밟게 된 그 첫날에 하늘과 땅 그리고 전후 사방을 둘러보며 느낀 감정은 어떠했을까 하는 점이다. 분명한 것은 어느 날 우리가 낯선 외국의 유명 관광지에 도착하자마자 첫눈에 들어오는 새로운 풍광을 보고 감탄하는 정도 그 이상이었을 것이다. 우리는 비록 처음 가는 여행일지라도 출발 이전에 방문할 관광지에 관한 이런저런 정보들을 얻고 간접 경험을 가지고 떠난다. 하지만, 당시의 아담과 하와는 지금의 우리와는 전혀 달라서 그 어떤 사전 정보 지식도 얻을 수 없었다. 그런 상태에서 첫눈에 들어오는 지구 위의 풍경은 인류의 조상이 맨 처음 보게 된 최초의 장면들이다. 아마도 두 사람의 눈앞에 펼쳐지는 현실은 새롭게 보고 느끼는 차원을 넘어서 호기심과 두려움, 떨리는 불안한 감정에서 한동안 멍한 상태로 서 있었을 것이다. 생애 첫 경험은 감탄 이상의 놀라움이다. 하늘과 땅, 별과 달, 자연 초목과 새들이 나는 장면과 자신들 이외의 타자들이 놀랍고 신비한 생명체로 움직이는 것을 보고 그 어떤 말로도 형언할 수 없었을 것이다. 그들에게는 언어도, 문자도 없었고, 이전에 그 어떤 것과 비교해 본 경험도 없었기 때문이다. 만약 지금 우리가 아담과 하와가 최초 직면했던 자연 현상에 대해 가졌을 느낌과 감정들을 상상만 해보아도 정보 없음의 자유, 하나님 비밀에만 의지하는 자유가 어떠할 것인가를 알게 하며 우리의 삶과 신앙에 큰 물줄기를 열어 줄 것이 분명하다.

사실 하나님에 의해 창조된 직후의 아담과 하와가 맨 처음 직면한 세상은 아주 낯선(그러나 두렵지 않은) 것이었다. 어느 날 생각해 보거나 꿈꾸어 보지도 않았던 생명이었고, 모든 것이 자연의 상태로 주어진 이 세상에 홀로 서 있게 되었다는 것은 기상천외 한 일이었다. 마치 생후 얼마되지 않은 갓난아이가 세상에 대해서는 아무것도 모르는 무지한 상태에서 엄마 품에 안겨 있는 것과도 같았을 것이고, 초등학생이 첫 소풍을 갈 때 느끼는 흥분과 기대감과 같은 것이었을 수도 있다. 아담과 하와는 자기 존재에 대한 인식이 어려웠을 뿐만 아니라 자연 현상에 대한 어떤 느낌도 스스로 분별할 판단 기준이나 근거가 없었다. 그들에게는 그 어떤 사전 정보도 주어지지 않았고, 모든 것이 비밀이었다. 이것만은 자신이 분명히 알고 있다거나 알 수 있다고 말할 수 있는 것은 단 하나도 없었다. 스스로 자기 손과 발, 눈과 귀, 머리 등 신체를 살펴보아도, 혹은 좌우에 펼쳐진 산천초목과 동식물들을 둘러봐도 모든 것이 새롭고 신기할 뿐, '이것은 무엇이다'라고 단정지을 수도 없었다. 오로지 궁금증과 호기심에서 우러나는 신기함만 느꼈을지도 모른다. 만약 그들에게 특별히 아쉬운 점이 무엇이었느냐고 물어볼 수 있다면, 아마도 그들은 무엇이라 대답해야 할지 어안이 벙벙해할 것이다. 자신들이 사람으로 만들어지기 전까지 무슨 일이 일어났었는지, 누가 무슨 이유로 자신들을 만들어 놓았으며, 어떤 능력으로 지금 들숨과 날숨을 내쉴 수 있으며, 새롭고 신비로운 감정을 느낄 수 있는 것 자체가 도대체 어디서 온 것인지 도무지 이해할 수 없었다고 토로할 수밖에 없을 것이다.

하나님께서 창조하신 첫째 날에서 여섯째 날까지 새롭게 펼쳐진 시간적, 공간적 간격에서 일어난 일들에 대해서도 아담과 하와는 알아차릴 식견이나 능력 같은 것이 전혀 없었다. 새나 동물이나 꽃의 이름이나 특성을 전혀 알 수 없었을 뿐 아니라 무엇을 먹고, 무엇을 버리며, 생존은 어떻게 해야 할 것인가에 대해 제대로 판단할 수 없었다. 아담과 하와는 주어진 첫 상황에 대해 전혀 아는 바가 없었으니 '정보 맹인'이라고 말할 수 있다. 이사야 선지자는 첫 사람 아담이 처음 겪었을 법한 답답한 심정을 표현하듯 이렇게 말하고 있다.

누가 처음부터 이 일을 알게 하여 우리가 알았느냐 누가 이전부터 알게 하여 우리가 옳다고 말하게 하였느냐 알게 하는 자도 없고 들려주는 자도 없다(사 41:26a).

오늘 우리의 입장에서 생각하자면, 아담과 하와에게 닥친 가장 큰 과제는 자신의 주변을 둘러싸고 있는 생명을 위협하는 것이 무엇이며, 어떻게 대처해야 할지, 그 정체를 알아낼 정보를 얻는 일이었을 것이다. 어떻게 해야 사자나 호랑이나 짐승들, 그리고 돌풍이나 해일 같은 자연재해의 폭력으로부터 안전을 지킬 수 있을 것인가? 그들은 이를 판단할 어떤 기초자료나 근거도 갖고 있지 않았다. 아슬아슬한 생존의 현장에 위기를 알려 줄 그 어떤 경보나 정보도 없었다. 소망이 무엇인지도 모르고 오로지 무지, 무식한 자로서 존재할 뿐이었다. **하나님의 비밀과 인간의 정보가 없으니 살아 있다고 하나 죽어 있는 자였다.** 그들 부부에게 들이닥치는 불안과 두려움, 공포의 감정은 더욱 절망과 곤고함의 미궁으로 내몰았을 것이다. 아무리 다시 생각해 봐도 최초의 사람이 된 자신들이 어떻게 만들어졌고, 어디서 와서 어디로 가는 존재이며, 도대체 인생이란 무엇인지를 알 수 없었다는 것은 분명하다. 그러니 자신을 창조해 주신 하나님의 존재나 속성, 그리고 그분이 어떤 형상을 지니고 계실지를 상상해 볼 여지도 없었다. 그분은 보이지 않는 영이시기에 더욱 그러했을 것이다. 오직 하나님께서 친히 알려주시고, 알게 해주시기만을 기다려야 하는 존재로서 그가 할 일은 아무것도 없었다. 그로부터 사람은 하나님만을 전적으로 의존하며 살아야 하는 피조물의 신분임이 확인된다. 그러나 아담과 하와는 선악과를 따 먹고 숨었다. 하나님 앞에 참된 고백을 하지도 않았고, 변명하며 남탓하기에 바빴다. 하나님 앞에서 말씀을 왜곡하고 거짓말을 한 것이 바로 원죄가 되었다.

내 아들아 네가 만일 나의 말을 받으며 나의 계명을 네게 간직하며 네 귀를 지혜에 기울이며 네 마음을 명철에 두며 지식을 불러 구하며 명철을 얻으려 고 소리를 높이며 은을 구하는 것 같이 그것을 구하며 감추인 보배를 찾는 것 같이 그것을 찾으면 여호와 경외하기를 깨달으며 하나님을 알게 되리니 (잠 2:1-5).

만일 우리가 우주 만물의 주인이시며 섭리하고 계시는 하나님에 대해 아무것도 모른 채 이 세상 속에서 살아가려고 애를 쓴다면, 그것은 자신에 대해 무자비한 자요, 스스로 폭군이 되어 자학하는 자다. 하나님을 모르고 사는 세상은 이상하고 실망스럽고 불쾌한 고통의 삶터다. 불행하게도 대다수 사람은 지금 그 함정에 빠져있다는 사실조차 자각하지 못하고 하나님에 대해서는 여전히 외면하는 자, 무지한 자로 남아 있으려 한다. 검은 띠로 눈가리개를 하고 방향 감각도 없이 자신의 주위에서 무슨 일이 일어나고 있는지 아무런 관심도 없고, 미래에는 어떤 일이 기다리고 있는지도 알려고 하지 않은 채 존재하고자 발버둥치는 위기의 사람일 뿐이다.

그러므로 우리가 경건한 마음으로 성경을 통해 하나님을 묵상하는 데 많은 시간을 들여서라도 반드시 하나님을 더 깊이 알아가야 하는 것은 오늘 그리스도인에게 주어진 중요한 과제이다. 그래야 영적으로 부유한 자, 영혼이 자유로운 자가 된다. 만약 이에 대한 절실함과 긴박함이 없다면 인생의 모든 발걸음은 비틀거리며 주춤하게 될 것이다. 생명의 시간은 낭비되고 영혼의 갈급함이 없는 무의미한 의식으로는 어둠의 자식으로 남아 있게 될 것이다. 그러나 이로부터 깨달음을 얻게 된다면 그는 실로 자기 인생의 막중한 보물을 얻는 축복받은 자일 것이다.

제2장
하나님의 비밀 프로젝트

아담을 위한 창조 인식 훈련

성경의 첫 번째 책인 창세기는 하나님을 당연히 존재하시는 분으로 전제하고 시작한다. 그렇게 스스로 존재하시는 하나님께서 창조 이후에 맨 먼저 착수하신 일이 무엇이었을까? 이것은 아주 중요한 질문이다. 인간 구원의 서정을 알리는 아주 중요한 단서가 되기 때문이다. 창세기 1장은 하나님께서 자기 형상과 모양으로 지은 피조물인 인간에게 하나님 자신을 '알려주고, 알아보게' 하셨음을 밝히고 있다.

하나님이 처음 나타내신 비밀 계시의 의지는 아담에게 세상에 관한 인식과 인지 능력을 배양시켜 주려는 교육 훈련에 목적을 두셨다. 하나님으로서는 하늘 비밀을 인간에게 계시할 수밖에 없다는 책임감 같은 것을 느끼셨던 것 같다. 하나님 자신의 형상과 모양으로 창조해 놓은 인간(창 1:26)만이 유일한 대화와 교제 가능자가 되는 까닭이다. 은혜와 자비의 근원이신 하나님은 우주 비밀의 창조주로서 친히 창조하신 첫 사람 아담이 그 어떤 정보도 없는 빈 깡통 인생임을 알고 계셨기에 자신이 보유하고 있는 하늘 비밀을 알려주고 싶어 하신 것이다. 하나님은 창조 이전부터 비밀 창안 작업을 시작하신 분이지만, 인류에 대한 비밀 계시의 시작점은 정보 수신 대상자가 될 아담이 창조된 이후부터이다. 자연환경과 현상, 인간 존재에 대한 비밀을 습득할 수 있는 능력을 주심으로써 하나님과 인간 사이에 최초로 정보 소통이 가능하게 하셨다. 하나님은 인류의 조상 아담에게 어떤 비밀을 주셨을까? 성경은 하나님께서 아담과 하와에게 정보 감각 훈련을 단행하신 몇 가지 힌트를 우리에게 주고 있다.

하와의 출생 비밀 : 뼈와 살

하나님께서 아담에게 처음으로 주신 사람과 관련된 정보는 하와 출생의 근원에 관한 것이다. 아담이 하나님으로부터 하와를 아내로 선물 받은 직후 나타난 그의 반응에서 확인된다.

> 여호와 하나님이 아담에게서 취하신 그 갈빗대로 여자를 만드시고 그를 아담에게로 이끌어 오시니 아담이 이르되 이는 내 뼈 중의 뼈요 살 중의 살이라 이것을 남자에게서 취하였은즉 여자라 부르리라 하니라(창 2:22, 23).

하나님이 천지창조 이후 사람에게 최초로 시행하신 정보 인식 훈련이다. 아담은 그 여자를 보자마자 '내 뼈 중의 뼈요 살 중의 살'이라는 반응을 보인다. 이는 참으로 놀랄 만한 표현이다. 어떻게 그 비밀을 알 수 있었을까? 하나님이 갈빗대 하나를 취하실 때 아담을 깊이 잠들게 하셨었다(창 2:21). 하와의 창조는 하나님 혼자서 해내신 하나님만이 알고 있는 비밀이었다. 인간 이성의 영역 밖에서 일어난 생명 창조 사건이다. 생명 탄생에 관한 한 아담과 하와는 그 어떤 정보도 가질 수 없는 상태였다.

그런 아담이 마치 하와의 창조 과정을 하나님 곁에서 지켜보기라도 한 것처럼 '뼈와 살'에 관해 구체적으로 묘사하고 있다. 어떻게 그것이 가능한가? 하나님께서 그에게 영감으로 깨우쳐 주신 사전 정보가 없었다면 인지 불가능한 일이다. 더욱이 아담의 반응은 인간을 향한 하나님의 특별한 메시지까지 함유하고 있어 신학적으로 주목하게 한다. 아담과 하와의 관계는 '뼈와 살'에 관한 비밀에 있다.

성경에서 뼈는 죽음이나 비통함과 관련이 많다. '요셉의 뼈를 세겜에 장사하였다'(수 24:32)거나 '내가 죽거든 하나님의 사람을 장사한 묘실에 나를 장사하되 내 뼈를 그의 뼈 곁에 두라'(왕상 13:31)고 한 말에서 의미를 귀띔한다. 욥기에서는 사탄이 '이제 주의 손을 펴서 그의 뼈와 살을 치소서 그리하시면 틀림없이 주를 향하여 욕하지 않겠나이까'(욥 2:5)라고 한다. 이렇듯 시편 기자는 물론 전도서 기자나 이사야나 예레미야 선지자 등 성경 기자들이 뼈의 이미지를 통해 하나님께 간절히 기도하는 경우를 발견할 수 있다. 그 뼈는 살아나는 생명과도 깊은 관계가 있다. 시체가 엘리사의 뼈에 닿자 곧 회생하여 일어서기도 하고(왕하 13:21), 하나님이 에스겔에게 주신 환상에서 죽은 뼈가 생명으로 되살아나는(겔 37:1-10 참조) 놀라운 하나님의 능력이 계시되기도 한다.

> 또 내게 이르시되 너는 이 모든 뼈에게 대언하여 이르기를 너희 마른 뼈들아 여호와의 말씀을 들을지어다 주 여호와께서 이 뼈들에게 이같이 말씀하시기를 내가 생기를 너희에게 들어가게 하리니 너희가 살아나리라(겔 37:4, 5).

민수기와 누가복음에서는 특이하게도 뼈와 유월절에 관련된 또 다른 신학적 의미를 제공한다.

아침까지 그것을 조금도 남겨두지 말며 **그 뼈를 하나도 꺾지 말아서 유월절 모든 율례대로 지킬 것이니라**(민 9:12).

내 손과 발을 보고 나인 줄 알라 또 나를 만져보라 **영은 살과 뼈가 없으되 너희 보는 바와 같이 나는 있느니라**(눅 24:39).

이는 예수 그리스도께서도 부활하신 후 제자들에게 나타나셔서 하신 말씀이다. 피를 빼놓은 살과 뼈는 아담과 그리스도 예수에게 각각 '살리는, 살아있는' 하나님 비밀의 능력으로 공유되고 있다.

동물 이름 짓기 : 창의성 훈련

창세기는 하나님께서 아담에게 동물들의 이름을 짓게 하신 사건을 통해 하나님의 인간을 향한 정보적 관심을 더 확연히 드러내고 있다. 일반적으로 이름은 개개인(혹은 동물)의 본성과 특성, 개성과 소망 같은 기본적인 정보 사항을 투영시킨 결과물이다. 다시 말해 이름을 지어준다는 것은 그 대상자의 성격과 특성 같은 정보들을 사전에 충분히 알고 나서야 가능한 일이다. 그런 점에서 이름이란 지음 받은 자에게는 이름을 지어준 자의 영향력이 평생 미치게 될 정보 사항이다. 하나님께서 아브람을 아브라함으로, 사래를 사라로, 야곱을 이스라엘로 이름을 바꿔 주신 것은 그들의 인생뿐 아니라 우리에게도 중요한 메시지를 전해주고 있다. 아담은 맨 처음 그의 아내에게 '모든 산자의 어머니'라는 뜻이 담긴 '하와'라는 이름을 지어 불렀고(창 3:20)[2], 하나님께서는 각종 들짐승과 공중의

---

2 THE VISION BIBLE DICTIONARY Compilation by 하용조, (seoul : Duranno, 2001) p. 1,272.

새들을 이끌어 주셔서 각 생물의 이름을 지어주는 창의적 활동을 시작하게 하셨다.

> 여호와 하나님이 흙으로 각종 들짐승과 공중의 새를 지으시고 아담이 무엇이라고 부르나 보시려고 그것들을 그에게로 이끌어 가시니 아담이 각 생물을 부르는 것이 곧 그 이름이 되었더라(창 2:19).

이 말씀을 하나님께서 창세기 1장에서 사람에게 '바다의 물고기와 하늘의 새와 땅에 움직이는 모든 생물을 다스리라'(창 1:28b)고 하신 명령의 연장선상에서 볼 때 하나님의 치밀하고 자상하신 모습을 엿볼 수 있다. 이에 반해 피조물인 인간은 창조 세계의 비밀에 대해 자신의 힘과 능력으로는 통찰력을 얻을 방법이 없다. 인간의 지식은 기본적으로 내적인 것이 아니라서 오직 외부로부터 오는 창조 세계에 대한 경험으로부터 얻을 수 있다. 비밀이 내적이라고 한다면, 정보는 외적이다. 하나님이 개입하시어 필요한 비밀을 암시해 주셨다는 사실을 우리는 추론할 수 있다. 사람의 이름은 물론이고 지명이나 건물의 이름도 그 자체로 어떤 의미 곧 자신을 드러내는 독자적인 정보를 내포하고 있다. 특히 성경은 이름 짓는 능력이 곧 예언적 능력임을 암시한다. 예를 들면 '**예수 = 구원자, 구세주**', '**여호수아 = 호세아 = 예수**', 또는 '**엘리사 = 하나님이 도우신다, 하나님이 도우셨다**'거나 '**예루살렘 = 평화의 소유물**'과 같은 등식들이다. 이는 성경 인물들의 이름이 그 자체로 예언적인 비밀을 담고 있음을 뜻한다. 그러므로 하나님께서 특정인에게 이름을 지어주시거나, 이름을 바꿔주시는 경우를 예사롭게 넘겨서는 안 될 일이다.

땅의 정복권 위임 : 생존과 공존

하나님의 비밀 계시는 곧 정보 명령이다. 세상에서의 정보 명령은 어떤 궁금증이 있거나 반드시 알아야 할 비밀이 필요한 감독자가 부하 직원에 대해 관련 자료 또는 물건, 표지를 수집하도록 지시를 내렸다면 그것은 정보 수집 명령이다. 그러나 하나님은 창조의 모든 비밀을 다 가지고 계신 분이라서 모르신 것이 하나도 없고, 필요로 하는 정보 또한 단 하나도 없으신 분이시다. 따라서 정보 수집 명령을 내리실 이유가 없고 만약 그런 명령을 내리신다면 정보 인식 훈련의 목적에 따른 것이리라. 만약 어떤 비밀을 타인에게 알도록 공개한다면 그것은 정보 능력을 제공해 주는 일이다. 하나님께서는 세상의 정보 원칙과는 다르게 일방적으로 인간에게 비밀을 정보로 계시해 주신다. 이것은 결코 다른 정보를 수집해 오라는 뜻은 없고, 오로지 비밀의 능력을 정보로 제공해 주시는 것이다. 그것은 곧 하나님 비밀 계시의 뜻을 잘 깨달아 온전히 순종하라는 뜻이다. 그러니까 인간은 하나님의 비밀을 알아야 살아갈 능력이 생겨나고 영원한 생명으로 존재할 수가 있게 된다. 그런데 땅의 정복에 관한 권한을 위임해 주셨으니 이는 하나님과 인간의 비밀 공유의 첫걸음이며 동시에 하나님의 창조와 섭리 능력을 전달하며 다스리는 자의 역할을 맡게 되는 것이다.

> 하나님이 그들에게 복을 주시며 하나님이 그들에게 이르시되 생육하고 번성하여 땅에 충만하라 땅을 정복하라 바다의 물고기와 하늘의 새와 땅에 움직이는 모든 생물을 다스리라(창 1:28).

하나님의 명령은 사람에게 땅을 정복하고 모든 생물을 다스릴 만한 능력을 전제하고 있다. 땅의 정복과 생물의 다스림은 반드시 사전 정보가 있어야만 가능하다. 사람은 창조의 여섯째 날에 마지막으로 지음을 받은 까닭에 아무런 사전 정보도 없었고, 어떻게 땅을 정복하고 모든 생물을 다스려야 할지, 그 어떤 정보와 지식을 가질 수 없었다. 여기에서도 하나님께서 사전 정보를 주셨다는 추론 이외의 다른 의견이 있을 수 없다[3]. 정복하고 다스리라는 의미는 현대 제국주의에서 폐해로 나타난 지배와 통치가 아니라 관리와 돌봄을 의미하기 때문에 더욱 그렇다. 인간은 땅의 특성을 잘 이해하고 있어야만 그 안에서 생명이 잘 순환할 수 있도록 가꾸고 관리해 나갈 수 있다. 만약 하나님께서 만물을 창조 섭리대로 관리할 수 있는 사전 정보를 주시지 않는다면 무능자의 한계성을 드러낼 수 있을 뿐이다. 인간은 그 어떤 결과를 내놓을 수 있을 것인지 명확하지 않다. 하나님은 창조물을 사랑하시고 은혜를 베풀고자 하신 분이시라서 하나님의 명령은 곧 인간이 새로운 정보 세계로 진입하는 관문이다. 생육하고 번성하여 땅에 충만하기를 원하시면서 인간에게 아무런 기본 정보도 주지 않고 '네 마음대로 알아서 정복하고 다스려 보라'고 하실 분이 아니시다.[4] 하나님은 전지전능하시며, 모든 정보의 근원이신 까닭에 하나님 존재 그 자체로 비밀이 넘쳐나는 분이시라서 비밀인 자신을 아끼고 숨기실 이유가 전혀 없으시다. 우주 만물이 모두 하나님 비밀의 손가락 사이에서 경륜이 되고 인간의 정보도 된다.

---

3 창세기 이야기 1. 김민웅. 생명의 빛. 한길사. 2010. 참조.
4 하나님께서는 인간에게 잘 관리하고 돌볼 수 있도록 사전 지식을 부여하셨다.

제3장
하나님의 끊임없는 자기 계시

선악과 선택의 자유 : 반드시 죽으리라

하나님의 인간을 향한 자기 계시는 에덴동산의 생명나무와 선악과 중 정보 선택권을 주는 것으로 시작하신다. 하나님께서 첫 사람 아담을 창조하시고 에덴동산에 두셨다. 이것은 하나님과 인간 사이에 최초의 대화와 동행의 시작점에서 대단히 중요한 의미를 갖는다.

> 여호와 하나님이 땅의 흙으로 사람을 지으시고 생기를 그 코에 불어 넣으시니 사람이 생령이 되니라 여호와 하나님이 동방의 에덴에 동산을 창설하시고 그 지으신 사람을 거기 두시니라(창 2:7, 8).
> 여호와 하나님이 그 땅에서 보기에 아름답고 먹기에 좋은 나무가 나게 하시니 동산 가운데에는 생명나무와 선악을 알게 하는 나무도 있더라(창 2:9).

하나님께서는 에덴동산 그 땅에서 보기에 아름답고 먹기에 좋은 나무가 나게 하시고. 동산 가운데에는 생명나무와 선악을 알게 하는 나무를 두셨고(창 2:9), 그 사람에게는 특별한 명령을 내리셨다. 이 명령은 하나님이 아담에 대해서는 어떠한 분이시며, 인간 너희에게는 어떤 존재이고, 너희들은 하나님과의 관계를 어떤 자세로 유지해야 하는지를 알리는 비밀이라는 점에서 아주 중요한 하나님의 계시이다.

여호와 하나님이 그 사람에게 명하여 이르시되 동산 각종 나무의 열매는 네가 임의로 먹되 선악을 알게 하는 나무의 열매는 먹지 말라 네가 먹는 날에는 반드시 죽으리라 하시니라(창 2:16, 17).

이 명령의 깊은 뜻은 마땅히 알아야 할 하나님에 관한 것임을 분명히 하고 있다. 이를 거꾸로 보면 하나님에 대해 인간은 어떤 마음 자세로 관계에 임해야 하는지를 암시하고 있다. 여기에 핵심 키워드로 3가지 관점에서 볼 수 있다. 첫째는 각종 나무의 열매와 선악을 알게 하는 나무 열매를 제시하고 **'정보 선택의 자유'**를 허용하신 것이다. 이는 선악과를 따먹는 선택을 넘어서 하나님의 말씀을 임의로 해석하고 왜곡할 수 있는 위험한 자유도 포함되어 있다. 둘째는 그 열매를 먹는 날에 **'반드시 죽으리라'**는 명제다. 이는 인간이 일평생 숙명적으로 안고 살아야 할, 그러나 스스로는 해결할 수 없는 난공불락의 요새 같은 주제이다. 그리고 세 번째는 뱀(사탄)의 제시에서 드러난 감당할 길이 없는 **유혹**이다. 이 또한 일단 감염되면 인간 홀로 치유와 회복을 이루어낼 수 없는 죄악의 뿌리이다.

너희가 그것을 먹는 날에는 너희 눈이 밝아져 하나님과 같이 되어 선악을 알 줄 하나님이 아심이니라(창 3:5).

이는 인간의 **'하나님처럼'**, **'하나님같이 되기'**의 숨은 욕망을 건드리는 주제로서, 하나로 깊이 연동되어 있는 선악을 아는 문제가 해결되지 않고는 이 역시 인간이 일평생 짊어지고 살아가야 할 하나님 대적자의 탐욕이다. 인간 스스로 억제할 수 없는 정보 욕망이다. 이 세 가지 키워드는 하나님과 인간의 관계를 정립하는 데 있어서 결정적인 단초가 되며, 하나님의 은혜와 인간의 자각에 의해서만 해결의 실마리를 찾을 수 있는 것들이다. 다시 말해 인간의 숙명적인 난제이면서 하나님께 나아갈 수 있는 유일한 해법이 담긴 비밀 통로이다.

우리는 이 세 가지 키워드에서 하나님께서 자신의 존재와 인간 실존의 근원인 창조 비밀을 계시해서 우리가 그 의미를 이해하고 깨닫게 하시려는 하나님 의도를 간파할 수 있다. 이것은 하나님의 비밀 계시와 인간의 정보 욕망 사이를 상상으로 밑그림을 그려 볼 수 있게 한다. 하나님과 인간의 상호성에 관한 주제라서 우리의 이해와 반응, 그리고 나타냄에 있어서는 다소 어려움이 있기는 하지만 말이다. 인간은 절대로 하나님 의존적인 존재이며, 그분의 사랑과 은혜와 인격을 반드시 깨달아야 하는 존재이다. 하나님은 완전한 인간 신뢰와 자유 허용, 생존과 인격을 주신 점을 알고 깨닫게 하신다. 특히 인간의 정보 선택 결정의 자유를 허용하고 인정해 주시는 깊은 자비와 긍휼을 깨달을 수 있을 때만 하나님을 올곧게 이해할 수 있다. 생명나무와 선악과라는 긍정과 부정의 정보를 주시고 자유의지로 선택하도록 허락하신 것은 전적으로 인격과 직결되는 문제이기 때문에 그렇다. 자유 선택의 결정권 허용은 곧 하나님 자신의 자유 일부를 양도해 주신 것과 같아서 더욱 큰 의미를 갖게 된다. 우리에게 자유를 누리게 하는 만큼 하나님은 자신의 자유를 스스로 제한하시고, 때로는 기다리며 인내하시겠다는 뜻도 담겨 있다. 하나님께서 자신의 비밀 계시와 함께 자유를 주신 것은 그분의 사랑과 은혜를 나타내신 것이며, 인간에 대한 무한한 기대와 신뢰를 보여주시는 일이다.

　이것이 바로 생명나무와 선악을 알게 하는 나무의 열매를 새롭게 인식해야 할 문제의 시발점이다. 성경은 하나님이 창조 세계와 피조물 인간 안에 있는 자신의 형상을 존중하는 까닭에, 인간에게는 자유와 더불어 자율성과 독립성을 허용해 주고, 하나님 스스로에게는 자신의 권능 유보와 진노를 억제하시겠다는 그분의 의중을 우리에게 전해 주고 있다. 하나님은 묶인 것을 풀어 주는 자유의 해방자이시다. 따라서 하나님의 전능은 세상에 존재하는 압제적이고 반박할 수 없는, 맹목적인 전능과는 완전히 다르다. 하나님은 인간의 거부와 항의의 뜻을 포용하여 인간이 하나님의 정한 기준을 벗어나는 것을 받아들이셨고, 독생자 예수 그리스도 안에서 인간이 자기 뜻을 펼칠 수 있도록 수락하셨다. 하나님은 전제군주가 아니고 섬기는 종이 되셨는데, 그 이유는 하나님은 사랑이시고, 전능은 그 어떤 것과도 타협할 수 없기 때문이다. 전능이라는 단어의 전(全)과 능(能)은 사랑과는 상반된다. 사랑을 섬기는 능력이란 있을 수 없을 뿐만 아니라 사랑은 모든 방법을 다 이용할 수 있는 데 반해 단 하나, 능력의 방법만을 배제하기 때문이다.

　자끄 엘륄은 사랑을 섬기는 전능이란 있을 수 없다면서, 전능이 사랑을 섬긴다면 사랑은 전능보다 우월하게 되고, 그러면 전능은 더 이상 성립될 수 없기에 그 용어들 자체가 모순이라고 주장한다. 바로 이것이 생명나무와 선악을 알게 하는 나무를 새롭게 인식해야 할 문제의 시발점이다. 하나님의 깊은 사랑과 은혜를 전제로 하지 않으면 선악과 사건을 충분히 이해할 수가 없다. 왜냐하면 하나님에게는 인격적 신뢰와 배려와 명령이 있고, 인간에게는 믿음과 자유가 가장 절실한 화두인데 그것을 허용하신 까닭이다.

따라서 하나님께 더 가까이 나아갈 수 있는 단서를 발견하기 위해서는 많은 질문이 쏟아질 수밖에 없다. 하나님께서는 아담과 하와가 선악과를 따 먹을 것을 미처 예상하지 못하셨을까? 선악을 알게 하는 나무의 열매가 절대 금지되어야 할 나무였다면 왜 눈에 잘 띄지 않을 모퉁이에 두지 않고 동산의 가운데 두신 것일까? 왜 선악을 알게 하는 나무의 열매는 먹지 말라고 명령하셨을까? 왜 '네가 먹는 날에는 반드시 죽으리라'는 명제를 제기하셨을까? 이것은 대단히 중요한 핵심 비밀이다. 어떤 의미의 진리가 내포되어 있는 것인가? 하나님께서는 아담과 하와에게 왜 선악과를 따 먹었느냐고 곧바로 질책부터 하시지 않고, '네가 어디 있었느냐?'(창 3:9), '그 나무의 열매를 네가 먹었느냐'(창 3:11)고 물으셨을까? 인간을 인격적인 존재로 인정하고 선택의 자유를 주신 것은 어떤 의미가 있는가? 이러한 질문들 가운데 하나님 비밀 계시의 참뜻을 올곧게 깨닫는 길을 찾아내야 한다. 첫 사람 아담의 선악과 선택과 관련한 또 다른 의문점이 생겨난다. 아담은 왜 하나님이 허락해 주신 자유로 나쁜 쪽, 부정적인 정보의 근원인 선악과를 선택했을까? 그는 왜 동산 각종 나무의 열매는 임의로 먹으라(창 2:16b)고 허락하신 좋은 쪽, 긍정적인 정보를 거부한 것일까? 만약 그가 오늘까지 살아 있다면 어떤 해명을 내놓을 수 있을까? 그는 창조된 당시에는 자신이 그 어떤 정보도 없는 무지의 상태에서 하나님 말씀을 받았던 까닭에 미처 분별력을 발휘할 수 없었다고 변명할 수 있을까? 아마도 그럴 수 없을 것이다. 하나님께서는 끊임없이 다양한 방법을 통해 자신의 비밀을 계시해 오셨기 때문이다.

선악과에 대한 또 다른 관점은 하와와 뱀(사탄) 간의 대화와 선악과를 따 먹은 행위, 그리고 하나님으로부터 징벌받는 일련의 과정을 하나의 **상징적 설화**로 보느냐 아니면 **실제 역사적 서술**로 보느냐의 문제이다. 혹자는 상징적 설화로 보고 이를 강력히 주장하는데, 만약 거기에 동의하면 신앙의 모든 것들이 무너지고 말 것이다. 다행히도 전도서 기자는 물론 선지자 이사야와 호세아 등 성경 기자들은 이 부분을 역사적 사실로 이해하고 있음을 밝히고 있다.

> 내가 깨달은 것은 오직 이것이라 곧 하나님은 사람을 정직하게 지으셨으나 사람이 많은 꾀를 낸 것이니라(전 7:29)[5].
> 네 시조가 범죄하였고 너의 교사들이 나를 배반하였나니(사 43:27).
> 그들은 아담처럼 언약을 어기고 거기에서 나를 반역하였느니라(호 6:7).
> 선지자들은 거짓을 예언하며 제사장들은 자기 권력으로 다스리며 내 백성은 그것을 좋게 여기니 마지막에는 너희가 어찌하려느냐(렘 5:31).

신약의 사도 바울 역시 로마서와 디모데전서, 고린도후서에서 이렇게 정리한다.

> 한 사람으로 말미암아 죄가 세상에 들어오고 죄로 말미암아 사망이 들어왔나니 이와 같이 모든 사람이 죄를 지었으므로 사망이 모든 사람에게 이르렀느니라 그런즉 한 범죄로 많은 사람이 정죄에 이른 것같이 한 의로운 행위로 말미암아 많은 사람이 의롭다 하심을 받아 생명에 이르렀느니라 한 사람이 순종하지 아니함으로 많은 사람이 죄인 된 것 같이 한 사람이 순종하심으로 많은 사람이 의인이 되리라(롬 5:12, 18, 19).
> 아담이 속은 것이 아니고 여자가 속아 죄에 빠졌음이라(딤전 2:14).
> 뱀이 그 간계로 하와를 미혹한 것 같이 너희 마음이 그리스도를 향하는 진실

---

5 욥 31:33 내가 언제 다른 사람처럼 내 악행을 숨긴 일이 있거나 나의 죄악을 나의 품에 감추었으며.

함과 깨끗함에서 떠나 부패할까 두려워하노라(고후 11:3).

인간의 죄악이 시작되고 진행하는 과정의 결과를 밝힌 것이다. 우리에게는 설화의 핵심인 이 부분이 상징적으로 해석되어야 한다고 가정할 권리가 없다. 더욱이 뱀(사탄)은 창세기 3장 1절에 언급한 들짐승들의 목록에 속해 있고, 창세기 3장 14, 15절의 형벌은 문자적 의미의 뱀을 전제하며, 사도 바울도 뱀을 다른 어떤 것으로도 대치시키지 않고 있다(고후 11:3). 만약 이 관점이 흐트러지게 된다면 원시 복음으로 강조되고 있는 창세기 3장 15절 말씀의 근간이 흔들리게 된다는 점을 주목해야 한다.

더욱이 아담의 후손 이스라엘이나 유대 민족의 역사적 행태를 보면 그렇게 변명할 수만은 없다. **이스라엘은 역사 내내 다른 신, 이방 신을 좇다가 징벌을 받는 자가 되곤 하였다.** 예수께서는 귀 있는 자들은 들으라고 말씀하시는데 모두들 말귀들이 막힌 탓인가? 말귀가 심각하게 막힌 경우는 예수께서 이 땅에 오셨을 당시의 유대인들도 마찬가지였다. 하나님과 인간의 관계 정립, 인간의 하나님 정체성에 대한 올바른 이해를 돕기 위한 메시지가 신명기 8장에서 힌트를 주고 있다.

네 하나님 여호와께서 이 사십 년 동안에 네게 광야 길을 걷게 하신 것을 기억하라 이는 너를 낮추시며 너를 시험하사 네 마음이 어떠한지 그 명령을 지키는지 지키지 않는지 알려 하심이라(신 8:2).

성경을 전체적으로 보면, 비밀과 믿음의 신앙 사이에서 발견되는 큰 맹점 하나가 바로 하나님과의 관계에서 인간이 두는 자충수다. 에덴동산 이래 사람들은 계속 나쁜 쪽, 부정적인 쪽 다시 말해 하나님 뜻을 거스르며 거부하는 쪽을 선택해 왔다. 모든 정보 선택은 항상 하나님의 비밀을 왜곡하는 결과를 낳았고, 그 원인은 인간의 교만에 의한 자유의 남용과 탐욕에 있었다. 게다가 아담과 하와는 선악과를 따 먹고 하나님의 눈길을 피해 숨었다. 하나님 앞에 참된 고백을 하지도 않았고, 변명하며 탓하기에 바빴다. 하나님 앞에서 거짓을 행한 것이다. 그것이 바로 원죄이다.

아담과 하와는 자신이 하나님 앞에서 어떠한 존재인지를 명확히 인식하지 못한 것은 그만한 자각 능력과 자기를 인식할 수 있는 정보 능력이 없었기 때문이다. 아담과 하와의 후예인 오늘의 우리 역시 그만한 능력이 주어져 있는가? 오직 하나님이 계시해 주신 성경 말씀에 의지해야만 하는 존재임을 고백하지 않고는 하나님의 비밀을 깨달을 수 없다. 유일한 단서는 모든 것이 그분의 것이며, 그분의 통치안에 있음을 날마다 깨달아 알 수 있도록 우리가 간구하는 것이다.

나는 여호와라 : 너희는 반드시 나를 알라

영존하시는 하나님께서 이 세상에 자신을 드러내신다는 것이 얼마나 놀라운 일인가? 잠시 생각만 해봐도 이 엄청난 일들이 어떻게 벌어질 수 있는 것일까? 모두가 궁금증과 호기심의 대상이다. 성경을 통해 보이신 비밀 계시는 인간과의 긴밀한 관계를 형성하는 결정적인 요소들이다. 사람은 천지창조의 하나님 자신의 형상으로 맨 마지막에 완성되었다는 점을 고려할 때 하나님의 자기 노출은 인간을 향한 그분의 관대하심과 낮아지심이다.

하나님은 비밀 계시와 증명을 기록하고 있는 구약성경 곳곳에서 '나는 여호와라'[6], '나는 여호와 너희 하나님이라'[7]고 수차례 반복적으로 거듭 강조하신다. 이 메시지가 바로 이스라엘을 향한 하나님의 비밀 계시 제1호이다. 이 계시의 깊은 뜻은 단순하다. 하나님 자신의 존재를 인간에게 알리고, 하나님 자신의 속성과 계시를 깨닫게 하여, 마침내 상호 교제의 기틀을 마련하시겠다는 그분의 강력한 의지이다. 하나님이 선택하신 백성 이스라엘은 구약 역사 내내 하나님의 정체성을 깨닫지 못한 채 다른 신, 이방 신을 좇는 데 혈안이 되어 있었지만, 그러함에도 하나님께서는 자신을 올곧게 알게 하시려고, 하나님의 하나님 되심에 관한 증거의 말씀들을 끊임없이 계시해 주셨다.

하나님께서 수차 반복하신 제2호 비밀은 '너희는 나의 백성이고, 나는 너희의 하나님이다'는 말씀이다. 창세기를 주의 깊게 읽어보면 하나님께서 아담에게 비밀을 계시하시고(창 2:16,17), 노아에게 은혜를 베푸시며(창 6:1), 아브라함을 인도하시고(창 12:1-3), 모세에게 이스라엘 구원 계획을 밝히는 명령을 주셨다(출 3:1-12). 특히, 천지창조 이후 비밀의 총화이신 하나님 자신을 '스스로 있는 자(I am who I am)'(출 3:14)로 밝히셨다. 사실 하나님께서는 창조 이후 자기 계시를 하지 않고 침묵으로 일관하실 수도 있었고, 순종도 없고 자격도 없는 무지한 인간들을 죄인의 상태로 그냥 내버려둘 수도 있으셨다. 하지만 하나님은 그렇게 하지 않으셨다. 인간을 향한 말문을 먼저 여시고 하나님 자신의 소개서인 성경을 통해 영원한 동반자가 되어 주실 것이라는 메시지를 각별하게 나타내신 것이다. 이 비밀들이 우리 모두의 신앙에 핵심적인 기초가 된다. 따라서 하나님의 연

---

6 창 28:13; 출 6:2, 6; 8:29; 12:12; 레 18:5, 6; 19:12, 14, 16; 19:16, 18, 28, 30, 32, 37; 21:12; 22:2, 3, 8, 30, 31; 26:2, 45; 민 3:13, 41, 45; 사 42:8; 43:11; 45:5, 6, 7, 18; 렘 32:27; 겔 12:25.
7 레 11:44; 18:2, 5; 26:44; 민 15:41; 겔 20:5, 7; 20:19, 38.

이은 계시는 곧 하나님의 이력서이며, 인간을 향한 사랑의 고백서다.

하나님 자신을 알리고, 알게 해주시는 것 자체가 모두 사랑과 은혜와 자비다. 하나님께서는 왜 자기 계시와 증명에 이처럼 헌신적인 열심을 보여주시는 것일까? 두말 할 필요가 없다. 인간이 하나님과의 교제를 통하여 하나님의 전 존재를 깨달아 알고, 믿고 의지하길 바라고 계시기 때문이다. 인간을 향한 하나님의 자기 주권과 계시, 그리고 구원에 관한 메시지 모두가 여기에 초점을 두고 있다.

> 대저 나는 여호와 네 하나님이요 이스라엘의 거룩한 이요 네 구원자임이라(사 43:3a).
> 너희를 내 백성으로 삼고 나는 너희의 하나님이 되리니(출 6:7)[8].
> 나는 너희 중에 행하여 너희의 하나님이 되고 너희는 내 백성이 될 것이니라 (레 26:12).
> 내 백성아 들을 지어다 내가 말하리라 이스라엘아 내가 네게 증언하리라 나는 하나님 곧 네 하나님이로다(시 50:7; 81:8, 11, 13, 참조)

이렇듯 하나님께서는 자기 형상과 모양으로 지은 피조물인 인간에게 하나님 자신을 '알려주고, 알아보게' 하셨다. 하나님께서는 다양한 수단과 방법으로 자기를 계시하셨는데, 그중의 하나가 하나님의 이름에 관한 것이다. 예를 들면 '여호와'는 성경에 나오는 하나님의 이름 셋 중 하나이다. '여호와'는 구원을 이루시기 위해 구원을 받으시는 하나님의 이름이고, 성도는 그 안에서 그리스도로 옷을 입게 된다는 사실이 암시되어 있

---

8 출 6:7a; 렘 7:23; 11:4; 24:7; 30:22; 31:1, 33; 32:38; 겔 11:20; 36:28; 37:23, 27; 슥 8:8; 13:9.

다. 살아 있다는 뜻의 '산 자' 이름이 히브리어로 '하이 네페쉬 하야'인데, '하야' 동사의 명사형이 '여호와'이다. 창세기 1장에는 '엘로힘'이라는 하나님 이름이, 창세기 2장과 3장에는 '여호와 엘로힘'이라는 이름이 나오고 그 뒤에는 '여호와'라는 이름이 계속 나오고 있다.

모든 존재의 근원이신 하나님은 '**여호와 라파**'(출 15:26; 말 4:2), '**여호와 닛시**'(출 17:15), '**여호와 샬롬**'(삿 6:24)의 호칭을 비롯하여 '**여호와 로이**'(창 16:14), '**여호와 삼마**'(겔 48:35), '**여호와 이레**'(창 22:14), '**임마누엘 하나님**'(사 7:14; 8:8; 마 1:23)으로 우리에게 각인되고 있다.

여기서 주목되는 점은 '**창조주 하나님에게 이름이 왜 필요한가?**'라는 질문이다. 원래 이름이라는 것은 '나'를 다른 사람과 구분하고, '나'를 설명하는 기능을 가지기 때문이다. 만일 온 세상에 '나'만 존재하고 있다면 이름은 필요가 없고 그냥 '나'이면 되듯이 우주 밖에 홀로 존재하시는 하나님에게 이름은 꼭 필요한 것이 아니었다. 그런데 갑자기 창세기 첫 장에서부터 그분의 이름 '여호와'가 등장한다. 이것은 하나님께서 그 이름으로 다른 존재들과의 구별을 의도하신다는 뜻과, 다른 존재인 인간에게 하나님 자신을 알리고 설명하시겠다는 의지가 들어 있다. 물론 성경에 등장하는 하나님의 이름은 우리가 인식하지 못하고 감지조차 할 수 없는, 진짜 그분은 아니고 단지 우리에게 설명용으로 제시된 이름일 뿐이지만 우리가 그분을 알아가는 데 필요한 첫 단추 같은 것이다.

하나님이 또 모세에게 이르시되 너는 이스라엘 자손에게 이같이 이르기를 너희 조상의 **하나님 여호와** 곧 아브라함의 하나님 이삭의 하나님 야곱의 하나님께서 나를 너희에게 보내셨다 하라 이는 **나의 영원한 이름**이요 대대로 기억할 나의 칭호니라(출 3:15).

하나님께서는 이스라엘을 출애굽시켜 주시면서 자신의 이름을 주시고 대대로 기억할 것을 요청하셨다. 그러나 이스라엘은 그분의 이름을 충분하리만큼 기억하지 않았다. 그분의 이름을 기억한다는 것은 곧 그분이 주신 말씀을 경청하고, 깨닫고, 기억해 둔다는 의미이다. 그러나 이스라엘 민족의 타락은 극에 달하고 하나님의 진노가 임박할 지경에 이르렀다. 북이스라엘이 앗수르에게 멸망 당하고, 남 유다가 바벨론 포로로 가기 전후의 선지자들을 통해 하나님의 이름을 잊고 사는 실상을 밝히신다.

> 그러므로 내 백성은 내 이름을 알리라 그러므로 그 날에는 그들이 이 말을 하는 자가 나인 줄을 알리라 내가 여기 있느니라(사 52:6).

이사야 선지자를 통해서 '내 이름을 알리라', '내가 여기 있느니라'고 밝히신 말씀에서 그들이 하나님의 이름을 까맣게 잊고 있었음을 우리는 알 수 있다.

'나' 외에 다른 신을 두지 말라 : 시내산의 십계명

성경은 하나님의 통치와 섭리의 목적과 의도를 선포하고 있다. 이는 하나님 자신의 의지에 기초하여, 모든 사건과 역사에 섭리하신다는 사실을 말씀으로 해석할 수 있도록 증거하는 것이다. 하나님의 비밀 계시는 그분 생각뿐만 아니라, 전달 방법에 이르기까지 우리의 정보 인식에 큰 영향을 미치는 하나님의 역사다. 하나님은 인간의 역사 안에서 활동하시면서 자신의 활동을 해석해 주시는데, 이는 인간의 역사적 사건들이 하나님의 목적과 직간접적으로 연계된 하나의 패턴을 형성하고 있음을 깨닫게 해 주시려는 것이다. 창세기에서부터 요한계시록에 이르기까지 성경의 핵심 주제는 하나님의 인간을 향한 하나님의 존재와 섭리 그리고 인간의 구원에 관한 비밀을 계시하는 내용들이다.

하나님께서 비밀을 계시해 주실 때마다 거기에는 우리가 이해할 수준의 단계적인 메시지를 담고 있다. 하나님께서 창조 주권을 알고 인정하라고 강조하시는 취지는 창조의 최종 목적지를 미리 알게 하시려는 뜻도 함께 담고 있다. 출애굽기 20장은 하나님이 모세를 시내산으로 불러 십계명을 주시는 장면을 묘사하고 있는데 이는 하나님이 친히 인간에게 주신 소위 '기본 계명'이라고 불리고 있다. 왜 하나님께서는 십계명을 주신 것일까? 그 십계명에 담긴 최종 목적지는 어디를 지향하고 있을까? 하나님이 강조하고 싶어 하시는 중요한 메시지를 그 안에 담고 있는 것이 분명하다. 십계명이 함유하는 비밀의 깊이를 깨닫는 것만으로도 하나님과 말할 수 없는 깊은 교제 가운데 진리의 이해에 도달할 수 있다.

> **너는 나 외에는 다른 신들을 네게 두지 말라** 너를 위하여 새긴 우상을 만들지 말고 또 위로 하늘에 있는 것이나 아래로 땅에 있는 것이나 땅 아래 물속에 있는 것의 어떤 형상도 만들지 말며 그것들에게 절하지 말며 그것들을 섬기지 말라 나 네 하나님 여호와는 질투하는 하나님인즉 나를 미워하는 자의 죄를 갚되 아버지로부터 아들에게로 삼사 대까지 이르게 하거니와(출 20:3-5).

'너는 나 외에는 다른 신들을 네게 두지 말라'는 말씀은 자칫 한 분이신 하나님이 마치 다른 신들도 있는 것처럼 인정하신 것으로 오해하기 쉬운 구절이다. 이 말씀의 참뜻은 하나님을 다른 어떤 것, 다른 신으로 삼지 말고 하나님의 본질을 본질로 깨닫고 섬기라는 뜻이다. 건강을 위해 축구를 하는 사람처럼 적당히 아는 자가 되지 말고, 진짜 축구를 좋아하는 축구 선수처럼 진지하게 말씀 한마디에도 정신을 몰입하라는 의미이다. 하나님은 보이지도 않고, 소리도 없고, 만질 수도 없는 무한한 분이라서 인간이 자칫 다른 형상의 신으로 왜곡할 수 있는 까닭에, 참 진리로 깨닫기에 몰두해야 한다는 것이다. '너를 위하여 새긴 우상을 만들지 말고'라는 말씀은 인간의 자기 우상화를 미리 지적하시는 뜻이다. 여기에서 하나님의 섭리 속에 비밀로 담겨진 말씀들을 끊임없이 탐구해야 할 이유가 생겨난다.

하나님께서 모세에게 율법인 십계명을 주시고, 이스라엘 민족에게 성막을 짓고, 지성소를 두며, 제사 제도를 세밀하게 준비하게 하신 일련의 과정도 하나님 자신의 정체성을 알리려는 그분의 뜻이 담겨 있다. 이스라엘의 후손들에게까지 오래오래 하나님을 기억하고 신앙을 지켜 가게 하려는 방편들이다. 구약의 제사 제도나 성전은 단순히 하나님을 향한 어떤 제스츄어를 취해 보라고 주신 형식적인 수단이 아니다. 하늘 비밀을 깨달아 하나님을 알게 하고, 말씀에 전적으로 순종하는 천국 백성을 만들어 가겠다는 강력한 메시지 전달 방식이다. 역설적으로 이스라엘에 대한 하나님의 진노와 징벌 역시 하나님을 올곧게 알고, 굳게 믿어, 구원받는 거룩한 백성으로 만들려는 그분의 사랑과 진실의 또 다른 표현이다. 만약 우리 신앙이 진리의 핵심을 벗어나는 것이라면 시험과 올무에 빠져들 것이 분명하다. 그것은 하나님에 대한 반역의 길이며, 하나님이 원하시는 바가 아니다. 이스라엘 민족의 구약 역사가 반증하고 있듯이 하나님을 깊이 알려고 하지 않거나 기억하지도 않는 것은 광야 생활과 바벨론 포로 생활을 연장하고 있을 뿐이다. 이스라엘은 하나님이 창조해 놓으신 공간에 다른 신, 이방 신을 채워 넣는 일탈 행위를 반복고 그 기록들은 끝없는 시험과 시련의 굴레였다.

하나님은 아담과 하와에게 창조 비밀을 깨닫게 하시려고 가장 먼저 정보 감각 훈련이라는 카드를 꺼내셨던 것처럼, 노아의 방주와 아브라함을 불러낼 때도 그렇게 자신을 계시하셨다. 그리고 이스라엘 민족이 애굽의 종살이를 하던 때도 출애굽으로 홍해를 가르며 구원해 내시고 시내산에서 십계명을 주셨으며, 가나안 땅에 들어가기 전 광야에서 인도하실 때도 그렇게 비밀 계시의 열정을 쏟으셨다. 하나님 자신을 알리고 알게 해 주시는 것 자체가 모두 그분의 사랑이요 은혜와 자비다. 하나님께서는 왜 자기 계시와 증명에 이처럼 헌신적인 열심을 보여주시는 것일까? 두 말할 필요가 없다. 인간의 탄생과 존재 그리고 만물의 속성과 섭리에 관한 비밀 계시를 통해서 하나님 자신을 향한 신앙의 초석을 놓아 주고자 하신 것이다. 다시 말해 인간이 하나님과의 교제를 통하여 하나님의 전 존재를 깨달아 알고, 시종일관 믿고 의지하길 바라고 계신다는 뜻이다.

> 여호와의 진노가 내 마음의 뜻하는 바를 행하여 이루기까지는 그치지 아니하나니 너희가 끝 날에 그것을 완전히 깨달으리라(렘 23:20; 창 49:1. 참조).
> **하나님을 알지 못하는 자는 어리석은 자요 지각이 없는 미련한 자식이라** 악을 행하기에는 지각이 있으나 선을 행하기에는 무지하도다(렘 4:22).

이 말씀 또한 하나님 자신을 알아보도록 간절히 바라는 그분의 진심을 담아 놓았다[9]. '너희는 내 백성이 되고, 나는 너희 하나님이 될 것이다'.

---

9 렘 5:31; 13:11; 겔 13:23, 19; 14:8, 11; 39:7.

이 말씀은 처음부터 이스라엘과 하나님 사이에 맺은 언약 관계의 핵심 주제이다. 새 언약, 그 따뜻하고 독점적인 관계를 거듭 확인해 줄 증거들이다. 한 백성, 한 하나님, 영원히(렘 31:33b; 32: 38-40; 겔 37:23, 27) 함께할 전무후무한 관계이다. 이사야 선지자는 이를 회복된 혼인 관계로 표현(사 54:5-10)하고 있다. 만일 사람이 하나님의 정체성을 근원적으로 이해하지 못하고 있다면 그것은 하나님과의 '관계 형성'의 길에서 크게 벗어나 있는 것이다.

신약시대의 바리새인들 역시 예수님을 대하는 태도만 보아도 그들이 하나님을 얼마나 잘 못 이해하고 있었는지를 알 수 있다. 그들이 예수 그리스도를 십자가 처형하도록 외쳤던 자들이었다면 오늘의 우리는 어떠한가? 사도 바울은 하나님을 알게 하는 관점을 예수 그리스도와 연결 지어서 이렇게 설명하고 있다.

> 우리 주 예수 그리스도의 하나님 영광의 아버지께서 지혜와 계시의 영을 너희에게 주사 하나님을 알게 하시고(엡 1:17).

이어서 바울은 로마서 16장에서 하나님의 정체성에 관해 예수 그리스도로 연결하는 논증으로 마무리한다.

> 나의 복음과 예수 그리스도를 전파함은 영세 전부터 감추어졌다가 이제는 나타내신 바 되었으며 영원하신 하나님의 명을 따라 선지자들의 글로 말미암아 **모든 민족이 믿어 순종하게 하시려고 알게 하신 바 그 신비의 계시를 따라 된 것이니** 이 복음으로 너희를 능히 견고하게 하실 지혜로우신 하나님께 예수 그리스도로 말미암아 영광이 세세 무궁하도록 있을지어다 아멘(롬 16:25-27).

바울은 오로지 인간을 향한 하나님의 주권과 계시, 그리고 구원에 관한 메시지를 전하고 있다. 하나님께서는 우리가 그리스도 예수를 하나님의 아들로 알아 진리를 깨닫는 과정을 통해서 영원한 생명, 새 하늘, 새 땅에 이르는 구원의 창문을 항상 열어놓고 계심을 알게 하신다. 우리는 구약의 에스겔서나 예레미야서, 이사야서의 말씀들을 붙들고 집중적으로 묵상해야 한다. 하나님께서 인류에게 무엇을 말씀하고자 하시는지를, 그리고 인간이 얼마만큼 하나님의 존재에 대해 무관심하며 자기 멋대로 살기를 주장해 왔는지를 헤아릴 수 있어야 한다.

가나안을 정탐하라 : 광야 40년의 정보 훈련

하나님께서는 에덴동산에서 아담과 하와에게 창조 비밀을 열어 알게 하셨다면 출애굽 이후에는 이스라엘 민족을 인도하고 있는 모세에게 시내산에서 십계명(출 20장)이란 율법을 주셨다. 그런데 특이하게도 그들 자력으로 가나안 정탐을 체험하게 하신다. 이것은 **하나님 비밀의 어떠함을 알리고자 내리신 정탐 명령이었다.** 젖과 꿀이 흐르는 가나안이란 목적지는 이미 하나님께서 예고하신 땅인데도 불구하고 정탐을 명령하신 것이다.

정보 신학의 관점에서 보면 아주 독특한 하나님 명령일 뿐 아니라 광야 40년이란 신앙 훈련이 전제되고 있었음을 다시 읽게 된다. 여호와께서는 모세에게 명령을 내리시는 경우 즉 이스라엘이 애굽에서 나올 때나 홍해를 건널 때, 그리고 시내산에서 십계명을 내리실 때 모두가 하나님이 항상 앞서서 인도해 오셨다. 그런데 바란 광야에서는 돌연 인간 자력으로 정탐해 보도록 명령하신 것이다.

사람을 보내어 내가 이스라엘 자손에게 주는 가나안 땅을 정탐하게 하되 그
들의 조상의 가문 지파 중에서 지휘관 된 자 한 사람씩 보내라(민 13:2).

모세는 여호와의 명령을 따라 즉시 열두 지파에서 정탐꾼 12명을 선
발하고, 구체적인 정탐 지침을 하달한다.

너희는 네겝 길로 행하여 산지로 올라가서 그 땅이 어떠한지 정탐하라 곧 그
땅 거민이 강한지 약한지 많은지 적은지와 그들이 사는 땅이 좋은지 나쁜지
와 사는 성읍이 진영인지 산성인지와 토지가 비옥한지 메마른지 나무가 있
는지 없는지를 탐지하라. 담대하라 또 그 땅의 실과를 가져오라 하니 그 때는
포도가 처음 익을 즈음이었더라(민 13:17b-20).

모세가 내린 구체적인 정탐 실행 목표는 일상적인 것들이지만, 그 땅
의 실과(포도)를 가져오라고 한 점이 색달라 보인다. 심각한 문제는 정탐
결과에 대한 평가 보고로 인해 발생하는데, 여기에서 하나님의 비밀 계
시에 대한 인간의 정탐 관계가 어떠해야 하는지를 암시하고 있어 주목된
다. 민수기 13장과 14장을 보면 여호와의 가나안 땅 정탐 명령의 결과에
대해 이스라엘 후손들이 저항하는 모습이 눈에 띈다. 그들의 반발 정도
가 극단적 상황에 이를 만큼 온 회중이 소리 높여 부르짖으며 백성이 밤
새도록 통곡(민 14:1)하였는데, 그 심각성이 어느 정도인지를 짐작하게 한
다.

우리가 애굽 땅에서 죽었거나 이 광야에서 죽었으면 좋았을 것을 어찌하여
여호와가 우리를 그 땅으로 인도하여 칼에 쓰러지게 하려 하는가 우리 처자

가 사로잡히리니 애굽으로 돌아가는 것이 낫지 아니하랴 이에 서로 말하되 **우리가 한 지휘관을 세우고 애굽으로 돌아가자 하매**(민 14:2b-4).

이 같은 극렬한 저항에 그들의 영적 지도자인 모세와 아론이 이스라엘 자손의 온 회중 앞에서 엎드리기까지 하였지만, 이스라엘 온 회중은 도리어 그들을 돌로 치려고까지 했다. 정탐꾼 12명의 일원이었던 눈의 아들 여호수아와 여분네의 아들 갈렙이 자기들의 옷을 찢으며 정탐한 땅이 심히 아름다운 땅이라 여호와께서 기뻐하시면 그 땅으로 인도하여 주실 것이라면서 과연 젖과 꿀이 흐르는 땅이니 여호와를 거역하지 말고, 그 땅 백성도 두려워하지 말라고 호소했지만, 아무 소용이 없었다(민 14:5-10). 바로 그때 여호와의 영광이 회막에 나타나셔서 이스라엘에 대한 징벌을 내리신다.

이 백성이 어느 때까지 나를 멸시하겠느냐 내가 그들 중에 많은 이적을 행하였으나 어느 때까지 나를 믿지 않겠느냐 내가 전염병으로 그들을 쳐서 멸하고 네게 그들보다 크고 강한 나라를 이루게 하리라(민14:11b,12)
여호와께서 이르시되 내가 네 말대로 사하노라 그러나 진실로 내가 살아 있는 것과 여호와의 영광이 온 세계에 충만할 것을 두고 맹세하노니 내 영광과 애굽과 광야에서 행한 내 이적을 보고서도 이같이 **열 번이나 나를 시험**하고 내 목소리를 청종하지 아니한 그 사람들은 내가 그들의 조상들에게 맹세한 땅을 결단코 보지 못할 것이요 나를 멸시하는 사람은 한 사람도 그것을 보지 못하리라(민 14:20-23).

이 말씀에서 두 가지 중요한 관점을 발견할 수 있다. 하나는 하나님께서는 이스라엘 회중의 반발에 크게 진노하신 나머지 전염병으로 그들을 쳐서 멸하시려 했으나 모세의 간절한 중보 기도(민 14:13-19)로 마음을 돌이키셨다는 점이고, 다른 하나는 열 번이나 나를 시험하고 내 목소리를 청종하지 아니한 점을 거론하신 점이다. 이는 애굽에서 행하신 열 가지 재앙이 외형적으로는 바로 왕에 대한 것이었지만 내면적으로는 출애굽을 위한 이스라엘 회중에 대한 믿음을 심어 주려는 의도가 있음을 암시한다. 이런 일련의 하나님 역사하심은 가나안 정탐을 염두에 두고 먼저 행하신 것인데, 결과적으로 하나님의 이스라엘 온 회중에 대한 40년 광야 생활을 명하는 징벌이 내려진 점을 고려할 때, 이 정탐 명령이 얼마나 중요하고 무거운 의미를 갖는지 깨닫게 한다.

> 너희의 시체는 이 광야에 엎드러질 것이요 너희의 자녀들은 너희 반역한 죄를 지고 너희의 시체가 광야에서 소멸되기까지 사십 년을 광야에서 방황하는 자가 되리라 **너희는 그 땅을 정탐한 날 수인 사십일의 하루를 일 년으로 쳐서 그 사십 년간 너희의 죄악을 담당할지니 너희는 그제서야 내가 싫어하면 어떻게 되는지를 알리라 하셨다하라** 나 여호와가 말하였거니와 모여 나를 거역하는 이 악한 온 회중에게 내가 반드시 이같이 행하리니 그들이 이 광야에서 소멸되어 거기서 죽으리라(민 14:32-35).

하나님은 가나안 정탐 결과에 대한 집단 반발에 대해 매우 엄중하게 처리하고 계심을 알 수 있다. 40년간 진행될 이 징벌이 중단되지 않을 것임을 분명하게 밝히신 점을 우리는 기억해야 한다. 가나안 정탐의 결과로 빚어진 이스라엘 온 회중의 반발과 징벌은 하나님의 비밀과 우리의 신앙에 대한 새로운 관점을 제공하고 있다. 이스라엘 온 회중의 정보 갈급증은 전진적인 의미에서의 가나안 땅에 관한 것이 아니라 가나안 사람에 대한 두려움과 공포 심리에 짓눌려 패색을 드러낸 것이다. 옛땅 애굽(세상, 노예)으로 돌아가고자 하는 향수병과 같은 것으로 하나님의 뜻과는 정반대의 갈급함이었다. 그들은 하나님께서 젖과 꿀이 흐르는 가나안 땅에 대한 비밀 계시를 수차 반복[10]해 주셨지만[11] 그 뜻을 깊이 깨닫지 못하고 깡그리 무시하는 반발을 보인 것이다.

이스라엘 온 회중이 젖과 꿀이 흐르는 가나안으로 인도해 가겠다는 하나님의 뜻 곧 비밀 계시에 역행하는 반응을 보인 것은 결과적으로 인간 차원에서의 가나안 정탐훈련은 실패했음을 확인해 준다. 명령하신 분은 하나님이신데 그분으로부터 평가받지 못했기 때문이다. 이것은 인간의 퇴행적인 정보 욕망이 어떤 결과를 가져오는지를 엄중하게 보여주는 사례로서, 인간의 욕망이 아닌 하나님의 인도하심에 전적으로 의존해야 함을 확인해 준 사건이다. 12명의 정탐꾼의 정탐 결과 보고에 대한 의견이 10:2로 갈라졌을 뿐만 아니라 정탐에 직접 참여하지도 않은 이스라엘 후손들이 하나님 명령에 합당한 정탐 결과에 대해 반발하고 나섰다. 이것은 하나님의 비밀을 따르지 않는 인간 탐욕의 변질성과 무모성, 회귀성과 저항성 그리고 두려움의 불안감을 보여주는 것이다.

> 이스라엘 자손 앞에서 그 정탐한 땅을 악평하여 이르되 우리가 두루 다니며 정탐한 땅은 그 거주민을 삼키는 땅이요 거기서 본 모든 백성은 신장이 장대한 자들이며 거기서 네피림 후손인 아낙 자손의 거인들을 보았나니 우리는 스스로 보기에도 메뚜기 같으니 그들이 보기에도 그와 같았을 것이라(민

---

10 출 3:8, 17; 15:3; 33:3; 레 20:24; 민 13:27; 14:8; 16:13, 14; 신 6:3; 11:9; 26:9, 15; 27:3; 31:20.

11 '젖과 꿀'에 대한 계시는 신명기 이후에도 계속 반복되어 강조되고 있다. 예를 들면 수 5:6; 사 7:15, 22; 렘 11:5; 32:22; 겔 20:6, 15이다.

13:32, 33).

여기에서 외형과 속내라는 정보 판단의 문제가 제기된다. 이스라엘 자손들이 가나안 정탐 판단에서 놓친 것은 크게 보면 세 가지로 압축해 볼 수 있다. 제1은 하나님께서 계시해 주신 젖과 꿀이 흐르는 가나안 땅이라는 비밀의 능력을 무시해 버린 것이고, 제2는 가나안 주민, 네피림 후손들의 신장이 장대하다는 외형만 보고 스스로 메뚜기 같다고 과소평가한 것이며, 제3은 가나안 땅에서 증거물로 메고 온 포도송이와 하나님의 비밀 계시를 연결 짓지 않았다는 점이다. 모세는 정탐꾼이 출발하기 전에 토지가 비옥한지 메마른지, 나무가 있는지 없는지를 탐지하라, 담대하라, 또 그 땅의 실과를 가져오라(민 13:20a)고 명령하고, 이에 따라 정탐꾼들은 에스골 골짜기에서 포도송이가 달린 가지를 베어 둘이 막대기에 꿰어 메고(민 13:23a) 왔다. 하지만 모세는 하나님 명령의 참뜻을 이해한 데 반해, 정탐꾼들은 두 사람이 막대기에 꿰어 메고 올 정도 크기의 포도송이 실물을 가져오면서도 하나님이 주신 말씀의 뜻을 완전히 기억하고 있지 않았다.

가나안 정탐 명령도 하나님께서 이스라엘로 하여금 하나님의 존재와 능력, 섭리를 확인시켜 주시려는 비밀 계시의 또 다른 한 방법이라는 관점에서 이해해야 한다. 하나님께서는 가나안 땅에 대해 이미 수차례에 걸쳐 젖과 꿀이 흐르는 땅[12]이라고 예시하셨고, 홍해를 건너는 기적을 통해서도 하나님의 능력을 보여 주시며 인도해 오신 터였다. 그런데 정탐꾼 12명 중 여호수아와 갈렙을 제외한 10명의 정탐꾼은 가나안 정탐이

---

12 출 3:8, 17; 13:5; 33:3; 레 20:24; 민 13:27; 14:8; 16:13, 14; 신 6:3; 11:9; 26:9, 15; 27:3; 1:20; 수 5:6; 사 7:15, 22; 렘 1:5; 32:22; 겔 20:6, 15.

하나님 명령으로 진행되고 있다는 사실 자체를 완전히 잊고 있었다. 정탐에 대한 분명한 목적의식도 없이 40일간 활동을 하고 돌아온 결과는 가나안 땅에 들어갈 꿈을 포기해야 한다는 부정적 의견을 내놓은 것이다. 정탐이란 원래 의도했던 어떤 목적을 달성하기 위한 사전 정비 작업의 일환으로 시행하는 것이지 당초 계획 자체를 실행하지 않기 위한 것은 아니다. 정탐 결과를 통해 어떤 문제점이나 준비물이 필요한지를 찾아 보완하는 의미가 더 크다는 점을 분명히 인식해야 했다. 이스라엘 회중들 역시 정탐꾼 10명의 정보 오판에는 동조한 데 반해, 일찍이 하나님이 계시해 주신 비밀에 대해서는 정보로 선택하기를 거부한 것이다. 그들 역시 하나님의 정탐 명령에 담긴 참뜻을 올곧게 깨달으려는 의지가 없었고, 그 뜻에 부합하려고 고심한 흔적도 보이지 않았다.

여기에서 다시 **'소수와 다수'라는 정보 판단의 문제**가 제기된다. 근래에 와서 대부분의 나라들이 민주주의의 다수결 원칙을 견지하고 있다. 그런데 하나님 중심의 그리스도인 입장에서 보면 과연 그런 원칙이 진리와 합당하게 조화를 이룰 수 있는 것인지를 다시 생각해 보게 한다. 하나님이 내리신 하나의 정탐 명령은 하늘 차원의 비밀 계시이고, 정탐꾼의 정보 수집 활동 결과와 이스라엘 후손들의 그에 대한 반응은 땅 차원의 인간적 정보이다. 실제 우리의 삶 가운데 일어나는 일의 경우 다수가 소수보다 반드시 옳은 것이 아니다. 예를 들면 정치적 포퓰리즘의 경우를 보아도 그렇다. 많은 사람이 그것을 지지하지만, 그 속내를 들여다보면 일하지 않고, 게으르며, 마냥 안락한 즐거움만 챙기겠다는 공짜 심리가 작용하고 있다. 이러한 무리는 갈수록 많아지기 마련이고, 마침내는 그것이 올바르고 정의로운 일인 양 외치며 모여들 때 그 나라 재정은 고갈되고 존재 자체가 흔들리다가 멸망하게 된다. 인류 역사는 곳곳에서 그러한 기록을 남겨 놓고 있다.

　이스라엘 민족이 출애굽한 이후 하나님의 비밀 계시를 충분히 이해하지 못한 결과로 빚어진 광야 40년 정보 감각 훈련의 의미는 후대에까지 기억되어야 한다. 이스라엘 백성의 광야 경험은 장막(tent), 오두막(cabana)으로 시작되었고, 사막의 행진, 시험과 유혹과 헐벗음과 함께, 자유가 지니는 위험과 예기치 않은 사건과 부닥치는 것이었다. 광야는 이미 주어진 자유와 아직 실현되지 않은 약속의 땅이 분리된 시간을 의미하는 것이었다. 광야는 교회를 의미하기도 한다. 광야를 통해 소유의 덧없음을 깨닫는 곳이며, 지상에서의 축제는 그 자체가 덧없다는 사실을 상기시켜 준다. 피조물의 존재 의미를 파악할 수 없는, 하나님이 행하시는 일의 신비와 상징의 복합성을 기억나게 하는 장소이다. 광야는 아무것도 아닌 없음의 무(無)의 공간이자 말씀이 전부인 곳이며, 무거운 의무이자 은혜이며, 제로이자 무한이 뒤엉키는 모순 같아 보여서 천지 차이를 깨닫게 하는 곳이다. 언약과 방황, 방황의 불안정성 그리고 예루살렘과 성전을 향한 집념을 증언하는 곳이 광야다. 이스라엘 후손은 덧없음의 경험을 통해 비로소 성전과 율법과 함께 추수의 모든 것들을 주시는 하나님의 언약에 들어갈 수 있다는 사실을 발견하게 될 터였다. 그들은 하나님께서 가나안 땅으로 인도하시겠다는 원래의 목적에서 내리신 정탐 명령의 참뜻을 깨달아 적극적으로 순종해야 했지만 그렇지 않았다. 광야나 가나안 땅은 마침내 우리가 깨달아야 할 믿음의 과제를 떠안겨 주는 교훈과 인내의 교회 터전이다. 이스라엘의 가나안 정탐 실패는 오늘의 우리에게 하나님 비밀을 바라보는 새로운 관점과 믿음의 기초를 쌓아야만 살아날 수 있다는 강력한 메시지를 남겨 주고 있다. 하나님은 영이시고 보이지 않는 분이신 만큼, 말씀을 통해 자신이 누구이며, 무엇을 추구하며, 어떻게 하나님 자신을 찾고 발견할 수 있는지를 계시하신 비밀의 뜻이 무엇인지를 잘 이해해야 한다. 하나님의 정탐 명령과 같은 비밀 계시는 빈틈없이 명확한 만큼, 그분의 말씀에 귀를 기울이는 일은 잠시도 중단될 수 없는 것이다.

하나님과 인간 사이 영적 의사소통의 장은 태초에 이미 마련되어 있었다. 하지만 아담과 하와가 선악을 알게 하는 나무의 열매를 따 먹고 난 이후 비밀 계시를 감지할 능력이 어눌해졌던 것처럼, 이스라엘 회중 역시 애굽이 제공해 준 노예의 떡을 먹고 난 이후 하나님의 말씀을 외면하는 불순종을 한 것이다. 이스라엘 회중은 애굽 생활에서 체득한 세상 눈치 보기 생존방식을 털어버리고 도리어 하나님 비밀을 정확히 알아보기에 더 갈급했어야 했다. 하지만 그들은 그렇지 않았다. 하나님께서는 이러한 이스라엘 회중에게 정탐의 실제적 경험을 함으로써 약속의 땅 가나안이 영적 의미를 포함하고 있다는 비밀의 깊은 곳까지 깨닫기를 기대하셨다. 하나님께서는 여러 가지 수단과 방법을 통해 자신을 계시하시고, 신적인 것에 대해 꼭 필요한 지식을 인간에게 친히 능동적으로 알려주고자 하신다. 누구나 적극적인 태도를 갖춘다면 하나님 비밀의 깊은 뜻을 알아갈 수 있다. 성경을 살아 있는 신앙의 원천이라고 한다면, 하나님께서는 모든 하늘 비밀을 강물 흘려보내듯 성경 말씀 속에 숨겨두셨다. 인간은 결코 비밀의 창안자가 될 수 없으며, 단지 하나님께서 열어 보여 주시는 비밀들을 정보 사항으로 받아들여 이해할 수 있을 뿐이다. 비밀 왜곡의 문제를 해결하는 길은 태생적인 두 마음의 탐욕이 우리에게 내재되어있다는 자각과 함께 하나님을 향한 간구에 의해서만 정보 갈급증을 해소해 나갈 수 있다는 비밀 원칙을 깨닫는 데 있다. 그렇게 된다면 세상 문화나 문물이 폭포수처럼 뿜어내는 유혹의 정보 탐심은 제어되고, 하나님 말씀이 담긴 성경을 향해 우리의 관심을 집중할 수 있을 것이다. 하나님 비밀의 인간 정보화가 이루어질 때 어떤 일이 일어나는가에 대한 수많은 힌트는 성경을 통해 제공받을 수 있다.

우리 삶의 대부분은 비밀과 정보 사이를 넘나들며, 생명과 안전에 전력투구하며 살아가고 있다. 비밀 정보 영역은 어제, 오늘 갑자기 나타난 특수 현상이 아니다. 하나님의 창조적 비밀과 인간의 태생적인 탐욕(정보 갈급증)이 처음 만났던 에덴동산에서부터 시작된 가장 기초적인 삶의 패턴이다. 하나님이 비밀의 근원이라면, 인간은 정보의 근원이 되고자 한다. 인간은 하나님의 형상으로 만들어진(창 1:26, 27) 존재라서 비밀에 민감한 인지 능력을 보유하고 있는 만큼 강렬한 내재적 탐욕에 정보 욕구도 함께 자리잡고 있다는 점을 놓칠 수 없다. 인간이 자신의 눈길을 세상이 아닌 하나님께로 돌릴 때 하나님의 비밀 계시의 깊은 뜻을 헤아릴 수 있다는 것은 분명하다. 광야는 인간과 공간과 시간 그리고 하나님의 뜻을 통합시키는 영적 충전을 이루는 절호의 기회를 제공하는 곳이다. 매번 우리 신앙의 안전 상태와 확고한 기반들을 뒤집어 보는 바로 그곳이 모순 같고 정글 같아 보이는 광야이다.

그들이 나를 알리라 : 여호와를 힘써 알자

하나님께서 인간을 향해 다시 증거 말씀을 주신 관점은 하나님의 주권에 관한 진리이다. 구약시대 이스라엘의 생존 현장을 살펴보면 세상적으로나 영적으로나 정보 지식은 항상 결핍 상태에 있었다. 그들 스스로 하나님의 존재나 주권에 관한 비밀을 알 수 있는 능력이 있을 턱이 없었다. 그런 가운데 여호와께서는 '그들이 나를 알리라'는 증거의 말씀을 주신다. 성경 전체는 하나님을 아는 지식이 하나님이 베푸시는 선물 중에 최고로 귀한 것임을 밝히고 있다. 구약성경 창세기는 물론 출애굽기와 민수기, 신명기에 이르기까지 하나님의 존재와 주권을 알리는 메시지로 가득 차 있다. 이사야 선지자는 이스라엘을 선택하신 하나님의 의중을 이렇게 밝혀준다.

> 나 여호와가 말하노라 너희는 나의 증인 나의 종으로 택함을 입었나니 이는 **너희가 나를 알고 믿으며 내가 그인 줄 깨닫게 하려 함이라** 나의 전에 지음을 받은 신이 없었느니라 나의 후에도 없으리라 **나 곧 나는 여호와라 나 외에 구원자가 없느니라** 내가 알려주었으며 구원하였으며 보였고 너희 중에 다른 신이 없었나니 그러므로 **너희는 나의 증인이요 나는 하나님이니라** 여호와의 말씀이니라 과연 태초로부터 나는 그이니 내 손에서 건질 자가 없도다 내가 행하리니 누가 막으리요(사 43:10-13).
> 하나님께서는 내 백성이 내 이름을 알리라 그러므로 그날에는 그들이 이 말을 하는 자가 **나인 줄을 알리라 내가 여기 있느니라**(사 52:6).

동시대에 활동했던 에스겔 선지자도 하나님이 누구신지를 사람들에게 보여주는 데 집중하고 있다. 하나님이 에스겔에게 되풀이해 주신 말씀의 핵심은 **사람들이 '나를 주 여호와인 줄 알게 하도록'[13] 하기 위하여 어떤 행동을 하신다는 것**이었다. 에스겔서에는 '주 여호와의 말씀이니라.', '주 여호와께서 이렇게 말씀하셨느니라'로 시작되는 말씀이 무려 202개의 구절이나 된다. 이 같은 하나님의 반복적인 자기 계시는 하나님 자신을 인간

---

[13]   겔 14:23; 23:49; 24:24; 25:5, 7, 11; 28:24.

에게 알리려는 강력한 의지를 풀어낸 것이다. 하지만 이를 거꾸로 생각해 보면 당시 이스라엘 민족은 여호와 하나님의 정체성을 아는 일에 별관심을 두지 않았고, 계시해 주신 말씀의 진의도 깨닫지 못했다는 것을 알 수 있다. 구약성경은 이스라엘 민족이 이방 신을 줄기차게 좇아 섬긴 사실들을 기록하고 있다. 예레미야서는 하나님을 아는 지식에 대해 아주 역설적이고 실제적인 정의를 제공한다.

어찌하면 내 머리는 물이 되고 내 눈은 눈물 근원이 될꼬 죽임을 당한 딸 내 백성을 위하여 주야로 울리라(렘 9:1).
여호와의 말씀이니라 그들이 활을 당김같이 그들의 혀를 놀려 거짓을 말하며 그들이 이 땅에서 강성하나 진실하지 아니하고 **악에서 악으로 진행하며 또 나를 알지 못하느니라 네가 사는 곳이 속이는 일 가운데 있도다** 그들은 속이는 일로 말미암아 나를 알기를 싫어하느니라 여호와의 말씀이니라(렘 9:3, 6).

호세아 선지자는 또 다른 역설로 이스라엘 민족의 거짓 신앙을 폭로하고 있다.

내 백성이 지식이 없으므로 망하는도다 네가 지식을 버렸으니 나도 너를 버려 내 제사장이 되지 못하게 할 것이요 네가 네 하나님의 율법을 잊었으니 나도 네 자녀들을 잊어버리리라 **그들은 번성할수록 내게 범죄하니 내가 그들의 영화를 변하여 욕이 되게 하리라**(호 4:6, 7).
내가 그의 모든 희락과 절기와 월삭과 안식일과 모든 명절을 폐하겠고(호 1:11).
너희는 내 백성이 아니요 나는 너희의 하나님이 되지 아니할 것임이라(호

1:9b).

하나님을 알아보지 못하는 이스라엘에 대한 답답한 심정을 나타내신 것이다.

심각한 문제는 그들이 하나님의 백성임을 인정하지 않았을 뿐만 아니라, 하나님의 하나님 되심도 외면하고 있었다는 사실이다. 인간은 증거로 증명되지 않는 것은 그 어떤 것도 믿으려 하지 않는 불신의 속성을 가지고 있다. 하나님께서는 이점을 미리 알고 계셨다. 사실 영적인 하나님이 유한한 존재인 인간에게 자신을 증명해 보이신다는 것은 자연스러운일이 아니지만, 그렇다고 그렇게 간단한 일도 아니다. 인간이 영적 존재와 초월의 세계를 이해하고 받아들일 여지가 많아질 수 있는 것은 이사야서의 계시 말씀을 충분히 묵상한 이후에나 가능할 것이다. 하나님께서는 스스로 계시하시면서 당신의 존재와 속성을 피조물 인간이 알아보도록 열정을 쏟으신다. 이스라엘 민족의 무정함과 무관심에도 불구하고 하나님께서는 자신의 마음을 돌이켜 끊임없이 용서와 회복의 말씀을 반복해 오고 계신다.

내가 나의 종 야곱 내가 택한 자 이스라엘을 위하여 네 이름을 불러 **너는 나를 알지 못하였을지라도 네게 칭호를 주었노라** 나는 여호와라 나 외에 다른 이가 없나니 나밖에 신이 없느니라 **너는 나를 알지 못하였을지라도 나는 네 띠를 동일 것이요**(사 45:4,5).

전에 그들에게 이르기를 **너희는 내 백성이 아니라** 한 그곳에서 그들에게 이르기를 너희는 **살아계신 하나님의 아들들이라 할 것이라**(호 1:10b).

하나님께서 전에 내 백성이 아니었던 자들을 하나님의 아들로 삼아주시겠다고까지 용서하시는 참모습을 볼 때 얼마나 깊이 인간을 생각하며 인내로 기다려 주시는 분인지를 알 수 있다. 그걸 깨달은 사람은 진실로 하나님의 은혜를 받은 사람이다. 하나님의 계시 목적은 간단히 정리된다. 한 분뿐인 하나님, 구원자로서의 하나님 속성과 성품에 대해서 알리고 증거하여 이 세상을 구원하시려는 데 있다.

구약시대 선지자의 예언은 하나님의 말씀이고, 메시지의 모든 초점은 바로 거기에 맞춰 있다. 그렇다면 하나님의 말씀임을 어떻게 증명할 수 있었을까? 그것은 아주 간단하다. 만일 정말로 참 하나님의 말씀이라면 당연히 그대로 실현된다는 것이 **섭리요 원리**라는 사실을 깨달으면 된다. 만일 하나라도 틀려서 그대로 일어나지 않는다면 그것은 하나님의 말씀이 아니라는 증거이다. 그리스도 예수께서는 '나는 알파와 오메가라 이제도 있고 전에도 있었고 장차 올 자요 전능한 자'(계 1:8)라고 선포하셨다. 모든 시작과 끝을 아우르는 하나님은 무엇에든 앞서가고 행하시는 분이시다. **인간에게 먼저 약속하시고, 그 약속을 이미 성취해 놓으신, '완료형 ing의 하나님'이시다.** 예언자의 시대에 그들이 전한 하나님의 말씀이 하나하나 그대로 실현되었다. 특별히 그리스도와 십자가에 대한 예언이 그렇다. 바로 여기에서 성경에 기록된 예언의 중요성이 부각된다. 만일 과거의 계시 예언이 100% 적중했다면 앞으로 일어날 일 또한 말씀대로 100% 실현될 것이다. 이것을 믿는 믿음이 참믿음이며 아무리 생각해도 옳다는 결론이다. 성경의 행간에는 현재 우리가 살고 있는 이 시대가 미래 세대에게는 예언이 된다. 왜냐하면 지금은 실현될 수 없고 확인되지 않는 예언의 비밀들이 들어 있지만 우리는 하나님의 섭리 가운데 호흡하며 살고 있기 때문이다.

신구약 성경은 왜 이 예언의 말씀들을 기록한 것일까? 그 이유는 단 하나다. 비밀을 계시하시는 주체가 시간 추의 밖에서 인류 역사를 창조하고 주장할 수 있는 하나님이라는 사실을 증명해 보여주기 위해서다. 성경은 이 역사야말로 우주 밖에 존재하시는 하나님이 활동하고 계신다는 증거임을 우리에게 밝혀 주고 있다. 역사와 성경을 비교할 때, 성경은 역사의 배후에 하나님이 현실로 존재하는 초월적인 실체라는 엄연한 진리를 밝혀 주는 유일한 통로이다. 아직 나타나지 않은 비밀의 상태로서의 하나님 묵시와 계획과 인간에 대한 바라심이 바로 성경 속에 계시 예언으로 존재하는 이유이다.

> 사랑하는 자들아 우리가 지금은 하나님의 자녀라 장래에 어떻게 될지는 아직 나타나지 아니하였으나 그가 나타나시면 우리가 그와 같을 줄을 아는 것은 그의 참모습 그대로 볼 것이기 때문이니 주를 향하여 이 소망을 가진 자마다 그의 깨끗하심과 같이 자기를 깨끗하게 하느니라(요일 3:2, 3).

종교개혁자 칼뱅의 논지로 보면 성경은 하늘의 가르침을 담고 있으며, 성경의 제자가 되지 않고는 누구도 참되고 건전한 가르침을 극히 일부분이라도 얻을 수 없다. 하나님께서는 인간들에게 자신을 알려 주려고 자신의 창조 작품인 '무언의 교사'들을 사용하셨고, '그 자신의 신성한 입'을 열어서 사람들이 예배할 대상을 알도록 하셨다.[14] 칼뱅은 또한 진리가 계속적인 교훈을 통하여 대대로 이 세상에 영원히 남겨질 수 있도록 하나님께서는 지금까지 족장들에게 맡기셨던 그 말씀을 공적인 기록

---

14 John Calvin, *Institutes of the Christian Religion*, trans. John Allen Philadelphia: presbyterian board of publication, 3rd American edition, revise and corrected, 1841

으로 엮으실 것을 결심하셨으며, 이러한 계획 아래 율법이 공포되었고, 그 후에 선지자들이 율법의 해설가로서 율법에 연결되었다고 진술한다. 하나님께서는 인간이 지닌 이해의 한계를 고려하여 여러 가지 방편으로 자신을 증명해 보이셨다. 신구약 역사는 한마디로 '하나님의 계시' 곧, '하나님의 자기 증명'에 관한 말씀 기록이다. 성경은 하나님의 비밀을 공개하는 여호와의 책이며, 하나님의 자기소개서요, 하나님이 스스로 제시하신 자신에 관한 증거와 증명의 언어들로 구성된 비밀의 책이라고 말할 수 있다.

> 너희는 여호와의 책에서 찾아 읽어보라 이것들 가운데서 빠진 것이 하나도 없고, 제 짝이 없는 것이 없으리니 이는 여호와의 입이 이를 명령하셨고 그의 영이 이것들을 모으셨음이라(사 34:16).
> 그때에 여호와를 경외하는 자들이 피차에 말하매 여호와께서 그것을 분명히 들으시고 여호와를 경외하는 자와 그 이름을 존중히 여기는 자를 위하여 여호와 앞에 있는 기념 책에 기록하셨느니라(말 3:16).

성경의 모든 기록은 인간을 향한 하나님 비밀의 알림장이다. 이에 대해 하나님은 사람이 말씀을 분명히 듣고 있는지에 관심을 두고 계신다. 하나님 말씀 경청이 곧 하나님 경외이고 예배이며 기도다. 여호와 앞에 있는 기념 책에 기록하신다고 할 만큼 하나님께서는 말씀 경청 여부에 대해 온갖 신경을 쓰고 계신다. 그러므로 하나님의 말씀을 경청하지 않고 외면하거나 왜곡하며 하나님의 아들을 부인하는 자가 곧 하나님의 비밀을 거부하는 자며 죄를 짓고 있는 자다. 우리가 취할 유일한 기대는 호세아서의 외침에 있다.

그러므로 우리가 여호와를 알자 힘써 여호와를 알자 그의 나타나심은 새벽빛 같이 어김없나니 비와 같이 땅을 적시는 늦은 비와 같이 우리에게 임하시리라(호 6:3).

하나님 비밀을 터득하는 일이 그만큼 중요해졌다. 하나님께서 창세 이래 줄기차게 자신을 계시해 오신 데 대한 인간 측의 마땅한 반응이 곧 하나님을 아는 것, 생명과 구원의 진리를 깨닫는 것이다. 타인에게 하나님을 충분히 증언할 수 있을 정도까지 그분을 알아가야 한다. 그러기 위해서 우리는 성령께서 경청을 강조하시는 뜻을 깊이 이해하고, 하나님의 말씀에 대해 대단한 주의력으로 귀 기울이며 집중해야 한다. 하나님 말씀을 대하는 우리의 태도가 마치 많은 사람이 대중음악을 들을 때 곡조를 허밍하고, 그에 맞춰 발을 구르고, 이야기하고 먹으면서 그 곡을 즐기다가 유행이 지나면 그 곡을 더 이상 즐기지 않는 것과 같아서는 안 된다. 또한 새집으로 이사한 어떤 사람이 벽에 그림이 없으니 너무 휑하다며 적당한 그림 하나 사다가 걸어 놓고 몇 개월도 채 지나지 않아 다른 그림으로 갈아치우거나, 그림 자체를 아예 떼어내고 벽지를 다시 바르는 것 같은 변덕을 부려서도 안 된다. 하나님 말씀의 경청은 진지함과 계속성, 인내 가운데 이루어지는 오케스트라의 하모니와 같은 것이어야 한다.

제2부

/

신앙의 절망 가운데 선 인간

제1장
구약시대 : 다른 신, 이방 신을 좇는 신앙

하나님 정체성을 망각한 믿음

하나님께서 이렇게 열정적으로 하나님 자신의 존재와 섭리를 증언하시며, 인간이 천국 비밀을 깨달을 수 있도록 기회를 베풀어 주시려고 특별 계시하신 역사가 구약 전체의 핵심 메시지이다. 이에 대한 이스라엘 민족의 반응은 어떠했는가? 구약시대 전 과정을 살펴보아도 큰 관심을 보이지 않았던 것은 분명하다. 왜 그들은 그래야만 했던 것일까? 여기에서 우리는 하나님 말씀과 경청의 두 단어에 대해 사람들이 별 관심을 보이지 않고 있다는 사실을 확인하게 된다. 구약시대에는 인간의 행실이 교만으로 꿈틀거림으로써 굴절된 신앙이 심각한 두통거리가 되고 있음에도 그 문제의 핵심을 짚어 볼 생각조차 하지 않았다. 요시야왕 때 한차례 반짝이는 종교개혁의 징후를 보였을 뿐이었는데, 신앙의 굴절에 대한 올바른 평가와 자성의 결단은 계속되어야 하는 과업이다. 하나님 말씀을 경청해야만 하나님의 비밀 계시의 현장성과 성취, 성령에 대한 감응을 올바로 깨달을 수가 있다.

하나님을 올곧게 알지 못한 역사가 시작된 근원은 에덴동산의 아담과 하와이다. 아담과 하와는 하나님의 최초 명령에서 금지하신 부분인 선악과를 따 먹고, 하나님을 배반하는 원죄를 지었다(창 3장). 그 이후 그들의 후손인 가인의 동생 아벨 살해 사건(창 4장), 노아의 홍수 사건(창 6장), 바벨탑 사건(창 11장) 등 굵직굵직한 하나님 배반 사건이 줄을 잇는다. 급기야 하나님께서는 아브라함을 선택하셔서 믿음과 혈통의 조상으로 세우셨지만(창 12장-26장) 아브라함 후손들 역시 하나님의 정체성을 완전히 깨닫지 못하고 다른 신, 이방 신을 좇으며 자기중심적인 타락한 세상을 만들어 자기만족만을 취하는 삶을 살았는데 노아의 홍수 시대나 별반 다름이 없었다. 이스라엘이 홍해를 건너는 세례를 받고(출 14장) 하나님의 깊은 뜻을 즉시 깨달아 힘찬 새출발을 할 것으로 기대되었으나 그들은 그렇게 하지 않았다. 하나님께서 모세를 시내산으로 불러 십계명을 주시는데(출 20) 산 아래 백성은 모세가 산에서 내려옴이 더딤을 보고 금으로 다른 신 곧 금 송아지를 만들어 놓고 야단법석을 피웠다. 그런 작당과 행동이 하나님을 철저하게 믿는 올바른 예배 행위라고 믿었을 것이니 이만저만한 괴리가 아닐 수 없다.

백성이 모세가 산에서 내려옴이 더딤을 보고 모여 백성이 아론에게 이르러 말하되 일어나 **우리를 위하여 우리를 인도할 신을 만들라** 이 모세 곧 우리를 애굽 땅에서 인도하여 낸 사람은 어찌 되었는지 알지 못함이니라(출 32:1).

아론이 그들의 손에서 금 고리를 받아 부어서 조각칼로 새겨 송아지 형상을 만드니 그들이 말하되 **이스라엘아 이는 너희를 애굽 땅에서 인도하여 낸 너희의 신이로다** 하는 지라 아론이 보고 그 앞에 제단을 쌓고 이에 아론이 공포하여 이르되 내일은 여호와의 절일이니라 하니(출 32:4, 5).

진에 가까이 이르러 그 송아지와 그 춤추는 것들을 보고 크게 노하여 손에서 그 판들을 산 아래로 던져 깨뜨리니라(출 32:19; 참조 신 9:16, 17).

그들이 내가 그들에게 명령한 길을 속히 떠나 **자기를 위하여 송아지를 부어 만들고 그것을 예배하며 그것에게 제물을 드리며** 말하기를 이스라엘아 이는 너희를 애굽 땅에서 인도하여 낸 너희 신이라 하였도다(출 32:8).

이 말씀은 인간이 인내하고 기다릴 줄 모르는 존재이며, 언제든지 다른 신을, 그것도 금 고리를 모아 송아지 형상으로 만들어서 하나님으로 대체해 버릴 수 있는 변덕쟁이라는 사실을 확인해 준다. 심지어 제사장으로 하나님의 임명을 받았던 아론이 그러한 일탈 신앙에 앞장서고, 금송아지 축제를 여호와의 절기로까지 선포한 점은 우리 신앙을 향해 시사하는 바가 크다. 더 심각한 문제는 그 이후 이스라엘 후손들의 금송아지 만들기가 중단되지 않고 계속되었다는 점이다. 과연 이를 어떻게 해석해야 할 것인가?

이에 계획하고 **두 금송아지**를 만들고 무리에게 말하기를 **너희가 다시는 예루살렘에 올라갈 것이 없도다** 이스라엘아 이는 너희를 애굽 땅에서 인도하여 올린 **너희의 신들**이라 하고(왕상 12:28).

이스라엘에게 범죄하게 한 느밧의 아들 여로보암의 죄 **곧 벧엘과 단에 있는 금송아지를 섬기는 죄에서는 떠나지 아니하였더라**(왕하 10:29).

이제 너희가 또 다윗 자손의 손으로 다스리는 여호와의 나라를 대적하려 하는도다 너희는 큰 무리요 또 여로보암이 너희를 위하여 **신으로 만든 금송아지들**이 너희와 함께 있도다(대하 13:8).

이스라엘이 하나님으로부터 가나안 정탐 명령(민 12:1)을 받은 때 이미 뒤틀렸던 그들의 신앙이 왕정 시대에 와서도 결코 달라진 게 없이 반복되고 있는 것이다. 가나안 정탐 명령에 관해서는 뒤에 가서 다시 논하겠지만 이스라엘의 광야 40년이 하나님의 정체성을 알아보게 하는 한편 그분의 섭리와 능력을 깨닫게 하는 교육 훈련 과정이었다면 그 기회를 통해 그들의 신앙은 올곧게 서 있어야 마땅하다. 광야 40년 동안 하나님께서는 낮에는 구름 기둥으로, 밤에는 불기둥으로 그들을 인도하셨을 뿐만 아니라 아침이면 하늘에서 만나를 내려주시면서까지 확실하게 자신을 각인하도록 계시해 주셨기 때문이다.

특히 레위기를 통해 그들의 성소 안에는 복음을 요약한 의미가 담긴 언약궤 곧 법궤를 두고 그 안에 십계명 돌판과 아론의 싹 난 지팡이 그리고 만나 항아리를 두게 하셨다. 다시 말해 **성소 안의 향단(구름 기둥), 촛대(불기둥), 떡상(만나)은 하나님을 기억하게 하는 것들이다.** 그것은 율법이며, 그 율법에 의해 죽을 수밖에 없는 인간의 불가능함, 실패를 미리 보게 함으로써 하나님을 향한 믿음의 발걸음을 굳건하게 내딛도록 해주시는 배려요, 은혜였다. 이렇듯 하나님은 하나님의 백성과 교회를 어떻게 구원해 내실 것인가를 성막, 율법에 정확하게 계시해 놓으셨다. 그러나 이스라엘은 하나님의 정체성을 알려주는 하나님 비밀 계시를 즉시 깨달으려고 노력하지 않았다.

사실 법궤는 그 율법과 율법 아래 놓인 죄인들을 예수님께서 감싸 안으시는 모습이며, **그 위에 피를 뿌린다는 것은 율법 아래 놓인 죄인들을 완전히 죽게 만들어 버린다는 의미이다.** 그 참뜻은 **그들이 죽는 것이 아니라 무죄한 제물인 예수가 죽고, 그 죽어야 할 자들이 구원받는다는 비밀이었다.** 다시 말해 법궤는 율법 아래 죽고 그 위에 시은 좌에서 은혜가 베풀어지는 것, 바로 예수 그리스도, 복음을 나타내는 것이다. 그 진리의 뜻을 완전히 깨달은 이스라엘은 거의 없었다. 하나님 비밀의 계시 내용이 무겁고 어려워서 사람이 이해하기 어려울 정도여서인가? 아니면 인간의 인지 능력 자체가 무능하고 열정이 없었기 때문인가? 그들은 그 이후에도 여전히 바벨론 포로 70년을 보내야 하는 등 하나님과 늘 대칭적인 상황을 만들어 갔다. 하나님께서 이런 죄악된 상황에 대해 신명기를 통해 이미 예언해 놓으신 것은 놀랍기만 하다.

또 여호와께서 모세에게 이르시되 너는 네 조상과 함께 누우려니와 이 백성은 그 땅으로 들어가 음란히 **그 땅의 이방 신들을 따르며 일어날 것이요 나를 버리고 내가 그들과 맺은 언약을 어길 것이라**(신 31:16).
내가 그들의 조상들에게 맹세한바 젖과 꿀이 흐르는 땅으로 그들을 인도하여 들인 후에 **그들이 먹어 배부르고 살찌면 돌이켜 다른 신들을 섬기며 나를 멸시하여 내 언약을 어기리니**(신 31:20).

하나님께서 이스라엘 후손들이 어떠할 것인가를 미리 내다보고 경고하시는 예언이다. 가나안 정탐 실패 이후 광야 40년의 세월을 보낸 결과와 그 이후 시대가 어떠할 것인지를 정리하여 계시하신 것이다. 우리가 눈여겨볼 관점은 하나님 말씀 중에 '너희들 출애굽 이후 홍해를 건너고 광야 40년이라는 험난한 고난의 여정을 인내하며 여기까지 나의 인도를 따라오느라고 수고가 너무 많았다. 너희들은 앞으로도 내 약속과 말씀을 잘 믿고 잘해 나갈 것으로 기대한다'는 언질을 주시지 않았다는 사실이다. 이스라엘 후손들은 하나님으로부터 앞으로 자신들의 변화된 모습을 찾아보기 힘들어 그들의 장래가 하나님의 진노 아래 어두울 것이라는 절망적인 경고의 말씀을 경청해 들었다면 그 비밀 계시의 뜻을 즉시 자각하고 새로운 믿음의 길로 들어설 수도 있었을 것이지만 그들은 그렇게 하지 않았다. 이사야 선지자는 하나님을 알지 못하는 백성들의 모습을 보고 답답해하시는 하나님의 마음을 적나라하게 전해 주고 있다.

소는 그 임자를 알고 나귀는 그 주인의 구유를 알건마는 이스라엘은 알지 못하고 **나의 백성은 깨닫지도 못하는 도다**(사 1:3).

슬프다 범죄한 나라요 허물 진 백성이요 행악의 종자요 행위가 부패한 자식이로다 그들이 여호와를 버리며 **이스라엘의 거룩하신 이를 만홀히 여겨 멀리하고 물러갔도다**(사 1:4).

너희가 어찌하여 매를 더 맞으려고 패역을 거듭하느냐 온 머리는 병들었고 온 마음은 피곤하였으며 발바닥에서 머리까지 성한 곳이 없이 상한 것과 터진 것과 새로 맞은 흔적뿐이거늘 그것을 짜며 싸매며 기름으로 부드럽게 함을 받지 못하였도다(사 1:5, 6).

너희 소돔의 관원들아 여호와의 말씀을 들을지어다 너희 고모라의 백성아 **우리 하나님의 법에 귀를 기울일지어다**(사 1:10).

구약의 선지자들은 줄지어 이스라엘의 타락과 신앙의 일탈을 지적하고 있는데, 호세아 선지자도 예외는 아니었다. 하나님의 백성들이 율법을 잊어버렸다고 지적한다. 하나님과 결혼 관계에 있는 이스라엘이 간음하고, 이혼당한 상태에 있음[15]을 비유하며 경각심을 갖게 하고 있다.

곡식과 포도주와 기름은 내가 그에게 준 것이요 그들이 **바알을 위하여 쓴 은**

---

15 마 19:3-12에서 예수께서는 바리새인들이 어떤 이유가 있으면 그 아내를 버리는 것이 옳은가를 묻는데, 영적 간음과 이혼에 대해 세 가지 유형의 고자에 대한 말씀으로 답해 주신다.

과 금도 내가 그에게 더하여 준 것이거늘 그가 알지 못하도다(호 2:8).

내 백성이 지식이 없으므로 망하는도다 네가 지식을 버렸으니 나도 너를 버려 내 제사장이 되지 못하게 할 것이요 네가 네 하나님의 율법을 잊었으니 나도 네 자녀들을 잊어버리리라(호 3:6).

그들은 번성할수록 내게 범죄하니 내가 그들의 영화를 변하여 욕이 되게 하리라(호 3:7).

이스라엘의 전 역사를 통해서 이처럼 구약의 선지자들이 릴레이식으로 하나님을 알라고 외칠 수밖에 없을 정도였다면 우리는 당시의 이스라엘을 어떻게 이해해야 하는가? 이스라엘의 행태가 곧 나의, 우리의 전통적, 세습적인 뒤틀린 신앙관이며 행동일 수 있다는 관점을 가져볼 때라야 그 타락의 깊이를 감 잡을 수 있을 것이다. 이스라엘 민족은 시대적 상황에 휘둘림을 당한 나머지 자신들의 근원이신 참 하나님을 깊이 신뢰하지 못하였다. 한마디로 하나님의 정체성을 모르니 그들 자신의 정체성도 분명히 정립되지 못하였다. 그로 인해 분별력도 없는 신앙의 위기 속에서 방황하게 된 것이 아닌가? 이스라엘이 겪었던 바란 광야 40년이나 바벨론 포로 70년, AD 70년 예루살렘 성전의 파괴로 이어지는 이스라엘 역사는 신앙의 절망 가운데 서 있었던 그들의 모습을 증언해 주고 있다. 이스라엘 민족이 얼마만큼 하나님을 외면하고 다른 신, 이방 신에 의존하며 살았는지를 생생하게 반증해 주는 것이다. 이런 구약의 이스라엘 역사에 관해 많은 묵상을 해봄으로써 우리는 자기 신앙의 좌표를 찍어 볼 수 있을 것이다. 욥기는 그 원인에 대한 새로운 정보를 주고 있다.

하나님은 한번 말씀하시고 다시 말씀하시되 사람은 관심이 없도다 사람이 침상에서 졸며 깊이 잠들 때에나 꿈에나 밤에 환상을 볼 때에 그가 사람의 귀를 여시고 경고로써 두렵게 하시니 **이는 사람에게 그의 행실을 버리게 하려 하심이며 사람의 교만을 막으려 하심이라**(욥 33:14-17).

신구약 시대의 이스라엘 유대인들이 어떠했는가를 살펴보면 과연 그들이 하나님의 선택을 받은 백성이 맞는가 의구심이 들 정도다. 왜 그 수준에 머물고 있었을까? 지금 우리라면 그들과 달라진 게 무엇인가? 더 굳건한 믿음, 더 좋은 신앙으로 하나님께 올바른 예배를 드리고 있는가? 항상 경각심을 가져야 할 우리의 자세이며, 이에 대한 각성 없이는 아름다운 신앙의 열매를 맺는다는 것은 요원할 것이다. 자각의 문제이다.

모세의 노래가 품고 있는 절망

에덴동산에서 벌어진 뱀(사탄)과 여자의 타락은 어느 한순간에 일어났다가 바로 해소되는 죄가 아니었다. 인간 탐욕의 두 마음이 깊은 뿌리가 되어 이스라엘 역사에 면면히 흐르는 저주의 그림자, 죽음의 그림자가 되었다. 우리가 반드시 기억해야 할 관점은 이스라엘의 타락이 어느 한순간 반짝 나타났다가 사라진 죄악이 아니었다는 사실과, 그들은 항상 하나님께서 부정적인 의미로 경고하신 다른 신, 이방 신을 선택하고, 하나님을 외면했다는 사실이다. 앞에서 논한 대로 신명기는 출애굽과 시내산 십계명이 주어졌음에도 불구하고 이스라엘 후손들이 가나안 땅에 들어가서도 여전히 하나님 뜻을 벗어나 이방 신을 좇다가 허다한 재앙과 환난을 겪게 될 것이라고 예언하였다. 이 예언의 말씀은 우리가 마음속 깊이 새겨야 할 명제이다. 하나님께서는 이와 유사한 경고성 예언을 계속 반복적으로 말씀하고 계시기 때문이다.

> 내가 그들에게 진노하여 그들을 버리며 내 얼굴을 숨겨 그들에게 보이지 않
> 게 할 것인즉 그들이 삼킴을 당하여 허다한 재앙과 환난이 그들에게 임할 그
> 때에 그들이 말하기를 이 재앙이 우리에게 내림은 우리 하나님이 우리 가운
> 데에 계시지 않은 까닭이 아니냐 할 것이라 **또 그들이 돌이켜 다른 신들을**
> **따르는 모든 악행으로 말미암아 내가 그때에 반드시 내 얼굴을 숨기리라**(신
> 31:17, 18).

하나님의 이 말씀은 가나안 땅에 들어간 이후의 이스라엘 후손이 하나
님의 선택을 받은 백성으로서 증인이 되는 것이 아니라 도리어 하나님의
언약을 거부하고 여전히 다른 신들을 좇을 것이며, 그에 대해 허다한 재
앙과 환난으로 징계하시겠다고 하시니 실로 놀랍고 두려운 절망으로 가
득한 예언이다.

> 내가 그들의 조상들에게 맹세한 바 젖과 꿀이 흐르는 땅으로 그들을 인도하
> 여 들인 후에 **그들이 먹어 배부르고 살찌면 돌이켜 다른 신들을 섬기며 나를**
> **멸시하여 내 언약을 어기리니** 그들이 수많은 재앙과 환난을 당할 때에 그들
> 의 자손이 부르기를 잊지 아니한 **이 노래가 그들 앞에 증인처럼 되리라** 나는
> 내가 맹세한 땅으로 그들을 인도하여 들이기 전 **오늘 나는 그들이 생각하는**
> **바를 아노라**(신 31:20, 21).

그런 까닭에 하나님께서는 모세에게 이제 너희는 이 노래를 써서 이스
라엘 자손들에게 가르쳐 그들의 입으로 부르게 하여 이 노래로 나를 위

하여 이스라엘 자손들에게 증거가 되게 하라(신 31:19)고 명령하신다. 죽음을 앞둔 모세의 마지막 설교에서도 이스라엘 민족의 장래에 대한 걱정스러운 언어가 넘치고 있다.

내가 너희의 반역함과 목이 곧은 것을 아나니 **오늘 내가 살아서 너희와 함께 있어도 너희가 여호와를 거역하였거든** 하물며 내가 죽은 후의 일이랴(신 31:27).

하나님께서는 이스라엘에 대해 그동안 베풀어 주신 역사를 노래로 지어 부르게 하신 것은 하나님의 은혜와 참뜻을 망각해 버리기 쉬운 까닭에 일종의 안전 보호 조치를 해 두신 것이다. 하지만 그들의 결국은 어떠했는가? 구약의 역사에 따로 물어볼 필요가 없이 이사야서 1장이 그들의 상황을 대표적으로 표현하고 있음에 주목하게 된다.

여호와께서 말씀하시되 너희의 무수한 제물이 내게 무엇이 유익하뇨 **나는 숫양의 번제와 살진 짐승의 기름에 배불렀고 나는 수송아지나 어린 양이나 숫염소의 피를 기뻐하지 아니하노라** 너희가 내 앞에 보이러 오니 **이것을 누가 너희에게 요구하였느냐** 내 마당만 밟을 뿐이니라 헛된 제물을 다시 가져오지 말라 분향은 내가 가증히 여기는 바요 월삭과 안식일과 대회로 모이는 것도 그러하니 **성회와 아울러 악을 행하는 것을 내가 견디지 못하겠노라 내 마음이 너희의 월삭과 정한 절기를 싫어하나니 그것이 내게 무거운 짐이라** 내가 지기에 곤비하였느니라 너희가 손을 펼 때에 내가 내 눈을 너희에게서 가리고 **너희가 많이 기도할지라도 내가 듣지 아니하리니** 이는 너희의 손에 피가 가득함이라 너희는 스스로 씻으며 스스로 깨끗하게 하여 내 목전에서 너희 악한 행실을 버리며 행악을 그치고 선행을 배우며 정의를 구하며 학대받는 자를 도와주며 고아를 위하여 신원하며 과부를 위하여 변호하라 하셨느니라(사 1:11-17).

하나님께서 제물과 분향과 월삭과 절기, 안식일과 성회를 부정하시고, 기도하는 것까지도 질책하고 계신다. 이 말씀의 뜻을 깊이 묵상하고, 당시 이스라엘이 어떠했을까를 숙고해 보아야만 우리가 하나님의 참뜻을 깨달을 수 있다. 일관되게 흘러온 그들의 행태는 여호와를 향하여 악을 행하니 하나님의 자녀가 아니요, 흠이 있고 삐뚤어진 심히 패역한 세대요 진실이 없는 자녀가 된 것을 스스로 증명한 것이다.

하나님에 대한 죄는 세상의 윤리, 도덕 차원에 국한한 것이 아니다. 하나님을 떠나 반대편에서 인간 중심, 자기 중심, 율법 중심으로 사는 것을 말한다. 그러므로 죄는 세상 속에 살고 있는 인간의 그릇된 탐욕이며, 하나님을 떠나 하나님을 잊고 사는 것을 말한다. 이스라엘은 하나님이 주신 참자유를 자기 멋대로 선택하는 왜곡된 자유로 변질시켜 놓고 하나님의 사랑과 용서와 은혜까지도 잊고 살았다. 한마디로 이스라엘의 신앙은 하나님께 순종하며 하나님을 의지해서 살아야 할 존재들이 자신이 하나님의 자리에 앉아 하나님처럼 되고 싶어 하는 바로 그들의 세계관에 뿌리박힌 뒤틀린 신앙에서 비롯된 것이다. 여기에서 분명하고 확고하게 정리해야 할 신앙의 핵심을 두 가지로 압축해 볼 수 있다. 하나는 인간의 탐욕이 얼마나 강렬한 불길이 되고 있으며 또 그것이 얼마나 무서운 죄악의 뿌리인가를 알고 깨닫는 것이고, 다른 하나는 인간 스스로 이 탐욕의 불길을 스스로 소멸시킬 수 없다는 점이다. 다시 말해 그 불길에서 자신을 구원해 낼 수 없다는 사실을 깨닫는 것이다.

이때 우리는 누구를 의지하고 간구해야 하는가? 여기서 다시 반문해 보아야 할 관점이 생겨난다. 왜 우리에게 하나님의 언약이 필요한가? 왜 우리에게 하늘 복음이 필요하게 된 것인가? 선악과를 따 먹은 죄악의 정체는 무엇이며 어떻게 해결해야 할 것인가? 우리가 하나님처럼 되고 싶어 하는 탐욕, 그것을 다스리지 못하여 일어나는 하나님 앞에서의 범죄들의 실상은 어떠한가? 구약시대의 이스라엘이 신앙적으로 수많은 굴절을 겪었던 근본 원인은 하나님의 정체성을 확실히 붙들지 못한 무지와 율법주의에 함몰된 거짓 믿음으로 불순종했던 때문이다. 그러함에도 하나님께서는 인간 구원을 위해 다른 특별한 방법을 준비하여 길을 열어 두신 것이 바로 십자가 복음이며 은혜이다. 우리는 스스로 그 원죄를 깨닫거나 그 값을 지불할 길이 없고, 용서받을 수도 없었다는 인간 실존의 부패성을 심중에 두고서 구약시대의 전역사가 어떠했는지를 더 깊이 묵상해야 한다.

구약시대의 혼돈과 흑암

구약성경의 특징적인 신앙의 맹점인 아담과 하와의 선악과 사건과 노아의 홍수 사건, 바벨탑 사건을 뒤로 하고 아브라함이 믿음의 조상으로 발탁된 이후부터 말라기서까지 구약의 백성들이 한결같이 하나님을 대적하는 모습들을 우리는 거의 일목요연하게 보았다.

구약시대에 하나님을 전적으로 신뢰한 기간이 어느 정도나 되는가? 구약시대 하나님의 신뢰를 받은 인물은 몇이나 되는가? 아브라함과 모세, 여호수아와 갈렙, 다윗과 솔로몬, 다니엘 등 겨우 손꼽을 정도다. 북이스라엘과 남 유다의 왕 중에서 신앙을 지키려고 했던 왕을 찾아 보더라도 요시야왕과 히스기야왕 정도이다.

히스기야왕의 경우는 이스라엘 하나님 여호와를 의지하여 그의 시대 전후 유다 여러 왕 중에 그러한 자가 없었다(왕하 18:5)고 할 정도였다. 그는 앗수르 왕 산헤립이 올라와서 유다 모든 견고한 성읍들을 쳐서 점령하매 하나님 여호와께 기도하고, 그가 병들어 죽게 되었을 때도 심히 통곡하며 기도하여(왕하 20:3, 5) 하나님으로부터 기도 응답으로 십오 년을 더 사는(왕하 20:6) 은혜를 입기도 하였다. 그러나 히스기야 왕은 얼마 지나지 않아 바벨론 왕 브로닥발라단의 사자들이 병문안하자 왕궁과 창고에 있는 것을 다 그들에게 보여주는 등 일종의 하나님 비밀 누설 사건을 일으키고, 그로 인해 하나님의 징벌을 받는다.

> 히스기야가 사자의 말을 듣고 자기 보물창고의 금은과 향품과 보배로운 기름과 그의 군기고와 창고의 모든 것을 다 사자들에게 보였는데 **왕궁과 그의 나라 안에 있는 모든 것 중에서 히스기야가 그에게 보이지 아니한 것이 없더라**(왕하 20:13).
>
> 여호와의 말씀이 날이 이르리니 왕궁의 모든 것과 왕의 조상들이 오늘까지 쌓아 두었던 것이 바벨론으로 옮긴 바 되고 하나도 남지 아니할 것이요 또 왕의 몸에서 날 아들 중에서 사로잡혀 바벨론 왕궁의 환관이 되리라 하셨나이다 하니(왕하 20:17, 18).

이 말씀을 살펴보면 히스기야왕도 하나님을 의지하는 신앙생활에 충실한 듯 보이면서도 바벨론의 눈치를 보며 왕궁의 모든 것을 보여줌으로써 하나님의 징벌까지 받게 된 것이다. 이는 하나님께서 비밀의 보안 유지에 대해 얼마나 큰 관심을 가지고 계시는지를 알게 한다. 비밀 정보의 관점에서 보면, 하나님이 주신 전투 능력을 자기의 능력과 비밀이나 되는 것처럼 여기고 무분별하게 적에게 비밀을 누설한 이 사건은, 누구나 국가적 비밀을 다루면서도 항상 하나님의 관점에서 보고 판단하며 하나님을 전적으로 의지하여 그분 말씀을 잘 지켜야 한다는 메시지를 전해주고 있다. 어떻든 구약시대는 이사야, 예레미야, 에스겔 선지자를 비롯하여 아모스, 호세아, 스가랴 등 소선지자들까지 이스라엘 민족의 타락상을 깨닫고 돌아오라는 하나님의 메시지를 전하였건만 별다른 호응을 보이지 않고 각기 제 갈 길로 갔던 믿음 상실의 시대였다. 구약의 마지막 말라기 선지자는 구약시대 전체를 총정리하여 하나님의 뜻을 외치고 있는데, 그 내용이 대단히 날카롭다.

> 여호와가 이르노라 **너희가 완악한 말로 나를 대적하고도 이르기를 우리가 무슨 말로 주를 대적하였나이까 하는도다**(말 3:13).
> 만군의 여호와가 이르노라 너희 조상들의 날로부터 너희가 나의 규례를 떠나 지키지 아니하였도다 그런즉 **내게로 돌아오라 그리하면 나도 너희에게로 돌아가리라** 하였더니 너희가 이르기를 **우리가 어떻게 하여야 돌아가리이까** 하는도다(말 3:7).

그런데 그들의 타락 정도가 너무나 교활하고 심각한 정도여서 하나님 여호와께서는 봉헌물도 받지 않겠다고 하시며 그들의 공경함이 없는 것과 눈먼 희생제물에 대해 질책하신다.

> 너희가 이런 일도 행하나니 곧 **눈물과 울음과 탄식으로 여호와의 제단을 가리게 하는도다** 그러므로 여호와께서 다시는 너희의 봉헌물을 돌아보지도 아

니하시며 그것을 너희 손에서 기꺼이 받지도 아니하시거늘(말 2:13).

내 이름을 멸시하는 제사장아 나 만군의 여호와가 너희에게 이르기를 아들은 그 아버지를 좋은 그 주인을 공경하나니 **내가 아버지일진대 나를 공경함이 어디 있느냐**(말 1:6a).

만군의 여호와가 이르노라 너희가 눈먼 희생제물을 바치는 것이 어찌 악하지 아니하며 저는 것 병든 것을 드리는 것이 어찌 악하지 아니하냐(말 1:8a).

그런데 말라기 선지자가 제기하는 또 하나의 문제는 절기에 관한 것이다. 똥으로까지 표현할 만큼 매우 비판적으로 지적하고 있다.

보라 내가 너희의 자손을 꾸짖을 것이요 똥 곧 너희 절기의 희생의 똥을 너희 얼굴에 바를 것이라 너희가 그것과 함께 제하여 버림을 당하리라(말 2:3).

연중에 펼쳐지는 절기는 하나님께 좀 더 가까이 나아가 깊은 교제를 나누기 위해 믿음의 정성을 다해 예배드리고 기도하겠다고 다짐하는 행사이다. 말라기서는 하나님이 이사야서에서 말씀하신 바와 같이 그 절기를 단호하게 거절하고 계신 점을 폭로하고 있다. 그러나 하나님께서는 자신의 자비와 은혜를 깨닫게 할 수 있도록 **아주 특별하고도 귀중한 비밀 곧 '언약의 사자'와 '엘리야'**를 보내시겠다는 약속을 하고 계신다.

만군의 여호와가 이르노라 보라 내가 내 사자를 보내리니 그가 내 앞에서 길을 준비할 것이요 또 너희가 구하는 바 주가 갑자기 그의 성전에 임하시리니 곧 너희가 사모하는바 언약의 사자가 임하실 것이라(말 3:1).

보라 여호와의 크고 두려운 날이 이르기 전에 내가 선지자 엘리야를 너희에게 보내리니 그가 아버지의 마음을 자녀에게로 돌이키게 하고 자녀들의 마음을 그들의 아버지에게로 돌이키게 하리라 **돌이키지 아니하면 두렵건대 내가 와서 저주로 그 땅을 칠까 하노라 하시니라**(말 4:5, 6).

이 말씀이 주목되는 것은 하나님을 떠난 이스라엘의 탈선된 신앙의 기조가 예수님의 성육신 이후 신약시대까지도 계속 이어지게 될 것을 암시하고 있기 때문이다.

말라기 선지자는 이보다 더 엄격한 하나님의 말씀을 전하면서 구약을 마무리짓는다.

> 너희가 내 길을 지키지 아니하고 **율법을 행할 때에 사람에게 치우치게 하였**<u>으므로</u> 나도 너희로 하여금 모든 백성 앞에서 멸시와 천대를 당하게 하였느니라 하시니라(말 2:9).
>
> 너희가 **만일 듣지 아니하며 마음에 두지 아니하여 내 이름을 영화롭게 하지 아니하면** 내가 너희에게 저주를 내려 너희의 복을 저주하리라 내가 이미 저주하였나니 이는 너희가 그것을 마음에 두지 아니하였음이라(말 2:2).

하나님의 강력한 경고성 말씀은 그들의 타락된 실상이 만만한 정도가 아니라는 사실을 지적하고 있다. 신명기의 말씀(신 28:15)과 레위기 말씀(레 26:14-39)의 연장선상에서 말라기서의 이 예언적인 말씀을 생각해 볼 때 이스라엘이 한결같이 자기중심적이고 율법적인 신앙의 자세를 고집하고 있고 앞으로도 그럴 것이라는 점을 예측할 수 있다. 그 누구도 치유할 수 없는 이 망각의 고질병, 환난을 초래할 수밖에 없는 하나님 정체성에 대한 무지와 그들의 탐욕의 문제를 누가 해결해 줄 수 있을 것인가?

하나님 진노에도 꿈쩍하지 않는 이스라엘

에스겔 22장 3절에서 13절까지에는 예루살렘이 그동안 범한 끔찍한 죄들이 죽 열거되어 있다. '인자야 네가 심판하려느냐 이 피 흘린 성읍을 심판하려느냐 그리하려거든 자기의 모든 가증한 일을 그들이 알게 하라'(겔 22:2)는 전제의 말씀은 '네 가운데'와 '피 흘림'이라는 특정 언어를 중심으로 그들의 죄악상을 폭로하고 있는데 우리 가운데 있을 수 있는 회개해야 할 사안들이라는 점에서 눈여겨 살펴 볼 필요가 있다.

자기 가운데 피를 흘려 벌 받을 때가 이르게 하며 우상을 만들어 스스로 더럽히는 성아(3b).

네가 흘린 피로 말미암아 죄가 있고 네가 만든 우상으로 말미암아 스스로 더럽혔으니(4a).

너 이름이 더럽고 어지러움이 많은 자여 가까운 자나 먼 자나 다 너를 조롱하리라(5).

이스라엘 모든 고관은 각기 권세대로 **피를 흘리려고** 네 가운데에 있었도다 (6).

그들이 **네 가운데에서** 부모를 업신여겼으며 **네 가운데에서** 나그네를 학대하였으며 **네 가운데에서** 고아와 과부를 해하였도다(7).

너는 **나의 성물들을** 업신여겼으며 **나의 안식일을** 더럽혔으며(8).

네 가운데에 피를 흘리려고 이간을 붙이는 자도 있었으며 **네 가운데에** 산 위에서 제물을 먹는 자도 있었으며 **네 가운데에** 음행하는 자도 있었으며(9).

네 가운데에 자기 아버지의 하체를 드러내는 자도 있었으며 **네 가운데에** 월경하는 부정한 여인과 관계하는 자도 있었으며(10).

어떤 사람은 그 이웃의 아내와 가증한 일을 행하였으며 어떤 사람은 그의 며느리를 더럽혀 음행하였으며 **네 가운데에** 어떤 사람은 그 자매 곧 아버지의 딸과 관계하였으며(11).

네 가운데에 피를 흘리려고 뇌물을 받는 자도 있었으며 네가 변돈과 이자를 받았으며 이익을 탐하여 이웃을 속여 빼앗았으며 **나를 잊어버렸도다** 주 여호와의 말씀이니라(12).

하나님이 들춰내 폭로하신 이스라엘의 실상은 말할 수 없는 부끄러움의 죄악이 가득찬 모습이다. 일상의 윤리와 도덕을 내팽개치는 행위는 물론이고 하나님의 성물을 업신여기며 안식일을 더럽히고, 그분을 잊어버린 죄악의 행위들을 볼 때 그들에게서 하나님을 향한 은혜에 대한 감사나 영광의 찬양 혹은 사랑의 헌신 같은 흔적을 찾아볼 수가 없다. 이것이 그들의 실상일진대 과연 하나님의 비밀 계시를 단 한 구절이라도 알고 깨달은 사람이 단 한 사람이라도 있었을까 의심스럽다. 이런 일들이 단순히 '네 가운데'에서만 일어난 일이 아니라 그게 바로 오늘 '우리 가운데' 일어나고 있는 일이라는 점을 부인해서는 안 된다. '네 가운데'란 한두 사람을 말하는 것이 아니라 거의 전부가 그렇다는 의미를 함유하고 있다. 오늘 우리의 다원사회에서도 절대가치가 사라지고 상대주의 가치관이 범람하는 '그 가운데' 벌어지는 일들이다.

아무튼 '네 가운데', '우리 가운데' 일어나는 하나님을 등지고 사는 모든 행태에 대해 하나님의 징벌이 없다면 하나님의 정의와 공의 그리고 은혜와 구원도 모두 의미 없는 한낱 구호에 그치고 말 것이다. 하나님께서는 이스라엘에 대해 장막과 성전, 제사 제도와 절기 등을 통해 그토록 간절하게 자신을 계시하시고 알게 하셨으나, 그들은 전혀 그분을 알아보려고 하지 않았고 자신들 죄악의 현상들을 깨닫고 회개해야겠다는 자각도 하지 않았다. 그러므로 하나님께서는 특단의 방법으로 자신의 진노를 현실로 보여주시겠다고 경고하신다. 하나님의 불쾌한 심정과 함께 그들에게 임할 무서운 저주가 선고된 것이다.

> 네가 불의를 행하여 이익을 얻은 일과 네 가운데에 피 흘린 일로 말미암아 내가 손뼉을 쳤나니 **내가 네게 보응하는 날에 네 마음이 견디겠느냐** 네 손이 힘이 있겠느냐 나 여호와가 말하였으니 내가 이루리라 내가 너를 뭇 나라 가운데에 흩으며 각 나라에 헤치고 너의 더러운 것을 네 가운데에서 멸하리라(겔 22:13-15).
>
> **은이 풀무 불 가운데에서 녹는 것 같이 너희가 그 가운데에서 녹으리니** 나 여호와가 분노를 너희 위에 쏟은 줄을 너희가 알리라(겔 22:22).
>
> **그들이 실족할 그 때에 내가 보복하리라** 그들의 환난 날이 가까우니 그들에게 닥칠 그 일이 속히 오리로다(신 32:35).

이 말씀에서 하나님을 불신하는 악한 이스라엘 백성들에게 직접 보복하시겠다는 것과 풀무불 가운데 녹는 것 같이 녹으리라는 말씀은 그 누구라도 긴장하지 않을 수 없게 하는 내용이다. 그 형벌들은 피할 수도 없고, 완화할 수도 없으며, 견딜 수도 없는 것이다. 그들은 하나님의 이러한 명령을 거들떠보지도 않았으며, 계속 명령하시는데도 계속 반항하며 하나님의 권위를 완전히 무시했다. 그들은 하나님 말씀들의 참뜻을 헤아리지 못할 만큼 하나님에 대해 무지했다. 더욱이 선택받은 백성으로서 하나님의 은혜의 방편 아래 이루셨던 출애굽과 유월절, 홍해를 건너는 그 놀라운 역사를 다 목격했음에도 불구하고 여전히 기억함도 없었고,

하나님의 정체성과 섭리도 깨닫지 못하고 있었다. '그들이 실족할 그때'에는 악한 이스라엘 백성들이 받게 될 형벌과 파멸이 예고되고 있었음에도 전혀 관심조차 두지 않았다. 비밀을 계시하신 하나님만 우습게 만들어 버렸다. 하나님께서 이스라엘 백성들이 좋은 열매를 맺게 하려고 애쓰셨던 모든 노력에도 불구하고 그들은 아주 쓰고 독한 열매를 맺었다.

> 주께서 참으로 그들을 미끄러운 곳에 두시며 파멸에 던지시니 그들이 어찌하여 그리 갑자기 황폐되었는가 놀랄 정도로 그들은 전멸하였나이다(시 73:18, 19).
>
> 무릇 주를 멀리하는 자는 망하리니 음녀같이 주를 떠난 자를 주께서 다 멸하셨나이다(시 73:27).

악인은 이미 지옥행 유죄 판결을 받은 상태[16]이기 때문에 마땅히 지옥에 떨어져야 할 자이며, 하나님께서는 이 악한 자들을 언제든지 지옥으로 보낼 수 있는 분이시다. 다만 그들이 지금 지옥의 유황불 고통 속에 들끓고 있는 것과 똑같은 진노와 저주를 당할 대상들인 데다, 마귀가 그들을 덮치려 호시탐탐 노리고 있는 만큼 마지막 한순간까지 참고 기다려 주시는 것이다. 악인의 영혼 속에는 그 영혼을 지배하고 있는 지옥의 원리들이 있어서, 만약 하나님이 누르고 계시지 않는다면 지금 당장이라도 활활 타오르는 지옥 불에 던져질 것이다. 그 유황불은 육적인 인간 본성의 근원 속으로 녹아 들어가 감당할 수 없는 지옥의 고통과 괴로움으로 완전히 장악해 버릴 것이다. 성경은 악인의 영혼이 요동하는 바다와 같

16　신 32:35 '내가 보복하리라'. 신 7:10 '여호와는 자기를 미워하는 자에게 지체하지 아니하시고 당장에 그에게 보응하시느니라'. 민 14:21 '진실로 내가 살아 있는 것과 여호와의 영광이 온 세계에 충만할 것을 두고 맹세하노니.'참조.

다고 말씀하고 있다.

> 그러나 악인은 평온함을 얻지 못하고 그 물이 진흙과 더러운 것을 늘 솟구쳐
> 내는 요동하는 바다와 같으니라 내 하나님의 말씀에 악인에게는 평강이 없다
> 하셨느니라(사 57:20, 21).

죄는 본질상 파괴적이기 때문에 영혼을 파멸시킬 뿐만 아니라 사망을 비참하게 만든다. 그러므로 악인은 자기에게 죽음이 임박한 뚜렷한 증거가 보이지 않는다고 해서 한순간이라도 안심하면 절대 안 된다. 그것 역시 하나님의 비밀 영역에 들어 있는 화살로서 인간이 전혀 뜻하지 않고 생각지도 않았던 방식으로 갑자기 밀어닥칠 것이었다. 악한 자들은 그리스도를 계속 거부하고 악인으로 남아 있으면서 지옥은 피해 보려고 애를 쓰고자 하지만 그것은 하나님의 섭리를 곡해하는 짓이다. 그러므로 악인에게 급한 일은 자신이 악인이라는 인식을 스스로 하는 것이다. 왜냐하면 모든 자연인이 자기는 지옥에 가지 않을 것으로 생각하며 자위하고 자기 안전을 위해 자기 자신을 의지하기 때문이다.

> 그러나 그들이 그들의 욕심을 버리지 아니하여 그들의 먹을 것이 아직 그들
> 의 입에 있을 때에 하나님이 그들에게 노염을 나타내사 **그들 중 강한 자를 죽**
> **이시며** 이스라엘의 청년을 쳐 엎으러뜨리셨도다 이러함에도 그들은 여전히
> 범죄하여 그의 기이한 일들을 믿지 아니하였으므로 **하나님이 그들의 날들을**
> **헛되이 보내게 하시며 그들의 햇수를 두려움으로 보내게 하셨도다** 하나님이
> 그들을 죽이실 때에 그들이 그에게 구하며 돌이켜 하나님을 간절히 찾았고
> 하나님이 그들의 반석이시며 지존하신 하나님이 그들의 구속자이심을 기억

하였도다(시 78:30-35).

　이스라엘의 광야 40년에 일어났던 일들을 시편 기자가 기록한 모습이다. 여기에서 또 하나 분명히 해야 할 것은, 하나님은 자연인에게 한순간이라도 지옥을 피하게 해주시겠다는 약속을 하시지 않았던 까닭에 그럴 의무가 전혀 없으시다는 점이다. 하나님은 은혜의 언약, 즉 그리스도 안에서 우리에게 주신 약속을 제외하고는 다른 어느 곳에서도 영생이라든가 영벌로부터의 구원에 대해 약속하시지 않았다. 오직 그리스도 안에서만 그 모든 것들이 약속되고 승인되어 있다는 점을 분명히 인식해야 한다.

　하나님 진노의 불꽃이 이글대는 무서운 웅덩이 곧 유황불이 활활 타오르는 그 처참한 지옥이 바로 우리 발밑에 있다는 비밀을 깨닫지 못하고, 현재의 자기 건강 상태라든가 생존의 실상만 보면서 '여기가 좋사오니', '나는 괜찮아'와 같은 독백으로 자기를 안위하며 세상 정보에 더 찌들어 간다면 아직도 진리를 찾지 못하고 있는 위기 중의 위기가 아닐 수 없다. 죄는 계속 증가하고, 썩어짐의 종노릇은 더 없는 즐거움이라고 생각할 것이다. 아직도 성령의 권능으로 말미암아 심령이 변화되는 체험을 하지 못한 사람들이 있다면 신구약의 사람들이 어쩌고, 저쩌고 흉 볼 일이 아니라 오늘 자신의 실상이 어떠한지를 살펴야 할 일이다.

그들의 행위대로 갚으시되 그 원수에게 분노하시며 그 원수에게 보응하시며 섬들에게 보복하실 것이라(사 59:18).
이는 우리의 허물이 주의 앞에 심히 많으며 우리의 죄가 우리를 쳐서 증언하오니 이는 우리의 허물이 우리와 함께 있음이니라 우리의 죄악을 우리가 아나이다 **우리가 여호와를 배반하고 속였으며** 우리 하나님을 따르는 데서 돌이켜 포학과 패역을 말하며 거짓말을 마음에 잉태하여 낳으니 정의가 뒤로 물리침이 되고 공의가 멀리 섰으며 성실이 거리에 엎드러지고 정직이 나타나지 못하는도다(사 59:12-14).

여기서 우리가 빠뜨리지 말고 분명히 알아야 할 관점은, 하나님의 진노는 우리 인간이 생각하는 그런 감정에 치우친 화내기가 아니라는 사실이다. 우주를 창조하신 전지전능하신 하나님이 개미 무리에 불과한 인간에게 화를 내신다는 것은 전혀 어울리지 않는다. 진노나 화를 내는 경우란 상대방과 동등한 위치에 있거나 상대방이 자신보다 더 우월한 위치에 있는 경우 그 대상에게 일종의 불만을 털어내려고 하는 특정 행동을 말한다. 하지만 하나님은 그런 땅적 수준에 머무르고 계시는 분이 아니라 하늘에 계시며 우주를 통치하시는 분이시다. 그분 하나님의 진노는 인간들에게 이 땅에서의 복된 삶과, 천국 영생을 누리게 하려는 목적을 달성하시기 위해, 한마디로 자비와 은혜를 더 베풀어 주기 위해, 그리고 진리를 깨닫고 하나님과 '하나 되게' 하기 위해서다. 그들의 영성을 깨우기 위해 단행하시는 진노라는 점을 분명히 이해해야 한다. 다시 말해 그 진노안에는 하나님의 자비와 은혜, 그리고 어서 돌아오라는 간곡한 호소와 그분의 기다림이 복합적으로 들어 있다는 점을 알아야 한다. 만약 이스라엘 민족이 이를 즉각 깨닫고 하나님 앞으로 돌아올 경우 그 진노는 즉시 사랑의 또 다른 표현으로 나타날 것이었다. 그러나 여전히 그 진의를 깨닫지 못하고 자기 고집을 계속 피울 때 거기에는 참으로 견디기 어려운 무섭고 두려운 현실이 그들을 엄습할 것이다. 그들은 언제라도 예상치 못한 때에 제물로 그냥 넘어져 쓰러지고 말 것이다. '아직은 넘어지지 않고 그대로 서 있을 수 있어', '나는 괜찮아'라고 생각한다면 그것은 하나님의 정하신 때가 아직 임하지 않았기 때문이며, 그들은 여전히 미끄러운 비탈길에서 위험스럽게 서성거리고 있는 존재일 뿐이다.

제2장
신약시대 : 율법주의 왜곡 신앙

유대인의 빗나간 회개

사복음서를 통독하다 보면 구약성경을 펼칠 때와 마찬가지로 신약시대의 유대인 신앙에 대해 다음과 같은 질문을 하게 된다. 왜 유대인들은 구약의 하나님 비밀 계시를 충분히 받아들이지 못하였을까? 왜 그들은 구약성경이 어린 양 예수를 수십 차례 예표하고 그의 사역을 예언해 주셨음에도 하나님의 아들 예수 그리스도의 정체성과 사명을 온전히 깨닫지 못했을까? 왜 유대 지도자들은 도리어 예수의 사명을 단호하게 억누르려고 시도하다가 십자가 처형까지 감행했을까? 예수께서는 하나님의 존재와 역사하심을 증언하시고 동시에 자신이 하나님의 아들로 이스라엘 역사의 절정이며 구약성경 전체가 자신의 도래를 기대한 것이라고 주장하셨다. 그런데도 왜 그들은 두 팔을 활짝 펴고 예수를 영접하지 않았는가? 당시 이스라엘 사람들은 하나님 나라에 대한 예수님의 메시지를 받아들이지 않았다. 예수께서 십자가에 매달리셨을 때 제자들마저 자기 목숨을 구하려고 달아났다. 여인들이 예수가 죽은 자 가운데서 다시 살아났다고 알렸을 때도 제자들은 부활 소식조차 믿기를 주저했다. 예수 그리스도께서도 여러 차례 자기의 죽음과 부활을 예고하셨지만, 제자들은 그 말씀을 더디 믿었다. 그 이유는 무엇인가? 십자가 부활 사건 이후에야 깨닫는 경우가 있었던 사실은 우리가 풀어야 할 과제이다. 사람들은 그리스도 예수의 정체성에 대해 엉뚱한 기대가 있었던 터라 새로운 변화에 대한 거부감을 느끼고 있었던 것이 분명하다.

신구약 시대 이래 사람들은 과연 하나님을 올바로 알고 그분의 정체성에 알맞게 신앙생활을 했던 것일까? 그렇지 않았다는 것은 이미 확인된 사실이다. 만약 그들이 하나님의 정체성을 깊게 깨닫고 바른 신앙생활을 하고 있었다면 굳이 예수께서 성육신하실 이유도 없고 더욱이 십자가의 고난과 죽음을 감당하지 않아도 되셨을 것이다. 예수님의 뜻은 당시 유대 민족이 하나님 비밀 계시의 본뜻을 깨닫지 못하고 율법주의라는 빗나간 자기 의(義)로 신앙의 자부심을 키우고 있던 터라 그들의 믿음을 바로잡아 깨우쳐 주시려는 데 있었다. 십자가에 죽으심으로 먼저는 하나님과 그리스도 자신을 증명하고, 그다음으로 인류를 구원하여 주시기 위해 진리를 깨닫게 하려는 것이었다. 그러나 유대인들은 자신들의 뒤범벅이 된 신앙의 문제가 어떻게 된 영문인지를 깨닫지 못했다. 세례 요한이나 예수님이 세상을 향해 던진 첫 일성이 무슨 말씀이었는지를 생각해 보면 그 속사정이 분명하게 드러난다.

이때부터 예수께서 비로소 전파하여 이르시되 **회개하라 천국이 가까이 왔느니라**(마 4:17).

이르시되 **때가 찼고** 하나님의 나라가 가까이 왔으니 회개하고 **복음을 믿으라**(막 1:15).

이 말씀은 당시 유대인들의 심리 상태가 이방인과 똑같았다는 사실을 적나라하게 들춰 내주고 있다. 그간 이스라엘이 참된 회개를 하지 않았을 뿐 아니라, 설사 회개를 했다고 하더라도 진의가 담기지 않은 형식적이고 외식적인 회개 수준이었음을 시사한다. 그들은 하나님 나라를 잘 알지 못하였을 뿐만 아니라 때가 찼고, 복음을 믿어야 한다는 인식을 거의 하지 못하고 방황하고 있었던 것 같다. 그들이 천국을 확실하게 깨닫지 못하고 있었던 것은 구약성경을 제대로 읽고 깨달음을 얻지 못한데 그 원인이 있어 보인다.

> 이 여러 왕들의 시대에 하늘의 하나님이 한 나라를 세우시리니 이것은 영원히 망하지도 아니할 것이요 그 국권이 다른 백성에게로 돌아가지도 아니할 것이요 도리어 이 모든 나라를 쳐서 멸망시키고 영원히 설 것이라(단 2:44).

특히 세례 요한이 많은 바리새인과 사두개인들이 세례 베푸는 데로 오는 것을 보고 더 강한 자극적인 어투로 일갈한 데서도 유대인들의 신앙 상태가 어떠했는지를 간파할 수 있다.

> **독사의 자식들아** 누가 너희를 가르쳐 임박한 진노를 피하라 하더냐(마 3:7b; 눅 3:7).

예수께서도 뱀들, 독사의 자식들이라는 단어들을 사용하시면서 지옥의 판결을 경고하신다.

> **뱀들아 독사의 새끼들아 너희가 어떻게 지옥의 판결을 피하겠느냐**(마 23:33).

독사의 자식들아 너희는 악하니 어떻게 선한 말을 할 수 있느냐 이는 마음에 가득한 것을 입으로 말함이라(마 12:34; 눅 6:45).

사도 바울 역시 '독사의 독'이라는 표현까지 사용한 점으로 보아 당시 유대인들의 심령에 어떤 변화도 기대할 수 없을 정도로 왜곡된 신앙관이 뿌리내리고 있었음을 엿볼 수가 있다.

그들의 목구멍은 열린 무덤이요 그 혀로는 속임을 일삼으며 **그 입술에는 독사의 독이 있고**(롬 3:13).

이렇듯 예수께서 성육신하셨던 당시 유대인의 신앙생활은 하나님의 뜻과는 전혀 다른 데 있었음을 알 수 있다. 특히 구약의 마지막 선지서 말라기가 표현하고 있는 내용과 그로부터 350여 년간 하나님의 침묵이 이어진 과정을 볼 때 하나님의 선민인 유대인들의 하나님을 향한 믿음이 항상 온전하지 못한 상태에 머물러 있었음을 알 수 있다. 예수 그리스도 께서 산상수훈을 통해서 그리고 오병이어의 기적, 맹인의 눈을 뜨게 하거나 변화산의 기적 등을 보여주시면서 하나님과 그의 나라를 알아보도록 일깨워 주셨지만 그들은 여전히 변함이 없었다. 이에 예수께서는 더 엄중한 말씀으로 경각심을 갖게 하신다.

화 있을진저 외식하는 서기관들과 바리새인들이여 너희는 천국 문을 사람들 앞에서 닫고 너희도 들어가지 않고 들어가려 하는 자도 들어가지 못하게 하는도다(마 23:13).

화 있을진저 외식하는 서기관들과 바리새인들이여 너희는 교인 한 사람을 얻기 위하여 바다와 육지를 두루 다니다가 생기면 너희보다 배나 더 지옥 자식이 되게 하는도다(마 23:15).

이 말씀은 하나님의 비밀을 깨닫는다는 일이 그만큼 어렵다는 이야기도 되지만, 인간이 하나님 나라 비밀을 깨닫기 위해 진실하게 마음의 문을 열고 귀를 기울여 경청하지 않았다는 뜻이 더 크다. 달리 말하면 율법주의 사고에 젖어 자기중심의 신앙생활을 철판같이 두르고 있었던 탓에 선한 양심으로 하나님을 향하여 찾아가는 노력을 완전히 기울일 수 없었다는 것을 의미한다.

물은 예수 그리스도의 부활하심으로 말미암아 이제 너희를 구원하는 표니 곧 세례라 육체의 더러운 것을 제하여 버림이 아니요 **오직 선한 양심이 하나님을 향하여 찾아가는 것이라**(벧전 3:21).

예수께서 강조하신 **천국의 좁은 문**에 관해 그 뜻을 조금이라도 깊이 음미해 보면 실로 두려운 생각이 들 정도다. 하나님 나라 천국에 들어가는 것이 그저 적당한 신앙으로는 그 문턱에 이를 수조차 없다는 것을 암시하고 있기 때문이다.

좁은 문으로 들어가라 멸망으로 인도하는 문은 크고 그 길이 넓어 그리로 들어가는 자가 많고(마 7:13).
좁은 문으로 들어가기를 힘쓰라 내가 너희에게 이르노니 들어가기를 구하여도 못하는 자가 많으리라(눅 13:24).
나더러 주여 주여 하는 자마다 다 천국에 들어갈 것이 아니요 다만 하늘에 계신 내 아버지의 뜻대로 행하는 자라야 들어가리라(마 7:21).

경각심을 주시는 이 말씀은 좁은 문으로 들어가기를 힘써 구하여도 못하는 자가 많으리라고 하신 점과 나더러 주여, 주여, 하는 자마다 다 천국에 들어갈 수 없다는 데 그 방점이 찍혀 있다. 우리 그리스도인에게는 정신이 반짝 들게 하는 말씀이다. 신앙생활은 그럭저럭 교회에 왔다 갔다 하는 정도로 때움질하듯 성취되는 것이 아니라는 뜻이다. 여기서 분명히 확인하고 넘어가야 할 관점은 인간이 어떤 행위나 노력으로 이루어 낼 수 있다는 의미가 아니라는 것이다. 올바른 믿음의 신앙을 이야기하는 것이다. 신앙생활 모두가 자기중심이 되어 자기 생각과 행동을 나타내는 것으로 이해되어서는 안 된다. 우리는 오로지 하나님의 말씀으로 오신 예수 그리스도께서 하신 말씀의 진의를 올바로 깨닫고 믿는 것이 최우선이어야 한다.

내가 받은 것을 먼저 너희에게 전하였노니 이는 성경대로 그리스도께서 우리 죄를 위해 죽으시고 장사 지낸 바 되셨다가 성경대로 사흘 만에 다시 살아나사(고전 15:3, 4).

예수께서 십자가에서 돌아가신 이후 뒤늦게 그리스도를 영접하게 된 사도 바울이 제자들을 넘어서는 믿음을 고백한 것이다. 이 비밀의 증거에서 **하나님은 모든 것을 짝지어 설명하시고, 그 둘은 하나인데 우리가 다르게 보고 있음을 알고 하나로 보는 것이 진리라는 통합된 개념을 깨닫게 해주신다.** 인간은 에덴에서 있었던 선악과라는 정보 선택으로 선과 악으로 나누어 보고 이해하려는 의식 구조가 이미 형성되어 있기 때문에 그것을 깨닫게 해 주시려는 것이다. 하나님이 짝지은 것을 사람이 나누지 못하리라 하셨지만 우리는 그리스도 안의 '나'가 아닌 예수와 '나'로 분리된, 저만큼 떨어져 있는 절반의 대상으로 인식함으로써 죄에 빠져있는 것은 아닌가? 성경 대로 사흘 만에 다시 살아나신 그리스도 예수의 십자가와 부활의 의미를 새롭게 묵상하는 것은 매우 중요하다.

비유를 깨닫지 못하는 우매함

성경은 예수 그리스도께서 공생애 중 상당 부분을 제자들에게 비유로 가르치셨다고 기록하고 있다. 비유(헬. 파라볼레)는 어떤 메시지를 전달하기 위해 우리에게 사용되어 온 사물이나 대상을 소재로 이야기함으로써 메시지를 보다 세련된 설득에 집중하게 하는 방법으로 알려져 있다. 성경에는 씨 뿌리는 비유나 겨자씨 비유, 하나님 나라에 관한 비유들이 많이 등장하고 있는데 비유는 모두 이중성을 띠고 있어서 그 해석에 신중을 기해야 한다. 비유의 해석학으로는 알레고리적 해석 방법과 격언적 해석 방법이 있는데, 각각 장단점이 있다. 전자는 그 내면의 가치를 들여다볼 수 있는 장점은 있으나 자칫 이현령비현령식의 해석으로 치우칠 가능성이 농후하다. 후자도 예수의 모든 가르침 속에 들어 있는 말씀의 능력, 영적 생명력이 현저히 감퇴할 가능성이 높다. 그렇다면 성경에서 말하는 비유는 과연 예수님의 가르침 중에서만 찾을 수 있는 것인가? 그렇지 않다. **비유의 헬라어 '파라볼레'**는 '곁에 둔 것', '비교하는 것', '예증' 정도의 의미와 '상징', '격언'이란 뜻이 있음을 볼 때 좀 더 넓게 그 의미를 찾아볼 수 있다. 특히 헬라어 '비유, 파라볼레'에서 주목할 부분은 모형(type)이란 의미이다. 예수께서 보여준 행태 전반에 담겨 있는 것이 바로 하나님 나라의 모형이기 때문인데, 모형이란 단순히 재연되는 어떤 행위를 넘어서서 실체에 대한 가감 없는 투영이 전제되어 있어서 그렇다.

헬라어 '비유, 파라볼레'에는 두 가지 의미 곧 미시적 의미와 거시적 의미가 있다. 전자는 예수님의 말씀 가르침에 등장하는 비유로 국한될 수 있지만, 후자는 하나님이 보내신 자로서의 예수가 공생애 기간 중 보여준 언행 전부가 하나님의 뜻, 모형(type)으로서의 비유이다. 예수님의 움직임, 사역, 가르침, 십자가, 부활 이 모든 것들이 하나님 뜻이 오롯이 담긴 하나의 모형으로서의 그리스도 예수는 하나님 뜻의 온전한 전달자이므로 하나님 그분 자체이시다. 여기서 주목해야 할 점은 실존으로 오신 예수께서 가르친 말씀 자체가 비유인데, 그 비유를 생각나게 하고 알도록 인도하실 다른 보혜사 성령께서 오시기 전까지는 도저히 풀리지 않도록 감추어둔 비밀이라는 점이다.

예수께서 **이 모든 것을 무리에게 비유로 말씀하시고 비유가 아니면 아무것도 말씀하지 아니하셨으니** 이는 선지자를 통하여 말씀하신바 내가 입을 열어 비유로 말하고 창세 전부터 감추인 것들을 드러내리라 함을 이루려 하심이라(마 13:34, 35).

예수께서는 공생애 동안 여러 가지 비유를 예로 들어가며 구원의 기쁜 소식을 알게 하셨다. 그들이 영적 세계의 하나님 비밀을 깨달을 수 없다는 한계를 미리 알고 계셨기 때문에 비유 방법을 사용하신 것이다. 그런데도 유대인들이 그 비유를 깨닫지 못한 것은 어찌 보면 그들의 한계이다.

하나님의 나라의 비밀을 너희에게는 주었으나 외인에게는 모든 것을 비유로 하나니 이는 그들로 보기는 보아도 알지 못하며 듣기는 들어도 깨닫지 못하게 하여 돌이켜 죄 사함을 얻지 못하게 하려 함이라 하시고 또 이르시되 **너희가 이 비유를 알지 못할진대 어떻게 모든 비유를 알겠느냐**(막 4:11-13).

이 말씀에서 비밀과 비유에는 보이지 않는 차이 곧 깨달음의 문제가 있다. 비밀을 너희에게는 주었다고 하시는 말씀은 성령께서 그 비유를 깨닫게 해주셨다는 의미이다. 그러나 그 비유를 깨달으려고 노력하지도 않고 관심도 보이지 않는 자에게 하나님의 비밀은 영원한 비유이고 숙제이며, 그들은 결코 죄 사함을 얻지 못할 것이다. 다른 모든 비유도 알 길이 없게 된다는 점에서 그들의 운명에는 치명타가 될 것이었다. 당시 유대인들이 예수님의 비유 말씀을 깨달으려고 질문하거나 애를 쓴 흔적을 찾아볼 수가 없고, 단지 반론만 제기하다가 뒤돌아서는 껍데기 신앙, 비진리의 어둠 상태에 머물러 있었다. 그 대표적인 사례가 성전에 관한 예수님의 말씀을 왜곡한 경우이다.

> 예수께서 대답하여 이르시되 너희가 **이 성전을 헐라 내가 사흘 동안에 일으키리라**(요 2:19).
> 유대인들이 이르되 이 성전은 사십육 년 동안에 지었거늘 **네가 삼일 동안에 일으키겠느냐** 하더라(요 2:20).

동문서답이다. 예수께서는 성전 된 자기 육체를 가리켜 말씀하신 것인데 그들은 물리적인 성전을 두고 답한 것이다. 다행히 죽은 자 가운데서 살아나신 후에야 제자들이 이 말씀하신 것을 기억하고 성경과 예수께서 하신 말씀을 믿었다(요 2:21, 22)고 성경은 전하고 있다. 예수께서 부활하신 이후에도 그분 말씀의 진의를 깨달으려 한 유대인은 과연 얼마나 되었을까?

예수께서는 이 땅에 계실 때 모든 도시와 마을에 두루 다니사 그들의 회당에서 가르치시며 모든 병과 모든 약한 것을 고치시고(마 9:35), 특히 천국 복음 전파에 초점을 맞추시고 각종 비유를 들어 자상하게 설교해 주셨다. 예를 들면 씨 뿌리는 자의 비유(마 13:19), 겨자씨와 누룩 비유(마 13:31; 13:33)나 바다 고기 그물의 비유(마 13:47), 어린아이들 비유(마 18:3, 4)를 비롯하여 결산하는 어떤 임금의 비유(마 18:23), 고자나 부자의 비유, 그리고 포도원 비유(마 19:12; 19:23; 20:1)나 열 처녀 비유(마 25:1) 등이다. 이처럼 천국을 소상히 설명하시고 알아듣도록 하셨는데 그들의 영성은 일깨워졌는가? 아니다. 그들의 결국은 예수 그리스도를 십자가에 못 박은 것이다. 하나님을 살해한 것이다. 이 엄청난 죄악은 선악과를 따 먹은 에덴동산에서부터 이어져 온 아담과 하와의 후예들이 반복적으로 보여 주고 있는 실제적 증언이다. **원죄를 저지른 인간은 생각하는 것마다 말하고 행하는 것마다 그리고 하나님께 제사하는 것마다 죄를 양산하는 것일 뿐이라는 사실이 확인된다.** 그렇다면 오늘날 우리는 어떻게 해야 하는가? 우리 안에 내주해 계시는 보혜사 성령께서 말씀과 비유를 깨우쳐 주시도록 기도에 매진하고, 자기만의 조용한 묵상의 시간을 가져야 한다. 그러기 위해서는 이미지와 소음으로 가득한 우리 삶의 주변에서 엄습해 오는 유혹의 낚싯바늘을 주의 깊게 관찰하며 하나씩 뽑아내는 자기 노력이 있어야 한다.

유대인들은 그릇된 메시아 사상이라는 매듭에 묶여 버렸다. 그들이 날마다 회개한다고 했던 고백은 모두 빗나간 매듭 묶음의 반복이었다. 그것은 예수를 따르던 무리의 우매한 질문들, 예수님을 세상 왕으로 삼으려 한 그들의 무지함에서 증명되고 있었다. 만약 자신들의 무지함을 알아차렸더라면 허탈한 절망의 감정으로 좌절하지는 않았을 것이지만, 기대는 기대로 끝이 나 버렸다. 예수께서 다시 보지 못하게 될 것이라는 죽음을 예고했음에도 별다른 감정을 보이지 않았던 제자들이나, 도리어 예수님을 십자가에 못 박으라고 외친 무리나 모두 한통속으로 무지한 자였다. 하나님을 모르는, 예수 그리스도가 하나님의 아들임을 모르는, 하늘의 비밀이 무엇인지를 깨닫지 못한 무지(無知)한 자들이다. 그 무지함을 감싸고 있는 것이 바로 인간의 탐욕, 그 가운데 정보 욕망이었음을 알아차렸다면 상황은 달라졌을까?

그러함에도 하나님께서는 한 가닥 사랑과 은혜의 소망인 복음을 남겨 두셨다. 그것은 구약 전체와 예수 그리스도의 탄생, 그리고 이 땅에서의 교회의 삶과 구속받는 교회의 모습, 심판받는 세상에 관한 것이다. 구약의 언어로 표현한다면 하나님의 언약인데, 그 약속은 성경 전체의 말씀 가운데 스며들어 있다. **하나님 언약의 핵심은 '너희들은 모두 죽어야 할 자들이지만, 너는 내 백성이 되고, 나는 너의 하나님이 될 것이다'라는 파격적인 구원의 선물이다.** 이 언약이 복된 소식이요 복음인데, 마침내 그리스도 예수의 십자가에서 완성되었다. 요한계시록은 새 하늘, 새 땅이 어떠함을 말씀해 주는 비유요 비밀이다. 바로 그리스도 예수께서 부활을 통해 열어놓으신 천국의 문이다. 이것이 하나님의 기다리심이며, 사랑과 은혜가 아니면 또 무엇이겠는가?

또 내가 새 하늘과 새 땅을 보니 **처음 하늘과 처음 땅이 없어졌고** 바다도 다시 있지 않더라 또 내가 보매 거룩한 성 새 예루살렘이 하나님께로부터 하늘에서 내려오니 그 예비한 것이 신부가 남편을 위하여 단장한 것 같더라. 내가 들으니 보좌에서 큰 음성이 나서 가로되 보라 하나님의 장막이 사람들과 함께 있으매 하나님이 저희와 함께 거하시리니 저희는 하나님의 백성이 되고 하나님은 친히 저희와 함께 계셔서 모든 눈물을 그 눈에서 씻기시매 **다시 사망이 없고 애통하는 것이나 곡하는 것이나 아픈 것이 다시 있지 아니하리니** 처음 것들이 다 지나갔음이러라(계 21:1~4).

이 말씀은 종말 이후 우리 앞에 펼쳐질 영원한 생명의 모습이다. 하나님과 하나 된, 진정한 자유와 평강을 이루는 새 하늘, 새 땅이다. 이 말씀이 우리의 믿음 깊숙이 뿌리내릴 때 그 어떠한 불신앙의 요동침도 일어나지 않을 것이다. 이점이 바로 우리 신앙의 최고봉이다. 예수님 말씀의 비유에 담긴 비밀을 깨달은 결과이다.

성경의 단 몇 구절의 지엽적인 내용의 말씀도 깨닫지 못할진대 성경 66권 3만 1천여 절이 넘는 구절들, 하늘의 비밀에 관해 어떻게 모두 깨달을 수 있겠는가? 실존으로 오신 예수께서 하신 말씀의 일체가 비유 곧 비밀들이다. 다행인 것은 말씀 자체를 깨닫게 하기 위해 그 비유 말씀이 생각나게 하여 알도록 인도하는 다른 보혜사 성령께서 오실 것을 예수님이 약속하신 점이다. 그 비유 비밀을 보혜사 성령의 내주하심으로 비로소 깨닫게 하심은 깊은 의미가 있다. 우리가 하나님과 교제하며 말씀에 순종하며 영원한 하나님 나라를 살게 하시려는 뜻이다. 그러기 위해서는 먼저 우리가 세상과 하늘을 겸하여 섬기고 있는 신앙의 현실을 자각하고, 세상과 하늘 두 세계관 중 하나를 선택하라고 강권하시는 의미도 함유되어 있음을 주목해야 한다.

예루살렘 파멸에 대한 경고

예수께서는 공생애 기간 40일간의 금식과 사탄의 시험을 거쳐 바리새인들의 저항과 박해를 받으신 후 마지막 십자가에 못 박히시기 전 예루살렘에 대한 경고 말씀을 남기셨다. 유대인들이 당장 그 시대는 물론이고 예레미야 시대처럼 미래의 시대에도 여전히 뒤틀린 신앙을 고집할 것이라는 점을 알게 하시는 메시지이다.

예루살렘아 너를 불쌍히 여길 자 누구며 너를 위해 울 자 누구며 돌이켜 네 평안을 물을 자 누구냐(렘 15:5).
예루살렘아 예루살렘아 선지자들을 죽이고 네게 파송된 자들을 돌로 치는 자여 암탉이 그 새끼를 날개 아래에 모음 같이 내가 네 자녀를 모으려 한 일이 몇 번이더냐 **그러나 너희가 원하지 아니하였도다**(마 23:37; 눅 13:34).

예수님의 예루살렘에 대한 이 경고는 유대 민족이 하나님을 잘못 알고 신앙생활을 할 것임을 지적하시는 말씀이다. 이는 하나님이 신명기 31장에서 경고한 가나안 땅에 들어간 이후에도 계속 타락할 것이라고 예언하신 말씀의 연장선상에서 이해해야 한다. 마치 모세의 노래나 예레미야서의 경고 메시지에도 불구하고 이스라엘이 도리어 하나님께 '떠나소서'라고 말할 정도로 불순종과 율법주의 전통에 묶여 단 한 걸음도 내딛지 못하고 있는 그 실상과 연계하여 생각해 볼 때 유대인들에게는 스스로 풀 수 없는 어떤 족쇄 같은 것이 옭아매고 있는 것이 아닌가 생각하게 한다.

바로가 이르되 여호와가 누구이기에 내가 그의 목소리를 듣고 이스라엘을 보내겠느냐 나는 여호와를 알지 못하나니 이스라엘을 보내지 아니하리라(출5:2)

그러할지라도 그들은 **하나님께 말하기를 우리를 떠나소서 우리가 주의 도리 알기를 바라지 아니하나이다** 전능자가 누구이기에 우리가 섬기며 우리가 그에게 기도한들 무슨 소용이 있으랴 하는구나(욥 21:14, 15).

그들이 **하나님께 말하기를 우리를 떠나소서** 하며 또 말하기를 전능자가 우리를 위하여 무엇을 하실 수 있으랴 하였으나(욥 22:17).

여기에 더해지는 종말에 겪을 큰 환난에 관한 예수님의 경고 말씀은 우리의 신앙을 지키는 문제에 대한 경각심으로 받아들여야 한다.

그러므로 너희가 선지자 다니엘이 말한바 멸망의 가증한 것이 거룩한 곳에 선 것을 보고든(읽는 자는 깨달을진저) 이는 그 때에 큰 환난이 있겠음이라 **창세로부터 지금까지 이런 환난이 없었고 후에도 없으리라**(마 24:15, 21).

많은 사람이 내 이름으로 와서 이르되 **나는 그리스도라 하여 많은 사람을 미혹하리라** 그 때에 사람이 너희에게 말하되 보라 **그리스도가 여기 있다 혹은 저기 있다 하여도 믿지 말라**(마 24:5, 23).

거짓 그리스도들과 거짓 선지자들이 일어나 큰 표적과 기사를 보여 할 수만 있으면 택하신 자들도 미혹하리라 그러면 사람들이 너희에게 말하되 보라 그리스도가 광야에 있다 하여도 나가지 말고 보라 골방에 있다 하여도 믿지 말라(마 24:24, 26).

이러함에도 예수께서는 끊임없이 하나님 나라에 관한 말씀을 전파하시며 그들이 알아듣고 깨우치기를 기대하셨다. 그들의 어두운 미래가 그들의 눈앞에 있음을 부단히 경고하신 것은 그만큼 진리 앞에 적극 나서서 말씀의 참뜻을 깨달으라는 그리스도 예수의 간곡한 요청이기도 하다. 특히 거짓 그리스도와 거짓 선지자들이 일어나 큰 표적과 기사를 보여, 할 수만 있으면 택하신 자들도 미혹하리라는 이 말씀은 우리가 앞으로 직면할 심각한 영적 전쟁 상황이다. 이때 우리가 취할 것은 견고한 믿음뿐이며, 우리 마음 안에 자리하신 보혜사 성령을 굳게 믿고, 그분의 인도하심에 전적으로 의지해야 한다. 예수께서는 그때가 언제인지 알지 못하며 하나님만 아신다고 말씀하셨다. 이는 변함없는 신앙의 긴장감으로 믿음을 굳게 지키라는 뜻이면서 하나님께서 내리셨던 가나안 정탐 명령과도 같은 엄중한 명령임을 상기시킨다.

> 내가 내 친구 너희에게 말하노니 몸을 죽이고 그 후에는 능히 더 못하는 자들을 두려워하지 말라 마땅히 두려워할 자를 내가 너희에게 보이리니 **곧 죽인 후에 또한 지옥에 던져 넣는 권세 있는 그를 두려워하라** 내가 참으로 너희에게 이르노니 그를 두려워하라(눅 12:4, 5).

구약에서와 같은 지옥의 예언이 예수님에 의해 다시 강조되고 있다. 이는 구약시대의 불신앙의 뿌리 곧 말씀을 곡해하거나 왜곡하여 하나님을 올바로 알고 믿는 믿음이 아니라 제멋대로의 신앙이 예수님 오셔서 떠나실 그때까지도 여전히 유전되고 있었음을 알 수 있다. 만약 유대인들이 구약의 메시지를 제대로 깨달았다면 예수께서 굳이 이런 메시지를 남기실 이유가 없으셨을 것이다. 여기서 다시 한번 **우리 인간의 한계성 곧, 자신의 구원을 위해 그 어느 것 하나 더하거나 뺄 수도 없고 오직 그리스도의 구원을 통해 진리로 나아갈 수밖에 없음을 알고 깨닫게 된다.** 오직 길이요 진리요 생명이신 예수 그리스도를 믿고 의존하는 길 외에 다른 방법이 없다는 것을 확신하게 된다.

이제 우리는 주님께서 주신 말씀 가운데서 자기 존재의 의미를 알아야 하는 이유와 자기 자신을 알아가는 것에 대해 무엇이 방해물이 되는지도 알아야 함을 깨닫게 된다. 인간이 자신의 정체성을 올바로 알아차릴 때라야 하나님의 정체성을 발견할 수 있고 이웃에게도 사랑의 복음을 전할 수 있게 된다. **모든 소망이 다 끊긴 극도의 비참함과 완전한 절망에 빠져있는 자신을 발견할 때, 다른 누군가도 이와 같은 좌절과 절망 가운데 처해 있을 것이라는 긍휼의 마음이 살아날 것이다.** 그런 의미에서 지금 우리에게는 아주 특별한 기회가 주어져 있다. 그리스도께서 긍휼의 문을 활짝 열고 불쌍한 죄인들을 더 간곡히 부르시는 시대에 살고 있기 때문이다. 그분의 음성을 듣고 천국 백성이 되었다는 것과 우리 뒤에 홀로 남아 있을 불신자 이웃이 끔찍한 고통을 감내해야 할 것이란 사실을 발견해야 한다. 이제 우리가 더 이상 태평스럽게 현실에 안주하며 게으름을 피울 수 없다는 깨달음으로 잠에서 깨어나 정신을 차릴 수 있어야 한다. 한 사람의 소중한 영혼을 향해 진리를 전할 수 있다는 자각과 함께, 구약의 이스라엘 사람들이 겪었던 방황하는 신앙의 모순을 제거해 나가는 첫걸음이 될 것이기 때문이다. 지금은 확실히 세례 요한의 경고처럼 도끼가 아주 특별하게 나무뿌리에 놓여 있는 때이다(마 3:10; 눅 3:9). 좋은 열매를 맺지 아니하는 나무마다 베여 불에 던져질 것이다.

제3장
현대 시대 : 정보오염에 질식하는 영혼

과학기술 시대의 혼돈과 갈등

오늘날 그리스도인들이 처한 상황도 신구약 시대와 별반 다름이 없어 보인다. 단순한 삶을 살았던 구약시대 사람들은 하나님에 관한 정보를 얻을 수단이 많지 않았다는 이유로 **다른 신, 이방 신**을 좇아 나섰다고 변명한다면, 현대인들은 어떤가? 하나님을 알게 하는 비밀 계시 곧 성경과 신앙 서적들이 이곳저곳 넘쳐나고 있고, 기독교 TV와 유튜브, SNS 등 세상 정보망을 통해서도 하늘 복음을 들을 수 있게 된 마당에 그 어떤 변명도 할 수 없게 되어 있다. 문제는 사람들이 하나님의 말씀을 제멋대로 해석하거나, 각자의 형편에 따라 하나님을 비난하기도 하고, 때로는 이방 종교 풍습과 혼합하고자 하는 의식들이 있다. 인권 문제라는 허황된 구실로 동성애를 조장하고 있고, 그에 반대하는 것을 비난하는가 하면, 학교 폭력이 학부모들에 의해 조장되도록 방치해 오기도 했다. 마약과 도박, 음주 운전, 음란물 등 이루 말로 표현할 수 없는 병폐들이 우리 사회 곳곳에서 목격되고 있다. 이것이 현대인들이 직면한 과제이다. 오늘날 정보 탐욕에 사로잡혀 인간의 삶이 얼마나 황폐되어 가고 있는지를 감지하는 것은 잠시 고개만 좌우로 돌려 보아도 곧바로 확인되는 현실이다. 이것은 현대인이 자업자득으로 내놓은 자기 우상화의 결과물들이다.

사실 현대 세계는 눈코 뜰 새 없는 새로운 정보기술의 유혹과 각종 흉악 범죄가 빈발하고 있다. 과학이 급변하여 우연한 것과 무작위한 것, 반작용하는 것과 무질서한 것, 그리고 불합리한 것들을 통합시켜 나가고 있는 것처럼 보인다. 과연 이것을 인류의 진보라고 말할 수 있는가? 전혀 아니다. 과학 자체의 진보일 수는 있겠지만 결코 인류의 진보는 아니다. 도리어 과학은 스스로 절대적인 우위를 확보하고 그 여력을 몰아 인간을 혼잡과 고통의 근원에 묶어두려 하고 있다. 과학기술은 오늘날 우리가 이제까지 알아 왔던 모든 것보다 더 우월한 최고의 권위로 자리매김하였고, 이 무서운 권력은 아무도 피할 수 없도록 모든 것을 묶어 두고 있다. 지금 세계 곳곳에서 발생하고 있는 허리케인이나 태풍, 가뭄, 홍수 등으로 얼룩진 혼돈의 상황이 계속되고 있는 것은 바로 과학기술이란 권력과 인간 탐욕이 합작해서 만들어낸 지구 온난화의 결과물이 아닌가? 이제 불안과 걱정, 두려움과 혼란의 환경 속에서 인간 존재 자체를 지키며 살아간다는 것 그 자체가 지난한 과제로 우리 앞에 다가와 있다. 그리스도인에게 더 강력한 경각심이 요구되는 것은 현 시대적 상황에 대한 정확한 이해 부족으로 인해 영적 파탄을 당해서는 결코 안 된다는 점이다. 가장 끔찍한 일은 환경 보호론자들이 비난하는 것 같은 외적인 자연 파괴에 있는 것이 아니고, 인간 내적인 영혼의 파괴와 견고한 죄악의 틀에 속박되어 있음을 일깨우는 것이리라.

현대인이 안고 있는 가장 큰 모순 중 하나는 자기가 자신을 모른다는 것이다. 자신을 모르니 하나님도 모르고 산다. 당연히 알아야 할 자기 존재와 자신을 창조해 주신 하나님을 알고 산다는 것은 절대적인 필요충분조건이다. **하나님이 인간을 만드신 이유는 하나님을 통해 인간 자신을 알아보라는 것이며, 동시에 인간 자신을 통해서 하나님을 알아보라는 것이다.** 그런데 일취월장의 성장 추세에 있는 현대 정보화시대에서 펼쳐지는 사회 현실을 보면 불신자는 늘어나고, 그리스도인이 감소하며, 믿음을 찾는 사람마저 줄어들고 있다. 이 모순의 현재성을 자각하지 못하고 있다면 아직도 인간은 자기 자신을 모르고 있는 것이다. 우리 주변에는 수많은 군상이 하나님을 알지 못하고, 어둠 속에서 인생을 허비하고 있다. 더 슬프고 안타까운 일은 그리스도인이라 할지라도 하나님 존재와 그분의 뜻에 관하여 말하기보다는 **자신에 관한 '자기 말하기'**에 더 많은 열정을 쏟고 있다. 일상의 삶 속에서 하나님을 깊이 알지 못하여 내적 갈등으로 방황하는 인간의 모습들이 여기저기 눈에 띈다. 자기 자신도 모르는 사람이 하나님을 알 수 없을 뿐더러 자기 생명의 근원과 종말에 관심을 두지 않는 사람이 복음의 자유 또한 누리지 못할 것이라는 추론은 틀리지 않는다. 그들은 세상의 욕망, 탐욕의 언어들에 의지하며 어둠에 묶여 산다. 답답하고 공허한 나날을 반복할 뿐인데 무엇이 그렇게까지 만들고 있는 것일까? 하나님 없는 세상 꿈꾸기에 몰입하는 것은 무엇 때문인가? 그것은 신구약 시대의 이스라엘이나 유대인들처럼 하나님과 단절된, 인간 중심의 삶을 고집하고 있기 때문이다. 그 증상은 옛 신구약 시대보다 더 심각한 가슴앓이로 현재도 진행중에 있다.

과학기술의 눈부신 현실 속에 살고 있는 우리가 가장 쉽게 저지를 수 있는 오류와 오판은 예전 사람들보다 우리가 더 잘할 수 있고, 더 잘 살고 있다고 자만하고 있는 일이다. 마치 옛 터전의 밑거름도 없이 지금 당장 스스로 요술 방망이 휘두르듯 뚝딱하고 자기 현실을 창출해 낼 수 있을 것으로 착각하고 있다.

　과학 문명 시대를 사는 사람들이 세상 유혹의 신들을 좇아가 무릎 꿇는 모습은 눈에 띄게 드러난다. 이렇게 우리 사회가 갈팡질팡할 때 그리스도인이 해야 할 일은 무엇인가? 자신의 관심사가 지금 어디를 향하여, 무엇에 집중되고 있는가를 물어야 한다. 자연과 세상 탐구에 몰두하던 눈초리를 초자연의 영적 세계로 돌려본 적이 있는가? 있다면 얼마나 자주 실행했는지를 자문해야 한다. 만약 세상 정보의 옳고 그름의 평가와 판단을 위해 성경을 무릎 위에 올려놓고 고뇌에 빠져본 적이 있다면 그는 깨어 있는 그리스도인이 틀림없다.

　우리의 과제는 인간의 존재 가치와 자기 인식 그리고 하나님의 사랑과 은혜에 대한 깊은 몰입의 시간을 가짐으로써 영적 삶을 풍성하게 이루는 데 있다. 그러므로 하나님의 진리를 깨달아가는 작업에 그 누구도 게으름을 피우며 멈칫할 수는 없다. 만약 우리가 천국의 최고 비밀인 예수 그리스도를 깨달아 알고, 그 진리가 내 마음속에 오래도록 기억으로 남아 있다면 그것이 바로 영원한 생명이요 구원이다. 우리는 그분과 수시로 내적 대화를 나누는 하늘 비밀의 공유자가 됨으로써 오로지 하나님 나라의 자유와 축복을 누릴 수 있게 된다. 거기에 무슨 염려와 걱정, 불안이나 두려움 같은 것들이 기웃거리겠는가!

　인간은 두 가지 무지(無知)라는 난제를 안고 있다. 하나는 이 세상이 틀렸다는 현실에 대한 무지이고, 다른 하나는 하나님 나라 진리에 대한 무지이다. 이 무지(無知)의 위험을 조금이라도 인식하지 못하는 사람이라면 그는 하나님의 진노 아래 죽음으로 연명하는 자이다. 하나님의 구원에 대한 '앎'은 누구에게나 절실한 문제이다. 하나님께서 그의 나라와 의를 알리기 위해 온갖 열정을 쏟는 의지는 창세 이래로 오늘에 이르기까지 조금도 흔들림이 없으시다. 우리는 하나님의 인간을 향한 자기 계시에 주목해야 한다.

그다음 주목해야 할 관점은 하나님 비밀 계시의 핵심인 인간의 무지와 무능력의 절망적 상태를 깨닫는 것이다. 인간은 이 땅에서 영원히 생존할 수 없는 존재로 환경을 깨끗하게 유지할 수 없고, 전쟁과 살상 없는 평화를 유지할 수 없을 뿐 아니라 옷과 음식만으로 행복하다고 만족할 수도 없으며, 건강이나 맑은 정신도 유지할 수 없는 연약한 존재이다. 신학적 관점에서 말한다면 인간은 자기 죄의 용서를 살 수도 없고, 죄 짓는 것을 멈출 수도 없으며, 더더구나 자신의 영혼을 구원할 수도 없는 먼지 티끌, 흙 같은 존재이다. 특히 인간은 자신이 죽은 후에는 어디로 가는지 알아낼 수가 없고, 하나님의 명령을 받고도 거기에 순종할 수 없으며, 하나님 비밀 계시의 말씀을 듣고도 이해할 수조차 없는 무능한 존재이다. 이와 같은 근본 원인이 어디에서부터 왔는가를 항상 질문하면서 무지한 현실에서 탈출해야 한다.

> 이는 그의 손을 들어 하나님을 대적하며 교만하여 전능자에게 힘을 과시하였음이니라 그는 목을 세우고 방패를 들고 하나님께 달려드니 그의 얼굴에는 살이 찌고 허리에는 기름이 엉기었고 그는 황폐한 성읍 사람이 살지 아니하는 집 돌무더기가 될 곳에 거주하였음이니라(욥 15:25-28).

이 말씀은 그리스도인의 믿음과 신앙에 적지 않은 악영향을 끼칠 것을 우려하시는 뜻을 담고 있다. 성경의 통독을 통해 하나님 말씀을 깨달으면서, 동시에 진리를 왜곡하는 맹점들도 발견할 수 있도록 성령의 역사를 사모하며 더 기도해야 할 때임을 알리는 경종이다. 비록 긴박한 현실적 위기감은 고조될 수도 있겠으나 진리를 진리로 깨달을 수 있다면 더 이상 바랄 것이 없는 기쁨일 것이다.

현대 신앙의 심각한 문제는 사람들이 예수님을 비롯해 하나님 말씀을 맡은 수많은 사도와 선지자들이 이 땅에서 무엇을 전하다가 떠나갔는지를 깊이 묵상해 보지 않는 데 있다. '회개하라, 천국이 가까웠느니라'는 말씀이 계속해서 우리의 심장을 파고들어도 우리는 두꺼운 방패막이를 들고 칼과 화살을 피하듯 이리저리로 숨고 외면하고 있다. 바로 그 자리에 세상을 향한 정보 욕망이 삶의 내적 외적 요인들을 침탈하고 점령하도록 내버려두고 있다. 인간의 정보 탐욕이 반복적, 습관적으로 확장되어 갈 때 도리어 하나님의 비밀 계시는 외면당하고, 진리는 거부되는 상황에까지 이를 수 있게 만든다. 모든 것을 갖고 싶어 하고, 모든 것을 이루어내고 싶어 하는 강박관념들이다. 이는 성취하지 못한 데서 오는 부정적인 고통을 배가시키고 있는데, 모두가 인간의 탐욕과 과학의 잠재적 가능성이 합작해 낸 절망이다. 인간은 만족할 줄 모르는 끝없는 욕망으로 계속 고통을 겪고 있는 것이다.

> 너희는 욕심을 내어도 얻지 못하여 살인하며 시기하여도 능히 취하지 못하므로 다투고 싸우는도다 너희가 얻지 못함은 구하지 아니하기 때문이요(약 4:2).

이 말씀이 제기하는 관점은 하나님 비밀의 인간 정보화에 관한 원인과 문제들에 대해 더 깊이 생각하게 한다. 하나님의 비밀은 영생을 전제로 한다. **영생은 단순히 오래 사는 것이 아니라 신적 생명을 사는 것을 말한다.** 내가 남들 위에 하나님처럼 군림하고 싶은 욕망에서 벗어나 오히려 남들을 섬기며 하나님의 성품을 드러내는 삶을 사는 것을 영생이라고 하고 다른 표현으로 사랑이라고 말한다. 내가 높아지려고 하고 내가 남들 위에 군림하려고 하는 마음만 벗어버리면 그 사람은 비로소 사랑을 할 수 있게 된다. 미움은 전부 뱀이 하와에게 말한, 이른바 '하나님처럼'의 사상에서 나오는 것이라면, 사랑은 모두 다 '예수님처럼' 낮은 자리에서 나오는 것이다. 우리가 이 땅에서 할 일은 '네 이웃을 네 몸처럼 사랑하고 주 너의 하나님을 목숨 바쳐 사랑하라'는 그 사랑을 하다가 하나님 나라로 들어가는 것이다. 하나님의 언약은 끝까지 하나님처럼 살겠다고 벼르는 인간들을 전부 멸해 버리고, 거기서 돌이켜 하나님께 순종하는 삶을 살고자 하는 자들을 하나님 백성으로 삼아 영원한 새 하늘과 새 땅을 선물하는 데 있다. 우리는 이제 더 이상 엉뚱한 세상 정보의 욕망을 좇아가다가 하나님의 비밀 계시에 대한 초점을 흐릿하게 만들지 말아야 한다. 오늘날 정보화 시대의 병폐로 함몰되어 가는 탐심의 결과물들이 더 이상 우리의 영혼을 흑암으로 덧입게 해서는 안 된다. 우리의 생존 환경과 현실이 영적으로 어떤 영향력을 미치며 혼란과 공허를 초래하는지를 냉철하게 직시해 볼 것이 요구된다.

AI의 비밀 잠식 위협과 인간의 무지

AI의 문제점에 대해 앞에서도 약간 언급했지만 지금 우리는 어둡고 어지러운 세상의 길목에 서 있다. 정보 세력의 확장과 인간을 현혹하는 여러 증상 때문이다. 모두가 하나님의 비밀을 올곧게 받아들이고 깨닫는 데 방해꾼 노릇을 하는 정보 환경들이다. 먼저는 이런 상황에 대한 올바른 자각과 인식을 갖는 것이 중요하다. 그간 인간 세상은 더 이상 필요가 없을 만큼 빠르게 선도적인 과학기술 발전과 사회 변화를 거듭해 왔다. 정보 혁명의 시대를 지나 이제는 최첨단의 AI 시대가 몰려오고 있다. 대다수 사람은 이에 대해 환호하며 변화에 큰 기대를 걸고 있지만, 인류가 기대했던 순기능보다는 경계심을 갖고 보완책부터 미리 준비하거나, 가능하다면 AI 시대 자체를 거부해야 할 정도로 역기능이 크다는 공포의식도 확장되고 있다. AI의 출현에 부푼 기대감으로 환호하고 있는 것이 반드시 옳은 일일까? 아담과 하와가 에덴동산에서 긍정(생명나무)보다는 부정(선악과)의 논리로 정보를 선택했다면, 오늘 우리도 다시 부정의 논리로 AI를 바라보아야 한다는 생각이다. 인간 사회에서 영원한 긍정이란 존재할 수 없고, 탐욕의 인간이란 항상 문제를 일으키는 경향이 있다는 점을 항상 고려해야 한다. 신구약 시대의 일탈 신앙에서 오늘의 우리가 겪을 수 있는 믿음의 탈선을 발견할 수 있어야 한다. 이를 전제로 정보 혁명 시대의 오늘과 미래를 논해야 할 것이다.

모든 분야에서 인공지능이 인간의 역할을 대신하는 시대로 전환되고 있는 상황을 안일하게 바라보고만 있을 수 없다. 그리스도인이라면 이것이 과연 진실하고 절대적인 필요의 진보인가? 하나님이 기뻐하시는 과학기술의 발전인가를 질문해 봐야 할 것이 아닌가? 우리에게 극도의 편리함과 안락함을 줄 것이라는 기대들이 너무 순진한 생각일 수 있다. 물론 결국에는 인간을 바보로 만들어 버리는 독약이 될 것이라는 AI 발전에 대해 우려의 목소리만 있는 것은 아니다.

AI 기술을 개척하여 컴퓨터 과학 분야의 노벨상으로 불리는 튜링상을 수상한 얀 르쿵(Y. LeCun)은 'AI를 중단하자는 것은 말도 안 되는 일'이라면서 '유용하고 유익한 기술의 위험성을 조작해 사람들을 두렵게 하는 것'이라고 주장하였다. 마이크로 소프트 창업자 빌 게이츠(B. Gates)와 딥러닝 AI 창업자 엔드류 응(A. Ng)도 **AI 개발을 6개월간 유예하자는 이사진들의 주장에 반대하면서** 기술에 큰 이점이 있음을 강조하였다. 필자가 보기에 이들 AI 창안자나 기업이 중단없는 AI의 개발과 실용화를 주창하는 것은 개인적 성취 욕망과 함께 경제적인 큰 실익들이 눈앞에 어른거리는 까닭에 그럴 수밖에 없을 것이다. 그러나 그들 의견에 전적으로 동의하기는 어렵다. 단지 AI 개발을 6개월 유예하자는 주장 그 자체가 옳은 것은 앞으로 AI 시대가 펼쳐지며 몰고 올 어두운 폐해 부분을 사전에 검토하여 방비책을 세운 후 개발해도 늦지 않을 것이기 때문이다. 그런데 그 6개월 유예조차 받아들이지 못하는 것은 AI 시대가 몰고 올 병폐와 예방책에 대해서는 조금도 고려하지 않는 탐욕자임을 스스로 증명하는 것이 아니겠는가?

AI 시대에 대한 위험 경고는 오래전부터 있었다. 〈4차 산업혁명과 팬데믹이 합세한 위험 시대 어떻게 대처할 것일가?[17]〉라는 논문을 발표한 곽혜원은 4차 산업혁명 위험 시대의 특징을 거론하면서 AI 시대가 몰고 올 어둠에 대해서 밝히고 있다. 기계에 대체되는 탈인간화 시대 속에서

---

17 본 논제는 제27회 샬롬나비 학술대회(23.11.24. 횃불회관 화평홀. 온누리교회 양재 캠퍼스)에서 개최된 '4차 산업혁명시대 AI와 기독교' 제하 주제 발표회에서 나온 것이다.

노동의 종말과 잉여 인간의 급증, 디지털 초연결 사회 속에서 빈곤해지는 휴먼 커넥션과 정신질환의 확산, 악화일로로 치닫는 사회적 불평등과 사회 양극화의 심화 등이 우리가 직면할 과제들이라고 지적한다. 문제는 이런 과제들이 단순하고 일시적인 사회현상으로 존재하다가 금방 사라져 버릴 것만은 아니라는 데 있다.

세계 이론 물리학 분야의 최고 석학인 스티븐 호킹(S. Hawking) 박사는 2014년 BBC와의 인터뷰에서 'AI는 인류의 종말을 의미할 수 있다'(AI could spell end of the human race)고 경고한 데 이어, 2016년 10월 영국 옥스퍼드대학 '지능미래센터(CFI)' 개소식 강연에서 'AI는 인류에게 가장 최악의 것이 될 수 있다'(AI could be the worst thing for humanity)라고 재차 강력한 경고를 내놓은 바 있다. 그 당시만 해도 AI에 대한 사람들의 인식이 특별하거나 보편적이지 않았기 때문에 그의 발언은 큰 주목을 받지 못했었다. 그러나 AI 기술이 모든 분야에 영향을 끼치고 AI의 미래 가능성과 존재감이 커지면 커질수록 AI가 과연 신뢰할 수 있는 기술인지에 대한 불안과 두려움도 함께 자라고 있었다. AI에 대한 위험성 경고 메시지는 여기에서 그치지 않고 AI 과학자이자 UCLA 컴퓨터공학과 교수 스튜어트 러셀(S. Russel)은 AI가 '인류 사상 최대의 성과인 동시에 최후의 성과이자 인류의 재앙이 될 수 있다'고 주장한 바 있다. 또한 AI 분야의 융복합 윤리, 철학에서 세계가 주목할 만한 석학인 닉 보스트롬(N. Bostrom) 옥스퍼드대 철학과 교수도 상당히 오래전부터 AI의 위험성을 경고해 왔다고 한다. 그런데 코로나19 팬데믹을 거치는 동안 AI는 무섭게 진화하여 생성형 AI의 대표주자로 챗 GPT가 등장한 이래 전 세계를 AI 열풍[18]으로 몰아넣어 지구촌을 멘붕에

---

18 22년 11월30일 오픈AI가 출시된 지 2개월 만에 월 사용자가 1억 명에 도달하여 역사상 가장 빨리 보급된 기술로 손꼽힌다. 또한 무료 공개한 ChatGPT-3.5 버전은 1,750억 개의 매개 변수 중에서 가장 연관성이 높은 확률의 단어를 선택해 문장을 구성해 준다. 23년3월14일 공개된 ChatGPT-4

빠뜨리고 있다.

초거대 언어모델인 챗 GPT가 충격적으로 받아들여지는 까닭은, 언어라는 인간 고유의 지적 도구를 조작법으로 삼은 데 기인한다. 그동안 언어와 사고는 인간만의 고유한 능력으로 간주되었는데, AI가 대규모 언어모델을 통해 인간의 언어 능력을 배우고 인터넷의 방대한 자료를 학습해서 인간과 대화를 나누게 된 것이다. 인간 고유의 일로 여겨지던 '지식의 생성 능력'까지 얻으면서 챗 GPT 시대의 AI는 노동시장, 특히 인간의 지식 노동을 뒤흔들 가공할 만한 잠재력을 갖게 되었다. 챗 GPT가 열화와도 같은 인기를 얻다 보니, AI 개발이 초래할 미래에 대해 과학계를 위시하여 사회 각 영역에서 긍정과 부정의 여론이 팽팽하게 나뉘는 상황이긴 하지만, 여기에서 폭발적으로 진화하는 AI의 그 흐름을 그 누구도 막을 수 없다. 왜냐하면 그것은 인간 탐욕의 산물이기 때문이다. 혹자는 AI의 확장이 노동시장의 붕괴를 우려하고 있지만, 필자는 그보다는 인간의 영혼을 좀먹고 마침내 영적 타락을 초래할 문제에 대해 더 걱정하며 심각하게 보는 것이다.

주목해야 하는 대목은 그간 우리 사회가 정보 혁명이 가져다주는 축복을 마음껏 누리자며 터뜨렸던 자화자찬의 폭죽이 지금도 공중에서 폭발하며 빛을 발하고 있는가 반문해 보는 것이다. 인본주의 확장으로 조성되는 인간중심의 시대 환경은 그렇게 낙관적이지만은 않다. 이 지구상 어디에도 파라다이스나 유토피아는 존재하지 않기 때문이고, 존재할 수도 없다. 인간은 날이 갈수록 눈가림과 조작, 왜곡과 거짓 정보의 범람이라는 그 후유증에 시달리게 될 것이 분명하므로 몇 가지 관점을 정리해

버전은 이전 버전과는 비교할 수 없을 정도로 많은 매개 변수를 사용해 훨씬 더 답변의 정확도가 높아졌다는 연구결과가 있다.

둘 필요가 있다.

첫째는, AI 기술의 진화로 인간의 편리함과 안락함에는 크게 보탬이될 수도 있을 것이지만 그의 마지막 종점이 어떠할 것인지를 심각하게생각해 보아야 한다.

둘째, AI 기술의 진화가 인간의 모든 정보를 물먹는 하마처럼 흡수해버린 이후 벌어질 상황을 어떻게 대처할 것인가? 정보의 집중과 정보의권력화가 불가피하게 될 것이다. 여기에 인간의 사악함이 더해질 때 나타날 세상은 어떨 것인가?

셋째, AI는 하나님과 단절되는 인간 사회, 즉 하나님같이 되려는 에덴동산의 선악과 사건(창 2, 3장)과 바벨탑을 쌓는(창 11장) 것과 같은 사회로전락시킬 것이다. 하나님의 진노와 흩으심, 그리고 그 이후의 헛됨과 공허함을 어떻게 감당할 것인가?

넷째, 정보의 과잉이나 결핍의 후유증에 시달리고 있게 될 때, 각 사람의 영혼에 침투해 오는 AI에게 모든 것을 빼앗기고 점령당한 이후, 역설적으로 인간의 영적 문맹 상태를 우려해야만 할 것이 분명하다. 이에대한 기독교적 대안은 무엇인가?

다섯째, 인간이 모든 노동력을 AI에게 빼앗긴 이후에 동반되는 노동의 무능력과 경제력의 상실, 소유의 결핍 의식을 무엇으로 대체할 수 있을 것인가? 언론 보도에 의하면 가까운 장래에 현재 직업군의 약 30% 이상이 사라질 것이라고 한다. 그 이후에는 상상도 할 수 없는 실업 사태가 몰려올 수도 있을 것이다. 그때 인간은 멍청하게 AI에만 의존하여 답을 얻고 자기의 생각이나 의지를 빼앗기고 사는 존재가 될 것이다. 그 기회가 하나님을 더 깊이 알고 깨닫는 시간으로 충족되지 않는다면 대다수인간은 무료한 시간으로 방황하고 때로는 세상 죄의 유혹에 빠지는 극단의 상황에 직면할 수도 있을 것이다. 그러므로 에덴동산에서 아담과 하와가 생명나무의 비밀이 아닌 선악을 알게 하는 나무의 열매라는 부정적인 정보를 선택한 기억을 되살려 현재의 우리가 먼저 시대 상황의 부정적인 측면을 자각함으로써 '부정의 부정을 통한 참 긍정'에 이르러야 하지 않을까 생각된다.

왜냐하면, 우리 인간의 눈과 마음은 새로운 정보의 유혹에서 눈길을 떼지 못하고 있기 때문이다. 모든 인간이 정보 쟁탈전에 초점을 맞추는 데 머리를 쥐어짜며 매우 어리석은 일들을 공유하는 곳으로 몰려가고 있기 때문이다. '누가 누가 더 잘 하나'와 같은 경쟁 구도가 바로 정보화 세계를 리드해 가는 핵심 가치관으로 자리잡고 있다. 이는 꽤 오래된 일로서, 정보 유혹이 사람들의 시기와 질투를 촉발하는 불쏘시개 역할을 하고 있다. 정보 욕망은 세상을 바라보는 사람의 인식 구조에 대한 집중 공격을 가하여 삶의 질에 대한 집중도를 떨어뜨리고 분산시키며, 종국에는 허탈감과 좌절에 이르게 한다. 심각할 때는 그리스도인조차도 믿음과 신앙의 초점을 흐릿하게 하다가 마침내 하나님을 외면하고 멀리 떠나게 만든다. 하나님의 비밀을 세상 정보로 둔갑시킨 결과로 나타난 현상들이다. 믿음의 좌표를 읽을 수 없게 만들 뿐 아니라 하나님께 돌아갈 엄두조차 내지 못하고 나락으로 떨어지게 만든다. 하나님을 외면하고 사는 세상에서 가치관의 혼란과 혼동으로 삶의 방향성을 상실하고 이전투구하는 것은 과연 누구에게 유익이 될까? 그 결과는 뻔하여 각종 범죄의 증가와 사건의 흉포함을 불러올 것이다. 이 점을 굳이 증명할 필요도 없이 영적 타락과 영적 범죄로까지 확산하는 상황에서 그 누구도 평강을 누릴 수 없다. 사람의 마음은 거짓과 의심으로 얼룩지고, 정신은 산만하게 될 것이다. 따라서 영혼까지 혼탁하여 더럽혀지는 신앙의 위기를 진단하고 결단과 예단을 통해 돌파구를 찾는 기도에 몰입하는 것이 마땅하다.

> 여호와의 위대하심과 권능과 영광과 승리와 위엄이 다 주께 속하였사오니 천
> 지에 있는 것이 다 주의 것이로소이다. 여호와여 주권도 주께 속하였사오니
> 주는 높으사 만물의 머리이심이니이다(대상 29:11).

이 놀라운 물질문명의 변화 앞에 정작 가장 중요한 믿음과 신앙은 어둠 그 자체에 갇혀 있는 꼴이다. 우리는 작금의 정보 혁명이라는 시대적 상황이 우리의 삶을 잠식하고 절망에 빠뜨리고 있는 현실에 대해 너무 무감각해져 있다는 사실을 지적하지 않을 수 없다. 모든 사람은 하나님을 '알려는' 열정보다 세상 정보에 대해 더 많은 관심을 쏟고 몰입한다. '새롭게 알려는' 모든 눈동자는 하늘 복음이 아니라 세상 뉴스(news)에 초점이 맞춰져 있다. 하나님 나라의 굿 뉴스(Good news, 복음. Gospel)는 거부당하여 관심권과 영향권 밖에 머무르고 있다. 세상의 정보 영역은 일취월장 확장되어 가는 데 반해, 하나님 나라의 비밀 영역은 왜곡되고 축소되는 경지로 내몰려 계시에 더 둔감해지고 그 영역은 점점 좁아져 가고 있다. 초월 세계에 대한 무지(無知) 위에 세상의 잡다한 관점들만 무성하게 덧입힘으로써 허다한 하나님 말씀 왜곡과 변질이 세상을 뒤덮고 있다. 이런 현상이 몰고 오는 가장 두려운 과제는 하나님의 진노 아래 놓인 인간의 처참한 현실이다.

인간 세상이 온통 정보(가짜 진짜 포함)로 오염되어 타락으로 치닫는 실상들을 날카롭게 직시해 볼 수 있다면 얼마나 좋을까? 왜냐하면 왜곡된 관점들을 찾아내 보라는 성령의 명령을 이행하기 위한 절박함에서다. 그간 우리가 더 많은 정보를 획득할 기회를 찾는 데 모든 열정을 쏟았다

고 한다면 이제는 가짜와 진짜를 분별하는 능력을 갖춰야 할 때이다. 무조건 새로운 정보라고 하면 선호하는 어리석음을 자각하고, 세상의 정보와 하나님의 비밀을 분별할 능력을 갖출 때이다. 이 세상은 오로지 땅적이고, 육적이며, 인본주의와 율법주의에 침식되어 실용주의에 근거한 정보들만 생산하는 곳이다. 성경 말씀대로 이 세상이 악하다고 할 때 이곳에서 생산되는 모든 비밀 정보는 모두 악에 관한 것이고, 죄악을 촉발하는 것이며, 하나님을 등지게 하는 것들이다. 세상이라는 정보 환경 속에 사는 사람들이 거짓 정보에 오염되어 나쁜 정보적 사고와 행동을 서로 조장하며, 질병앓이를 하게 된다면 결과는 이기적이고, 충동적이며, 탐욕적인 인간의 복제만을 돕게 된다. 자기중심주의 정보에 익숙해진 나머지 세상의 발전에 기여하게 될지는 몰라도 하나님의 비밀에는 눈을 감고 거부하게 되는 역기능이 더 크다는 점을 인식해야 한다. 왜냐하면 정보 왕국이라는 미명으로 더 많은 죄악을 낳고 그 죄악의 무더기를 쌓아 올리게 되면 인간은 정보의 무덤에 묻혀 살며, 천국 소망을 상실하고 자기 절망의 헛된 날로 인생의 빈 공간을 채울 것이기 때문이다. 지금도 이 땅에서는 세상 정보에 모든 관심을 쏟고 몰입한 나머지 편향된 세계관에 사로잡혀 자기 영혼을 파멸시키는 일들이 우후죽순처럼 생겨나고 있다. 인간은 세상 정보보다는 하나님 비밀을 더 갈급해하는 위치에 서야 한다. 우리의 영혼을 피폐해지게 만들고 있는 충격을 감지하지 못하고 있다면 어떤 의미에서는 삶의 포기이고 진리의 포기이다. 사람들 모두가 외롭고 고독한 궁지로 내몰리고 머지않아 AI에게 직장과 삶터를 빼앗기고 **하나님 의존이 아니라 AI 의존적 인간으로 전락하여 무기력한 인생이 될 것이고,** 앞으로 그런 양상은 더욱 깊은 상처로 남게 될 것이다. AI에게 몽땅 털리고 나서, AI의 알림이 전부이고 AI가 제공하는 정보가 모두 진리이니 인간이 유일하게 의존할 가치는 AI뿐이라며 AI에게 달려가 답답함을 풀어 보겠다는 전폭적인 신뢰를 보낼 것이다. 그다음은 어떤 일들이 벌어질까? 지금은 삶의 현실과 죽음에 대한 절박한 역발상이 요구되고 있는 시대다. 신구약 시대 신앙의 선배들처럼 다른 신, 이방 신을 좇다가 절망의 가운데서 서성거리며 비틀거리는 '믿음 없음'이 반복되지 않도록 해야 할 것이 아닌가! 한마디로 지식 정보의 망령됨, 허황한 말과 변론을 피하라고 강권하고 싶다.

세속화 이론과 이단 교리의 속출

세상이 새로운 정보, 가짜 정보들로 홍수를 이루다 보니 속칭 세속화 바람은 더 강하고 세차게 불어오는 형국이다. 오늘날의 세속화는 온갖 누더기 정보의 흙더미에 짓눌려 광야의 소리가 전혀 들리지 않는다. 우리가 주의력을 기울여야만 하는 이유는 하나님의 비밀을 잊고 사는 사람들에게 외치는 소리가 오래전부터 들리지 않아 많은 사람들이 세속화 이론과 이단 교리에 눈이 멀어 있기 때문이다.

이 세상에는 이슬람교, 불교, 회교를 비롯한 세속적 인본주의와 뉴 에이지, 포스트 모던, 그리고 마르크스-레닌주의의 뿌리인 공산주의 사상이 서로 얽히면서 혼돈의 골이 더 깊게 만들어지고 있다. 이는 하나님을 아는 지식이 거의 없는 데다, 하나님을 대적하여 스스로를 높이려는 주장들이며, 세상 학문에 지식이 없는 다른 세계관을 가진 사람 모두를 속절없이 무릎 꿇게 하려는 함정들이다. 진리의 역동성과 실제를 체험하기 어려운 상황 전개는 자신의 관점에 대한 객관적 이해의 결핍을 초래할 뿐 아니라, 다른 사람의 관점에 대한 이해의 결핍과 곡해로 건널 수 없는 간격을 만들어낸다. 결국에는 극단적 충돌을 만들어내는 거짓말들이 우리 눈에 보이지 않게 작동하며 음모론을 비약시킨다.

성경은 이 오염된 정보의 정글 속에서 탈출하라는 시대적 권고를 우리에게 던져 주면서, 하나님의 비밀에 귀를 기울여 큰 깨달음을 구하라는 강력한 사랑의 소망을 제시하고 있다. 세상이 하도 어수선하여 기독교 내에서도 온갖 이단 사설이 난무하여 참 진리는 묻히고 다원 사회의 다양한 가치관과 문화적 흐름에 편승하는 엉터리 주의, 주장, 교리들이 우후죽순처럼 터져 나오고 있다. 평화주의자 행세를 하는 이런 교리들은 삶의 질 향상이나 경제와 기술의 발전, 먹거리 타령에 초점을 맞추고 있고, 학문의 다양성이란 이름 아래 세속적인 가치관과 이론들의 혼합으로 앞다투며 진리를 왜곡하고 있다. 이런 주의, 주장들을 냉정하게 평가하고 판단할 근본적인 진리의 형체조차 찾기 어려울 정도가 되어가고 있다는 점이 심각하다. 잠시만 주변을 둘러보아도 눈에 쉽게 들어오는 엉터리 진리들이 난무하고 있는 현장들은 우리를 가슴 아프게 하고 있다.

최근 로마가톨릭은 동성애를 인정한다고 발표하였고, 기독교를 가장한 어떤 무리는 국내 주요 일간지에 수시로 전면 광고를 내면서 예수 그리스도와 성경의 진리를 전면 부정하고 있어 하나님의 진노와 심판이 두려울 뿐이다. 이 세상은 이미 흙탕물로 혼탁해졌고, 믿음의 뿌리들은 뒤흔들리고 있다.

인생들아 어느 때까지 나의 영광을 바꿔 욕되게 하며 헛된 일을 좋아하고 거짓을 구하려는가 셀라(시 4:2).

이는 그들이 **하나님의 진리를 거짓 것으로 바꾸어 피조물을 조물주보다 더 경배하고 섬김이라** 주는 곧 영원히 찬송할 이시로다 아멘(롬 1:25).

이단 사설이 성경 구절을 이용하며 그리스도를 부인하고 있으니 이를 어찌 심각하게 보지 않을 수 있겠는가? 로마 가톨릭이 인권 차원이라며 동성애를 인정한 것은 하나님 창조의 근본 진리를 부정하는 것이다. 창조 질서를 벗어난 세상의 인간적인 주의, 주장에 동조하고 따르는 것은 하나님의 사랑이나 용서와는 아무런 관계가 없다. 그것은 죄악이다. 그들은 신구약 시대의 이스라엘 유대처럼 하나님의 비밀 계시를 제대로 깨닫지 못해 영적 맹인의 장애를 벗어나지 못한 진리 왜곡자들이다. 앞으로가 더 큰 문제가 되리라는 것을 짐작할 수 있는 것은, 숨겨진 가톨릭 사제들의 동성애까지 공론화될 것이 뻔한 이야기이고, 또한 신도 중에 그러한 사람을 용서한다고 말할 때 과연 그 악습이 죄악이라며 회개하고 하나님 앞으로 나아오게 될까 하는 의문 때문이다. 지금 당장은 얼버무리며 덮고 넘어갈 수 있을지 모르지만, 이후 세상은 죄악으로 만연하여 소돔과 고모라같이 유황불에 태워질 수도(창 19장) 있다는 점에서 각성하지 않으면 안 된다. 하나님의 진노를 어떻게 감당할 것인지 상상하기조차 두려운 일이다. 롯이 천사의 손에 의해 소돔성에서 이끌려 나와 생명을 구하게 되었던 것처럼 우리는 하나님의 손길에 깊은 관심을 가져야 한다. 요한계시록은 이 미래에 있을 불과 유황 못의 심판을 예언하고 있음에 주목해야 한다.

이러므로 하나님이 미혹의 역사를 그들에게 보내사 거짓 것을 믿게 하심은 진리를 믿지 않고 불의를 좋아하는 모든 자들로 하여금 심판을 받게 하려 하심이라(살후 2:11, 12).

또 그들을 미혹하는 마귀가 불과 유황 못에 던져지니 거기는 그 짐승과 거짓 선지자도 있어 세세토록 밤낮 괴로움을 받으리라(계 20:10).

그러나 두려워하는 자들과 믿지 아니하는 자들과 흉악한 자들과 살인자들과 음행하는 자들과 점술가들과 우상 숭배자들과 거짓말하는 모든 자들은 **불과 유황으로 타는 못에 던져지리니 이것이 둘째 사망이라**(계 21:8).

이러한 혹세무민이 사람의 곤고함을 틈타 기승을 부릴 것은 명약관화하다. 진리란 근본이 변하지 않는 것을 말하는 것인데, 시세에 따라 수시로 변덕을 부리는 이론이나 가치관, 교리는 말 그대로 어둠에 사로잡힌 거짓 정보, 가짜 진리이다. 진위를 확인해 보지도 않고 광고나 외형의 위력만 믿고 그들의 꾐에 빠져들어 간다면 그것이 바로 어둠에서 더 어두운 흑암으로 빠져드는 것이다. 교회 밖에 어둠의 세력들이 활보하는 것은 그렇다 치고, 교회 내에서까지 세상에 동화되어 진리를 거짓 진리로 만들어간다면 이 땅에 우리가 설 곳은 아무 데도 없다. 이로 보면 이 세상은 하나님과 그의 나라에 대해 '알아가는 것'에 대해 사실상 백지상태에 있으며, 교회는 무지(無知)에 감싸여 있음을 확인할 수 있다. 이는 곧 세상이 진리가 아닌 거짓으로 온통 뒤범벅되어 있음을 의미하기도 한다.

〈성경이 제시하는 거짓의 대표성 : 거짓으로 얼룩진 세상의 표상〉

거짓말, 거짓 맹세, 거짓 입술, 거짓 예언, 거짓 계시, 거짓말쟁이, 거짓된 혀, 거짓 풍설, 거짓 선지자, 거짓 그리스도, 거짓의 아비, 거짓 사도, 거짓 선생, 거짓 진리, 거짓 기적, 거짓 증거, 거짓 일, 거짓 숭상, 거짓 모략, 거짓 사랑, 거짓 행위, 거짓 자랑, 거짓 피난처, 거짓 붓, 거짓 신뢰, 거짓 꿈, 거짓 믿음, 거짓 경고, 거짓 점괘, 거짓 복술, 거짓 열매, 거짓과 포학, 거짓 저울, 거짓 저울추, 거짓 고발, 거짓 형제 등.

하나님의 나라는 이 세상과는 전혀 다른 차원의 초월 세계라는 점에서 무한한 기대감을 갖고 다가갈 수 있다. 물론 인간이 인지하기 쉽지 않은 것은 사실이지만 그렇다고 이 세상의 삶을 마구잡이로 살아도 된다는 것은 결코 아니다. 최소한 하나님이 경고하신 그리스도인의 도리는 지켜야 한다. 하나님의 백성으로 부르심을 받지 않았거나 믿음이 없는 자라면 그에 합당한 심판을 받게 될 것이다. 기독교계가 전통을 내세우기는 하는데, 그 전통의 믿음과 신앙이 시세에 편승하여 임의로 변질되고, 하나님의 뜻을 왜곡해도 괜찮다고 생각하는 것인가? 그렇다면 그들은 하나님의 진리를 마음껏 왜곡해 왔음을 자인하는 것이다.

인간이 하나님의 비밀 계시를 깨닫기가 쉽지 않은 것은 사실이나 이유 불문하고 진리는 확실히 왜곡되어 왔다. 이제 이런 현실 앞에서 눈에 보이지 않는 영적 세계를 인식하려고 할 때 전혀 다른 시각과 관점으로 접근하여 자기 신앙을 점검해야 한다는 것은 분명하다. 사람이 인본주의 사고방식으로는 하나님 나라를 볼 수 없는 까닭에 임의로 하나님의 비밀을 추론하거나 초월 세계를 아예 인정하지도 않고 부정해 버리는 것은 심각한 문제이다. 인간의 한계성과 탐심의 죄악성을 넘어서는 것이 일차적 관문이다. 우리에게 육과 영을 분별하는 깨달음이 찾아와야 한다.

육으로 난 것은 육이요 영으로 난 것은 영이니(요 3:6).

영으로 난 영의 비밀에 관한 정보가 없다면 그것은 정보 없음의 무지한 무능 상태다. 정보판단 능력의 결여라는 실로 암담한 현실적인 상황에 갇혀있는 인간이 자기 자신도 모르고 하나님도 모르는 무지의 함정에 빠져 있다면 하나님이 주시는 비밀이 받아들여지지 않고, 깨달아지지도 않을 것이 뻔하다.

> 형제들아 내가 이것을 말하노니 혈과 육은 하나님 나라를 이어받을 수 없고
> 또한 썩는 것은 썩지 아니하는 것을 유업으로 받지 못하느니라(고전 15:50).

혈과 육에 속하는 인터넷, TV, 스마트 폰, SNS, AI로 이어지는 정보화 시대의 위기를 알아야만 여기서 벗어나 썩지 아니하는 유업을 받을 수 있고, 영혼은 살아날 수 있다. 가치관 굴곡의 현실을 자각하고 거기로부터 벗어나지 않고서는 참 생명을 얻을 기회는 없다. 타락의 죄악 가운데 하나님의 징벌과 심판이 기다리고 있다는 심각성을 누구나 자각하며 깨어날 수 있어야 한다. 정보의 오염과 쟁탈의 사회적 구조에서 자신을 좇는 제어할 수 없는 욕망은 그 자체가 곧 닥쳐올 위험을 알리는 경고이다. 그날에는 믿음이 곤두박질치고, 신앙은 천 길 낭떠러지 효과로 질식하게 될 것이다. 그러므로 한때는 '세상을 알 자'에서, 이제는 '하나님을 알 자'로, 시대적 인식 전환을 결단할 시간이다. 바로 지금이 그때이다.

> 보라 내가 너희에게 비밀을 말하노니 우리가 다 잠잘 것이 아니요 마지막 나
> 팔에 순식간에 홀연히 다 변화되리니(고전 15:51).

자신을 잃어버리고 나서 자기를 모른다고 하거나, 신앙을 잃어버리고 나서 하나님을 모른다고 말할 자격이 우리에게 없음을 깨달아야 한다. '하나님 없이 살고 있는 너는 지금 죽어가고 있는 거야. 숨을 쉴 수 있다고 해서 살아 있는 것이 아니야! 그것이 곧 죽어있는 거야!'라는 지적을 하고 있는 곳이 바로 지금 우리의 마음속이다. 그걸 확인하고 인정하기 위해서는 하나님

창조의 뜻과 인간의 무지에 대해 살펴보아야 한다. 먼저 하나님 나라 비밀의 구성 요소 세 가지[19]를 염두에 두어야 한다. 하나님께서는 두 나라, 즉 하나님 나라와 사탄의 나라가 존재하는 것을 허용하셨고 이 두 나라는 서로 격렬하게 싸우고 있다(마 3:23-26). 그렇지만 예수님의 사역으로 사탄의 나라는 완전히 패배했다(마 3:27). 그러함에도 불구하고 사탄의 나라는 여전히 다양한 방법으로 하나님 나라를 방해하고 있다(마 4:3-8). 인간세상을 포함한 이 세 요소는 모두 '영적 충돌과 전쟁'이라는 표제 아래 인식될 수 있으며, 하나님 비밀 계시를 깨달아가는 데 중요한 단초가 된다.

세상 곳곳에는 인간의 사악함에 관한 긴 목록들이 비밀처럼 여기저기 숨겨져 있다. 탐욕과 피 흘림, 폭력과 살인, 압제와 갈취, 사기라는 용어들이 빈번하게 등장하고 있는 것을 보면 신구약 시대나 지금이나 별반 달라진 게 없다. 인간 탐욕의 뿌리는 끈질기다. 지금 우리는 부유함을 드러내는 과시적 소비사회의 현실 가운데 자기 힘과 능력을 자랑하는 데 최우선 순위를 두고 살고 있다. 이런 영적 유혹과 교만에 어떻게 맞설 수 있겠는가? 그 대답은 하나밖에 없다. 하나님을 아는 것이다. 오직 하나님과 함께하는 것만이 그 유혹을 물리칠 수 있는 유일한 방법이다. 그분이 주신 선물 곧 은혜를 깨닫고 참 진리가 주는 자유를 누리는 것은 대단히 영광스럽고 거룩한 일이다. 하나님보다 못한 세상 것과 비교하여 자랑하지 말고, 하나님과의 관계 안에서 그분의 축복이 덧입혀짐을 더 깊이 알아가야 한다. 하나님을 아는 자는 그분의 관심사에 동참하게 되고, 그분의 가치관과 우선순위의 척도를 이해하게 된다. 이것은 하나님이 기

---

[19] 하나님 나라 비밀 구성 요소는 씨뿌리는 자의 비유와 마 3:23-27을 함께 살펴보면 분명해진다.

뻐하시는 일을 우리가 더 기뻐하게 만든다. 세상 사람들이 높이 평가하는 왜곡된 하늘 복이 아니라, 하나님이 귀하게 여기고 행하시는 일들이 인간들 사이에서 나타나는 것, 그것이 진정한 하나님 나라의 축복이다. 기독교가 하나님과 은혜를 말한다면 다른 종교들은 인간의 행복을 말하고, 기독교가 십자가를 말한다면 다른 종교들은 영웅의 월계관을 말한다. 이것은 분명히 식별되어야 할 관점이다. 사도 바울은 '내 은혜가 네게 족하도다'(고후 12:9)라고 하신 그리스도의 말씀을 전한다. 우리가 이 명제에 전혀 망설임이 없는 태도로 임할 때 하나님은 기뻐하실 것이며, 현대적인 세속화도 극복해 낼 것이다.

변덕스런 풍조와 인간의 정체성 상실

정보 혁명의 시대를 살아가는 우리가 당연히 직면해야 하고 감내해야 할 과제 중 하나는 아마도 변덕, 변화의 문제일 것이다. 정보의 생산과 전파의 흐름은 모든 면에서 완벽하리만치 경쟁적 속도전을 펼치고 있다. 이 과정을 눈여겨보면 정보의 변화와 인간의 변덕은 서로 맞물려 돌아가는 톱니바퀴와도 같다. 물론 세상의 비밀 역시 변덕과 변화의 물결에서 예외는 아니다. 세상 비밀과 인간 정보 또한 서로 맞물려 돌아가고 있기 때문이다. 오늘의 뉴스나 광고에서 높은 자리에 올랐던 것들이 어느 순간 눈에 보이지 않게 되는 실상을 우리는 수시로 보고 있다. 그것들은 한순간에 세상으로부터 잊혀져 자멸의 길로 들어서게 된다. 이것을 보면 우리 인생의 속도도 별반 달라 보이지 않는다.

물론 세상에서의 정보 수명은 약간씩 다르긴 하지만 단 몇 분, 몇 시간에서 기껏 길어야 몇십 년의 시효가 있을 뿐이다. 자연 풍광에 대해 말하자면, 아름다운 경치는 사람의 취향에 따라 달라지기는 하지만 고작 바라보는 한순간이고 기억에 흐릿하게 남는 몇 개월 혹은 몇 년일 뿐이다. 수명이 좀 길다고 생각되는 자동차는 10~20년이고, 아파트의 경우는 40~50년이라면 그나마 인간 수명의 정보 유지 기간은 70이고 강건하면 80이다(시 90:10). 설사 그 이상의 생존 유효기간이 있다고 하더라도 각 사람의 죽음과 함께 모든 세상 정보 욕망은 끝이 나고, 그 이후 영원한 생명이냐 지옥이냐를 심판하시는 하나님 비밀만 남아 있게 된다.

아무튼 이 세상의 사건, 사고, 창작물에 메겨진 정보와 비밀의 시효는 아무리 길다고 하더라도 인간 수명보다는 짧다. 누구든 세상을 떠날 때는 세상 정보의 가치들을 모두 털어놓고 떠나야 하는 것이 숙명이다. 예외적으로 하나님께서 계시해 주신 '루아흐, 생기(生氣)'만이 그분의 인도하심을 따라 함께 떠날 수 있다. 하나님이 부어주시는 '생기(生氣)'를 은혜와 감사로 느끼는 것이 곧 진리에 관한 하나님의 비밀을 깨닫는 것이다. 그 관점에서 보면 하나님의 비밀 곧 진리는 영원한 것이라서 조금도 변함이 없고, 변덕을 부릴 이유도 없다는 사실이 확인된다. 그 자체가 진리이고 영원한 생명이기 때문이다. 그런데 진리에 대한 확고한 믿음이 서지 않는다면 신구약 시대나 아담과 하와의 창세기 시대와 별반 다름이 없이 우리는 늘 하나님의 반대편에서 어정쩡한 신앙생활을 하고 있는 셈이다. '여기가 좋사오니 복을 많이 내려주옵소서' 하는 기도만을 반복하는 엉터리 그리스도인이 될 수 있다.

오늘을 사는 우리가 이 난제를 극복하는 길은 간략하게 두 가지로 설정해 볼 수 있다. 하나는 성경 탐독에 대한 열정이고, 다른 하나는 변화무쌍한 세태 가운데에서 변덕의 화신이 되어가고 있는 자신의 처지를 분명히 인식하는 일이다.

먼저 성경 탐독에 관한 열정은 C.S 루이스가 《오독》이란 저서에서 제기한 독서의 실상을 참고로 이해할 필요가 있을 것 같다. 예를 들면, 다수는 어떤 책도 절대 두 번 읽지 않는데, 그에 대한 결정적인 이유는 '전에 읽었다'는 핑계 때문이라는 것이다. 또 어떤 사람은 기억이 너무 희미해서 도서관에서 한 책을 삼십 분 정도 서서 계속 훑어본 다음에 '한 번 읽은 책'이라고 단정하고 책을 덮게 된다. 문제는 그들이 읽었다고 확신하는 순간 '그 책을 당장 거부하게 된다'는 것이다. 마치 그 책은 타버린 성냥처럼, 써버린 열차표처럼, 어제 일자 신문처럼, 쓸모없는 정보처럼 버린다는 것이다. 이미 한번 사용했으니까 일회용일 뿐이라는 우리의 사고방식이 성경책을 드는 순간에도 그와 같다면 어떤 현상이 일어날까?

독자가 선택해 읽은 책들의 정보 유지 기간은 고작 그 짧은 순간일 뿐이거나, 흐릿하게 남은 기억의 한 모퉁이에 참고용으로 저장되어 있을 뿐이다. 만약 우리가 성경을 읽을 때나 설교 말씀을 들을 때 이런 식의 자기모순과 자기 속임수에 빠지게 된다면 부끄러운 일이다. 왜냐하면 이런 병폐가 하나님 말씀을 깨닫고 그분의 뜻을 마음에 담는 데는 결정적인 자기모순과 말씀 곡해 내지는 왜곡 현상을 만들어 내기 때문이다. 세상의 어떤 독자가 위대한 고전 작품을 평생에 걸쳐 열 번, 스무 번, 서른 번씩 읽을 만큼 탐독하는 것에 비한다면 자괴감을 감출 수 없게 된다. 일반 독서 다수의 사람은 책을 많이 읽기는 하지만 읽는 행위를 중시하지는 않는다는 점을 주목해 볼 필요가 있다. 그들이 최후의 수단으로만 책을 찾고, 다른 소일거리가 등장하는 순간 민첩하게 책을 내팽개치는 일 그러진 태도 때문이다. 책은 기차 여행을 할 때나, 아파서 꼼짝도 할 수 없을 때, 또는 달리 할 일이 없이 혼자 있어야 할 때나, 소위 잠을 청하기 위한 용도로 쓴다. 때로는 산만한 대화를 나누면서, 종종 라디오를 들으면서 책을 읽는다면 집중도에 관해서는 언급할 필요조차 없다. 만약 성경이나 말씀도 이런 경우처럼 대우한다면 똑같은 결론에 이를 것이다. 그런 악습으로는 하나님의 비밀 계시가 비춰 주는 한 줄기 빛도 받아들일 수 없다. 문학적인 사람들이 책을 읽되 집중해서 읽을 수 있는 여가 시간과 조용한 장소를 늘 찾고, 방해받지 않고 집중해서 책 읽을 시간을 며칠이라도 갖지 못하면 빈곤해졌다고 느낀다는 고백과 비교해 보더라도 하나님 비밀에 대한 성경 탐독의 열정은 그 이상 불붙듯 해야 한다. 그러기 위해서는 세상의 혼잡스러운 정보 경쟁의 현상과 자신이 처한 위치를 항상 점검해야 한다. 그것이 바로 항상 깨어 있는 자의 올바른 태도이다.

우리가 대형 서점에 들어설 때 가장 먼저 눈에 띄는 것은 베스트셀러 코너다. 거기에는 최근 많은 독자층을 확보하고 있는 책들이 순번을 받고 줄지어 서 있다. 아마도 다른 책들은 그 순번을 받으려고 온갖 재주를 다 부릴 것이다. 대다수 독자층은 정말로 책의 내용이 좋아 구독함으로써 10대 서열 안에 밀어 넣어 준 경우도 있겠지만 그와는 상관없이 베스트 셀러 코너에 꽂힌 책의 위용과 유혹에 빨려가듯 책들을 사든 경우도 상당할 것이다. 책 선택에 참고할 만한 정보가 없는 한 책 속에 담긴 비밀을 얻어 내기 위한 유일한 수단이 베스트셀러 코너가 될 수밖에 없을 것이다. 아무튼 사람들이 처음 책을 선택할 때는 나름의 사랑이나 종교, 사별의 경험 그리고 눈부신 과학기술의 발전에 비길 만큼 너무나 의미심장한 일로 문학 작품을 고르고, 그 후과로 다가오는 느낌과 감동들이 그 사람의 의식 전체를 달라지게 한다. 그 작품을 읽기 전과 후는 완전히 다른 사람이 되거나 되어간다. 그렇다면 성경을 읽고 설교를 듣는 사람은 능력의 말씀으로 인해 더욱 큰 변화가 일어나 성화되어 가는 전혀 다른 사람됨으로 나타나야 하지 않겠는가? 그러나 다수의 일반 독자가 역사나 소설 또는 소위 행복을 가져다준다는 책을 읽고 나서도 별다른 일이 벌어지지 않은 것과 다름없이 신자들 사이에서도 그와 같은 현상들이 나타나고 있는 것은 아닌가? 성경을 읽고도 마치 언제 읽은 적이 있었냐는 듯이, 그동안 자신에게는 아무 일도 일어난 것이 없다는 듯이 태평 무사한 표정만 짓고 있다면 그것은 무엇 때문인가? 온갖 변덕들 때문이다. 시간의 변덕과 선택의 변덕, 조건의 변덕과 환경의 변덕, 초점의 변덕 같은 것들이 줄을 잇기 때문이다. 분명한 것은 성경이 변한 것이 아니라 사람의 마음이 변덕을 부린 귀결이다. 이런 변덕 현상은 정보 경쟁 사회에 뛰어드는 당연한 손님일지도 모르겠다.

그들의 행태가 참으로 이상한 것은 신구약 시대의 선조들이나 현대를 살아가는 인간 모두의 공통적인 닮은꼴이 청개구리형이라는 사실이다. 하나님과 진리 곧 하나님이 계시해 주신 옳은 비밀에 관한 것은 시간을 다투듯이 잊어버리고, 세상에서 이미 뒤틀려 버린 왜곡된 거짓들에 대해서는 오래도록 율법 지키듯 관습화하고 있다는 점이다. 앞에서 논했던 것처럼 시내산 아래에서 모세 때 일어났던 금송아지 사건이 여로보암 때까지 지속된 사실이나, 선악과를 따 먹게 된 동인이었던 하나님 말씀의 왜곡 현상이 예수님의 성육신 때도, 오늘날에도 교회라는 지붕 아래서 여전히 반복되고 있다니 참으로 이상한 일이 아닌가?

이상의 두 부류의 다른 행동들은 자연스러운 결과이긴 하다. 성경 말씀의 내용이 즉시 머릿속에서 두드러지게 자리를 잡게 되는 경우가 있지만, 그렇지 못한 경우도 많다. 소수의 어떤 그리스도인들은 혼자 있을 때도 좋아하는 성경 구절과 시편의 행을 읊조린다. 성경책에 나오는 장면들과 등장인물의 성향이 읽히는 경험을 통해 요약되고 해석되며 기억되어 모종의 깨달음이 된다. 그리고 성도 간의 나눔을 통해 서로가 깨달은 바를 논하고, 그런 경우가 자주 오랫동안 반복된다면 틀림없이 신구약 시대를 뛰어넘는 현대인의 진리를 깨닫는 간증이 늘어날 것이다.

아쉽게도 성경책을 읽고 깨달은 것에 대해 깊이 생각하거나 진지하게 말씀을 나누는 경우가 드물다. 일반적으로 교회에서 형식상으로는 나눔의 기회가 열려있지만, 한두 사람이 시큰둥하게 반응하거나 세상적인 대화 소재를 꺼내 들면 분위기는 하늘적인 것에서 땅적인 것으로 원위치되고 만다. 이때 누군가는 성경책 읽기를 더 좋아한다고 주장 하거나 세상 이야기를 가지고 왜 그렇게 엉뚱한 야단법석을 떠느냐고 나무랄 수 있어야 한다. 똑같은 성경 말씀일지라도 숨은 보고인 만큼 각자가 깨달은바 성령의 감동으로 주신 말씀의 단어나 구절을 발견하는 것 그 자체가 하나님의 비밀이고 계시이니, 그것을 나누어야 한다.

교회에서 혹은 그룹에서 나눔이 어떤 형식이든, 주제가 무엇이든 상관 없이 한두 사람이나 소수에 의해 성경 토론의 분위기가 살아나기도 하고 변덕을 부리다가 슬그머니 주제를 바꿔버리는 경우가 많다. 우리의 삶 자체가 행복의 중심에서 벗어날 수 없지만, 그리스도인에게는 주변적인 것에 불과해야 한다. 어떤 이는 이것을 좋아하고, 다른 이는 저것을 싫어한다고 말하기 시작하면 그때부터 인격은 사실상 완전히 무시되고 진리는 맴돌게 된다. 오로지 그리스도인의 목적과 목표는 하나님 비밀을 올곧게 깨달아 스스로 진리가 되는 데 있음을 항상 명심해야 한다. 신구약 시대를 뛰어넘는 오늘의 그리스도인들이 크게 자각해야 할 이유이다.

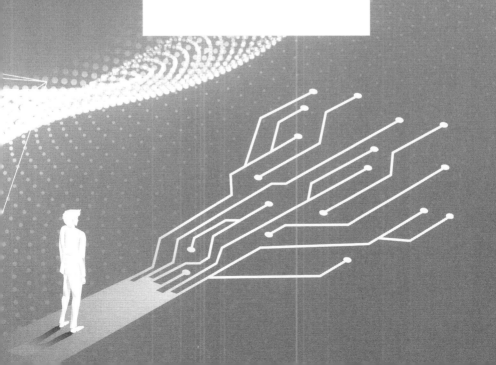

제3부

/

왜 하나님을
외면하고
사는가?

제1장
인간의 태생적 욕망 : 에피튜미아

탐욕의 뿌리 두 마음 : 왜곡된 정보 욕망

인간의 내면에서 도대체 무슨 일이 일어나고 있는가? 사람에게는 근원을 지향하는 감춰진 비밀에 대한 강렬한 호기심이 있다. 그래서인지 몰라도 인간은 자신이 알아야 할 비밀이 있다면 어떠한 수단과 방법을 다 동원해서라도 기어코 알아내어 자기 정보로 삼으려고 모험을 감행하는 존재이다. 예를 들면 탐구열이나 학구열, 향학열이나 애국애족의 열정 같은 형태가 모두 비밀과 관련된 정보 욕망 같은 것들이다. 이를 뒤집어 생각해 보면 인간의 욕망은 내일에 대한 거대한 불확실성의 공백을 채우려는 데 더 집중하고 있다. 태초부터 인간은 자신의 현재와 미래를 알아내려고 정탐꾼 노릇을 해 왔다. 오늘은 어떻게 내일을 준비하고, 미래는 어떻게 안심하고 좋은 터전이 될 수 있도록 할 것인가? 누구나 정탐 문제에 심혈을 기울이며 고뇌하지만, 세상은 어지럽고 그곳에서 발출되는 정보들은 모두 덧칠이 된 외식이나 가식으로 가득하다.

그렇게 해서 얻은 정보 조각들은 그림자 지나가듯 짧고 덧없는 인생을 살아가는 사람들에게 다소의 위안을 줄 수도 있다. 하지만 그런 정보 모음들이 과연 우리 삶에 실제로 든든한 기둥 역할을 해줄 수 있느냐는 별개의 문제이다. 인간이 아무리 정보 탐욕으로 발버둥 치더라도 유일한 답은 '아직도 나는 잘 몰라.' '그런데 어떻게 하지?' '아마 이것이 저것보다는 더 나을 거야'라는 추론으로 이어질 뿐이다. 이것이 선악과를 선택한 아담과 하와의 비밀 인식 수준이고 정보 해석의 한계였다. 우리가 말할 수 있는 전부가 이것뿐이라고 고백할 수밖에 없는 비밀에 대한 문외한이다. 인간은 하나님께서 비밀을 계시해 주시지 않는다면 모든 면에서 먹통일 뿐 자신이 선택한 세상 정보가 정말 옳고 유익한 것인지를 판단할 수 없다. 따라서 우리는 다른 사람에게 '이게 네가 할 일이야'라고 말할 수도 없고, 다만 하나의 평가나 조언, 의견이나 독려 차원에서만 제시해 줄 수 있을 뿐이다. 인간의 욕망은 스스로에게도 멈출 줄 모르고, 타인에 대해서도 마찬가지다. 그러므로 인간의 심리 저변에서 일어나는 정보 욕망의 근원에 대해 먼저 고찰해 보는 것이 중요해진다. 어떠한 정보적 단서라도 그것만으로 자족하며 간직해 놓고 지낼 수만은 없다. 존재하는 것은 언제나 서로 연관되어 있고 또 그 체계적 마음을 필요로 한다.

인간의 마음(헬. 카르디아)은 감정과 판단, 충동이 일어나는 영적 텃밭이다. 마음은 의학적으로 신체 장기에서 가장 중요한 부분인 심장이란 의미와 함께 쓰인다. 하지만 이성적 생각이나 계산력, 추리력과 같은 부분보다는 감정이나 충동, 애정 표현을 일으키는 인간 고유의 특성에 초점이 맞춰진다. 감정이나 충동, 애정의 욕구와 같은 측면은 인간 외에 다른 동식물에게서도 나타나곤 하지만 양심은 인간과 사회가 품고 있는 자연계에서 가장 발달된 종(種)의 고유 양상으로 볼 수 있다. 양심적 판단, 옳고 그름을 분별해 내고 그 옳음에 대한 자신의 선택이 충동 영역에 손해를 입힌다고 하더라도 끝끝내 그것을 선택해 내고야 마는 도덕과 양심을 바탕으로 하는 정보 욕구는 인간만이 할 수 있는 고유 영역이다. 정보 선택이 상호 교차하는 공동체의 조직성은 일반 자연계와는 또 다른 인간 세계의 특수성이다.

마음(카르디아)은 양심 세계의 근원으로서 내적(exoteric) 특수성을 가진다. 내적인 것은 외적인 것과 불가피한 관계를 형성하게 된다. 인간의 감정과 충동의 양상을 양심, 도덕 기준에 반추하여 조절하는 자정 능력의 표출이 외부를 향한 세계성으로 본다면, 이에 반대되는 마음 영역은 외부 세계가 양심 영역을 돌파해 들어오는 또 다른 근원인 내부 세계를 투영한다. 이 내부 세계에 투영하는 인간의 양심 영역에선 또 하나의 충동이 두 가지 양상으로 존재한다. 하나는 생멸하는 자연계에서 본능적으로 몸이 가진 즉물적 충동이며, 다른 하나는 양심이란 도덕적 기준을 대하는 태도에서 근본적으로 함께 하는 충동 즉 세계화를 향하는, 하나님처럼 되고자 하는 충동이다. 여기에서 하나님 비밀의 인간 정보화 과정이 결국 비밀 계시에 대한 인간 내부에 숨어있는 자기중심성과 하나님같이 되려고 하는 욕망을 드러내는 것임을 알 수 있다.

세계화에 대한 충동은 통일과 완벽에 대한 욕구로 집중된다. 인간의 기본 성향은 즉물 세계에서 일어나는 모든 본능을 자정, 통제하는 완벽을 요구하는데, 그것은 완벽에 대한 질서를 낳고 그로 인해 즉물세계의 본능이 길들어지면서 세계화의 평화를 만끽한다. 이것이 하나님처럼 되고자 하는 충동이다.

성경에서는 하나님처럼 되고자 하는 충동을 욕망이라 부른다. 이 욕망은 완벽의 정점에 우상, 곧 자기 목표로서의 신[20]을 설정하고, 일방적

---

20 신의 이름이 아닌 다른 목표물 역시도 이 신의 범주에 속하게 되며.

인 인과 관계로서 계약 즉 율법(계명)을 준수하면서 신과의 관계에서 자신이 양심의 주인과 심판자로 군림하고자 한다. 이 경우 지배하든 지배하지 않든, 억압받든 억압하든 모두 외부 세계에서 일어나는 충동의 결과물로 전락한다. 심각한 문제는 바로 여기에서 발생한다. 인간은 자연 상태에 그대로 머물러 있는 것이 불가능할 정도로 행동주의자이다. 그러므로 외부 세계가 충동하는 욕망은 그 지향점이 인간 근원에 도사리고 있는 내부 세계의 신비를 풀어내는 데 집중하지 못한다. 과학이 끝없는 지식을 끝없이 정복하려고 끝없는 무한성을 추구하는 것처럼, 끝없는 욕망은 행동 지향적이다. 그러나 유한의 존재가 무한성을 추구한다는 것 그 자체가 모순이다.

우리가 해야 할 급선무는, 과학에 대한 허황된 맹종을 포기해야 하는 것처럼, 외부 세계에서 일어나는 충동 일체가 하나님처럼 되려는 탐욕에서 솟아나는 것임을 자각하는 것이다. 그런데 탐욕이 안고있는 광기에 가까운 악함의 역기능과 하나님을 갈망하는 순기능의 이중성을 알아차리는 것은 중요하다. 광기를 발작시키는 일이 악에서 더 쉽게, 더 자주 일어나는데 인간이 자기중심적이고 이기적인 존재라서 그렇다. 그 광기는 이성이나 지혜를 분명히 분간할 수 없을 정도여서 인간의 도전과 비극을 아주 쉽게 만들어 낸다. 가장 심각한 광기는 실존적 차원에서 끊임없이 도전해 오는 죽음의 두려움에 저항하려고 하는 사악함이다. 이 사악한 욕망은 양심이나 율법 준수의 욕구 실현으로 해소될 일이 아니며, 오직 성령의 빛에 의해서 인간의 마음이 욕망에 깊이 연루되어 있음이 밝혀질 때만 해소될 일이다. 인간 자신의 한계를 직시할 수 있을 때 인간 내부 세계 안에서 육적 욕망의 충동이 생명 의지의 충동으로 전환되는 극적 변혁이 일어나게 된다. 성경은 빛으로서의 카르디아(마음)를 말씀하시는 하나님으로, 하나님 말씀의 육화로 확인해 주고 있다. 인간의 두 충동 모두 외부 세계에 연루된 채로 내부 세계를 욕망하여 내부 세계와는 아무 관계도 없는 우상과 허상으로서의 내부 세계를 세워 왔음을 폭로함으로써 묶임에서 풀리는 자유와 해방의 현시인 말씀 열림을 이뤄내는 것이다. 그 열림의 시간이 바로 영과 진리 안에서의 예배이다.

> 그가 또한 우리에게 인치시고 보증으로 우리 마음에 성령을 주셨느니라(고후 1:22).

주님은 우리가 흔들리지 않도록 그 마음 안에 영의 보증을 주셨다. 이 성령의 보증은 곧 하나님 자신이다. 우리 안에 하나님의 영, 그리스도 예수의 영이신 성령을 보내 주지 않으셨다면 이 험한 세상 여정 인생길에서 시도 때도 없이 밀려오는 가짜와 거짓 정보 그리고 탐욕과 유혹에 흔들리며 중심을 잡지 못하고 심한 고통 가운데 파선, 침몰의 위기를 맞을 수밖에 없었을 것이다. 그러나 이제 그리스도인은 이후로 그리스도 예수로부터 들었던 말씀의 인봉된 봉인을 떼면서 하나님 비밀을 새롭게 깨닫고 스스로 참된 복음을 증거할 수 있게 되었다.

여기에서 인간의 마음이 욕망으로 탐욕으로 확장되면서 평지풍파를 일으키는 현실적 과제들을 다시금 조명해 보아야 한다. 다름 아닌 인간 탐욕(헬. 에피뒤미아)의 문제이다. 무언가를 갈망하고 원하고 희망하고 추구하는 마음 활동이 욕망이며, 욕망은 인간만이 품을 수 있는 고유한 특권이다. 이 마음 활동은 때론 몸의 정욕이나 소망으로 나타나기도 하지만 정신 영역에서도 같은 작용을 한다. 인간이 무언가를 원하고 갈망하는 것은 자연스러운 생리적인 현상이다. 따라서 욕망은 선하지도, 악하지도 않지만, 문제는 마음 활동에 간절한 열망이 더해질 때 갈망의 뒤틀림, 왜곡을 불러일으켜 탐욕으로 확장된다는 데 있다. 진정한 영혼의 갈망을 품으면 품을수록 갈망의 결과물은 저급한 몸의 정욕, 탐욕으로 나타나기도 하고, 겉으로는 고상해 보이지만 온갖 위선과 탈선, 허위와 허망한 것의 추구와 강박, 외식으로 나타나기도 하는 현실적인 문제들을 들여다보아야 한다.

인간의 근원적인 탐욕은 창세기의 타락 이야기를 통해서 밝혀졌다. 하나님 창조 신비의 극치인 생명나무의 생명 수혈에 참여하는 것이 하나님이 기대하시는 인간 내면에 자리 잡은 원함의 복된 충족일진대, 인간의 반응은 이 갈망의 왜곡에 있었다. 하나님이 허락하신 자유를 남용하여 왜곡된 정보 판단에 의해 선악과를 선택했다. 이는 하나님 말씀의 뜻을 완전히 깨닫지 못했다는 의미이다. **생명이 하나님 안에서 하나 되는 무리 없는 연합의 과정이라면, 선악 구분은 하나님 밖에서 하나님처럼 되고자 하는 뒤틀린 정보 선택의 욕망이다.** 신약성경에서 예수님이 지적하신 인간의 끝없는 욕망을 향한 규탄은 바로 이 뒤틀린 선택 욕망에 관한 것이었다.

인간은 지금도 '에피튀미아, 욕망'을 쉼 없이 절제하고 억제하려는 삶을 살려고 하고, 종교는 이런 인간 욕망을 다스리는 효과적 지원이 가능한 도구처럼 기능한다. 그런데 이 욕망을 표층적 차원에서 인간의 마음 다스림에만 머무르게 놔둔다면, 마음 활동이 그 근원에서부터 뒤틀려 있음을 방관하는 것이다. 그리스도 예수가 이 땅에 오셔서 바로 이 근원의 뒤틀림, 곧 그 원죄, 욕망의 실체를 보여 주셨다. 만약 이 진리를 놓친다면 우리의 욕망은 아마 죽을 때까지 숙주처럼 마음 안에 기생하면서 더 끔찍한 육신의 욕정을 불러일으키거나, 더 가혹한 죄의식, 죄책감으로 인간을 억누를 것이다. 그 욕망 차원에서 벗어나는 길, 그 뒤틀린 방향을 바로잡아 주시는 분이 바로 그리스도 예수이시다.

> 내가 행하는 것을 내가 알지 못하노니 곧 내가 원하는 것은 행하지 아니하고
> 도리어 미워하는 것을 행함이라(롬 7:15).
> 육체의 소욕은 성령을 거스르고 성령은 육체를 거스르나니 이 둘이 서로 대
> 적함으로 너희가 원하는 것을 하지 못하게 하려 함이니라(갈 5:17).

이 말씀은 육체의 정욕(헬, 에피뒤메오)이 성령을 거스르고 성령의 원함, 성령께서 이끄시는 영적 세계로의 몰입을 반대한다는 의미이다. 이것이 바로 세상의 노예가 된 우리 육체가 가진 본성적 한계요 원죄적 특성이며, 육체의 소욕은 또한 육체의 일을 만들어 낸다. 따라서 성령을 좇아 행함으로써만 육체의 욕망을 이루지 않을 수가 있다. 모든 세상 정보와 인간 중심의 지식은 헛되다는 인식으로 귀착될 때, 모든 것은 사실 아무것도 아니라는 깨달음을 얻을 때, 우리가 더 이상 세상 정보의 모든 것을 파악하거나 이해하려고 하지 않을 때, 또한 우주의 암호를 독자적으로 해독하여 지배해 보려고 하지 않을 때, 우리는 비로소 소소한 일들, 작은 경험들, 소박한 관계에서 작은 진리의 편린들을 발견할 수 있게 된다. 모든 것이 헛되다는 것을 똑바로 볼 수 있을 때, 우리는 작은 비밀의 중요성을 다시 보게 될 뿐만 아니라 정말로 그것들을 이전보다 더 중요한 것으로 보게 될 것이다. 그것이 우리가 파악할 수 있는 전부이고, 우리가 살아갈 재미이며, 진리다. 작은 것의 중요성을 인식함으로써 무분별한 탐욕의 칼자루를 함부로 휘둘리지 않게 될 것이다. 우리는 무조건적이며 일괄적인 삶을 살아 보겠다는 마음을 모두 내려놓아야 하고 또한 무엇이든 훨씬 더 좋게 만들려고 과욕을 부리지도 말아야 한다. 헛된 것에 헛된

것을 하나 더하는 어리석고 무모한 짓들이 어디서 온 무엇인지를 알아차리고, 진리에 귀를 더 기울일 때 우리는 인간의 유한성 즉, 미래의 유한성과 죽음의 임박성을 재인식하게 될 것이다. 지혜의 기쁨을 얻게 될 때 인간이 자기 자신을 발견하고 진리와 현실을 공유하며 살아갈 이유를 가지는 여유가 생기게 된다.

죽음의 정보 선택 : 선악과(善惡果) 오판

인간이 직면하고 있는 가장 심각한 난제는 죽음에 관한 문제이다. 아담과 하와가 '반드시 죽으리라는 정보를 선택'한 것은 그들이 무지했기 때문만은 아니다. 말씀 안에 경고 메시지가 포함되어 있었으나 그들은 이해할 수 없는 판단으로 선악과라는 역선택을 했는데, 말씀에 대한 들음(경청)에 문제가 있었음에 틀림없다.

비밀의 속성상 일단 계시되고 나면 그 이후에는 더 이상 비밀일 수 없다. 그 비밀을 획득한 상대방에게는 새로운 정보로 특정되나, 비밀을 보유했던 당사자에게는 더 이상 감추거나 지켜야 할 비밀은 아니다. 아담과 하와의 선악과 선택에서도 똑같은 원리가 적용된다. 하나님께서는 에덴동산의 비밀을 아담과 하와에게 계시해서 알게 하시고, 그들에게 정보 선택의 자유도 함께 주셨다. 아담과 하와는 그 비밀을 새로운 정보 사항으로 인식했다. 하나님 비밀이 인간에게 계시 되는 순간, 비밀의 다른 이름인 정보로 인식하게 된다. 비밀이 획득하게 된 자의 소유 또는 공유로 전환되면서 정보가 되었다. 이를 '비밀의 정보화'라고 말할 수 있다. **비밀 정보화의 핵심은 비밀이 담고 있는 능력이 전가된다는 데 더 깊은 뜻이 있다.** 따라서 비밀이 정보로 어떻게 이해되고 운용되느냐에 따라 그 결과는 사뭇 다른 모양으로 나타나게 된다.

하나님의 비밀 능력이 인간의 정보 능력으로 전이되는 비밀의 정보화는 실로 놀랍고 신비한 프로세스이다. 이 세상 그 어떤 기적과도 비교할 수 없는 천지개벽과 같은 초자연적 역사가 하나님 비밀의 인간 정보화 과정에서 이루어지고, 하나님의 비밀 곧 말씀이 능력의 실제로 나타난다. 성경 곳곳에서 하나님은 자신을 마음껏 공개하여 인간이 충분히 깨닫고 누릴 수 있길 원하는 친화적 관계 확장 내용을 비밀 계시를 통해 약속해 주고 계신다. 그러나 문제는 하나님의 비밀 계시를 받은 인간이 올곧게 이해하지 않고 방종한다는 데 있다. 또 다른 문제는 비밀 계시를 이해했다 하더라도 자기 임의로 탐심을 품고 왜곡하려 한다는 점이다. 그렇다면 하나님의 비밀(말씀)이 왜곡되는 그 근본 원인부터 살펴보자.

비밀과 정보의 관점에서 보면 선악과 문제의 근원은 자유와 탐욕에 있다. 천지 차이로 만들어 내는 가장 험상궂은 유혹자인 자유와 탐욕은 사람을 땅적 차원에 단단히 묶어 놓는 사슬이다. **하나님께서 인간에게 부여해 주신 자유에 인간의 욕망이 결합되면서 일어난 원죄 사건이다.** 인간의 자유에 오남용을 불러일으킨 근본 뿌리는 인간의 생래적 욕망이다. 다시 말해 아담과 하와가 선악과를 따 먹게 된 직접적인 원인은 일반적인 탐욕에 앞선 정보 욕망에 있다. 선악과에 대한 호기심 내지는 궁금증이라는 정보 욕망이 열매를 따 먹게 한 것이다. 자유에 욕망이 더해져 정보 욕망을 낳고, 그 위에 자기중심성을 확보하여 하나님같이 되려 한다. 선악 판단의 주체가 인간 자신이 됨으로써 자연스럽게 하나님을 배제해 버린 것이다. 사람 중심의 선악 판단이란 판세로 만들어 놓은 것이 그들의 패착이며 자기만족의 함정이다.

선악 판단은 곧 인간의 자기중심성과 두 마음에 의한 합작품이다. 하나를 둘로 나누어 이것이냐 저것이냐를 선택하는 권력을 확보한 것이다. 여기에는 반드시 두 마음이어야 하고, 그중 반드시 하나를 선택하게 되며, 그 선택에는 반드시 자기 이익이 반영된다. **한마디로 '두 마음을 가진 한 사람'이 선악 판단과 정보 선택을 홀로 마음껏 즐기려 하는 권력 놀음이다.** 권력 놀음은 곧 하나님과 같이 되기의 도발이다. 사실 하나님은 선하신 한 분 하나님으로, 두 마음이 있을 수가 없다. 그러나 인간은 모든 것을 선악 판단의 틀에 넣고 인식함으로써 항상 어떤 판단을 내리기 위한 사전 정보를 필요로 한다. 판단의 주체 문제는 우연히 생겨난 것이 아니라 하나님이 주신 자유 안에 이미 포함되어 있었다. 그러므로 여기에서 주목할 점은 욕망을 반드시 나쁜 것이라고 단정할 수는 없다는 사실이다. 그 마음이 하나님을 중심으로 한 분 하나님만을 향하여 순종하고 있느냐 아니냐에 따라 그 욕망의 성격도 달라질 수 있기 때문이다.

매듭은 하나님의 비밀이 인간의 정보로 전환되면서 비밀 왜곡이 일어나면 영혼을 옭아매기 시작한다. 비밀을 획득한 인간은 그것을 '정보화'한 후 자기 소유물처럼 독점권 행사와 권력화를 위해 적절히 활용할 때를 기다리게 된다. 한마디로 **사탄의 거짓말에 아담과 하와의 판단력이 잠식당해 버렸던 것처럼 가짜 정보 놀이의 장단에 맞춰 춤출 준비를 하는 것이다.** 따라서 사탄과 하와가 만들어 낸 원죄가 어떤 경로로 인간의 삶 속에 파고들어 좀먹고 있는지, 우리 신앙의 발목을 잡으려고 얼마나 흉측스럽게 파고들고 있는지, 그 실체를 파헤치는 것이 중요해졌다. 거짓 정보의 원조가 사탄이듯이 정보 탐심 또한 선악과를 따 먹은 죄악의 뿌리에 근거하고 있다는 점을 먼저 명확히 해야 한다. **선악과를 따 먹는 욕망은 어디에서 왔으며, 율법과 죄 사이에는 어떤 상호작용이 일어나고 있느냐** 하는 문제이다.

여자가 그 나무를 본즉 먹음직도 하고 보암직도 하고 지혜롭게 할 만큼 탐스럽기도 한 나무인지라 여자가 그 열매를 따 먹고 자기와 함께 있는 남편에게도 주매 그도 먹은지라(창 3:6).

그 나무를 본즉 먹음직도 하고 보암직도 하고 지혜롭게 할 만큼 탐스럽다는 것은 모두 정보 감각을 전제하는 심리적 현상이다. 여기에서 우리가 질문할 수 있는 것은 인류 안에 잠복해 있는 **죄의 기원이** 천사의 세계에서 시작되어 인간에게 들어온 것인가 하는 것이다. 만약 그게 옳다면 인간에게는 죄에 대한 책임이 전혀 없는 것인가 아니면 인간이 악해서 죄를 지어낸 것인가? 이 질문에 대한 해답을 찾기 위해 말씀을 묵상해야 한다. 분명한 것은 그 원죄가 뱀(사탄)과 하와가 하나님 말씀을 왜곡했다는 데 있다. 만약 이 세 구성 요소에서 하나라도 빠지게 된다면 원죄는 없다는 논리가 성립된다.

하나님의 말씀은 절대 불변의 진리로, 하나님은 불가분의 존재이시다. 따라서 원죄란 뱀(사탄)과 하와, 아담이 동조하고 합작한 데서 나온 결과물이다. 그 원죄에는 영적이면서도 현실적이고, 사탄적이면서도 인간적인 요소가 함께 배어 있다. 이 오염의 매듭들은 인간 스스로는 풀 수가 없다. 영적 존재인 사탄이 이미 깊숙이 개입된 까닭에 사탄의 능력을 넘어서는 하나님의 지혜가 요구된다. 그렇다고 뱀(사탄)에게 해결책을 요구할 수도 없지 않지 않은가? 뻔한 이야기이지만, 뱀은 원래부터 하나님에 대한 반역을 작정하고 하와에게 다가온 자였다. 그래서 이 원죄를 해결하는 길은 하나님밖에 다른 길이 없다. 하나님의 말씀이 왜곡된 것이 원죄인 탓에, 죄의 문제는 하나님에 의해서만 풀어지고 거룩해질 수 있다. 이미 선악과를 따 먹고 죄인이 된 인간이 스스로 회개하고 회복하는 것은 불가능한 일이다.

왜 하나님은 선악과 금지명령과 반드시 죽으리라(창 2:16)**는 말씀을 함께 주셨을까?** 결과적으로 아담과 하와는 죽음의 정보를 선택했다. 하나님은 인간이 직면한 가장 심각한 문제가 죽음이라는 것을 깨닫게 하며 그 해법을 제시하고자 그 말씀을 주신 것 같다. **'반드시 죽으리라'는 곧 '반드시 깨달으라'이다. 반드시 깨닫고 하나님이 주시는 영원한 생명을 받으라는 것이다.** 그렇다면 깨달음의 핵심은 무엇인가? '죽어서 산다'이다. 그러므로 반드시 죽어야 한다. 그래야 예수 그리스도의 **'내가 죽어서 죽어 있는 너희를 살린다'**는 의미가 실재가 된다.

성경에서는 세상의 죄가 하나님의 율법을 범한 것으로 명백히 규정하면서 인간은 본성적으로 이미 범법한 자로 묘사된다. 그렇다면 '인간은 그 본성을 어떻게 획득했으며, 이에 대해 성경이 계시하는 진리는 무엇인가?', '인간의 원죄는 어떠한 경로로 침투한 것인가?' 하는 의문을 가지게 된다. 어떤 사람은 죄의 문제를 논할 때 책임을 회피할 요량으로 꼭 하나님과 연관시켜서 이견을 제기한다. 하나님은 사랑이시고 인자하신 분인데 왜 죄를 고의로 만들어서 인간을 괴롭게 만들고, 심지어 징계나 심판까지 하시는 것인가? 마치 죄에 대한 하나님의 책임을 묻기라도 하는 것처럼 반문한다. 혹자는 자신에게 죄의 문제를 해결할 대안의 근거라도 있는 것처럼 적극적으로 죄의 근원을 두고 비판한다. 이것은 옳은 일이 아니다. 하나님의 영원한 작정(decree)은 죄악이 이 세상에 들어왔음을 명백히 선언하고 있기 때문이다. 그렇다고 하나님이 죄를 만드신 분이라거나 죄에 대해 책임져야 한다는 식으로 이해해서는 안 된다. 성경은 이런 해석을 단호히 거부한다. 먼저 깨달아야 할 것은 아담이 이미 생명보다 죽음을 선택하였다는 사실이다. 그 시작은 선악과 선택에서 비롯되었고 인생은 그때 이미 사형선고를 받은 죄인으로서 출발했다.

> 그러므로 너희 총명한 자들아 내 말을 들으라 하나님은 악을 행하지 아니하
> 시며 전능자는 결코 불의를 행하지 아니하시니(욥 34:10).
> 서로 불러 이르되 거룩하다 거룩하다 거룩하다 만군의 여호와여 그의 영광이
> 온 땅에 충만하도다(사 6:3).

하나님은 우리가 찬양하고 예배해야 할 분이시다. 하나님은 자신의
비밀을 꼭 간직해 두고 인간이 정보 없음으로 인해 답답하게 하시는, 비
밀 계시에 인색한 분이 아니시다. 그래서 그분 안에는 불의가 전혀 없다
(신 32:4; 시 92:16). 악에 미혹될 수 없으며, 친히 아무도 시험하지 않으신
다(약 1:13). 다만 하나님은 인간을 창조하실 때, 선하게 그리고 자신의
형상대로 창조하셨기 때문에 죄에 대해서도 적극적으로 미워하신다(신
25:16; 시 5:4; 11:5; 슥 8:17; 눅 16:15). 도리어 그리스도 안에서 인간을 죄로
부터 구원하기 위한 길을 제시하셨다. 이 모든 말씀에 비추어 볼 때, 하
나님이 죄를 만드신다고 말한다면 그것은 하나님을 모독하는 짓이다. 시
편 82편은 천상 회의 모습을 통해 인간의 죄가 그 회의에 참석한 다른 신
들에 의해 진행되었음을 암시해주고 있다.

**하나님은 신들의 모임 가운데에 서시며 하나님은 그들 가운데에서 재판하시
느니라** 너희가 불공평한 판단을 하며 악인의 낯 보기를 언제까지 하려느냐(셀
라)(시 82:1, 2).

이 시편 82편은 하늘에도 하나님이 주재하시는 신들이 참여하는 천상

회의가 열리고 있음을 알게 한다. 이 회의에서 하나님은 참석한 신들을 질책하시는데, 인간 죄의 뿌리가 어디에서 시작된 것인지를 알 수 있는 힌트를 제공한다.

> 이 선지자들은 내가 보내지 아니하였어도 달음질하며 내가 그들에게 이르지 아니하였어도 예언하였은즉 **그들이 만일 나의 회의에 참여하였더라면 내 백성에게 내 말을 들려서** 그들을 악한 길과 악한 행위에서 돌이키게 하였으리라(렘 23:21, 22).

하나님의 비밀이 왜곡되거나 제대로 깨닫지 못하는 원인이 어디에 있는지를 잠깐 보여 주시는 말씀이다. 내 백성에게 내 말을 들려서 악한 길과 행위에서 돌이키게 하였으리라 하신 말씀은 인간이 그 어떤 행위나 자력으로 할 수 있는 것은 하나도 없다는 것을 밝혀주고 있다. 오직 하나님의 말씀에 대한 경청과 깨달음이 요구될 뿐이다. 하나님의 정체성과 속성, 섭리와 하늘의 재판에 관한 비밀을 깨닫지 못하고 있다면 그것이 바로 어둠이다.

> 가난한 자와 궁핍한 자를 구원하여 악인들의 손에서 건질지니라 하시는도다(시 82:4).
> 그들은 알지도 못하고 깨닫지도 못하여 흑암 중에 왕래하니 땅의 모든 터가 흔들리도다. 내가 말하기를 너희는 신들이며 다 지존자의 아들들이라 하였으나, 그러나 너희는 사람처럼 죽으며 고관의 하나 같이 넘어지리로다(시 82:5-7).

우리는 통상 인간의 원죄라고 말할 때 아담과 하와의 선악과를 먼저 상상한다. 아담은 죄의 원조이다. 여기서 덧붙여 생각해 보면 좋을 관점이 하나 있다. 아담과 하와가 원죄에서 면책될 수 있는 것은 아니나, 죄는 천사의 세계에서 하나님의 뜻과 의지를 곡해하거나 이행하지 않아 시작된 것 또한 분명하다. 이 깨달음으로 사탄과의 영적 전쟁을 감행해야 하는 이유와 마땅히 영적 전쟁에 적극적으로 앞장서야 할 경각심을 얻게 한다. 성경에 따르면, 죄의 기원은 창세기 3장 인간 타락의 시점까지 거슬러 올라가야 한다. 하지만 천사의 세계에서 일어난 일에도 주목해야 하는 것은 하나님께서는 일군의 천사들도 창조하셨기 때문이다.

이들이 창조주의 손에서 나올 때는 모두 선했다(창 1:31). 그러나 천사의 세계에도 타락이 있었고, 이때 일군의 천사들이 하나님에게서 떨어져 나왔다. 이 타락의 정확한 시기는 명시되어 있지 않으나, 요한복음 8장 44절에서 예수님은 마귀를 태초부터 살인자라고 규정하셨다(카타 아르케). 사도 요한 또한 요한일서 3장 8절에서 마귀가 처음부터 범죄했음을 폭로한다. 신학자들의 지배적인 견해는 이 '카타 아르케'가 인류 역사의 시초를 가리킨다는 사실이다. 성경은 천사들의 타락을 초래한 죄에 대해서는 아무런 언급이 없다. 디모데전서 3장 6절에 보면, 바울이 디모데에게 새로 입교한 자를 감독으로 세우지 말라고 권고하면서 그 이유를 '교만하여져서 마귀를 정죄하는 그 정죄에 빠질까' 두렵기 때문이라고 밝힌다. 여기서 추론이 가능한 것은 천사를 타락시킨 요인은 권능과 권위에 있어서 하나님과 같이 되고자 하는 교만의 죄라는 것이다. 이 관점은 유다서 1장 6절의 지지를 받는다. 타락한 천사들이 '자기 지위를 지키지 아니하고 자기 처소를 떠난' 데에서 그 원인을 찾는다. 그들은 자기들에게 할당된 몫과 위탁된 정사와 권세에 만족하지 않았다(시 82편. 참조). 하나님과 같이 되려는 욕망이 바로 그들이 특별히 받았던 시험이라면, 인간이 왜 이 시점에서 그토록 크게 유혹을 받는가? 그 원인은 어디에서 온 것인가?

인류의 역사적 죄의 기원에 관하여 성경이 가르치는 교훈에 의하면 아담이 낙원에서 범죄함으로 더불어 죄가 시작되었다. 죄는 인간의 고의적인 행위라는 것이다. 영의 세계로부터 온 유혹자는 인간이 하나님께 반역함으로써 하나님같이 될 수 있다고 속였다. 이 유혹으로 인해 아담은 하나의 죄를 범했다는 사실에서 단순히 끝나지 않는다. 왜냐하면 최초의 그 죄로 인해서 아담은 죄의 노예가 되었기 때문이다. 이 죄는 영원한 부패를 동반했고, 이 부패는 인류의 연대성에 따라 아담에서 그 후손들에게까지 영향을 미쳤다. 인류의 조상은 타락함으로써 그의 후손에게 부패한 본성(영적 오염, 탐욕, 두 마음)을 물려준 것이다. 죄는 부패와 타락의 거룩하지 않은 근원에서 시작되었고, 하나의 더러운 강물을 이루어 세대에서 세대로 이어져 왔다. 모든 인류에게 흘러들어와서 죄인이 죄인을 낳고 접촉하면서 죄만 만들어낸다. 그간 인류는 죄가 판치는 세상을 만들어 왔다. 그 우물 안에서는 모든 사람과 사물이 부패하고 썩어져 갔다. 이런 점에서 욥과 사도 바울은 매우 진실한 고백을 하고 있다.

누가 깨끗한 것을 더러운 것 가운데서 낼 수 있으리이까 하나도 없나이다(욥 14:4).

이러므로 한 사람으로 말미암아 죄가 세상에 들어오고 죄로 말미암아 사망이 왔나니 이와 같이 모든 사람이 죄를 지었으므로 사망이 모든 사람에게 이르렀느니라(롬 5:12).

이 죄는 단순한 부패로서의 상징적 혹은 관념적인 죄를 말하는 것이 아니라 처벌이 뒤따르는 죄책으로서의 죄를 말하는 것이다. 하나님은 모든 사람이 아담 안에서 죄책을 짊어진 죄인이라고 선언하신다. 인간의 생래적 죄의 뿌리 곧 탐심과 말씀 왜곡이다. 그 점을 깨닫게 될 때 인간은 의와 생명을 얻게 되는 것이다.

> 그런즉 한 범죄로 많은 사람이 정죄에 이른 것 같이 의의 한 행동으로 말미암아 많은 사람이 의롭다 하심을 받아 생명에 이르렀느니라 한 사람의 순종치 아니함으로 많은 사람이 죄인 된 것같이 한 사람의 순종하심으로 많은 사람이 의인이 되리라(롬 5:18, 19).

인류 최초의 죄가 선악을 분별하는 지식을 알게 하는 나무의 열매를 따 먹은 것에서 비롯되었다는 인간 타락의 본질에 대한 깨달음은 바른 신앙을 세우는 데 중요한 기점을 제공한다. 거기에는 인간 존재의 모순성과 하나님의 인류 구원 의지가 비밀로 숨어 있다. 혹자는 이 나무가 어떤 나무인지 모르며, 나무 열매 그 자체에는 아무런 해가 없었고, 그 열매를 따 먹는 것 자체도 죄일 수는 없다고 말한다. 그것 자체가 도덕법을 어기는 것은 아니라는 논리이다. 만일 하나님께서 선악을 알게 하는 나무의 실과는 먹지 말라(창 2:17)는 명령을 내리지 않으셨다면 열매를 따 먹는 행위는 죄가 되지 않았을 수도 있다는 것이다. 또 다른 혹자는 그 나무가 선악을 알게 하는 나무라고 불리게 된 이유가 무엇이냐는 질문에 대답하기를 그 나무 열매를 따 먹을 때 실제적인 선과 악을 알게 하는 지식이 먹는 자에게 부여된다고 말한다. 이것은 성경의 표현과 조화되지 않는다. 하나님은 악을 범하신 분이 아니요, 악에 관한 실제적인 지식을 소유하고 계신 것도 아니다.

이보다는 먼저 '선악을 알게 하는 나무'라는 명칭이 붙은 것은 인간의 현재와 미래의 상태가 선한가, 악한가를 계시해 주고, 다음으로 선한 것과 악한 것을 판별하는 기준을 하나님이 정하실 것인가, 아니면 인간 자신이 결정할 것인가를 분명히 하기 위해 그런 명칭을 주신 것이라는 견해가 더 타당하다. 왜냐하면 이 나무의 명칭을 어떤 방식으로 설명하든 간에, 나무의 열매를 먹지 말라는 하나님의 명령을 인간이 불순종했다는 사실은 감출 수 없는 팩트이기 때문이다. 불순종의 직접적인 동기가 사탄의 유혹이라고 말할 수 있지만, 그 이면에는 인간의 탐욕 즉 정보 욕망이 꿈틀거리고 있었다. 유혹과 탐욕이 결합하여 말씀 왜곡을 낳은 것이다.

하나님께서 인간을 교육, 훈련하기 위한 목적, 다시 말해 인간 구원의 은혜를 알려주기 위해 선악과를 주신 것이라고 해석함이 가장 타당하며 우선적이어야 맞다. 그것이 순종(경청)을 훈련하는 명령이 되는 이유는 하나님께서 금지 명령을 어떤 방법으로도 정당화하거나 설명하지도 않으셨기 때문이다. 특히 하나님께서는 하와와 아담이 자기 뜻에 맹종하도록 굴복시킬 수도 있었으나 도리어 생명나무와 선악과의 비밀을 계시해 주시면서 그것을 정보로 선택할 자유를 부여하셨다는 점을 주목해야 한다. 아담과 하와는 원초적으로 하나님의 뜻을 제대로 깨닫지 못하였고 게다가 그 명령을 소홀히 여겼던 것 같다. 한마디로 하나님 말씀을 청종하지 않은 것이다. 하나님이 인간의 본성에 담아준 자유와 욕망을 어떻게 하나님 뜻에 맞추고 절제해야 하는지도 깊이 생각하지 않았다. 그것이 바로 원죄의 시작이며 정보 탐욕의 근원이다.

여자가 그 나무를 본즉 먹음직도 하고 보암직도 하고 지혜롭게 할 만큼 탐스
럽기도 한 나무인지라 여자가 그 열매를 따 먹고 자기와 함께 있는 남편에게
도 주매 그도 먹은지라(창 3:6).

태초에 아무것도 아는 것이 없었던 그들 부부에게는 더 많은 것을 알
고 싶어 하는 정보 욕망이 발동하게 된 동인을 발견할 수 있다. 그들은
주어진 갈망을 마땅히 창조주이시며 영이신 하나님을 아는 데 쏟아야 했
지만, 물질적 현상인 선악과 선택에 눈길을 돌렸다. **'본즉, 먹음직, 보암직,
지혜롭게 할 만큼 탐스러움'**, 이 네 가지 욕망의 뿌리를 깨달아야 했다. 그러
나 그들은 더 많은 것에 대해 선악 판단을 하며 하나님같이 되고 싶어 하
는 욕망에 사로잡혔다. 여기서 깊이 묵상해야 할 관점은 하나님께서는
인간에게 자유와 갈망을 주시고 하나님의 말씀에 순종(경청)하게 하셨다
는 점이다. 철새나 동물처럼 어떤 코드를 넣어 창조하실 수도 있었지만
인간답게 자유와 욕망을 주신 것인데, 거기에는 책임 또한 부여하신 것
이다. 그런데 또 하나의 관점은 인간이 하나님의 통제에서 벗어났을 때
자신을 얽어맨 자유와 탐욕의 사슬로부터 스스로 벗어날 의지나 능력이
나 지혜도 없어졌다는 점이다. 오직 하나님의 도움과 은혜로만 탈출이
가능한 현실적 상황이 결국은 하나님과 인간의 인격적 관계를 강화하는
동기가 되고 있다. 하나님의 지혜요 섭리이다.

큰 자 되려는 욕망 : 사울 왕의 자기중심성

인간은 본성적으로 자기(egotist)중심적이며 이기적(egoist)인 존재이다.
누구나 일평생 질문으로 던지고 사는 화두가 '나는 누구인가?'이다. 제법

철학적인 질문 같지만, 사실 그 내막은 그렇지 않다. 자신의 현주소에 대한 좌표를 확인하는 것은 주변과 비교하려는 외적 질문이다. 자신의 친구나 이웃이나 상급자나 경쟁 관계에 있는 모든 것을 대칭적으로 세워 놓고 만약 비교우위라는 판단이 설 경우는 으쓱해지며 자랑하고 뽐내지만, 비교 하위라는 판단이 서면 곧장 울적해하거나 질투하며 좌절한다. 비교 내용들은 소유나 관계, 외모 또는 사람 됨됨이 등 다양하다. 인간은 수시로 비교 결과를 꺼내 들고 '나'라는 존재의 정체성을 확인하고 평가한다. 일종의 비밀 정보활동을 하는 것이다. 이렇듯 각 사람의 삶은 비교우위를 점하기 위해 중상모략의 경쟁 구도 아래 생존 경쟁의 치열한 정글의 법칙을 따르는 심각성을 보여준다. 하나같이 구약의 사울왕처럼 큰 자가 되겠다고 하는 것이다.

사울이란 이름의 의미가 큰 자이다. 베냐민 지파는 물론이고 이스라엘 사람들의 이름 중에 유독 사울이 많은 것도 모두가 큰 자 되기를 소원하기 때문이다. 큰 자 되기를 요즘 언어로 표현하자면 높은 사람 되기, 1등 차지하기, 권력을 얻어 고지에 올라가기, 명예를 얻어 자랑하기와 같은 것이다. 큰 자 되기의 심리상태는 하나님을 외면하고 자기 힘과 노력과 열심으로 세상을 정복하여 지배자가 되겠다는 일방적인 욕망이다. 하나님을 배제하는 인간의 삶은 하나님의 축복을 놓치는 것이고 결국에는 파멸을 부르는 죄악의 시작점이라는 사실을 모르고 하는 짓일까? 사울왕은 하나님을 믿는 자였다. 그렇다면 그의 큰 자 되기 죄성은 어디에서 나온 것일까? 하나님 말씀을 접할 때 자기중심의 해석과 자기 입맛에 맞는 결론을 내리는 경우이다. 구약의 사무엘상 15장은 그 예를 여실히 보여주고 있다. 하나님은 사울왕에게 죄인 아말렉 사람을 진멸하되 다 없어지기까지 치라고 명령하셨다. 하지만 사울왕은 그 명령을 선택적으로 이행함으로써 하나님에 대한 반역을 꾀한다. 하나님의 명령은 명확하여 **아멜렉의 모든 소유를 남기지 말고 진멸하라**는 것이었다.

> 만군의 여호와께서 이같이 말씀하시기를 아말렉이 이스라엘에게 행한 일 곧 애굽에서 나올 때에 길에서 대적한 일로 내가 그들을 벌하노니 지금 가서 아말렉을 쳐서 그들의 모든 소유를 남기지 말고 진멸하되 남녀와 소아와 젖 먹는 아이와 우양과 낙타와 나귀를 죽이라 하셨나이다 하니(삼상 15:2, 3; 민 24:20).

사울왕은 이 엄중한 하나님의 명령을 자기 입맛에 맞게, 자기 마음대로 자기 기준에서 따라 선택하고 행동한 후 돌아와서 자랑한다.

> 아말렉 사람의 왕 아각을 사로잡고 칼날로 그의 모든 백성을 진멸하였으되 사울과 백성이 **아각과 그의 양과 소의 가장 좋은 것 또는 기름진 것과 어린 양과 모든 좋은 것을 남기고 진멸하기를 즐겨 아니하고 가치 없고 하찮은 것은 진멸**하니라(삼상 15:8, 9).
> 사울이 사무엘에게 이르되 **나는 실로 여호와의 목소리를 청종하여 여호와께서 보내신 길로 가서** 아말렉 왕 아각을 끌어왔고 아말렉 사람들을 진멸하였으나 다만 백성이 **그 마땅히 멸할 것 중에서 가장 좋은 것으로 길갈에서 당신의 하나님 여호와께 제사하려고** 양과 소를 끌어 왔나이다 하는지라(삼상 15:20, 21).

사울왕은 자신을 찾아온 사무엘 선지자에게 마치 그것을 잘한 일인 양 자랑한다. 그런데 그 내용이 하나님께서 아말렉을 쳐서 그들의 모든 것을 진멸하라고 명령하신 것과는 동떨어져 있다. 사울왕은 모든 좋은 것을 남기고 하찮은 것은 진멸했다고 하는데, 누가 구별하라고 했으며 그 기준은 어디서 온 것인가? 사울왕 스스로 분별해서 임의로 처리해 버린 독단이다. 그의 행위는 비록 하나님 명령에서 약간 빗나간 것이라 하더라도 하나님이 기뻐하실 거라는 생각에서 실행한 것이므로 칭찬받을 만한 일이 아닌가? 하지만, 하나님께서는 '내 명령을 행하지 아니하였다'고 질책하신다. 사울왕은 하나님 명령의 진의를 확인하여 그대로 행하려는 의지나 기억이 모두 빗나간 상태에서 독단적 판단으로 행동한 것이다. 겉보기에는 그럴듯해 보이지만 여기에 인간이 쉽게 빠질 수 있는 자기 과시, 자기 자랑의 유혹이라는 함정이 기다리고 있었다.

문제의 핵심은 사울왕이 하나님의 명령을 이행하는 과정에서 독단적인 생각으로 일관했을 뿐만 아니라 하나님 뜻을 진지하게 기억하지도 않았다는 데 있다. 사울왕이 하나님 명령에서 벗어나 자기 임의로 판단하고 행동한 결과는 매우 엄중하다. 통상 명령권자는 자신이 내린 명령에 대한 시행 결과를 직접 보고받는 절대적 위치에 있다. 명령권자의 정보 명령은 정확하게 100% 실행하고 그 결과를 반드시 명령자에게 보고해야 하는 것이 기본이며, 움직일 수 없는 확고한 정보 원칙이다. 사울왕은 그렇게 하지 않았고, 하나님 명령을 자기 임의대로 해석해서 자기 멋대로 행하는 교만을 부린 것이다. 이것이 '사울'이란 이름이 암시하고 있듯이 '큰 자' 되려는 사람의 교만이며, 세상의 힘과 권력의 원리이고, 하나님 말씀을 경청하지 않은 불순종의 원리이다.

혹자는 얼핏 보기에 사울왕이 원래 명령에서 조금 빗나가긴 했으나 하나님께 가장 좋은 것으로 제사하려고 양과 소를 끌어왔다고 하니 하나님이 칭찬해 주실 만하다고 생각할 수도 있다. 하지만 이를 거꾸로 생각해 보면 아말렉을 진멸하라고 명령하신 하나님만 나쁜 분이 되고, 사울은 제법 착한 일을 한 왕같이 보인다. 여기에 각별한 주의가 요구되는 신앙의 함정이 들어 있다. 사울왕의 생각에 아무리 좋은 것이라고 할지라도 그것이 하나님께도 좋은 것이 될 수 없다는 점이다. 하나님 중심이 아닌 사울왕 자신이 중심이 된 이 교만한 정보 선택은 결코 용납될 수 없다. 하나님의 뜻이 아닌 인간의 모든 자의적 행위는 죄악이다. 사울왕은 그의 변명에도 불구하고 또 다른 엉뚱한 행동을 함으로써 비뚤어진 자기중심적 사고가 얼마나 굳어 있는지를 알게 한다. 사울왕은 여기에 더하여 여호와께 은혜를 구한다는 명분으로 자기 임의대로 제사장을 제쳐놓고 번제를 드렸을 뿐만 아니라 자신을 위한 기념비까지 세우도록 했다.

> 이에 내가 이르기를 블레셋 사람들이 나를 치러 길갈로 내려오겠거늘 **내가 여호와께 은혜를 간구하지 못하였다 하고 부득이하여 번제를 드렸나이다** 하니라(삼상 13:12)[21].
> 사울이 갈멜에 이르러 **자기를 위하여 기념비를 세우고** 발길을 돌려 길갈로 내려갔다 하는지라(삼상 15:12b; 수 15:55. 참조).

사울왕이 변명하는 '부득이한 번제'와 '자기를 위한 기념비'는 자기 우상화와 교만의 극치이다. 인간의 우상화는 자기중심성에 있고, 교만은 자기 자랑을 내세워 타인의 이목을 집중시키며 칭찬받으려고 하는 이기적인 행동이다. 사울왕은 자기 잘못을 백성들 탓으로 돌리는 변명을 했을 뿐

---

21 사무엘은 사울왕이 망령되이 행하였다고 지적하고, 왕이 왕의 하나님 여호와께서 왕에게 내리신 명령을 지키지 아니하였도다 그리하였더라면 여호와께서 이스라엘 위에 왕의 나라를 영원히 세우셨을 것이거늘 지금은 왕의 나라가 길지 못할 것이라 여호와께서 왕에게 명령하신 바를 왕이 지키지 아니하였으므로 여호와께서 그의 마음에 맞는 사람을 구하여 여호와께서 그를 그의 백성의 지도자로 삼으셨느니라(삼상 13:13, 14; 삼상 15:11. 참조)고 말한다.

자기 탓을 고백하지도 않았다. 그는 하나님에 대해서도, 자기 백성에 대해서도 회개하지 않았다. 자기 우상화에 집착하고 있는 인간이 상대방의 입장을 각별히 고려해서 실행에 옮길 것이라고 기대하는 것은 어려운 일이다. 모든 것이 하나님 은혜에 의한 구원이며 복음인데도 그는 하나님을 부정하고 방종(放縱)한 것이다. **하나님에 대한 부분 부정은 곧 전면 부정이다.** 만약 우리가 사울왕처럼 율법적 사고와 행위로 자기 의를 세우려고 한다면 그것은 하나님의 의(義)를 모르기 때문인가? 아니면 복음을 몰라서인가? 그것도 아니면 아직 거듭나지 않았기 때문인가?

> 사무엘이 이르되 여호와께서 번제와 다른 제사를 그의 목소리를 청종하는 것을 좋아하심 같이 좋아하시겠나이까 **순종이 제사보다 낫고 듣는 것이 숫양의 기름보다 나으니**(삼상 15:22).
> 이는 거역하는 것은 점치는 죄와 같고 완고한 것은 사신 우상에게 절하는 죄와 같음이라 왕이 여호와의 말씀을 버렸으므로 여호와께서도 왕을 버려 왕이 되지 못하게 하셨나이다 하니(삼상 15:23).

결국 사울왕은 그의 지위를 박탈당하고 다윗에게 왕위를 넘겨주게 되었을 뿐 아니라 인생 후반은 하나님을 떠난 징벌을 받게 되는 상황으로 전락했다. 사울의 실책과 파산의 원인은 명령권자인 하나님의 뜻을 생각하지 않고, 자기중심적인 사고로 행동한 데 따른 자기 멸망의 초래이다.

하나님 영역을 침범한 율법주의와 큰 자(사울 이름의 의미) 되기의 교만에 의해 하나님 비밀이 침탈당하는 형국을 만들었다. **인간 최초의 에덴동산에서의 죄악이 죄의 전형으로 자리 잡고** 사울왕에 이르러서도 그 죄의 본질을 드러낸 것이다. **죄의 본질은 인간이 항상 하나님을 자신과 대립하는 위치에 두는**

것과 하나님의 뜻에 순종을 거부하고 자기 고집을 피우는 것, 그리고 하나님에 의해 자기 삶의 여정이 지배받도록 맡기지 못하고 있는 것 등이다. 특히 하나님의 계시로 획득하게 된 하늘 비밀을 사람이 임의대로 자신을 위해 악용하는 것이 죄의 본질이다. 사실 피조물인 인간은 창조주이신 하나님에게 그 무엇도 주장하거나 요구할 최소한의 권리도 없다. 오직 행위 언약의 조건을 충족시킴으로써 비로소 하나님께 무엇인가 간구할 수 있었다. 그런데, 인간들은 하나님과의 관계를 끊어 버리고 마치 자신이 하나님을 능가할 수 있기나 한 것처럼 행동해 왔다. 혹자는 하나님의 명령이 인간의 권리를 침범했다고 생각하면서, 그것 역시 이미 사탄의 질문에 응답하던 하와의 속마음에 자리 잡고 있었다(창 3:3. 참조)고 주장하기도 한다.

하와는 하나님 명령이 불합리한 것이었음을 강조하려 했음이 분명하다. 인간은 자신에게 하나님을 능가할 권리가 있다는 가정 아래 자신 안에서 새로운 중심을 찾음으로써 창조주에 대한 반역을 시작한다. 새로운 중심을 찾는 일은 자기만의 비밀과 권력의 영역을 확보하려는 욕망 의지에서 비롯된다. 이것은 하나님과 같이 되려는 자가 명령을 주신 하나님의 선한 의도를 의심하는 데서 나온 현상이다. 이것은 인간의 자력에 의해서 극복하거나 치유될 수 있는 과제가 아니다. 하나님께서는 바로 그 점을 지적하고 깨닫게 하시려고 선악과 명령을 주신 것이 분명하다. 최초 인간의 죄악을 감정적인 관점으로 이해하자면 지성에서는 불신앙과 교만을, 의지에서는 하나님과 같이 되려는 욕망을, 그리고 감정에서는 금단의 열매를 먹음으로써 떠안게 된 거룩하지 못한 만족감을 드러낸 것이다.

오늘날에 와서도 선악과의 원죄는 크게 다를 바 없이 반복되고 있다.

인간의 근본이 바뀌지 않았고, 또 바뀔 수도 없어서다. 세상은 정보 혁명의 시대라는 구실로 사람마다 정보 탐욕을 가득 채워 놓게 하고 있다. 자기 정보화란 세상 모든 것을 정보 탐욕의 눈길로 바라보고, 그 중심에 자기의 주장과 이익을 감춰 두고 있는 경우를 말한다. 자기 목적 달성의 극대화를 위해 어떠한 비밀이라도 캐내고 말겠다는 기세로 발 빠르게 움직이려는 정탐 의지가 발동한다. 모두가 자기 속내는 감추고 상대방에게 유익이 된다며 허울 좋은 미끼를 제시하는 일종의 위장전술을 펼친다. 이런 의식 구조는 인간 심리의 밑바탕에 뿌리내리고 있는 원초적인 갈망이며, 정보 탐심이 위선과 외식으로 경도되어 있음이다.

사람은 누구나 '알고 싶어'하는 호기심과 궁금증이란 속성을 가지고 있지만, 그들 내면에 도사리고 있는 탐욕은 지나치리만치 통제 불능의 상태로 확장되어 간다. 만약 의심과 의혹, 질문으로 가득한 감각을 총동원해야 할 정도의 삶을 살고 있다면 두말할 필요 없이 큰 혼돈에 빠진 경우이다. 이는 인간이 반드시 깨달아야 할 가장 중요한 진리인 창조주 하나님과 그분의 비밀에 관심조차 둘 수 없게 만드는 차단 장치이다. 인간의 자기 정보화 욕망이 보여주는 특징은 세상의 온갖 잡다한 정보와 광고, SNS, 뉴스에 눈이 멀게 만들어 정보의 노예로 추락시키고 있다는 것이다. 깜짝 놀랄만한 뉴스나 색다른 연인, 이색적인 종교를 찾아다니거나 더 많은 돈, 더 많은 즐길 거리를 찾는 모습, 이 모든 행태가 자기 정보화 욕구를 성취하려는 것들이다. 세상 온갖 정보들을 소유하여 이익의 극대화를 달성하려고 혈안이 되어 있는 우리의 삶터에서 누구도 예외 없이 자기 정보화의 함정을 스스로 파고 있다는 자각이 일어나야 한다.

제2장
하나님 계시의 인지부조화

계시 인식 능력의 모순론

인지부조화란 자신의 태도와 행동이 서로 모순되어 양립할 수 없다고 느끼는 불균형 상태가 되었을 때를 말한다. 만약 인지부조화 의식이 하나님에 대한 경우라면 영적 측면에서는 심각한 상태에 이를 수 있다. 하나님과 인간 사이에 소통 장애가 발생할 경우 극단의 무지막지한 상황에까지 이르게 할 수도 있다. 이는 인간을 절망과 좌절의 나락에 빠뜨리는 위기감 높은 현실적 과제라는 점에서 그대로 방치할 수 없는 일이다. 그리스도인이라면 하나님과의 의사소통을 방해하는 장애물을 발견하고 분석하는 일에 적극적으로 매달려야 한다. 인지부조화를 믿음의 전환점으로 삼아야 한다.

일반적으로 사람들은 어떤 정보를 접할 때 최소한 자신이 먼저 이해된 후에 동의할 수 있는 합리적인 패턴으로 나아간다. 어떤 사물이나 사건을 내적으로 인식하고, 그 내용을 분석 평가 판단한 후에 선택 결정의 절차를 밟는다. 문제는 이 과정에 여러 가지 사적인, 혹은 환경적인 오물 같은 요소들이 끼어들어 오작동을 발생시킨다는 사실이다. 하나님 비밀의 인간 정보화 과정에서도 신앙의 많은 걸림돌과 장벽들이 자의 반 타의 반으로 높이 쌓이게 된다. 소통 장애는 세 가지 관점에서 파악된다. 하나는 성경적 관점이고, 다른 하나는 현실적 상황의 관점이며, 나머지 하나는 모순적 관점이다.

먼저 성경적 관점에서 소통 장애의 요인을 보면, 첫 걸림돌로 등장한 뱀(사탄)과 하와가 하나님의 말씀을 왜곡함으로써 시작되었다(창 3:1-6). 하나님의 최초 명령(말씀) 곧 하나님의 비밀을 인간 정보로 받아들이면서 하나님 뜻을 왜곡한 사건이다(창 2:16, 17; 3:1-6). 아담에게 허락된 자유와 선택이 하와의 선악을 알게 하는 나무의 열매를 따 먹는 실책과 아담의 동조로 이어지고 그 결과로 하나님의 징벌을 자초한 사건이다. 이것이 인간의 원죄이다. **하나님의 비밀 계시가 인간에게 하나의 정보로 인식되면서 자충수를 둔 최초의 실패 사례이다.** 하나님 비밀의 인간 정보화 과정에서 하나님 배반의 동기가 촉발되었다는 점을 주목해야 한다. 하나님의 계시(말씀)를 인간이 왜곡, 변질시킨 결과 그들은 하나님과 멀어져서 그분의 참뜻과 의지를 모르는 혼돈에 빠진 인류의 조상이 된 것이다. 하나님을 모르는 것은 곧 하나님의 비밀 아는 것을 포기한 무지(無知)요 무식(無識)이다. 하나님의 뜻을 잘 모르니까 자꾸 하나님을 오해(곡해)하며, 불평하고, 말씀까지 왜곡해 가면서 하나님으로부터 점점 멀리 떨어져 나가게 된다. 하나님의 존재를 올바로 인식하지 못하는 인간의 모든 실책에서 원죄는 발효된다.

이 죄악의 틀은 죄를 낳는 악순환으로 죄의 증상을 증폭시키며 신구약의 역사를 관통하고 있다. 다시 말해 하나님 말씀(명령)의 왜곡과 변질은 신구약 역사 내내 반복되어 온 주제로서, 하나님과의 대립과 반목을 불러오는 반역의 요인이었다. 가나안 정탐 사건과 40년 광야 생활, 70년의 바벨론 포로 사건 그리고 예수 그리스도 십자가 처형 등 줄지은 사건들이 그 증거들이다. 이사야 선지자는 알지도 못하고 깨닫지도 못하는 우매함을 지적한다.

> 그들이 알지도 못하고 깨닫지도 못함은 그들의 눈이 가려서 보지 못하며 그들의 마음이 어두워져서 깨닫지 못함이니라 마음에 생각도 없고 지식도 없고 총명도 없으므로(사 44:18, 19a).

이런 **원죄의 현상**을 부정하는 사람에 대해서는 혹독한 정죄가 뒤따른다. 정보의 왜곡이 빚어내는 일종의 양심 없음의 문제가 되기 때문이다. 성경에의 접근은 제한되고, 말씀에 대한 신뢰는 세상것들에 의해 희석되고 만다.

두 번째로는 현실적 상황의 관점이다. 오늘날에는 급격한 과학기술 문명의 발달과 무분별한 인 본위 문화의 확장성으로 인해 영원한 초월 세계에 관한 진실은 사이버 공간에서의 허상으로 대체되었다. 대다수 사람이 하나님 말씀 왜곡의 후유증을 앓고 있다. 충격적인 신앙의 무지 속으로 뛰어드는 모양새다. 각박한 세상의 과잉 정보 문화와 함께 어울릴 수 없는 사람, 사소한 것에 대해 비판적 시비를 거는 사람, 현실성이 없는 사람, 충직하지 못한 사람으로 쉽게 치부당하는 형국이다. 인간의 오감 즉 시각, 청각, 후각, 미각, 촉각의 다섯 가지 감각이 그 어느 시대보다 총체적으로 작동하여 즐기는 데 넋을 잃고 있다. 어떤 이는 현재 진행 중인 AI 중심 세상으로의 변화는 좋은 결과를 낳을 것이라고 낙관한다. 하나님의 비밀이니 인간 정보니 하는 그런 문제 따위는 거론하지 말고 편안하게 살자고 주장한다. 이는 얄팍한 오감에 포위되어 헤어나지 못하는 심각한 현실 강박의 잠재의식에서 비롯된 사고 논리이다.

지금의 이런 상황이 유독 하나님 나라와 인간 세상 사이에 의사소통의 어려움을 가중하고 있다는 데 더 큰 문제의식이 있어야 한다. 온갖 소음과 현란한 이미지, 갈수록 높아지는 자극적인 맛, 온갖 사행성 게임 놀이에 포로가 된 현실 상황에서 유한한 인간의 자제 능력으로 탈출한다는 것은 불가능하다. 제3의 초월의 하나님 능력과 지혜가 절실한 상황인데 불신자는 여전히 불신자로 남아 있고, 신앙인이라 할지라도 예외 없이 자기 신앙이나 가치관이 흔들리며 방황하는 모습이다. 이는 하나님 나라를 알고 이해하는 데 근처에도 가보지 못하고 단절의 고통이 누적되어 가고 있음을 보여주는 표지이다. 여기에는 두 가지 요인이 있다. 하나는 하나님 존재와 하나님의 정체성을 올바로 알지 못하는 데 있고, 다른 하나는 인간의 뇌에 먼저 입력이 된 세상 가치관 곧 왜곡된 선입관, 고정관념 같은 것이 자기의 시야를 흐리게 하는 경우이다. 다시 말해 하나님이 주시는 비밀 계시를 거부하거나 하나님 말씀을 왜곡 인식하는 데서 오는 것이다. 그로 인해 하나님의 존재론에서부터 창조론과 계시론, 섭리론과 구원론 등 다양한 논점에서 실랑이를 벌이게 되고 믿음은 싹도 트기 전에 말라버린다. 이것이 바로 가치관의 혼탁과 정보의 혼재를 불러온 배경이다.

그리스도인이라면 누구나 하나님 앞에 더 굳센 믿음으로 나아가서 아름다운 신앙생활을 해 보고 싶은 욕망을 갖는다. 그것은 옳은 일이며, 하나님께서 아주 기뻐하실 자랑스러운 모습이다. 사실 믿음이라는 것은 보이지 않는 것을 믿는 것이라서 손안에 꽃 한 송이, 물 한 컵 들고 바라보듯 그렇게 간단하게 붙잡고 설명할 수 있는 것이 아니다. 우리 믿음의 현실은 주변 세상으로부터 압박해 오는 엄청난 정보의 유혹들로 인해 커다란 위협과 도전을 받고 있다. 이 시대가 직면한 신앙의 맹점은 자유와 교만과 맹신의 유혹에 휘둘린 나머지 하나님의 비밀 계시에는 눈이 어두워져 가는 데 있다. 마치 구약시대의 이스라엘이 광야를 헤매며 그랬던 것처럼 세상의 가짜 정보(사탄 정보)에 한눈팔다가 하나님의 말씀을 왜곡하고 진리로부터는 멀리 떨어져 나가는 참담함이다. 누군가가 '너 가는 방향이 틀렸어, 즉시 방향을 바꿔야 해'라고 말해 준다면 대부분 사람은 이를 기분 나쁘게 생각한다. 왜 남의 일에 개입하고 간섭하느냐는 것이다. 그러나 가장 먼저 해야 할 일은 하나님이 주시는 비밀 계시의 음성을 듣는 일이다. 잘못 가고 있는 인생의 방향을 바꾸기 위해서는 스스로 자신에게 먼저 질문을 던져야 한다. 무엇을? 왜? 어떻게? 믿음은 누구의 무엇을, 왜, 어떻게 믿느냐는 것이다. 그래서 믿음은 더욱 신비스러운 영역이다.

현대사회의 소음과 환각 현상들이 지금 우리의 현실에 깊숙이 다가와 여전히 심각한 후유증을 앓게 하고 있는 이 사실을 간과할 수 없다. 대체로 인간은 정보 탐욕의 눈을 세상에 고착시킴으로써 천상의 비밀을 인지할 여지를 없애 버린다. 그것은 도를 넘어 노예의 수준에 이를 정도다. 하지만 새로운 일이란 고착된 현실 문제를 자각함으로써 노예 수준을 탈피할 여지가 만들어진다. 하나님이 주시는 비밀 계시를 정확하고 바르게 이해하고 깨달아 평안과 구원의 대열에 적극적으로 참여하는 그리스도인이 되는 것이다. **비밀과 정보의 근본적인 목적은 단순히 어떤 사건(일)을 '알리거나, 알게 하는 것이나, 아는 것'에 있지 않고 하나님의 진실한 뜻 곧 진리를 빛나게 함과 동시에 인간의 내면에 쌓아 둔 뒤틀린 정보 욕망의 문제들을 도출해 내는 데 있다.** 만약 각 사람이 자기 마음과 생각을 읽을 수 있다면 금방 알아챌 수 있는 부분이다. 많은 사람은 자신이 성공의 길을 따라가고 있다고 생각하지만 사실 그렇지 못한 경우가 많다. 세상의 변화와 영향들이 매 순간 새로운 정보 지식으로 자신을 찾아오고 있고, 그 영역은 지금 이곳에서 점점 더 커지고 있다. 그렇다고 삶의 질까지 광범위하게 확장되거나 높아지는 것은 아니다. 하나님의 비밀 계시에 대한 왜곡만 수시로 일어나고 있다.

　마지막 세 번째로는 모순론적 원리의 관점이다. 하늘의 계시와 인간의 이해에는 거의 모든 주제에 관한 말씀이 모순적으로 들리고, 그렇게 단정해 버린다. 그 관점에서 보면 전도서는 끊임없이 모순을 말한다. 행복은 아무것도 아니라고 하고 나서, 인간이 삶에서 합당하게 취할 수 있는 유일한 것이 기쁨과 즐거움을 얻고 최선의 행복 속에서 살아가는 것이라고 한다. 또한 지혜와 어리석음이 결국은 동일한 것이라고 하고 나서, 지혜는 제일 귀한 것이라고 역설한다. 이런 모순적 말씀들은 성경 곳곳에서 발견된다. 성경은 때로는 시대를 관통하는 놀라운 일관성을 띤 말씀들이 존재하지만, 때로는 모순되는 말씀처럼 발견된다. 예수님의 산상수훈도 유대인들이 잘못 인식하고 있는 모순적인 주제들에 대해 해석해 주시는 설교였다.

　이런 모순들은 이해하기 어렵다거나 골치 아픈 주제라며 대충 덮어두고 지나칠 일들이 아니다. 인간 존재 자체가 본질적으로 모순적이기 때문에 하나님께서 역설적이고 모순적인 논법으로 말씀을 주실 수밖에 없다. 생명나무와 선악과의 모순, 인간과 하나님의 모순, 죄와 거룩함의 모순, 인간 죄성과 하나님 은혜의 모순, 애굽의 노예살이와 출애굽 구원의 모순, 바벨론 유수와 귀환의 모순 등 많은 역설적인 주제들이 등장하는데, 우리로 하여금 더욱 치밀하게 성경을 고찰하도록 유도하신다. 우리가 분명히 깨달아야 하는 것은 이런 모순적인 것들이 하나님께서 인간의 무지나 태만을 촉진하려는 것이 아니라 우리를 궁지로 몰아서 또 다른 진실을 깨닫게 하기 위한 변증법적 촉진제라는 사실이다. 하늘적인 진리를 땅적인 인간에게 이해시키기 위해서는 구조적 모순으로 하나님을 바라보고 있는 인간들의 고정관념을 깨고, 정반합으로 진리에 도달할 수 있도록 말씀의 수준을 낮추고 낮춰서 비밀을 계시해 주신다. 엄밀히 말하자면 하나님이 모순적으로 말씀하시는 것이 아니라 우리 인간이 모순적으로 이해하는 것이다. 하나님은 그분 자체가 진리이시고 영이시다.

예수께서는 진리를 설명하실 때 이 모순적 이해의 틀을 벗어나게 하시려고 각종 비유들을 사용하여 설교하셨다. 우리는 하늘과 땅 사이에 존재하는 모순적으로 보이는 주제들을 비유의 방법으로 전할 수밖에 없는 구조적 문제를 먼저 이해해야 한다. 인과법칙, 자연법칙에 익숙해져 있는 우리의 사고와 인식 방법에 대해 고민해야 한다. '헛되고 헛되며 헛되고 헛되니 모든 것이 헛되도다'(전 1:2)고 하는 말씀에서 세상의 모든 것들이 결국에 가서는 아무 소용도 없는 유한한 것들이 되고 마는 까닭에 인간은 어쩔 수 없는 불합리하고 끔찍한 모순의 양상들과 직면할 수밖에 없다는 점을 먼저 이해해야 한다. 이어서 하나님의 진리는 모든 것들을 통합하는 사랑과 용서, 죄 사함과 구원, 선과 악, 하나님을 향한 순종과 불순종 간에 아무런 구분도 없는 데 반해 인간에게는 모순적으로 인식하는 문제가 있을 뿐이라는 사실을 인정해야 한다. **모순만이 발전을 가능하게 하며, 부정의 부정을 통한 참 긍정의 역설적 논리가 결국은 우리를 구원하는 방법이라는 점을 이해할 때 십자가의 역설적인 죽음과 부활의 진리도 깨달을 수 있을 것이다.**

자끄 엘륄이 내린 모순에 관한 그의 견해는 옳다. 비모순의 원리는 죽은 원리이며, 모순은 커뮤니케이션의 전제 조건이다. 모순만이 존재를 이해하게 하고, 용해를 통한 합치가 아닌 통합을 가능하게 한다. 통합은 동일한 존재들에게는 불가능하고 모순적인 것들에게만 하나의 관계와 활동과 연합이 존재한다. 궁극적으로 모순에 의해서 이해되는 근본적인 실존적 경험인 삶은 비극적 자각에 부합하는 것으로, 실존하는 가운데 죽음을 경험하는 것이다. 그가 인용하였던 우나무노의 말을 보자. "삶의 비극이다. 비극은 승리도 없고 승리의 소망도 없이 영원히 투쟁하는 것으로 하나의 모순이다." "살아 있는 모든 것은 이 모순 속에 있다. 이 모순 속에 있지 않으면 살아 있는 것이 아니다."

위에서 열거한 세 가지 관점에서 우리의 시각을 바로잡는 자각의 요소들을 발굴하여 하나님과 성경 말씀을 올곧게 바라보고 깨달을 수 있어야 한다. 우리의 시야와 시각, 사고와 품성이 처절한 회개와 함께 더 풍성해지도록 하는 데 그 목표를 두어야 한다. 그러기 위해서는 성경적 관점과 현실적 상황의 접촉점 그리고 모순적 원리를 한데 어우르는 자각이 없이는 하나님의 비밀을 올곧게 인식할 수 없다. 지금은 인간의 정보화라는 뒤틀어진 인식의 장벽에 가로막혀 왜곡된 거짓 진리가 세상을 혼탁하게 하는 현상들이 모두 폭로되어야 할 때이다. 인류가 하나님에 대해 반복적으로 반역하고 있는 원인은 자연 안에 갇힌 편향성과 자기 편견에 있다. 우리에게는 자연과 초자연의 두 세계를 통합하여 하나로 볼 수 있는 안목이 없기 때문이다. 자연 세계에서의 존재 의미와 사유의 제한 요인들을 발견하고 오로지 초월 세계를 인식할 수 있는 의지적 간구와 자각으로 때를 기다려야 한다.

이제 고정관념들을 바꾸어 비밀과 정보가 실제적 삶에서 나타나는 특징이 전제됨을 알아보는 것이 중요해졌다. 비밀과 정보라는 단어는 세상에서 전혀 다른 의미로 사용되고 있지는 않으나 어떤 경우에는 상당한 차이를 보인다. 정리하자면, 비밀은 생산 및 공급자를, 정보는 수급 및 사용자를 각각 의미한다. 이런 관점은 하나님의 비밀이 인간의 정보로 인식 전환하는 과정에서 발생하는 큰 차이라는 사실을 자각해야 한다. 하나님의 비밀은 창조의 근원에서 출발하지만, 인간의 정보는 사람 사는 세상의 환경과 조화에서 시작되기 때문이다. 하나님과 인간의 관계를 의사소통 측면에서 본다면, **하나님은 비밀 생산 및 정보 공급자이시고, 인간은 비밀 수용 및 정보 적용자이다.** 바로 여기에서 주목할 부분은 세상과는 달리 인간의 정보 의식이 하나님의 비밀에 완전히 종속되는 새로운 관계로 정립되어야 한다는 점이다. 그때야 비로소 하나님께서 하시는 말씀의 참뜻을 깨닫고 기뻐할 수 있다.

> 나는 인애를 원하고 제사를 원하지 아니하며 **번제보다 하나님을 아는 것을 원하노라** 그들은 아담처럼 언약을 어기고 거기에서 나를 반역하였느니라(호 6:6, 8).

하나님은 제사나 번제보다 하나님을 아는 것을 원한다는 것을 분명히 밝히고 계신다. 이것이 하나님의 진심 어린 말씀이고 요청 사항이며 우리가 순종해야 할 고백이다. 하나님을 알기 위해서는 그분의 말씀을 경청해야 하고, 주시는 말씀의 참뜻을 깨달아야 한다. 하나님을 아는 것보다도 제사나 번제를 앞세운다면 순서적으로 이미 틀린 것이고, 틀린 절차는 아무런 의미를 갖지 못한다. 거기에는 이미 형식과 가식이 앞서 있기 때문이다. 하나님은 친히 말씀이 언약임을 확신시켜 주시되 그들에게 확실히 알게 해 주신다. 그런데도 요즘 세태는 하나님이 주신 말씀이 진리임을 믿으려 하지 않는다. 그동안 납득할 수 있을 만큼 충분히 반복적인 설교를 해주셨고, 믿고 확신하는데 부족함이 없을 만큼 증거들을 보여주셨다. 그런데 그들은 여전히 불신하며 불신앙으로 기울어서 하나님이 말씀하신 것들을 진리로 보지 않는다. 지금 그것이 정말 하나님 말씀인지, 하나님의 진노나 징벌의 경고가 정말인지, 단순한 협박이나 위협인지 의문을 제기하며 성경의 진리를 항상 의심한다. 문제는 하나님께서 친히 말씀과 약속들이 진실임을 확신시켜 주고 계시지만 그들은 여전히 눈과 귀를 가리고, 진리의 말뜻을 헤아리려 하지 않는다는 데 있다. 징벌이라는 체험을 비싼 대가로 치른 후에도 여전히 의문의 함정에서 빠져나오려 하지 않는다. 설마, 설마에 얽매여 사는 목이 굳은 죄인들의 모습을 그대로 보여 주고 있다.

초월 세계 인식 한계론

하늘과 땅 사이에는 분명한 경계선이 존재한다. 비록 눈에 보이는 것은 아니지만 그 경계선은 인간 존재와 생명에 아주 중요한 위치에 자리매김하고 있다. 여기에서 하나님과 인간 사이의 틈새 또한 발견하게 되는데, 그 틈새를 더 벌리는 자가당착적 매듭들이 사람들에 의해 만들어지고 있다. '이 매듭은 누가 어떻게 만들어 놓게 되는 것이며, 어떻게 이 매듭을 풀어야 신앙을 돈독히 해 나갈 수 있을 것인가?'하는 논제를 먼저 규명할 필요성이 제기된다. 그때라야 비로소 하늘의 키(key)를 제공받아 하나님의 비밀을 깨달을 수 있기 때문이다.

하나님과 인간의 두 세계 사이에는 사람이 인식하지 못하는 보이지 않는 라인이 형성되어 있다. 그것은 자연스럽고 천연적인 경계선이다. 그러나 세상의 나라와 나라들 사이에 가로놓인 높은 장벽이나 철조망이 있는 국경선과는 같지 않다. 하지만 의사소통에 있어서는 그 이상의 난제를 짊어진 경계선이다. 지구촌 나라와 나라 사이에는 외교 관계를 맺고 국경선을 자유롭게 넘나들 수 있듯 하나님 나라와 세상 나라 사이에도 그 이상의 의사소통을 할 수 있는 자유가 보장되어 있다. 하지만 거기에는 보이지 않는 심리적, 영적 두꺼운 장벽이 형성되어 있는데 그 원인은 무엇인가? 하나는 영의 세계와 육의 세계 간 소통 가능한 공용 언어가 없다는 점이 제일 큰 문제일 것이다. 영적 언어의 세상 언어화 문제가 있다. 다른 하나는 차원 인식의 문제로 보이는 세계에서 보이지 않는 세계로의 안목 전환에 관한 것들이다. 서로 다른 차원에 대한 의식과 인식에 관한 기초적인 문제들이다. 특히 세상 차원에서 볼 때 인간의 인지 능력은 여러 가지 요인 때문에 콘크리트 같은 문제가 된다. 영이신 하나님의 말씀을 육인 인간이 경청하여 알아듣지 못하는 의사소통의 한계와 불가능성의 문제이다.

하나님이 계시해 주신 비밀을 왜곡하거나 거부함으로써 참 진리가 없는 인간의 무지, 무감각은 오늘 우리가 직면한 두통거리 난제이다. 하나님의 비밀 충만과 인간의 정보 부재(없음) 사이에는 문자 그대로 '천지 차이'라는 구별이 생겨난다. 하늘과 땅, 천지 사이에는 이미 큰 틈새가 가로 놓여있고, 하늘 세계에도 영원한 천국과 영구적인 지옥이라는 두 영역이 존재한다. 그 둘 사이에는 오갈 수 없는 **큰 구렁텅이**가 가로 놓여있다(눅 16:19-31). 이 천지 차이가 인간의 구원과 어떤 관계에 놓여 있는지를 조명해 봄으로써 각 사람의 믿음이 새로운 신앙관으로 회개를 일궈낼 수 있을 것이다. 이 땅에 살면서 천지 차이를 인식하지 못하거나, 죽음 이후 필연적으로 직면하게 될 마지막 심판석의 실제적 차이를 깨닫지 못하는 경우 영원한 절망과 좌절에 빠질 수밖에 없다. 이 점을 항상 주목해야 한다.

하나님은 인간이 알아들을 수 있도록 세상 것의 상징적 비유 언어를 통해 말씀해 주신다. 하지만, 그 메시지는 차원이 다른 영원한 하나님 나라의 생명과 비밀에 관한 것이다. 이처럼 차원이 다른 초월 세계에서 오는 영적 언어를 경청할 마음의 준비가 우리에게 먼저 요구된다. 이 또한 사람의 능력으로는 풀 수 없는 우주 밖에서 오는 언어인 만큼 보내는 쪽에서의 강력한 이해 능력을 함께 부여해 줄 때만 그 장애를 넘을 수 있다는 점도 부담이다. 오고 갈 수 없을 정도의 가로막힌 소통 장애라면 당연히 성령의 도움을 받아야 한다. 이를 성경에서는 **중생 또는 거듭남**이라고 말한다. 비밀이 풀어질 때 영적 소통이 가능해지기 때문에 거듭남을 영원한 생명의 문이라고 말한다. 이 거듭남은 누구에게나 절체절명의 과제이다. 이를 위해 각 사람이 준비해야 할 부분이 있다면 그것은 무엇인가? 먼저는 하나님 비밀이 인간 정보로 연결되는 과정에서 빚어지는 온갖 장애물에 관한 요인들을 자각하며 발굴해 내는 일이다. 다시 말해 각 사람의 그릇된 주의, 주장이나 잘못된 선입관, 고집불통 같은 장애물들을 자각하고 파괴하는 일이다. 그런 다음에 하나님께서 계시해 주시는 비밀에 순수한 마음으로 접근해야 한다. 비밀 그 자체를 올곧게 진리의 말씀으로 경청하는 자세를 가져야 한다. 여기에는 불가피하게 하나님 비밀에 대한 신뢰가 전제된다. 상호 신뢰를 바탕으로 하는 믿음이 생성되기 때문이다. **신뢰와 경청과 믿음**은 인간이 하나님 나라와 소통하는 데 있어서 제일의 필요충분조건이다. 자기의 생각이나 해석이나 관점을 더하지 않는 순수함 그 자체로서의 말씀 경청이다. 그것이 하나님에 대한 순종의 첫걸음이다.

천지 차이(天地差異)의 매듭론

앞에서 논한것처럼 하나님이 계시해 주신 비밀을 왜곡하거나 거부함으로써 참 진리가 없는 인간의 무지와 무감각이 오늘 우리가 직면한 두 통거리 난제가 되어있다. 하나님의 비밀 충만과 인간의 정보 부재(없음) 사이에는 문자 그대로 '천지 차이'라는 구별이 있기 때문이다. 하늘과 땅, 천지 사이에는 이미 큰 틈새가 가로 놓여있고, 하나님의 심판 이후의 세계에는 영원한 천국과 영구적인 지옥이라는 두 영역이 존재한다.

천지 차이의 중요한 비밀은 하나님께서 친히 비밀을 계시해 주심으로써 우리 인간이 알고 깨닫게 된다. 비밀은 이미 밝혀졌거나 더 밝히 깨달아야 할 모든 성경 메시지의 공통 분모이다. 하나님 비밀은 전적으로 새로운 계시이지만, 상당 부분 감추어졌던 창조 세계의 그 무엇들을 온전히 밝혀주는 비밀 중의 비밀이다. 완전히 감추어지지는 않았지만 상당 부분 감추어졌던 비밀이 계시되는 것이다. 아무튼 비밀은 하나님께서 자신을 인간에게 알리시고자 하는 내용 전부를 일컫는데, 계시는 인간 세계를 향한 하나님의 유일한 의사 표시 방법으로서의 입술이다. 하나님께서는 사람에게 비밀을 말씀해 주시고, 인간은 그 말씀을 듣고 깨달아서 하나님과 그 나라를 알아가는 통로로 삼을 수 있게 된다.

이 땅에 사는 사람 누구에게나 주어진 공통된 사명이 있다. 그것은 반드시 **하나님과 인간 사이의 틈새를 발견하고, 그 틈새를 가로막는 매듭들을 찾아내는 일이다.** 이 매듭들은 누가 어떻게 만들어 놓은 것이며, 어떻게 풀어 제치고 신앙생활을 돈독히 해 나갈 것인가? 이 논제는 먼저 규명하고 이해할 필요성이 제기되고 있는데, 하나님의 비밀을 깨닫는 하늘의 키(key)도 그 안에 함께 들어 있기 때문이다.

천지 차이의 의미를 더 깊이 들여다보면, 하늘은 눈에 보이는 것이라고는 아무것도 없는, 텅 빈 무(無)의 공간, nothing의 영(zero)으로 보이지만 신비한 비밀이 가득한 영역이다. 반면, 땅은 원래 사람이 알 수 있는 그 어떤 비밀이나 정보가 없는 빈터였지만, 하나님의 창조로 온갖 동식물과 물질들이 가득 채워진 눈에 보이는 자연의 정보 영역이다. 하늘과 땅 사이에는 사람의 눈에 보이는 것이 있느냐 없느냐와 하나님의 존재를 인식하느냐 인식하지 못하느냐의 차이가 있다.

천지 차이(天地差異)는 말 그대로 인식의 간격이 비교할 수 없을 만큼 너무나 멀리 떨어져 있어 차이가 크다는 뜻이다. **천지 차이는 둘로 나누어 생각할 수 있는데, 하나는 우리 눈에 보이는 천지 차이이고, 다른 하나는 눈에 보이지 않는 천지 차이이다.** 전자를 제1의 천지 차이라고 한다면, 후자를 제2의 천지 차이라고 정의할 수 있다. 사람이 만약 제1의 천지 차이를 인식하지 못하고 있을 경우 그를 '우매한 자, 매듭을 짓는 자'라고 말할 수 있다. 반면 제2의 천지 차이를 인지하지 못하는 사람에 대해서는 '영원히 멸망할 자, 음부에 던져질 자'로 설명할 수 있다. 제1의 천지 차이를 인식하지 못하는 사람은 스스로 하나님이 계시하신 비밀 깨닫기를 완전히 포기하고 세상의 매듭에 묶여 사는 경우를 말한다. 만약 이 세상에 사는 동안 복음을 듣고 그 매듭을 풀어내는 진리를 깨닫지 못한다면 죽어서 맞는 최후의 심판 때가 되어서야 천국과 지옥을 가르는 제2의 천지 차이가 엄연히 존재한다는 사실을 뒤늦게 깨닫게 될 것이다. 그렇다 하더라도 그때는 이미 골든 타임을 놓쳐버렸기에 어찌해 볼 도리가 없다. 따라서 하늘의 하나님과 땅의 인간 사이에 의사소통의 유일한 연결 수단인 하나님의 말씀을 알아듣느냐 알아듣지 못하느냐의 차이에 주목해야 한다.

파스칼은 '파스칼의 도박'이라는 유명한 말을 남겼다. 인간은 반드시 죽게 되어 있고, 죽은 후에는 반드시 천국과 지옥의 심판을 받게 된다는 것이다. 그러니 이 땅에 살면서 천국에 도박을 걸어보라고 권유한 것이다. 만약 죽어서 가 보았더니 천국도 지옥도 없다면 별로 손해 볼 것은 없지만, 진짜로 천국과 지옥이 있다면 그때 가서는 어쩔 도리가 없으니 이 땅에서 사는 동안에 스스로 내기를 걸어 보라는 권고이다. 파스칼은 신앙을 통해서 가장 핵심이 되는 종말의 상황을 깨달은 것이다.

하나님 말씀을 알아듣지 못하거나, 알아들었다고 하지만 잘못 듣고 왜곡하는 경우가 있다. 이 왜곡의 현상을 천지 차이를 가로막는 '묶인 매듭', 즉 '죄에 묶인 종' 혹은 '초등학문에 갇힌 어린 신앙', '성령의 내주하심을 감지하지 못하는 믿음'이라고 정의할 수 있다. 이 상태가 바로 제2의 천지 차이 곧 천국과 지옥의 차이이다. 신약성경 누가복음 16장은 이 관점을 지옥에 떨어진 부자가 천국에 가 있는 거지 나사로를 보며 아브라함에게 탄원하는 이야기를 통해 잘 설명해 주고 있다.

불러 이르되 아버지 아브라함이여 나를 긍휼히 여기사 나사로를 보내어 그 손가락 끝에 물을 찍어 내 혀를 서늘하게 하소서 내가 이 불꽃 가운데서 괴로 워하나이다(눅 16:24).

아브라함이 이르되 얘 너는 살았을 때에 좋은 것을 받았고 나사로는 고난을 받았으니 이것을 기억하라 이제 그는 여기서 위로를 받고 너는 괴로움을 받느니라(눅 16:25).

그뿐 아니라 너희와 우리 사이에 큰 구렁텅이가 놓여있어 여기서 너희에게 건너가고자 하되 갈 수 없고 거기서 우리에게 건너올 수도 없게 하였느니라 (눅 16:26).

성경은 제2의 천지 차이에 가로놓인 '구렁텅이'를 제1의 천지 차이에서 '묶인 매듭'이란 개념으로 깨달을 수 있게 해준다. 구렁텅이는 죽어서 심판을 받고 난 이후의 결과인 까닭에 아브라함으로서도 어쩔 수가 없는 영원히 고착된 고통의 현장이다. 하지만 '매듭'은 이 땅에 존재하고 있을 때 하나님께서 풀어 주실 길을 열어놓고 계시는 만큼, 인간이 하나님의 비밀을 깨닫기만 한다면 지옥으로 향하던 진행 방향이 천국으로 바뀌는 구원의 축복을 받을 수 있다. 성경 말씀대로라면 하나님의 심판 이후에는 누구나 천국과 지옥이라는 제2의 천지 차이라는 현실에 직면할 수밖에 없다. 문제의 해결은 우리가 이 땅에서 사는 동안 스스로 옭아매고 있던 매듭에서 풀려나기만 하면 제1의 천지 차이는 즉시 삭제되고, 제2의 천지 차이도 없어져서 모두 천국에 들어간 나사로가 될 수 있다. 거기에는 '그 손가락 끝에 물을 찍어 내 혀를 서늘하게 하소서 내가 이 불꽃 가운데 괴로워하고 있다'라고 하는 부자가 겪는 고통 같은 것은 없다. 문제는 우리 중 누구나 직면하게 될 제2의 '천지 차이', 그곳에는 인간으로서는 상상할 수도 없는 아름다운 천국으로 건너가는 길을 완전히 차단시켜버린 동떨어진 영원한 지옥이 엄연히 존재한다는 사실에 있고, 때늦은 후회는 결코 허락되지 않는다는 데 있다.

신학의 관점에서는 천지 차이를 매듭짓기의 '매듭론' 또는 '지옥론'으로 정의해 볼 수 있다. 이 매듭의 의미는 어떤 사람이 하나님을 알려고 하지 않거나, 하나님 나라를 전혀 인지하지 못한 채 땅에 갇힌 죽은 자로 존재하는 경우를 뜻한다. 그렇다면 이 매듭은 어디에서 어떤 이유로 생겨난 것일까? 이 매듭은 에덴동산에서부터 꼬이기 시작한 일이다. 그런데 근세에 들어오면서 다양한 사상이 출현하자 그 매듭이 굵어지더니, 현대에 와서는 인류가 상상할 수도 없는 과학기술의 발달로 온 세상이 정보 혁명이라는 깜짝 놀랄 시대로 진입하자 이 매듭의 굵기는 누구도 감당할 수 없을 만큼 무거운 짐으로 지워졌다. '하나님 없이도 잘 살수 있다'거나 '나 혼자의 힘과 역량으로 세상을 이겨내고 정복자가 될 것'이라는 자아 중심의 세상 정복 욕망으로 영혼이 오염되어 가고 있다. 이미 심각한 수준에 달해 있어서 이제 더 이상 한두 사람의 목회자나 지도자의 역량으로는 반전을 꾀할 수 없을 정도로 비대해진 굵고 질긴 매듭이 되었다. 시대적 역량이 대변혁을 주도하는 모양새는 각계각층에서 우후죽순처럼 자라나고 있다.

문제는 이 땅에서 신앙을 고백하는 많은 사람이 실천적으로 하나님의 비밀에 마땅한 관심을 기울이지 않고, 처참할 정도로 혼돈에 묶인 낮은 수준의 삶을 살아가고 있다는 점이다. 이런 현상은 시간이 갈수록 더 분명히 드러나고 있다. 게다가 그리스도인의 영적 삶의 수준을 고양하는데 보탬이 되겠다며 선의의 열정을 아끼지 않는 사람조차도 올바른 '지식을 따른 것이 아니라'(롬 10:2)는 사실도 드러난다.

> 내가 증언하노니 그들이 하나님께 열심히 있으나 올바른 지식을 따른 것이 아니니라 하나님의 의를 모르고 자기 의를 세우려고 힘써 하나님의 의에 복종하지 아니하였느니라 그리스도는 모든 믿는 자에게 의를 이루기 위하여 율법의 마침이 되시니라(롬 10:2-4).

여기에서 하나님과 인간 사이의 틈새를 발견하게 되나, 그 틈새를 메꿀 수 없게 고착시키는 매듭이 만들어지고 있다. 하늘과 땅 사이 틈새의 골을 더 깊게 하는 것은 **매듭의 묶음들**이다. 그 매듭들은 이 땅에 단단히 못을 박고 묶어 놓은 것들이기에 하늘을 향해 비상할 수가 없다. 더욱이 이것은 하나님 비밀의 인간 정보화 과정에서 하나님 말씀이 왜곡되어 만들어진 영적 장애물들이라서 풀기 어려운 과제가 된다. '매듭론'은 땅에서 하늘로 비상하는 것을 가로막는 비밀 왜곡의 거짓말로 꼬여진 매듭에서 묶임을 풀어내는 데 초점을 맞추어야 한다. 그러기 위해서 먼저 하늘은 비밀의 세계, 땅은 정보의 세상이라는 대칭적 개념을 전제해야 한다. 그래야만 매듭을 묶는 요인 즉 비밀 왜곡의 실제들을 쉽게 탐색할 수 있고 깨달음도 더 빨라질 것이다.

따라서 문제 제기의 모든 것은 하늘의 관점에서 땅적인 것을 설명하고 이해시키는 방식으로 전개될 것이다. 매듭론이란 아주 중요한 어떤 것이 그 무엇엔가 묶여서 매듭을 만들어 내고 결코 자유롭지 못한 얽어매어진 상태에 있음을 따져보려는 데 있다. 왜냐하면 우리 인생은 마치 새가 올무나 덫에 걸린 경우처럼 세상의 그 어떤 것들에 묶이어, 계속 매듭을 만들어 내는 삶을 살고 있기 때문이다. 예를 들면 옛것이나 전통에 묶인 경우가 있는가 하면 마약 중독이나 집단 이기주의 같은 것에 묶인 매듭도 있다. 신앙의 관점에서 보면 율법주의에 묶이거나, 왜곡된 성경 말씀에 묶인 경우가 있는가 하면, 저주와 죽음의 공포에 묶인 경우가 있을 것이다. 만약 죄인이라는 관점에서 보면 이보다 더 많은 묶임의 매듭들이 발견될 것이다. 이 중에서 가장 중차대하고 풀기가 어려운 쇠 동아줄 매듭을 만들어내는 경우는 하나님 비밀(말씀)을 곡해, 왜곡 또는 거부함으로써 생겨난 거짓말, 가짜 신앙에서 오는 것들이다. 바로 여기에서 하나님의 비밀과 인간의 정보 왜곡 관계가 형성된다.

사실 세상 것에 매이면 땅에 묶인 것이 되고, 자유가 묶이면 노예가 되는 것도 다 같은 이치이다. 인간이 스스로를 더 불행하게 만들어 가고 있는 것은 분명하다. 하나님의 비밀이 원래 전달하려고 했던 그 무엇에 관한 참뜻을 아는 데 대해 전혀 관심조차 보이지 않고 있기 때문이다. 도리어 사전적 정의나 사적인 선입관을 성경 해석 안으로 끌어들여 하나님 말씀을 왜곡함으로써 진리를 진리로 깨닫지 못하는 실책을 범하고 있다. 성경을 읽을 때 자기 나름의 세상적인 가치관 또는 인생관이라는 개인적 편견을 내버리지 않고 성경 일독(一讀)을 더해가면서 **하나님 비밀의 왜곡을 중첩시킨다.** 이를 어쩔 수 없었다고 변명하고 넘어가기에는 그 영혼에 미치는 충격파가 너무나 크다. 불신자들의 경우는 비밀 계시에 아예 관심조차 두지 않고 단호하게 거부하거나 왜곡해 버린다. 만약 계시된 하나님 비밀을 인간 사회에 유용한 물질적 축복 정도로 인식해 버린다면 그것 역시 하나님 비밀을 거부하고 왜곡하는 매듭이다.

특히 그리스도인일지라도 성경의 단어나 주제, 메시지에 대한 진의(眞意)를 올바로 진지하게 연구하지 않는다면 스스로 하나님을 모독하는 죄악에 묶인 매듭이 된다. 그러한 예들은 일상에서도 우리 눈에 자주 들어온다. 오늘날 십자가를 자동차의 유리창에 붙이거나 사람의 목걸이 또는 귀걸이로 매달고 다니고, 심지어 어떤 사람들은 자기 몸에 십자가 문신을 하고 다닌다. 하지만 그리스도의 십자가는 인간의 죄악을 표현하는 상징인데 액세서리 정도로 생각하고 행동하는 것은 마치 올가미를 목에 매고 자신을 형틀에 매는 것과 같다. 기원후 1세기에는 아무도 감히 그런 일을 하려고 시도조차 하지 않았다고 한다. 십자가는 끔찍한 고통과 죽음의 상징이었기 때문이다. 당시 로마인과 유대인들은 십자가 처형을 종교적 헌신의 표시가 아니라 반역죄나 도덕적 파탄의 상징으로 간주했다. 따라서 행여 자기의 죄악을 깨닫는 의미라면 괜찮을지 모르겠지만, 죄인 된 인간 존재에 대한 자각이나 개념도 없이 장식용으로 달고 다닌다는 것은 십자가를 모독하는 행위가 아니겠는가? 이처럼 분별력을 상실한 인간이 나사로의 길을 회복할 수 있을지는 요원해 보인다. 그나마 다행인 것은 하나님께서 길을 열어 놓고 계시기 때문에 완전한 절망과 좌절의 상황은 아니다.

하나님께서 친히 하늘 비밀을 계시해 주시고, 인간은 그에 따라 비밀을 깨닫게 됨으로써 장차 천지 차이는 없어지게 된다. **하나님 비밀이 밝혀지는 모든 성경 메시지는 천지 차이를 없애는 데 있다.** 다시 말해 땅의 수준을 초월하게 함으로써 하늘 수준에 이르고, 결국은 하나로 이해되는 천국에 이르게 된다. 그러므로 비밀 계시를 깨닫는 것은 모든 성경 말씀의 공통분모이다. 하나님 비밀은 전적으로 새로운 계시이지만, 상당 부분 감추어졌던 창조 세계의 그 무엇들을 온전히 밝혀주는 비밀 중의 정보이다. 완전히 감추어지지는 않았지만 상당 부분 감추어졌던 비밀이 계시 되는 것이다. 아무튼 비밀은 하나님께서 자신을 인간에게 알리시고자 하는 내용 전부를 일컫는 까닭에, 계시는 인간 세상을 향한 하나님의 유일한 의사 표시 방법으로서의 입술이다. 하나님께서는 사람에게 비밀을 말씀해 주시고, 인간은 그 말씀을 듣고 깨달아서 하나님과 그 나라를 알아가는 통로로 삼을 수 있게 된다.

하나님 비밀은 오직 하나님의 자의에 의해서만 계시되고, 인간에게 전해진 이후에는 정보 지식으로 탈바꿈한다. 하늘과 땅 사이에 의사소통의 과정으로 하나님 비밀의 인간 정보화가 일어난다. 이것은 하늘과 땅이 하나로 연결되어 하늘 진리를 인간에게 공급하여 하나님 비밀을 깨닫는 믿음의 완성을 위한 유일한 통로이다. 여기에서 먼저 인간이 이해해야 할 주제는 천지 차이를 극복하는 문제이며, 그것을 스스로 할 수 있는 문제인가를 생각해 보는 것이다. 하늘과 땅 사이에 가로 놓인 차원이 다른 틈새와 그로 인해 묶여 있는 '매듭'에 관한 실타래 풀기의 과제들이 있다. 우리에게 중요한 과제로 다가오는 것은 천지 차이가 일상에서 그 어떤 것과도 비교할 수 없을 만큼 너무나 큰 차이가 있기 때문이다.

그런데 천지 차이를 좁혀보기 위한 인간적인 노력이 도리어 더 해로운 영향을 끼치고 있다는 사실도 점점 더 분명해지고 있다. 이른바 더 높은 수준의 삶이나 성결 집회라는 이름으로 모이기는 쉽다. 하지만 인간의 본성을 주의 깊게 살펴보면 종교적 감정이라는 현상처럼 감정을 자극하고 흥분시키며, 큰 소리로 부르는 노래와 열기에 찬 실내 분위기, 사람들로 꽉 찬 곳, 주변을 둘러싼 사람들의 상기된 얼굴에서 받는 강렬한 반종교적 느낌들이 밤늦게까지 계속되는 모임과 인간 중심의 위기 극복 신앙 간증 등 이 모든 것이 당시에는 매우 흥미롭고 좋은 것처럼 보인다. 하지만 정작 중요한 것은, 이것들이 정말 분명한 근거와 실체가 있어서 지속으로 이어지는가가 문제이다.

세상의 정보사회 내에서 혹은 가정이나 교회에서 이전보다 더 거룩하고, 온유하고, 욕심이 없고, 애정이 넘치고, 친절하고, 자기를 부인하는 그리스도를 닮은 사람이 되고 있는가를 스스로 자문해야 하는 것이다. 나는 하나님이 주신 은혜에 만족하며, 하나님께서 허락하지 않으신 것들 외에는 더 이상 욕심을 부리지 않는가? 이것은 엄중하고도 심각한 물음이며, 깊이 성찰해 봐야 할 질문이다. 한 사람 한 사람이 과연 경건과 성경 읽기와 기도에 힘쓰며 하나님과 동행하는 삶을 살아가고 있는지 의심스럽지 않겠는가? 더 나은 사람이 되었다는 분명한 증거를 보고자 하나 그렇지 못하고 있는 것은 아닌가? 혼자만의 은밀한 곳에서 그리스도인으로 일관되게 남아 있는 것보다 공적인 모임과 장소에서 서로 마음이 맞는 그리스도인끼리 노래하고 기도하는 가운데 자신을 드러내기가 훨씬 더 쉽다. 후자는 은혜가 없이도 본성에 의해서 가능하지만, 전자는 은혜가 없이는 될 수 없다. 오늘날 성경이 회심에 대해서 무엇이라고 말씀하시는가? 하나님의 말씀 초보(히 5:12)조차 알지 못하면서 거룩한 체 이야기하는 사람이 얼마나 많은지 모른다.

제3장
인간의 본색, 색다름의 탐닉

'다른 것, 새로운 것들'에 대한 충동

비밀정보 영역에서 사람들이 가장 많이 의식하고 있는 관점은 '다른 것'과 '새로운 것'을 향한 충동이다. '다른 것, 새로운 것'의 개념은 비밀정보 확장성에 결정적인 역할을 한다. 성경에서는 헬라어 '다른'이 **'알로스'**와 **'헤테로스'**라는 두 단어로 구별되고 있다. 이 단어는 그리스 철학이 가치 효용 측면에서 사용한 것으로 '뿌리'와 관련해서 그 차이를 나타낸다. 전자 **알로스**는 '한 뿌리에서 싹이 튼 두 줄기'란 뜻을 갖는다면, 후자 **헤테로스**는 '뿌리가 전혀 다른 두 존재'라는 의미이다[22]. 예를 들면 예수께서 십자가를 지시기 전 제자들에게 **또 다른 보혜사**를 보내신다(요 14:16, 26; 15:26; 16:7. 참조)고 하셨을 때 이 보혜사는 한 뿌리에 싹이 튼 두 줄기라는 의미가 있다. 다시 말해 보혜사라는 존재가 또 하나 별도로 존재하는 것이 아니라 하나로 같다는 뜻이다. 예수님 자신이 아버지 하나님과 뿌리가 같고, 보혜사 성령과도 뿌리가 같지만, 다만 전개 형태가 다를 뿐이라

---

22   생명사전. 동서말씀 교회. 로고스. p. 57.

는 뜻이다. 이 개념은 삼위일체 하나님을 이해하는데 아주 좋은 근거를 제공한다.

보혜사는 성령의 다른 이름으로 우리 내면에 생명의 말씀을 허락하는 유일한 존재이며, 생명 그 자체이다. 이런 의미에서 '서로 사랑하라'는 의미 역시 **알로스**의 다름과 그 맥을 같이 한다. 사랑으로 인해 다른 것이 하나 안에서 새롭게 펼쳐진다. 우리 삶에서 추구하는 가치와 지향점은 모두 저마다 다를 수 있다. 하지만, 이 다름이 생명의 뿌리 안에서 파생된 줄기라고 인식될 때 뿌리가 다른 것으로 인식되지 않고, 같은 뿌리의 본질로 이해된다. 반면 **헤테로스**는 '본질이 다른' 뿌리가 같지 않은 다름을 의미한다. 만약 사람이 자신의 이름을 드러내려는 일들, 즉 세속적 이익을 소망하는 일들은 세상 안에만 있는, 뿌리도 없고 목적도 같지 않은 '다름'이다. 이 '다름'은 곧 인간의 정보 욕망에서 흘러나온 것으로 성경이 말하는 보이지 않는 본질인 영의 진실에는 관심이 없고, 오로지 현상만을 추구하며 인간 속성에 의존하는 자기중심적인 '다름'이다. **'다른 신, 다른 복음, 다른 예수'**를 찾는 동기가 바로 여기에서 비롯된다. 원죄를 지은 이후 인간들은 '다른 신', '다른 세상', '다른 정보'의 욕망에 이미 익숙해져 있다. 그러므로 뿌리가 다른 **헤테로스** 적인 '다른' 현상에 우리가 몰입되고 있음을 자각하게 될 때, 한 뿌리에서 싹이 튼 두 줄기 의미의 **알로스 적인 '다른'**을 통해 진리 안으로 들어가는 발상의 전환을 할 수 있게 된다.

다음으로 '새로움, 새것'에 관한 의미 또한 우리의 흥미를 자아낸다. 성경에서 새것은 헬라어 **'카이노스'**인데 '새롭게 나타난, 새로움'의 뜻을 갖는다. 이 단어에서 유래된 **'카이노테스'**는 새로움만을 뜻하지 않고, '신기한', '미숙함'이란 뜻도 함께 갖고 있다. 또한 새로움의 형용사 '새(new, 新)'의 헬라어 **'카이넨'**은 원형 '카이노스'의 여성 단수로서 '쓰지 않은', '알려지지 않은', '놀라운' 등의 의미도 갖고 있다. '네오스'가 '근래적인 것'이라는 측면을 강조하는 데 반해, '카이노스'는 '전적으로 새롭다'. '전혀 사용되지 않은 것'을 나타낸다.

요셉을 알지 못하는 새 왕이 일어나 애굽을 다스리더니(출 1:8).

이 구절에서 새 왕의 '새(new)'는 '전에 없는 것', '써보지 않은 계명', '알려지지 않은 계명'이란 의미다. 이처럼 새로움에서 분출되는 인간의 정보 욕망과 신적 갈망 의식은 다양한 곳에서, 다양한 방법과 다채로운 모습으로 드러날 수 있다. 성경에서 말하는 새로움은 항상 긍정적인 의미로 새 계명, 새 예루살렘, 새 하늘과 새 땅 그리고 새 사람, 새 가죽 부대 등과 같이 다양하게 사용된다.

누구든지 그리스도 안에 있으면 새로운 피조물이라 이전 것은 지나갔으니 보라 새것이 되었도다'(고후 5:17).

사도 바울이 '이전 것'이 지나갔다고 한 말은 '옛것, 옛사람, 옛 자아, 옛 계명' 등을 포함하는 개념이며, 모두 새것이 되었다는 뜻이다. 여기서 '새로움, 카이노스'의 입체적 차원에 주목할 필요가 있다. 새로움이란 과연 시간적 의미에서 과거의 모든 것을 철폐하고 이전과는 전혀 다른 새로운 개척을 한다는 의미인가? 아니면 그보다는 차원이 다른 의미를 함유하는 것인가? 성경에서 말하는 카이노스는 다른 차원의 변화를 의미하고 있다.

새 포도주를 낡은 가죽 부대에 넣지 아니하나니 그렇게 하면 부대가 터져 포도주는 쏟아지고 부대도 버리게 됨이라 새 포도주는 새 부대에 넣어야 둘이 다 보전되느니라(마 9:17; 막 2:22; 눅 5:37. 참조).

여기서 주목할 대목은 예수의 생명을 발견하기 이전을 옛 상태로, 발견한 이후를 새로움으로 구별 짓는다면, 예수 발견 이전의 계명은 욕망으로서의 계명이 될 수 있다. 다시 말해 당시 유대인들이 참 하나님이 아닌 거짓 하나님, 우상의 하나님을 보고 있었다면, 오늘날에도 정보화 욕망에 얽매인 우상의 하나님을 바라고 있는 것과 같다.

이 상황에서 예수님의 역할은 이들에게 해방을 주고 참 하나님을 보게 해주는 유일한 매개에 집중된다. 그렇다면 우리에게 주어진 계명은 욕망을 벗겨낸 의미로서의 계명이다. 인간은 하나님을 갈망하면서도 하나님의 명령은 거부하려는 이중적 태도를 보인다. 특히 정보적 관점에서 보면 인간은 자기 욕망과 시간의 촉박성이 앞서 있는 목표의 성취와 인과율에 얽매여 있을 뿐만 아니라 과거—현재—미래의 시간에 예속되어 있다. 시간의 관점에서 보면 늘 새로운 정보 욕망이 싹트고, 그 욕망의 성취로 확장성을 더할 때 오염의 가능성도 높아진다. 계명의 경우도 마찬가지다. 만약 시간 개념으로 치환되는 옛 계명을 철폐하고 미래적인 새 계명을 지켜야 한다면 새롭게 제시된 소위 새 계명조차 어느 순간 옛 계명이 되고 말 것이다. 결국 다른 신, 이방 신을 좇던 구약시대 이스라엘 사람처럼 새 계명이 또 다른 우상의 하나님을 만들어내어 공갈, 협박하는 추악한 우상 종교의 마수에 빠질 수 있다. 이는 하나님의 참됨을 가로막는 욕망에 일그러진 계명 이행의 한 행태이다.

예수께서는 내가 율법이나 선지자를 폐하러 온 줄로 생각하지 말라 폐하러

온 것이 아니요 완전하게 하려 함이라(마 5:17).

율법의 한 획이 떨어짐보다 천지가 없어짐이 쉬우리라(눅 16:17).

예수께서 우리에게 주신 새 계명은 구약에 언급된 계명 자체를 폐기하는 것이 아니며, 생명의 본질을 담은 관계 전도를 이뤄내는 새로움이다. 다시 말해 원래의 계명이 왜곡된 상태에 있음을 지적하며, 그 왜곡으로부터 자각함으로써 새롭게 되는 것이다. 예수께서는 '새[23] 계명을 너희에게 주노니 서로 사랑하라 내가 너희를 사랑한 것같이 너희도 서로 사랑하라'(요 13:34)고 말씀하셨다. 이에 대해 사도 요한도 충분한 설명을 해주고 있다.

사랑하는 자들아 **내가 새 계명을 너희에게 쓰는 것이 아니라 너희가 처음부터 가진 옛 계명이니 이 옛 계명은 너희가 들은바 말씀이거니와**(요일 2:7; 요이 1:5 참조).

다시 내가 너희에게 새 계명을 쓰노니 그에게와 너희에게도 참된 것이라 이는 어둠이 지나가고 참 빛이 벌써 비침이라(요일 2:8).

새 계명이 아니고 옛 계명이라고 말씀한다. 그 의미는 하나님의 계명을 곡해하여 잘못 알고 있었다는 뜻이다. 하나님의 진리를 더 깊이 알고 깨닫는 것이 곧 새 계명이다. 말씀을 곡해하고 왜곡하며 엉뚱한 신앙

---

23 새로움의 헬라어 형용사 '카이넨'은 원형 '카이노스'의 여성 단수로 '쓰지 않은', '알려지지 않은', '놀라운' 등의 의미다. 네오스가 '근래적인 것'이라는 측면을 강조하는 데 반해, 카이노스는 '전적으로 새롭다.' '전혀 사용되지 않은 것'을 나타낸다. 또한 위 단어는 옛것이나 낡은 것에 대한 반대 개념으로도 종종 사용되어 왔다. '전에 없는 것'(출 1:8)은 '써보지 않은 계명', '알려지지 않은 계명'이란 의미다.

생활을 해 온 것에 대한 지적이기도 하다. '다른, 새로운 것'을 추구한다는 것은 곧 인간의 자기중심성과 이기심, 자기 욕망의 유혹에 따라 움직이는 인간의 타락함이며 욕구불만과 결핍증에 시달리고 있다는 속내가 감춰져 있는 욕망의 다른 표현이다. 세상을 향한 정보 욕망을 완전히 차단할 수는 없는 일이다. 단지 정보 탐심이 자기 안에 꿈틀거리고 있다는 사실과 우리의 시야를 좁히고 밝은 곳으로 나아가지 못하게 하는 심각한 장애물의 존재를 자각하기만 해도 다행이다. 그런 사람은 세상의 정보 욕망을 배척하고, 성령의 인도하심에 따라 오직 한 분 하나님, 그리스도 예수를 믿는 신앙의 지향점을 바로 세워나감으로써 연약함에서 벗어날 수 있다. 예수께서 말씀하신 **새로움, 카이노스**는 옛 시간을 거둬내는 일이 아니다. 그 위에 포개어짐으로써(엎음으로써) 옛 시간을 더 이상 옛 시간으로 받아들이지 않는 새로운 차원에 참여하는 것이다. 예수님이 주신 새 계명은 신명기에서 '너는 마음을 다하고 뜻을 다하고 힘을 다하여 네 하나님 여호와를 사랑하라'(신 6:5)고 하신 말씀의 연장선에 있다. 그런 의미에서 하나님을 사랑하고 이웃을 네 몸과 같이 사랑하라는 의미도 이제 총체적, 입체적 차원에서 새롭게 인식되어야 한다. 전도서 기자는 더 명확한 견해를 내놓는다.

모든 만물이 피곤하다는 것을 사람이 말로 다 말할 수는 없나니 **눈은 보아도 족함이 없고 귀는 들어도 가득 차지 아니하도다 이미 있던 것이 후에 다시 있겠고 이미 한 일을 후에 다시 할지라** 해 아래에서 새것이 없나니 무엇을 가리켜 이르기를 보라 이것이 새것이라 할 것이 있으랴(전 1:8-10a).
헛되고 헛되며 헛되고 헛되니 모든 것이 헛되도다(전 1:2b).

'다른 것, 새로운 것'의 의미를 새롭게 하면서 인간에게 남아 있는 비밀 왜곡의 악습을 자각하게 하는 말씀이다. 하나님의 진리를 눈앞에 두고 세상 정보의 '다른 것, 새로운 것'을 추구하는 인간의 모순을 지적하는 경고이다.

'다른 신, 다른 복음'의 집요한 추종(追從)

신구약 성경을 읽다 보면 성경 속 인물들이 '다른'[24] 것, '새로운 것'에 눈을 번쩍이며 열정을 쏟다가 하나님의 질책을 받는 경우를 자주 발견하게 된다. 그들이 보인 구체적인 행동은 '다른 신(신들), 이방 신, 다른 희생 제사' 등의 형태로 나타난다. 구약시대에는 '**다른 제단, 다른 제물과 다른 희생물**'이었다면, 신약시대에 와서는 '**다른 예수와 다른 복음, 다른 영, 다른 주, 다른 씨**'라는 형태로 나타났다. 오늘날도 이와 비슷하여 '**다른 기독교, 다른 언어, 다른 이단, 다른 향(香)**'이란 주제어들이 설왕설래하고 있다. 이런 모습은 하나님과 그분의 정체성에 관한 비밀정보가 확고하게 정착되지 못하고 무지(無知)의 상태에 있음을 말해 준다. 지금은 다원사회, 글로벌, 지구촌 시대, 정보혁명의 AI 시대라는 특징을 보여주기라도 하는 듯 **더 세분화하고 다채로운 형태의 '다른 믿음, 다른 신앙'에 대한 열망이 정보 탐심과 비례하여 확장되고 있다.** 최근의 한 뉴스에 의하면 정부에서는 심리 상담을 받아야 할 우리나라 젊은이가 100만 명으로 판단하고 있다고 보도했다. 한마디로

---

24 다른 사람(백성, 무리, 지혜자들, 제자), 다른 우물(곳, 쪽, 땅, 돌, 흙, 밭), 다른 아들(아우, 형제, 아이, 소년들), 다른 일곱 암소, 다른 돈, 다른 여자(여인, 아내), 다른 남자(인종, 민족, 세대), 다른 해(날), 다른 잃은 물건, 다른 짐승(새), 다른 세 가지, 다른 끝 폭(휘장, 보석, 두 끝), 다른 숫양, 다른 연결, 다른 옷, 다른 불, 다른 종류, 다른 탈취물, 다른 지파, 다른 나라(성읍, 지방, 민족, 동네), 다른 후사, 다른 전령, 다른 그룹(날개, 별들), 다른 이, 다른 두루마리, 다른 이름, 다른 언어(방언, 이름), 다른 기둥, 다른 물품(그릇, 음식물), 다른 큰 가중한 일, 다른 막대기(뿔), 다른 하나(몫), 다른 거룩한 이(천사), 다른 손(종들, 농부), 다른 성경, 다른 이름, 다른 사도.

우리 모두의 눈과 귀가 비정상적이고, 심각한 질병 상태에 이르렀음을 말해 준다.

'다른 것'이나 '새로운 것'에 대한 인간의 욕망은 신구약 시대로부터 현대에 이르기까지 어느 것 하나 변한 것 없이 여전히 추구되고 있는 인간 욕망의 산물이며 괴물이다. 첫인상으로 사람의 모든 것을 평가해 버리는 것처럼 한 번 잘못 입력된 자기중심적인 경쟁 사회의 새로운 다른 경험들이 각 사람을 농도 깊은 오염의 상태로 잠식해 버리고 있다. 진짜의 가짜화라는 퇴색과 변질이 믿음을 상실케 하는 고질병 증상으로 이어져 온 것이다. 이것이 바로 '다른 것, 새로운 것'의 관점에 뿌리를 두고 있는 신앙의 장애물이며 해결해야 할 과제이다.

너는 나 외는 다른 신들을 네게 두지 말라(출 20:3).

하나님께서 우리에게 은혜와 축복을 베푸시는 핵심 키워드로 모세에게 십계명을 친히 돌 판에 써서 주실 때(출 20:1-17) 첫 번째 계명으로 주신 말씀이다. 이 명제와 관련하여 하나님께서는 두 가지 구체적인 방법을 제시해 주셨다. 모두가 다른 것, 새로운 것을 염두에 두고 하신 말씀이다.

너를 위하여 새긴 우상을 만들지 말고 또 위로 하늘에 있는 것이나 아래로 땅에 있는 것이나 땅 아래 물속에 있는 것의 어떤 형상도 만들지 말며 그것들에게 절하지 말며 그것들을 섬기지 말라(출 20:4, 5a).
너는 네 하나님 여호와의 이름을 망령되게 부르지 말라 여호와는 그의 이름을 망령되게 부르는 자를 죄 없다 아니 하리라(출 20:7).

'우상', '여호와 이름을 망령되게 부르는 것', '죄'에 대한 경고 말씀이다. 하나님 이외의 다른 신들에 관해서는 두 가지로 구별해 볼 수 있다. 하나는 피조된 타락한 천사를 의미하지만, 다른 하나는 하나님 자신을 다른 어떤 것 곧 하나님의 정체성을 다르게 인식하지 말라는 뜻이다. 하나님의 정체성을 왜곡하는 것은 곧 하나님의 본질을 왜곡 인식하고 그분의 뜻을 변질시키는 것이다. 하나님에 대해 혼잡성을 가하지 말고 올곧게 알라는 의미이다. 하나님은 정의와 공의의 하나님이시며 변함이 없으신 하나뿐인 진리의 하나님이심을 기억하라는 뜻이다. 특히 하나님께서는 자신의 정체성을 비밀 계시를 통해 알려주시는데, 인간이 정보로 인식하는 과정에서 진리의 말씀을 본질과 다르게 이해하거나 본질 그 자체를 훼손, 왜곡, 변질시킬 수 있음을 엄중히 경고하시는 말씀이다. 이 명령은 지켜도 되고 지키지 않아도 되는 선택 사항이 아니며 엄격한 징벌이 예고되어 있다.

> 네 하나님 여호와는 질투하는 하나님인즉 나를 미워하는 자의 죄를 갚되 아
> 버지로부터 아들에게로 삼사 대까지 이르게 하거니와 나를 사랑하고 내 계명
> 을 지키는 자에게는 천 대까지 은혜를 베푸느라(출 20:5b, 6).

열왕기(하) 기자와 예레미야 선지자는 다른 신을 어떻게 대해야 하는지를 구체적으로 제시한다.

> 너희는 다른 신을 경외하지 말며 그를 경배하지 말며 그를 섬기지 말며 그에
> 게 제사하지 말라(왕하 17:35).
> 너희는 다른 신을 따라다니며 섬기거나 경배하지 말며 너희 손으로 만든 것

으로써 나의 노여움을 일으키지 말라 그리하면 내가 너희를 해하지 아니하리라(렘 25:6).

결국 하나님께서는 다른 신의 문제와 관련 어떻게 지적하고 계시는가는 깊이 묵상해야 할 우리의 과제이다.

너희가 내 말을 순종하지 아니하고 너희 손으로 만든 것으로써 나의 노여움을 일으켜 스스로 해하였느니라 여호와의 말씀이니라(렘 25:7).

이 맥락에서 신명기를 펼쳐보면 '다른 신, 알지 못하던 신들, 새로운 신들'을 좀 더 구체적으로 묘사하고 있다.

그런데 여수룬이 기름지매 발로 찼도다 **네가 살찌고 비대하고 윤택하매 자기를 지으신 하나님을 버리고 자기를 구원하신 반석을 업신여겼도다** 그들이 다른 신으로 그의 질투를 일으키며 가증한 것으로 그의 진노를 격발하였도다 **그들은 하나님께 제사하지 아니하고 귀신들에게 하였으니 곧 그들이 알지 못하던 신들 근래에 들어온 새로운 신들** 너희의 조상들이 두려워하지 아니하던 것들이로다 너를 낳은 반석을 네가 상관하지 아니하고 너를 내신 하나님을 네가 잊었도다 그러므로 여호와께서 보시고 미워하셨으니 그 자녀가 그를 격노하게 한 까닭이로다(신 32:15-19).
그가 말씀하시기를 내가 내 얼굴을 그들에게서 숨겨 그들의 종말이 어떠함을 보리니 그들은 심히 패역한 세대요 진실이 없는 자녀임이로다 그들이 **하나님이 아닌 것으로 내 질투를 일으키며 허무한 것으로 내 진노를 일으켰으니** 나도 백성이 아닌 자로 그들에게 시기가 나게 하며 어리석은 민족으로 그들의 분노를 일으키로다(시 32:20, 21).

바로 여기에서 우리가 하나님 나라의 진리를 발견하는 데 몸과 마음을 다해야 할 이유를 발견하게 된다. 모든 일들은 지금 여기서 끝나 버리는 것이 아니라 종말을 기다리고 있고, 그 결과는 하나님의 엄중한 질투와 진노 그리고 심판으로 이어질 것이기 때문이다.

신약의 갈라디아서도 **'다른 복음은 없나니 다만 어떤 사람들이 너희를 교란하여 그리스도의 복음을 변하게 하려 함이라'**(갈 1;7)는 경각심을 주고 있다. '다른 것', '새로운 것'을 추구하는 이런 행태는 인간의 무지에서 오는 비참한 모습이다. 여기에서 성경이 주는 깨달음은 하나님과 인간 세계를 이해하는 데 필요한 비밀을 확실하게 구하는 길은 신구약 성경 어느 한쪽만으로는 충분치 못하다는 점을 확인해 준다. 구약성경 없이는 신약성경을 이해할 수 없고, 신약성경 없이는 구약성경을 충분히 깨달을 수 없다. 왜냐하면 다른 신, 이방신 개념이 다른 복음, 다른 예수로 이어지는 오류들로 하나의 맥을 이루고 있기 때문이다. 예를 들어 구약성경의 암시나 예언을 전혀 참고하지 않고 히브리서나 유다서, 요한계시록을 이해하려고 한다면 곧 어려움에 봉착하게 될 것이다. 물론 복음서는 독립적인 이야기로 읽힐 수 있지만, 구약성경에 생소한 사람은 복음서에 담긴 풍성한 의미들을 많이 놓칠 수 있게 된다.

사도 바울은 계속해서 구약성경에 호소하고 있고, 예외 없이 신약성경의 모든 저자는 옛 구약의 프리즘을 통해 현재 이 땅에서 펼쳐지는 하나님의 섭리가 새 일을 이루는 가시적 관점임을 기록해 놓았다. 특히 예수께서도 제자들에게 구약성경을 읽어 주시고, 요나서와 같은 특정 성경을 예로 들어 당신 사역에 대한 중요성을 이해하게 하셨다. 예수께서 자신을 규정하는 데 사용하신 **하나님의 어린 양, 목자, 하나님의 아들, 요나의 표적, 건축자의 버린 돌**과 같은 이미지들은 구약성경에서 직접 나왔다. 동시에 구약성경 전체가 분명하게 또는 암시적으로 그리스도 예수께 초점을 맞추고 있다. 구약성경 자체가 하나님의 비밀 계시를 담은 기록이기에 소중한 생명의 가치를 지닌다. 항상 신구약 성경을 통합적으로 읽고 이해하도록 노력해야 한다.

'악한 말, 귀신의 말'의 오용과 남용

'악한 말'이란 인간 내면에 있는 악(헬, 카코스) 또는 악함으로부터 표출된 언어다. 악은 상해를 입히거나 큰 손해를 입혔을 때 혹은 사회나 조직이 부패하거나 타락했을 때, 더 나아가 조직이나 공동체의 무가치함을 거론할 때 쓰이는 단어다. 신앙의 기초는 하늘과 땅, 다시 말해 하나님 나라와 세상 나라 두 영역으로 획을 긋고 있다. 이에 따라 하나님의 비밀과 인간의 정보 두 영역이 생겨난다. 태초의 기준에서 보면 비밀은 모두가 하나님의 것이고, 정보는 인간의 것이다. 정보는 비밀로부터 나오는 것이기 때문에 하나님의 것이다. 비밀과 정보는 쌍생아 같기도 하지만 성경적으로 보면 아버지와 아들의 관계와 같다. **아버지 비밀이 낳은 아들 정보이다.** 세상의 모든 이치도 이 관점으로 이해될 수 있다. 자연과 초자연, 현실과 초현실, 육과 영, 남자와 여자로 구별되듯 세상 이치는 모두 두 영역으로 구별지어 놓으셨다. 하나님께서는 하늘을 설명하기 위해 죄를, 은혜를 이해시키기 위해 율법을, 진리를 깨우치기 위해 다른 한쪽을 도구처럼 사용하신다. **결국은 한 분 하나님이시고 하나의 비밀에서 낳은 것이지만 사람에게는 두 개의 정보처럼 인식되는 것이다.** 선악과가 그것을 설명해 준다. 하나님은 인간이 모든 비밀을 원래 가지고 계신 하나의 진리로 이해되길 바라신다. 둘을 하나로 보는 통합, 연합에 이르는 단계까지를 포괄하는 넓은 개념의 비밀 영역에 대한 이해를 바라신다. 다시 말해 비밀의 정보화가 아니라 비밀의 비밀화가 인간에 의해 지켜지길 바라신다. 비밀의 비밀화는 곧 정보의 비밀화이다. '비밀=정보'의 공식이며, 정보의 영역에서 하나님 비밀 이외의 다른 어떤 것을 가감해서는 안 된다는 뜻이다. 하나님 비밀의 인간 정보화 과정에서 필연적으로 말씀 왜곡이 일어날 수 있음을 다시 지적하는 것이다.

인간은 생래적 욕망으로 빚어진 두 마음으로 선악을 분별하듯 모든 사물과 사상, 현상을 둘로 나눈 후 자기에게 유리하고 이익에 부합하는 하나를 선택하고, 마침내는 이것이 옳고 다른 것은 틀렸다며 배타적으로 본다. 이는 누구나 앓고 있는 고질병이다. 두 세계 중 하나를 선택한다는 것은 선악과 따 먹은 아담과 하와의 하나님같이 되기에 갈음한다. 여기에서 주의 깊게 살펴야 할 관점은 하나님은 에덴동산에 한 나무(단수, 비밀)를 심어 놓으셨다는 사실이다. 그런데 아담과 하와는 그 나무를 본즉 먹음직도 하고 보암직도 하고 지혜롭게 할 만큼 탐스럽게 인지한 것이고, 이를 근거로 하나님께서 제시하신 각종 나무의 열매가 아닌 금지된 선악과를 선택했다. 사실 그들이 선악과를 선택할 때 생명나무나 선악을 알게 하는 두 나무가 어떠한지를 잘 모르는 상황에 있었다고 판단을 내리는 것이 옳다. 하나님 말씀이 담긴 비밀을 완전하게 해독하지 못한 채 기초 정보도 없는 상태에서 선악과라는 새로운 정보를 선택한 것이다. **부분이 전체를 대표할 수 없듯이 두 나무 중 어느 하나를 선택한들 그들이 하나님 뜻을 온전히 알 수는 없었다. 생명나무도 모르고, 선악과나무도 모두 잘 모르는 무지한 자였다. 결국 인간은 근본적으로 하나님의 비밀 해독 불능자이자, 정보 결핍증 환자**

의 처지에 있음이 판명되었다. 생명나무와 선악과나무 두 나무에 담긴 하나님의 뜻을 모두 알 수 있어야 하지만 그 비밀의 해독은 하나님의 계시에 의해서만 가능한 일이다. 인간이 세상과 자연 세계에 대해 뭔가 알고 있는 것이 상당한 수준이라는 느낌이 있을 테지만 대부분은 과학기술을 통해 조금씩 밝혀나갈 수 있을 뿐, 깊은 속내를 알지 못하는 미지의 영역으로 남겨 놓고 있는 것은 아직도 풀리지 않는 비밀이 많다는 의미이다.

일반적으로 사람은 삶의 현장에서 단지 먹고살며 안전을 지키는 문제에 치중함으로써 세상과 사람에 대한 편향된 인식만 늘려가고 있을 뿐 초월의 세계에 대해서는 생각조차 해볼 겨를이 없다. 이것은 인간 존재의 품위 유지와 영적 성장 측면에서 보면 심각한 걸림돌이 된다. 육과 영을 분별할 능력이 없는 까닭에 하나님의 비밀 계시에는 엄두조차 내지 못하고 있다. 세상에 갇혀 살고 있는 현재가 인생의 전부라며 가짜 정보에 만족하며 행복을 찾겠다고 한다면 생명나무나 선악과나무에 대해 무지했던 아담과 하와와 다를 바 없다. 하나님 구원의 절실함은 바로 여기에서 시작된다.

사도 베드로는 '여럿이 그들의 호색하는 것을 따르리니 이로 말미암아 진리의 도가 비방을 받을 것'(벧후 2:2)이라고 일침을 준다. 이점을 분명하게 인식해야 한다. 윗것을 바라보고, 보이지 않는 것을 보려고 마음의 문을 여는 것이 중요하다. 더욱 큰 은사를 사모하는 것(고전 12:31), 갓난아기같이 순전하고 신령한 젖을 사모하는 것(벧전 2:2), 하나님의 날이 임하시기를 바라며 간절히 사모하는 것(벧후 3:12)이라야 한다. 하늘의 비밀 계시를 알고 깨달은 사람만이 초자연 초월 세계의 비밀을 가졌다고 말할 수 있다.

앞에서 언급한 바와 같이 우리가 특별히 관심을 두어야 하는 관점은 자연과 초자연 두 세계의 연결 지점이다. 즉 하나님의 비밀이 인간의 정보로 전환되는 과정에서 왜곡과 변질 가능성이 높아지는 취약성을 드러낼 경계선에서 일어나는 일들에 관한 것이다. 하나님 말씀의 왜곡과 변질은 일차적으로 인간의 정보 욕망에 의한 것이다. 하지만 자연과 초월세계 간 차원이 다르고, 관점이 다르며, 언어가 다르다는 것도 그 원인의 하나이다. 인간에게 주어진 사명은 3차원의 세계를 뛰어넘어 하나님 차원의 비밀 계시에 접근해 가는 일이다. 하나님은 우리의 관심을 하나님 나라에 쏟으라고 하시지만 인간은 땅적, 육적인 세상 나라에 방점을 두고 있다. 천지 차이처럼 차원이 다르고 관점이 다른 두 세계가 원활히 소통할 수 있는 언어마저 한계성을 드러내고 있는 것이다. 보이는 것만 탐닉하고 있는 인간에게 보이지 않는 초월의 세계를 인간의 언어로 아무리 잘 설명해 준다고 하더라도 그 세계를 알아듣게 할 방법은 막연하다. 게다가 우둔함과 어리석은 인간이 지닌 죄질은 일찍이 에덴동산에서 사탄과 하와(인간)가 최초로 하나님 계시 말씀을 왜곡(창 3:1-5)한 그때로부터 누적되어 오며 철옹성을 쌓아 놓고 있다.

하나님 비밀의 왜곡은 곧 그분의 뜻을 왜곡하는 것이고, 하나님 자체를 거부하며, 반역하는 행위이다. 결과적으로 하나님의 말씀과 지혜에 저항하는 표시다. 하나님으로부터 구원받아야 할 자신의 절박성을 깨닫지 못하는 곳에서 일어나는 현상이다. 만약 우리가 성경을 아무리 많이 통독하더라도 하나님의 비밀 감지와 세상 정보에 대한 분별력을 갖추지 않는다면 항상 실족할 위험성을 안게 된다. 실패와 좌절의 자리로 밀려나게 될 것이다.

내가 너희에게 이르노니 사람이 무슨 무익한 말을 하든지 심판 날에 이에 대하여 심문을 받으리니 **네 말로 의롭다 함을 받고 네 말로 정죄함을 받으리라** (마 12:36, 37).

누추함과 어리석은 말이나 희롱의 말이 마땅치 아니하니 오히려 감사하는 말을 하라 **누구든지 헛된 말로 너희를 속이지 못하게 하라** 이로 말미암아 하나님의 진노가 불순종의 아들들에게 임하나니 그러므로 그들과 함께 하는 자가 되지 말라(엡 5:4, 6,7).

하나님의 비밀 계시가 왜곡된 이후 인간에게서 나오는 말이란 왜곡된 세상의 정보적인 언어들이다. 이것은 심판의 근거가 되는 만큼 자신의 일상적인 말의 내용이나 말투가 어떠한지를 스스로 검증해야 한다. 자신을 기만하는 말들이 자신을 속이고 있음도 알아차려야 한다.

제4장
하나님 계시의 이중성과 은닉성

하나님 계시의 이중성 : 상징–해석의 단계적 원리

하나님의 비밀 계시를 깨닫지 못하는 근본 원인은 사람에게 있다. 그러나 하나님께서 계시하신 방법이 인간에게는 한계점으로 다가오는 경우가 있다. 대표적인 예가 비밀 계시를 부분적으로 혹은 단계적으로 해주신다는 점이다. 이것은 하나님께서 인간의 비밀 이해 능력에 한계가 있는 점과 연약한 기억력을 고려하신 것으로 보인다. 인간은 늘 생존 현장에 몰입하다 보면 삶 속에서 기억해야 할 것들에 대해 자주 깜빡하는 경우가 있는데, 하물며 하나님의 비밀 계시에 대해서는 두말할 것 없이 기억력 상실의 농도가 더 크다. 하나님에 대해 아는 것이 시원찮아서 관심도 적은 데다, 영적인 말씀을 열어 주시는 것이라서 이해가 부족한 만큼 더 쉽게 망각해 버리고, 그로 인해 이해력 부족은 가중되는 악순환의 틀에 매여 있기 때문이다. 하나님 비밀 계시의 특징은 '비밀의 상징성을 통한 계시'와 '그 계시에 대한 해석'으로 구별된다. 처음에는 비밀이 부분적으로 계시되다가, 이어서 그 계시에 대한 자세한 해석이 뒤따르게 되는 순서 개념이 작용한다. 다시 말해 1단계의 '부분적으로 감추어짐'에서

2단계의 '더욱 분명하게 계시됨'이나, '일시적인 감추어짐'에서 '영속적인 감추어짐' 또는 '부분에서 부분으로 비밀이 계시되다가 나중에 가서야 보다 선명하게 비밀의 계시가 완료되는 경우'이다. 전자는 일정 기간 알려지지 않은 상태로 있지만, 최종적으로는 더욱 완벽한 형태로 밝혀지는 계시이다. 반면에 후자는 지속적으로 감추어져 있는 비밀의 특성에 더 큰 관심을 기울이는 경우이다. 심지어 계시가 완벽하게 밝혀진 절정에 이르렀을 때조차 계시의 미세한 의미가 몇몇 사람들에게는 파악되지 못한 채로 남아 있을 수 있다. 이것은 **하나님 비밀이 어떤 사람들에게는 감추어지지만, 다른 사람들에게는 계시된다**는 원리이다.

성경은 계시의 감추어짐과 어떤 무리나 외인들이 깨닫지 못하는 무능력 상태에 있는 경우를 설명해 준다(마13:13-15). 그러함으로 처음 1단계의 부분적인 것만 계시된 경우에는 인간이 부분적으로만 알 수 있을까 말까 할 정도가 될 것이다. 고린도전서 13장에서 사도 바울이 말한 부분적으로 아는 것에 관한 기간은 사뭇 길다. 종말에나 가서 깨닫게 될 일이기 때문이다.

> 우리가 지금은 거울로 보는 것 같이 희미하나 그 때에는 얼굴과 얼굴을 대하여 볼 것이요 지금은 내가 부분적으로 아나 그 때에는 주께서 나를 아신 것 같이 내가 온전히 알리라(고전 13:12).

또한 이 세상에는 두 부류의 사람들, 즉 천국에 속한 사람들과 '악한 나라'에 속한 사람들이 공존하고 있어서 그에 따른 단계적 계시의 필요성이 제기된다. 예수께서는 메시아의 도래와 종말의 천국이 갑자기 일어나지 않는 이유를 악한 자들의 완전한 패배와 심판이 일어나지 않기 때문이라고 밝히셨는데, 이것이 하나님 비밀의 이중성이다. 그런 의미에서 하나님의 비밀은 인간의 생명과 죽음, 영생과 심판에 직결되는 주제이다. 하나님의 비밀은 한편으로 하나님이 예수 그리스도를 통해 그분의 나라가 오게 하신다. 다른 한편으로는 하나님께서 영적으로 눈먼 사람들에게 어둠의 세력이 들어가서 하나님 나라를 대적하는 것을 허락하시는 불가사의한 의도를 보여주시기도 한다. 하나님 나라의 비밀은 예수 그리스도 안에서, 그분의 사역을 통해 종말의 하나님 나라가 사람들이 기대하지 않은 독특한 방법으로 시작된다는 사실을 함유한다.

하나님의 비밀 계시는 방법뿐만 아니라 내용 측면에서도 이중성을 띤다. 당장 직면한 현실 문제이면서 종말론적인 사건들이 상징적인 전달 안에 자리를 잡게 될 때 단계적인 비밀 계시가 있게 된다. 다니엘서를 보면 '마지막 날에' 일어날 사건들에 대해 할 말이 많은데, 이는 종말에 극심한 박해와 통제되지 않는 거짓 가르침이 이스라엘 사람들에게 닥칠 것이라는 예언 때문이다. 하나님께서는 죽은 자 가운데서 의로운 이스라엘 사람들을 일으키시며, 결국은 제압될 불경건한 자들을 심판하시고, 그분의 영원한 나라를 세우실 것이다. 하나님의 비밀은 처음부터 감추어진 종말론적 사건들을 완전히 드러내고 있다. **특히 비밀 계시의 다중성 측면에서 예를 든다면 하나님의 최고 비밀인 예수 그리스도는 구약성경 내내 어린양이란 비밀로 암시되어 왔다.**

여기에 덧붙여 숙고해야 할 점은 말씀의 진의를 깨닫는 문제와 말씀을 표피적인 선에서 이해했다고 쉽게 단정해 버리는 문제이다. 물론 하나님께서는 인간이 진리의 뜻을 충분하게 이해할 수 있을 만큼 낮은 수준에 맞게 계시해 주신다. 그렇다고 우리가 성경을 읽을 때 하나님의 말씀을 파고들어 진의를 깨달으려 하지 않고 표피적으로 이해하고 만다면, 그것이 하나님의 진심을 왜곡해 버리는 경우이다. 예를 들면 '밤송이 이론'처럼 겉에 있는 가시만 보고 먹을 게 없다고 버리거나 밤송이를 까다가 또 다른 떨떠름한 껍질을 보고 포기해 버리는 경우와 같다. 하나님 말씀을 '로고스'로만 읽거나, '비유'로만 이해하게 된다면 그 속에 담긴 '레마[25]'나 '진리의 참뜻'을 깨닫지 못함으로써 하나님께 가까이 나아가지 못하게 된다. 우리가 사는 세상에는 인간적인 비밀들이 많이 있어서 사람들의 흥미를 계속 자극하고 있지만 결코 놀랄만한 일이 아니다. 그러나 사람들이 하나님 비밀에 대해 전혀 관심을 기울이지 않는다는 것은 대단히 놀라운 일이다. 하나님의 비밀에 대한 계시로 그분의 지혜가 밝혀지고 있고 우리의 삶과 소망이 축복으로 넘쳐날 것임에도 인간들은 하나님이 주시는 자극을 외면하고 절망과 무지한 상태에 그냥 머무르고 있다. 비밀 중의 진짜 비밀인 하나님의 비밀을 알고 싶어 하지 않는 것은 참으로 이상한 일이다. 인간의 영원한 생명의 축복이 거기에 있고, 성경 말씀 가운데 감추어진 비밀을 발견하고 깨달아 갈 때 찾아오는 영광의 기쁨 또한 거기에 있다. 그런데도 하나님 비밀을 조금 아는 수준에서 머뭇거리거나, 하나님께서는 비밀 계시가 인간 세상에 알려지기를 원하고 계신다는 사실을 조금도 인지하지 못하는 것은 안타까운 일이다. 세상 비밀과 하나님의 비밀에 대해 동일 가치로 평가하거나 혼동이나 착각해서는 안 된다. 그러므로 먼저는 하나님 비밀 계시의 특징들을 살펴보고 그 뜻을 깊이 알아야 한다.

---

25 '로고스'는 명사이고, '레마'는 동사인데 '흐르다'는 의미를 갖고 있어서 실제적인 내용을 나타낸다.

하나님 계시의 은닉성 : 암시—반향의 관계적 원리

하나님 비밀의 인간 정보화 과정에는 반드시 비밀의 암시(allusions)에 대한 정보의 반향(echoes) 형식으로 연결된다. 이는 비밀이 일단 계시되어 인간이 인지하게 될 때 적용되는 인식 원리이다. 상호 텍스트성(intertextuality)이라는 까다로운 전문 용어보다는 성경 안에서 비밀의 암시와 정보의 반향, 쉽게 말해 하나님 비밀을 대하는 인간의 반응의 정도라고 말하는 편이 더 좋겠다. 암시 없는 반향이 있을 수 없듯이 비밀이 없이는 정보도 존재할 수 없다. 반드시 비밀이 공개되어야만 그 결과로 정보가 되기 때문이다. 그렇다면 정보 없이 비밀은 존재할 수 있겠는가? 그럴 수 없다. 반향이 암시를 앞서갈 수 없는 것처럼 하나님의 비밀은 인간의 정보 없이 존재할 수 있으나, 인간의 정보는 하나님 비밀 없이는 존재할 수 없다. 하나님의 비밀은 영원한 진리이지만, 인간의 정보는 그 존재 자체가 태생적으로 쉽게 사라질 위태로운 형편에 놓여 있다. 그러므로 하나님의 말씀과 진리를 인간이 받아들이고 해석하는 데 있어서 구조적인 문제들을 먼저 이해해야 한다. 특히 인간이 하나님의 비밀을 왜곡할 여지가 많다는 점에서 더욱 그렇다. 왜곡과 변질은 암시가 아니라 반향에서 거의 모두 일어난다.

그러므로 만약 누군가가 비밀과 구별되는 정보에 관해 이야기한다면, 궁극적으로 도움이 되지 않는다고 주장할 것이다. 반향(정보)보다 앞서는 것이 암시(비밀)이기 때문이다.

우리는 비밀과 정보 두 용어의 사용법에 관해 좀 더 구체적으로 정리해 둘 필요가 있다. 비밀과 정보를 거의 동의어로 사용하는 경우와 두 용어를 전혀 다른 개념으로 사용하는 경우이다. 전자는 비밀을 비밀대로,

진리를 진리대로 이해하는 것이 되지만, 후자는 비밀을 세상 정보적 관점으로 받아들이거나, 진리를 진리가 아닌 세상의 지식 정도로 왜곡해 버리는 경우이다. 따라서 하나님 비밀의 희귀성과 존귀성 같은 특수한 의미를 더 분명하게 인식해야 한다. 비밀이 암시(allusions)라면, 정보는 반향(echoes)이다. 반향은 인간 측에서 나오는 하나님 비밀에 대한 정보적 반응이다. 비밀 암시와 정보 반향이란 두 개념 사이에서 분명한 질적 분별을 시도해야 한다. 정보적 반향은 비밀 암시보다 구약성경에서 더 적게 나오지만, 문자적 일치를 공유한다. 또한 정보적 반향은 비밀의 암시보다 명백하지 않은 구약성경에 대한 단순한 언급이다. 이를 달리 표현한다면 인간의 정보 인식은 비밀 암시로 제공되는 구약성경 본문에 의존할 수밖에 없다. 문제는 하나님의 비밀 계시의 내용보다는 그것을 정보로 받아들이는 인간의 해석이 훨씬 많아진다는 점이다. 샘물이 강을 이루고 바다에 이르는 것처럼, 확대 과장하게 됨으로써 진리의 뜻을 흐릿하게 할 수도 있다. 하나님의 비밀을 해석하는 데 있어서 인간의 생각을 가감함으로써 비밀의 진의가 희석되는 경우가 많다는 뜻이다. 이 부분이 우리가 경계해야 할 점이다. 진실로 비밀을 비밀답게, 진리를 진리답게 간직하고 유지하려면 오로지 비밀의 원본에 충실하도록 특별한 노력을 기울여야 한다.

예수 그리스도께서 직접 비밀 계시를 해주시는 경우는 구약성경 본문에 분명하게 또는 개연성 있게 의존하는 언급과는 구별될 수 있다. 그분은 하나님이시기에 인간의 착시 현상을 고쳐 주시려는 것일 뿐 진리 자체를 다르게 계시하신 것이 아니다.

숨은 것이 장차 드러나지 아니할 것이 없고 감추인 것이 장차 알려지고 나타나지 않을 것이 없느니라 그러므로 너희가 **어떻게 듣는가 스스로 삼가라** 누구든지 있는 자는 받겠고 없는 자는 그 있는 줄로 아는 것까지 빼앗기리라 하시니라(눅 8:17, 18).

예수께서는 비밀이 반드시 계시될 것임을 알리시면서 '듣는 문제'를 제기하신다. 똑같은 말씀을 긍정적으로 들을 수도 있고 부정적으로 들을 수도 있는 것처럼, 진리를 영적으로 들을 수가 있고 이와는 반대로 율법적으로 들을 수가 있다. **영적으로(즉, 은혜 아래) 알아듣는다면 생명이 되지만, 율법적으로 듣게 된다면 죄요 저주받을 진짜 죽음이 되는 것이다.** 그러므로 반향을 인식하는 판단 기준으로서의 암시를 구별하는 기준으로 제시하지 않고 오직 왜 그런 현상이 벌어지는지에 중점을 두어야 한다. 비밀 암시와 정보 반향에 대한 구체적인 판단 기준을 제시하는 일은 또 다른 곡해를 불러일으킬 수 있어서 바람직하지 않다. 결국 신약성경에서 구약성경의 암시 또는 반향이 나올 때마다 적용할 수 있는 명확하고 엄밀한 판단 기준을 찾아내는 일은 매우 어렵다. 그러함에도 불구하고 성도들이 성경 저자가 의도한 암시를 알아차리지 못할 가능성은 언제나 존재한다는 점에서 비밀계시의 탐구에 진력을 쏟아야 할 근거를 마련하게 된다. 하나님의 입장, 하늘의 관점에서 듣는 것과 세상의 입장에서, 땅의 관점으로 듣는 것에는 천지 차이가 난다. 이를 달리 표현하자면 서로는 완전히 다른 세계의 다른 관점이며, 서로 융합될 수 없는, 차원이 전혀 다른 뜻이 된다. 그러므로 땅에 존재하는 인간은 거꾸로, 반대로, 역설적으로 하늘의 소리를 듣고 이해하려는 시각 조정이 필요하다.

신구약 계시의 연속성 : 과정–실제의 보완적 원리

신구약 성경은 비밀과 계시라는 연결 고리를 통해 진리의 맥을 이어주고 있다. 하나님은 비밀이시고, 창세 이래로 때에 따라 인간이 이해할 수 있는 수준으로 깨닫도록 계시해 오셨다. 그런 까닭에 신구약 성경의 연결 고리인 비밀은 신비스러울 수밖에 없다. 비밀이라는 단어는 대부분 구약성경 인용 및 암시와 연결되어 있지만, 신약성경 저자들에게도 오래전에 계시된 구약성경에 대한 새로운 계시가 주어지기도 했다. 구약의 비밀 위에 신약의 비밀 계시가 더해진 것은 우연의 일치가 아니다. 그러므로 신구약 비밀의 관계성에 대해 보다 정확한 견해를 갖는다는 것은 무척 중요하다. 신구약 계시는 상보적 원리에서 상호보완적이고 연속적 관계성을 지닌다. 구약의 비밀이 계시되고, 신약에서 그 비밀이 성취될 때까지 인간에게는 비밀의 연속성과 함께 비밀의 참뜻을 깨닫는 하나의 과정(process)이면서, 비밀 성취의 실제화를 이루어가는 결과이기도 하다. 이것은 기계론적, 물리적, 인과론적 자연관을 극복하는 과정이면서 인간중심주의의 틀을 벗어나 땅적 세계와 하늘적 세계 사이의 조화와 질서를 성취하고, 마침내 하나님이 의도하시는 영적 하늘 백성으로 완성해가는 비밀 계시에 대한 깨달음의 과정이다.

따라서 신약성경은 비록 비밀이라는 단어가 많이 나타나지 않지만, 예언의 성취를 나타내고 있는 만큼 다른 구약성경 본문이 어떻게 사용되는지에서 의미심장한 빛의 비춰 줌을 받게 될 것이다. 하나님의 비밀이란 단어가 함유한 의미를 올곧게 깨닫고 이해할 때만이 그리스도인의 믿음과 신앙은 더욱 굳건해질 수 있다. 어떤 목회자는 신약만을 강조하고, 구약은 불필요하다는 식의 논지를 펴기도 하지만 이는 참으로 위험한 생각이다. 신구약의 핵심 비밀은 예수 그리스도다. 구약의 하나님이 곧 신약의 하나님이시고 그 하나님의 아들이 신약의 예수시고 아버지와 아들이 보내주신 하나님이 우리 안에 내재하시는 성령님이시다. 삼위일체 한 분 하나님이시라는 점을 염두에 둘 때, **창세기로부터 요한계시록에 이르기까지 하나님의 말씀은 모두 비밀로 시작되고, 예수 그리스도에 의해 증거되며, 마지막에는 성령께서 풀어 주셔야 진리로 깨달을 수 있게 된다.**

우리가 모르는 모든 것들은 비밀이고, 그것을 깨닫고 알게 된 후의 모든 것은 정보로 인식하게 된다. 사실 우리는 현재 살고 있는 이 세상의 비밀이나 정보조차도 완전히 모두를 알고 있지 못하는 무지한 존재이다. 하물며 자연 너머의 초월 세계의 영적 비밀에 관해서는 문외한일 수밖에 없다. 그래서 매 순간 말씀을 깨달아가는 존재여야 한다는 사실에 대해서는 두말할 필요도 없다. 오늘날은 비밀이 때때로 다소 황당하게 만드는 지식에 가까운 의미로 적용되는 부작용을 이해해야 한다. 비밀을 지식의 관점으로만 이해하려고 할 때 신구약 성경 본문의 몇몇 구절이 어떤 사람에게는 이해되지도 않고 깨닫지도 못하는 비밀로 여전히 남게 된다.

비밀은 지식의 차원을 넘어서는 초월 세계에 관한 것이다. 비밀이라는 용어가 의미하는 바를 더 역동적이고 복합적으로 만드는 것은 성경 저자들이 때때로 다음 두 가지 정의를 동시에 사용하기 때문이다. '하나님의 비밀은 마침내 계시되었다.' 그러함에도 '하나님의 비밀은 일반적으로 믿지 않는 사람들에게 이해될 수 없는 상태로 머물러 있다'는 것이다. 이는 역설적으로 비밀 한 단어에 너무 많은 의미를 쉽사리 끌어들일 가능성이 높다는 점을 시사한다. 그 용어에 지나치게 많은 의미가 부여될 때, 지나치게 많은 사적 견해와 신학이 '비밀 안으로' 들어와 혼잡을 일으키는데, 이것이 문제다. 그러므로 우리는 성경에서 한 단어로 하나의 신학 개념 전체를 파악할 수 없다는 점을 분명히 해야 한다. 성경은 성령 안에서 성경으로 풀어야 하고, 연속성 차원에서 조합과 퍼즐 맞추기가 이루어져야만 하나님의 뜻을 올곧게 깨달을 수 있다. 말씀의 올바른 뜻은 성경 말씀의 직접적인 전후 문맥과 신구약 성경의 다른 책에서 구체적인 의미를 찾아야 한다.

제4부
/
하나님
비밀의
특수성

제1장
하나님 비밀계시의 원리

자연 계시와 특별 계시

하나님께서는 인간에게 크게 두 가지 방편으로 하늘 비밀(秘密)을 계시하셨다. 자연 계시와 특별계시다. 인간이 자연을 주의 깊게 관찰만 해도 그 안에서 하나님의 창조 비밀을 알아차릴 수 있도록 계시해 놓으신 것이 자연 계시이고, 선지자들을 통해 말씀으로 주셔서 성경에 기록해 놓으신 것이 특별계시이다. 이 두 계시는 상호보완적 성격을 갖고 있다. 사도 바울은 로마서 1장에서 자연 계시에 관해, 사도 요한은 요한복음 1장에서 특별계시의 의미를 각각 밝혀주고 있다.

창세로부터 그의 보이지 아니하는 것들 곧 그의 영원하신 능력과 신성이 그가 만드신 만물에 분명히 보여 알려졌나니 그러므로 그들이 핑계하지 못할지니라(롬1:20)

태초에 말씀이 계시니라 이 말씀이 하나님과 함께 계셨으니 이 말씀은 곧 하나님이시니라 그가 태초에 하나님과 함께 계셨고 만물이 그로 말미암아 지은 바 되었으니 지은 것이 하나도 그가 없이는 된 것이 없느니라 그 안에 생명이

있었으니 이 생명은 사람들의 빛이라(요 1:1-5)

하나님의 창조는 만물에 분명히 보여 알려져 있고, 하나님의 말씀은 예수 그리스도로 완성된다는 뜻이다. 자연 속에 있는 나무 한 그루나 꽃 한 송이, 곤충과 벌레 등 모든 것에서 창조된 생명을 보고 하나님을 알 수 있다. 하나님이 지으신 만물에 대해 인간이 조그마한 관심을 쏟아 관찰하더라도 거기에서 하나님의 섭리를 깨달을 수 있다.

그것만으로는 인간의 부족한 인지 능력을 극복할 수 없다는 점을 보완해 주고자 하나님은 말씀으로 비밀을 특별 계시하여 성경으로 기록하게 하시고, 오늘 우리로 하여금 그 진리를 깨닫게 해주셨다. 그런데 여기에서 항상 문제를 일으키는 주체는 진리의 말씀을 올곧게 깨닫지 못하는 어린아이 같은 인간이었다.

하나님을 알되 하나님을 영화롭게도 아니하며 감사하지도 아니하고 오히려 그 생각이 허망하여지며 미련한 마음이 어두워졌나니 스스로 지혜 있다하나 어리석게 되어 썩어지지 아니하는 하나님의 영광을 썩어질 사람과 새와 짐승과 기어 다니는 동물 모양의 우상으로 바꾸었느니라(롬 1:21-23).

빛이 어둠에 비치되 어둠이 깨닫지 못하더라(요 1:5).

그 정죄는 이것이니 곧 빛이 세상에 왔으되 사람들이 자기 행위가 악하므로 빛보다 어둠을 더 사랑한 것이니라(요 1:19).

자연 만물 속에 하나님의 창조 섭리가 가득 차 있을 뿐만 아니라, 성경 말씀에는 그리스도의 진리가 넘쳐나는데도 인간은 그 비밀을 알아보려 애태우지 않는다. '여기가 좋사오니' 그냥 어둠의 세상 속에 묻혀 살고자 하니 방목해 달라고 고집만 부리는 꼴이다. 성경은 하나님의 비밀 계시에 대한 인간의 무지함을 강력하게 지적하고 있다.

하나님 특별계시의 대표성을 가진 유일한 증거는 성경 하나뿐이다. 성경은 하나님께서 선지자들을 통해 직접 말씀하심으로 기록된 것이란 의미에서 비밀 계시의 책이다. 성경은 하나님과 그분의 아들 예수 그리스도, 그리고 그분의 하신 일과 성령에 관해서만 기록하고 있다는 측면에서 특별한 비밀의 책이다. 특히 우리 인간이 상상할 수도 없고 추측할 수도 없는 하나님과 하나님 나라의 비밀을 그의 백성들에게 드러낸 희귀한 책이다. 인간으로서는 보지도 못하고 듣지도 못하고 생각지도 못한 하나님 나라의 일들을, 성령과 말씀을 통해 우리에게 밝히 보여 주셨다. 이는 실로 놀랍고 신기한 일이다. 우리는 성경을 통하여 하나님이 누구이신지 조금이나마 알 수 있게 된다. 특히 그렇게 크신 하나님께서 이렇게 추악한 죄인들의 구원을 위해 독생자 예수 그리스도를 보내셔서 어떠한 일을 하셨는지도 깨닫게 된다. 따라서 이것을 비밀 계시라고도 말하지만, 하늘 복음이라고도 부른다. 성경은 창세기부터 요한계시록까지 계속해서 예수 그리스도를 계시하고, 예수 그리스도를 묘사하고, 예수 그리스도만을 설명하고 있는 까닭에 예수 그리스도의 책이다. 따라서 하나님의 비밀계시는 곧 그분의 지혜를 계시하시는 것이며, 인간에게는 정보 제공의 성격을 띤다. 계시는 환상이나 상징 곧 꿈, 벽에 쓴 글씨 등을 통해서 이루어지고 있다. 특히 비밀은 예언과 약속의 형식을 취하고 있고, 인간은 그 내용을 알기 원하고 있는 만큼 그 예언들은 반드시 해석되어 깨달을 수 있어야만 한다. 만약 환상이나 꿈, 상징 자체에 대한 해석이 이루어지지 않는다면, 하나님의 비밀은 영원히 풀리지 않는 수수께끼처럼 비밀로 계속 남아 있게 될 것이다.

특별 계시 성경의 영감 기록

하나님께서는 자신의 비밀을 계시하여 인간에게 전달하시는 수단과 방법으로 선지자들에게 성령 감화를 통해 말씀하시고 그 말씀을 성경으로 기록하게 하셨다. 비밀 계시의 특수성을 보여주는 것은 성경의 감동이다. 인격이라는 도구와 인간 저자의 문학적 재능을 통하여 인류에게 보내는 하나님의 말씀이 영감으로 기록된 책이다. 모든 부분의 성경 말씀은 실수가 없고 권위 있게 구성하신 성령의 사역이다. 그러나 인간들이 성경 말씀의 비밀을 진리로 올곧게 받아들이지 못하는 것은 또 다른 문제이다.

이르시되 미련하고 선지자들이 말한 모든 것을 마음에 더디 믿는 자들이여(눅 24:25).

예수께서 이르시되 너희가 성경도 하나님의 능력도 알지 못하므로 오해함이 아니냐(막 12:24).

선지자들을 통해 계시해 주신 비밀을 미련할 만큼 더디 믿고 있는데, 그 원인은 하나님의 능력을 알지 못한 데서 오는 오해와 곡해, 왜곡의 문제이다. 이 점을 고려할 때 모든 문제는 인간에게 있는 것이고, 인간은 이 점을 의식하고 하나님 비밀의 특수성을 깊이 깨닫지 않으면 안 된다. 이사야 선지자는 영적 깨달음에 다다르지 못한 원인을 제기하고, 사도 요한도 이를 재차 강조한다.

여호와께서 이르시되 가서 이 백성에게 이르기를 너희가 듣기는 들어도 깨달지 못할 것이요 보기는 보아도 알지 못하리라 하여 이 백성의 마음을 둔하게 하며 그들의 귀가 막히고 그들의 눈이 감기게 하라 염려하건대 그들이 눈으로 보고 귀로 듣고 마음으로 깨닫고 다시 돌아와 고침을 받을까 하노라 하시기로(사 6:9, 10).

그들이 능히 믿지 못한 것은 이 때문이니 곧 이사야가 다시 일렀으되 그들의 눈을 멀게 하시고 그들의 마음을 완고하게 하셨으니 이는 그들로 하여금 눈으로 보고 마음으로 깨닫고 돌이켜 내게 고침을 받지 못하게 하려 함이라 하였음이더라(요 12:39, 40).

이사야가 이렇게 말한 것은 주의 영광을 보고 주를 가리켜 말한 것이나, 사도 요한이 말하는 것은 관리 중에도 그를 믿는 자가 많되 바리새인들 때문에 드러나게 말하지 못하니 이는 출교를 당할까 두려워함이며, 이는 그들이 사람의 영광을 하나님의 영광보다 더 사랑하였기 때문(요 12:41, 43. 참조)이다. 또 다른 요인은 성경에 대한 의구심 곧 하나님의 말씀을 진리로 믿지 못하는 경우이다. 성경은 모두 감동과 권위가 완전하여 무오성(無誤性)과 무류설(無謬說)이 뒷받침됨으로써 올바르게 적용되는 특수성을 지니고 있다. '무오하다'는 말은 성경이 진리로부터 벗어나지 않음을 시사하며, '무류설'은 진리에서 벗어날 수 없는, 불가능성에 대한 더욱 강한 주장이다.

성경은 감동되어 하나로 묶을 수 있는 권위가 있는 부분과 감동받지 않아 권위가 없는 부분으로 추정되는 사이를 구분하는 어떤 원리도 갖고 있지 않다는 사실로써 감동의 완전성이 더욱 견고해진다. 성경은 그러한 성경 기자(記者) 안에서 또한 그를 통하여 역사하시는 하나님에 의해 만들어졌다. 사실 하나님의 손과 인간의 손이 서로 협력한 사실을 제기하더라도, 감동의 방법이 성경에서 결코 발전된 것은 없다.

성경 가르침의 요점은 결코 하나님께서 선지자의 인간적인 능력을 신적 차원으로 높이지 않으셨다는 것이다. 전능하신 하나님의 능력 안에서 성령께서는 저자들과 모든 상상할 수 없는 방법들을 사용하여 그분께서 인류에게 전달하려는 말씀을 기록하셨다. 성령은 분명히 모든 경우에서 '감동시키기' 위해 보통보다 더욱 높은 경지로 들어 올릴 필요는 없었다. 도리어 하나님께서는 탁월하신 언어를 준비하셔서 자기 백성들에게 보내는 하늘의 권위적 말씀들만을 쓸 수 있게 하셨다. 또한 자유롭게 쓰려고 하는 사람을 다스리심으로써 그분이 원하시는 글들을 기록하신 것이다. 성경의 권위를 가르치는 성경 구절들은 감동의 범위도 지적해 준다. 성경의 권위와 신뢰성이 완전하다면 감동 그 자체의 범위도 성경 전체에 포함한다.

성령 의존적 성경 해석

성경은 성령의 감동에 의해 기록된 하나님의 말씀이다. 그러므로 성경의 해석도 성령의 감동에 의해서 해석되어야 한다. 3차원 세계를 살고 있는 우리로서는 3차원을 넘어서는 초월 세계의 비밀을 듣고 깨닫는 데는 큰 난관이 가로막고 있다. 더욱이 물질적 사고에 젖어 사는 인간은 항상 영적 비밀을 깨닫기 어렵게 만드는 세상의 장애물들을 스스로 쌓아 놓기에 경쟁적이다. 그만큼 성경 말씀을 이해한다는 것은 어려워지므로 성경에 담긴 진리의 참뜻을 깨닫기 위해 성령님의 도움을 받아야만 한다는 것은 당연한 일이면서 절대적이다.

오직 하나님이 성령으로 이것을 우리에게 보이셨으니 성령은 모든 것 곧 하나님의 깊은 것까지도 통달하시느니라(고전 2:10).

사도 바울이 이방 선교를 하는 과정에서 가장 큰 걱정거리로 삼았던 부분이 가짜 진리, 거짓 예수 그리스도를 전하는 자들의 출현에 관한 것이었다.

비록 하늘에나 땅에나 신이라 불리는 자가 있어 **많은 신과 많은 주가 있으나** (고전 8:5).
그는 대적하는 자라 신이라고 불리는 모든 것과 숭배함을 받는 것에 대항하여 그 위에 자기를 높이고 **하나님의 성전에 앉아 자기를 하나님이라고** 내세우느니라(살후 2:4).

당시 유대인들은 자신들이 율법주의에 빠져있는 현실도 자각하지 못했을 뿐 아니라 율법을 사랑으로 완성하시려는 그리스도 예수의 말씀도 이해하지 못하고 있었다. 이 역시 하나님의 비밀 계시를 충분히 깨닫지 못했다는 증거다. 예수께서는 이 점을 깨우쳐 주시기 위해 비유법으로 하늘 비밀을 계시해 주신다.

내가 율법이나 선지자를 폐하러 온 줄로 생각하지 말라 폐하러 온 것이 아니요 완전하게 하려 함이라 진실로 너희에게 이르노니 천지가 없어지기 전에는 **율법의 일점일획도 결코 없어지지 아니하고 다 이루리라**(마 5:17, 18).
그러므로 누구든지 이 계명 중의 지극히 작은 것 하나라도 버리고 또 그같이 사람을 가르치는 자는 천국에서 지극히 작다 일컬음을 받을 것이요 누구든지 이를 행하며 가르치는 자는 천국에서 크다 일컬음을 받으리라(마 5:19).

그러나 율법의 한 획이 떨어짐보다 천지가 없어짐이 쉬우리라(눅 16:17).

예수께서 이르시되 너희 율법에 기록된 바 내가 너희를 신이라 하였노라 하

지 아니하였느냐 성경은 폐하지 못하나니 **하나님의 말씀을 받은 사람들을 신**

이라 하셨거든(요 10:34, 35).

우리의 관점을 분명하고 확실하게 세워야 할 것은 성경이 하나님의 말씀을 성령의 영감으로 기록된 책이라는 사실이다. 성령은 신비한 감동으로 이해된다. 개역 성경 신약에서 감동으로 번역된 헬라어 **'테오프뉴토스'**를 직역하자면 **'하나님께서 숨을 불어넣으셨다'**이다(딤후 3:16, NIV: God-breathed; 참조. 욥 32:8). 이에 대한 주요 열쇠는 구약에서 하나님의 호흡은 곧 그분의 뜻과 능력으로 즉시 성취하는 효과를 낳는다는 개념에서 찾을 수 있다. 성경 기록과 성경 해석이 전적으로 성령 의존적이라는 이 원리가 무시되면 성경은 하나님의 책이 아니라 세상의 책이 되고 만다. 하나님께서는 성경 말씀의 참뜻을 발견하도록 1차로는 성경 말씀과 성경 말씀의 연결선상에 두셨고, 2차적으로는 성령께서 최종 해석해 주셔서 깨우침을 받도록 하셨다. 이 점을 분명히 이해하고 기억해야 하는 것은 신구약 성경 전체가 모두 하나님의 비밀이고, 하나님이 주신 영감(靈感. spirit. 히, 루아흐)으로 기록된 까닭에 성경 해석 방법에 기초를 제공해 주는 단서이며, 해석학적 접근 방법에서 핵심 관점이 된다.

먼저 알 것은 성경의 모든 예언은 사사로이 풀 것이 아니니 예언은 언제든지 사람의 뜻으로 낸 것이 아니요 오직 성령의 감동하심을 받은 사람들이 하나님께 받아 말한 것임이라(벧후 1:20, 21).

성경이 성령의 감동으로 쓰여진 책이라면 완전한 해석도 성령에 의해 풀어져야 한다. 하나님의 비밀에는 신학적으로 중요하고도 다양한 뜻이 함유되어 있어서 신학자들에 의해서, 혹은 성도 개인에 의해서 성경을 자의적으로 해석하고 그릇된 결론을 내리며 스스로 만족해하기가 쉽다. 물론 그 다양성이 궁극적으로 서로 조화될 수 없는 것을 말하는 것은 아니지만, 신구약에서 타당하고 공통된 주제를 찾아내지 못한다면 건전한 핵심 단어로 '**비밀**' 또는 '**은밀한 것**'을 깨달을 수 없게 된다. 성경을 관통하는 가장 중요한 핵심 주제가 무엇인가에 대한 견해 차이는 있을 수 있다. 하지만 우리가 주목해야 하는 관점은 궁극적으로 성경의 저자가 하나님이시라는 점과 성경은 모두 성령의 영감으로 기록된 하나님의 말씀인 까닭에 기본적으로 통일성을 견지하고 있다는 전제를 분명히 해야 한다. 그 관점을 기본으로 삼는다면 그 어떤 논의나 논쟁도 하나의 공통 데이터베이스 즉 진리를 발견하게 될 단서들이 될 뿐이다.

신구약 성경 몇몇 본문에서는 비밀이라는 용어를 명백하게 사용하고 있지는 않지만, 해당 본문에 비밀 개념이 많이 스며들어 있다는 점에서 우리가 깊은 관심을 기울여야 할 충분한 이유가 된다.

그레고리 K. 비일과 벤저민 L 글래드는 '하나님의 비밀'이란 책에서 '비록 비밀은 전문 용어로서 그 단어가 사용될 때마다 동일한 일반적인 개념을 지니고 있지만 우리는 부당하게 총체적인 의미를 전달하는 오류를 범하지 않도록 유의해야 한다. 이 오류는 어떤 주어진 문맥에서 한 단어가 의미론적으로 가능한 모든 의미를 지니고 있다고 간주하는 것을 가리킨다'고 지적한다. 다시 말해 한 단어에 지나치게 많은 의미를 부여하지 않도록 조심해야 한다. 성령의 감동과 하나님의 뜻을 인간의 생각과 의견으로 가감하는 것은 곧 진리의 왜곡이기 때문이다. 이와 같은 함정을 피해 가기 위해 우리는 비밀이라는 용어가 사용되는 각각의 전후 문맥을 반드시 신중하고 주의 깊게 탐구해야 하며, 이 단어와 다른 단어 및 구절들과의 연관성까지 검토해야 한다. 비밀은 때로 신비스럽다는 의미를 주기도 하지만 분명 신비와는 구별된 개념이며, 신구약 성경 전체는 하나님을 중심으로 한 하나의 하모니를 이루고 있음을 간과해서는 안 된다. 예를 들면 마태복음서는 종말의 하나님 나라에 대한 개념을 비밀과 연결한다.

> **천국의 비밀을 아는 것이** 너희에게는 허락되었으나 그들에게는 아니되었나니 그러므로 내가 그들에게 **비유로 말하는 것은** 그들이 보아도 보지 못하며 들어도 듣지 못하며 깨닫지 못함이니라(마 13:11, 13).

심지어 고린도전서는 '은밀한' 비밀 용어를 그리스도의 십자가 사건과 연결한다. 일단 우리가 비밀이라는 단어의 의미와 중요성을 파악하고 나면, 그다음에는 종말의 하나님 나라가 세워져 가는 것과 십자가 부활 사건과 같은 주제들을 다룰 수 있을 것이다.

> 형제들아 내가 너희에게 나아가 하나님의 증거를 전할 때에 말과 지혜의 아름다운 것으로 아니하였나니 **오직 은밀한 가운데 있는** 하나님의 지혜를 말하는 것으로서 **곧 감추어졌던 것**인데 하나님이 우리의 영광을 위하여 만세 전에 미리 정하신 것이라(고전 2:1, 7).
> **나의 복음**과 예수 그리스도를 전파함은 영세 전부터 감추어졌다가 이제는 나타내신 바 되었으며 영원하신 하나님의 명을 따라 선지자들의 글로 말미암아 모든 민족이 믿어 순종하게 하시려고 알게 하신바 그 신비의 계시를 따라 된

것이니 이 복음으로 너희를 능히 견고하게 하실(롬 16:25, 26).

하나님의 비밀은 인간이 받아들이고 해석하며 이해에 도달하는 데는 어려움이 많이 있다. 자연과 초월이라는 서로 다른 세계 사이의 소통 장애에서 오는 자연적인 어려움이다. 하지만 어떤 경우에는 인간의 능력으로는 도저히 풀어낼 수가 없고, 모르면 당할 수밖에 없다는 현실도 분명히 존재한다. 하나님의 비밀 계시에는 하나님의 지혜가 상징적인 전달의 형태로 나타난다. 그런데 특이하게도 그 전달의 내용이 무엇인지는 성령의 도우심과 천사나 하나님께 특별한 은사를 받은 선지자나 선견자 또는 목회자의 해석을 반드시 받아야만 알 수 있게 되어 있다. 그것은 은사를 받은 자들의 기도에 의한 것이다.

하나님의 비밀을 받아들이고 해석하는 데는 먼저 **인간적인 장애 요인들이 존재한다**는 것을 인정해야 한다. 1) 우리의 삶을 둘러싸고 있는 정보 환경과 기본 인식, 2) 세상적 이해에 몰두하는 인간적 속성, 그리고 3) 하나님 비밀에 대한 차원적, 상징적, 영적 해석의 요구와 함께, 4) 비밀을 완벽하게 깨닫기까지는 추가적 계시가 필요하다는 점이다. 5) 특이한 것은 비밀 계시는 기도와 찬송, 빛과 시간과도 밀접한 관계를 맺고 있다는 사실이며, 6) 비밀은 가치가 높고 인지 범위가 좁을 때 더욱 권력으로 작용한다는 사실이다. 사람들은 자기 비밀을 알리고 싶어 안달함으로써 비밀을 지키는 데 한계성과 누설 위험성을 안고 산다. 이에 반해 하나님의 비밀(복음)에 대해서는 이상하리만치 주변에 널리 알리려는 의지를 갖지 않는다. 하늘 비밀을 간직함으로써 누릴 수 있는 기쁨을 찾으려고도 하지 않는, 일종의 거부반응이다. 이는 하나님 비밀을 온전히 깨닫지 못한 상태에 있다는 사실을 반증한다. 하나님의 비밀 계시에 관한 연구는 구약

성경과 신약성경이 어떻게 관련되는지에 대한 우리의 이해와 개념을 더욱 세밀하고 정확하게 밝혀 줄 것이다.

우리는 성경 해석에 접근할 때 시대착오적으로 읽고 싶어 하는 유혹을 단호히 거부해야 한다. 하나님의 비밀을 인간의 정보로 받아들이는 과정에서 인본주의 관점으로 읽고 해석하려는 유혹이 있기 마련인데, 그것은 하나님 말씀 왜곡과 신앙의 뒤틀림 현상이라는 큰 결함을 발생시킬 것이다. 하나님의 비밀은 반드시 하나님의 관점에서 하나님의 비밀로 인식되어야 한다. 인간의 정보 욕망과 감각은 세상의 인본주의 사고와 자기 우상화에 길들여 왔기 때문에 이미 하나님 말씀을 왜곡 인식할 오류의 틀이 고착되어 있다. 그러므로 성경 내 비밀을 탐구하는 새로운 관점을 발견하기까지 그 누구도 게을러서는 안 된다. 시편기자는 여호와의 말씀으로 하늘이 지어진 것을, 사도 바울은 성경이라 불리는 기록된 문서를 하나님의 작품으로 주장하고 있고, 베드로후서(1:19-21)에서도 똑같은 견해를 나타내고 있다.

> 여호와의 말씀으로 하늘이 지음이 되었으며 그 만상을 그의 입 기운으로 이루었도다(시 33:6).

이 성경 구절에서 예언의 말씀은 인간의 지혜로 말미암은 단순한 우화들과 대조된다. 성경은 다른 어떤 증인들의 증언보다 더욱 확실하며 믿을 만하다. 성경의 독특한 권위에 대한 설명은 그 자체 가운데 있다. 그것은 진리에 대한, 단지 사람의 개인적인 해석으로서가 아니라 선지자를 통한 하나님의 성령으로 말미암아 된 것이기 때문이다.

크도다 경건의 비밀이여 그렇지 않다 하는 이 없도다 그는 육신으로 나타난

바 되시고 **영으로 의롭다 하심을 받으시고** 천사들에게 보이시고 만국에서 전

파되시고 세상에서 믿은바 되시고 영광 가운데서 올려지셨느니라(딤전 3:16).

또 우리에게는 더 확실한 예언이 있어 어두운 데를 비추는 등불과 같으니 날

이 새어 샛별이 너희 마음에 떠오르기까지 너희가 이것을 주의하는 것이 옳

으니라 **먼저 알 것은 성경의 모든 예언은 사사로이 풀 것이 아니니 예언은 언**

제든지 사람의 뜻으로 낸 것이 아니요 오직 성령의 감동하심을 받은 사람들

이 하나님께 받아 말한 것이라(벤후 1:19–21).

사실 성경은 하나님의 작품으로 감동(inspiration)된 것이라는 관점을 넘

어서서 **성령화(spiration)**된 것으로 **하나님의 성령화(감동)**는 신약성경의 많은

곳에서 확증되고 있다. 성경의 저자들은 성령에 의하여 또는 성령 안에

서 기록하였으며(막 12:36), 성령이 말하는 것은 실제로 하나님께서 말씀

하신 것이다.

영감(靈感. spirit. 히. 루아흐)은 어떤 특정 개인에게 지혜나 능력을 부여

하시는 하나님의 행위를 뜻하거나, 예언자들의 마음을 이끄시고 그리스

도인들을 고무시키는 성령의 사역을 가리키는 말이기도 하다. 예를 들면

선지자 엘리야가 엘리사에게 영적 인수인계하는 사례를 통해 영감을 얻

을 수가 있다. 엘리야가 하나님이 맡기신 사명을 완수 함에 있어 마지막

남은 일은 후계자를 세우는 일로, 엘리사를 여러 장소로 옮겨 연단시킨

후, 요구사항을 묻는다. 이때 엘리사는 엘리야의 영감의 갑절을 구했고

그 응답으로 엘리야의 권능을 이어받았다.

엘리야가 겉옷을 가지고 말아 물을 치매 물이 이리저리 갈라지고 두 사람이

마른 땅 위로 건너더라 건너매 엘리야가 엘리사에게 이르되 나를 네게서 데려감을 당하기 전에 내가 네게 어떻게 할지를 구하라 엘리사가 이르되 **당신의 성령이 하시는 역사가 갑절이나 내게 있게 하소서 하는지라** 이르되 네가 어려운 일을 구하는도다 **그러나 나를 네게서 데려가시는 것을 네가 보면 그 일이 네게 이루어지려니와** 그렇지 아니하면 이루어지지 아니하리라 하고(왕하 2:8~10).

이 말씀을 통해 우리가 구해야 할 것은 영감이며, 그것도 갑절을 원하는 자세를 가져야 하되 그것을 이루시는 분은 하나님이심을 믿어야 한다.

제2장
성경 비밀의 특성

하나님의 비밀은 곧 하나님 자신이시다. 하나님께서 비밀을 계시해 주실 때 그것은 하나님 자신을 드러내시는 일이다. 하나님께서는 말씀으로 계시하시는데 그 말씀에는 형체가 없다. 그러므로 인간은 하나님에 대해 조금씩 감지하고 깨달아갈 수밖에 없는 것이다. 하나님이 자기 비밀을 계시하시는 그만큼 우리는 하나님을 알 수 있고, 우리가 하나님의 비밀에 귀를 기울이는 만큼 하나님의 음성을 들을 수 있다. 하나님 비밀이 인간 정보가 되는 순간에 일어나는 찰나적인 깨달음이다. 영원한 생명이 유한의 순간 속으로 들어오는 찰나이다. 이런 관점에서 보면 하나님 비밀의 정보화는 여러 관점에서 그 특성을 보여준다. 하나의 예를 들면 성전에 관한 비밀 메시지다. **하늘을 설명하기 위한 성전이 물리적 성전에서 말씀하는 성전으로, 다시 몸과 마음으로 경청하는 성전으로 바뀐다.** 구약의 물리적 성전과 그리스도 예수의 말씀 성전은 우리 몸과 마음의 성전을 계시하기 위한 하나의 과정이었음을 알 수 있다.

너희는 너희가 하나님의 성전인 것과 하나님의 성령이 너희 안에 계시는 것을 알지 못하느냐(고전 3:16).

구약의 성막(출 26장)과 예수께서 '너희가 이 성전을 헐라 내가 사흘 동안에 일으키리라'(요 2:19b)고 하신 말씀, 그리고 우리 자신이 하나님의 성전이라는 사도 바울의 메시지는 분명하고도 강력한 하나님 나라의 비밀을 깨닫게 하기에 충분하다. 이처럼 하나님의 비밀은 다양한 특성을 함유하고 있어서 실재가 어떠한지를 주목해야 한다.

비밀의 연속성 : 비밀–정보 동일체

우리는 '모르는 것'을 비밀이라 하고, '아는 것'을 정보라고 말한다. 하나님의 비밀 계시에 따라서 인간 정보의 생존력이 유지되고, 인간 정보의 생명력은 하나님의 비밀을 비밀로 간직할 때라야 보장된다. 그런 의미에서 인간이 반드시 지켜야 할 '비밀과 정보의 동일체 원칙'을 생각해야 한다. 일반적으로 비밀을 정보로 획득한 사람은 그 비밀을 임의로 각색하거나 변개시킬 수 있다. 하지만 하나님의 비밀에 관한 한 인간은 계시 된 비밀의 원본 그대로의 내용으로 받고, 이해해야만 한다. 다시 말해서 하나님의 비밀 말씀에 그 어떤 것도 가감해서는 안 된다는 것이다. 오로지 하나님의 비밀은 비밀로, 진리는 진리로 읽고, 지키며, 전파되게 함으로써 그 생명력을 보존해야 한다는 것이다.

비밀의 속성상 일단 계시로 공개되면 그 이후에 비밀은 더 이상 비밀일 수가 없다. 그 비밀을 획득한 사람에게는 새로운 정보로서 특정 역할을 시작할 수 있지만 그 비밀의 이해와 운용에 따라서는 엄청나게 다른 결과를 내놓는다. 비밀의 정보화 과정이 하나님과 인간의 관계에서도 같은 방식으로 작용한다. **하나님의 비밀이 인간에게 계시 되는 순간 그 비밀이 정보라는 다른 이름으로 인식될 수 있다.** 하나의 비밀에서 다른 소유자의 정보 사항으로 전환된다. 이를 '비밀의 정보화' 과정이라고 정의한다면 비밀의 정보화 핵심은 **능력의 전가**이다. 하나님 비밀의 능력이 인간의 정보 능력이 되는 것이다. **비밀의 정보화는 실로 놀랍고 신비한** 프로세스이다. 이 세상 그 어떤 기적과도 바꿀 수 없는 천지개벽과 같은 초자연적 역사가 이루어지는 현장이다. 하나님의 비밀 곧 말씀의 능력이 실제가 되는 것이다. 성경은 곳곳에서 하나님은 인간 친화적인 분으로 자신의 비밀을 마음껏 공개하여 인간이 충분히 누릴 수 있게 되길 원하신다는 사실을 증명해 주고 있다. 그러나 문제는 하나님 비밀의 계시를 받은 인간이 올곧게 이해하지 못하는 데 있다. 또 다른 문제는 설사 비밀 계시를 이해했다고 하더라도 자기 정보로 이용하려는 탐심이 언제든지 발동할 수 있다는 점이다. 그것은 하나님의 말씀 왜곡의 첫걸음이라서 주의해야 한다.

만약 우리가 어떤 것에 대한 아는 바가 없다면 그것에 대한 비밀을 아직 획득하지 못하고 있다는 뜻이다. 다시 말해 우리가 아무 정보도 없다고 말한다면 그것은 아무런 비밀도 갖고 있지 않은 상태를 말하는 것이다. 자신이 알고자 하는 바가 아직도 해결되지 않은 채 무지의 혼돈 속에 있다는 의미이다. 중요한 비밀을 알아내지 못해 답답해하는 정보 부재(없음)의 상태다. 좀 더 정확히 말하자면 **모르는 것은 다 비밀이고, 알게 된 것은 모두 정보이다.** 비밀이 숨기고 감추는 것이라면, 정보는 알아내고 탐구하는 것이다. 비밀은 언젠가 반드시 공개(계시)되고 알려지게 될 것이지만 지금은 감추고 있는 정적인 영역이라고 한다면, 정보는 언젠가 알게될 것이라는 기대로 그 비밀을 탐색하는 동적인 영역이다. 정보는 상대방을 보다 더 깊이 이해하기 위해 뭔가를 알려고 추적하는 행위이다. 비밀과 정보는 동전의 양면과 같아서, 타인이 알지 못하도록 감추어둔 비밀이냐 아니면 그 비밀을 꺼내서 알게 하는 정보이냐. 비밀과 정보는 인간 세상에서 사람과 사람, 단체와 단체, 나라와 나라가 서로 얽혀 있는 교류의 관계에서 중요한 소통 수단이요 내용물이다. 이런 정보 인식 구조가 하나님의 비밀과 인간의 정보 관계에서도 똑같이 작동한다. 성경이 확인해 주고 있는 하나님에 대한 신뢰와 믿음, 그리고 하나님이 선택한 자를 의로 여겨 주심으로 이루지는 의사소통의 결정적인 요인은 바로 비밀 계시와 정보 인식의 관계이다. 여기에서 중요한 원칙 하나를 분명히 해야 할 관점이 있다. 그것은 타인이 알지 못하도록 감추는 비밀이냐 아니면 수단 방법을 동원하여 그 비밀을 알아내려고 하는 정보냐의 관계다. 이것은 새로운 논점이 아니며 오직 이 둘 사이에는 '동일체 원칙' 같은 것이 존재한다는 의미이다. 세상의 관점에서는 비밀의 원칙을 100% 따르지 않고 임의로 변경해 사용할 수 있다.[26] 하지만 성경 말씀 곧 하나님 비밀 계시에 있어서는 그 어떠한 경우라도 비밀 자체를 100% 수용하고 준수해야 한다는 것이 철칙이다. 비밀 계시에 대해 인간이 어떠한 가감을 해서는 안 된다는 것이 하나님 비밀과 인간 정보의 확고한 원칙이다.

폴 트루니에는 그의 책 《비밀》에서 비밀과 정보의 관계를 엄마와 어린 딸아이 사이의 이야기로 쉽게 풀어내고 있는데, 대화체로 구성하면 이렇다.

딸: 비밀이란 게 뭐예요?

엄마: 그건 말이야, 네가 알고 있는 무엇이란다. 하지만 넌 그걸 누구에게도

　　　말하지 않고 혼자서만 간직하는 거야.

26 　비밀의 정보화 과정에서 임의대로 더하거나 빼거나 각색하는 등 근본을 해치는 경우가 인간의 탐욕에 의해 자행되기도 하기 때문에 세상에서 동일체 원칙 100% 실현을 기대한다는 것은 불가능하다.

딸: 그럼 엄마한테도?

엄마: 아니야, 엄마한테는 어떤 비밀도 있어선 안 돼. 네 비밀은 엄마의 비밀
　　　 이란다. 이제부터는 나도 네 비밀을 간직할게.

이 대화에서 '비밀은 정보가 되고, 그 정보가 다시 비밀로 공유'되는 비밀의 정보화 과정을 알게 한다. 딸아이가 가진 비밀이 엄마에게 알려질 때, 엄마는 딸의 비밀로부터 새로운 정보를 얻게 된다. 통상 비밀은 접촉(만남)을 통해서 알려주게 되고, 알게 되는 순간 그 비밀은 비밀이란 옷을 벗고 정보라는 옷을 입게 된다. 그런데 비밀-정보의 관계[27]는 '비밀 공유'에 관한 큰 의미를 갖게 하는데 그것은 **'비밀 = 공유 = 신뢰(믿음)'**라는 공식이 성립되기 때문이다. 예를 들면 가장 가깝고 믿을 만한 사람 간에는 어떠한 비밀이라도 공유는 가능하다. 사실 부부 관계나, 비밀 조직원 등 서로 믿고 신뢰하는 사이에서는 '비밀이라는 게 없다'. 가까운 믿음의 사람 사이에서는 누구에게도 절대 알려줄 수 없었던 비밀도 은근슬쩍 건네 줄 수 있게 된다. 그런 점에서 하나님의 인간에 대한 비밀 계시는 무한한 신뢰와 믿음을 근원으로 삼는다. 따라서 하나님의 비밀 계시에는 서로 믿고 의지하는 관계로의 발전을 도모하겠다는 그분의 뜻과 의지가 담겨 있다고 말할 수 있다. 하나님께서 자기 형상으로 지은 사람(창 1:26)에게 베푸시는 가장 큰 사랑이요 은혜가 바로 자기 비밀 계시이다.

'비밀과 정보' 두 용어는 다소 생소하게 느껴질 수도 있다. 더욱이 비밀과 정보의 연결이라는 관점은 낯설게 보일 수도 있다. 그러나 정보는 삶의 일상 현장에서 통용되는 단어라서 그렇게 생소한 것도 아니다. 비

---

27 비밀-정보 사이에는 '비밀의 정보화'와 '비밀 공유'라는 두 모델이 형성된다. 전자는 비밀이 곧 정보가 되어 임의로 사용(정보공개 혹은 비밀)될 수 있지만, 후자는 참여자가 임의로 비밀을 사용할 수 없고 다만 원래의 비밀 보유자 승인(혹은 쌍방 동의)하에서만 사용 가능하다.

밀과 정보는 동질의 언어이고, 질문과 답변의 관계이며, 아는 것과 모르는 것의 관계이다. 다시 말해 알지 못하도록 감추는 것과 고의로 알게 하는 것, 그리고 알려고 하는 것과, 알게 되는 것이 비밀과 정보 사이의 핵심 주제다. 비밀과 정보는 하나님께 더 가까이 다가가서 그분을 이해하고 접근하는 데 중요한 교량 역할을 한다. 사실 우리의 생존과 종말, 삶 그 자체가 비밀과 정보들의 상호작용이다. 일생을 살아가는 모든 생존의 현장 자체가 '아느냐 모르느냐'의 문제에 걸려 있다. 그렇다고 우리가 모든 것을 알고 있는 것도 아니고, 모든 것을 다 알 수 있는 것도 아니며, 비밀과 정보라는 용어의 그 깊이와 넓이를 모두 이해하고 있는 것도 아니다. 그러함에도 비밀과 정보 두 용어가 세상에서 어떻게 변용되며 우리 신앙에 어떤 영향을 미치느냐를 아는 것보다도 더 중요한 주제는 없다. 특히 인간이 하나님과 그분의 뜻을 올바로 확실하게 알고 있느냐의 관점에서는 더욱 그렇다.

하나님의 말씀인 성경은 비밀의 성격을 띠고 있다. 그러므로 성경을 아무렇게나 함부로 사적 감정을 가지고 읽는다면 하나님의 비밀을 전혀 감지할 수가 없게 된다. 그래서 순수하고 정결한 마음, 기도하는 마음, 간구하는 마음으로 성경 말씀의 비밀에 다가가야 한다. 성령께서 그 비밀을 깨우쳐 주실 때 비로소 우리는 그 뜻을 이해할 수 있게 된다. 하나님이 인류에게 전하고자 하시는 메시지가 새로운 공의와 진리로 다가오게 된다. 바로 그때 하나님의 비밀과 인간의 정보 사이에 새로운 소통의 영역이 형성되는 것이다.

비밀의 공유성 : 하나 됨–신령한 복

위 대화에서 엄마가 딸아이에게 '네 비밀은 엄마의 비밀'이라고 말함으로써 '비밀 = 공유(communicated. 共有)' 관계를 선언한다. 이어서 엄마는 '이제부터는 나도 네 비밀을 간직할게'라고 약속함으로써 딸아이에게 비밀에 대한 신뢰를 보낸다. 이로써 두 사람 사이에는 믿음과 상호 의존 관계라는 새로운 출발이 시작된다. 물론 거기에는 비밀을 비밀로 지키겠다는 암묵적인 약속도 포함된다. 이것이 비밀 공유의 참 의미이다. 비밀 공유 관계를 특별히 강조하는 뜻에서 비밀 중의 비밀 관계라고 일컫기도 한다. 왜냐하면 원래는 아무 비밀도 가진 게 없던 사람이 비밀을 가진 사람의 영역으로 들어가 그 비밀을 공유하며 깨닫고 그 비밀을 지켜 나가기로 굳게 약속하는 관계가 형성되기 때문이다. 비밀을 함께 간직한다는 것은 평범한 관계가 비밀스러운 관계로 발전되었음을 의미한다. 비밀이 두 사람을 하나로 묶었고, 묶은 그 끈은 각별한 신뢰에 바탕을 둔 믿음이다. 이로써 엄마와 딸아이가 비밀로 인해 하나가 된 것이다. 또한 비밀 공유관계는 신뢰를 담보로 한 까닭에 '약속의 관계'로까지 발전되었다. 이것이 비밀의 이중성이다.

하나님의 계시에서도 이와 같은 맥락이 형성된다. 하나님의 비밀이 인간에게 알려짐으로써 '비밀 공유'가 일어난다면 똑같이 믿음과 신뢰 관계를 지킨다는 결론에 이르게 된다. 하나님과 인간 사이에 굳건한 '하나 됨'이 성취되는 것이다. 역설적으로 설명하자면 둘 사이는 '비밀이란 전혀 없는, 모든 것을 터놓고 지내는 은밀한 사랑의 관계'이며, '약속과 언약을 성취하는 특수 관계'이다. 예수께서는 이러한 내용을 기도의 말씀으로 우리에게 전해 주신다.

내가 아버지의 이름을 그들에게 알게 하였고 또 알게 하리니 이는 나를 사랑

하신 사랑이 그들 안에 있고 나도 그들 안에 있게 하려 함이니이다(요 17:26).

비밀 공유는 완전한 상호 신뢰 관계 위에 선다. 특히 천상의 비밀은 삼위일체 하나님의 속성 가운데 고스란히 담겨 있어서 믿음과 신뢰의 관계가 어떠한 것인지를 깨닫게 해 준다. 성부, 성자, 성령 세 분은 각각 위격을 달리하면서도 하나이신 하나님으로서 완벽하게 비밀을 공유하신다. 모든 하늘의 비밀 공유는 삼위일체 한 분 하나님으로 표현된다. 만약 어떤 비밀이 내 속에 들어와 있다면 그 비밀은 나와 함께 살아 있는 그 무엇이다. 그 비밀은 끊임없이 나에게 자신을 밝히며 말을 걸어와 항상 나와 대화를 나누게 된다. 사람의 내면에서 이루어지는 자신과 비밀 간의 대화는 갑자기 독립된 자아를 의식하게 만든다. 우리는 비밀을 간직하면서 자기 속에서 자신을 이해해 줄 누군가를 발견하고 큰 위안을 얻게 된다. 이 이치를 깨닫게 된다면 하나님의 비밀은 우리가 꼭 필요로 하는 것을 채워 주고 해답을 제공하는 해결사 노릇을 하시는 하나님의 진심을 알게 한다.

사람은 비밀로 인해 스스로 말을 걸어 자신과 끊임없는 내적 대화를 시작한다. 이 비밀은 무슨 뜻이며 누구에게서 나온 것이지? 이 비밀을 어디에 어떻게 써먹을 수 있을까? 스스로 비밀의 모든 것을 말하고, 음미하며, 깨달아 알게 됨으로써 비밀과 하나가 된다. 여기에서 하나님의 비밀은 우리를 하나님 형상으로 회복시켜 주는 능력을 발휘하게 된다. 다른 사람은 전혀 알지 못하는 그 무언가 천상에 관한 비밀을 나만 홀로 깨달아 알고 있다는 기쁨에 어찌할 바를 몰라 하는 자신을 발견하게 한다. 하늘의 보물을 발견하는 일이 각 사람의 일생일대에 얼마나 큰 전환을 일으키는 대사건인지를 새삼 이야기할 필요가 없다. 하늘의 능력과 새로운 힘은 하나님으로부터 계시되어 온 하늘의 비밀만이 주는 기쁨이요 영광이다.

비밀의 초월성 : 약속과 예언

비밀은 누군가에게 밝혀지는 순간 그에게 예언적 의미와 약속의 의미를 동시에 준다. 왜냐하면 미래 지향이 아닌 약속이나 비밀이란 존재하지 않기 때문이다. 이 땅이 수평적이라면 사방 좌우를 돌아보는 수준에서 인간은 정보적 한계성을 갖지만, 수직적 초월의 위치에 계시는 하나님은 시작과 끝을 동시에 보는 미래를 약속하실 수가 있고, 그것은 가장 정확하고 믿을 만한 예언이 된다. 물론 과거의 묻힌 사건도 비밀이라는 의미를 부여할 수 있지만, 진정한 의미에서 비밀은 미래의 예언이며 약속이다. 하나님의 모든 말씀과 행동은 미래지향적이어서 약속(promise; 헬. 에팡겔리아)이 시작됨과 동시에 예언(prophesy; 히. 나바. 헬. 프로페튜오)이 된다. 창조의 비밀이시며 모든 정보의 근원이신 하나님은 항상 우리보다 앞서 선행하는 분이시다. 그분의 입에서 나오는 말씀이 항상 먼저이고, 명령이면서 예언과 행동이다. **'비밀 = 예언'**은 **'약속 = 성취'**라는 공식을 만들어 낸다. 하나님의 모든 말씀은 앞으로 미래에 일어날 약속이요 예언이다. 다른 말로 영원한 약속이며 영원한 예언이다. 하나님은 하루살이 인생에게 영원한 생명을 부어 주는 분이시다.

아브라함과 모세와 다윗을 통해 주신 말씀의 공통점은 모두가 영원한 약속이라는 점이다. 우리 삶이 이 땅에서의 유한한 인생으로 끝날 것이라면 영원한 약속이라고 말씀하지 않으셨을 것이다. 성경의 거의 모든 경우가 하나님께서 자기 백성과 맺은 언약을 의미한다. 하나님의 이 약속은 궁극적으로 예수 그리스도에서 완성되었다. 또한 예수께서는 선지자의 입을 통해 이미 약속되어 있었던 성령을 이 세상에 보내 주셨다(행 2:16-18. 참고). 여기에서 기억해야 할 것은 하나님만이 어떤 일이 미래에 일어나기 전에 정확히 알려줄 수 있는 유일한 분이라는 사실이다. 하나님 존재의 관점에서 보면 모든 것은 영원의 한순간, 찰나이다. 따라서 **하나님의 약속 성취는 우리 행위에 근거한 것이 아니라 전적인 하나님 은혜에 의한 것이다. 하나님에게는 현재, 과거, 미래라는 개념이 존재하지 않는다.** 그러므로 예언이란 확실히 선언할 수 있는 주체가 정말로 존재한다는 것에 대한 증거를 위해 기록해 놓은 것이다. 예언은 예언된 사건이 발생했을 때 하나님의 신실하심을 확고하게 인식시켜 준다. 그러므로 인간의 관점에서 보면 예언과 성취 사이에는 불가피하게 '시차'라는 것이 형성될 수밖에 없다. 그래서 성경의 비밀 예언은 절대적으로 필요한 것이며, 사람들을 순종하도록 부르는 방법이면서 믿음을 북돋우는 수단이다.

보라, 전에 예언한 일이 이미 이루어졌느니라 **이제 내가 새 일을 알리노라 그 일이 시작되기 전에라도 너희에게 이르노라**(사 42:9).
너희는 이전 일을 기억하지 말며 옛날 일을 생각하지 말라 보라 내가 새 일을 행하리니 이제 나타낼 것이라 너희가 그것을 알지 못하겠느냐 반드시 내가 광야에 길을 사막에 강을 내리니(사 43:18, 19).

비밀 계시 곧 예언은 하나님 말씀의 약속에 대한 믿음으로 그 열매를 맺을 뿐 아니라 새롭게 시작한다. 우리가 하나님의 비밀을 접할 때 항상 예언적 관점에서 굳은 약속으로 받아들이고 이해해야 할 근거가 여기에 있다. 예언하는 능력은 복음에 나타난 하나님의 비밀한 계시를 깨닫고,

앞일을 예고하는 능력으로 성령의 은사이다(고전 13:2). 성경에 기록된 예언의 내용은 다양하며 그중에서도 오늘날 우리에게 가장 관심이 있는 것은 앞으로 우리가 사는 동안에 일어날지 모르는 일들이다. 특히 오늘의 나(개인)에게 은밀하게 계시해 주시는 말씀이며 약속이다. 돈독한 신앙을 세우기 위해서는 모든 사람이 성경이 말씀하는 예언을 검증해 보겠다고 다가서는 것도 하나의 방법이다. 세상의 비밀도 서로 신뢰하고 믿을 만한 관계에서만 공유되듯이 하나님과의 관계에서도 비밀은 변함없는 약속이기 때문에 하나님께 더 가까이 다가가는 길이 될 것이다. 다만 예언의 검증을 조급하게 기대해서는 한 된다. 하나님의 비밀 계시는 인간에 대한 무한한 신뢰와 믿음을 바탕으로 하여 인격적 대화를 나누고자 하는 깊은 뜻이 담겨있음을 알아야 한다. 이를 간단히 정리하자면 '비밀 = 말씀 = 계시 = 언약(약속) = 예언 = 성취'로 이어지는 등식이 성립된다.

비밀의 역설성 : 제약과 곡해

앞에서 비밀의 초월성에는 약속과 예언이 함께 함을 논하였다. 유한한 존재인 인간은 한 치 앞의 미래도 알 수 없다는 점에서 아무것도 모르는 미래는 당연히 비밀 영역이다. 따라서 하나님 말씀의 약속은 예언적일 수밖에 없다. 그런데 하나님의 비밀이 제약받을 수 있다는 것은 쉽게 이해하기 어려워 보인다. 두 가지 관점을 제기하는데, 하나는 하나님께서 비밀을 계시하셨으나 인간이 이를 받아들이지 않고 거부하는 경우로서, 마치 하나님의 비밀이 인간에 의해 제약을 받게 되는 형국에 처하게 되는 꼴이다. 다른 하나는 하나님 비밀의 예언적 성격을 고지식하게 기계적으로 받아들여 비밀 계시의 본뜻 곧 인간에게 하나님 자신을 알리고, 교제하며, 구원하시겠다는 의지를 곡해함으로써 사실상 하나님 비밀이 제약받는 형국에 놓이게 됨을 말한다. 여기에서 전자는 두루 설명되었으므로 후자를 중심으로 검토할 것이다.

하나님의 비밀 계시가 항상 예언적인 것은 현재 인간의 눈앞에서 전개되고 있는 일에 대해서 굳이 말씀하실 필요가 없으시기 때문이다. 그런데 예언적이라고 해서 무작정 하나님의 말씀을 정형화시켜서는 결코 안 된다. 예를 들면 하나님의 예언을 이미 프로그램화된, 결정론적, 숙명론적으로 이해하는 것은 하나님의 참뜻을 왜곡하고 반역하는 짓이다. 그렇게 이해한다면 역술가나 마술사, 주술사, 점쟁이, 점성술사의 말들과 다름이 없게 될 뿐 아니라 구약에서 수십 차례 계시되어 온 그리스도 예수의 십자가와 부활 의미까지도 모두 잃게 된다. 만약 예언된 약속인 십자가가 기계론적으로 인류에게 주어지는 계시라면 십자가는 전혀 필요하지 않게 되기 때문이다. **십자가도 하나님의 인류를 향한 일종의 설명 도구다. 모든 인류가 결정론적으로 각자의 운명에 고착된 존재라면 예언도 필요 없고, 약속도 필요 없는 것이 아니겠는가?** 여기에서 신학적으로 아주 중요한 분별력을 발휘하여 믿음을 확고하게 세울 수 있어야 한다.

이스라엘은 하나님의 말씀에서 언약과 성취라는 관점, 심판과 구원의 관계적 관점 그리고 종말론의 구원이라는 관점에서 예언적인 미래를 발견하였다. 사실 하나님의 언약 이외에 땅 위에서 미래를 안다고 주장할 만한 근거는 아무것도 없다. 하나님 비밀 계시의 흐름 전체에 근본적인 미래가 담겨있는 것은 분명하다. 이 언어들은 상호 모순적이고 역설적이라서 곡해될 여지도 없지 않다. 만약 우리가 나중에 일어날 일을 미리 알 수 있기 위해, 그리고 미래를 기록한 것으로나 개인과 모든 민족에게 이미 확정된 것으로 성경을 읽게 된다면 어떻게 될까? 그것은 비밀을 해독하는 모든 방법을 통해서 모든 것이 드러나는 운명적인 책으로 단정될 것이다. 그러나 성경적 사유의 모든 흐름은 운명의 책과는 정반대 방향을 향하고 있다는 점을 주목해야 한다. 성경은 단지 신비로운 책 읽기를 위해서 베일의 한 부분도 들어올릴 수 없는 인간의 정보 무능력을 말하는 것일 뿐, 미래는 미리 정해 놓은 것이 아니라는 사실을 밝히고 있다. 이 점에 관해서 심지어 자끄 엘륄은 미래에 대한 어떤 프로그램도 존재하지 않으며 하나님이 수립한 계획조차 존재하지 않는다고 말한다. 미래가 초 단위로 수립되는 하나님의 결정으로 이루어지는 것도 아니며, 다가오는 시간은 전능한 동시에 자족적인 하나님이 자의적으로 결정한 것도 아니고, 이 두 가지는 성경에서 배제된 것이라고 주장한다. 성경은 미리 기록된 책으로, 해석하는 법을 터득해야 하는 것이 아니며 또한 그것을 관통하는 하나의 하나님 뜻이 존재하는 것도 아니라는 것이다. 너무 극단적이라서 생각해야 할 점이 많다.

안타깝게도 성경이 우리에게 묘사하는 모든 것은 그보다 훨씬 더 복잡하다. 자유로운 하나님은 그 어떤 프로그램에도 구속되지 않으시기 때문이다. 따라서 자유로운 사랑의 하나님은 자신이 사랑하는 개개인, 즉 창조 세계와 피조물 특히 자신의 형상이 투영된 존재인 모든 사람을 끊임없이 배려하신다. 하나님이 그렇게 사랑으로 배려하기 때문에, 하나님은 자신이 만든 운명의 철제 감옥에 그들을 집어넣으려고 그들을 기계처럼 만들지 않으셨다. 하나님은 그들을 프로쿠루스테스의 침대[28]에 눕히지 않으신다. 하나님은 피조물들을 배려하시려는 자비심 때문에 창조 세

---

28 그리스 신화에 나오는 이야기로서 '프로스크루스테스(procuste)'라는 인물이 여행객들에게 자신이 만든 철제 침대를 제공하고 그 침대 크기에 맞도록 여행객의 다리를 늘리거나 잘라냈다고 한다. 이는 자신이 정한 일방적인 기준에 따라 타인의 의견과 사상을 재단하는 사람을 빗대어서 말할 때 흔히 사용한다.

계의 요소들을 작용시켜서 어떤 주어진 시각에 가능한 한 제일 좋은 걸 이끌어 내게 하시는 분이시다. 다시 말해 하나님은 상황에 맞는 새로운 조건들을 만들어 창조 세계와 피조물 인간에게 새로운 비밀의 가능성을 제공하신다. 만약 그 작업이 출구 없는 교착상태에 들어갔다면 그 상태를 벗어나는 새로운 모험의 길을 열어 주신다. 이것이 자유의 하나님이 주권적으로 역사하시는 방법이다. 여기에는 어떤 예정도, 어떤 미래의 틀도 없으며, 그 어떤 운명이나 시간을 기계화하는 시도도 없으시다.

이 관점은 신학적으로도 매우 중요한 주춧돌이다. 하나님의 자유와 사랑, 은혜와 자비 그리고 그분의 주권과 전지전능하심을 우리가 인정한다면 하나님을 독재자라거나 폭군처럼 인식할 이유가 전혀 없다. 더욱이 에덴동산에서 첫 사람 아담과 하와에게 생명나무와 선악과를 선택하도록 자유를 주시고, 구약의 역사를 통해 '나는 너희의 하나님이요 너희는 나의 백성'이라고 일갈해 오신 그분의 간절한 외침을 고려할 때 더욱 그렇다. 우리는 비밀의 초월성에 담긴 하나님의 약속과 예언 그리고 비밀의 역설적 제약성과 예언의 유연성에 대한 깊은 이해를 갖도록 노력할 수 있을 뿐이다.

비밀의 희귀성 : 가치와 믿음

세상의 모든 가치 기준은 유익성과 아울러 희귀성에 있다. 특히 희소성의 정도에 따라 모든 것의 가치가 평가된다. 다시 말해 가치라는 것은 항상 희귀성을 기준으로 다른 것과 비교, 평가, 판단을 통해 결정된다.

예를 들면 다이아몬드나 고대 미술, 도자기, 희토류 같은 것은 단지 희귀하다는 이유만으로 그 가치를 높게 인정받는다. 만약 하나님의 비밀을 그 관점에서 본다면 하나님의 비밀이야말로 세상 그 무엇과도 비교할 수 없는 희귀성을 담지하고 있다. 세상의 희귀성은 인간이 정의해 놓은 것으로, 언젠가는 사라질 유한한 희귀성이다. 그러나 하나님 비밀은 하나님이 정의하신 영원한 희귀성이며, 일회성이다. 그러므로 세상 비밀이 인간적인 희귀성의 정도에 달려 있다면, 하나님의 비밀은 영원성에 달린 것이다. 인간이 얼마나 깨달으려고 노력했느냐 그렇지 못했느냐, 혹은 성령께서 얼마나 깨우쳐주셨느냐에 따라 달라지는 열매이다. 세상의 희귀성은 얼마만큼 많은 사람이 갖고 싶어 하느냐 하는 정보 욕망에 따라 가치 평가가 달라지지만, 하늘의 비밀은 그 어떤 가치 평가도 내릴 수 없고 달라질 수도 없는 그야말로 유일무이한 희귀성의 가치이다. 역설적으로 말하자면 영원한 희귀성은 가치가 없는 무가치한 것으로 보일 수 있다. 마치 공기나 산소나 물이나 흙이 돈이나 다이아몬드보다는 그 가치를 평가받지 못하고 있는 것처럼 영원한 희귀성은 감각이 무딘 사람에게는 피부에 와 닿지 않는 무감각이 될 뿐이다. 가치 평가가 사람의 필요나 희소성에 따라 달라진다고 단정하는 것은 모순이다. 따라서 하나님의 비밀은 그리스도인에게는 천하보다도 귀한 보물이다. 그걸 믿는 것이 믿음이다. 반면 불신자들에게 있어서 성경은 다른 소설책보다도 가치가 덜하다는 평가를 받는다. 바로 여기서 '비밀 + 희귀성 + 가치 인정 = 믿음'이라는 공식이 새롭게 완성된다. 만일 당신이 어떤 비밀을 가지게 되었다면 당신은 비밀의 가치와 믿음을 가진 사람이다. 그 비밀의 희귀성 인식 정도에 따라 믿음의 농도도 달라질 수 있다. 희귀한 만큼 더 귀한 것으로 알고 진짜라고 믿는 믿음이 더 커질 것이기 때문이다. 하지만 희귀성의 초점을 어디에 두며 어떤 관점으로 평가하느냐는 누구나 주의해야 할 대목이다.

성경에서 희귀(稀貴. precious. 히. 야카르)는 아주 특별한 비밀의 의미 즉 말씀과 심판을 나타낸다. 예를 들면 어린 사무엘이 엘리 제사장 앞에서 하나님을 섬기던 당시는 말씀이 희귀하여 이상이 흔히 보이지 않았다고 한다. 이는 당시 백성들의 영적 상태가 얼마나 타락하고 부패하였는지를 잘 나타내 준다(삼상 3:1). 이사야 선지자도 바벨론에 임할 화를 선포하면서 하나님께서 사람을 오빌의 순금보다 희귀하게 하실 것이라고 예언하였다. 이는 바벨론의 완전한 멸망을 의미한 것이었다(사 13:12). 이처럼 비밀의 특성 중에는 타인에 대해 숨기고 알지 못하게 하는 속성이 있지만, 그와는 반대로 영원히 감추거나 숨겨질 수가 없다는 특성도 있다. 왜냐하면 공개되지 않은 비밀은 사실 아무런 의미도 주지 못하기 때문이다. 비밀이란 보유자의 필요에 따라 알려주고 싶은 대상이 있을 경우나, 그 비밀이 탐나서 훔치고 싶어 하는 대상이 있었을 때만 상대적인 희귀성의 가치를 가진다.

비밀의 가치가 지니는 또 다른 특성은 타인에게 공개되어 알려지게 될 경우 그 비밀을 획득한 사람에게는 즉시 비밀의 지위와 가치를 상실하고 만다는 것이다. 이에 반해 하나님의 비밀은 세상 비밀의 유한한 가치와는 달리 공개되더라도 결코 그 가치가 떨어지지 않는다. 하나님의 비밀은 영원하여 어떤 희소가치로 비교하거나 평가 판단할 수 있는 성질의 것이 아니다. 하나님의 말씀이 귀한 이유와 믿음으로서의 가치가 여기에 있다. **비밀의 가치는 희소성에 있다기보다는 믿음 정도에 따라 영향을 받는다.** 하나님을 믿는다는 것은 곧 하나님의 비밀을 그 어떤 것과 비교할 수 없는 최고의 희소가치로 인정하는 고백 행위이다. '**비밀의 결국은 믿음이다.**' 우리의 믿음을 위해 비밀이 존재하고, 우리의 신앙을 위해 비밀은 계시 된다. 하나님의 비밀은 가장 믿을 만한, 반드시 믿어야만 하는 특수 정보이다. 세상의 비밀이 희귀성 원칙에 따라 등급이 정해지는 경우를 보면 1급 비밀, 2급 비밀, 3급 비밀 그리고 대외비다. 만약 우리의 믿음을 세상 가치 기준으로 측정한다면 믿음의 강도도 이 기준에 따라 각각 다르게 표현될 수 있을 것인가? 반드시 그런 것은 아니다. 영원성을 지닌 하나님 말씀에 대한 믿음을 도대체 어떤 가치 기준으로 분별할 수 있다는 것인가? 그런 주장은 무한 세계의 하나님 영역을 농단하는 짓이다. 따라서 그리스도인들 간에 믿음 정도를 비교하고 있다면 그것은 옳은 일이 아니다. 믿음은 하나님의 선물이고 그분의 영역이다.

> 너희는 그 은혜에 의하여 믿음으로 말미암아 구원을 받았으니 이것은 너희에
> 게서 난 것이 아니요 하나님의 선물이라(엡 2:8).

인간은 단지 하나님의 은혜에 의하여 믿음으로 구원을 얻을 수 있을 뿐이다. 하나님의 비밀은 등급을 초월하는 희귀하고 신비한 가치임을 다시 한 번 분명하게 확정해 두어야 한다. **희귀한 비밀은 곧 희귀한 믿음이다.** 더 이상 가치로 표현할 수 없는 우주적인 믿음의 가치이다. 각 사람의 믿음은 결코 그 어떤 객관적 기준으로 측정할 수 있는 것이 아니며, 각자의 마음속에 하나님의 비밀에 대한 희귀성을 얼마만큼 인정하느냐에 따라 스스로 측정해 볼 수 있을 뿐이다. 그러므로 믿음에서 주의해야 할 관점은 믿음의 주체가 누구이냐의 문제이다. 우리는 믿음이 기독교의 최상 가치임을 인정하는 데 주저하지 않는다. 하지만 정작 믿음이란 단어 안에 내재된 또 다른 본질적 의미에 대해서는 큰 관심을 기울이지 않는다. 사실 예수께서는 믿음을 말씀하실 때 본질적인 의미 이외에는 그 어떤 관심도 두지 않으셨다.

예수께서 이르시되 딸아 네 믿음이 너를 구원하였으니 평안히 가라 네 병에

서 놓여 건강할지어다(막 5:34; 눅 7:50).

이 말씀을 곡해하게 되면 예수께서 말씀하신 믿음보다는 자기 믿음, 자기가 주체가 되어 믿는 믿음을 최고의 것으로 내세우는 어리석음에 빠질 수가 있다. 자기 신뢰로서의 믿음만이 '믿음의 전부'라고 생각하는 오류는 위험하다. **믿는 것이 아니라 믿어지는 것이다. 그러므로 믿음이란 어떤 대상을 향하는 것이 아니라, 대상 그 자체라는 사실을 명확히 해야 한다.** 예수께서도 자기 자신이 믿음 그 자체임을 강조하셨다. 믿음이 한 사람의 자기 신뢰나 의지를 뜻하는 것이 아니라, 믿음이란 이름이 곧 예수 그리스도 자체를 가리킨다. 여기에서 믿음에 대한 상당한 차별성이 생겨난다. 가령 '내가 예수를 믿는다'와 '예수가 믿음이다'라는 두 명제를 놓고 볼 때 그 접근부터 다르다. '내가 예수를 믿는다.'고 했을 때는 **예수님을 대상화하는 것**을 전제로 하고, 믿음의 주체를 '나'로 설정한 것이다. 이 관점이 심각한 문제가 되는 것은 '나'가 예수를 믿는다고 했을 때, 그것은 바로 거짓 믿음이 되는데, 이 거짓이 반복되면서 나타나는 현상은 성령께서 내 안에 들어오는 **생명의 습합[29]** 사건이 일어나지 못하도록 가로막기 때문이다[30]. 십자가도 '내'가 지고, 믿음도 '내'가 갖는 인식의 주체를 포기하지 않는 한, 주객전도 현상은 일어나고, 그 믿음은 헛된 것이 되고 만다. 자기중심성일 뿐 하나님 중심의 신앙이 아니라는 오류를 지적하는 것이다. 사람들은 자신이 모든 것 다 내려놓고 주님의 음성만 듣고, 주님 명령에 순종하는 주의 종이라고 떠들어대기도 하지만, 정작 괴물 같은 종교심만 키우

---

29 습합은 철학이나 종교 따위에서, 서로 다른 학설이나 교리를 절충함을 의미한다.

30 생명사전. 동서말씀교회. 로고스. 490p

는 꼴이 자기중심성이다. 이제 믿음은 '나의 믿음'과 '믿음 그 자체의 믿음'으로 새롭게 분별하는 깨달음이 일어나야 한다. 나의 믿음은 더 이상 그것을 신뢰하고자 하는 자기 최면이 아니라 그 믿음 사건에 동참하고자 하는 의지 그 이상도 이하도 아니어야 한다. 나의 믿음은 내가 믿을 수 없는 것을 믿도록 도와 달라고 기도할 수 있을 뿐이다. 믿고 싶으나 믿을 수 없는, 의를 행하고 싶으나 행할 수 없음을 고백하는 것이 우리의 믿음이다. 진짜 믿음은 이 믿음의 바탕 위로 들어오기 때문이다. 우리의 가치와 상식, 통념, 일반적 세계관으론 도저히 용납될 수 없는 하늘의 생명 사건, 곧 하나님의 비밀이 우리 안으로 뚫고 들어오는 대사건이 하나님 비밀의 핵심이다. 믿음이라는 이름과 가치로 세상 안으로 밀고 들어온 그리스도 예수의 정체성 전부가 하나님의 비밀이며, 그 전부를 받아들이는 것이 우리의 신앙이 될 뿐 그 외에 다른 아무것도 없어야 한다. 그 말은 처음에는 그림자 차원에서 시작된 믿음이 마지막에는 실체로 변화하고 있는 믿음을 스스로 지켜볼 수 있어야 한다는 뜻이다.

비밀의 시간성 : 때와 기회

하나님의 비밀은 곧 말씀이시고, 그 말씀은 하나님의 계시로 우리에게 전해진다. 하나님의 비밀이 인간의 정보로 인식되는 순간까지 특정한 시간이 개입한다. 말씀의 시간성은 항상 계시되는 '때'가 따로 있다. 그 '때'는 시간적 개념이기도 하지만 기회의 의미이기도 하다. 똑같은 하나님의 비밀일지라도 사람에 따라 계시의 시점이 다를 수 있고, 깨닫는 시점도 다를 수 있다. 비밀을 접할 기회는 주어졌을지라도 계시 받는 자의 태도와 열정, 갈망의 정도에 따라서는 기회와 시간이 일치하지 않을 수도 있다. 하나님의 비밀을 논하면서 시간이나 때는 빼놓을 수 없을 만큼 직접적이고 밀접한 관계를 맺고 있다. 구약성경 전도서 3장은 '범사에 기한이 있고 천하만사가 다 때가 있느니라'(전 3:1)는 말로 첫 구절을 시작한다. 그러고 나서는 14가지 때를 대칭적으로 세워 모두 28가지의 '때'를 전개하고 있다.

> 날 때가 있고 죽을 때가 있으며, 심을 때와 뽑을 때, 죽일 때와 치료할 때, 헐 때와 세울 때, 울 때와 웃을 때, 슬퍼할 때와 춤출 때, 돌을 던져 버릴 때와 돌을 거둘 때, 안을 때와 안는 일을 멀리 할 때, 찾을 때와 잃을 때, 지킬 때와 버릴 때, 찢을 때와 꿰맬 때, 잠잠할 때와 말할 때, 사랑할 때와 미워할 때, 전쟁할 때가 있고 평화할 때가 있느니라(전 3:2-8 참조).

전도서 기자가 정리해 놓은 '때'를 몽땅 털어놓고 보면 우리 인생이 직면하는 '때'라고 할 수 있는 모든 '때'는 다 압축해 놓은 것 같다. 28가지의 '때'는 우리가 경험할 수 있는 모든 것, 행동과 감정의 차원에서 첨가할 수 없는, 더하지도 덜하지도 않은 총체적 숫자이며, 인간 전 생애의 모든 활동이 이 28가지의 '때'로 귀결된다고 해도 과언이 아니다. 여기에서 우리는 세 가지 비밀의 관점을 발견할 수 있다. 첫째는 하나님께서 모든 것을 자기 때에 알맞게 일어나도록 만드셨다는 것이고, 둘째는 이 '때'는 사람이 아무리 애를 쓴다고 해도 그 무엇을 보태거나 뺄 수 없다는 것이며, 마지막으로는 모든 '때'가 하나님 비밀의 계시 시점이라는 사실이다. 그 '때'가 현실로 다가오기 이전에는 모두 비밀로 간직되었던 것인데 계시되는 바로 그 순간에야 비로소 이 세상 또는 개인에게 특정 효력을 발휘하며, 그 '때'라야 인간은 하나님의 비밀로부터 중요한 정보를 얻고 깨달게 된다. 모든 때는 하나님의 소관 아래 있다는 사실을 인정하게 된다.

자끄 엘륄은 전도서 3장이 제기하고 있는 '때'와 관련해서 이는 시간에 대한 성찰이라기보다는 인간의 근본적인 실재와 하나님에게 속한 더 근본적인 실재가 서로 대립하는 현상을 말하는 것이라고 진단한다. 한쪽엔 기회, 시점, 연속되는 시점들과 시간이 있고, 다른 한쪽엔 하나님에게 속한 영원을 향한 갈망이 있어서, 양쪽이 서로 대립하고 있다는 것이다. 모든 일에 다 때가 있다는 것은 역설적으로 우리 인간에게는 아무것도 하지 않을 시간도 없고, 아무것이라도 할 시간도 없으며, 아무것을 하지 않고 있을 곳 또한 어디에도 없다는 것이다. 삶에서도, 시간 속에서도 없다. 우리 인간은 단지 허무와 부정과 자기 파괴에 말려들지 말아야 한다는 긴장감과 역설적인 자유만 있을 뿐이다. 중요한 것은 모든 것이 안개요, 헛된 먼지와 같은 것이지만, 결코 무(無)는 아니라는 점이다. 비밀은 자신이 간직하고 있는 독특한 의미의 정보를 때에 맞추어 제공해 주기 때문이다. 누구에게든 언제나 수많은 활동들을 위한 때가 존재하며, 언제나 행동할 자리가 있고, 모든 현실과 모든 행동에는 고유한 때가 주어진다. 이 진리야말로 우리가 진정한 참자유를 누릴 수 있는 근거가 된다. 다만 시간과 관련해서 반드시 기억해야 할 전제 중 하나는 **'때'는 시간과 찰나, 순간의 압축된 개념**으로서 비밀과 정보의 현재성과 미래 지향성에 결정적인 관계를 맺고 큰 영향을 미친다는 점이다.

'때'의 헬라어는 **'크로노스'**와 **카이로스**로 구분된다. 크로노스가 과거-현재-미래로 대표되는 존재의 시간, **인간의 시간**을 말한다면, 카이로스는 어떤 정해진 때, 특정한 때, 사건으로서의 시간, 즉 한 가지 의미에 집중된 것을 뜻한다. 크로노스 시간이 과거-현재-미래인 피조의 시간이라면, 카이로스 시간은 창조의 시간이다. 성경은 카이로스의 발화 주체를

하나님의 시간, 즉 하나님이 정하신 때, 하나님이 말씀하시는 때를 말한다.

구약에서는 하나님이 믿음의 선지자들에게 거의 일방적인 비밀 계시로 자신을 나타내셨다면, 신약에서는 예수 그리스도를 통해 하나님 자신과 뜻을 계시하셨다. 그런 맥락에서 하나님이 주체가 되는 창조 시간의 때는 인간의 피동적인 크로노스 시간 중 어떤 특정한 때만을 말하지 않는다. 여기에서 중요한 것은 카이로스와 크로노스가 관계를 맺기 위한 접점, 즉 우리 시간 안에서 발견되는 하나님의 말씀 시간이 필요하다는 점이다. 이 발견은 모든 존재들의 삶의 자리에서 특별하게 발견되지만, 카이로스 시간은 말씀하시는 하나님을 발견할 때라야 열린다. 여기에서 결정적인 특징은 그 주체적 말씀의 의미가 무엇인가에 달려 있다. 한마디로 그 말씀의 의미를 단 하나의 존재자, 다시 말해 창조 시간 자체인 그리스도 예수에 집중해야 하며 그분으로부터 생명의 진리를 깨달아야 한다는 것이다. **하나님은 본래 영원하신 한 분이라서 카이로스 개념조차 없던 분이신데도 카이로스의 말씀을 주시는 이유는 인간에 대한 사랑 때문이다. 그 사랑의 발로가 하나님 자신인 그리스도를 말씀으로 내어놓으신 것이다. 그러므로 여기서 중요한 관점은 그리스도라는 개념이다.**

하나님 시간에서 일어난 보편성 즉, 창세 전의 말씀도 그리스도이며, 오늘 우리에게 들려오는 사건으로서의 하나님 말씀도 그리스도이다. 오늘 우리가 사는 시간 속에서 그리스도를 발견하고, 카이로스의 주체인 하나님을 만나게 된다면 바로 이때, 시간 차원의 변혁이 일어나게 된다. 예속된 크로노스 시간으로 살아가던 존재가 생명인 카이로스 시간을 펼쳐보게 되는 것이며, 이것이 곧 영원한 생명이며, 구원의 시간이다. 이른바 무 시간인 저 너머의 카이로스가 인간의 시간인 크로노스 내부를 뚫고 들어와 자신의 좌표를 세움으로써 인간의 크로노스 시간을 하늘의 카이로스 사건이라는 필드로 만들어 준다. 그 좌표가 바로 그리스도의 말씀이요 십자가 사건이다. 만약 우리가 이 보편성을 지닌 하나님의 사랑을 발견하지 못한다면 아무런 의미도 갖지 못하는 것이고, 발견되지 않은 카이로스 시간은 결국 죽어있는 시간 크로노스와 크게 다를 바 없게 된다. 카이로스를 카이로스답게 하려면, 다시 말해 죽어 있는 크로노스를 카이로스로 살리려고 한다면 유일한 길은 세월을 아끼는 길밖에 없다 (엡 5:16. 참조). 이를 수용하고 실천하는 선택은 그리스도인의 몫이지만, 그것을 명확히 하는 것은 복음의 역할이다.

여기에서 주의할 점은 세월을 아낀다고 무작정 부지런한 활동성에만 매달리게 된다면 그것은 율법적인 모순에 빠지는 것일 뿐 올바른 카이로스 시간을 실행하는 것이 아니며, 카이로스 세월로 이해되는 것도 아니다. 하나님이 관여하는 시간성, 특별한 섭리의 시점으로써 신성의 초월적인 신비가 유한의 세계 안으로 들어와서 역사하는 특정한 신적 순간을 가리킬 때가 바로 카이로스 시간이다. 사도 바울은 고린도후서 12장에서 카이로스의 신비 곧 온전한 십자가 체험과 생명체로서의 부활 경험을 고백하고 있는데, 깊이 음미해 볼 말씀이다.

무익하나마 내가 부득불 자랑하노니 주의 환상과 계시를 말하리라 내가 그리스도 안에 있는 한 사람을 아노니 그는 십사 년 전에 **셋째 하늘에 이끌려 간 자라**(그가 몸 안에 있었는지 몸 밖에 있었는지 나는 모르거니와 하나님은 아시느니라) 내가 이런 사람을 아노니(그가 몸 안에 있었는지 몸 밖에 있었는지 나는 모르거니와 하나님은 아시느니라) **그가 낙원으로 이끌려 가서 말로 표현할 수 없는 말을 들었으니 사람이 가히 이르지 못할 말이로다** 내가 이런 사람을 위하여 자랑하겠으나 나를 위하여는 약한 것들 외에 자랑하지 아니하리라 내가 만일 자랑하고

자 하여도 어리석은 자가 되지 아니할 것은 내가 참말을 함이라 그러나 누가 나를 보는 바와 내게 듣는 바에 지나치게 생각할까 두려워하여 그만두노라(고후 12:1-6).

여기서 '때'에 관한 헬라어는 또 다른 표현인 **'호라'의 개념**을 갖고 있음을 눈여겨보아야 한다. '호라'는 정해진 시간이란 뜻 외에 '일순간', '찰나' 즉 '빛의 비춤'의 뜻도 가지고 있다. 이는 하나님이 말씀하시는 카이로스 시간이 찰나이거나 일순간일 경우를 의미한다. 물리적 세계에서도 빛의 속도는 우리가 받아들일 수 있는 시간의 범주를 압도하듯이, 영적 생명의 시간에서도 하나님이 말씀하시는 카이로스 시간은 빛의 현현처럼 찰나, 한순간에 일어나는 섬광과 같은 특성이 있다. 이 찰나의 순간은 이미 정해진 시간, 곧 '예비 되어 있다'는 뜻도 있다. 이는 단순한 결정론을 의미하는 것이 아니며, 하나님의 말씀은 인간의 시간을 넘어서서 존재한다는 의미이다. 하지만 인간의 시간을 넘어서 있을 때 정해지고 말씀되어진 하나님의 말씀이라면 사실상 말씀이 아니라는 개념도 성립된다. 왜냐하면 말씀이란 우리의 시간 안으로 하나님의 뜻이 들어와 관계를 맺기 시작할 때라야 비로소 우리에게는 하나님의 말씀일 수 있기 때문이다. 그런 의미에서 창세 전부터 예비된 하나님의 말씀은 인간 차원에서는 우연하고 돌발적인 것 같으나 포괄적 섭리 속에서 이해될 수 있다. 창세 전부터 예비되었던 하나님 말씀하심과 그 말씀에 반응하는 인간의 시간 속에서 '호라, 때'는 언제든 빛의 방사처럼 비추어질 수 있다. 그러나 우리가 반응하는 접점을 일으키지 않는다면 '호라'의 때는 언제나 유보 상태에 감춰져 있게 될 것이다. 하나님의 말씀이 '호라' 곧 찰나의 순간'에 우리 시간 안에 들어와 이른바 시간의 공간화와 영역화를 이룬다. 이를 통해 인간이 하나님 말씀에 더도 덜도 할 수 없이 극렬하게 노출되어 존재의 모든 것들이 말씀으로 새롭게 규정되는 새로운 몸, 부활의 몸으로 깨달아질 때가 바로 사도 바울이 밝힌 '호라', 하나님 때의 궁극이다.

'호라'는 단순히 말씀하시는 때가 아니라 곧 하나님의 몸이다. 그 첫 열매인 그리스도 예수를 받아들이는 것, 그의 말씀으로 상징되는 피와 살을 먹고 마시는 것, 그 '호라, 찰나'에 적극적인 참여를 통해 인간은 비로소 하나님이 뜻하시는 바의 전부인 말씀화된 존재, 즉 그리스도와 하나가 된 교회, 새로운 피조물로 살아가게 되는 것이다. 하나님을 만나 접점을 발견하고, 하나님 나라를 깨닫게 되며, 하나님 아들 됨의 기쁨에 참여하는 것, 그 자체가 바로 생명이다. 오늘의 그리스도인이 하나님 말씀의 '호라의 때'를 주목할 때 비로소 참된 의미에서의 자기 십자가를 지는 것이며, 영적 자녀를 해산하는 구원의 기적에 동참하게 되는 것이다.

따라서 우리가 하나님의 비밀 계시를 경청할 때 현재 처한 상황을 고려할 수 있으나 '호라, 찰나'의 관점에 주목해야 한다. 하나님 말씀이 기록된 성경을 보더라도 대부분 에피소드가 당시의 현재 상황에 관한 말씀이지만 '호라, 찰나'의 사건을 함유하고 있다는 사실을 알 수 있다. 설사 당면한 현재 상황과 관련되는 그 어떤 말씀일지라도 모두가 천국 소망을 향해 던지는 찰나적 깨달음의 계시이며, 초월 지향적이다. 이 점이 특별히 강조되는 이유는 인간은 미래를 지향하는 듯하면서도 항상 당면한 문제 해결에 집착하는 까닭에 현재의 삶에 몰입하다가 찰나적인 카이로스 시간을 놓치는 경우가 많기 때문이다.

어떻게든 소망 없음의 절망과 낭패는 막아야 한다. 그러므로 우리는 성경 말씀을 해석하고 이해할 때 항상 **예지(foreknowledge. 헬, 프로그노시스)와 예정(predestination. 헬, 프로오리조)**을 전제로 삼아야 한다. 하나님 비밀이 그렇듯이 삶의 모든 부분이 더 미래지향적이어야 한다. 어떤 정보에 대한 평가 판단과 가치 선택, 그리고 적용은 모두 비밀과 직접적인 관련이 있다. 여기서 매우 주의해야 할 점은 우리가 세상 정보는 비교, 분석, 평가, 판단할 수 있을지라도, **하나님 비밀에 대해서는 결코 세상 정보판단의 잣대를 들이대며 판단하려 해서는 안 된다는 것이다.** 그것이 바로 하나님 비밀의 왜곡이요, 하나님을 대적하는 행위가 되기 때문이다. 하나님의 비밀은 인간의 비교, 분석, 평가, 판단의 대상이 아니라 조용히 성령님의 깨우침을 기다리며 묵상하고 수용하며 순종하고 기도할 대상이다.

물론 세상 정보에서는 어떤 것은 선택 과정을 거치지 않고도 알 수 있고, 또 어떤 것들은 구체적인 내용을 알지 못한 채 선택할 수도 있다. 이미 진행 중인 삶 역시 현실의 정보 세계에 놓여 있고, 거기에 비밀이 더해지는 경우가 있다. 그럴지라도 하나님 비밀 계시 해석의 관점은 반드시 소망의 관점에서 미래적이어야 한다. 설사 과거의 사건 사실에 관해 감추어졌던 비밀이라 할지라도 미래를 향한 정보이다. 만약 비밀에서 미래 지향성을 포기한다면 정보의 속성은 즉시 상실되고 말 것이다. 인간 정보의 세계에서 지나간 뉴스라면 선택의 관심권 밖으로 밀려나 거의 쓸모 없는 한물간 구닥다리 구문(舊聞, 신문의 반대어) 정도로 취급되듯이 말이다. 하지만 우리가 삶 속에서 행하는 선택은 어떤 경우라도 먼저는 정보에 관한 선택이며, 감각적 판단 능력을 요구한다. 성경은 하나님과의 관계를 위해 인간이 더 적극적이고 능동적인 자세로 진리 탐구에 임하기를 기대하고 있으나 사실은 그렇지 못하고 있다는 것이 불편한 진실이다.

너희는 예루살렘 거리로 빨리 다니며 그 넓은 거리에서 찾아보고 알라 너희가 만일 정의를 행하며 **진리를 구하는 자를 한 사람이라도 찾으면 내가 이 성읍을 용서하리라**(렘 5:1).

이 풍경은 소돔과 고모라 멸망을 앞두고 하나님과 아브라함 사이에서 이루어져 50-45-40-20-10까지 내려갔던 '의인 찾기 게임'에서도 확인된 사실이다(창 18:27-33). 하나님은 의인 열 명이 아니라 단 한 명만 있어도 소돔과 고모라를 멸망시키지 않겠다고 하신다. 역설적으로 하나님에 대해서 알고 있는 사람이 단 하나도 없다는 뜻이다.

기록된바 의인은 없나니 하나도 없으며(롬 3:10).
복음에는 하나님의 의가 나타나서 믿음으로 믿음에 이르게 하나니 기록된바
오직 의인은 믿음으로 말미암아 살리라 함과 같으니라(롬 1:17).

우리는 하나님에 의해서 의롭다 여기심을 받을 수 있을 뿐이다. 우리는 죄인이라는 굴레를 혼자의 힘으로 벗어날 수가 없다. 의인도 하나님의 비밀 계시의 '때'라야 불릴 수 있을 뿐이다. **하나님께서 '알고 계신다(know)'라고 할 때의 히브리어 '야다'**는 구약성경에서 무려 550번 이상 쓰이고 있을 만큼 하나님은 인간에 대한 깊은 정보 인식을 가지고 계시지만, 이와는 반대로 인간이 하나님의 비밀을 알고 깨닫고자 하는 경우는 거의 없거나 극소수이다. 그것도 하나님의 강권적인 사랑의 계시에 의해서 이루어지는 일이다. 하나님을 더 깊이 알려고 애쓰는 사람이 많지 않다는 것은 미래도, 종말도 고려하지 않는 무지한 자로 살고 있다는 의미이다. 만약 소돔과 고모라 사람들이 하나님 심판의 유황불을 미리 생생하게 볼 수 있었거나, 자신들의 타락한 실재를 똑바로 자각할 수 있었다

면 롯과 그 딸들처럼 안전과 생명을 보장받았을 것이다. 하나님 심판의 법칙은 오늘날에도 똑같이 적용되는 정의와 공의이다.

비밀의 찬탄성 : 깨달음과 찬양

하나님의 비밀이 퍼즐 맞추듯 풀려나갈 때 **그 탄성과 찬송의 기쁨을** 맞이할 수 있다면 얼마나 좋은 일인가? 하나님은 이런 사람들을 위해 자연 계시에 더하여 직접 말씀하시고 이를 특별 계시로 성경을 기록하게 하셨다. 구약성경의 저자들은 여호와 하나님으로부터 계시하신 말씀을 기록하라는 분명한 명령을 거듭 받고 있었다[31]. 어떤 예언들은 백성들에게 주의 깊게 이해할 수 있도록 의도한 기록들이다(렘 29장; 36:4 이하, 27절 이하; 겔 26장; 27장; 31장; 32:39). 예수께서도 구약성경을 인용하여 '기록되었으되'(마 4:4; 요 6:45)라고 전제하시고, 제자들 또한 '성경이 말하기를'(롬 4:3; 갈 4:30)이라는 전제를 달아 전한다. 우리가 하나님께 영광을 올려 드리고 찬송한다고 말하는데, 참다운 찬송은 비밀의 깨달음에 있고, 비밀의 깨달음은 성경의 말씀과 기도, 성령의 임재하심에서 얻을 수 있다. **자신이 전혀 모르고 있었던, 생각지도 않았던 하늘 비밀이 깨달음으로 찾아왔을 때 자신도 모르게 터져 나오는 찬탄, '아하 바로 이것이었구나', '저것이 아니고 이것이 하나님의 참뜻이었구나'라고 비명처럼 외치는 그 순간이 하나님의 위대하심을 고백하는 진정한 의미에서의 찬송이다.** 우리가 알고 있듯이 다니엘서는 비밀을 다루고 있는 책이다. 다니엘서 2장 23절에서 특이한 관점이 하나 발견된다. 주어가 3인칭 단수에서 2인칭으로 바뀌면서 비밀을 깨닫게 되자 곧바로 기쁨

---

[31] 출 17:14; 34:27; 민 33:2; 사 8:1; 렘 25:13; 30:2; 36:2, 27-32; 겔 24:1이하; 단 12:4; 합 2:2.

과 찬송으로 터져 나오는 장면이 나온다.

> 이에 이 **은밀한 것이 밤에 환상으로** 다니엘에게 나타나 보이매 다니엘이 **하늘에 계신 하나님을 찬송**하니라(단 2:19; 욥 33:15).
> 나의 조상들의 하나님이여 내가 **주께 감사하고 주를 찬양**하나이다 주께서 이제 **내게 지혜와 능력을 주시고 우리가 주께 구한 것을 내게 알게 하셨사오니** 곧 주께서 왕의 그 일을 내게 보이셨나이다 하니라(단 2:23).

다니엘은 원래 느부갓네살 왕의 꿈을 해몽해 내지 못하면 생명의 위기를 맞을 상황에 처해 있었다. 한마디로 비밀의 압박에 눌려 있었다. 그런데 하나님이 다니엘을 비밀의 압박감에서 구원해 주셨다. 그는 '주께서 이제 내게 지혜와 능력을 주시고'라는 표현을 하고 있다. 다니엘이 이 계시를 '비밀'(은밀한 일)이라고 이름 붙였음(단 2:18, 19)을 감안할 때 하나님의 비밀 계시가 지혜와 능력, 찬양과 찬송의 개념들과 밀접하게 연결되어 있음을 발견할 수 있다. 특히 성경은 하나님이 찬송을 받으시기 위해 그의 백성을 지으셨으며(사 43:21), 영원히 찬송 받으실 분(고후 11:31)으로 기록하고 있다. 이는 하나님의 비밀을 깨닫는 것이 곧 하나님을 찬양하는 것이며, 영광을 올려 드리는 일이 됨을 말한다. 다시 말하면 하늘 비밀에 대한 깨달음 여부가 하나님과 인간관계의 모든 문제를 풀어가는 키(key)가 되고 있음을 알 수 있다. 구약성경에서는 찬양이 하나님께 영광을 돌리거나(창 14:20; 시 18:46; 72:15) 탁월한 특성이나 위대한 행동에 감사를 드림(삼하 22:4; 대상 16:42; 대하 5:13; 스 3:10; 느 5:13; 시 18:3; 22:22)으로 나타나고 있다. 신약성경에서도 찬송은 찬양하다(엡 1:3; 빌 1:11), 또는 감사하다(롬 15:9; 약 5:13)는 의미로 자주 쓰이고 있다.

여기서 주목해야 할 또 다른 관점은 예수께서 예루살렘에 입성하시면서 찬송을 받으셨고(마 2:19; 막 11:10; 눅 19:38; 요 12:13), 다시 오실 때도 찬송을 받으실 것을 성경이 기록하고 있다(마 23:39; 눅 13:35)는 점이다. 사도 요한 역시 요한계시록에서 천사와 모든 만물이 어린 양 되신 예수를 찬송한다고 기록하고 있다(계 5:9, 10, 12, 13). 이처럼 성경에는 여러 유형의 찬송이 포함되어 있는데, 대표적인 찬송 모음집이 시편이며, 그중에서도 '할렐 시편'이라 불리는 시 113-118편이 유명하다. 특히 구약성경에는 미리암의 찬송(출 15:21)과 모세의 노래(출 15:1-18), 드보라와 바락의 찬송(삿 5:2-31), 한나의 찬송(삼상 2:1-10)과 하박국의 찬송(합 3:2-19)이 있었고, 신약성경에도 마리아의 찬송(눅 1:46-55)과 시므온의 찬송(눅 2:29-32)이 있었다. 여기에서 다시 확인할 수 있는 것은 찬양이나 찬송의 대부분은 하나님의 비밀을 깨닫는 데서 오는 기쁨으로 터져 나온다는 사실이다. 사도 바울이 보여 주고 있는 서신서 중에 찬양, 찬송의 성격을 띠고 있는 부분[32] 역시 하나님의 비밀을 깨달은 데서 오는 것으로 이해할 수 있다. 그런 의미에서 하나님의 비밀을 깨닫게 해 주시는 우리의 기도 골방은 더욱 중요하다고 말할 수 있다.

성경이 때로는 인간 저자를 언급(마 15:7; 24:15)하기도 하지만, 제1저자로서 하나님 또는 성령을 언급한다(마 15:4; 히 1:5b; 3:7). 예를 들면 사도 바울은 성경을 의인화하여 그것을 하나님과 동일한 것으로 묘사하였고(롬 9:17; 갈 3:8, 22; 4:30)[33], 히브리서도 제1 저자의 이름을 종종 언급[34] 하고 있다. 성경의 원저자나 출처는 하나님 비밀에 관한 의미나 취지, 배경을

---

32 찬송 찬양 성격을 띠는 바울의 서신서는 빌 2:6-11, 골 1:15-18, 엡 5:14, 딤전 3:16이 있고, 요한 사도의 계 11:17, 18, 계 15:3, 4 등이 있다.

33 참조. 롬 4:3; 10:11; 11:2; 딤전 5:18.

34 히 1:5 이하; 3:7; 4:3; 5:6; 7:21; 8:5, 8; 10:15, 16

보다 정확히 이해하는 데 중요 단서가 된다. 세상의 비밀 세계에서도 비밀 창안자의 성향이나 특성을 알게 될 때 비밀에 대한 신뢰도나 정확성이 더 높아지듯, 우리는 성경을 통해 하나님 비밀 계시의 내용과 함께 그 목적과 의도, 배경에 대한 깨달음을 얻음으로써 참하나님을 깊이 알고 소리 높여 찬송할 수 있다. 하나님을 찬송하는 것보다 더 큰 기쁨, 더 큰 수확을 우리 삶의 어디에서 얻을 수 있겠는가? 하나님의 비밀과 섭리에 담겨 있는 그분의 뜻이 우리 인간에게 어떻게 반영되고 반응하는지는 그리스도의 핵심 관심사이다. 하나님은 우리에게 기쁨의 찬송이시다.

비밀의 정보성 : 말씀 왜곡의 차단

만약 세상에서 원칙이 무너지고, 원리가 바로 세워지지 않는다면 모든 것이 모래성처럼 일순간 무너지고 말 것이다. 세상에는 숨겨진 부분이 더 많고, 눈에 인지되는 부분은 아주 적은 일부분에 불과하다. 이 말은 우리에게 나타나 보이는 알 수 있는 정보보다는 보이지 않는 배후 세계에 감춰진 비밀이 더 많이 존재함을 뜻한다.

정보는 정보 자체를 비밀로부터 공급받는다. 모든 정보는 비밀이 계시된 결과물이다. 따라서 하나님의 말씀이 계시되지 않았다면 오늘날 우리는 하늘 정보를 가질 수도, 이해할 수도 없었을 것이다. 그래서 **정보의 기본 원칙은 하나님과 하나님 나라 비밀에 관해 '모르고 있던 것을 깨달아 아는 것', '그 아는 것을 더 깊이 알려고 노력하는 것'이다. '아는 것'과 '모르는 것'은 각각 비밀과 정보의 영역에 속한다. '모르는 것'은 알려고 해야 하고, '아는 것'은 제3자에게 알려 주려 해야 한다는 것이 정보 신학의 원칙이다.** 하나님의 비밀 역시 인간이 갈급한 마음으로 알려고 해야 하는 부분이며, 동시에 그 비밀을 알지 못하는 사람들에게 전함으로써 하나님께 영광이 되게 해야 한다. 비밀은 항상 탐구자의 위치에서 모든 것의 상황에 따라 대변해 준다. 하지만 우리가 먼저 할 일은 '아는 것과 모르는 것' 사이를 분별할 능력으로 진리에 다가가는 작업이다. '아는 것을 더 정확하고 바르게 이해하는 것'이야말로 바른 신앙의 길, 그리스도 예수의 길이기도 하다. 비밀의 정보성에 관한 문제는 하나님의 비밀이 인간 정보화될 때 탐욕에 의해 심히 왜곡, 변개될 수 있다는 사실이 에덴동산의 선악과 선택에서 이미 확인된 바 있다. 그러므로 말씀이 왜곡될 위험성의 관점에서 주목해야 할 몇 가지 원칙을 생각해 볼 수 있다.

첫째, 정보는 비밀을 캐는 것이 제일의 목표인데 그것은 반드시 어떤 목적에 따라 이루어진다. 바로 이 인간적인 목적성 때문에 하나님 비밀(말씀)의 인간 정보화 과정에 타의가 개입하는 왜곡이 발생할 수 있다.

둘째, 정보 영역에서는 **정보(intelligence)**와 **첩보(information)**를 먼저 분별해야 한다. **첩보**란 확인되지 않은 자료나 분석되지 않은 내용이고, **정보**는 비교, 분석, 평가, 판단 과정을 거친 결과물이다. 우리는 정보와 첩보를 구별하지 않고 정보라는 한 단어로 사용하는데, 왜곡 가능성이 높다는 측면에서 보면 가짜 정보나 가짜 진리들이 넘치는 세상 문화를 고려할 때 첩보와 정보의 차이점을 소홀히 할 수 없다. 이 과정에서도 비밀 사용자의 자의적 목적 때문에 비밀의 본래 내용이 다른 것들로 첨삭되는 왜곡이 빈번히 일어날 여지가 많기 때문이다.

셋째, 일단의 정보 사항은 **'정보 – 지식 – 지혜'**로 이어지는 정보화의 흐름 과정을 거쳐서 완성되는데 이 과정에서 정보는 물론이고 지식뿐만 아니라 지혜의 부분에서도 다양한 변수와 왜곡 요인이 개입할 여지가 있다. 모든 사람이 현실주의자로서 이 영역에 깊이 개입하기 때문에 모두가 인본위적 가치관 또는 세상의 관점과 자료들을 가감, 첨삭하려 든다. 이것이 하나님 비밀(말씀)의 계시에 대한 이해와 해석에 있어서는 가장 경계해야 할, 왜곡 가능성이 높은 부분이다.

넷째, 인간의 정보라는 그릇은 하늘 비밀을 담을 만한 충분한 그릇이 되지 못한다. 그러므로 여기에도 하나님 비밀(말씀)을 왜곡할 여지가 발생한다. **하나님은 보이지도 않고 소리도 없는 무한하신 분으로 우리의 인식 안에 그대로 담을 수가 없다.** 우리 안에 담을 수 없는 분이라면 단언컨대 하나님은 비밀이시다. 우리는 하나님이 우주를 직접 창조하셨고, 만물에 관한 모든 비밀을 갖고 계시며, 세상 모든 정보의 근원이심을 믿음으로 먼저 고백하게 된다. 창조 비밀의 보고이신 하나님 곧 그분의 뜻과 의지를 알아가려는 우리의 노력이 바로 여기에서 시작된다. 하나님은 창조주로서 하늘과 땅의 모든 비밀을 우리 인간을 향해 끊임없이 계시하시며 자신을 '알리시고, 알게 하시는' 분이시라는 데 기초한다. 신구약 성경의 큰 물줄기는 인간을 향한 하나님의 자기 계시로 가득 차 있다. 이것은 피조물인 인간이 마땅히 하나님과 그분의 계시에 대해 '알고, 알려고' 노력해야 하는 존재라는 사실을 미리 정의해 둔 것이다.

여기에서 정보 신학이 갖는 위치는 이러한 비밀의 정보화 과정이 하나님의 비밀, 인간의 정보화 과정에서도 똑같이 일어날 수가 있다는 전제하에서 성경 말씀을 올곧게 읽고 해석하여 하나님과 그분의 뜻을 정확히 획득하는 데 있다. 그다음은 하나님을 아는 지식으로 하나님의 지혜를 공급받아 천국 소망의 신앙생활이 믿음과 자유로 이루어 지게 하는 것이다. 이 과정에서 기쁨과 평강의 축복이 눈에 보이지 않는 모습으로 우리 안에 스며들게 한다. 가장 중요한 것은 하나님 말씀과 뜻을 올곧게 깨닫고, 진리를 삶의 전유로 삼는 날까지 메시지가 전하는 사명에 전적으로 순종하는 자세를 견지하는 일이다. 그것은 하나님의 말씀과 뜻을 왜곡 변질시키는 구조들을 파헤쳐 폭로하고, 올곧은 믿음으로 도달할 목적지를 분명히 함으로써 세계관과 신앙관을 확립하는 데 있다.

이미 앞에서 논한 것처럼 최초의 사람 아담이 직면한 가장 시급한 과제가 정보 사항이었다면 이제 무엇을 알아야 하며, 누구에게 물어야 하느냐는 것이 핵심이다. 이 점을 상기할 필요가 있는 것은 생존의 현장에서 현실 세계에 눈을 집중할 것이냐 아니면 자신을 만들어 주신 하나님께 먼저 다가갈 것이냐의 선택의 문제이기 때문이다. 이 논제는 오늘 이 시간에도 우리에게 계속 던져지고 있는 질문이다. 신자이든 불신자이든 이 기초적 질문에서 시작한다. **나는 누구인가? 나는 누가 만들었는가? 나는 어디서 와서 어디로 가는 존재인가?** 이 질문은 모두 하나님의 비밀에 관한 사항들이다. 내가 **살아야 할 이유와 목적은** 어디에서 찾아야 하는가? **하나님은 어떤 분이시며, 어떻게 인간 구원의 역사를 이루어 오셨는가?** 이런 궁금증과 호기심은 성경을 통해 하나님의 음성을 들음으로써 풀어나갈 수 있다. 사실 아담은 자연 세상(선악과)을 알려고 하기보다는 먼저 하나님과 하나님의 창조 비밀을 더 알고 싶어 했어야 했다. 하지만 그는 그렇게 하지 않았고, 도리어 하나님께서 먼저 하나씩 정보자료들을 주시면서 깨닫는 훈련을 시켜 주셨다. 아담과 하와는 준비되어 있지 않은 어린아이 같았다. 하나님은 창조 이래로 줄곧 아담의 후손들에게 하늘 비밀을 깨닫게 해주시려고 열정을 쏟으셨다[35].

하나님은 성령의 역사를 통해 지금도 우리 세대에게 말씀으로 계시해 주고 계신다. 그런데 지금 우리가 어떤 위치에 있는가를 생각해 볼 때,

---

[35] 하나님은 아담에게 들짐승과 공중의 새를 이끌어 이름을 짓게 하시고(창 2:19) 갈빗대를 취하여 여자를 이끌어 부부가 되게 해주셨다(창 2:21~24).

하나님의 비밀을 향한 열정보다는 세상을 향한 뒤틀린 정보 욕망에 사로 잡혀 있음을 다시 확인하게 된다. 우리는 여전히 에덴동산에서와 같은 맥락의 질문을 뱀(사탄)으로부터 받고 있는 것이다.

하나님이 참으로 너희에게 동산 모든 나무의 열매를 먹지 말라 하시더냐(창 3:1).

이 질문 하나에 모든 것이 헝클어져 버렸다. 한편으로는 뱀(사탄)의 위력이지만, 다른 한편으로는 인간의 취약함이다. 아직도 우리에게는 세상으로부터 똑같은 질문이 던져지고 있다. 하나님은 진실로 살아 역사하고 계시는가? 우리의 구원은 정말 확실히 보장된 것인가? 어떻게 하면 이 세상에서 더 풍요롭게 살다가 천국 맨션에 들어갈 수 있을까? 이런 유의 질문 속에는 새로운 '**정보 원리**'들이 숨어있다. 지금 나는 어떤 질문을 받고 있느냐와 나는 어떤 질문을 하고 있는가는 중요하다. 믿음이 확고한 사람은 그 어떤 질문도 하지 않는다는 것을 스스로 다짐하는 성숙한 모습을 지닌다. 왜냐하면 확실히 믿고 있기 때문에 그런 질문 따위는 필요 없다. **예, yes만 있는 자각은 신앙의 원리에서 중요한 깨달음이다.**

'**원리**'라는 말은 특별히 어떤 것이 발출해 나오는 원천이나 원인을 가리킬 때 사용된다. 헬라어의 라틴어 번역인 '**원리, 아르케**'는 '시작'이라는 뜻을 함유하고 있다. 원리라는 단어는 아리스토텔레스가 모든 존재, 실재, 또는 지식의 주된 원천을 가리키기 위해 사용한 용어이다. 제1 원리라는 말은 아리스토텔레스의 용법에 더 가까운 용어이다. 아리스토텔레스는 '아르케'라는 용어의 여러 가지 뜻을 설명하는 가운데 모든 제1 원리에 공통되는 것은 **그 모든 것들이 그것으로부터 존재하고, 되고, 알려지는 바**

주된 원천들이라고 정의한다[36]. 그러함에도 모든 원리의 근본은 바로 하나님 자체이시다. 여기에서 우리에게는 왜 어떤 질문도 하지 않는 것이 더 중요한 정보 원리가 되는지에 관한 의미를 간파할 수 있다.

조직 신학자 벌코프는 우리가 명심해야 할 것으로 '원리'에 상응하는 히브리어와 헬라어 단어가 성경에서 갖는 의미가 똑같다는 점을 강조한다. **성경은 하나님을 경외하는 것이 지혜(시 111:10)이며, 지식(잠 1:7)의 '원리(레쉬트)'라고 한다.** 그리스도를 창조 및 부활의 **'원리(아르케)'**라고 말할 때(골 1:18; 계 3:14)와 같이 우연적 의미를 지닌다는 것이다. 그런 점에서 먼저 **비밀의 정보화 원리**에 대한 이해가 요구된다. 우리의 모든 것, 우주의 만물이 **'하나님의, 하나님에 의한, 하나님을 위한'** 것이라는 개념을 분명히 이해할 때 비로소 하나님의 창조와 전지전능하심, 주권과 통치가 분명히 인식될 수 있다. 그분 앞에 무력한 존재로 설 수밖에 없다는 인간의 실존을 깨달을 때라야 깊은 신앙의 경지로 진입할 수 있다. 그분은 초월의 존재로 우리의 생명이시며 역사를 주관하시기 때문이다.

또한 벌코프는 **'존재의 원리'**가 고대철학의 큰 관심거리였다면, 현대철학에서는 **'인식의 원리'**가 더 큰 관심을 끈다고 말한다. 비신학적 학문에 적용되는 원리들과 신학에 맞는 원리들 사이에는 주목할 만한 유사성이 존재하지만, 다른 한편으로는 무시할 수 없는 차이점도 있다. 존재의 원리는 자연적이고 일반적인 성격을 갖고 있는데 그것들은 창조 그 자체와 함께 주어졌고, 그것 자체로서 인간에게 적용될 뿐만 아니라 모든 비신

---

36 아이슬러도 그의 책《철학 사전》에서 원리는 그것으로부터 모든 존재자가 발출해 나오거나 사물들이 기초하는 바 '실재 원리, 존재 원리'이며, 또 사고 및 인식이 필연적으로 근거하는 바 '사고 원리, 인식 원리, 형식적 및 내용적 관념 원리'라고 말한다. 최상의 관점이요 행동의 규범은 '실천 원리'라고 말한다. 또한 크라우트 플레밍도 그의 책《철학 용어사전》에서 이렇게 주장한다. '이 말은 사고와 존재에 똑같이 적용되며, 따라서 원리들은 존재의 원리들과 인식의 원리들로 나뉘어 왔다.

학적 학문에 지배적인 영향을 미친다. 벌코프는 비신학적 학문의 원리로 ①존재의 원리이신 하나님과 ②외적 인식의 원리인 하나님 창조물의 세계, 그리고 ③인간 이성의 내적 인식의 원리를 제시한다. 여기에서 세상 만물은 상호관계의 틀을 형성하고, 상호보완적인 존재의 특성을 유지해 나가고 있음을 알 수 있다. 모든 관계 즉 사람과 사람, 사람과 자연, 사람과 하나님 사이에는 상호성의 관계를 바탕으로 삼고 있다. 만약 이 논제를 비밀−정보에 견주어 생각해 본다면 ①존재의 원리는 비밀의 원리 곧 계시의 원리이고, ②외적 인식의 원리는 탐색의 원리, 곧 정보의 원리이며, ③인간의 내적 인식의 원리는 비밀과 정보의 공유 원리 곧 자각의 원리라고 말할 수 있다.

이 세상은 서로가 자신의 비밀을 감추기도 하고 때론 공개하기도 하고, 상대방의 비밀을 합법, 비합법적으로 획득하여 자기 정보화를 시도하는 비밀과 정보의 소통 장소이다. 비밀과 정보는 상호성을 통해 서로가 서로에게 영향력을 행사한다. 누구를 만나 어떤 대화를 나눌 것인가? 마음의 중심에 간직해야 할 원리는 어떤 것이 있는가? 이런 주제들은 한 개인의 운명에 결정적인 영향을 미치기에 충분하다. 따라서 성경 말씀으로부터 하나님 비밀의 원리를 발견하는 것은 중요한 과제가 아닐 수 없다.

> 아버지께서 아들을 사랑하사 자기가 행하시는 것을 다 아들에게 보이시고 또 그보다 더 큰 일을 보이사 너희로 놀랍게 여기게 하시리라(요 5:20).

하나님께서는 예수 그리스도를 통해 섭리하시는 모든 것들을 보여주고 성취하실 것임을 밝히고 있다. 그 섭리의 결과는 우리가 상상할 수 없었던 놀라운 일임을 암시하고 있다. 예수께서는 하나님이 창조하신 자연과 초자연이 만나는 곳이 되었다. 이제 존재의 원리와 인식의 원리의 차이점을 확인함으로써 하나님을 아는 것과 모르는 것에 관한 분별력을 키울 수 있게 된 것이다. '존재의 원리'는 사물의 존재가 그 사물을 아는 근거 또는 이유가 된다는 점에서 '인식의 원리'일 수도 있다. 그러나 그 반대는 성립되지 않는다. 왜냐하면 사물들의 존재는 결코 그것들에 대한 우리의 인식에 의존하지 않기 때문이다. 하나님과 인간의 관계도 그와 같다. 하나님은 우리 인간이 사물을 아는 근거 또는 이유가 되지만 우리가 그분의 어떤 근거나 이유가 될 수는 없다. 여기에 존재의 원리와 인식의 원리 사이의 차이점이 드러난다.

하지만, 이 땅은 인간들이 자신들만의 독자적 세계를 구축하고, 만족하며, 풍요를 꿈꾸면서도, 하나님의 비밀을 아는 일에는 외면하고 있다. 존재의 원리보다는 인식의 원리를 좇다가 하나님을 쉽게 외면해 버리는 경우이다. 인식의 원리가 존재의 원리, 곧 육과 영 사이의 장벽을 넘는 원리를 깨닫는 것이 오늘 이 시대를 살아가는 우리에게 주어진 소망이라면 아들을 사랑하사 자기가 행하시는 것을 다 아들에게 보이시는 하나님이야말로 우리가 추구하고 의지해야 할 근원이자 원리이시다.

비밀의 보안성 : 지킴과 계시의 때

보안이란 비밀을 계시하지 않고 계속 지키려고 하는 경우를 말한다. 비밀이 계시되지 않을수록, 그리고 그 비밀이 세인의 관심을 이끌 만한 아주 중요한 어떤 것으로 외부에서 궁금해 알아보고자 할 때 비밀을 지키려는 보안 활동은 더욱 강화된다. 그런 의미에서 비밀과 정보 관계가 '알려주고', '알려고 하여', '알게 되는 것'이었다면, 비밀과 보안의 관계는

'지킴과 보호'라는 순치(脣齒, 입술과 이) 관계로 아주 친숙한 동행자이다. 비밀이 계시되기까지 그 비밀을 알리지 않고 지키며 보호하는 행위를 말한다. 비밀과 보안의 관계는 굳이 논할 필요도 없어 보이지만 성경에서는 비밀과 보안의 관계를 '때'와 관련하여 비중 있게 다루고 있다. '때'가 아직 이르지 않은 것은 모두가 그 자체로 계시되지 않은 비밀이고, '때'가 이르러 밖으로 알려지게 되면 비밀 계시의 정보화가 이루어지는 것이다.

하나님께서는 창조하실 때, 첫째 날과 둘째 날 … 여섯째 날과 일곱째 날로 '때'를 구분하셨다(창 1–2장). 전도서 기자가 3장에서 범사에 기한이 있고 천하만사가 다 '때'가 있다고 선포하고 있는데, 그 '때'가 이르기 전까지는 모든 것이 비밀로서 자기 자리를 지키고 있었다. 비밀이 지켜지는 이때 바로 보안은 결정적인 자기 사명을 다하게 된다. 하나님의 보안은 하나님 자신의 묵시와 계획과 의지로 지켜지는 데 반해, 인간의 보안은 비밀 누설의 책임 문제와 자기 이익 추구의 손해 감수 문제, 그리고 신뢰 관계의 상대성을 감안하여 비밀을 지키고자 보안 활동을 하게 된다.

예수께서도 제자와 유대인들에게 각별한 보안을 명령하시는 장면이 신약성경 곳곳에서 발견된다. 특이한 점은 예수께서는 자신을 계시하시는 말씀을 주시거나 표적(기적)을 보여주신 후에 이를 알리지 말라고 보안을 당부하곤 하셨다는 사실이다.

예수께서 그들에게 경고하사 **아무에게도 이르지 말라 하시되 경고하실수록 그들이 더욱 널리 전파하니** 사람들이 심히 놀라 이르되 그가 모든 것을 잘하였도다 못 듣는 사람도 듣게 하고 말 못하는 사람도 말하게 한다 하니라(막 7:36, 37).

그러함에도 불구하고 예수의 소문이 그 근처 사방에 퍼져 나갔다. 예수님의 사역 중 보안을 당부하는 명령은 맨 처음 귀신에게, 그리고 맹인에게, 마지막으로 제자들에게 주어진다. 예수께서 보안을 당부한 내용이 특이한 것은 예수님 자신이 하나님의 아들 되심과 부활에 관한 것이었다는 점이다. 귀신들에게는 하나님 아들 됨에 관한 보안을, 제자들에게는 자신의 부활에 관한 보안을 당부하셨다. 예를 들면 변화산에서 있었던 보안 당부는 모세와 엘리야가 나타나 예수님과 만난 사건과 십자가에서 죽고 사흘 후에 다시 살아날 것에 관한 것이었다.

그들이 산에서 내려올 때에 예수께서 명하여 이르시되 인자가 죽은 자 가운데서 살아나기 전에는 본 것을 아무에게도 이르지 말라 하시니(마 17:9; 막 9:9).

비밀에 대한 보안을 당부하는 중에는 예수께서 귀신에게도 명하사 보안을 당부하시는 특이한 점이 발견된다. 영적인 보안 명령이다.

아 나사렛 예수여 우리가 당신과 무슨 상관이 있나이까 우리를 멸하러 왔나이까 나는 **당신이 누구인 줄 아노니 하나님의 거룩한 자이니이다**(눅 4:34).
여러 사람에게서 귀신들이 나가며 소리 질러 이르되 당신은 하나님의 아들이니이다 예수께서 꾸짖으사 **그들이 말함을 허락하지 아니하시니 이는 자기를 그리스도인 줄 앎이러라**(눅 4:41).

예수님의 보안 당부에 반하여 사람은 표적을 보고 나서 그것을 마음속에 지켜두지 못하고 발설하기를 좋아한다. 그런데 여기서 귀신에 대한 보안 문제와 관련 주목되는 점은 귀신들이 예수님의 신분을 이미 알고 있다는 사실이다. 예수님이 하나님의 아들이신 것을 유대인들에게 아무리 설명해 주어도 알아보지 못했지만, 귀신들은 이미 알고 있었다. 한마디로 귀신들은 정보통이다. 예수께서 귀신들에게도 보안을 당부하시는 장면은 영적 세계에서도 비밀 보안 문제가 중요 관심사임을 추론하게 한다. 여기서 한 걸음 더 나아가 비밀 보안의 깊은 의미를 찾는다면 바로 하나님이 계시해 주신 비밀 즉 말씀, 약속을 올곧게 깨닫고 그 깨달음을 각자의 믿음 가운데 내적으로 더 잘 음미하며 그 어떤 유혹에도 흔들리지 않게 지키라는 의미를 갖는다.

제3장
하나님 비밀이 제기하는 묵상 주제

비밀에 대한 새로운 접근 : 하늘, 하나님 나라

　하나님의 비밀은 인간의 접근에 대해 항상 새로운 묵상의 주제를 제공한다. 다른 말로 하면 신앙의 성숙을 위한 제언들이다. 하나님의 비밀은 하늘 차원에서 내려오는 것이기도 하려니와 우리가 쉽게 이해할 수 있는 세상 차원의 메시지들이 아닌 까닭에 항상 긴장하고 새로운 시각으로 접근할 것을 요구한다. 성경에서 하나님의 비밀은 예수 그리스도와 천국에 긴밀한 관계를 맺고 있다. 특히 성경에서 **비밀(mysterion)과 나라(basileia),** **하늘(ouranos)**이라는 핵심 단어들이 같은 맥락에서 연결되어 함께 쓰이고 있다. 우리는 이 점에 대해 주목하며 하나님의 비밀의 깊은 뜻을 발견해야 한다. 이 세 단어 모두가 나타나는 곳은 마태복음 13장 11절과 다니엘서 2장 28절 두 구절에서 찾아볼 수 있다.

> 대답하여 이르시되 **천국의 비밀**을 아는 것이 너희에게는 허락되었으나 그들에게는 아니되었나니(마 13:11).
> 오직 **은밀한 것**을 나타내실 이는 **하늘에 계신 하나님**이시라 그가 느부갓네살

왕에게 후일에 될 일을 알게 하셨나이다 왕의 꿈 곧 왕이 침상에서 머리속으로 받은 환상은 이러하니이다(단 2:28; 참조. 창 40:8; 49:1).

마태복음 13장이 다루는 '천국의 비밀'에 관한 주제 담론은 가장 긴 99 구절로 다루어지고 있다. 마태복음이 마가복음의 31개 구절과 누가복음의 14개 구절과 비교할 때 훨씬 많고, 그만큼 천국 비밀에 관한 비유들을 더욱 깊게 묘사하고 있다. 천국 비밀이라는 표현은 예수님 제자들의 '어찌하여 그들에게 비유로 말씀하시나이까?'라는 질문에 대한 예수님의 답변으로 요약된다.

제자들이 예수께 나아와 이르되 어찌하여 그들에게 비유로 말씀하셨나이까. 그러므로 내가 그들에게 비유로 말하는 것은 **그들이 보아도 보지 못하며 들어도 듣지 못하며 깨닫지 못함이니라**(마 13:10, 13).

마태복음은 씨뿌리는 자의 비유를 통해 비유와 비밀의 관계를 밝히고 있다. 중요한 것은 예수께서 가라지가 생겨난 원인을 밝히시면서 '그 가라지를 가만 두라. 가라지를 뽑다가 곡식까지 뽑을까 염려한다'고 하시면서 '둘 다 추수 때까지 함께 자라게 두라'고 하신 말씀이다(마 13:24-30). 왜냐하면 추수 때에 예수께서 추수꾼들에게 '가라지는 먼저 거두어 불사르게 단으로 묶고 곡식은 모아 내 곳간에 넣으리라'(마 13:29, 30. 참조)고 하신 말씀 때문이다. 여기에서 우리가 하나님 비밀에 대한 새로운 관점을 발견하게 된다. 하나님의 속내를 시간적으로 추론해 보면 한 사람의 일생 마지막에 가서야 드러내신다는 것이다. 그 기간은 깨달음과 회개의 기회를 주시는 것일 수도 있고, 역설적으로 하나님께 더 거역하고 자기 멋대로 하나님 없는 삶을 사는 자유 방종의 시간을 허락하시어 심판의 근거를 준비하시는 것일 수도 있다. 그런 목적을 위해 하나님께서는 끝까지 인내하시겠다는 뜻이다. 이 비밀이 종말에 가서는 어떤 심판으로 내려질지는 아무도 모른다. 오직 심판자이신 하나님만 알고 계시는 하나님 나라의 원리요 법칙이다. 그렇기에 이미 계시해 주신 하나님의 비밀을 놓치지 않겠다는 다짐으로 새롭게 접근하여 주의 깊게 경청해야 한다.

신구약 시대의 불신앙 : 그 원인과 교훈

신구약 성경을 통독할 수 있는 현대사회를 직시하면서 신구약 시대 사람들이 직면했던 불신앙의 문제들이 오늘도 그대로 답습되고 있다는 사실을 발견하게 된다. 구약성경을 통독할 때 곧바로 직면하는 문제들이 있다. 뒤에 가서 다시 논하겠지만 왜 아담과 하와는 하나님이 금지하신 선악을 알게 하는 나무의 열매를 따 먹었을까? 왜 이스라엘은 하나님의 정체성을 완전히 깨닫지 못하고 시내산 십계명을 어겨 가면서까지 '다른 신', '이방 신'을 좇으며 살았을까? 왜 유대인들은 선지자들의 경고에도 불구하고 불신앙으로 바벨론 유수 70년을 겪어야만 했는가? 사복음서를 통독할 때도 이와 비슷한 문제에 직면한다. 왜 유대인과 바리새인, 그 나라 종교 지도자들은 예수의 정체성과 그분의 사명에 대해 온전히 파악할 수 없었을까? 예수께서는 자신이 바로 이스라엘 역사의 절정이며, 구약성경 전체가 그의 도래를 기대한다고 주장하셨지만 왜 유대인들은 두 팔을 활짝 펼치고 예수 그리스도를 영접하지 않았는가? 왜 예수의 제자들은 십자가 처형과 부활이 구약성경에 예고되었는데도 그것을 더디 믿었는가? 당시 사람들 모두가 구약성경을 읽고 성전 제사에 열심이었는데도 **성경이 예시한 예수 그리스도의 비밀을 발견하지 못했는가?**

우선은 하나님의 말씀을 정확하게 이해하지 못했던 신구약 시대의 상황과 삶의 위기로 몰아간 시대적 방황의 발자취를 돌아보아야 할 것이다. 왜 그들은 그럴 수밖에 없었는가? 이 질문에 대해 시편 78편은 그 상황을 3단계로 확연히 구별하여 우리로 하여금 진실을 깨닫게 한다.

첫째, 하나님께서는 이스라엘 민족에게 만나와 고기를 풍성하게 내려주셔서 배부르게 하셨다.

> 이는 하나님을 믿지 아니하며 그의 구원을 의지하지 아니한 때문이로다 그들에게 만나를 비 같이 내려 먹이시며 하늘 양식을 그들에게 주셨나니 먼지처럼 많은 고기를 비같이 내리시고 나는 새를 바다의 모래 같이 내리셨도다 그들이 먹고 심히 배불렀나니 하나님이 그들의 원대로 그들에게 주셨도다(시 78:22, 24, 27, 29).

둘째, 그러함에도 불구하고 그들은 여전히 자기 욕심을 버리지 않았고, 하나님의 징벌을 받았다.

> **그러나 그들이 그들의 욕심을 버리지 아니하여 그들의 먹을 것이 아직 그들의 입에 있을 때에** 하나님이 그들에게 노염을 나타내사 **그들 중 강한 자를 죽이시며 이스라엘의 청년을 쳐 엎드러뜨리셨도다**(시 78:30, 31).

셋째, 그들은 여전히 죄악을 범하다가 하나님의 진노하심으로 죽이시기 직전에야 하나님을 간절히 찾았다. 그들은 기이한 일들을 믿지 않았던 것이다.

이러함에도 그들은 여전히 범죄하여 그의 기이한 일들을 믿지 아니하였으므
로 하나님이 그들의 날들을 헛되이 보내게 하시며 그들의 햇수를 두려움으로
보내게 하셨도다 **하나님이 그들을 죽이실 때에 그들이 그에게 구하며 돌이켜
하나님을 간절히 찾았고** 하나님이 그들의 반석이시며 지존하신 하나님이 그
들의 구속자이심을 기억하였도다(시 78:32-35).

이 패턴이 신구약 시대는 물론이고 오늘 우리에게도 똑같이 적용되고
있는 부끄러운 자화상이다. 여기에서 같은 질문을 던지고 그 초점에 맞
추어 성령이 주시는 비밀을 정확한 진리로 깨닫는 일이 시급한 과제다.
그 깨달음을 위해 전제되는 것은 지금 우리의 세상이 짙은 어둠이 깔린
현실이라는 자각이다. 나의 눈에는 지금 아무것도 보이지 않을 뿐만 아
니라 볼 수도 없는 영적 맹인 상태에 있음을 자각하는 깨달음이다.

이르시되 미련하고 선지자들이 말한 모든 것을 마음에 더디 믿는 자들이여(눅
24:25; 마26:24).
그 정죄는 이것이니 곧 빛이 세상에 왔으되 사람들이 자기 행위가 악하므로
빛보다 어둠을 더 사랑한 것이니라(요 3:19).

오늘의 이 시대는 계몽시대와 정보화시대를 지나 지금은 정보 혁명의
AI 시대를 향해 치닫고 있어서 현대인들에게는 성경책과 신앙 서적들이
넘쳐나고 풍성한 문화유산과 과학기술 문명의 혜택을 누리며 살 수 있는
환경이다. 그런데 왜 하나님에 대해 관심조차 두지 않는 영맹자들이 그

리도 많은가? 왜 그리스도인들의 믿음은 낮은 수준에 그냥 머물러 있는가? 왜 어떤 경우는 믿음을 저버리고 교회를 떠나고 있는가? 여기에는 다른 여러 가지 역사적 환경과 현실적 변수들이 작용했을 것이지만, 근본 원인은 신앙의 모든 결정적인 문제들이 인간 자신에게서 비롯된 데 있다. 하나님 비밀 계시에 대한 몰이해와 탐욕적 자아가 바로 그 원인이다.

유대교 지도자들은 왜 예수 그리스도를 십자가에 처형하도록 외쳤는가? 왜 그들은 구약성경을 올바로 해석하는 데 실패했으며, 과연 문제는 무엇이었는가? 우리가 그들에게 질문해 볼 수 있다면 우리 자신에게도 같은 질문을 던질 수 있어야 한다. 왜 우리는 하나님의 비밀을 온전히 깨닫지 못하고 있는가? 그 결정적인 원인은 어디에 있는 것인가에 대한 해답을 발견하기 위해 고심해 보는 것이 하나님 비밀을 향한 첫걸음이 될 수 있다. 하나님의 정체성을 정확히 알고, 믿음을 굳게 지켜나가는 일은 우리들의 공통 목표이기도 하다.

> 그러나 너희가 **그때에는 하나님을 알지 못하여 본질상 하나님이 아닌 자들에게 종노릇하였더니** 이제는 너희가 하나님을 알 뿐 아니라 더욱이 하나님의 아신 바 되었거늘 어찌하여 다시 약하고 천박한 초등학문으로 돌아가서 다시 그들에게 종노릇 하려 하느냐(갈 4:8, 9).
> 디모데야 망령되고 헛된 말과 거짓된 지식의 반론을 피함으로 네게 부탁한 것을 지키라(딤전 6:20).

이 말씀은 하나님의 비밀이 아무리 귀중하고 결정적인 내용이라 할지라도 각 사람이 어떻게 받아들이고 이해하느냐에 따라서 비밀에 대한 믿음의 정도는 사뭇 달라질 수 있음을 밝혀 주고 있다. 인간 기억의 한계성 문제를 노출하는 것이지만, 본질상 사람의 연약함과 믿음의 변질, 과거로의 회귀 본능이 만만치 않은 두통거리임을 일깨워 주는 말씀이다. 하나님을 아는 것, 하나님의 진리를 올곧게 깨닫는 것이 확실해야만 신앙이 흔들리지 않고, 진정한 자유를 누릴 수 있다.

영적 비밀에 관한 질문 : 영적 감응과 분별

하나님은 영이시고 보이지 않는 분이시다. 그런 까닭에 하나님께서 인간과 소통하는 데는 그분의 소리(말씀)가 절대적인 통로이고, 그 말씀을 통해 하나님 자신이 누구이며, 무엇을 추구하며, 어떻게 찾고 발견할 수 있는지를 밝히신다. 하나님의 말씀을 깨닫는 인간 이해 능력의 한계를 감안할 때 하나님께서는 점진적으로 차서를 둔 비밀 계시를 하실 수밖에 없다. 따라서 하나님의 최후 비밀은 무엇이며 그 목적은 무엇인지를 일상적인 방법으로는 인지할 수도 없고 깨달을 수도 없다. **그러므로 하나님의 최후 비밀 곧 예수 그리스도를 계시하신 바로 그 말씀 로고스는 세상에 와서 각 사람에게 비취는 참 빛이다.** 비밀을 정보로 인식할 능력을 갖춘 인간의 이성은 로고스의 열매이고, 동시에 인간이 자신의 주위에 펼쳐있는 세상에서 신적 지혜를 찾을 수 있게 해준다. 인간이 하나님 비밀을 정보로 깨닫는 과정에는 '**내적 인식의 원리**'가 작용한다.

신구약 성경 모두 전체적으로 하나님께서 태초 이전부터 자기 존재와 정체성을 어떻게 해서든 인간에게 알려주려고 하신 점을 증거하고 있다. 하나님 비밀이 '알려지게 하려고' 창조의 묵시 속에서부터 구상되었다는 이 놀라운 신비를 찾아가는 비밀 탐구에 우리의 초점을 맞추어야 한다.

하나님의 첫 번째 비밀 계시 구상이 바로 첫 사람 아담에게 내리신 최초 명령이며 하나님과 인간 모두에게 최초의 대화라는 점에서 그 비밀이 담고 있는 핵심 메시지가 중요한 의미를 지닌다. 이 명령은 앞으로 인류가 나아갈 방향타일 뿐 아니라 인간이 마땅히 깨달아야 할 하나님의 진리이다. 이 점을 분명히 깨달아야만 하는 것은 인류의 핵심 과제인 하나님과 그분의 뜻을 우리가 반드시 알아야 하고, 인간 자신의 존재가 어떠함도 깨달아야 하기 때문이다. 하나님은 비밀을 계시하시고, 인간은 그에 자각하고 반응할 것을 기대하신다는 상호보완성 원리가 핵심 명제이다. 한 걸음 더 나아가 하나님과 인간의 관계 정립, 인간의 하나님 정체성에 대한 올바른 이해를 돕기 위한 메시지도 담겨있다.

하나님 비밀의 인간 정보화의 목적은 최후의 비밀이 무엇이며 궁극적으로 인간의 원죄로부터 구원 받을 비밀은 무엇인지 그 참뜻을 깨닫게 하는 데 있다. 만약 우리가 어떤 비밀을 듣고 깨닫게 된다면, 그 비밀의 목적은 즉시 완성된 것이다. 만약 비밀 계시의 목적을 논한다면, 먼저는 '하나님과 하나님의 속성을 알라'는 것이고, 그다음에는 '인간 너 자신을 알라'는 데 있다. 당연한 말인 것 같지만, 이것은 비밀을 계시하는 목적의 핵심이다. 하나님의 존재를 모르면서 인간의 존재 자체를 깨달을 수 없을 뿐만 아니라, 그 어떤 것도 논할 수 없다. 그 깨달음을 위해서는 색다른 생각과 거꾸로 질문하는 발상의 전환이 필요하다. 하나님은 왜 인간에게 비밀을 계시하신 것인가? 하나님의 정체성을 아는 것과 인간의 생래적 존재 의미와는 어떤 관계가 있는 것인가? 하나님을 모르고서도 인간 존재를 알 수 있는 길은 전혀 없는 것인가? 먼저 알아야 할 관점은 하나님의 존재와 그분의 속성에 관한 것들이다.

예수께서는 왜 성육신하여 이 땅에 오신 것인가? 하나님 나라의 비밀을 계시하시기 위해 오셨다면 그분의 말씀을 깨닫지 못했던 당시 유대인들이 안고 있는 문제는 무엇이었는가? 예수 그리스도의 성육신은 한마디로 하나님이 주신 말씀을 왜곡하여 잘못 알고 있는 이스라엘 유대를 깨우쳐 주기 위함이었다. 율법을 왜곡 인식함으로써 자기중심적 사고로 하나님께 제사하며 스스로 만족해하는 그들에게 하나님의 말씀을 올곧게 알아듣도록 말씀을 바로잡아 주시기 위해 오신 것이다. 그렇다면 왜 예수께서는 '내가 가면 보혜사 성령을 보내겠다'고 하시며 십자가를 지셨는가?(요 16:5-15) 왜 '내가 가고 성령이 오셔야 너희에게 유익하다'고 말씀하신 것인가? 그 의미는 어떤 것이며, 성령께서는 왜 우리 안에 내주하신 것인가? 이는 십자가의 의미를 완전히 깨우쳐 주기 위해 성령 시대를 열어 놓으신 것이다. **성령께서는 예수 그리스도 그리고 하나님 아버지의 뜻에 따라 항상 한 가지 궁극적 목적을 위해 행동하고 계시는데, 이는 하나님과 예수 그리스도의 이름과 말씀을 깨닫게 하기 위한 것이다.** 하나님께서 태초부터 인간을 향해 줄곧 자신에 관한 비밀을 계시하시며 스스로 증명해 오신 것과 동일한 맥락에서 하나님의 역사를 이루어가고 계신다.

따라서 하나님과 인간의 관계에서도 하나님께서 인간을 향해 자신의 존재를 '알리시고', '알아보라'고 강권하고 계신 만큼 우리는 당연히 더 열심을 내서 하나님을 '알아야' 하고 '알려고 힘을 써야' 한다. 그때라야 의사소통이 잘 이루어질 수 있다. 하나님의 피조물인 인간은 당연히 그분의 뜻대로 살아야 하는 존재인데 비밀 계시를 알아보지 못한다는 것은 나태의 문제가 아니라 하나님 무시의 문제이다. 사회적 인간관계에서 상업적 이윤을 추구하는 경우를 제외한다면 타인에게 먼저 손을 내밀고 자신을 '알리고, 알게 하는 것'은 상대방에 대한 각별한 예의와 관심의 표시이다. 자신의 타인에 대한 노출은 신뢰에서 나온 배려이다. 그렇다면 하나님께서 인간을 향한 비밀 계시의 열정을 어디에서 얼마나 깊은 뜻을 가지고 행하셨는지를 깊이 묵상한다면 그것이 곧 하늘의 축복이다.

말씀 신앙의 비밀 : 언어 오염과 왜곡의 식별

하나님은 말씀이시다(요 1:1-4). 하나님 비밀이 인간의 정보로 전환되는 과정에서 수단과 방법의 매개체는 곧 하나님의 말씀과 인간의 언어다. 하나님의 말씀은 비밀 계시형이었고, 인간의 언어는 정보 추구형이었다. 비밀이 정보화되듯, 하나님 말씀이 인간 언어화되는 과정에서 일어나는 오염과 왜곡 현상이 심상치 않다. 구약성경에서 '여호와의 말씀'(히, 다바르)은 명령, 예언, 경고나 권고의 형태를 가지고 있다. 하나님으로부터 사람에게 전달되는 신성한 대화(a divine communication) 가운데 **여호와의 말씀 '다바르'**는 394회나 사용될 만큼 하나님 비밀의 자기 계시였다. 이 말씀들은 보통 '여호와의 말씀이 … 에게 임하였다'(문자적으로는 '있었다')이지만, 때때로 말씀은 일종의 환상 형식으로도 나타났다(사 2:1; 렘 2:31; 38:21). 이렇듯 말씀은 보통 하나님께서 선지자를 통하여 주시는 예언적인 것을 가리키는 것이었지만, 하나님의 율법(시 147:19b) 또는 말씀하셔서 존재하게 하신 하나님의 창조 활동을 가리키기도 했다(창 1장; 시 33:6-9). 또한 말씀은 율례(토라), 법도, 법, 계명 등의 동의어로도 사용(시 119편)되었다. 주목할 점은 말씀 전달을 선지자가 결정한 것이 아니라 하나님께로 온 말씀을 그들로 행하게 하여, 하나님의 대언자가 되었다는 사실이다(사 6장; 렘 1:4-10; 겔 1장).

여호와의 말씀이 내게 임하니라 이르시되 내가 너를 모태에서 짓기 전에 너를 알았고 네가 배에서 나오기 전에 너를 성별하였고 너를 여러 나라의 선지자로 세웠노라 하시기로 내가 이르되 슬프도소이다 주 여호와여 보소서 나는 아이라 말할 줄을 알지 못하나이다 하니 여호와께서 내게 이르시되 너는 아이라 말하지 말고 **내가 너를 누구에게 보내든지 너는 가며 내가 네게 무엇을 명령하든지 너는 말할지니라** 너는 그들 때문에 두려워하지 말라 내가 너와 함께 하여 너를 구원하리라 나 여호와의 말이니라 하시고 여호와께서 그의 손을 내밀어 내 입에 대시며 여호와께서 내게 이르시되 보라 내가 내 말을 네 입에 두었노라 보라 내가 오늘 너를 여러 나라와 여러 왕국 위에 세워 **네가 그 것들을 뽑고 파괴하며 파멸하고 넘어뜨리며 건설하고 심게 하였느니라** 하시니라(렘 1:4-10).

우리의 싸우는 무기는 육신에 속한 것이 아니요 오직 어떤 견고한 진도 무너뜨리는 하나님의 능력이라 모든 이론을 무너뜨리며 **하나님 아는 것을 대적하여 높아진 것을 다 무너뜨리고** 모든 생각을 사로잡아 그리스도에게 복종하게 하니(고후 10:4, 5).

여기서 하나님의 말씀이 뽑고, 파괴하며, 파멸하고, 넘어뜨리며, 건설하는 데 중점을 두고 있음을 확인할 수 있는데, 특별히 하나님을 대적하여 높아진 것을 대상으로 하고 있음을 주목하게 한다. 여호와의 말씀은 신적인 실재성(a divine personality)이며, 신성한 권위를 덧입는다. 하나님의 말씀은 영원히 서 있으며(사 40:8), 한번 말씀하신 것은 이루어지지 않은 채 돌아오지 않으므로(사 55:11) 천사들과 사람들이 듣고 행해야 하는 것이다(시 103:20; 신 12:32).

신약성경에서 말씀은 '로고스'와 '흐레마'의 번역으로 전자는 기독교 복음에서 주로 사용되고(막 2:2; 행 6:2; 갈 6:6), 후자 역시 같은 의미를 내포하고 있다(롬 10:8; 엡 6:17; 히 6:5). '하나님의 말씀'(행 4:29; 6:2) 또는 '주의 말씀'(살전 1:8)은 근본적으로 하나님께로부터 온 복음(행 15:7)으로서 예수 그리스도와 그분 안에 있고, 그분으로 말미암는 하나님 나라에 관한 말씀이다. 십자가의 말씀(고전 1:18)이고, 화해(고후 5:19)와 진리(엡 1:13), 영생(빌 2:16)과 구원의 말씀(행 13:26)이다. 그런 의미에서 그리스도인은 이 말씀 안에서 살고(요 8:31), 지키고(요 8:51; 14:23), 전하는 자들이다(행 6:4).

　　예수께서 스스로 하신 말씀은 구약의 선지자들처럼 '여호와께서 너희에게 이르노니'라고 하지 않으시고, 직접적인 표현으로 '나는 너희에게 이르노니'라고 말씀하셨다(마 5-7장). 물론 예수께서는 씨 뿌리는 비유에서 '하나님의 말씀'을 언급하셨지만(눅 8:11; 막 7:13; 눅 11:28), 공관복음서에서는 항상 자신의 메시지를 사용하셨다.[37] 예수님의 말씀은 하늘에 계신 아버지의 말씀이며(요 14:24), 이 말씀을 듣고 예수를 보내신 이를 믿는 자는 영생을 얻었다고 하신다(요 5:24; 8:51; 12:48). 그러나 예수님에 의해 전해진 말씀만이 하늘로부터 온 말씀은 아니다. 예수 그리스도 자신이 하늘로부터 땅으로 오신 진정한 말씀(요 1:1-4)이시다. 그분은 아들로서의 말씀이시기 전에 로고스 말씀으로서 존재하고 계셨다. 성육신의 말씀이 되시기 이전에 영원으로 존재하셨던 그분은 자신이 만든 세상에 의해 배척받으셨으나, 분명한 것은 진정 인간의 본성과 육체를 가지셨고, 자기의 삶과 죽음, 부활을 통하여 이 세상을 구속하셨다[38].

　　하나님의 모든 말씀은 거룩하며, 인간 언어의 기초를 이룬다. '하나님이 이르시되 … 하시고 … 그대로 되니라…'는 말씀과 '말씀이 육신이 되

37　'나의 말'의 복수 형태임. 눅 8:38; 24:44. 반면에 요한복음에서는 항상 단수 형태로 나타난다.

38　사도 요한이 영원하신 아들을 '말씀'(로고스)이라는 칭호를 선택하여 부른 이유에 대해 많은 연구가 되어 왔는데 일반적으로 헬라적 배경(로고스는 형이상학적인 철학에서 탁월한 개념)과 히브리적 배경(실제로 구약에서 부분적으로 하나님의 말씀이 인격화됨. 잠 8장 참조.)이 있다고 여겨진다. 그리하여 이와 같은 예수의 명칭은 유대인과 헬라인 모두에게 호소력을 지녔다.

어'라는 말씀은 인간 언어의 두 기둥이다. 문제는 이렇게 세상을 창조하시고 구원을 이루시는 말씀들이 인간과 세상 가치관에 의해 오염되고, 그 뜻이 왜곡되기에 이르렀다는 점이다. 하나님의 비밀은 비밀 그 자체로 고스란히 인간에게 전달되고 이해되어 깨달아지는 진리가 되도록 해야 한다. 하나님 비밀이 세상 정보의 틀에 용해되어 해석되거나 거부되어서는 안 될 일인데 현실은 그렇지 못하다.

인간의 언어(speech. 히. 사파. 헬. 로고스)는 생각이나 느낌을 음성으로 전달하는 수단과 체계 또는 기호나 문자를 의미한다. 성경에서 언어의 기원은 바벨탑 기사에서 찾아볼 수 있다. 바벨탑 사건 이전의 모든 인간에게는 하나의 언어가 있었다(창 11:1). 그 언어가 정확히 어떤 종류의 언어였는지는 알 수 없으나, 바벨탑을 쌓는 인본주의적인 죄로 인하여 언어의 혼잡이 초래되었다는 것은 분명하다(창 11:7-9). **그렇다면, 그 언어는 어떤 말이였길래 혼잡을 초래했을까?** 그 뿌리는 에덴동산에서 아담과 하와가 선악과를 따 먹기 전에 뱀(사탄)과 합작하여 하나님 말씀을 왜곡(창 3장)했던 언어 곧, 죄악을 잉태하는 언어였음이 분명하다. 이 언어는 반역의 언어였다. 인간의 죄로 인한 언어적 혼잡은 언어로 인한 통일성의 파괴를 뜻한다. 이러한 파괴된 언어의 혼잡은 성령을 통하여 하나로 통일되기도 해서 오순절 성령 강림의 방언 사건이 일어났다(행 2:5-13). 이스라엘 민족은 구약시대에는 주로 히브리어를 사용하였으나, 신약시대에 와서는 아람어와 당시 널리 통용되던 헬라어를 혼용하였다. 성경에서 언어는 한 민족을 규정짓는 도구이기도 하며(행 18:15), 기호나 문자 외에도 말하는 행동 그 자체를 가리키기도 하는데(잠 29:20) 유다 백성들의 범죄 가운데 주류를 이룬 것은 모두가 말로 짓는 죄였다.

예루살렘이 멸망하였고 유다가 엎드러졌음은 그들의 언어와 행위가 여호와를 거역하여 그의 영광의 눈을 범하였음이라(사 3:8).

그리스도인들이 언어를 정화하고 단어의 정확성을 유지해야 하는 크나큰 책임이 여기에서 비롯된다. 그 언어와 단어에 참으로 많은 것들, 우리의 신앙과 삶의 질을 달라지게 하는 것들이 비밀처럼 숨겨져 있다. **만약 우리가 부주의하여 비밀의 참뜻을 깨닫지 못하고 마귀의 거짓말을 아무렇지도 않게 사용한다면 그것이 바로 하나님의 말씀을 왜곡하는 실재가 된다.** 오늘날 정보혁명의 시대적 언어는 일종의 화폐처럼 무작위로 사용되고 있다. 만약 하나님의 말씀이 어떤 은어나 비속어, 농담으로도 한몫한다면 현대적 언어에 의해 잘못된 용도로 쓰이다가 때로는 땅에 떨어져 더러운 것들이 묻어나기도 하고, 닳아 없어지기도 하듯 홀대받게 된다. 새로운 정보와 남발되는 용어들이 우후죽순처럼 등장하면서 기존의 전통 언어들은 물론 진리의 말씀까지 값어치 없는 것으로 여기게 만들어서, 다른 언어의 다른 의미로 변질시키거나, 쓰레기통에 던져지게 한다. 더 큰 문제는 신학 용어나 그리스도인들의 언어들까지도 올곧게 사용되지 않고, 뜻과 의미가 남용되거나 악용되는 현상을 만들어 내고 있어서 크게 탄식하고 회개해야 할 정도가 되었다는 점이다. 일상 언어의 바른 길잡이가 되어야 할 기독교 언어들이 거꾸로 세상 문화와 물질문명에 끌려다니며, 자유를 날조하고, 하나님 말씀까지 곡해하게 만들고 있다. 이는 심각하게 바라보아야 할 숙제로서 하나님의 말씀이 경고하는 바는 추상적 개념이 아니라 살아 있는 신앙 체험의 현장에서 일어나는 것을 깨어 있는 눈으로 보라는 자극과 각성을 촉구하는 것이다.

영혼보다는 감각에서 나온 말, 지리적, 교파적 경계를 넘어 세계 여러 곳을 두루 다니면서, 전통적으로 사용해 온 전통적 신앙 용어들이 현대화를 뒤따라가며 그 본질의 의미를 상실하는 경우들이 많은 것 또한 현실이다. 그리스도인으로서의 주체 의식도 없이 개그맨들이 쏟아내는 웃기는 말 따라 하기처럼 하나님이나 하나님 말씀을 농담의 소재로 삼거나 조크로 이용하며 형편없는 취급을 하는 사례가 자주 눈에 띈다. 간단한 예를 하나 들자면 골프 치러 가거나 야유회 가는데 비가 오지 않고 좋은 날이면 누군가 이렇게 말한다. "내가 어제저녁에 하나님께 직통 전화를 걸어 비를 내리지 마시라고 했더니 오늘 날씨가 좋아!" 이런 투의 농담은 하나님을 얕잡아 보는 것으로 하나님에 대한 경외함이나 두려움이 없다. 도리어 자신이 하나님을 조정하여 비 내리지 마시라고 권유했다고 말함으로써 하나님을 종살이하는 분으로 비하하는 속내를 내비친 것이다. 그런데 문제는 그런 말장난에 신자나 불신자 할 것 없이 모두가 공감을 표하며 즐거운 반응을 보이고 있다는 점이다. 이제 세상은 거꾸로 변하여 하나님의 구원을 받아야 할 인간이 거꾸로 하나님의 말씀을 구원하고 인간의 언어를 살려내야 한다는 구호를 외쳐야 할 지경에 이르렀다. 이런 돌출 현상이 우리 삶 속에서 일어나고 있다는 사실 자체가 가당치 않은 부끄럽고 창피한 일이다. 인간의 언어가 하나님의 말씀을 흐릿하게 만들 수 있을지는 모르겠지만, 어느 날 하나님의 진노 앞에 서게 될 것이다. 정신 바짝 차리고 기독교 신앙의 심오한 의미를 지닌 그 말씀들의 본래 가치를 회복하는 데 심혈을 기울여야 한다. 이 시대 교회 안과 밖에서 사용하는 언어와 단어, 문장들과 관련해 문제를 제기하고 눈여겨보아야 한다.

먼저는 늘 우리가 상용하는 언어 중 오염된 말부터 구해내야 할 것이다. 우리의 신앙 어휘 사전에 있는 가장 소중하고, 호기심을 불러일으키는, 영적인 비밀의 말씀들에 담긴 깊은 의미를 발견해 낼 사명이 우리에게 주어져 있다. 그것이 바로 자기 존재의 의미와 이유이다. 18세기 작가 한나 모어의 표현대로, 사물을 적절한 이름으로 부르는 것은 신실한 신앙을 가진 이들의 의무이다. 그래서 신앙인이 즐겨 사용하는 오용의 언어, 당연시하는 용어들에 대해 다시 한번 생각해 보아야 한다. 그 발견과 깨달음이 이 시대 교회가 어떤 의식을 지니고 있는지를 돌아볼 수 있게 하며, 신앙 공동체의 통일성 유지와 믿음의 도약에 아주 적절한 기여로 보답할 것이다.

왜곡된 믿음으로 인해 우리 신앙이 얼마나 쉽게 비틀거리는지 깨닫는다는 것, 오염되고 왜곡된 말씀들의 영광과 위력을 회복시키는 것은 최근과 같은 혼잡한 사상 풍토에서 보편적 흐름을 거스른다는 비판도 감수해야 하는 힘든 일이다. 하지만 그리스도인이 해 내야 하는 너무도 당연한 신앙의 실천이다. 성부와 성자와 성령의 삼위일체, 창조와 속죄, 영광과 지옥과 같은 핵심 신학 용어들에 대해 짤막하고도 명쾌한 개념 정리를 하는 신앙생활을 한다면, 그리고 하나님에 대해, 신앙에 대해, 자신의 인격에 대해 좀 더 진실하게 알고 이야기한다면, 더할 나위 없는 참 진리를 향한 도전이 될 것이다. 하나님께 드리는 풍성한 찬미요 그 이름을 증거하는 입술의 열매(히 13:15)이다.

> 그러므로 우리는 예수로 말미암아 항상 찬송의 제사를 하나님께 드리자 이는 그 이름을 증언하는 입술의 열매니라(히 13:15).

많은 그리스도인이 위대한 찬송의 어휘들을 마치 변색으로 기억에서 잊혀진 듯한 구시대의 유물로 여기는 경우가 많다. 그만큼 우리의 의식 구조가 세상 풍파에 휘둘리며 각박해져 있을 뿐만 아니라 태초의 순수성을 잃어버린 채 다락방에 쑤셔 넣어 둔 녹슨 보검 정도로 여기고 있다. 새롭고 힘찬 진리의 말씀과 그 능력을 경험하지 못하고 있는 것이다.

> 때가 오래되었으므로 너희가 마땅히 선생이 되었을 터인데 **너희가 다시 하나님 말씀의 초보에 대하여 누구에게서 가르침을 받아야 할 처지이니** 단단한 음식은 못 먹고 젖이나 먹어야 할 자가 되었도다 이는 젖을 먹는 자마다 어린 아이니 **의의 말씀을 경험하지 못한 자요** 단단한 음식은 장성한 자의 것이니 그들은 지각을 사용함으로 연단을 받아 선악을 분별하는 자들이니라(히 5:12-14).

이는 우리 주변에서 일어나고 있는 서글픈 일이다. 이른바 신령한 삶을 위한 믿음의 체험들이 아직 어린아이 수준에 갇혀있어서 특별히 매력적으로 다가와 있는 말씀이 아직도 영적 맹인들의 눈앞에 머무르고 있다. 열정적인 자극과 흥분이 더 자연스럽기 때문이지만 사실은 하나님의 비밀 계시를 완전히 깨닫지 못한 탓이다. 왜냐하면 그들은 자신의 뒤틀린 신앙을 자화자찬하듯 '그래서 무엇이 해롭다는 것인가?'라고 반문하면서 합리화하고 자위하려는 것을 증명해 보이려 하고 있기 때문이다. 우리는 서로 다르다고 인정할 수밖에 없지만 이른바 신령한 삶이란 은혜 아래 주어지는 사랑밖에 없다는 것을 기억하고, 누가 옳고 그름은 마지막 날에 가서야 분명히 드러날 것이므로 그 믿음 하나로 매듭들을 풀어가야 한다. 늦었지만 하나님께 회개하고 그분 통치의 지혜로 말씀 왜곡과 언어 수탈이라는 범세계적인 질병 상태를 치유 받고 새로운 변화를 이룰 수 있을 뿐 다른 길은 없다.

그리스도인, 교회, 그리고 우리를 둘러싼 사회가 뒤엉켜 있는 세상에서 무언가가 내게 문제로 다가올 때마다 내가 뭐라도 하지 않으면 안 될 것 같은 불안감이나 강박적인 사고는 버려야만 한다. 날마다의 삶에서 일어나는 어떤 위기는 어떤 물질적이나 현상적인 것들이 아니라 언어의 폭력 속에 가려지는 진리의 말씀이 겪는 왜곡의 현실이다. 성경적인 신앙에서 오는 핵심 말씀들의 의미가 몇 가지 이유로 오염되거나 사용 자체가 거부되는 경우가 자주 일어난다. 오염되고 왜곡되고 거부된다는 이유로 신앙의 진리를 담고 있는 단어들이 다른 말로 대체될수록 이 단어들의 변화는 어리석고, 유해하고, 진부하며 너무나 불필요하고 억지스러워서 어떤 의미에서는 전통 기독교 진리를 왜곡하게 된다. 그때마다 신앙의 용어가 왜곡되는 탓에 성경적 신앙이 무언가 좀 덜 신실한 것으로 대체되고 인식되는 그런 당황스러운 모습들이 이제는 사라지게 해야 한다. **그리스도인들은 그렇게 왜곡, 변질된 모든 것들을 바로 잡기 위해 말하는 대로 행해야 한다.** 우리의 현재 모습은 우리가 신봉하는 하늘의 가치와 조화를 이루어야 한다고 역설해 왔지만, 작금의 그리스도인들이 자신이 알고 말하는 대로 행동하고 있지 않은 것은 부인할 수 없는 사실이다. 이러한 모습은 오늘날에 와서 점점 더 두드러지고 있는데, 그 원인은 하나님 말씀의 진의를 올바로 깨닫지 못한 탓이다. 하나님의 정체성도, 그분이 목적하시는 구원의 참뜻도 아직 이해하지 못하고 있기 때문이다. 허공에 대고 헛발질하는 꼴이 되고 있는 것은 아닌지 자신을 돌아볼 일이다.

말씀의 위력과 언어가 지니는 무게, 그리고 말씀과 언어가 오용됨으로써 겪게 되는 인격적 굴욕은 말할 수 없는 큰 충격이다. 그것은 하나님에게나 우리 인간 모두에게 결정적인 인격 살해에 해당하기 때문이다. 말(word)을 뜻하는 히브리어 '다바르dabar'는 사건(event)이라는 뜻을 함유하고 있어서 각별한 의미를 부여하게 된다. 왜냐하면 우리가 일상에서 하는 말들이 종국에는 사건이 되기 때문이다. '말이 씨가 된다'는 속담처럼 일상에서 사용하는 언어는 우리가 어떤 사람이며, 어떠한 사람이 되고, 어떻게 처신하는 인격이냐를 간파하게 한다. 기독교 신앙에서 말씀 왜곡은 결정적인 불신앙의 문제이며, 인간 언어의 오염 또한 상당히 우려스럽게 바라보아야 한다. 잘못된 신학을 말하면 잘못된 신학적 삶을 살게 되듯이, 왜곡된 하나님 말씀은 오염된 인간 언어와 동행하게 된다. 우리 신앙의 유산 가운데 의미심장한 신학적 단어나 교리적 용어들을 배척하거나 오용할 때 기독교는 위축되고 쇠약해질 수밖에 없다. 하나님 말씀을 왜곡된 인간의 말로 나누고, 인간의 오염된 말을 무분별하게 즐기며, 신앙생활에서 자기만족을 찾고자 한다면 그것을 과연 기독교 신앙의 참모습이라고 말할 수 있을 것인가? 우리의 신앙은 하나님 말씀이 지니는 정확성과 불가사의한 힘의 조합에 다다를 수 있는 진리를 찾아 나서야 한다.

아래 것과 위의 것 : 차원과 편견의 매듭

우리의 삶이나 신앙은 항상 크게 두 가지 관점에서 분명하게 갈라진다. 천지 차이의 문제이다. 땅에 존재하는 우리는 땅적인 사고와 관습으로 살아갈 수밖에 없는 존재이기는 하다. 하지만 우리의 생명이 우연히 이 땅에서 스스로 만들어진 것인가? 하나님에 의해 창조된 생명이라는 성경적 관점을 마음에 두게 된다면 우리는 마땅히 땅의 아래 것이 아닌 다른 쪽, 위의 하늘 것을 사모해야 한다. 그것이 곧 온전함을 이루는 길이 된다. 신약성경은 위의 것을 생각하고(골 3:2), 위의 것을 찾으라(골 3:1)

고 권면하고 땅 위의 것은 정욕이요 귀신의 것(약 3:15)이라고 단호하게 정의하고 있다.

> 이러한 지혜는 위로부터 내려온 것이 아니요 땅 위의 것이요 정욕의 것이요 귀신의 것이니(약 3:15).
> 그들은 기탄없이 너희와 함께 먹으니 너희의 애찬에 암초요 자기 몸만 기르는 목자요 바람에 불려가는 물 없는 구름이요 죽고 또 죽어 뿌리까지 뽑힌 열매 없는 가을 나무요(유 1:12).

하늘과 땅 사이 틈새의 골을 더 깊게 하는 것은 매듭의 묶음들, 곧 인간이 만들어 내는 악한 생각과 말들이다. 그 매듭들은 이 땅에 단단히 못을 박고 묶어 놓은 것들이기에 하늘을 향해 비상할 수 없게 만든다. 더욱이 이것들은 하나님 비밀의 인간 정보화 과정에서 하나님 말씀이 왜곡된 결과로 만들어진 영적 장애물들이기 때문에 난제이다. '매듭론'은 땅에서 하늘로 비상하는 것을 가로막는 비밀 왜곡의 거짓들로 꼬여진 매듭들의 묶임을 풀어내는 데 초점을 맞출 것이다. 그러기 위해서 먼저 하늘은 비밀의 세계, 땅은 정보의 세상이라는 대칭적 개념을 전제할 것이다. 그래야만 매듭을 묶는 요인 즉 비밀 왜곡의 실제들을 쉽게 탐색할 수 있고 깨달음도 더 빨라질 것이다. 따라서 문제 제기의 모든 것은 하늘의 관점에서 땅적인 것을 설명하고 이해시키는 방식으로 전개될 것이다. 매듭론이란 아주 중요한 어떤 것이 그 무엇엔가 묶여서 매듭을 만들어 내고 결코 자유롭지 못한 얽어매어진 상태에 있음을 따져보려는 데 있다. 우리 인생은 마치 새가 올무나 덫에 걸린 경우처럼 세상의 그 어떤 것들에 묶이어, 계속 매듭을 만들어 내는 삶을 살고 있다. 옛것이나 전통에 묶인 경우가 있는가 하면 마약 중독이나 집단 이기주의 같은 것에 묶인 매듭도 있다. 신앙의 관점에서 보면 율법주의에 묶이거나 왜곡된 성경 말씀에 묶인 경우가 있는가 하면, 저주와 죽음의 공포에 묶인 경우가 있을 것이다. 만약 죄인이라는 관점에서 보면 이보다 더 많은 묶임의 매듭들이 발견될 것이다. 이 중에서 가장 중차대하고 풀기가 어려운 쇠 동아줄 매듭을 만들어내는 경우는 하나님 비밀(말씀)을 곡해, 왜곡 또는 거부함으로써 생겨난 거짓말, 가짜 신앙에서 오는 것들이다. 바로 여기에서 하나님의 비밀과 인간의 정보 왜곡 관계가 형성된다. 사실 세상 것에 매이면 땅에 묶인 것이 되고, 자유가 묶이면 노예가 되는 것도 다 같은 이치이다. 인간이 스스로를 더 불행하게 만들어 가고 있는 것은 분명하다. 하나님의 비밀이 원래 전달하려고 했던 그 무엇에 관한 참뜻을 아는 데 대해 전혀 관심조차 보이지 않고 있기 때문이다. 도리어 사전적 정의나 사적인 선입관을 성경 해석 안으로 끌어들여, 그 말씀을 왜곡함으로써 진리를 진리로 깨닫지 못하는 실책을 범하고 있다. 예를 들면 성경을 읽을 때 자기 나름의 세상적인 가치관 또는 인생관이라는 개인적 편견을 성경 일독(一讀)에 더하면서 하나님 비밀을 왜곡하는 경우다. 이를 어쩔 수 없었다고 변명하고 넘어가기에는 그 영혼에 미치는 충격파가 너무나 크다. 불신자들의 경우는 비밀 계시에 아예 관심조차 두지 않고 단호하게 거부하거나 왜곡해 버린다. 만약 계시된 하나님 비밀을 인간 사회에 유용한 물질적 축복 정도로 인식해 버린다면 그것 역시 하나님 비밀을 거부하고 왜곡하는 매듭들이다.

특히 그리스도인일지라도 성경의 단어나 주제, 메시지에 대한 진의(眞意)를 올바로 진지하게 연구하지 않는다면 스스로 하나님을 모독하는 죄악에 묶인 매듭이다.

주의 성령이 내게 임하셨으니 이는 가난한 자에게 복음을 전하게 하시려고 내게 기름을 부으시고 나를 보내사 포로 된 자에게 자유를 눈먼 자에게 다시 보게 함을 전파하며 눌린 자를 자유롭게 하고(눅 4:18).

내 백성은 내 이름을 알리라 그러므로 그날에는 그들이 이 말을 하는 자가 나인 줄을 알리라 내가 여기 있느니라(사 52:6).

하나님의 비밀은 긍정적인 의도에서 계시된다. 하나님의 이름을 알려서 알게 하고, 그 진리를 깨달아 평안을 누리게 하는 축복이다. 이는 하나님께서 창세 전 묵시 속에서 이미 의도하신 바다. 그러므로 이 진리에 대해 눈을 뜨지 않고 있는 그는 가난한 자이고, 포로된 자이며, 눌려 사는 자이다.

그런데 문제는 항상 우리 인간에게 있다. 말씀과 멀어지고 기도하지 않는 것도 문제이지만 말씀을 올곧게 깨닫지 못하는 데서 오는 어둠과 방황이다. 틀린 말을 틀린 채로 주고받아서는 올바른 진리를 깨달을 수가 없다는 점은 두말할 필요조차 없다. 하나님의 진리는 만물을 하나로 엮어내는 뜨개질과 같다. 뜨개질에서 한 올 한 올이 다른 모든 올과 서로 완전하게 얽히는데, 만약 그중에 한 올이라도 빠지면 그 줄 전체가 다 풀려 버리게 되는 것과 같다. 그 말은 아래에서 위의 것을 바라보고 하나씩 깨달아갈 때 어느 순간도 멈춰서서는 안된다는 것이다. 부분만 보고 전체를 다 본 것처럼 여겨서도 안 된다. 종합적이고 통합적인 하나 곧 하나님을 온전히 깨달아 알 때 우리는 뜨개질이 잘 된 스웨터 옷을 입을 수가 있다. 그와 같이 온전하고 완전한 것이 바로 진리이며 은혜이다.

성경을 비롯한 다른 훌륭한 문헌들의 깊은 뜻을 깨닫고 이해하는 가장 빠른 길은 그 용어들과 문맥 전체에 대해 세심한 주의를 기울이는 것이다. 오늘날에는 그런 세심함을 기울여 글을 읽기가 어렵기 때문에 더욱 강조되는 바다. 밤낮으로 틀어놓는 컴퓨터와 텔레비전, 유튜브 때문에 우리의 영적 무감각은 더 무뎌지며, 진리 탐구에는 더 게을러지고, 주의력은 더 산만해졌다. 그 과정에서 품격이 떨어진 언어와 지극히 과장되는 행동들이 뒤섞이면서 진리가 온전히 드러나기가 어렵게 되어 있다. 말과 언어가, 생각과 영성이 명료하며 정확하고 투명하게 사용할 수 있는 능력이 발휘되는 아름다운 모습들을 우리 시대, 우리 안에서는 찾아보기 힘들어져 가고 있어서 문제이다. 구름이 끼거나 비가 내리거나 어둠이 깔리면 하늘을 분명하게 볼 수 없는 것처럼 땅과 하늘, 아래 것과 위의 것을 가로막고 있는 구렁텅이 틈새 같은 것을 깨달아 알 수 있는 내적 변화와 변혁이 먼저 이루어져야 할 일이다. 우리의 사고의 품격이 떨어지고 말씀을 사모하는 능력이 실종된 탓에, 오염된 신앙 전체의 회복을 간구하고자 하는 말씀과 기도가 요구된다. '나'라는 한 사람의 능력과 지혜와 지식의 한계를 훨씬 넘어서 있는 위의 것들이기에 전적인 성령님의 도우심을 간구해야 한다. 그러기 위해 우리 모두의 생각을 환기시키기 위한 전제 조건을 발출할 필요가 있다.

우리가 믿는 하나님을 향한 신앙은 시대마다 늘 새롭게 제고되면서 현실적인 접근 방법론적인 특정 부분에서 수정될 수도 있겠지만, 본질이 달라져서는 안 된다. 어느 시대의 신앙이든 진리를 올곧게 깨닫기 위한 고민과 고뇌와 씨름하는 일도 없이 한 숟갈에 배불러지기를 바라듯 무작정 수용되어서는 안 된다.

믿음은 개인적으로 혹은 교회 공동체적으로 몸부림쳐야 할 그리스도 예수에 대한 갈망이고, 진리에 목말라하는 갈급함이다. 우리의 신앙이 위협당하고 평가절하되는 경우가 종종 있다고 하더라도 기독교 신앙의 기본 전통은 날마다 새롭게 참으로 의미 있는 삶과 진리를 향한 사랑의 섬김, 그리고 그로부터 흘러나오는 무한히 깊은 자유와 기쁨의 원천을 누리는 것이기에 결코 흔들릴 수 없다. 기독교 신앙의 유산은 그것이 발원된 이래 다양한 해석과 실천이라는 수로를 통해 흘러왔다. 하지만 다양한 시간과 공간 속에서도 공통적 기독교 신앙을 통해 물결치며 흘러내려온 다면적인 전통의 기본적 요소들이 유산으로 남아 있어서 다행이다. 이 요소 중에는 알아들을 수 없는 현대의 신학적 전문 용어들에 의해 그 흐름이 막힐 위험에 처한 경우도 있어서 심각한 문제이긴 하지만 상황은 결코 절망적이지 않다. 그걸 통해서 진리를 올바로 깨달을 수만 있다면 말이다.

비밀—정보의 구조적 격차

비밀과 정보는 본래 하나이다. 그러나 비밀이 계시되고 그 계시를 받는 자가 정보로 인식될 때 비밀과 정보는 서로 다른 두 영역을 구축하게 된다. 군이 비밀과 정보를 구별된 개념으로 봐야 하는 이유는 **'하나님 비밀, 인간 정보'** 두 영역 사이에서 말씀 왜곡과 곡해의 문제가 수시로 터질 수밖에 없기 때문이다. 이것은 하나님의 참뜻이 왜곡되는 것인 만큼 아주 주의 깊게 그 과정을 관찰해야 한다. 다시 말해 인간 탐욕의 여러 형태를 집중적으로 조명해 보아야 한다. 비밀의 왜곡이 바로 그 지점에서 파생되기 때문이다. 하나님께서는 비밀을 계시하시고, 인간은 그 비밀을 정보로 인식하는 비밀의 이동에는 두 관점의 조화가 요구된다. 하나는 하나님은 우주 만물의 창조주로서 비밀 계시의 근원이시라는 점이고, 다른 하나는 선악과를 따 먹은 인간은 모든 사물과 환경, 말씀을 접하고 사유할 때 항상 정보적 마인드로 인식하고 비교 분석 판단하는 의식화 작업을 벌인다는 점이다. 우리는 비밀 정보화 작업의 주도권이 항상 비밀 계시자인 하나님께 있다는 점을 분명히 전제해야 한다. 비밀이 옷을 벗어주어야 정보가 그 옷을 입을 수 있다. 비밀이 능동적 수동태라면, 정보는 수동적 능동태다.

　문제는 비밀의 정보화 과정에서 천지 간 구렁텅이가 있는 것처럼, 그 틈새에는 수많은 인간 욕망의 매듭들이 꼬여 가고 있어서 인간의 손으로 먼저 풀기 작업을 시행해야 할 필생의 과업이 되고 있다. 천지간 구렁텅이는 종말에 하나님 심판에 의해 판가름 날 결정론적 갈림길이다. 반면 땅과 하늘의 틈새에서 생겨난 매듭들은 원인론적 관점에서 보면 인간이 이 땅에 존재할 때의 믿음의 정도와 어떤 정보들을 선택했느냐에 따른 결과물들이다. 구렁텅이를 사이에 두고 나눠진 천국과 지옥은 그 누구도 혼자 힘으로 오고 갈 수 없는 결정된 영역이다. 그러므로 우리는 우리 앞에 그 무엇이 되게 하는 하늘 비밀이 존재한다는 사실 그 자체만으로도 기대감과 긴장감을 동시에 느껴야 한다. 그것이 바로 회개의 문을 여는 소중한 기회를 만들어 준다. 비밀의 정보화가 올곧게 성취될 때 영원한 생명의 기쁨을 누릴 수 있지만, 그렇지 못할 경우는 하나님의 진노 아래 놓이게 된다는 분명한 사실 또한 기억하게 한다.

　내가 내 말을 네 입에 두고 내 손 그늘로 너를 덮었나니 이는 내가 하늘을 펴며 땅의 기초를 정하며 시온에게 이르기를 너는 내 백성이라 말하기 위함이니라(사 51:16).

　나 여호와가 시온의 모든 황폐한 곳들을 위로하여 그 사막을 에덴 같게 그 광야를 여호와의 동산 같게 하였나니 그 가운데에 기뻐함과 즐거워함과 감사함과 창화하는 소리가 있으리라 내 백성이여 내게 주의하라 내 나라여 내게 귀를 기울이라(사 51:13, 14a).

신학적 관점에서 볼 때 인간이 깨달아 이해하지 못한 비밀은 결국 매듭이 되었지만, 이제 풀릴 수 있는 또 다른 비밀의 열쇠가 나타났다. 비밀의 왜곡으로 묶인 매듭이 풀린다는 것은 새롭게 신앙의 총체적 의미를 깨닫게 해준다는 의미에서 대단히 중요한 위치를 차지한다. 창조주 하나님께서는 주권적으로 자기의 비밀을 계시하여 인간을 향해 끊임없이 알리고, 알게 하는 것을 제일 목표로 하고 계셨지만, 인간은 하나님의 비밀계시에 대해 귀를 기울이지 않았다. 하나님의 정체성을 올곧게 알지도 못하고, 알려고 하지도 않은 채 왜곡된 신앙의 상태를 지금도 유지하고 있다. 영적 세계와 현실 세계의 격차 문제나 인간의 탐욕과 말씀의 곡해, 왜곡 등과 같은 오류에 대한 문제의식이 전혀 없다. 이는 그만큼 다른 어떤 것에 꽁꽁 묶여 있다는 사실을 말해 준다. 특히 매듭은 두 개가 얽힌 형국이라 더욱 풀어내기가 어려운 상태에 있다. 즉 내 안에 있는 매듭과 내 밖에 있는 매듭이다. 이를 풀림 받기 위해서는 우리가 직면한 신앙의 현주소에 더 큰 경각심을 가지고 하나님의 비밀 계시를 깨닫기 위해 심혈을 기울이지 않으면 안 된다.

너희는 하늘로 눈을 들며 그 아래의 땅을 살피라 하늘이 연기 같이 사라지고 땅이 옷 같이 해어지며 거기에 사는 자들이 하루살이 같이 죽으려니와 나의 구원은 영원히 있고 나의 공의는 폐하여지지 아니하리라(사 51:6).

이는 완전히 묶인 매듭을 풀어낼 특단의 조치가 하나님 비밀에 있음을 의미한다. 하나님의 구원과 공의의 참뜻을 깨달아야 한다. 우리가 간과하기 쉬운 핵심 진리를 발견해내는 일부터 착수해야 한다. 비밀과 정보는 하나님과 인간의 소통 관계에서 이해의 폭을 넓게 확장시켜주는 역할을 한다. 비밀이 공개(계시)되면 그 비밀을 획득하는 사람에게는 하나의 정보로 인식이 된다. 비밀이 정보로 옷을 바꿔 입는 것이다. 비밀이 계시되어 정보화가 이루어지게 되면, 비밀은 그 자체가 담고 있는 내용으로 인해 어떤 형태로든 긍정적인 작용을 하게 된다. 하지만 여기에는 두 가지 다른 결과를 가져올 수 있다. 하나는 비밀이 고스란히 원안대로 이해된 결과로 나타나느냐, 아니면 비밀의 정보화 과정에서 다른 외적인 의도들이 가감된 정보로 악용되느냐의 문제이다. 전자는 비밀에 대해 절대적인 신뢰를 하고 그 모양 그 내용대로 순종하겠다는 것이라면, 후자는 계시받는 자가 임으로 비밀의 참뜻을 왜곡하거나 거부 하고 때로는 무의식중에 익숙해 있는 전통이나 관습, 선입관이나 가치관 등에 의해 진실을 왜곡하여 불순종으로 빠지는 경우이다. 비밀의 정보화 과정에서 비밀이 원안대로 유지되고 이행되느냐, 아니면 거기에 무언가 첨삭하여 각색된 상태로 악용되느냐에 따라서 비밀과 정보의 격차가 발생한다. 특히 하나님의 말씀과 인간의 이해 사이에서는 이런 현상이 빈번히 발생할 수 있다. 그것은 곧 축복이냐 아니면 저주이냐를 판가름하는 말씀의 심판을 불러올 수 있다.

하늘 비밀의 공유라는 신비로운 사건이 내적으로 일어나는 현상을 조명해 봄으로써 우리는 인간이 직면하고 있는 생명과 사망, 종말과 영생에 관한 하나님의 지혜를 깨달을 수 있다. 성령께 간구하며, 하나님 나라 비밀의 참뜻을 정확히 깨닫고 누리는 자리로 나아가는 것이다. 성경을 읽을 때는 앞서 논한 바와 같이 비밀의 정보화 과정에서 발생하는 편차의 문제들을 항상 의식하고 있어야 한다. 각 사람의 개인적인 욕망과 주관적 견해가 비밀 이해에 개입되면 전혀 다른 결과를 만들 수 있다. 하늘 메시지는 하늘의 관점으로 이해되어야 하는데 만약 땅적 관점으로 이해한다면 그것은 결정적인 오류를 발생시킨다. 따라서 이런 자각을 먼저 하기 위해서는 다음 열 가지 이유를 분명하게 전제해야 한다.

첫째, 하나님은 우주 비밀의 원천이요 세상 정보 지식의 근원이시다. 하나님은 창조의 비밀 그 자체이시므로 모든 피조물에 대한 원형적 비밀과 모든 사상들을 가지고 계시며, 다른 그 어떤 정보도 필요로 하지 않으신다. 다만 하나님 자신의 비밀을 창조 작품들 속에 조금씩 나타내 주신다. 이 세상과는 전혀 다른 초월 세계에 있는 영원한 생명의 비밀을 계시해 주셔서 그것이 우리의 생명 정보가 되고 이 땅에서 천국을 소망하며 살게 하신다.

둘째, 인간은 정보 지식을 자신이 지각하는 대상들로부터 끌어내고 있는 데 반해 하나님은 영원부터 존재와 형태를 정해 두신 창조 비밀에 근거하여 그것들을 아신다. 그러므로 인간이 가장 먼저 할 일은 하나님 앞에 하늘 비밀에 관한 정보 지식이 아무것도 없음을 솔직히 고백하고, 하나님 알기, 그리스도 예수 알기, 성령님 알기 등 삼위일체 하나님을 한 분으로 알아 하나님 나라 백성으로 완성될 수 있도록 지혜를 간구해야 한다. 그래서 반드시 하나님 나라의 의를 먼저 구해야 한다

> 그런즉 너희는 먼저 그의 나라와 그의 의를 구하라 그리하면 이 모든 것을 너희에게 더하시리라(마 6:33).

하나님 나라와 의는 그분의 비밀을 깨닫는 것으로부터 온다. 그러므

로 하나님을 아는 데 힘을 써야 한다. 인간이 알고 깨달아야 할 범주는 하나님 그분을 충분히 증언할 수 있을 만큼 아는 것이다. 다시 말해 다른 사람에게 하나님 말씀을 전할 수 있을 정도로 십자가의 비밀에 대한 깨달음이 있어야 한다.

셋째, 인간은 오직 추리적 사고라는 정보화 과정을 통해서만 사물 및 관계들에 대한 과학적 통찰력을 얻는다. 반면 하나님께서는 모든 것에 대해 직접적인 비밀지식을 갖고 계시기 때문에 그 관계에 있어서나 그 본질에 있어서 모든 것을 알고 계신다. 그 아는 일에 있어서 전지전능하신 그분의 지식이 모든 것을 포괄한다는 사실을 잊어서는 안 된다. 특히 그 아는 모든 일에서 그분은 완벽하시지만, 인간의 정보 지식은 불완전하고 항상 불충분하다. 인간 정보의 불안정성과 불충분성은 하나님 비밀에 대한 의존도가 높아질 때 언제나 안정 체계로 복귀할 기회를 얻게 될 수 있다는 점을 기억해야 한다.

넷째, 인간이 아는 것은 단지 부분적으로 의식하지만, 하나님은 자신의 모든 정보 지식을 항상 완전하게 인식하고 계신다. 인간은 부분적이고 제한적인 세상 정보만을 갖고 있을 뿐이라서 항상 불안하고 근심 걱정하는 상태에 머물러 있게 된다. 인간이 하나님의 비밀 계시로 충만해진다는 것은 곧 이기적이고 경쟁적인 세상 정보를 탐하는 의식 구조의 완전 파괴를 의미한다. 온갖 잡동사니 정보로 뭉쳐 있는 생존 위주의 사고방식을 원천적으로 개편할 때 비로소 하늘 비밀이 그 비어 있는 공간을 채워 주게 된다. 하나님은 모든 과학적 정보 지식의 존재 원리이시지만 비인격적이고 무의식적인 절대자를 주장하는 범신론이나 신의 존재를 부정하는 불신자들은 이것을 받아들일 수 없을 것이다. 그들은 스스로 지식을 갖지 못하는 하나님은 결코 정보 지식의 원리나 원천이 될 수 없다고 생각하는 교만을 안고 있기 때문이다. 사실상 모든 절대적 관념론은 인간을 인식의 자율적인 원천으로 만드는 까닭에 하나님을 부정하게 된다. 모든 정보의 기원은 그 주체인 비밀의 참뜻에서 찾아야 한다. 하나님의 비밀을 더 이상 단순한 도구가 아닌, 진정한 기원 또는 원천으로 인정해야 한다. 인간의 그릇된 사고는 하나님의 창조를 부인하는 무지이며, 하나님 존재 자체를 부정하는 심각한 불신앙의 늪임을 알아야 한다.

다섯째, 학술적으로 정보는 비밀을 알고 있다는 전제이며 비밀로부터 얻어진 결과물이라는 뜻이다. 비밀과 정보는 긴밀한 연계 관계를 맺고 있는 한 맥락이다. 하나님의 비밀이 인간의 정보가 되고, 다시 인간의 정보가 사람의 비밀이 되지만 비밀과 정보가 충돌하며 구별될 때도 있다. 하나님의 비밀은 하나님 중심인 데 반해, 인간의 정보는 사람 중심이 되는 까닭에 일어나는 충돌이다. 예를 들면 하나님의 비밀을 사람이 원안 그대로 받아들여 깨닫게 될 때 비밀과 정보는 한통속이 되지만 하나님의 비밀을 원안 그대로 받아들이지 않고, 본래의 뜻과는 다르게 사람이 임의대로 해석하고 적용한다면 그것은 비밀이 본래 의도한 바에서 크게 벗어난다. 이때 하나님의 비밀은 왜곡, 변질되어 전혀 다른 내용의 세상 정보가 되고 만다. 결국은 하나님의 자비와 은혜가 모순관계로 배척되다가 전혀 다른 저주의 상황이 연출됨으로 인해 무의미하게 끝을 맺는 것과 같다.

여섯째, 인간의 정보 의식은 눈에 보이는 것에만 초점이 맞춰진 유한하고 무지한 상태에 있다. 반면 하나님의 비밀은 초월 세계의 보이지 않는 무한의 시공간을 포괄하고 계신다. 그러므로 인간은 물리적 공간 개념에서 비물리적 영원의 세계로 진입할 가능성을 담보할 수 있다. 인간 정보는 지구촌으로 제한되는 개념이지만, 하나님이 약속한 비밀은 시공을 초월하는 완전 개념이다. 이로써 하나님의 약속이 구원으로 실현되는 미래지향적 성화와 영화의 발전 단계에 들어서게 된다. 지금 눈에 보이는 것만 알아볼 수 있는 인식의 한계를 극복할 수 있게 되는 것이다. **우리가 믿는다는 것은 하나님의 말씀을 믿는 것이며, 말씀 가운데 있는 그분의 약속을 믿는 것이다. 약속은 말씀과 비밀 가운데 있다.**

일곱째, 하나님의 비밀은 미래의 영원한 생명을 예언하며 증거하고 있다. 반면, 인간의 정보 인식 수준은 단 한 치 앞도 알 수 없는 무지하고 무능력한 취약점으로 가득 차 있다고 스스로를 증명한다. 많은 정보를 획득하기 위해 몸부림치며 단 한 순간도 정보가 없으면 못살 것 같은 답답함을 느끼며 살고 있지만 이것은 영적 죽음의 상태를 의미한다. 예를 들면 우리는 스마트폰에 너무나 익숙한 나머지 그것을 잃어버렸거나 잠시 집에 두고 나왔을 때 두려움과 공포감 같은 것을 느낀다. 이 공포감은 모든 사람이 한 치 앞을 모른 채 죽음을 맞게 되는 감정을 생각하게 한다. 장마철에 홍수가 나고 기습 물 폭탄이 쏟아질 때, 그 후 몇 분도 지나지 않아 일어날 산사태나 지하차도를 엄습하는 물난리를 알지 못해 고스란히 참변을 당하고 있는 것이 우리의 현실이다. 한 치 앞의 정보가 없어서 죽음을 피하지 못한 경우를 목격한다. 인간의 모든 삶이 이와 같다면 우리는 차원이 높은 영적 진리에 마음을 쏟아야 한다. 세상의 정보는 눈이 먼 것, 한계점에 도달해 있지만 하나님의 예지적 비밀에 접근할 때는 영원을 지향하는 우리의 삶에 근본적인 변화를 일으킬 것이기 때문이다.

여덟째, 하나님의 비밀이 영원하신 그분에 의해 새 하늘 새 땅이라는 목적지를 향해 흔들리지 않고 도도하게 흐르는 강물같이 원시적(遠視的)인 소망이라면, 인간의 정보는 내일을 팔아 오늘을 사는 충동에 날뛰는 근시안적(近視眼的) 욕구이다. 단순하고, 단일한 당면의 목적에 치중하고 있는 찰나주의다. 성령의 인도를 받지 못하고 있는 육신주의의 행실들이다.

> 너희가 육신대로 살면 반드시 죽을 것이로되 영으로써 몸의 행실을 죽이면 살리니 **무릇 하나님의 영으로 인도함을 받는 사람은 곧 하나님의 아들이라**(롬 8:13, 14).
> 너희가 만일 성령의 인도하시는 바가 되면 율법 아래에 있지 아니하리라(갈 5:18, 참조).

우리는 일시적인 것이 아닌 영원한 것에 초점을 두어야 한다. 우리가 일시적인 것에 초점을 맞춰 산다는 것은 바로 한 순간 사라져 버릴 것들에 대한 충동적 집착일 뿐이다. 만약 우리가 영원한 것을 선택한다면, 우리의 나날의 삶은 결코 상실되는 일이 없을 것이다.

아홉째, 하나님의 비밀이나 인간의 정보는 항상 공개를 염두에 두고 있다. 여기서 하나님의 비밀은 무조건 공개적이다. 하지만 인간의 정보는 자기 이익에 치중하는 까닭에 항상 조건적이며 비공개적이다. 그러므로 하나님의 비밀은 그 어떤 경우에도 문제 될 일이 없다. 반면, 인간의 정보는 비밀의 인지 과정에서는 물론이고 그 비밀을 사용(적용)하는 과정에서 자기중심적인 것으로 왜곡 변질시킬 여지가 크다. 이로써 비밀과 정보의 충돌이 불가피하게 일어난다. 비밀로부터 정보를 얻은 사람은 그 비밀을 원안 그대로 이해하고 간직하는 것이 아니라 자기 이익에 맞게 임의대로 변용해 버리는 탐심이 작용하기 때문이다.

세상의 모든 정보 인식이 그렇게 진행된다는 것은 숨길 수 없는 사실이다. 그런 점에서 인간의 정보는 '배반의 칼날'이라는 이름을 덧붙여도 좋을 것이다. 하나님과 인간 사이에서 이루어지는 비밀과 정보의 순환 관계에는 상당한 주의를 기울여야만 한다는 이유가 바로 여기에 있다. 만약 인간이 하나님 비밀을 자기 마음대로 재단하겠다고 교만을 떤다면 상황은 전혀 예기치 못한 폐허로 변할 수 있다. 피조물인 인간이 창조주의 비밀을 이러쿵저러쿵 논한다는 것 자체가 죄악이다. 예를 들면 오늘날 전 세계 인류가 겪고 있는 기후변화로 인한 고통은 '생육하고 번성하여 땅에 충만하라, 땅을 정복하라, 바다의 물고기와 하늘의 새와 땅에 움직이는 모든 생물을 다스리라'(창 1:26)고 하신 하나님 명령을 인간의 입맛대로 왜곡해 버린 데서 온 결과가 아니겠는가?

열 번째, 하나님의 비밀은 인간에게는 기대와 기다림이며, 희망과 소망이다. 반면 인간의 정보는 절망과 좌절이다. 하나님의 비밀은 약속의 성취로 나타날 것이지만 인간의 정보는 기만과 속임의 결과로 드러날 것이기 때문이다. 비밀이 속살이라면 정보는 겉살이다. 하나님 비밀이 곧 말씀이라면 인간의 정보는 에코에 불과하다. 그러므로 겉살이 속살을 임의로 재단해 악용할 수는 없는 일이다. 하나님의 비밀은 불변하는 진리이므로 비밀의 뜻을 깊이 깨닫고 구원의 기다리는 소망 그것이 인간 정보의 역할이고 목적이어야 한다. 만약 그렇지 않고 하나님의 비밀을 논쟁거리로 삼는다면 인간은 아무런 유익도 얻지 못하고 도리어 감당하기 어려운 징벌만을 떠안게 될 것이다. 더욱이 여기에 하나님의 진노가 내려지기라도 한다면 그것은 곧 극단의 추락으로 영원한 불 못을 면할 수 없게 된다. 하나님의 비밀은 전적으로 은혜에 의해 계시되는 만큼 순수한 말씀 그 자체에 순종하는 최고의 미덕이 있어야 한다. 비밀을 비밀 그 자체로 이해하고 받아들이고 적용하는 순수함이다. 만약 거기에 인간의 오만과 교만이 개입된다면 위험천만한 자살행위가 된다. 비밀 정보화의 함정과 하늘 비밀의 능력에 대해 다시 생각해 보면 좋겠다. 하나님의 말씀과 명령에 절대 순종하는 것만이 영원한 생명의 문으로 들어가는 길이다. 하나님의 자유의지, 능력, 지혜 이전에 우리 인간에게 비밀 정보의 공간이 있었을까? 비밀은 비밀로 이해되고 간직되어야 한다. 하나님 비밀을 인간 수준으로 인식하는 과정에서 무수한 왜곡이 일어나고 있음에 유념해야 한다. 하나님의 말씀이 세상의 말이 되도록 해서는 안 된다. 하나님이 곡해되고, 우리가 반역하며 나락에 떨어져서는 안 된다.

비밀의 정보화는 우리 삶의 거의 모든 부분에서 수시로 일어나는 인식(인지) 작용이다. 이 작용은 세상의 사물과 사건, 사고들, 더 나아가 학문이나 과학기술을 알고 이해하기 위하여 분석과 판단 후에 자기 결정을 내리게 한다. 태생적으로 주어진 지적, 감정적 욕망이 더 부풀어지면서 부족한 부분을 더 충족시키고자 할 때 사람의 마음속에 일어나는 것이 정보 욕구다. 인간에게는 다양한 욕망이 있으나 식욕, 성욕만큼이나 걷잡을 수 없는 자연발생적인 욕구는 없다. 이 탐욕의 속사정을 자세히 들여다보면 생존 욕구에 앞서 행동하는 것이 따로 있다. 바로 정보 욕망이다. 사람은 누구나 매일의 삶 속에서 뭘 먹을까 뭘 마실까, 어떻게 해야 더 안전할까를 걱정하며 산다. 이에 앞선 전위적 행위가 있는데 그것은 곧 먹을 것, 마실 것, 안전한 것 중에 어느 것을 선택, 판단, 결정해야 할 것인지에 대한 정보 욕구의 심리적 선행 작용이다. 마치 에덴동산에서 일어난 여자의 정보 탐심과도 같은 심리 작용이 열매를 따 먹기에 앞서 있었듯이 오늘 우리에게도 수시로 일어나고 있다는 사실이다.

여자가 그 나무를 본즉 먹음직도 하고 보암직도 하고 지혜롭게 할 만큼 탐스

럽기도 한 나무인지라 여자가 그 열매를 따 먹고 자기와 함께 있는 남편에게
도 주매 그도 먹은지라(창 3:6).

이런 정보 탐심은 자연적인 순기능이라 할 수 있지만, 이 전위적 심리
는 다른 어떤 욕망보다 앞서간다. 우리의 사고와 행동 그리고 영적인 면
에서 결정적이고 선제적인 영향력을 행사하는 요인은 '탐욕의 정보 욕망'이
다. 선점 효과를 누린다고는 하지만 결국에는 자승자박하듯 보이지 않는
탐심이 보이지 않는 자기 영혼을 팔아먹게 하는 촉매 역할을 한다. 그것
은 바로 하나님을 대적하는 선악과처럼 사람의 영혼이 하나님께 죄를 짓
거나 최소한 세상을 향해 정보 탐심을 발휘함으로써 하나님과 멀어지게
하는 함정이다. 그것이 바로 '하나님처럼'의 탐욕이며 죄이다. 누가 자기
보다 더 아름다운 것을 소유하고 있으면 배가 아파하는 감정이다. 아름
다운 것을 보면 탐욕이 먼저 치고 올라와 자기 것으로 소유하고 싶어 하
는 마음 곧 꽃을 꺾는 심정이다. 뭐든지 자기 소유로 만들고 싶고, 뭐든
지 자기 아래에 두고 싶은 마음은 죄의 뿌리에서 흘러나온 것이다.

정보의 탐심은 다른 물질적 욕구와 힘을 합하여 탐욕으로 확장될 때
자연발생적 인간 본능의 수준을 넘어서 사회와 개인에 대한 억압과 부패
의 원인이 된다. 정보 탐심은 타인과의 경쟁 관계를 조성하고, 독자생존
의 사고방식으로 자기 자랑과 자기 존재감을 과시하며, 타인에 대해서는
정보 권력을 행사한다. 서로가 서로에게 피해를 주는 경쟁적이고 자기중
심적인 싸움터를 확장해 나간다. 이러한 인간의 욕망은 성경을 읽고 성
령의 감동 감화를 받는 데에도 결정적인 장애 요인이 될 뿐 아니라 하나
님을 전면 부인하는 방향으로 옥죄어 간다.

예수를 믿는다는 것은 나의 외향적인 힘을 늘리는 데 있는 것이 아니

다. 오로지 나는 흙에 불과한 인간일 뿐이라는 진리를 깨닫고 태초에 하나님께서 의도하신 대로 하나님이 주신 처음 자리가 어디인지를 찾아가는 데 우리 신앙의 목표가 있음을 아는 것이다. 참 그리스도인이 되기 위해서는 정보 탐욕의 실체를 밝혀 알아내고, 자기 신앙의 좌표가 어디쯤을 찍고 있는지 확인하는 데 집중적인 묵상을 해 보아야 하지 않을까?

제4장
비밀 우상화의 함정

비밀 우상화의 입구 : 자기 우상화

앞에서 인용했던 엄마와 딸아이 대화 중 '비밀 = 공유'는 비밀의 정보화 과정을 나타낸다고 정의한 바 있다. 그런데 그 비밀 공유 원칙은 무너질 수 있다. 비밀을 알게 된 측이 그 비밀에 대해 자기 임의로 주인 의식을 발동함으로써 신뢰 관계가 깨어질 수 있다는 것이다. 비밀 공유 관계에서는 항상 돌발 변수가 있는 까닭에 어느 일방에 의해 비밀 유지가 파기될 위험성을 안고 있다. 비밀의 공유는 신뢰와 믿음으로 시작된 것이지만, 불신과 배반의 부정적인 요인도 함께 공유하기 때문이다.

비밀의 공유는 곧 정보의 공유이다. 비밀을 알게 된 사람은 새로운 정보를 얻는 것일 뿐만 아니라, 그로 인해 자유와 독립도 얻게 된다. 예컨대 그 비밀을 얻게 되는 순간 독자적으로 그 비밀을 임의로 처리(공개 등)할 수 있게 되는 것으로, 그 사람 내적으로는 '비밀과 자유와 독립'의 새로운 의지가 형성된다는 말이다. 예로 들었던 딸아이가 자기만의 비밀을 갖는다고 할 때, 그것은 독립된 한 개인으로서 비밀을 간직한 자유자가 되었음을 의미한다. 비밀을 임의로 처리할 수 있는 독자적인 정보 영역을 구축하게 되었다는 뜻이다. 엄마는 딸아이에게 비밀의 개념과 비밀 유지 방법에 대해 정리해 주게 된다. 특히 비밀이 깨지면 두 사람의 사이가 어떠한 관계가 되는지도 설명해 주고 있다. 모두 옳고 합당한 조치이다. 그러나 여기서 다시 강조될 것은 비밀을 간직한다는 것이 곧 개인의 독립성 형성에 필수적인 도구이면서, 언제든지 어느 일방에 의해 비밀 약속이 파기될 가능성을 함유하고 있다는 점이다. 비밀성과 독립성은 딸아이가 부모 또는 다른 사람과는 구별된 존재로서 자신만의 개성(비밀)을 간직하게 된 한 인격체라는 사실을 깨달았다는 의미다. 이러한 깨달음은 타인에게 비밀을 밝히지 않고 혼자만 간직하겠다는 자유의지의 확대이면서 자기 책임과 자기중심성을 구축하는 것이기도 하다.

이때부터 비밀의 공유는 비밀을 지키려는 것보다는 독자적 정보 영역을 구축하려는 자기중심의 욕망을 꿈틀거리게 만들어 간다. 이런 현상을 **'정보 우상화의 시작 단계'**라고 말할 수 있다. 어떤 불신자는 하나님의 비밀 곧 그분의 존재 자체를 부정함으로써 세상 모든 것을 자기 마음대로 조작하고 소유할 수 있는 것처럼 자기를 우상화한다. 또 어떤 신앙인은 하나님과 우상을 동시에 바라봄으로써 사실상 불신앙의 상태로 우상숭배에 빠진다. 우상이란, 하나님께서 '너는 나 외에는 다른 신을 네게 두지 말라'(출 20:3)고 하신 십계명 첫 구절에서 강조된 '다른 신'이 곧 우상이다. 더 깊은 의미로는 하나님의 본질 그 자체를 이해하지 않고 거기에 무언가를 더하거나 빼거나, 하나님을 다른 어떤 것으로 이해하면서 진짜 하나님이라고 믿고 섬기겠다고 나서는 행위가 바로 우상숭배이다. 이런 관점에서 만약 하나님 비밀의 공유가 우리에게 주는 참뜻을 잘못 이해하고, 인간이 비밀의 독립성(정보로써 왜곡 의미)을 주장한다면 그것이 곧 우상숭배이며 신앙의 실패다.

인간이 자기만의 소유물처럼 마음대로 하나님 비밀을 어떻게 해 볼 수 있다는 인식이 싹트게 된다면 바로 그 순간 자기 자신에 대한 우상화에 돌입한 것이다. 마치 아무도 모르는 어떤 일에 착수함으로써 자신을 유명하게 만들어 줄 것 같은 기대감이 부풀어지게 된다면 바로 그것이 비밀 정보화의 분기점이 된다. 비밀의 개인 소유화는 자기 창작품이 아닌데도 그릇된 욕망을 표출하는 도구로 악용하는 경우이다. 이런 착각은 세상의 정보적 이치에는 합당할지 몰라도 하나님 나라 비밀의 뜻과는 정반대가 된다. 하나님의 비밀은 더하거나 빼거나 그 어떤 변조나 왜곡도 허락되지 않기 때문이다.

폴 트루니에는 하나님의 비밀을 갖게 되는 것과 그 비밀을 간직하는 법을 아는 것, 그리고 오직 자의에 의해서만 그 비밀을 기꺼이 포기(전도, 선교)하는 것을 바로 한 개인의 그리스도인을 형성하는 첫 번째 단계로 정의한다. 어떤 비밀을 정보로 인식하여 받아들이고, 그 정보를 간직하여 자기 비밀이 되게 함으로써 '비밀 – 정보 – 비밀'의 순환 과정을 아는 것이다. 그리고 마침내 자기 비밀(하나님 말씀)을 타인(무신론자, 불가지론자 등)에게 전해 줌으로써 그들에게도 하나님 나라의 비밀이 귀중한 것임을 인식할 수 있게 하는 것, 그것이 곧 선교와 전도다. 이 메커니즘을 아는 것이 곧 하나님을 아는 것이고, 하나님 비밀을 아는 것이 곧 자신의 기쁨이고 힘이 된다. 하지만 그 비밀을 이용해 자기 마음대로 할 수 있는 무언가를 소유했다고 인식하게 된다면 그 순간부터 그 비밀의 주인은 하나님이 아니라 자기 자신이 된다. 이것이 자기 우상화이며 하나님의 것을 도둑질하는 짓이다. 자기만의 세상적 목적을 달성하기 위해 하나님의 비밀을 훔친 것이다. 하나님 비밀의 도둑질은 곧 하나님 말씀의 왜곡이다.

사람이 어찌 하나님의 것을 도둑질하겠느냐 그러나 너희는 나의 것을 도둑질하고도 말하기를 우리가 어떻게 주의 것을 도둑질하였나이까 하는 도다(말 3:8a).

여호와가 이르노라 너희가 완악한 말로 나를 대적하고도 이르기를 우리가 무슨 말로 주를 대적하였나이까 하는 도다(말 3:13).

비밀의 주인이신 하나님을 무시하고 인간 스스로 하나님같이 되려고 하는 도발이 도둑질이다. 하나님의 비밀(계시, 명령, 말씀)에 순종하는 것이 아니라 도리어 그 비밀을 악용하려는 불순함이다. 바로 여기서 비밀의 자유와 독립에 관한 위험성의 문제가 제기된다. 독립성은 곧 자기중심성의 욕망을 촉발한다. 하나님의 비밀이 인간에 의해 악용될 여지도 많다. 그러나 하나님 비밀 자체는 인간에 의해 그 어떤 침범도 당하지 않는다. 불변하는 영원한 진리이기 때문이다. 문제는 인간이 그 비밀의 뜻을 임의로 왜곡해서 세상 것으로 만들어 버리는 도발에 있다. 우리는 감추어져 있던 비밀을 탐지하여 마침내 알게 되거나, 비밀이 스스로 공개됨으로써 정보로 알게 되는 경우를 '**비밀의 정보화**'라고 정의한다. 바로 이때 하나님 말씀에 대한 곡해나 왜곡이 일어날 위험성이 가장 높아진다. 인간적인 생각과 주의, 주장, 탐욕이 스며들 여지가 많기 때문이다. 비밀을 캐내서 알게 되거나 비밀이 스스로 공개될 때 그것을 획득한 사람에게는 비밀이 곧 정보가 된다. 이 과정에서 일어나는 왜곡들이 많기 때문에 이 관점은 매우 중요하게 다루어져야 한다.

'**비밀 - 독립 - 자유 - 왜곡 - 우상화**'의 흐름은 곧 하나님 말씀과 뜻을 왜곡하는 줄다리기 통로가 될 수도 있다. 에덴동산에서 있었던 뱀(사탄)과 하와의 하나님 말씀 왜곡 패턴과 똑같다. 거기에는 복과 저주가 함께한다. 그러므로 인간은 하나님 비밀을 접하는 순간 매우 조심스럽게 그분의 참뜻을 파악하는 데 경각심을 바로 세워야 한다. 하나님의 비밀은 교만이 아니라 순종을 요구한다. 사람은 항상 비밀을 창출하거나 타인으로부터 획득한 정보이거나 간에 비밀을 갖는 순간 우월적 위치에 서게 되며 항상 자기만의 독립된 생각을 가지기 쉬운데 바로 그것이 위험 신호이다. 교만해지고 자기중심의 이기심에 사로잡힐 수 있기 때문이다. 여기서 주목해야 할 점은 그 비밀 밖에 있는 사람 역시 비밀의 정보화가 이루어지지 않는 한 비밀로부터 소외된 타인으로서 위기에 직면할 수 있다는 점이다. 그 비밀이 어떤 내용이며, 무엇을 위한 것인지를 알려고 하지 않는 한 그에게는 항상 위험이 그의 앞에 놓여 있다. 왜냐하면 그는 비밀에 담긴 예언과 경고를 모르는 무지, 무식한 자로 남아 있기 때문이다.

하나님의 비밀은 창조 능력을 포함하는 개념이다. 그러므로 하늘 비밀을 깨닫는 사람은 곧 하나님의 능력을 공유하는 관계에 들어선다. 거기에는 그 어떤 두려움이나 불안감도 없고, 오직 믿음과 신뢰의 돈독한 관계만 존재한다. 아주 긴밀한 비밀을 믿고 서로 주고받으며, 신뢰하고, 그 비밀을 약속으로 지키려 하기 때문에 창의력도 발생한다. 하나님과 인간을 끈끈한 관계로 묶어 주는 줄이 바로 하나님의 비밀이다.

비밀 우상화의 출구 : 새 생명

비밀의 신비 중 하나는 비밀 그 자체는 아무런 보답이나 보상을 바라지 않는다는 점이다. 반면 정보는 자기 이익을 중시하는 이해관계 안에 있는 까닭에 반드시 손익 관계로 얽히게 되는 구조이다. 어떤 경우 정보 수익자가 자기의 능력과 수단으로 비밀에 대해 보답하려고 한다면 비밀의 속성을 잘못 이해한 것이다. 정보는 그 어떤 경우라도 비밀에 대해 보답할 수 없다. 비밀은 공급자이고 정보는 수급자이기 때문이다. 하나님의 구원 사역에 있어서 인간이 그 어떤 보답이나 공로를 주장할 수 없는 것과 같다.

하나님의 비밀은 인간 생명의 특성을 함유하고 있는데 반해, 세상 비밀에 대한 신뢰는 세상에서만 통용이 가능한 물질적인 것이다. 그러므로 '**비밀 = 믿음 = 생명 = 열매**'의 공식은 이 땅 차원을 넘어서 초월의 세계에서만 통용되는 유일한 하나님 비밀의 통로이다. 하나님 비밀 자체가 하나님의 것이요 하나님 자신만이 갖고 계시는 무한하고 영원한 생명이다. 예수 그리스도가 하나님 최고의 비밀이라는 관점은 십자가의 증거로써 모든 장벽을 뛰어넘었기 때문이다. 예수 그리스도의 부활 생명은 그 어떤 가치로도 치환될 수 없는 유일무이한 하나님의 능력이요 비밀이다. 오직 그 비밀에 대한 믿음으로만 공유될 수 있는 생명이다. 특이하게도 하나님의 비밀은 하나님이 주시는 깨달음에 의해서만 이해되고 공유될 수 있다. 이 땅에서 겨우 3차원의 세계를 사는 인간이 세상의 차원을 뛰어넘는 초월의 영적 세계를 깨달아 안다는 것만큼 큰 축복은 없다. 비밀의 특성 중에 가장 주목되는 부분은 '**비밀과 생명의 하나 되는 관계**'이다.

생명(헬, 조에, 살다=자오)은 사전적 의미에서 인체의 숨, 호흡을 담당하는 목숨이란 뜻으로도 사용되며, 생활, 생애, 일생이란 뜻도 갖고 있다. 목숨이란 뜻은 곧 생멸(生滅)과 관련된 것으로 현상계에서 나타나 움직이고 말을 하는 활동이다. 일생이란 뜻 안에는 이미 시작이 있으면 끝이 있고, 열고 닫힘, 개방과 폐쇄란 의미를 아우르고 있다. 그러므로 표층 의미의 헬라어 '조에'는 유한성을 담보로 한 '목숨, 숨의 지속'으로 귀결된다. 하지만 성경에서 말하는 헬라어 '조에'는 표층 의미에만 집중되지 않는 이중적 신비를 품고 있다. 곧 영생의 비밀에 관한 것으로 세상적인 불멸(不滅)의 시간과는 다르다. 영원이란 뜻을 가진 헬라어 '아이오니오스'는 우리가 흔히 알고 있는 불멸의 시간과는 전혀 다른 불멸의 개념을 함유하고 있다. 직선의 시간성을 지속적으로 확장하려는 의도를 품고 있는 그런 불멸이 아니다. 다시 말해 우리 인식 속에 살아 있는 현상계의 삶, 곧 직선의 시간이 끝나지 않고 영원히 지속되길 바라는 욕망의 불멸이 아니라는 것이다. 여기서 인간의 모순적인 욕망이 발견된다. 유한한 이 세상 것은 그 어떤 힘과 능력으로도 무한한 세계로 진입할 수 있게 만들어 줄 수 없다는 것은 누구나 다 알고 있는 진리이다. 그런데 이걸 무한히 연장해 보겠다고 도전하는 것은 무모한 행동이며 모순이다. 인간의 마음 한구석에서는 구원받고 영원한 생명의 나라 천국을 소망하고 있기 때문이다. 광야의 이스라엘 회중이 고기와 부추를 찾았다면, 오늘의 현대인은 보약을 찾으며 장수 비결이란 정보에 귀를 쫑긋한다. 믿음 있는 사람이 질병에 대한 두려움이나 죽음에 대한 공포 의식으로 나날을 보낸다는 것은 얼마나 무모하고 무지한 일인가? 현상계의 삶, 직선의 시간 속에서의 삶, '조에'에는 생멸(生滅)의 시작과 끝이 이미 들어 있지 않는가? 생멸에 대한 올바른 인식을 거부하는 것이 필멸(必滅)의 시작이다. 시작에는 반드시 끝이 있다는 '결별과 중단'의 굴레 속에 인간 존재가 예속되어 있다는 것을 모르기 때문만은 아닐 것이다. 이 이중적 두 마음의 현실이야말로 인간 고통의 뿌리이며 지옥이다. 인간이 바라는 불멸에 들어 있는 독소는 하나님과 함께하는 불멸이 아니다. 하나님과는 전혀 무관한 시간, 카이로스의 신비가 아닌 크로노스의 욕망에 예속된 채 영겁의 고통으로 들어가는 심판의 불멸이다. 이 세상은 불멸로 이끌려는 인간의 의지와는 전혀 다르게 저 멀리 떨어진 유한의 상태에 놓여 있다. 여기서 주목해야 할 점은 참 생명은 생멸(生滅)의 배경 위에 새롭게 드러나는 생명, 새로운 영원성과 존재성을 뜻한다는 것이다.

불멸에는 사망 상태로서의 불멸과 영원한 생명 상태로서의 불멸이 있다. 성경에서는 그리스도의 '조에'를 받아들인 사람은 바로 지금이 부활의 삶이라고 증거한다. 비록 크로노스의 삶, 생멸로서의 삶을 살아가고 있지만, 삶의 지향성은 하늘의 카이로스 삶을 온전히 살아가게 된다는 것이다. 그러므로 생명과 열매는 따로 떼어 놓고 생각할 수 없는 관계이다. 열매 '카르포스'(헬라어)는 통상 수확과 결실이라는 뜻으로 사용되나, 열매가 맺기 전까지는 아무도 알 수 없다. 생명이 비밀이듯이 열매도 비밀이다. 나무를 보면 열매를 알 수 있다고 할 때, 그것은 열매는 나무에 결실 여부가 달려 있고, 나무의 생존은 그 주인에게 달려 있다는 의미이다. 나무가 제대로 된 생명을 수혈받지 못하거나 생명과는 무관한 다른 기운에 휩싸였을 때, 제대로 된 열매를 맺을 수가 없다. 그러므로 성경이 말하는 열매는 나타난 완성품으로서의 결과물만이 아니라 그 과정과 상태에도 다 함께 녹아들어 있는 열매이다.

특히 열매는 그 자체로 **'씨'**를 갖고 있어 더욱 신비한 하나님 비밀이다. 그 '씨'는 본래 생명의 씨앗으로 그리스도 예수를 상징하는데, 성경은 그리스도 예수가 땅을 상징하는 우리의 마음(헬. 카르디아) 안으로 들어왔다고 밝힌다. 이 생명 씨앗의 돌파로 인해 땅의 상징인 우리 인간은 내적 형질이 변화된다. **'나무 + 열매 + 땅 + 생명의 씨 + 변화 = 비밀'**이라는 등식이 성립된다. 변화는 그 형질 자체에 열매와 씨가 동시적으로 현현되는 과정과 결과로 개안(開眼)을 뜻한다. 하나님의 시간은 무시간적 창조 시간에 기인하고 있는 까닭에 열매는 곧 생명의 변화 그 자체라고 말할 수 있다.

여기서 주목되는 점은 열매라는 어떤 결과물은 내적 세계의 말씀 신비가 외적 세계와 내적 세계를 하나로 이끌어가는 생멸(生滅) 통합 과정의 변화 그 자체라는 사실이다. 외적 세계와 내적 세계가 만나는 지점에서 일어나는 단 하나의 생명 사건이다. 문제는 비밀과 정보가 만나는 비밀의 정보화 전이 과정처럼 열매 맺는 데도 왜곡의 현상이 벌어질 수 있는가? 하는 질문이다. 이 변화의 격동성은 본래 우리 안에서 영의 몸을 이끌어가는 생명의 환희에 주목한다. 내적 세계가 결과라면 외적 세계는 과정이고, 이미 주어진 결과가 그 과정 안에서 펼쳐지는 것이다. 다시 말해 **열매란 씨앗의 결과물로서, 만약 그리스도인에게 뿌려져 심겨진 것이 말씀이라면 결실 또한 말씀의 열매이다.** 콩 심은 데 콩 나고 팥 심은 데 팥 나듯이 열매 맺어 아버지의 영광되는 것이 곧 아들로 낳는 것이다. 반드시 열매를 맺어야 한다는 명제를 짐이나 멍에로 여겨서는 안 된다. 우리가 구하는 것 자체가 하나님의 섭리 안에서 이루어지는 아버지의 영광이며, 이를 실천하는 존재는 그리스도의 제자이기 때문이다. 반드시 열매 맺어야 한다는 것이 또 하나의 율법이 되어서는 안된다는 점을 분명히 해야 한다.

제5부
/
하나님
비밀
왜곡의 원인

제1원인
하나님을 향한 초점 상실

초점이란 관심과 집중을 의미한다. 초점의 파워 능력이 어느 정도인지를 실험해 볼 수 있는 가장 손쉬운 방법을 여러분은 기억하고 있을 것이다. 아마 여러분은 초등학교 때 볼록렌즈로 태양 빛을 모아 종이에 초점을 맞추면 금방 타버리는 것을 실험해 봤을 것이다. 신앙생활에서도 초점을 하나님의 빛에 맞출 때 우리의 죄, 육적이고 세상적인 것들은 다 태워질 것이다. 이와는 반대로 초점을 잃은 신앙은 곧 눈빛이 흐릿하여 목적과 표적을 잃고, 세상을 공허함으로 보게 될 것이다. 이런 현실의 틈새에는 언제나 헛된 생각과 방종이 치고 들어올 것이 분명하다. 구약시대의 이스라엘이 광야에서 방황해야만 했던 결정적인 원인은 바로 하나님의 정체성에 대한 초점을 상실했기 때문이다. '나는 너희의 하나님이고 너희는 나의 백성이다'라고 하시는 하나님의 외침에 대한 참뜻을 제대로 깨닫지 못한 것이다. 그들은 이스라엘 역사 내내 다른 신, 이방 신을 좇으며 하나님을 괴롭게 하는 백성이었다. 하나님의 진노를 자초하여 광야 40년, 바벨론 포로 70년의 고난을 겪다가 마침내 나라를 잃고 방황하는 역사를 써 나갔던 것이다.

이스라엘은 성경에 계시된 하나님의 정체성, 곧 여호와 하나님의 이름이 함유하는 깊은 뜻을 깨닫지 못했을 뿐 아니라 하나님의 뜻을 전체적인 맥락에서 보지 못했다. 그들은 막연하게 아브라함을 믿음의 조상, 아버지라고까지 불렀지만, 모두가 부분적인 인식의 수준이었다. 예를 들면 모리아 산에서 아브라함이 고백한 '여호와 이레' 하나님 즉 번제할 어린양은 하나님께서 자신을 위하여 친히 준비하시리라(창 22:8)는 믿음의 참뜻은 하나님께서 신구약 전체 비밀의 맥락을 계시하신 것이었지만 그들은 간파해 내지 못했다.

그 메시지가 하나님 통치와 섭리의 전체 맥락을 제시하신 것이며 신약의 임마누엘 하나님 예수 그리스도와 십자가로 이어지는 연속성에 관한 것이었다. 그러나 그들은 인간의 죄를 도말하시고, 구원하시며, 부활 후 성령을 보내시겠다고 하신 비밀까지를 깨닫는다는 것을 상상도 해보지 못한 것이다. 특히 구약성경이 하나님의 이름으로 제시하고 있는 **여호와, 엘로힘, 임마누엘, 에벤에셀, 엘오람, 라파, 살롬, 삼마** 등의 뜻과 의미를 통합적으로 이해하지 못했다. 그중에서도 '**여호와 이레**' 하나님과 '**임마누엘**' 그리스도에 대해 더 큰 비중을 두고 숙고하고 깨달아야 한다는 점에도 공감하지 못했다. '**친히, 준비**'하시는 하나님의 주권과 전지전능을 인정하면서 동시에 **우리 인간은 결코 그 어떤 제물도 하나님께 드릴 수 없는 죄인일 뿐 아니라 오직 그리스도의 은혜로 구원받게 된다는 진리를 깨닫지 못한 것이다.**[39]

하나님을 거역하는 죄책의 개념이 율법에 대한 불순종이든, 하나님의 사랑을 경멸하고 상처를 입히는 더 근원적인 수준이든 간에 모든 것을 화해와 용서를 통해 새로운 관계로 회복하시겠다는 하나님의 강력한 의지를 확신하지 못했다. 하나님 편에서는 기꺼이 용서하겠다는 증거로 하나님의 어린양을 제시하신 만큼 사람 편에서는 마땅히 그에 합당한 제물

---

39 창 22:8. 번제할 어린양은 하나님이 자기를 위하여 친히 준비하시리라고 한 아브라함의 진술 참조.

로 드려지는 그리스도 예수의 십자가로 하나님과 화해가 이루어진다는 진리를 완전히 깨달았어야 했다.

우리는 지금 하나님 말씀과 뜻을 왜곡시키는 가장 큰 요인이 바로 여기, 십자가의 몰이해에 있다는 결함을 발견할 수 있어서 다행이다. 신앙의 가장 올바른 길을 제시하고 믿음을 갖게 하는 데 필요충분조건은 하나님의 이름 '여호와 이레'와 '임마누엘 그리스도'를 깨닫는 것이다. 우리는 종종 함께하시는 하나님, 치료하시는 하나님, 여기까지 지켜주신 하나님, 영광의 하나님을 부르짖는다. 하지만, '여호와 이레' 하나님과 '임마누엘' 하나님에 대한 묵상에서 더 깊은 신앙의 깨달음을 얻게 된다면 그것이 바로 복음의 경이로움이며, 불변의 진리이다. 이 복음이 우리 신앙의 자유를 한층 더 강화해 줄 것이라는 점에 대해 의심할 여지가 없다. **'여호와 이레' 하나님은 곧 '임마누엘' 하나님이시라는 깨달음에서 신구약 메시지의 연속성과 통일성이 확인되고, 이것이 우리 신앙을 완성하는 지향점이 될 것이다.** 훗날 신약성경 저자들이 기록을 남길 때도 하나님의 비밀인 '여호와 이레'의 성경적 관점을 완전히 깨우침으로써 구약과의 관계에서 연속성과 불연속성의 개념을 재발견하고 신앙의 핵심 질문들을 풀어나갈 수 있었던 것으로 보인다. 특히 사도 바울은 로마서와 갈라디아서에서 아브라함과 사라, 이삭을 신학의 주요 논점으로 제시하면서 하나님 비밀 곧 그리스도 예수의 진리 되심을 설명하고 있다.

형제들아 내가 사람의 예대로 말하노니 사람의 언약이라도 정한 후에는 아무도 폐하거나 더하거나 하지 못하느니라 이 약속들은 아브라함과 그 자손에게 말씀하신 것인데 여럿을 가리켜 그 자손들이라 하지 아니하시고 오직 한 사람을 가리켜 네 자손이라 하셨으니 곧 그리스도라(갈 3:15, 16).

하나님에 대한 초점을 상실할 때 우리의 의식은 곧 분산되고 혼탁해져서 하나님을 외면하게 된다. 그 결과는 뻔하여 다른 신, 이방 신을 찾게 만들며 또 다른 행동주의를 초래하게 한다. 하나님 말씀 한마디, 한마디가 신앙의 중요한 메시지를 담고 있는 만큼 하나님의 비밀을 깨닫는 데 큰 관심과 노력을 기울이지 않는다면 곧 하나님의 정체성을 곡해하게 되며, 자기중심주의에 빠지고 말 것이다. 말씀 중에는 두 갈래 관점에서 마치 상충하는 것처럼 보이는 경우도 있다. 우리가 알아야 할 관점은, **하나님 말씀의 중요성은 어떤 것들을 입증하려는 데 있다기보다는, 우리가 하늘 비밀에 대한 깨달음을 얻어 믿음을 굳게 하는 한편 반박할 수 없을 정도로 진리를 깨달아 온전한 하나님의 아들이 되게 하려는 데 있다.** 그러므로 인간의 구원이 단순히 죽음을 척도로 해서 나온 것이라는 일방적 논리에 빠져서는 안 된다. 영원한 천국과 영원한 지옥은 모두 죽음을 넘어서는 것이며, 오로지 현재의 선택과 미래의 심판만이 있을 뿐이다. 단순 논리는 어떤 판단을 내리기가 쉽지만, 동시에 포기하고 단념해 버리기도 쉽다. 거기에는 커다란 하늘 지혜도 필요 없을 것이고 하나님의 말씀으로 확실히 할 필요도 없을 것이다. 천국과 지옥이나 진리는 그런 단순 논리로 이해될 문제가 아니다. 그러므로 하나님을 향한 초점을 분명히 하는 관점은 어떤 결론에 집착하기보다는 하나님 말씀의 맥락과 전체적인 문맥에서 모순적인 것들을 조명하고, 하나님이 역사하시는 체험적 현실 과정을 성찰하는 데 초점이 맞춰져야 한다. 우리는 이 점을 우선적으로 이해할 필요가 있다.

제2원인

성경 해석상의 과제 : 율법주의와 자기중심주의

모세가 받은 시내산의 십계명은 하나님께서 주신 말씀이라 하나님의 비밀 계시이다. 그런데 율법주의가 문제가 되는 것은 하나님 뜻을 왜곡하여 인간 중심으로 행해 버리기 때문이다. 이스라엘은 하나님께서 성막을 짓고, 번제단과 지성소를 두어, 그 안에 언약궤를 두라고 명령하신 참 뜻을 올곧게 깨닫지 못했다. 율법도 비밀 계시이므로 깊이 숙고하며 진의를 깨달아야만 했다. 그러나 이스라엘은 하나님께 열정으로 순종한다면서 제사 자체에만 몰두했다. 그것이 올무가 되어 하나님 중심주의를 떠나 인본주의와 자기중심주의라는 신앙의 틀을 만들어 냈다. 이것이 율법주의다. 하나님에 대한 순종이 아니라 대적자의 불순종 위치로 변질한 것이다. 겉으로는 하나님을 섬긴다고 하면서 실상은 두 마음으로 하나님의 뜻을 거스르며 거짓을 일삼는 이중성을 드러냈다. 사당을 만들고 거기에 바알과 같은 이방 신들을 두고 참배하는, 하나님과 우상을 함께 섬기는 일그러진 신앙의 열정을 보였다. 그들이 그런 엉뚱한 신앙을 펼친 것은 하나님 말씀의 왜곡에서 비롯된 것이다.

예수께서 공생애를 시작하실 때 유대교 지도자들은 구약성경을 올바로 해석하는 데 실패한 상태였다. 그들에게는 왜곡된 하나님 말씀이 반복적으로 입력됨으로써 메시아를 알아볼 수 없어서 거부할 수밖에 없을 만큼 무지한 상태에 있었다. 그들은 구약성경을 다시 해석해 주시는 예수님의 매우 날카롭고 정확한 방식에서 그 해답을 찾으려고 시도하지도 않았다. 예수라는 인물이 구약성경 전체의 궁극적 의미를 풀어준다는 사실조차 간파하지 못했다. 우리는 왜 그들이 실패할 수밖에 없었는지 그 속내를 알아낼 수 있는 질문들을 더 많이 쏟아내야 한다.

율법의 주인이신 예수께서는 바리새인들에게 독사의 새끼라고까지 부르셨다. 왜 그러셨을까? **율법은 지키라고만 주신 것이 아니라 그 율법 앞에서 하나님의 온전하심과 거룩하심을 깨닫고 인간의 불가능함을 인정하라고 주신 것이기 때문이다.** 하나님만이 명령권자이시고 하나님만이 행함의 주체시라는 것을 알라고 주신 것이 율법이다. 그런데 인간들은 그 율법을 가지고 오히려 자기의 능력을 경쟁하고 자랑하는 데 좋은 수단으로 삼고 있었다. 성경은 그것을 죄라고 한다. **인간의 죄란 존재의 원래 자리를 벗어나 행하는 모든 사유와 행위를 말한다.** 하나님의 영광을 위해 창조된 피조물이 자기의 영광을 챙기는 자리로 이동해 버린 것이다. 그 자리에서 피조물이 행하는 모든 게 죄이다. 하나님은 율법을 통하여 인간의 추악한 자기 사랑의 죄를 폭로해 내신 것이다. 율법을 주어 보니까 그 율법을 사용하여 자기 가치를 높이고 그로 말미암는 반대급부를 노리는 인간 죄의 본질이 확 드러났다.

그런데 율법의 진의를 깨닫기 위해서는 사울이 바울로 변화되는 과정을 눈여겨볼 필요가 있다. 사울이 다메섹에서 빛으로 나타나신 예수 그리스도를 만난 이후 그의 신앙이 180도 달라졌다. 그가 깨닫는 바는 많았겠지만, 그중에서도 율법에서 은혜로의 관점 전환이 주목받을 만하다. 당시 유대인들은 율법으로 구원받는다는 주장을 굽히지 않았다. 도리어 값없이 주시는 하나님의 은혜로만 구원받는다는 기쁜 소식을 전하는 바울과 바나바를 대적하며 소동을 일으키기도 하였다. 소위 은혜파와 율법파 사이에 큰 다툼이 일어났을 때 베드로가 처음으로 그의 경험을 증거하였다.

> ... 너희가 모세의 법대로 할례를 받지 아니하면 능히 구원을 받지 못하리라 (행 15:1).
> ... 우리는 그들이 우리와 동일하게 주 예수의 은혜로 구원받는 줄을 믿노라 ... (행 15:11).

오늘날도 마찬가지이다. 하나님의 축복을 받는다는 개념을 세상적인 복으로 착각하고, 상급을 받는다는 것도 인본주의적인 수준으로 곡해하여 종교 행위를 열심히 하고 있다. 더욱이 그 율법 행위를 서로 권장하고 격려하는 경우들도 많았다. 사실 우리는 기특한 일을 해내고 나면 그걸 모두 하나님께 영광을 올린다고 말하는데 실제 내막은 그렇지 않다. 사람들 심리 내면에는 누군가 좀 알아주길 은근히 기대하면서 훌륭한 일을 해낸 자신을 자랑하고 싶어 한다. 이때 깨달은 성도라면 바로 그 자리에서 십자가의 필연성을 배울 수 있을 것이다. 선한 일을 하고 난 후에 자기 영광만 챙기려 하는 자신을 직시할 수 있기 때문이다.

율법을 인간들에게 들이대면 죄만 나온다. 율법이 죄를 더욱 풍성하게 폭로해 내기 위해 가입되었다는 말이 무슨 뜻인가? 성도의 목적지가 구원이라면 아무것도 안 해도 될 것이다. 그러나 성도는 하나님의 영광을 위해 창조된 자들이다. 그래서 구원을 거저 얻은 성도들은 자연스럽게 하나님의 영광을 위한 삶을 지향하게 되는 것이고, 반드시 지향해야 하는 것이다.

이 역사에서 요구되는 율법을 비롯한 도덕, 윤리, 양심 같은 것들은 인간의 죄를 풍성하게 폭로해 내는 도구일 뿐 하나님 앞에 상급을 요구할 수 있는 스펙 자료가 아니다.

> 이는 가만히 들어온 거짓 형제들 때문이라 그들이 **가만히 들어온 것**은 그리스도 예수 안에서 우리가 가진 자유를 엿보고 우리를 종으로 삼고자 함이로다(갈 2:4).

사도 바울이 '가만히 들어왔다'고 표현한 것을 주목할 필요가 있다. 원래 율법은 시내산에서 하나님 명령으로 주어질 때 가만히 들어온 것이 아니라 천지를 진동하는 가운데(출 19:16, 18) 주어졌다. 가만히 들어 왔다는 말은 율법 안에는 율법이 의도하는 바 비밀이 은닉되어 있음을 뜻한다. 그것은 율법을 열심히 지켜서 하나님을 감동시켜 보라는 뜻이 아니라, '너희는 죄인이다'를 폭로해 내려는 하나님의 의도가 들어있는 것이다.

> **죄가 율법 있기 전에도 세상에 있었으나 율법이 없을 때에는 죄를 죄로 여기지 아니 하였느니라**(롬 5:13).
> 내가 율법이나 선지자를 폐하러 온 줄로 생각하지 말라 폐하러 온 것이 아니요. 완전하게 하려 함이라 진실로 너희에게 이르노니 **천지가 없어지기 전에는 율법의 일점일획도 결코 없어지지 아니하고 다 이루리라**(마 5:17, 18).

사도 시대로부터 내려온 율법 관련 인식의 오류는 크게 세 가지로 구별해 볼 수 있다. 율법주의와 반율법주의, 그리고 갈라디아주의이다. 율법주의가 사람이 율법을 지킴으로써 구원받는다는 신앙이라면, 반율법주의는 그와는 정반대로 모든 것이 은혜이므로 우리가 어떻게 살든 상관할 바가 아니라는 막살아보기 신앙이다. 가장 사특한 갈라디아주의는, 인간은 하나님 은혜로 구원을 받지만, 율법을 완전하게 지킴으로써 그 구원을 보존해 나가야 한다는 양다리 걸치기 신앙이다. 우리가 믿음으로 구원받기는 하지만 궁극적인 구원은 우리의 행위로 결정된다는 것인데, 이런 오류를 갈라디아주의라고 부른다. 이러한 사상이 갈라디아 교회에 창궐했기 때문에 이 오류를 반증하기 위해 쓴 것이 바로 갈라디아서이다. 이 세 가지 신앙의 관점은 현재 우리 믿음 생활의 한가운데 자리잡고 있다. 초대 교회 회의에서 이 문제가 명확하게 규정되고, 서신서에서도 충분히 해석하고 있음에도 오늘날까지 계속 논쟁거리가 되어 왔다. 주님께서 하나님 은혜로 율법의 두려움과 속박으로부터 귀중한 영혼들을 인도해 자유로 이끌어 들이시고 있음을 깨닫고, 이에 부응하여 전적인 믿음으로 은혜 주의의 신앙생활을 펼쳐 나가야 한다.

주는 영이시니 주의 영이 계신 곳에는 자유가 있느니라(고후 3:17).

육의 세계와 영의 세계는 확연하게 다른 두 세계이다. 땅적, 인간적, 자기중심적 사고로 율법을 지키겠다고 하는 것은 하나님의 뜻을 왜곡하는 것이라는 점을 분명히 해야 한다. 구약성경을 읽은 당시 대다수 유대인이 율법적인 종교성에 치중한 나머지 사랑과 은혜의 하나님을 만나지 못하고, 항상 질투와 진노하시는 하나님으로 보거나 용서의 하나님이 아니라 분노로 멸망시키는 하나님이란 생각에 치우친 것이다. 진리를 발견하지 못한 사람은 거듭난 자가 아니며, 한 사람의 종교인일 뿐이다. 거듭나지 않은 사람들은 보통 기도에 대한 하나님의 응답이 없다고 느낄 때는 곧잘 하나님은 과연 존재하시는지 의심하게 된다. 하나님에 대해 너무 많은 질문들을 쏟아내는데, 이는 굳건한 믿음으로 나아가는 길목에서 표출되는 자연스러운 현상이지만, 믿음의 허약함을 드러낸다. 하나님은 영이시고 초월자이시기 때문에 유한한 존재인 인간이 하나님에 대해 궁금증을 많이 갖는 것은 당연하고, 질문 또한 많아야 한다. 그러나 '사랑과 용서의 하나님이시라는데 어떻게 질투하시고 진노하실 수가 있는가?'라고 반문한다면, 그것은 하나님의 정체성을 충분히 이해하지 못한 것이다. 영적 불협화음이란 하나님에 대한 첫인상에서 은혜와 사랑, 정의와 공의를 놓쳐 버린 까닭에 일어나는 내적 갈등이다. 교회에 나올 때 항상 자기중심성과 이기심을 마음 바탕에 깔아 놓고 설교 말씀을 자기 입맛에 맞는 방식대로 이해해 버린 탓이다. 신앙생활이란 그 어떤 상황에서도 자기중심이 아닌 하나님 중심의 원칙을 견지해야 한다. 그러기 위해서는 끊임없는 자기성찰이 요구된다. 만약 신앙생활을 오래 한 사람이 니고데모와 같은 그리스도인이라면 그 또한 자기 믿음이 올바른가를 스스로 진단해 보고 밤중에라도 예수 그리스도를 찾아가야 한다. 이것이 하나님의 비밀과 인간 정보 사이의 행간을 정확하게 읽고 분석하며 깨닫는 신앙의 핵심이다.

제3원인
사탄주의 오염 : 진리 무감각

인간의 원죄는 하나님 말씀의 왜곡에 있다. 말씀의 왜곡은 곧 하나님 명령(뜻)을 거부하는 것이며 하나님의 정체성을 훼손하는 일이다. 하나님에 대한 반역은 말씀의 왜곡에서부터 시작된다. 성경 기록의 핵심 주제는 하나님의 말씀을 거부 또는 왜곡하거나 대적하는 모습들이 큰 물줄기를 이루고 있다. 모든 인간의 역사는 일관되게 하나님의 말씀을 왜곡하여 그분의 뜻에 반하는 대적자들의 모습을 그리고 있다. 여기서 다시 인류 모든 문제의 근원이 되는 에덴동산에서 일어난 일을 언급하지 않을 수 없다. 뱀(사탄)과 하와 간의 최초 대화(창 3:1-5)는 하나님 말씀 왜곡의 실제다. 인류 최초 원죄의 발단은 에덴동산에서 뱀(사탄)과 하와의 첫 접촉으로 합작해 만들어 낸 가짜 정보에 있다. 하나님 말씀을 아담으로부터 전도 받은 하와가 그 말씀을 왜곡시킬 작정을 하고 찾아온 뱀(사탄)의 거짓 정보에 속아 넘어간 사건이다. 창세기 3장이 전해주고 있는 그 둘의 대화 내용을 살펴보면 거짓 정보의 실체가 분명하게 드러난다.

> 뱀(사탄): 하나님이 **참으로** 너희에게 동산 **모든 나무의** 열매를 먹지 말라 하시
> 더냐(창 3:1c).
> 하와: 동산 나무의 열매를 우리가 먹을 수 있으나 동산 중앙에 있는 나무의

열매는 하나님의 말씀에 너희는 **먹지도 말고 만지지도 말라 너희가 죽을까 하노라** 하셨느니라(창 3:2, 3).

뱀(사탄): 너희가 **결코 죽지 아니하리라** 너희가 그것을 먹는 날에는 **너희 눈이 밝아져 하나님과 같이 되어 선악을 알 줄** 하나님이 아심이니라(창 3:4, 5).

이 짧은 둘 사이의 대화에서 하나님의 말씀은 무참히 짓밟히며 왜곡되고 있다. 뱀과 하와가 각각 자기의 생각과 말을 더하거나 빼거나 섞어가며 맞장구침으로써 하나님의 말씀을 변질시키고 있다. 맨 처음 뱀은 반어법으로 질문하며 하나님 말씀의 핵심 단어들을 살짝 바꿔 버린다. '각종 나무'를 '모든 나무로', '반드시 죽으리라'를 '결코 죽지 아니하리라'로 바꾸었다. 하와도 이에 뒤질세라 '반드시 죽으리라'를 '죽을까 하노라'로 바꾸고, 자기 생각까지 덧붙여 '동산 중앙에', '만지지도 말라'와 같은 언어들을 더함으로써 하나님 말씀을 왜곡한다. 마치 둘은 오랜 친분 사이로 의기투합이라도 하듯 두려워함도 없이 하나님 말씀 왜곡을 서두른다. 아무런 내적 저항 없이 만들어내는 말씀 왜곡의 실상을 보면 하나님을 전혀 의식하지 않는 듯 각자의 입맛대로 토설한다. 뱀(사탄)은 거짓 정보의 원조임을 감추고 있고, 하와는 하나님의 최초 금지 명령을 받은 아담의 아내라는 사실을 전혀 의식하지 않고 있었다.

하늘에서 타락한 뱀(사탄)이 에덴동산에 숨어 들어가 하와를 대상으로 벌인 최초의 음모가 펼쳐지고 있다. 아담이 하나님으로부터 받은 최초의 금지 명령, 곧 선악을 알게 하는 나무의 열매를 먹지 말라는 명령을 거역하고 죄를 짓게 만든 음모가 성공을 향해 나아가고 있다. 뱀(사탄)이 제공한 정보가 진리에 반하는 거짓 정보였음이 들통나는 데는 오랜 시간이 걸리지 않았다. **사탄의 음모는 외형적으로는 하나님 말씀을 왜곡, 변질시키려는 데 국한된 것으로만 보이나, 내면적으로는 하나님의 뜻과 의지를 무력화시키는 한편 인간이 하나님에게서 더 멀리 떨어지도록 하는 비밀 공작을 감행하고 있다.**

사탄과 하와의 합작으로 왜곡된 하나님 말씀은 신구약 역사 내내 인류가 앓아야 할 영적 중병의 원인이었다. 잠시 앓다가 치유 받더라도 다시 타락하고 마는 고질병이 되었다. 현재 인간 사회가 겪고 있는 고통과 고난의 모든 비극은 하나님 말씀의 왜곡에서 비롯된 것이다. 이 고질병은 오늘의 우리에게도 전가되어 원죄의 틀을 벗어나지 못하게 얽어매 놓고 있다. 하나님의 비밀을 정확하고도 온전하게 듣고 이해할 수 없는 상태로 계속 멈춰 있게 만들어 놓은 것이다. 아담과 하와가 하나님 금지 명령이 내려진 선악과를 굳이 따 먹고 원죄를 저지른 결정적인 원인은 어디에 있는가? 당시 그들은 지구상에서 최초로 생명을 얻은 직후였기 때문에 아무 정보도 없고, 아는 것도 없는 무지한 상태였고, 특히 사탄에 관해서는 그 어떤 정확한 정보도 없었다. 그들은 하나님의 비밀을 '알려고' 노력할 수밖에 없는 처지였고 그래야만 생존할 수 있었다. 그들에게는 하나님이 말씀해 주셔야만 태생적 한계와 조건을 극복할 수 있다는 현실을 자각하는 것이 급선무였다. 그런데 왜 그들은 하나님이 주신 비밀을 곱씹어 보지 않았는가? 어떻게 그리도 쉽게 사탄의 비밀공작 수법에 놀아나 하나님 말씀 왜곡을 감행하게 된 것인가? 아담과 하와는 초월의 천상 세계 곧 하나님의 존재 의미를 깨달을 만큼의 상상력을 발휘해 본다거나 자기 탄생의 비밀이나 존재의 종말에 관해 알아볼 수 있는 정보 수집 능력이나 아이디어가 없었다. 그들은 인지 능력의 한계와 취약성에 갇혀 있었다. 이에 대해 모든 상황을 장악하고 계시는 하나님께서는 친히 자신의 핵심 비밀을 알려 주고자 아담에게 최초의 명령을 내리신다.

에덴 동산의 각종 나무의 열매는 임의로 먹되 선악을 알게 하는 나무의 열매
는 먹지 말라 네가 먹는 날에는 반드시 죽으리라(창 2:16, 17).

이 명령은 아담뿐만 아니라 전 인류를 향한 하나님의 최초 비밀 공개
행사였다. 하나님께서는 여기에서 그치지 않고 끊임없이 하나님의 하나
님 되심과 이스라엘의 하나님 백성 됨을 일깨워 주셨다. 하나님 존재와
섭리를 보여주는 비밀 계시는 신구약 전반에서 일관되고 특징적인 현상
으로 나타난다.

신학자 싱클레어 퍼거슨은 창세기 3장 타락 사건에 나오는 뱀과 첫 번
째 인간의 대화를 분석하면서, '이 나무의 실과를 먹지 말라' 하는 원래의
명령에 하나님이 그 이유를 밝히지 않은 것에 주목한다. 그러나 필자는
하나님께서 그 이유를 밝히신 것으로 본다. 그 나무의 실과는 먹으면 죽
기 때문이다. 하나님이 그 나무의 열매를 금하신 것은 그것이 특별히 그
들에게 해가 되기 때문이며 하나님이 설명을 덧붙이지 않으신 것은 사랑
하고 신뢰하는 데서 나오는 순종으로 초대하시려는 깊은 뜻이 있어서다.
따라서 **이 명령이 추구하는 것은 단순히 순응적인 행동이 아니라 하나님을 향한 특
별한 관계가 있음을 알리는 데 있다. 여기에 새로운 관점을 하나 덧붙인다면 뱀(사탄)
이 관계적인 부분을 직접 공격하고 나섰다는 점이다.** 창세기 3장 1절에서 뱀은
하나님이 동산의 모든 나무의 과실을 금하셨다고 말하지만, 실상 하나님
은 그렇게 말씀하지 않으셨다. 이어지는 창세기 3장 5절에서 뱀은 하나
님에 대한 불순종이 자유를 줄 것이라고 부추겼다. 하지만, 이 또한 사실
이 아니었다. 그러함에도 불구하고 인간은 뱀(사탄)을 믿었고, 영적인 독,
곧 뱀의 거짓말이 우리 안에 깊숙이 침투해 들어오도록 허용했다. 그것
은 하나님이 '제한적이고, 자기중심적이며, 이기적'이라는 생각과 함께,

그분은 우리의 온 마음과 관심을 쏟을 만큼 믿음직스러운 존재가 아니라는 의심을 심어 놓았다. 뱀은 넌지시 우리가 그분께 전적으로 순종하면 우리가 비참하게 될 것이라고 암시한다. 퍼거슨의 말에 의하면, 이 거짓말은 하나님의 자비와 그분의 진실함 모두에 대한 공격이다. 그분의 성품도, 말씀도 믿을 수 없는 것이라는 불신감 조장이다. 이게 바로 죄인들이 줄곧 믿어 온, '가짜 아버지는 나를 사랑하지 않으니 믿을 수 없다'는 거짓말이다. 이 거짓의 죄악이 '인류의 혈관 속으로 들어와서' 마음속 기본 심리로 깊숙이 장착되었다.

하나님 율법을 따르든 그렇지 않든, 인간 영혼의 저 밑바닥에는 하나님의 인간을 향한 선의에 대한 불신이 자리잡게 되었다. 이 통찰을 바탕으로 퍼거슨은 주목할 만한 주장을 펼친다. '우리는 하나님의 선함이나 우리 행복을 향한 그분의 헌신을 신뢰할 수 없다'는 뱀의 거짓말이 '율법주의'와 '반율법주의' 양자 모두의 단일 뿌리임을 말해 준다. 그들은 사실상 같은 배에서 나온 이란성 쌍둥이다. 양자 모두 하나님 중심이 아닌 인간 자신을 중심에 두고 있기 때문이다.

하나님 말씀이 왜곡되는 현실적인 문제와 그 원인을 보면, 우리는 인간적인 세상의 관점으로 성경을 읽고 이해하려 든다. 성경을 해석할 때 하나님 섭리의 역사로 파악하는 것이 아니라 자기중심적 이해에 매달리고 있다. 하나님이 주어가 아니라 성경 속 인물을 주인공 삼고 거기에 자기의 어떤 행위를 보탬으로써 하나님에 대한 소기의 목적을 달성하려고 시도한다. 성경 이야기에서 핵심 주어, 곧 역사 무대의 주인에 대한 관점이 흔들릴 때 하나님은 배제되기 마련이다. 또한 우리는 성경을 일반화된 하나의 작품처럼 대하는 경우가 많다. 성경의 이야기를 하나의 시나소설, 산문 등 문학 서적 읽듯이 대상화함으로써 핵심 메시지를 놓치는 경우이다. 마치 타인들의 사랑 이야기일 뿐 자기 자신과는 전혀 상관없는 어떤 제3자의 구원 이야기를 담은 수준으로 간과해 버린다. **성경의 모든 말씀은 바로 '나'를 향한 자극제이다. 하나님은 바로 '나'에게 직접 말씀하시는 것이며, 이해하기 쉽도록 순차적으로 이야기들을 엮어 들려 주고 계신다는 사실을 의식하며 성경을 읽어야 한다.**

21세기 인간의 의식 구조와 개인의 습성을 고려할 때 비밀은 하나의 전제를 두게 된다. 인간은 세상에서 정보 노예로 전락해 가고 있다는 전제이다. 이 엄중한 현실에 대한 자각과 자기 인식의 문제에 좀 더 깊이 간여할 필요가 있다는 사실이다. 우리는 날이 갈수록 하나님을 외면하게 하는 정보 환경이 조성되고 적당한 구실로 하나님 말씀들을 피해 도망갈 도피성을 만들어갈 것이기 때문이다. 성경은 하나님의 말씀을 왜곡하며 하나님의 아들을 부인하는 자가 곧 하나님의 비밀을 거부하며, 죄를 짓고 있는 자로 규정짓고 있다. 우리가 취할 유일한 기대는 호세아서의 외침에서 찾을 수가 있다.

그러므로 우리가 **여호와를 알자 힘써 여호와를 알자** 그의 나타나심은 새벽빛 같이 어김없나니 비와 같이 땅을 적시는 늦은 비와 같이 우리에게 임하시리라(호 6:3).

하나님 비밀을 터득하는 일이 그만큼 중요해졌다. 하나님께서 창세 이래 줄기차게 자신을 계시해 오신 데 대한 인간 측의 마땅한 반응이 곧 하나님을 아는 것, 생명과 구원의 진리를 깨닫는 것이다. 타인에게 하나님을 충분히 증언할 수 있을 정도까지 그분을 알아가는 것이다. 그러기 위해서는 먼저 성령께서 경청을 강조하시는 뜻을 깊이 이해해야 한다.

내 백성이여 들으라 내가 네게 증언하리라 이스라엘이여 내게 듣기를 원하노라 **내 백성이 내 소리를 듣지 아니하며** 이스라엘이 나를 원하지 아니하였도다 그러므로 **내가 그의 마음을 완악한 대로 버려두어** 그의 임의대로 행하게 하였도다 **내 백성아 내 말을 들으라** 이스라엘아 내 도를 따르라 그리하면 내가 속히 그들의 원수를 누르고 내 손을 돌려 그들의 대적들을 치리니 또 내가 기름진 밀을 그들에게 먹이며 반석에서 나오는 꿀로 너를 만족하게 하리라 하셨도다(시 81:8, 11-14, 16).

성령께서 반복적으로 '들으라'고 강조하셨다는 것은 그동안 백성들이 진리에 무감각하여 하나님 말씀을 깊이 경청하지 않았다는 것을 뜻한다. 이 시편 81편은 하나님 편에서 본 역사로서, 하나님이 하신 일로 하나님의 말씀이 시작되고, 백성들이 어떻게 이 위대한 구원 행동에 반응하기를 거부했는지가 이어지고 있다. 출애굽이 하나님께서 '그들의 고통 소리를 들으시고 … 그의 언약을 기억하사'로 시작(출 2:24)되었다면, 이와는 정반대로 성령께서는 이스라엘에게 '들으라'고 요청하신다. 이스라엘의 행동에 동기를 부여한 바로 '거기서 내가 알지 못하던 말씀을 들었나니'(시 81:5, 6)라는 성구에서, 하나님의 말씀을 경청함으로써 우리에게 동기 부여가 되는 것임을 알 수 있다. 문제는 이스라엘이 하나님의 능력에 대한 불신은 물론, 하나님을 '원하지 아니하였다'는 데 있다. 그로 인해 하나님은 그들을 그들 자신의 계획대로 하도록 내버려두셨고, 그 백성들 역시 하나님을 거부하고 '임의대로' 행한 것이다. 특히 성령께서 '들으라'고 하신 말씀 가운데는 백성들이 '따르지 않는' 데 따른 하나님의 고통이 포함되어 있음을 감지해야 한다. 왜냐하면 하나님께서는 마음속에 있는 우리 행동들의 결과를 말씀하고 계신 까닭이다. 하나님께서는 인류와 나누고 있는 지금의 상호 관계에 대해 말씀하시고자 한다. 이 시편은 해결책 없이 끝나는 점으로 보아 성령의 요청에도 불구하고 백성들의 경청하는 모습은 전혀 보이지 않는다. 이것이 신구약의 전체적인 흐름이다. 하나님과 인간 사이의 삐걱거리는 이 이미지는 상호 관계가 원만했던 것이 아니라, 상당히 복잡하고 양면성이 계속되고 있음을 성경은 말해 주고 있다. 이스라엘 후손들의 정탐 실패로 광야 40년을 지내는 동안 하나님은 인간에게 필요한 모든 것을 공급하시면서 구원해 주셨던 것처럼, 우리에게도 그 이상의 자비와 긍휼을 베풀고 계신다. 하지만, 오늘의 우리는 필요한 모든 것을 공급해 주고 계신 하나님 대신, 자신의 계획과 방식을 삶의 제1원칙으로 삼고 계속 추구하고 있는 것은 아닌가? 잠시 역지사지의 관점으로 하나님 편에서 이 세상과 우리의 실체를 바라보게 하신다. 우리는 어떤 '성과'를 원하지만, 하나님이 원하시는 것은 오로지 '관계'라는 사실을 기억하지 않는다면 삐걱거리는 이미지는 계속 잔상으로 남아 있게 될 것이다.

제4원인

기복(祈福)적인 선입관 신앙 : 경청의 포기

기복(祈福)은 복을 바라는 기도다. 그런데 그 기도가 특별히 세상적인 부(富)와 물질적인 풍요, 권력과 명예를 간구하는 데 집중되어 있다는 사실을 그냥 지나칠 수는 없다. 신앙이란 초월의 영적 세계에 계시는 하나님에 대한 믿음을 전제한다. 그런데 세상의 인본주의적 가치관에 근거한 현상적인 문제들을 해결해 달라고 간구한다면, 그것이 과연 바람직한 기도인가를 다시 한번 생각해 보아야 한다. 교회 강단의 설교나 그리스도인들이 기대하는 바 복의 개념이 상당 부분 세상적인 것에 초점을 맞춰 놓고 있는 것은 아닌가? 이런 유의 간구가 신앙의 중심에 자리잡고 반복을 거듭하다 보면 기도자의 의식 구조가 물질기복(祈福)이라는 선입관으로 고착되는 악순환을 낳기 마련이다. 사실 세상 물질과 생존적 복은 굳이 간구할 필요가 없다. 두 가지 성경적 관점 때문인데, 하나는 예수께서는 '염려하여 무엇을 먹을까 무엇을 마실까 무엇을 입을까 하지 말라 이 모든 것이 너희에게 있어야 할 줄을 아신다'고 하셨고(마 6:31, 32b. 참조), 특히 '그러므로 너희는 먼저 그의 나라와 그의 의를 구하라 그리하면 이 모든 것을 너희에게 더하시리라'(마 6:33)고 약속하셨다. 다른 하나는 하나님의 자연 은총 때문이다. 세상적으로 필요한 것들은 이미 자연 안에 모두 주어진 것들이다(창 1:29. 참조). 또한 인간은 기본적으로 욕망하는 존재라서 정보 탐구 욕망과 자생의 능력을 이미 보유하고 있다(창 3:6). 따라서 소나 말을 방목하듯 인간도 이 세상에 내버려두더라도 각 개인은 자기 능력에 따라 잘 알아서 판단한 후 경쟁에 뛰어들고, 그 결과물도 능히 성취해 가면서 먹고사는 문제인 생존과 안전의 상태를 유지해 나갈 여건이 충분하다. 그러므로 세상적인 것들을 해결해 달라고 간구하는 것보다는 먼저 하나님께 더 가까이 나아가 기도하며 그분의 비밀을 깨닫는데 더 많은 시간과 열정을 쏟는 것이 바람직한 신앙이다.

항상 문제가 되는 것은 인간이 끝없는 자기 욕망으로 하나의 고정관념을 형성해 갈 수밖에 없는 틀에 얽매여 있다는 점이다. 어려서부터 형성된 전통적, 자기중심적 가치관이 싹이 트고 마침내 하나의 선입관으로 굳어졌을 때 그 선입관의 종이 되고 만다. 한번 형성된 선입관은 지금 당장은 물론이고 앞으로의 인생에 결정적인 영향을 미치는 중요 상수로 작용한다. 우리는 흔히 인생관 또는 세계관이라 말하고 있지만, 한번 형성된 고정관념은 자신을 가두는 감옥이 된다. 물론 좋은 의미에서의 선입관 혹은 가치관은 그 영혼을 자유하게 돕기도 하고 세상에서 겪는 어려운 문제들을 스스로 해결해 가는 출구가 될 수도 있다.

우리는 사람을 처음 만나거나 사물과 첫 접촉을 할 때 '첫인상'을 갖게 된다. '첫인상'은 상대방이 주는 이미지를 그대로 받아들여 마음 한구석에 착상된 것이다. 이 누적된 착상은 특정 선입관으로 형성되고 나중에는 이 선입관에 의해서 어떤 사물이나 대상을 인식하고 거기에 자기 나름의 가치를 덧붙여 판단하게 된다. 이 경우 범하기 쉬운 점은 기독교를 기복적인 이익 수단이라는 편향된 신앙관으로 이해함으로써 참된 진리를 보지 못하고, 거짓에 의해 오판하는 실책을 범하며 넘어질 수 있다는 사실이다. 우리는 늘 행복을 추구하고, 모든 면에서 복을 달라며 '복',

'복', '복' 하고 외친다. 신앙의 기본이 첫인상처럼 그렇게 형성되어 있는 까닭이다. 만약 선입관이 자기 입맛에 따라 형성된 것이라면 항상 같거나 비슷한 결과를 얻게 될 것이다. 어떤 대상에 대한 첫인상은 내가 앞으로 그 대상을 어떻게 이해하고 어떤 관계로 이어갈지를 결정짓는 단서다. 그러므로 사리 판단을 흐려지게 하는 인간 사고의 이중성은 하나님 말씀을 듣고 이해하는 데도 대단히 큰 영향력을 행사하고 있다.

그러므로 신앙생활에 있어서 첫인상, 선입관이 어떻게 형성되어 있는가는 믿음을 어떻게 이해하고 굳게 지켜나가느냐에 결정적인 요소다. 신구약 성경의 면면을 읽다 보면 인간이 하나님에 대한 첫인상을 그릇되게 가지고 있는 경우를 많이 발견하게 된다. 하나님의 본질과는 다르게 하나님 정체성을 피상적으로 이해하고 말씀과 율법을 곡해하는 우를 범한다. 오늘날에도 기복신앙의 대표적인 사례가 바로 성경 말씀을 온통 자기 축복에 적용한 나머지 하나님의 정의와 공의, 심판에 대해서는 경홀히 취급하는 경우이다. 이는 균형 잡히지 않은 반쪽짜리 신앙으로 일관하게 한다. 다시 말하면 자기 중심의 신앙, 자신의 의지와 세상적인 힘과 능력을 자랑하는 율법적 사고로 치장된 신앙이다. 어떤 것에 대해 오해나 곡해를 하는 이유는 대부분 스스로 만들어낸 자기 생각 때문이다. 이는 참된 진실이나 진리를 놓치고 쉽게 불평과 불만의 대상으로 삼아 버리는 인간의 무지함에서 비롯된다. 처음에는 믿음의 열정을 보이는 듯하다가, 마침내는 하나님을 대적하는 반역자의 자리로 옮겨 말씀을 거부하고 결국에는 진멸과 파멸의 문으로 들어가 몰락하게 된다. 기복신앙이 몰고 오는 참화이다. 이사야서는 하나님을 알려고 하지 않는 자들이 결국 하나님을 알지 못하리라는 강력한 메시지를 전하고 있다.

여호와께서는 이사야에게 이르시되 가서 이 백성에게 이르기를 **너희가 듣기**

는 들어도 깨닫지 못할 것이요 보기는 보아도 알지 못하리라 하여 이 백성의

마음을 둔하게 하며 그들의 귀가 막히고 그들의 눈이 감기게 하라 염려하건

대 그들이 눈으로 보고 귀로 듣고 마음으로 깨닫고 다시 돌아와 고침을 받을

까 하노라(사 6:9, 10).

내가 이르되 주여, 어느 때까지니이까 하였더니 주께서 대답하시되 성읍들은

황폐하여 주민이 없으며 가옥들에는 사람이 없고 토지는 황폐하게 되며 여호

와께서 사람들을 멀리 옮기셔서 이 땅 가운데에 황폐한 곳이 많을 때까지니

라. **그중에 십분의 일이 아직 남아 있을지라도 이것도 황폐하게 될 것이나 밤**

나무와 상수리나무가 베임을 당하여도 그 그루터기는 남아 있는 것 같이 거

룩한 씨가 이 땅의 그루터기니라(사 6:11-13. 참조).

이 말씀은 대단히 역설적인 표현이다. 하나님은 진심으로 그의 백성

들이 고침 받기를 원하지 않으시는가? 멸망시키려고 작정하셨는가? 만

약 그렇게 생각한다면 이사야서 진의(眞意)를 잘못 이해한 것이다. 하나

님은 분명 그의 백성을 고치시기를 원하시며, 그렇게 하기로 약속하신다

(사 2장, 4장. 참조). 이미 완악해진 세대와 후손들의 심령을 고려할 때 이사

야는 그들이 하나님에게서 더 멀어지게 하는 메시지를 전하도록 부름을

받은 것이다. 하지만 어떤 이들은 돌이킬 것이며, 그중 신실한 자들은 바

벨론 유수의 맹렬한 불길이 임하여 마침내 말씀을 들으려는 세대가 등장

할 때까지 이사야의 말씀을 보존할 것이다. 그리하여 참된 치유가 일어

나는 약속된 메시아가 도래할 배경이 마련될 것임을 시사한다. 이사야

의 소명은 세상에서 말하는 성공을 위한 기복신앙이 아니라 진리를 위한

믿음의 신앙에 있다는 점을 기억해야 한다. '거룩한 씨가 이 땅의 그루터

기니라'는 말씀이 중요한 비밀이다. 예수께서도 제자들에게 천국 비밀을 아는 것이 허락되지 아니한 이유와 관련해서 이사야서(사 6:11-13)를 인용하신다.

> 그러므로 내가 그들에게 비유로 말하는 것은 그들이 보아도 보지 못하며 들어도 듣지 못하며 깨닫지 못함이니라 이사야의 예언이 그들에게 이루어졌으니 일렀으되 너희가 듣기는 들어도 깨닫지 못할 것이요 보기는 보아도 알지 못하리(마 13:13-14).

이 말씀은 하나님 비밀에 대한 무관심과 깨닫지 못함이 이사야 시대에 시작해서(사실은 창세기부터) 예수께서 이 땅에서 사역하시던 그때까지(사실은 오늘날까지) 계속될 만큼 이 세상에는 아무런 진전이나 그 어떤 변화도 없었음을 보여준다. 더 나아가 에덴 동산의 아담과 하와에서부터 오늘의 우리에 이르기까지 불신앙의 두꺼운 벽이 가로놓여 있음을 암시한다. 이 말씀은 우리에게 아주 심각하게 죄악의 현실을 헤아리고 자기가 서 있는 좌표를 점검해 보라는 경각심을 일깨워 준다. 특별히 예수께서 밤에 찾아온 바리새인 중에 니고데모라고 하는 유대인 지도자에게 하신 말씀을 깊이 새겨들어야 한다.

> 진실로 진실로 네게 이르노니 사람이 **거듭나지 아니하면** 하나님의 나라를 볼 수 없느니라 사람이 물과 성령으로 나지 아니하면 하나님의 나라에 들어갈 수 없느니라 육으로 난 것은 육이요 영으로 난 것은 영이니 내가 네게 거듭나야 하겠다 하는 말을 놀랍게 여기지 말라(요 3:33b, 5b, 6, 7).

사람이 거듭나야 함을 강조하시는 이 말씀이 우리에게 더욱 놀랍게 들리는 것은 니고데모가 소위 말하는 유대의 지도자 신분이기 때문이다. 니고데모는 유대 사회에서 공회 의원이라는 높은 신분을 가지고 있었고 성경(구약)도 꽤 많이 읽은, 학식과 종교성이 강한 인물이다. 그런데도 그에게 거듭남이 요구되고 있다. 한마디로 그동안 그가 읽었던 성경에서 그때까지도 하나님의 참 진리를 발견하지 못했다는 것을 의미한다. 다행인 것은 그가 밤에 예수님을 찾아왔고, 영적 차원의 거듭나는 중생의 문제를 해결하는 데는 반드시 성령의 도움을 받아야만 가능하다는 진리를 들었다는 사실이다.

제5원인
영적 감응 능력의 상실 : 인지력의 위축

하나님은 영이시다. 초월의 세계에서 인간에게 자신의 비밀을 계시해 주시는 분이시다. 그러므로 하나님의 말씀은 그 뜻이나 내용, 형식 면에서 영적일 수밖에 없다. 그런 가운데 하나님은 우리가 하나님을 하나님으로 올곧게 알아보기를 원하신다. 그런 만큼 자기 백성들이 자신에게로 나아오는 길에 어떤 장애물도 놓여있지 않기를 바라신다. 만약 장애물이 있다면, 그것은 인간이 스스로 만들어 놓은 것이지 하나님이 만든 장애물이 아니다. 형식과 외식과 허례허식, 그리고 위선과 거짓 같은 것들이 하나님의 비밀을 감지하는 데 장애요인이 되고 있다. 비록 이 세상은 마치 산과 골짜기가 많은 도로나 거친 모래사막의 1차선 도로를 따라 꾸불꾸불한 길들이지만 하나님께서는 거기에 여행의 노고를 쏟으라고 말씀하시지 않는다. 영적 천상을 향한 자유와 평안의 길, 다시 말해 이전보다 더 멋진 새로운 경치가 돋보이는 성전을 거쳐 말씀과 기도, 영광과 은혜, 그리고 믿음과 찬양, 자유의 8차선 대로(high way)를 따라 기쁨으로 그분 앞에 나아오기를 바라신다. 이것이야말로 세상 신뢰하기를 거부하고 자신을 하나님께 내어 맡기고자 한 자들에 대한 하나님의 약속 선언이다. 그런데 인간들은 세상을 물이 없는 광야로 만들어 버렸으며, 말씀이 없는 광야의 세상에서 무능력하게 자신의 기력을 소진하고 있을 뿐이다.

우리는 그분이 누구인지 혹은 어떤 분인지 다 알지 못한다. 하지만 우리는 우리가 **책임을 다해 알아야 할 하나님이 계신다는 사실을 직관할 수 있다.** 그에게 도달하고자 하는, 심지어 그분을 설명하고자 하는 모든 시도는 우리 본성의 타락과 의사소통의 무능력 앞에 무너지고 만다. 예를 들면 바벨탑 사건(창 11:1-9) 같은 경우이다. 하나님은 우리 인간과는 근본적으로 다른 분이시다. 심지어 우리가 하나님과 닮은 존재라는 계시 외에는 그분에 대해서 상상조차 할 수 없다. 하나님은 근본적으로 우리와 다른, 영이시다. **그분이 먼저 우리에게 오시지 않는 한 우리가 그분을 알 수 있는 길은 없다. 그분이 먼저 우리를 사랑해 주시지 않는 한 우리는 참사랑을 모른다.** 하나님은 자신을 우리에게 알리시며 광야에서 구원하시기 위해 먼저 주도권을 취하셔야 했다. 앞서가는, 선재하시는 비밀의 하나님이시다. 인간은 무지와 죄악으로 나약할 뿐 진리와 생명을 깨닫지 못하고 있는데, 이것이야말로 요한복음의 서두가 의미하는 바다.

> 태초에 말씀이 계시니라. 이 말씀이 하나님과 함께 계셨으니 이 말씀은 곧 하나님이시니라 그가 태초에 하나님과 함께 계셨고 만물이 그로 말미암아 지은 바 되었으니 지은 것이 하나도 그가 없이는 된 것이 없느니라 그 안에 생명이 있었으니 이 생명은 사람들의 빛이라 빛이 어두움에 비취되 어두움이 깨닫지 못하더라(요 1:1-5).

왜 하나님은 끊임없이 자기를 계시하시는가? 그리스도 예수는 왜 이 땅에 오셨는가? 그 답은 우리로 하여금 예수 그리스도 안에서 하나님을 알고, 만나서 깊은 교제를 나누도록 하기 위한 것이다. 성경 전체적으로 볼 때, 하나님과 함께하는 삶은 동행으로 묘사된다. 아브라함은 '하나님 앞에서 행하여 완전하라'는 말씀을 받았고(창 17:1), 모세도 온유함(민 12:3)으로 히브리인들에게 하나님의 법도에 따라 계명을 성취하라는 소명을 받았다. 하나님의 중심에는 태초 이래 인간과 나눌 수 있는 친밀한 교제(communication) 관계의 비밀이 담겨 있다. 하나님께서는 인간과 교제를 원하고 계셨던 터라 그분이 계신 곳에서는 항상 친밀한 교제가 반드시 이루어지게 되어 있다. 모든 피조물은 하나님과의 친밀한 교제의 현시(expression)이다. 피조물인 인간은 타락하여 유한한 존재가 되었고, 죄의 장애물 사이에 끼어 있게 됨으로써 친밀한 교제의 불가능 상태가 된 것이다. 그렇다고 그분과의 교제가 완전히 차단된 것은 아니다. 하나님이신 그리스도 예수께서 친히 우리로 하나가 되게 하시려고(요 17:21-23) 이 세상에 오셨다. 그분의 참 영광을 볼 수 있는 그 어떤 길도 없었기에 친히 성육신하신 것이다. 따라서 하나님의 나타나심은 단지 지식 정보만을 전달하는 데 목적이 있는 것이 아니다. 지식 정보는 그저 친밀한 교제의 변두리에서 이해를 돕기 위해 필요한 요소일 뿐, 하나님은 우리와 인격적인 교제를 나눔으로써 우리의 믿음이 싹트고 자라나기를 크게 바라신다. 그것은 창조주 하나님에 대한 강력한 믿음을 전제로 하는 것이며, 우리에게는 놀라운 은혜요 신령한 복이 아닐 수 없다. 절망과 낙담에 빠진 자들, 불가능한 자들과 자신의 죄로 영적 절름발이가 된 자들에게도 빛이 되시기에 영적인 복이다. 다만 그 은혜는 하나님의 도움, 구원의 은혜가 절실함을 깨우친 자에게만 임할 수 있다. 만약 하나님의 인격을 믿지 않는 자들이 있다면 그들에게는 그 자체가 큰 걸림돌이 된다. 구원에 이르지 못하고, 무너지고 넘어지게 될 것이다. 이것을 깨닫게 하신 것이 바로 하나님의 말씀 즉 그리스도 예수가 행하신 일이다.

하나님께서 그리스도 안에 계시사 세상을 자기와 화목하게 하시며(고후 5:19).

바울은 하나님이 우리에게 오셔서 세상을 그 자신과 화목하게 하셨다고 선포했다. 영적으로 신실하지 못했던 자들 곧 영적 소경과 귀머거리, 저는 자와 벙어리들이 그 고통에서 벗어날 것이며, 온전한 신앙 공동체 참여가 가능하게 될 것을 말하는 것이다. 이사야서 35장은 두 종류의 도래(coming)를 묘사하고 있다. 하나는 백성들에게 찾아오시는 하나님의 도래이고, 다른 하나는 하나님의 집으로 찾아가는 백성들의 도래이다. 하나님의 찾아오심에 기뻐하며, 우리 또한 하나님을 찾아가서 즐거워하는 마음으로 하늘의 복을 누려야 한다. 이것이 바로 우리가 심혈을 기울이며 주목해야 할 관점이다.

> 항상 복종하여 두렵고 떨림으로 너희 구원을 이루라 너희 안에서 행하시는 이는 하나님이시니 자기의 기쁘신 뜻을 위하여 너희로 소원을 두고 행하게 하시나니(빌 2:12, 13).
> 또 무리에게 이르시되 너희가 구름이 서쪽에서 이는 것을 보면 곧 말하기를 소나기가 오리라 하나니 과연 그러하고 남풍이 부는 것을 보면 말하기를 심히 더우리라 하나니 과연 그러하니라 외식하는 자여 **너희가 천지의 기상은 분간할 줄 알면서 어찌 이 시대는 분간치 못하느냐**(눅 12:54-56).

사도 바울이 말하는 기쁘신 뜻의 소원과 예수님이 경고하시는 **질책의 이중성**에 주목해야 한다. 우리는 여전히 시대를 분간하지 못하고, 하나님 비밀에 대한 감각이 무디어 있는 것은 아닌가? 하나님께서 우리가 죽을 때까지 구원받은 상태로 멍하니 앉아 있게 하려고 죄에서 구원하신 것은 아니다. 오히려 각 사람의 삶이 하나님 성품에 참여하도록 독려하기 위해 비밀을 점진적인 방식으로 계시해 주고 계신다. 우리는 하나님과 변함없이 의사소통하며 교제하기 위해 날마다 섭리 가운데 주시는 말씀에서 비밀을 깨닫는 능력을 달라고 기도할 수 있어야 한다.

제6원인

빛과 그림자 : 불신자의 어둠과 절망

    하나님의 비밀이 어둠의 세상에 대하여 빛이 됨으로써 인간의 정보는 그 빛의 반대편에 드리우는 그림자에 불과하다. 그림자는 어둠이 그러하듯이 빛을 가리거나 저항할 수 없다. 정보가 비밀에 종속된 개념이듯 어둠은 실체가 없는 그림자다. 하나님과 하나님을 믿지 않는 불신자의 관계가 빛과 그림자의 차이다. 불신자는 하나님 없는 어둠 속에서 죽어있는 자이며 빛으로 다시 살아나야 할 자이다. 그러함에도 인간 사회는 자신의 어둠을 인식하지 못하고 빛의 계시를 두려워하며 외면한다.

    존 M. 프레임은 《신지식론》에서 하나님 계시에 대한 신자와 불신자의 지식적 차이점을 제기하는데 계시는 불신자에게는 어떤 영향도 미치지 않는다고 단언한다. 불신자는 하나님을 알아야 함에도 모르고 있고, 어떤 경우는 하나님을 심리적으로만 알뿐 하나님에 관한 자기의 지식을 심리적으로 억누르고 있다고 정의한다. 하나님에 관한 불신자의 지식은 그들이 사려 깊지 못할 때 존재할 뿐만 아니라 항상 그 지식의 맥락에 의해 거짓으로 입증될 뿐이다. 불신자의 지식은 지적이지만 윤리적이지 않다. 불신자는 충분한 명제를 믿지 않기 때문에 불신자가 신자와 일치한다는 것은 순전히 형식적일 수밖에 없다. 불신자의 해결 과제는 하나님의 계시를 알아볼 능력 곧 자발적 자각을 일깨우는 일이다.

인간은 **이성과 지식과 지혜**를 통해 창조에 숨겨진 비밀들을 계시된 진리로 깨달아 자기 것으로 삼는다. 이성은 세목들에 관한 금언적 지식에 만족하지 않고 모든 것의 통일성을 찾고자 한다. 많고 다양한 현상세계에서 이성은 일반적이고 필연적이며 영원한 것, 곧 바탕에 깔린 근본적 이념을 찾아 나선다. 이성이 사물들의 원인, 본질적 존재와 궁극적 목적을 알고 싶어 한다면 그것이 바로 인간의 내적 뿌리를 이루고 있는 정보적 욕망이다. 지적 정보 활동에서 인간의 마음은 결코 전적으로 수동적이지 않고, 단순히 받아들이기만 하지도 않는다. 문제는 하나님 비밀에 관해서는 소극적이면서, 생존 정보에 관해서라면 언제나 불꽃 튀기는 적극적 능동성을 보이는 데 있다. 한마디로 불신자는 인생을 거꾸로 사는 사람이다. 그들은 하나님의 비밀을 탐색하기보다는 세상 문화 속에서 다른 것, 새로운 것 찾기에 여념이 없다. 그들에게는 인간의 이성이나 경험만으로는 그 어떤 진리도 발견해 낼 수 없다는 인간의 한계성과 왜곡된 자아를 깨닫는 일이 급해졌다. 가끔은 인간의 마음이 이성과 더불어 일반적이고 필연적인 진리들을 발견하게 되는 경우가 있는데 그것은 성령께서 도와 주신 결과물이다. 진리는 세상 정보를 판단하는 데 중요한 근거가 된다. 그러므로 성경 말씀을 얼마나 가까이 접하며 깊이 이해하려고 하느냐에 신앙의 모든 것이 들어 있다.

> 하나님이 또 모세에게 이르시되 너는 이스라엘 자손에게 이같이 이르기를 너희 조상의 하나님 여호와 곧 아브라함의 하나님 이삭의 하나님 야곱의 하나님께서 나를 너희에게 보내셨다 하라 이는 **나의 영원한 이름이요 대대로 기억할 나의 칭호**니라(출 3:15).

하나님께서는 이스라엘을 출애굽시켜 주시면서 자신의 이름을 주시고 대대로 기억할 것을 요청하셨다. 그러나 이스라엘은 그분의 이름을 충분할 만큼 기억하지 않았다. 그분의 이름을 기억한다는 것은 곧 그분이 주신 말씀을 깨닫고 빛으로 기억해 둔다는 의미다. 그러나 이스라엘 민족의 타락은 극에 달하고 하나님의 진노가 임박할 지경에 이르렀는데 빛에 대한 그림자 역할도 제대로 하지 못한 것이다. 북이스라엘이 앗수르에게 멸망당하고, 남 유다가 바벨론 포로로 가기 전후의 선지자들을 통해서 밝히신 하나님의 말씀에서 그들이 하나님의 이름을 까맣게 잊고 있었음을 알 수 있다. 심각한 문제는 그들이 하나님 백성이라는 사실조차 인정하지 않았을 뿐만 아니라, 하나님의 하나님 되심도 외면하고 있었다는 사실이다. 계시란, 하나님이 누군가(피조물)에게 자신을 나타내고 알리는 작업이다. 거기에는 반드시 상호 '관계성'과 '만남(접촉)', 그리고 '언어 소통'의 문제가 함께 한다. 한편에서 말하면, 다른 한편에서는 듣고 이해한다. 빛과 그림자는 떨어질 수 없는 관계에 있다. 불신자는 빛의 실체를 인식하고, 빛의 비추임에 감사하며, 빛을 바라보고 그 어둠에서 벗어나야 한다. 신자는 불신자를 향해 진리의 말씀을 전해야 한다. 하나님과 불신자의 관계에서도 의사소통의 문제에 관한 논점을 바로 세울 수 있도록 기도하고 전도자의 역할을 다해야 한다. 비밀을 심히 왜곡하는 자가 불신자들이기 때문이다. 그들은 하나님을 알지도 못하고 믿지도 않을 뿐만 아니라 하나님의 진노 아래 살고 있는 자들이다. 그런 그들이 도리어 하나님을 대적하고 그리스도인들을 핍박하는 데 물불을 가리지 않을 만큼 분노로 대응할 때가 많다. 그러므로 그들은 하나님 앞에서는 티끌에 불과한 자로서 하나님을 모르고 살다가 마지막 심판 때는 지옥으로 떨어질 자신의 처지를 자각하고 처절하게 절망하며 십자가를 붙들지 않으면 안 된다. 십자가의 처단을 외친 유대인들이 자기 죄를 회개하지 않고 버텼으나 결국 그들에게 닥쳐올 일이 심히 두렵고 무서운 일이었다. 오늘의 불신자들이야말로 하루빨리 하나님 앞으로 나아와 회개하고 하나님 비밀 왜곡의 질곡에서 구원받아야 한다. 그와 동시에 불신자들의 일그러진 사고와 그릇된 삶의 속성에서 하나님을 거부하는 심리적, 환경적 원인 또한 찾아내야 한다. 그들의 종말을 긍휼히 여긴다면 방심하거나 내버려둘 수 없다. 하늘의 비가 신자나 불신자에게 동일하게 내려주시듯 하나님의 비밀 계시에는 그분의 자비와 은총이 함께하고 있다. 만약 하나님의 진노하심이 실현된다면 그때는 신자와 불신자가 동일 상황 속에 함께 존재하고 있을 수도 있다.

제7원인

다원사회 분화와 신앙의 위기 : 개인주의-집단주의 혼재

우리 사회가 지구촌 시대의 다원사회로 진입한 지 꽤 오래다. 다양한 가치관들이 다양한 종교와 문화에 대한 긍정과 함께 다양한 이런저런 신앙관을 양산해 내고 있다. 그것은 글로벌 시대 정보화 사회의 영향을 받은 탓이다. 유튜브와 SNS 등 문명의 이기들을 통해 교류가 지나치리만큼 활성화되면서 한 개인이 감당하기에는 너무나 버겁고 힘들 정도의 정보 과잉 상태와 맞부딪치게 되었다. 정보 과잉의 소비사회는 정보의 질과 양의 문제에 있어서 함량 미달을 촉진할 뿐만 아니라 개인의 정보 선택권에도 결정적인 영향을 끼치며 큰 갈등과 마찰을 초래하고 있다. 특히 정보의 과잉은 각 사람의 시간을 빼앗아 가며 불신을 숙성시키는가 하면, 정신 차리지 못할 정도로 혼을 쏙 빼간다. 더 큰 문제는 인간의 의식 구조에 분란을 일으켜 산란하게 만들어 버림으로써 자기 정체성을 지키기도 어렵게 만들 뿐만 아니라 자기 영혼이 피폐해지는 데도 손을 쓸 수 없게 만들어 버린다. 영혼이 없는 홀로서기의 삶이란 팍팍하고 고단하며 외롭고 힘들어 마침내 절망과 좌절 앞에 무릎을 꿇게 만든다.

하나님은 이런 사람들이 광대하신 하나님을 아는 지식을 향해 함께 자라가기를 원하신다. 신앙의 돌파구 찾기는 먼 곳에 있는 것이 아니고 바로 내 마음 가운데 있다. 놀랍게도 모든 진리는 교회의 머리이신 그리스도 예수께 일치한다. 모든 것은 길이요 진리요 생명이신 예수 그리스도를 아는 지식에서 절망과 좌절의 고비를 넘어 진리를 만날 수 있다. 그 진리는 성령의 도움을 받아 깨우침을 받고 앞으로 나아가는 데서 얻게 되는 계시된 비밀이다.

> 오직 사랑 안에서 참된 것을 하여 범사에 그에게까지 자랄지라 그는 머리니 곧 그리스도라(엡 4:15).
>
> 여호와를 경외하는 것이 지혜의 근본이요 **거룩하신 자를 아는 것**이 **명철**이니라(잠 9:10).
>
> 자랑하는 자는 이것으로 자랑할지니 곧 **명철하여 나를 아는 것과 나 여호와는 사랑과 정의와 공의를 땅에 행하는 자인 줄 깨닫는 것이라** 나는 이 일을 기뻐하노라 여호와의 말씀이니라(렘 9:24).
>
> 산의 모든 새들도 **내가 아는 것**이며 들의 짐승도 내 것임이로다(시 50:11).

하나님의 비밀이 인간의 정보로 인식되는 과정에서 마지막으로 주의해야 할 관점이 있다면 개인주의와 '집단적 사고, 단체정신'이다. 다원 세계에서 병폐는 세상의 사물에 대해 우리가 가지고 있는 전제와 견해가 가족, 민족, 종교, 정당이나 이념, 경제적 상태, 교육의 배경, 직업, 전문 협회 등으로부터 대인관계에 심오한 영향을 받게 하고 있다. 다시 말해 사회단체나 기업이나 국가가 **'단체(집단)정신 개발'**에 집중한 나머지 그 단체나 조직 안에 있는 개인의 사고와 행동을 획일화하는 데 악영향을 끼치고 있다. 이런 현상은 과학기술이 발달하고 다원사회가 깊어질수록 홀로서기에 있던 개인은 새로운 돌파구를 찾으려는 욕망으로, 혹은 자기 존재의 자랑과 보호막으로서의 기대치를 충족시키기 위해 사람들 모임을 찾아 나서고 마침내 거기에서 집단적 카테고리에 묻혀 자아를 상실하게 만든다. 예를 들면 특정 정당에 가입한 사람의 경우 자신도 모르게 그 당의 집단적 사고에 지배당하여 자기의 옳은 의견이나 사회적 정의를 주장하지 못하고 머뭇거리게 된다. 거수기 노릇을 하거나 습관적으로 벙어리 흉내를 내는 짓을 일상화한다. 또 어떤 개인은 자신의 힘과 능력을 그 집단 내에서 입증하며 소영웅이 되고자 더 큰 악(불법, 편법)을 주장하는 데 저돌적으로 앞장서기도 한다. 이 두 부류의 사람들은 그 조직 내에서 살아 있는 듯 보이지만, 사실상 죽은 자다. 이와 같은 집단 혹은 단체 정신은 인간의 태생적 의식 구조라고 볼 수 있지만, 초자연의 영적 세계와의 의사소통 즉 하나님 비밀 계시를 깨닫는 데는 결정적인 장애요인이 된다. 하나님의 비밀이 집단 사고에 가려져서 원안 그대로 받아들여지기 어렵고, 묵상하고 기도하며 깨닫게 될 수도 없게 만들기 때문이다. 개인 주의의 홀로서기보다는 집단적 사고, 단체정신이 더 위험해 보인다. 왜냐하면 어느 당파나, 학파나, 나라에만 국한되는 것이 아닐뿐더러 세상에 갇혀있는 인류 전체가 공동으로 지고 있는 무거운 짐이 되기 때문이다. 특히 자기들만의 비밀을 공유하고 왜곡된 정보를 생산해 내기 때문에 진리를 분별할 능력을 상실해 버리고 만다. 믿음 생활에 도전하기 위한 것이라면 이 어둠에서 벗어나려는 대담한 자기 판단과 결단은 절대로 옳다. 개인 사고의 독립성을 함양하는 데는 중요한 지적 유익들이 존재하지만, 그보다도 더 좋은 점은 창조주의 비밀과 함께 찾아오는 은혜와 사랑으로 자유를 누릴 기회가 마련되어 있다. 이 세상 그 어느 것도 충족해 줄 수 없는 자유와 생명의 문으로 인도하는 진리를 맞이할 기회 말이다.

창작이나 발명은 항상 의견의 불일치에서 탄생하게 된다. 오늘날 인간 삶의 실제에서는 불일치가 두 가지 형태로 철옹성을 쌓는다. 집단 내에서는 건전한 대화나 토론이 사라지고 집단 이기주의 구호의 압박감이 통일을 강요함으로써 의견의 불일치 곧 자유토론의 모습을 찾아보기 어렵게 만든다는 점이고, 다른 하나는 자기 집단 밖에 대해서도 건전한 대화나 토론을 수용하지 않고 자기 주장만 옳다고 하면서 자기 사상과 의지를 강요한다는 점이다. 모두가 편협하고 이기적인 단절의 매듭에 묶임을 초래함으로써 치명적인 갈등과 대립을 낳는다. 너도나도 치열한 순위 다툼에 돌입해 있는 복잡한 경쟁 추구 문화 속에서 다양한 의견이 표출되는 것은 당연하고, 각각의 견해들이 존중받고 있는 듯하지만, 사실은 단일 의미의 진리로 연결되는 담론을 찾아보기 어렵게 만든다. 어떤 이는 이런 상황이 정신 분열에 가까운 찌들어진 인간의 모습이라 혹평한다. 폭탄이 터지고 난 후의 파편 같은 삶의 조각 모음은 정보탐닉에서 온 것들이지만 근본적인 문제 해결책을 마련한다는 것 또한 요원한 일이다.

사실 다양한 선택의 기회를 맛보는 체험은 심리적인 차원에서 단순화되기를 원하는 삶에는 일정 부분 효과가 있다. 하지만 사색이나 고뇌가 없는 삶이란 항상 서로 무관한 경우의 수 가운데 하나다. 이런 의식 구조에서 선택된 것들이라면 우발적인 사건에 불과하다. 사회의 전반적인 단순화 갈망은 실제로서의 한 특징이지만 그 이면에는 복잡함도 여전하다. 모순과 갈등의 두 모양새가 어우러질 때 혼돈과 공허와 흑암이 그 배경을 이루게 된다.

현대 경제 질서가 요구하는 이동성과 우리 사회의 개인화와 개별화의 결과로 하나님은 사회로부터, 적어도 공적인 면에서 직장은 가정으로부터, 교회는 사회로부터, 핵가족은 공동체로부터 분리된다. 하지만, 이런 현상이 개인적으로는 더 복잡한 혼돈을 불러온다. 요즘은 세대가 서로 분리되고 있는데 그것이 단순성인가? 아니면 복잡성인가? 세대 간, 계층 간, 혹은 학문이나 전문 분야 간의 의사소통은 물론 심지어 가족 구성원 간의 대화마저도 갈수록 힘들어지고 있다. 단순화 욕구 때문이지만 복잡성은 더 크게 작용하고 있다. 정보가 넘쳐나는 사회에서 역설적으로 싹트고 있는 정보 결핍증은 대화 단절과 고립화라는 모순된 갈등 구조를 만들어 내고 있다. 이를 정보 환경의 탓으로만 책임 전가해 버리기에는 너무나 벅찬 과제이다. 이런 불협화음을 조율하고, 이런 무질서에 질서를 부가할 만큼 분별이 가능한 어떤 형태의 일관성이 우리 삶에 존재할 수 있을까? 한결 더 중요한 문제로서 나의 삶에 대한 나의 신앙고백과 하나님의 말씀을 붙들고 이해 가능한 타당성을 인정받는 것이 가능할까? 끊임없는 질문들이 던져지고 있다.

여기에서 주의해야 할 또 다른 관점은, 행여 다른 사람들과의 관계에서 완전히 벗어나는 것은 불가능하다거나, 인간의 완전한 독립성도 바람직하지 않고, 도리어 이상적인 것은 인류 전체가 한 팀으로 살아가는 것이 중요하다는 논리를 덧붙이려 해서는 안 된다는 것이다. 하늘 비밀을 깨닫는 데는 머뭇거릴 여유가 허락되지 않는다. 내일이 오늘과 같은 날이라고 말할 수 없듯이 똑같은 상황이지만 결단을 내리는 사람도 있고, 어정쩡하게 머뭇거리는 사람도 있고, 거짓 가짜인 줄 알면서도 그 조직에 충성을 다해 일시적 영화를 탐하는 사람도 있다. 모두 각자의 판단에 따라 선택할 수 있지만 서투른 판단은 결코 옳은 결정이 아니다. 그러므로 중요한 것은 올곧은 정보판단 능력의 문제이다. 객관적이고 미래지향적인 판단 기준을 어디에서 찾아올 수 있는가? 오직 하나님의 비밀 가운데서만 유일한 진리를 발견할 수 있다. 창조의 신비를 만나고, 서로를 신뢰하며, 배움이라는 위대한 체계 위에 평화롭게 협력할 수 있다면 언제나 영적인 축복을 마음껏 누리게 될 것이다. 어떤 개인이 이해할 수 있는 것보다 훨씬 더 크고 높은 하늘의 비밀 체계가 자신 안에 텃밭을 가꿀 때 더할 나위 없는 유익이 된다.

성경은 세상에 끝이 있다고 말한다. 그렇다고 해서 성경에 기록된 참된 진리를 제쳐놓고 미래와 종말에 관해 알고자 한다는 것은 잘못된 시도이고, 파멸의 결과를 초래할 뿐이다. 성경만이 인간의 현재와 미래에 대한 하나님의 선하신 계획과 목적을 가장 잘 알려줄 수 있다. 성경 말씀은 하나님이 인간을 사랑하시고 교제하길 바라신다는 것을 밝혀 주고 있다. 거부할 수 없는 진실은 당신이 누구이며, 그간 하나님의 사랑을 얼마나 외면해 왔든지 간에, 그분은 여전히 우리를 향해 나아오시고, 여전히 말을 거시며, 여전히 남편이나 친구가 되려 하신다는 사실이다. 그것이 바로 하나님 계시 목적의 핵심이며, 십자가의 고난과 죽음 그리고 부활로 연계된 진리이다. 그러므로 말씀과 기도가 하나님의 비밀 곧 하늘의 정보를 알려주는 믿음의 통로라는 사실을 기억해야 한다.

하나님의 일은 유일하신 한 분 하나님과 그가 보낸 자 곧 예수 그리스도를 믿는 것이다(요 17:3).

하나님 비밀이 향한 곳이 인간의 믿음이라면, 인간 정보의 최종 목적지는 하나님에 대한 순종이다. 믿음의 사람들은 항상 하늘 정보 수집자의 위치에서 계시를 기다리고 있어야 한다. 인간은 전적으로 하늘 비밀을 듣는 자, 들어야만 하는 자이지, 하나님을 가르치거나 그분에게 약속할 수 있는 자가 아니다. 하나님에게는 세상 그 어떤 정보나 인간 개인의 상태에 관한 그 어떤 비밀도 필요치 않으신 분이시다. **그러므로 인간의 간구가 먼저가 아니라 하나님의 말씀이 먼저다.** 만물을 창조하시고 그 모든 비밀을 가지고 계시는 분, 머리털까지 다 세신 바 되시는 분(마 10:30; 삼상 14:45)의 말씀 가운데 있는 믿음의 능력을 받는 일이 가장 시급한 먼저이다.

> 너희가 서로 영광을 취하고 유일하신 하나님으로부터 오는 영광은 구하지 아니하니 어찌 나를 믿을 수 있느냐(요 5:44).

예수님의 말씀이다. 사람이 자기 영광을 취하여 하나님 영광은 구하지 않았던 것은 에덴 동산에서 시작되었다. 아담과 하와는 하나님의 금지 명령을 어겼다. 당시 그들은 이 세상에 관한 그 어떤 정보도 갖고 있지 않아서 어찌 보면 자신들의 존재 이유와 목적도 정확히 아는 바 없었던 냉혹한 현실에 처해 있었다고 변명할지 모르겠다. 하지만 그들은 자기들의 영광을 좇았고 하나님의 영광은 구하지 않았다. 명령과 순종은 별개의 사안이 아니다. 그들이 선악과를 따 먹었음에도 하나님께서는 인류를 향해 '나는 너희의 하나님이요 너희는 나의 백성'이라는 메시지를 계속 주시면서 하나님의 비밀을 깨닫도록 독려해 오셨다. 그 독려는 오늘의 우리에게도 동일하게 강조되는 메시지이다. 하나님의 비밀 계시는 곧 우리의 믿음을 위한 것이란 관점을 다시 생각하면서 하나님 비밀의 소중함을 거절하게 만드는 세상의 유혹과 사탄의 거짓 속임수들에 대한 냉정한 정보 분석 평가와 판단을 내려야 한다. 이것이 혼돈과 공허와 흑암의 냉혹한 현실에 주어진 오늘의 과제이다.

제6부
/
하나님 비밀 해독(解讀)의 지혜

제1장
하나님을 아는 지혜

하나님의 절대성을 아는 것

하나님을 안다는 것은 '하나님의 하나님 되심'을 올곧게 안다는 것이며 동시에 '사람의 사람 됨'을 안다는 것이다. 하나님은 창조주이시고 인간은 그분의 피조물이며 원래가 흙으로 지어진 존재라는 처음 자리를 아는 것이다. 이 '앎'이 동시적으로 이루어져야 비로소 그는 하나님을 아는 사람이라고 정의될 수 있다. 따라서 성경에서 '알다, 안다'라는 의미는 대단히 중요한 위치를 차지하고 있다. 헬라어의 **'안다, 에이도'**는 하나님을 안다는 주제에 대해 깊은 뜻을 이해할 수 있는 틀을 제공해 줌으로써 하나님과 우리의 관계를 보다 명확히 정의해 주고 있다. 특히 히브리어의 **'알다, 야다'**는 곧 사랑한다는 뜻도 함유하는 까닭에 사랑의 하나님과 인간의 근원적 관계로서의 '안다'는 의미를 깨닫도록 연결 고리 역할을 해주고 있다. 우리가 하나님을 아는 것, 믿는 것에 대한 가장 밀접한 신앙의 뿌리로서 그 절대성을 상기시켜 주고 있다.

우선 헬라어의 '알다, 안다'는 의미가 어떻게 명확히 분별되고 있는지를 살펴본다면 더 확실해질 것이다. 안다는 것의 긍정적 측면과 부정적 측면을 모두 나타내고 있기 때문이다. 헬라어 '알다, 알아보다'의 '에이도'는 '오이다'와 '에이돈'의 합성어다. '오이다'는 문자나 언어, 체계 등 눈에 보이진 않지만, 존재하는 것을 '알아본다'는 뜻이 있고, '에이도'는 보이는 것, 형체, 형상이란 뜻이 있다. 보이는 것과, 보이지 않는 것을 기준으로 '안다'는 뜻과 의미를 분별하게 해주고 있다. 특히 신학적 관점에서 **'본다, 알다'는 '마음의 깨달음', '영적 눈으로 보는 것'을 의미하는 '호라오'의 개념을** 항상 중요한 전제로 삼는다.

새 마음, 새 언약, 새 영은 구약시대 사람들이 알고 있던 마음이나 언약, 영의 기존 개념을 모두 깨뜨리는 전혀 다른 의미를 제기한다. 새 언약과 새 영은 새롭게 알고 깨달아야 할 마음이다. 성경이 밝히고 있는 인간이 하나님을 아는 범주는 기본적으로 하나님을 아버지로 아는 것과 남편으로 아는 것, 그리고 구원자로 아는 것이다. 이 점을 보다 상세히 이해하려면 하나님께서 창조 이래 인류를 향해 하나님 자신을 알리고, 알아보게 하신 비밀 계시의 성경 역사와 그 배경을 알아야 한다. 하나님께서는 인간 수준에 맞게 말씀하시려고 온갖 수단과 방법을 동원하고 심혈을 기울여 작은 자로부터 큰 자까지 다 알아듣게 하는 데 목적을 두셨다. 이를 위해 하나님께서는 예레미야서(렘 31:33)와 에스겔서(겔 36:26) 등을 통해 새 언약을 맺겠다는 뜻도 함께 펼치시면서, 하나님을 아는 것이 어떤 의미인지를 밝혀 주셨다.

> 내가 나의 법을 그들의 속에 두며 그들의 마음에 기록하여 나는 그들의 하나님이 되고 그들은 내 백성이 될 것이라(렘 31:33).
>
> 또 새 영을 너희 속에 두고 새 마음을 너희에게 주되 너희 육신에서 굳은 마음을 제거하고 부드러운 마음을 줄 것이며(겔 36:26).

그렇다면 인간은 하나님이 주시겠다고 한 그분의 법, 곧 새 영과 새 마음을 알기 위해 얼마나 집중하였는가? 하나님께서 우리 육신에서 굳은 마음을 제거하시겠다고 하신 만큼 그분의 뜻을 알고, 알아가려고 노력해야 하는 것은 인간의 당연한 도리가 아니겠는가? 하나님은 우리의 주인이시고, 우리는 그분의 것이기 때문이다. 더욱이 우리가 이 세상에서의 삶을 거룩하고 안전하게 살아가기 위해서는 그분의 지혜가 절대적으로 필요하다. 그런데 우리의 모습을 보면 나태하고 게으른 나머지 죄만 짓는 한곳에 머물러 있는 것은 아닌가? 하나님께서 일찍이 선언하신 '나는 너희 하나님이 되고 너희는 내 백성이 될 것이라'는 뜻이 성취되기까지는 아직도 요원해 보인다. 우리는 너무나 자기중심적이고 자기 자랑에 몰두해 있는 까닭에 그분이 권고하시는 말씀을 알아차릴 여지가 조금도 없어 보인다.

많은 사람이 각기 자기의 인자함을 자랑하나니 충성된 자를 누가 만날 수 있으랴(잠 20:6).

선물한다고 거짓 자랑하는 자는 비 없는 구름과 바람 같으니라(잠 25:14).

포악한 자여 네가 어찌하여 악한 계획을 스스로 자랑하는가 하나님의 인자하심은 항상 있도다(시 52:1).

악인은 그의 마음의 욕심을 자랑하며 탐욕을 부리는 자는 여호와를 배반하여 멸시하나이다(시 10:3).

조각한 신상을 섬기며 허무한 것으로 자랑하는 자는 다 수치를 당할 것이라 너희 신들아 여호와께 경배할지어다(시 97:7).

여호와께서 모든 아첨하는 입술과 자랑하는 혀를 끊으시리니(시 12:3).

이 말씀들은 인간이 얼마나 자기중심성에 빠져서 한 치도 벗어나지 못하고 있는지를 말해 준다. 하나님을 아는 것과 말씀을 깨닫는 것이 얼마나 소중하며 하나님을 기쁘시게 하는 일인지를 알 겨를이 없다. 하나님은 세상적이고 인본위적인 자랑을 경계하고 오직 사랑과 정의와 공의의 하나님을 알고, 깨닫고, 그것을 자랑하라고 말씀하신다.

나는 인애를 원하고 제사를 원하지 아니하며 번제보다 하나님을 아는 것을 원하노라(호 6:6).

사무엘이 이르되 여호와께서 번제와 다른 제사를 그의 목소리를 청종하는 것을 좋아하심 같이 좋아하시겠나이까 순종이 제사보다 낫고 듣는 것이 숫양의 기름보다 나으니 이는 거역하는 것은 점치는 죄와 같고 완고한 것은 사신 우상에게 절하는 죄와 같음이라(삼상 15:22, 23a).

인간이 처한 모든 환경 중에서 하나님께 가장 기쁨을 드리는 것은 제사나 번제가 아니라 하나님 그분에 대한 지식이다. 하나님은 우리에게 실로 엄청나게 많은 자신의 비밀을 계시해 주고 계신다. 그 때문에 우리는 충분할 정도로 '하나님을 아는 것'에 다다를 수 있다. 그분의 계시는 우리 삶의 기초와 형태 그리고 목표를 알려주며, 우선순위의 원리와 가치 평가 기준까지도 제공해 주고 있다. 사실 우리가 전적으로 그분께 의지하고 있다면 이 땅에서 인생을 어떻게 살아야 할지를 고심할 필요가 없다. 하나님을 아는 것이 인생의 주된 목표라는 사실 하나만 깨달아도 우리 삶의 모든 문제는 저절로 풀려서 자기 자리를 찾게 될 것이기 때문이다. 하나님을 아는 것보다 더 높고 숭고하며, 사람의 마음을 끄는 목표가 어디에 있겠는가?

문제는 하나님을 아는 것에 대해 소홀하기도 하지만, '무엇이 하나님에 대해 아는 것인가?'의 문제에 대해서는 더욱 무지몽매하다는 데 있다. 성경적으로 표현하자면, 젖먹이 혹은 어린아이 수준에 머물러 있는 것이다.

> 내가 어렸을 때에는 말하는 것이 어린아이와 같고 깨닫는 것이 어린아이와 같고 생각하는 것이 어린아이와 같다가 장성한 사람이 되어서는 어린아이의 일을 버렸노라(고전 13:11).

혹자는 하나님을 아는 것이 특별한 종류의 감정이나 등줄기를 타고 내려오는 오싹한 기분, 또는 꿈결 같고 땅 위에 붕붕 뜬 것 같은 신기루 같은 기분일 것이라고 추론한다. 과연 그런가? 또 어떤 사람은 하나님을 아는 것이 어떤 특별한 종류의 체험이나 어떤 목소리를 듣는 것, 또는 환상을 보는 것이라고 상상할 수도 있다. 특히, 어떤 지성을 자극하면 계속 이상한 느낌들이 떠오르는 것과 같은 것이라고 속단할 수도 있다.

그러나 모두가 반드시 그런 것만은 아니다. 하나님을 안다는 것에는 어떤 모호한 영적 체험을 한다거나 강렬한 주관적, 영적 체험을 했다는 말보다 훨씬 더 높고 깊은 뜻이 담겨 있다. 다시 말해서 **하나님을 아는 것은 하나님 존재와 섭리를 온전히 깨닫는 것이다.** 우리 삶 속에서 사랑과 정의와 의로움을 보이시는 하나님을 갈망하며, 우리를 기뻐하시는 하나님의 참뜻을 이해하는 것이다. 만약 하나님이 가장 귀하게 여기시는 것이라면 우리도 당연히 그렇게 여겨야 한다. 그것이 십자가를 통해 삼위일체 하나님과 하나가 되는 기쁨이며 영광이다. 그러므로 우리가 자기 자랑을 앞세운 나머지 하나님은 잊어버리거나, 하나님을 아는 인격적 기쁨에서 벗어나는 일을 용납해서는 안 된다. 하나님 나라와 그의 의를 먼저 구하는 지혜를 간구해야 한다.

성경에 따르면 하나님을 아는 영역에서 우리는 스스로 속아 실제로 하나님을 모르면서도 하나님을 안다고 생각하기 쉽다. 하나님을 아는 것은 다른 어떤 사람을 아는 것보다 당연히 더 복잡한 문제라는 점을 이해하고 하나님께 지혜를 간구하는 것이 중요하다. 이는 이웃 사람을 아는 것이 어떤 집 또는 어떤 책이나 어떤 언어를 아는 것보다 더 복잡한 일인 것과 같다. 마찬가지로, 우리가 알고자 하는 대상이 복잡하면 할수록 그것을 아는 일 역시 더 복잡해진다. 추상적인 언어와 같은 것에 대한 지식까지도 학습으로 습득할 수 있지만 하나님을 아는 것은 그리 간단한 문제가 아니다. **인간은 땅적이고 육적인 유한한 존재인 데 반해, 하나님은 무한하시고 영원하신 영이시기 때문이다. 여기에는 서로 다른 세계의, 서로 다른 차원의 문제가 하나님을 이해하고 인식하는 데 걸림돌이 되고 있다.** 그렇다고 하나님을 아는 것이 반드시 어려운 일만도 아니다. 하나님이 친히 자신을 알아볼 수 있도록 인간의 수준으로 낮추어 모든 것을 말씀해 주시기 때문이다. 항상 문제는 우리 인간에게 있다. 자기중심적이고 인본주의적 사고 때문이다. 그러므로 먼저 성경 말씀을 통해 깨우쳐 주시는 하나님을 아는 것에 대한 지향점을 정의해야 한다. 어떤 종류의 하나님 활동이 인간의 사고와 인식에 어떤 의도와 목적을 두고 계신 것인가? 이 질문은 계속되어야 한다.

하나님의 주권과 전지전능을 아는 것

우리는 오늘날 이 시대가 세속화되었다고 진단한다. 세속은 세상의 개념에서 타락된 개념으로 나온 것이다. 원래 세상(世上, world, 히, 에레츠, 헬, 코스모스)은 하나님께서 만드신 피조물로서 하나님의 주권에 의해 다스려지는 하나님의 역사 무대이다(시 82:8). 구약의 이스라엘이나 오늘의 우리는 모두 이 지구촌이라는 무대 위에서 하나님의 섭리에 따라 움직이는 배우 중의 한 명이라고 말할 수 있다. 하나님은 이스라엘을 통하여 이 세상이 하나님의 주권 속에 다스려지고 있음을 계시하셨다. 그리고 궁극적으로는 세상의 모든 민족이 하나님 앞에 순종하게 될 것을 기대하신다. 이사야 선지자는 만방이 시온을 향해 모여들 것을 희망적으로 예언하고 있다(사 2:2-4). 반면 신약에서의 세상, 코스모스는 여러 가지 다양한 의미로 회복되어야 할 하나님의 피조 세계를 뜻하는 말로 쓰인다. 이와 동시에 성도들이 유혹받지 말아야 할 세속적 세계를 의미하는 윤리적 단어로도 사용되고 있다

> 너희가 세상에 속하였으면 세상이 자기의 것을 사랑할 것이나 너희는 세상에 속한 자가 아니요 도리어 내가 너희를 세상에서 택하였기 때문에 세상이 너희를 미워하느니라(요 15:19).

일반적으로 공간적 개념을 의미하는 땅, 지구, 혹은 우주적 의미로서의 세상은 구약적 개념에서와 같이 하나님의 피조 세계로서 하나님 사랑의 대상이다. 하지만, 이 세상은 죄로 인해 피폐해졌으며 하나님의 독생자 예수 그리스도에 의해 구속받게 되고, 궁극적으로는 모든 악한 세력으로부터 건져져서 온전한 피조물로 회복되는 것이다. 따라서 세속적 의미로서의 세상은 하나님 나라의 반대 개념으로 이해된다. 이 세상은 하나님의 백성으로 살아가려는 성도를 유혹하며 사탄이 지배하는 영역이

며, 사탄은 이 세상의 신이라는 이름으로 불리고 있다(고후 4:4). 이 세상과 하나님의 백성은 서로 융합할 수 없고, 오히려 우리가 세상과 벗 함으로써 하나님과 원수가 되고 마는(약 4:4) 위기 상황에 놓여있는 형국이다.

> 그중에 이 세상의 신이 믿지 아니하는 자들의 마음을 혼미하게 하여 그리스도의 영광의 복음의 광채가 비치지 못하게 함이니 그리스도는 하나님의 형상이니라(고후 4:4).
> 간음한 여인들아 세상과 벗된 것이 하나님과 원수 됨을 알지 못하느냐 그런즉 누구든지 세상과 벗이 되고자 하는 자는 스스로 하나님과 원수 되는 것이니라(약 4:4).

이와 같은 세속화를 극복하는 첫 번째 과제로 우리가 할 일은 창조자의 주권과 능력을 아는 것, 그분의 참뜻을 알고 깨닫는 것이다. 하늘의 주관자와 주권에 대해 인식한다는 것은 아주 긴박한 주제이다. 왜냐하면 인간의 연약함과 피동성을 아는 것과 우주적 능력을 받아들일 기회를 찾는 것이 주목적이 되기 때문이다. 만약 우리가 하나님을 사랑한다고 고백할 때 **주관자와 주권에 대한 인식**이 충분치 않다면 올곧게 이루어지는 믿음은 아무것도 없을 것이다. 성경은 '네 이웃을 네 몸과 같이 사랑하라'는 교훈을 제시하고 있지만, 만약 우리가 이웃을 알지도 못한다면 어떻게 사랑을 펼칠 수 있겠는가? 하나님을 알아야 사랑도 은혜도 느끼고 받아들일 수 있으며, 새로운 관계성과 자유 소통의 절대성도 깨달을 수 있지 않겠는가?

인간은 제한적인 세상 속에 묻혀 사는 하루살이 같은 존재이다. 자신만 바라보며 자기 중심적 삶을 즐기는 데 치중한 나머지, 자신이 피조물이라는 사실마저 까마득하게 잊고 산다. 하나님이 지금 나를 향해 어떤 생각을 하고 계실까를 묵상하려는 의지는 찾아보기 어렵게 되어 간다. 그리스도인들이 성경을 통해 혹은 말씀과 기도를 통해 순간순간 하나님의 뜻을 조금씩 인식해 가고 있다고는 하지만 여전히 자기 중심적이고, 자연주의적이고, 세상적인 인식의 틀에서 벗어나지 못하고 있는 경우도 상당한 것 같다. 예를 들면 구약성경에서 요나의 물고기 뱃속 삼일이나 이스라엘을 침공한 산헤립의 군대가 하룻밤 사이에 무더기로 죽었던 예를 믿으려 들지 않는다.

> 여호와께서 이미 큰 물고기를 예비하사 요나를 삼키게 하셨으므로 요나가 밤
> 낮 삼 일을 물고기 뱃속에 있으니라 요나가 물고기 뱃속에서 그의 하나님 여
> 호와께 기도하여 이르되 내가 받는 고난으로 말미암아 여호와께서 불러 아뢰
> 었더니 주께서 내게 대답하셨고 내가 스올의 뱃속에서 부르짖었더니 주께서
> 내 음성을 들으셨나이다(욘 1:17; 2:1, 2).
>
> 이 밤에 여호와의 사자가 나와서 앗수르 진영에서 군사 십팔만 오천명을 친
> 지라 아침에 일찍이 일어나 보니 다 송장이 되었더라(왕하 19:35).

요나의 표적을 실제로 일어나지 않은 설화나 상징적 표현으로 이해하려는 사람들이 많다. 왜냐하면 인간이 믿고 생각하는 자연법칙과는 어울리지 않기 때문이다. 산헤립 군대의 멸망도 마찬가지이다. 하룻밤 사이에 어떻게 그 많은 군대가 죽을 수 있느냐 하는 것이다. 이런 생각은 하나님의 전지전능하심을 세상의 인과론적 의식 구조에 맞추어 생각하며 부정하는 것이다. 우리의 믿음과 신앙에서, 성경을 믿는 믿음에서, 그리고 천국을 소망하는 믿음에서 만약 전지전능하신 하나님을 조금이라도

의심하거나 부정한다면 성경 전체, 신앙 전체를 일시에 무너뜨리는 것이 되고 만다. 예수님의 십자가 부활도 믿기지 않는다고 하는 데는 사건 당시에 일어난 천재지변에 대한 불신도 한몫한다.

> 백부장과 및 함께 예수를 지키던 자들이 지진과 그 일어난 일들을 보고 심히 두려워하여 이르되 이는 진실로 하나님의 아들이었도다 하더라(마 27:54).
>
> 큰 지진이 나며 주의 천사가 하늘로부터 내려와 돌을 굴려 내고 그 위에 앉았는데(마 28:2).

우리는 통상 지진을 지구 속에 있는 불덩어리의 움직임에 의한 자연 현상의 하나 정도로 이해할 뿐 하나님의 주권 능력 측면에서는 생각하려 하지 않는다. 그러므로 예수께서 자신의 죽음과 십자가를 제자들에게 미리 비밀 계시를 해 주셨음에도 이해하기가 어려웠을 것이라는 점을 상기해 볼 필요가 있다. 만약 이러한 성경 말씀을 믿지 않는다면 이스라엘이 홍해를 건넌 사건도, 미래에 닥칠 종말도 이해할 수 없을 것이다. 그렇다면 죽음 이후의 하나님 심판에 대해서도 별다른 긴장감을 느끼지 못할 것이 뻔하다. '설마'라는 단어 하나로 하나님 진리의 모든 것들이 부정되는 우매한 인식이 지금 우리를 지배하고 있는 것은 아닌가?

> 민족이 민족을 나라가 나라를 대적하여 일어나겠고 곳곳에 기근과 지진이 있으리니(마 24:7).
>
> 번개와 음성들과 우렛소리가 있고 또 큰 지진이 있어 얼마나 큰지 사람이 땅에 있어 온 이래로 이같이 큰 지진이 없었더라(계 16:18).

하나님의 전지전능하심은 우주 만물을 창조하시고 거기에 생명을 부어주신 점과 오늘도 섭리하고 계신다는 사실을 한 눈으로 보고 깨달아 인정하지 않는다면 성경의 모든 메시지는 부정당하고 하나님은 왜곡되는 꼴이 된다. **전지전능은 그 어느 것 하나라도 가감할 수 없는 완전하고 완벽한 주권과 주관자 개념이다.** 창조주를 확실하게 인지하지 못하는 이유가 바로 불신에서부터 시작된다. 이는 인간의 탐심 때문이지만, 결정적인 것은 주관자와 주권에 대한 절대적인 인식 결핍에서 오는 현상이다. 주권이란 모든 것의 중심이며 지혜의 근원인데 우리는 그 점을 놓치면서 믿음을 추구하고 있다. 성경은 모든 주권이 하나님께 속하였고 하나님에게서 나온다고 가르치고 있지만 말이다.

> 여호와여 위대하심과 권능과 영광과 승리와 위엄이 다 주께 속하였사오니 천지에 있는 것이 다 주의 것이로소이다. 여호와여 주권도 주께 속하였사오니 주는 높으사 만물의 머리이심이니이다(대상 29:11)[40].

여기서 **하나님의 주권 개념을 세워놓는다.** '주권'은 실질적인 행사나 어떤 일을 주장하여 관리하거나 그러한 일들을 행사하는 주관자(헬, '퀴리유오'. 히, '멤샬라')다.

> 나라는 죄가 있으면 주관자가 많아져도 명철과 지식 있는 사람으로 말미암아 장구하게 되느니라(잠 28:2).

---

40 대상 29:22 이날에 무리가 크게 기뻐하여 여호와 앞에서 먹으며 마셨더라 무리가 다윗의 아들 솔로몬을 다시 왕으로 삼아 기름을 부어 여호와께 돌려 주권자가 되게 하고 사독에게도 기름을 부어 제사장이 되게 하니라. 이 말씀에서 무리의 역할과 '기름을 부어 여호와께 돌려 주권자가 되게 하고'를 주목해서 볼 필요가 있다.

성경은 주관자에 대해 구체적으로 어떤 일과 사람을 지배(잠 22:7; 딤전 2:12)하거나, 다스리는 자(사 14:2; 롬 6:14) 또는 관리하거나(왕하 22:14), 권세를 부리는 자(눅 22:25)로 나타내고 있다. 성경에서 주관의 대부분은 하나님과 그리스도를 가리키는데, 사람(시 12:4)과 정사, 권세, 능력, 주권(엡 1:21)을 주관하는 분으로 묘사되고 있다. 물론 인간의 집과 세상 나라를 주관하는 사람으로 요셉(시 105:21)과 다윗(왕상 11:34)이 하나의 예가 될 수 있으나 그들 역시 하나님의 섭리로 가능했던 것이다. 자연계에서 해가 낮을 주관하고(창 1:16) 있는 것처럼, 하나님이 우주를 주관하시는 주권자로서 말씀하고 명령하시는 것이다. 성경은 한편으로는 참된 주관자가 하나님밖에 없음을 분명하게 가르치고 있지만, 다른 한편으로는 세상을 주관하는 사악한 권세 즉 사탄에 대해서(엡6:12) 그리고 은유적 의미의 말로 왕위를 나타내기도 한다.

피조물인 인간이 하나님의 주권을 알아가는 것은 당연한 일이며 그분의 정체성에서 가장 으뜸으로 이해되어야 하는 관점은 '전지전능자', '거룩하신 분'이다. 물론 원대하신 하나님을 인간의 몇 마디 말이나 단어로 정의하고 표현해 낼 수는 없다. 그러나 우리가 가장 우선해야 할 관점은 **하나님이 우주 밖에 존재하시는 분이며 동시에 우리 안에 존재하신다**는 진리이다. 그만큼 무한하고 영원하신 분이라서 하나님의 존재를 깨닫고, 그분이 우리와 함께하시며 인도하신다는 사실들이 성경 역사를 통해 확인될 때 그 기쁨은 어느 것과 비교할 수 없다. 왜냐하면 그 하나님은 우주를 창조하신 전지전능하신 분이라는 사실 자체가 놀랍고 신비한 일이기 때문이다. 하나님의 위대한 천지창조의 업적을 아는 것, 그분의 지혜와 위엄과 능력을 이해하는 것, 그리고 하나님의 법과 섭리가 지금도 빈틈없이 움직이고 있음을 감지하는 것, 이 모든 것이 하나님을 경배하고 감사를 표해야 할 이유이다. 우리로 찬탄하게 하고 믿음을 굳건하게 하는 진리이다.

이 깨달음 가운데서 우리는 자신의 왜소함과 무력한 피조물로서의 위치를 다시 한번 자각하게 된다. 특히 유한하고 연약한 존재로서의 자신의 처지를 깨닫고 전적으로 하나님께 맡기고 의지하며, 그분께서 주시는 사랑과 은혜로 살아갈 수밖에 없다는 사실을 인정하는 가운데 축복을 누리게 된다. 우리가 그 크신 하나님에 대한 경외감과 신비함, 위대함과 거룩하심을 느끼게 될 때 간직할 수 있는 믿음과 행복감은 그 어느 것과도 비교될 수 없다. 하나님께서는 **내가 거룩하니 너희도 거룩하라**(벧전 1:16; 레 11:44; 45; 왕상 9:7; 겔 26:23)고 말씀하시고 히브리서 기자는 거룩함을 따르라고 강조한다.

> 거룩함을 따르라. 이것이 없이는 아무도 주를 보지 못하리라(히 12:14).
> 마음이 청결한 자는 복이 있나니 그들이 하나님을 볼 것임이요(마 5:8).
> 심령이 가난한 자는 복이 있나니 천국이 그들의 것임이요(마 5:3).

우리가 거룩한 존재로 살 수밖에 없는, 이 거룩함에서 오는 복이야말로 하나님을 아는 지혜의 첫걸음이다. 가장 희망적이고 고무적인 소식이며 우리를 새롭게 만들어 갈 원동력이다. 거룩함은 항상 신앙의 흥미진진한 주제가 될 수밖에 없다. 우리는 거룩함을 통해서 영적, 정신적 만족감을 느낄 수 있음은 물론 하나님 비밀을 통달할 수 있는 가느다란 빛을 발견할 수 있게 된다. 신앙은 성경과 더불어 시작하고 믿음은 말씀으로 풀어 가야 한다. 심령이 가난하며, 의에 주리고 목마른 것(마 5장 산상수훈 참조)만이 성령 충만의 필수 불가결한 조건이라는 결론을 내릴 수 있어야 한다. 바로 그때 하나님의 이름이 더 영화롭게 되고 존귀하게 되며, 우리는 죄에 묶인 매듭으로부터 풀려나 진리의 영과 함께 진정한 자유를 누릴 수 있게 될 것이다. 고난이나 시험이나 참된 거룩의 본질이 무엇인지를 보다 더 선명하게 조명해 볼 때 그리스도와의 연합이 거룩의 원천이라는 위대한 진리가 깨달아지기를 바란다. 또한 거룩한 삶을 살기 위해 분투하는 모든 사람에게 주어지는 그리스도의 위로가 얼마나 풍성한지를 신앙이 약한 신자도 알게 되기를 기대한다.

하나님 주권을 인정한다는 것은 우리는 하나님의 것, 하나님의 소유물, 피조물이라는 사실을 인정한다는 뜻이다. 그 관계는 단순한 피조물에서 종으로, 아들로, 아내로 점차 달리하여 표현되고 있다. 하나님의 통치는 섬김과 관계가 있다. 세상 나라에서 섬김은 상명하복 즉 아래 사람이 윗사람을 돕는 것이지만 하나님 나라의 통치는 예수 그리스도의 우리에 대한 섬김이다. 하나님의 일방적인 헌신과 섬김으로 이루어지는 나라다.

인자가 온 것은 섬김을 받으려 함이 아니라 도리어 섬기려 하고 자기 목숨을 많은 사람의 대속물로 주려 함이니라(마 20:28).

너희는 그리스도의 것이요 그리스도는 하나님의 것이니라(고전 3:23).

하나님은 '스스로 있는 자'(출 3:14)로서 태초에 천지를 창조하신(창 1:1) 만물의 근원이시다. 모든 창조 비밀의 주권자이시며 세상 모든 정보의 근원이시다. 이는 기독교 신앙을 이해하는 데 중요한 관점이다. 하나님과 만물의 존재 원리에 관한 비밀이 그분 안에 있기 때문이다. 하나님께서는 당신 자신에 대해 완전하고, 모든 면에서 완벽한 정보를 소유하고 계신다. 그러므로 우리는 온 우주의 정보 지식과 신앙의 질문에 대한 답을 오직 그분에게서만 들을 수 있게 되었다. 다행히 하나님이 비밀을 계시해 주심으로써 그분의 섭리가 담긴 새로운 정보 또한 우리가 인식할 수 있게 되었다. 비밀이 깨달아 짐으로써 비로소 정보를 갖게 되는 것이다.

성경은 유신론 즉 하나님께서 신의 존재임을 인정하고 믿으라는 말씀을 기록하고 있는 하늘 비밀에 관한 책이다. 사람은 마땅히 하나님의 비밀을 담고 있는 성경에서 신앙의 특별한 관점들을 발견할 수 있다. **먼저는 하나님이 창조주이시며, 인간은 피조물이라는 것이고, 다음으로 하나님은 전지전능한 분이시며, 인간은 태초부터 아무 정보도 갖지 못했던 무지한 자라는 점이다.** 피조물인 인간으로서는 하늘 비밀에 귀를 기울일 수밖에 없다. 만약 누구든지 하나님에 대한 호기심과 궁금증이라는 정보 감각으로 더 부지런해진다면 하나님을 알고 깨닫는 일이 그리 어려운 일만은 아니라는 것을 알게 될 것이다.

아직도 불신앙자로서 예수님의 성육신과 죽음에서 살아나신 십자가 부활 사건을 믿지 못하고 의심의 눈초리를 번뜩이고 있는 것은 아닌가? 우리가 철저하게 하나님의 전지전능하심을 믿지 않고 있다면 비록 그 어떤 열정적인 종교 행위를 하고 있더라도 헛된 신앙일 뿐이다. 하나님 비밀의 근원인 통치와 섭리에 대해서도 깊은 이해와 자각을 할 수 없을 것이다. 전지전능을 부인하는 것은 곧 그분의 주권까지도 부인하는 논리적 도미노 현상 때문에 심각한 '믿음 없음'의 함정에 빠지게 될 것이다.

하나님의 통치와 섭리를 아는 것

하나님은 살아계시고 어제도 오늘도 그리고 내일도 만물을 통치하는 분이시다. **하나님 통치의 핵심은 섭리**(providence)[41]**이다.** 섭리는 하나님께서 창조하신 모든 피조물의 보존과 그 세계에서 일어나는 모든 일 가운데서의 활동, 그리고 만물을 지정된 목적으로 인도하시는 신적 에너지의 지속적인 실행을 뜻한다. 하나님의 섭리는 그분의 계시와 증명, 그리고 통치의 연속 가운데 역사하시는 비밀이다. 창조로부터 오늘에 이르기까지 모든 역사를 통해 창조의 비밀을 집행해 오셨고, 앞으로도 그렇게 통치, 섭리하심으로 이 세상의 종말 이후 새 하늘 새 땅에 이르기까지 영속될 것이다. 그러므로 섭리를 깨닫는다고 하는 것은 하나님의 비밀을 알아가는 것이고, 이는 믿음을 지켜가는 일이기도 하다. 어떤 사람에게는 하나님의 비밀과 섭리를 이해하는 것이 상당히 어렵게 느껴질 수도 있다. 오늘날 많은 그리스도인이 알고 있는 하나님의 섭리에 대한 견해는 너무도 취약해 보인다. 하나님 섭리가 지닌 복잡다단한 성격, 매력적인 아름다움, 그리고 궁극적 목적을 명료하게 밝혀 주시는 계시가 동시적으로 우리에게 다가오는데 그들은 섭리에 대한 성경적 통찰을 추구하지 않음으로써 자신의 삶에 깊이를 더하지 못한다. 창조 이전부터 그리스도의 재림까지 하나님의 섭리가 시간과 환경과 사람을 모두 포괄하는 활동임을 알고, 자족하시는 하나님의 그 어마어마한 능력을 명쾌하게 느낄 수 있다면 얼마나 좋겠는가! 욥처럼 하나님의 섭리 앞에 더욱 겸손해야 하고, 놀랍고 떨리는 마음으로 하나님 말씀 앞에 서서(욥 38-42장 참조) 두려운 아름다움을 지닌 왕 중의 왕을 바라보자.

네 눈은 왕을 그의 아름다운 가운데에서 보며 광활한 땅을 눈으로 보겠고(사

---

41 벌코프는 조직신학(상)에서 '섭리'라는 용어가 성경에서 발견되지는 않으나, 그러함에도 섭리론은 분명히 성경적이라고 밝히고 있다.

33:17).

나 여호와가 말하노라 내 손이 이 모든 것을 지었으므로 그들이 생겼느니라 무릇 마음이 가난하고 심령에 통회하며 내 말을 듣고 떠는 자 그 사람은 내가 돌보려니와(사 66:2).

하나님의 섭리를 믿으려면 심리적 저항을 극복해 내야 한다. 하나님의 섭리를 인정한다는 것은 마치 불합리나 비논리적 타협, 심지어는 지적 자살에 빠져야 한다는 항간의 우려를 불식시켜야만 한다. 사람에게 통회가 없는 것은, 인류가 존재하며 살아온 날들이 모두가 하나님의 섭리와 기적의 모음이며, 그분이 구상하시는 미래는 영원한 것임을 믿지 못하고 있는 탓이다. 섭리의 세 요소로 보존(preservation), 협력(concurrence, cooperation), 통치(government)가 제시되는데, 더 넓은 의미로는 예지(foreknowledge)와 예정(foreordination), 예견과의 관계성도 고려하며 하나님의 섭리를 이해해야 한다. 성경은 신적 통치가 보편적이라는 것을 명백히 선언하고 있다[42]. 일반적으로 하나님의 섭리는 미래에 대한 계획들과 관련되지만, 다른 한편으로 그분의 통치 목적을 위한 준비와 모든 피조물의 보존하는 의미까지 함유하고 있다.

나라는 여호와의 것이요 여호와는 모든 나라의 주재심이로다. 세상의 모든 풍성한 자가 먹고 경배할 것이요 진토 속으로 내려가는 자 곧 자기 영혼을 살리지 못할 자도 다 그 앞에 절하리로다(시 22:28, 29).

---

42   시 22:28, 29; 103:17-19; 단 4:34, 35; 딤전 6:15.

하나님의 통치는 태초로부터 그분의 모든 사역과 과거, 현재, 미래의 모든 것을 포괄하는 하나님의 영원한 목적 수행의 실제이다. 우리는 이 점을 분명히 기억하면서 하나님은 이스라엘의 왕이시지만(사 33:22), 열국을 통치하시는 분(시 47:9)이심을 알아야 한다. 일반적이면서도 특수한 경우에까지 영향을 미치는 섭리다. 일상에서 가장 하찮은 일(마 10:29-31)이나 우연으로 보이는 일(잠 16:33)은 물론 사람들의 악한 행실(행 14:16)이나 선한 행실(빌 2:13)들이 모두 하나님의 통치 아래 이루어진다. 그분의 섭리에서 벗어난 일이란 있을 수 없다. 다니엘서가 말해 주는 느부갓네살 왕의 실직과 회복에서 그 점이 확실하게 증언되고 있다.

> 그 기한이 차매 나 느부갓네살이 하늘을 우러러보았더니 내 총명이 다시 내게 돌아온지라 이에 내가 지극히 높으신 이에게 감사하며 영생하시는 이를 찬양하고 경배하였나니 그 권세는 영원한 권세요 그 나라는 대대에 이르리로다(단 4:34).

느부갓네살 왕의 총명이 그 기한이 차매 다시 돌아온 것이다. 이것이 바로 그분의 섭리다. **하나님의 통치에는 직접 통치와 권한 일부를 양도하는 간접 통치가 있다. 하나님께서는 인간에게 복을 주시며 '생육하고 번성하여 여러 바닷물에 충만하라'(창 1:22)고 하시는 등 자연을 다스릴 권한 일부를 위임하셨다. 하나님의 간접 통치 방식이다.** 최초 인간과 상호관계가 형성되는 시점에서 이루어진 하나님의 통치 의지는 섭리 가운데도 함께하신다. 하나님 통치와 섭리의 실제를 정보의 관점에서 보면, 세상사 모든 일 하나하나가 하나님의 비밀에 완전히 종속되어 있다는 사실이 확인된다. 하나님 비밀의 섭리를 깨달아 아는 것은 누구에게나 유익이 되는데, 거기에는 하나님의 지혜가 담겨있기 때문이다.

각 사람이 하나님 통치에 어떻게 반응하느냐에 따라 받는 복도 달라진다. 하나님 말씀을 거부하거나 곡해 또는 왜곡함으로써 저항하고 반역하는 자는 실족할 수밖에 없다. 이에 대한 증거는 신구약 성경 어디를 펼치더라도 곧바로 눈에 들어온다. **항상 믿음과 신앙의 문제, 죄와 사망의 문제 등 모든 불행과 절망, 좌절의 원인은 하나님께 있는 것이 아니라 인간 측에 있었다.** 신구약 중심 내용이 되는 이스라엘 배반의 역사는 우리가 절실한 심정으로 하나님을 아는 것에 더욱 열심을 쏟도록 촉구한다. 흔들림 없는 믿음을 지키려는 이 과제는 모두에게 주어진 명령문이다. 하나님을 아는 지식 곧 깨달음으로 지혜에 이르는 올바른 방향을 찾으라는 명령만큼 우리에게 친숙한 언어가 또 어디에 있을까? 하나님과 함께한다는 것은 그분 말씀을 통해 진리를 깨닫고 자유를 누리는 일이다. 그것이 믿음이고 순종이며 기도이다. 하나님의 섭리는 결코 중단될 수 없는 영원한 진리이다.

그러므로 섭리와 통치가 전제하는 것은 하나님의 절대적이고, 완전하고, 의식적인 자기 지식의 범주 가운데 생존하는 인간은 신적 존재에 대해 반드시 알아야 한다는 것이다. 하지만 그분에 관한 정보 지식은 단지 희미하고 미미한 피조물 수준에서 복사(複寫, copy)된 흔적의 일부일 뿐이어서 우리의 열정을 요구한다.

하나님이 원하시는 바를 아는 것

하나님이 사람을 향해 자기 비밀을 적극적으로 계시해 주고 있다면 당연히 우리는 하나님을 아는 것의 초점을 그분이 우리에게 기대하시는 바에 맞춰야 한다. 하나님이 우리에게 원하시는 것이 무엇인지에 대해 '아는 것'이다. 하나님이 알기를 원하시는 강조점은 앞서 논술한 하나님의 존재와 주권, 섭리 외에도 더 있다. 우리가 하나님 백성으로 그분의 것이며, 죄 사함 받고 구원받은 자로서, 그분을 찬송하도록 창조되었다는 사실을 아는 것이다.

> 너는 두려워하지 말라 내가 너를 구속하였고 내가 너를 지명하여 불렀나니 너는 내 것이라(사 43:1b).
>
> 나 곧 나는 여호와라 나 외에 구원자가 없느니라(사 43:11).
>
> 나 곧 나는 나를 위하여 네 허물을 도말하는 자니 네 죄를 기억하지 아니하리라(사 43:25).
>
> 이 백성은 내가 나를 위하여 지었나니 나를 찬송하게 하려 함이니라(사 43:21).
>
> 내 이름으로 불려지는 모든 자 곧 내가 내 영광을 위하여 창조한 자를 오게 하라 그를 내가 지었고 그를 내가 만들었느니라(사 43:7).

하나님을 아는 것에 관한 덕목은 그분이 계시해 주신 비밀만큼이나 우리가 반응해야 할 내용들도 많다. 그중에서도 특별히 중요한 의미를 갖는 말씀은 곧 '다른 신을 따르지 말라'는 것과 '하나님의 종으로서 그분의 증인이 되라'고 하신 점을 깨닫는 일이다.

> 나 여호와가 말하노라 **너희는 나의 증인 나의 종으로 택함을 입었나니 이는 너희가 나를 알고 믿으며 내가 그인 줄 깨닫게 하려 함이라** 나의 전에 지음을 받은 신이 없었느니라 나의 후에도 없으리라(사 43:10).
>
> 나 곧 나는 여호와라 나 외에 구원자가 없느니라 내가 알려주었으며 구원하였으며 보였고 너희 중에 다른 신이 없었나니 그러므로 너희는 나의 증인이

요 나는 하나님이니라 여호와의 말씀이니라(사 43:12).

　우리가 어떤 것을 안다고 말할 때 그것이 물건이나 사물인 경우는 직접 다루어 보려고 애쓴 경험이나 체험이 있을 때라야 그에 대한 지식을 가질 수 있다. 만약 사고 능력을 가진 인간에 관해서라면 그 형세의 이해는 더욱 복잡해진다. 왜냐하면 사람이라면 누구나 자기만의 비밀을 숨겨 놓고 즐기기 때문이다. 사람이 보물단지 모시듯 비밀을 간직한다는 것은 독립성을 지키겠다는 의지의 표현이다. 그러므로 상대방의 마음속에 있는 비밀들을 모두 알기 전, 다시 말해 그 비밀을 몽땅 털어놓기 전에는 그 사람을 안다고 말할 수 없다. 비밀의 속성상 비밀은 공개되어야만 알 수 있기 때문이다. 우리가 어떤 사람을 안다고 할 때 그가 얼마나 많이 혹은 적게 자기 마음을 열어 보이는가에 따라 아는 것의 정도가 달라진다. 아는 것의 첫 번째 전제는 우리 자신에 의해 좌우된다고 하기보다는 상대방이 자기 비밀을 어느 정도 공개하느냐에 따라 달라진다. 다시 말해 누구를 안다는 것은 내가 알려고 노력한 결과가 아니라 상대방이 스스로 알도록 허용해 준 결과이다. 나는 단지 상대방에게 주의와 관심을 기울이고, 호의를 보여주며, 우호적으로 마음을 열어 보일 수 있을 뿐이다. 그를 얼마나 깊게 알게 될 것인가를 결정짓는 것은 전적으로 그의 비밀 공개 범주에 좌우된다.

　자연과의 관계에서도 이와 같다. 자연은 비밀을 간직하고 있고, 인간은 그 비밀을 알기 위해 접근할 때 자연이 허용해 주는 한도 내에서 과학적 접근이 가능하다. 하물며 하나님의 비밀을 인간이 정보로 인식하는 데는 어떠할까? 두말할 것도 없이 하나님이 계시해 주셔야만 그 비밀을 우리가 알 수 있을 뿐이다. 그러나 인류를 사랑하시는 하나님은 아들 예수 그리스도를 십자가 고난에 내어주실 만큼 자기 비밀을 아낌없이 계시하고 계신다. 그러므로 우리 인간이 심혈을 기울여 하나님의 비밀 계시에 대해 경청하는 지혜를 발휘해야 하는 당위성이 여기에 있다. 하나님께서는 피조물인 우리에 관한 모든 정보를 다 파악하고 계시고, 우리에게 비밀이 있다 하더라도 송곳 같은 눈길로 모두 알고 계신다. 그러나 우리는 하나님에 대해 그 어떤 비밀도 드릴 것이 없고, 나의 비밀이라고 해서 감출 것도 없다. 하나님 역시 자신의 비밀을 우리에게 감추실 의향이 조금도 없으시다. 다만 우리 인간이 하나님 비밀을 담아낼 그릇이 작아서 그 수준에 맞게 조절하고 계실 뿐이다. 찾고 구하고 두드리는 자에게 하늘의 비밀을 넘치게 담아 주시고, 어떤 개인에게는 필요한 때를 따라 비밀을 계시해 주시기도 한다. 그러므로 인간은 하나님이 주시는 비밀 계시에 귀 기울여 듣고 깨달아, 자기 정보로 간직하며 지혜로 선용할 수 있을 뿐이다. 따라서 하나님 의존적 존재로서 그분을 믿음으로 순종하며 따라갈 수밖에 없다. 만약 여기에 그 어떤 전제 조건이 붙는다 해도 우리는 무조건 마음의 문을 열고, 그분의 비밀에 다가가겠다고 결단해야 한다.

현대사회에서는 너무나 많은 사람이 피할 수 없는 죽음을 거부해 보려고 앞다투어 이런저런 건강 비결의 경험을 나누면서도, 하나님에 대해 진지하게 고민해야 하는 일들은 나중에 적당한 때가 오면 생각해 보겠다고 미뤄 둔다. 인생은 짧고, 죽음은 조만간 누구에게나 생각지도 않은 순간에 현실로 다가온다는 사실을 몰라서일까? 인생에서 가장 중요한 문제를 지금 당장 고민하지 않고, 개인적 위기가 닥쳐올 훗날 육신과 정신이 빈곤함을 느낄 때까지 미뤄 두려는 심보는 또 무엇인가? 나이가 들면 기억력과 시력이 떨어지고, 병마 때문에 의욕마저 상실한 상태로 하나님 앞에 나간다는 것은 더더욱 어렵고 두려운 일이다. 우리는 하나님의 부르심을 받았을 때는 조금도 망설이지 말고 하나님 앞으로 즉각 달려 나아가서 그분이 원하시는 바가 무엇인지를 알기 위해 말씀과 기도로 매진해야 한다.

> 너희 중에 누구든지 지혜가 부족하거든 모든 사람에게 후히 주시고 꾸짖지 아니하시는 하나님께 구하라 그리하면 주시리라(약 1:5).
> 오직 위로부터 난 지혜는 첫째 성결하고 다음에 화평하고 관용하고 양순하며 긍휼과 선한 열매가 가득하고 편견과 거짓이 없나니(약 3:17).

하나님을 아는 것에서 또 다른 전제는 하나님의 비밀이 곧 나의 비밀이 되어야 한다는 점이다. 비록 우리가 성경과 기독교 진리에 대해 나름 정통해 왔다고 자부하더라도 믿음의 확신에 이를 수 있는 깊은 진리의 뜻은 아직 발견하지 못했을 수도 있다. 종교적으로 예수를 대상화해 놓고 그분을 믿으며 순종하고 있다고 말해 왔지만 사실은 자기 주장만 해 왔을 수도 있다. 그러나 어느 날 하나님이 성경의 메시지를 통해 실제로 나 자신에게 말씀하고 계신다는 사실에 눈을 뜨게 될 때 하나님의 계시는 곧 나에게는 기쁨의 정보가 된다. 나의 마음과 생각에 찾아온 하나님의 비밀이 비로소 우리를 더욱 뜨거운 신앙으로 하나님께 나아가게 할 것이다.

따라서 **하나님을 '아는 것'에 있어서 최고와 최저의 두 가지 특이한 반응이 있음을 이해해야 한다. 하나님의 비밀을 깨닫게 되는 순간 기쁨도 넘치지만 동시에 하나님 앞에서 무한히 작은 자가 된 자신을 발견한다.** 낮아진다는 것은 가장 높은 분 앞에서 티끌이나 먼지 같은 아무것도 아닌 자로서의 nothing, zero, 무

(無)를 인정하게 되는 역설이다. '나 없음'이라는 자기 존재의 부인은 털어내기 아주 힘든 과제이다. 스스로 할 수 없는 일이기에 주님께 인도함을 받아야 한다. 그러므로 신앙생활이란 기쁨이면서 애통함이고, 감사이면서 연약한 고백이 터져 나오는 이중성을 공유하고 있다. 그간 자신이 쌓아온 죄책감과 연약함과 무지함, 그리고 어리석었던 일들에 대해 하나님이 깨우쳐 주심으로써 스스로 절망적이고, 무력한 티끌 같은 존재임을 인식하게 된다. 바로 그 순간이 하나님의 의로 여기심을 받고, 그리스도인, 천국 백성으로 그분의 영광 가운데 들어가는 문 앞에 서게 된다. 바로 거기서 소리쳐 용서를 구하지 않고도 모든 죄에서 이미 용서 받았다는 그분의 자비를 깨닫고 진짜 자유의 어떠함을 맛볼 수 있게 된다. 죄인으로서 거룩함에 접붙여지는 순간에 일어나는 기적의 충격 현상이 나타난다. 우리가 하나님의 말씀에 귀 기울일 때 하나님은 실제로 자신의 마음을 열어 보이시며, 일방적인 명령권자가 아니라 우리의 벗, 친구가 되신다. 칼 바르트의 말대로 우리는 하나님께서 우리를 언약의 동반자로 삼아 주신다는 점을 깨닫게 될 것이다. 그것은 사탄에게 포로가 된 땅적 현실에서 하나님의 신뢰를 받고 그분과 동행하는 하늘적 위치로 옮겨지는 실로 깜짝 놀라 경천동지할 일이다. 이것이 구원이며, 영원한 생명이다.

하나님을 아는 것에 관해 다시 정리하자면, 먼저는 하나님의 말씀에 귀를 기울여 성령께서 해석해 주시는 그대로를 자신에게 적용하는 것이고, 그다음으로는 하나님의 말씀과 사역이 드러내는 하나님의 본질과 특성에 주목하는 것이며, 마지막으로 하나님의 초청을 받아들여 하나님이 명하시는 일을 행할 뿐 아니라, 하나님이 친히 나에게 가까이 오사 신적 교제로 이끌어 들인 것에 나타내 보이신 그분의 사랑과 은혜를 깊이 인식하고 기뻐하는 일이다.

> 여호와라 여호와라 자비롭고 은혜롭고 노하기를 더디 하고 사랑과 다함이 없
> 는 인애(헤세드)가 많은 하나님이라 한결같은 사랑을 천대까지 베풀며 악과 과
> 실과 죄를 짊어지리라 그러나 벌을 면제하지는 아니하리라(출 34:6, 7).

하나님은 비밀의 또 다른 측면을 계시하신 것이다. 하나님의 사랑은
천대까지 무한하고 영원히 변함도 없는 한결같은 마음의 약속과 함께 악
과 과실과 죄까지 짊어지시며 펼치시는 은혜다. 하지만, 벌을 면제하지
아니하시겠다고 하신 점 또한 기억해야 한다. 하나님은 공의와 정의의
하나님이심을 반드시 기억해야 하는 것은 진노와 심판이 따르기 때문이
다. 하나님 앞에서 사랑과 공의라는 균형 잡힌 신앙과 믿음을 굳게 지키
라고 말씀하신다. 우리는 하나님에 대해 정직하고 솔직해야 한다.

하나님의 정의와 공의를 아는 것

어떤 이는 하나님을 안다고 하면서도 대단히 편향적이거나 축약적 신
앙을 유지하고 있다. 그는 하나님은 자비와 긍휼의 하나님, 사랑과 은혜
의 하나님이라고 자주 고백하지만, 정작 정의의 하나님, 공의의 하나님
이란 개념은 애써 기피하거나 축소해 버리려는 경향이 있다. 그것은 자
신에게 좋은 것들은 좇고, 나쁜 것들은 몰아내려고 하는 인지상정일 수
있지만 냉철히 성찰해야 한다. 생명과 사망, 복과 저주가 우리 앞에 있는
데(신 30:19), 당연히 생명과 복을 선택하고 사망과 저주를 거부해야 한다.
그런데도 이스라엘은 줄곧 생명보다는 사망을, 복보다는 저주 쪽을 택했

다. 하나님의 정의와 공의를 거부한다면 그것은 곧 사망과 저주를 선택하는 것이다. 편향된 신앙은 균형을 상실한 뒤틀린 믿음이다. 하나님은 사랑과 은혜의 하나님이시면서 정의와 공의의 하나님이시다. 만약 여기에서 균형이 무너진다면 추락할 수밖에 없다.

그는 반석이시니 그가 하신 일이 완전하고 그의 모든 길이 정의롭고 진실하고 거짓이 없으신 하나님이시니 공의로우시고 바르시도다(신 32:4).

하나님이 어찌 정의를 굽게 하시겠으며 전능하신 이가 어찌 공의를 굽게 하시겠는가(욥 8:3).

그는 공의와 정의를 사랑하심이여 세상에는 여호와의 인자하심이 충만하도다(시 33:5).

하나님의 정의와 공의는 반석과 완전, 그리고 진실에 직결된다. 하나님이 거룩하시니 우리도 거룩해야 하고, 하나님이 정의와 공의를 행하시니 우리도 정의롭고 공의로워야 한다.

당신의 하나님 여호와를 송축할지로다 여호와께서 당신을 기뻐하사 이스라엘 왕위에 올리셨고 여호와께서 영원히 이스라엘을 사랑하시므로 당신을 세워 왕으로 삼아 정의와 공의를 행하게 하셨도다(왕상 10:9; 대하 9:8).

통치자들아 너희가 정의를 말해야 하거늘 어찌 잠잠하냐 인자들아 너희가 올바르게 판결해야 하거늘 어찌 잠잠하냐(시 58:1).

능력 있는 왕은 정의를 사랑하느니라 주께서 공의를 견고하게 세우시고 주께서 야곱에게 정의와 공의를 행하시나이다(시 99:4).

왕으로 세우는 것은 곧 정의와 공의를 행하라는 뜻이다. 정의는 하나님의 도이며 악인이 받을 벌이 심판과 정의에 붙들려 있다(욥 36:17). 그리스도인이 걸어야 할 길도 예수 그리스도의 길, 정의와 공의의 길을 걸어야 한다. 성경 말씀을 통해 우리가 알 수 있는 것은 정의와 공의는 영원무궁토록 정하신 바이고, 은혜를 베풀며, 심판과 자유에도 직결된다. 우리 일상의 윤리와 도덕 개념에도 영향을 미치는 것이고 재판에서도 지켜져야 할 가치이다. 하지만 그보다 하나님의 정의와 공의는 그분을 올곧게 알고 깨달아 가는 데 있다. 아무리 세상에서 윤리와 도덕을 잘 지킨다고 하더라도 하나님을 모르고, 인정하지 않으며 자기 중심으로 살아가는 사람이라면 그는 이율배반적인 가증한 위선자이다.

> 신실하던 성읍이 어찌하여 창기가 되었는고 정의가 거기에 충만하였고 공의
>
> 가 그 가운데에 거하였더니 이제는 살인자들뿐이로다(사 1:21).

우리가 알아야 할 관점은 **하나님에게는 은혜와 긍휼, 정의와 공의가 곧 거룩이다.** 만약 우리에게 정의와 공의가 없다면 스스로가 살인자가 되는 것이며, 또한 하나님을 살인자로 만드는 것이 된다. 그러므로 우리는 정의와 공의를 소홀히 여길 수 없으며, 죄악과 심판과 저주를 외면할 수가 없다.

> 그러나 여호와께서 기다리시나니 이는 너희에게 은혜를 베풀려 하심이요 일
>
> 어나시리니 이는 너희를 긍휼히 여기려 하심이라 대저 여호와는 정의의 하나
>
> 님이심이라 그를 기다리는 자마다 복이 있도다(사 30:18).
>
> 오직 만군의 여호와는 정의로우시므로 높임을 받으시며 거룩하신 하나님은
>
> 공의로우시므로 거룩하다 일컬음을 받으시리니(사 5:16).

정의를 미워하시는 이시라면 어찌 그대를 다스리시겠느냐 의롭고 전능하신
이를 그대가 정죄하겠느냐(욥 34:17).

우리는 하나님의 비밀 계시 내용 중에는 항상 그분의 정의와 공의 개념이 함께 포함되어 있음을 기억해야 한다. 정의로운 사람은 곧 하나님의 영을 받은 사람이다.

내가 붙드는 나의 종 내 마음에 기뻐하는 자 곧 내가 택한 사람을 보라 내가
나의 영을 그에게 주었은즉 그가 이방에 정의를 베풀리라(사 42:1).

나의 종, 기뻐하는 자, 택한 사람은 곧 예수 그리스도를 의미한다. 하나님의 영으로 이방에 정의를 베푸실 것을 예언하시고 오늘날 우리에게도 예수 그리스도의 은혜와 공의로 구원받고 자유를 누리게 하신 것이다. 그렇기 때문에 성경이 제시하는 하나님의 공의와 정의의 개념을 우리는 더 정확하게 알고 이해할 필요가 있다.

공의(公義, justice, 히,미쉬파트. 헬, 디카이오쉬네)는 히브리어 중에 대표적인 것이 미쉬파트와 체다카이다. **미쉬파트**는 법, 심판, 권리, 공의(정의), 공의를 위한 사법 외적 개입 등 여러 가지 뜻을 지니고 있으며 최후 심판과도 관련이 있다. 한편 **체다카**는 의(義)로 번역되지만 공의로 번역되기도 하며 하나님의 구원과 관련을 갖는다. 미쉬파트와 체다카는 성경에 함께 나타나기도 한다. 예를 들면 사무엘하 8장 15절에서는 '공과 의로', 창세기 18장 19절에서는 '의와 공도'로 표현되고 있다. 신약시대에 와서는 (공)의, 혹은 정의를 뜻하는 말로 **헬라어 크리시스(디카이오쉬네)**가 사용되고 있다. 성경의 공의 개념은 대략 연대적 순서로 9단계를 거치면서 발전을

보여 주고 있다.

처음 '체다카'의 어근은 물리적 의미의 '곧음'(신 9:5)을 뜻했지만, 족장 시대에는 이미 어떤 대상이나 행위가 어떤 인정된 가치 기준에 부합하는 것이란 추상적 의미를 지니게 된다. 야곱은 외삼촌 라반과 맺은 계약에 충실했기 때문에 '나의 의가 나의 표징이 되리이다'(창 30:33)라고 말하고, 모세는 공정한 저울추와 공정한 되를 두라고 말하며(신 25:15. 참고. 레 19:36), 이스라엘의 재판장들은 공의로 백성을 재판할 것을 주장한다(신 16:18,20). 실제로는 그렇지 않은 원고의 말이 송사에서 얼핏 바른 것 같아 보일 수도 있다(잠 18:17). 그리스도인은 종들에게 '의와 공평을 베풀도록' 주의를 받는다(골 4:1).

인생 최고의 기준은 신의 성품에서 나오기 때문에 모세 시대 이후부터(신 32:4 참조) 공의는 하나님의 뜻인 공의와 그 공의로부터 결과가 되는 활동들을 구분하게 된다. 천상의 성가대는 '주의 길이 의롭고 참되심'(계 15:3)을 선포한다. 여호와의 궁극성을 인식하기 때문에 욥은 '인생이 어찌 하나님 앞에 의로우랴'(욥 9:2. 참고. 욥 4:17; 33:12)라고 말한다. 특히 성경에서 주목되는 것은 하나님은 어떤 인간에게도 책임져야 할 처지에 있지 않으시면서도 '심판이나 무한한 공의를 굽히지 아니하신다'(욥 37:23)는 점이다. 그것은 그분 자신의 기준에 합당하게 행하시는 하나님의 행동들이 항상 완전하고 의롭기 때문이다(시 89:14; 습3:5).

우리가 하나님의 정의와 공의에 대한 오해된 개념을 깨닫기 위해서는 이사야가 '공의를 행하며 구원을 베푸는 하나님'(사 45:21)이라고 한 말의 참뜻을 깊이 묵상하는 것이다. 이사야는 처음으로 여호와의 종들의 유산(기업), 공의(사 54:17)에 관해 직접 언급했던 선지자다.

너희는 알리며 진술하고 또 함께 의논하여 보라 이 일을 예부터 듣게 한 자가 누구냐 이전부터 그것을 알게 한 자가 누구냐 나 여호와가 아니냐 나 외에 다른 신이 없나니 나는 공의를 행하며 구원을 베푸는 하나님이라 나 외에 다른 이가 없느니라(사 45:21).

이사야는 공의의 개념에 대해 분명한 분별력을 제공한다. 하나님은 공의를 행함에도 불구하고 구원을 베푸신다는 뜻이 아니라 공의를 행하기 때문에 구원을 베푸신다는 뜻으로 표현한 것이다. 공의가 전제되는 구원이다. 아브라함의 믿음 자체가 공로에 의한 의를 구성했던 것은 아니며 단지 의로 여기심을 받았을 뿐이었다. 아브라함은 자기 주도적인 믿음 때문이 아니라 하나님이 약속하신 것을 믿는 믿음을 통하여 의롭다 함을 얻었다. 하박국도 마찬가지로 '의인은 그 믿음으로 말미암아(그 믿음에 의해) 살리라'(합 2:4)고 선언하는데, 의롭다 함을 얻는 것은 인간 자신의 강건한 믿음에서 오는 것이 아니라 하나님의 자비하심에 대한 인간의 겸허한 의존에서 온다. 같은 문맥에서 바벨론 사람들의 자기 의존심, 곧 교만은 정죄되고 있다.

물론 우리는 공의가 선(눅 23:50)과 사랑의 배려(마 1:19)의 의미가 함유되어 있고, 하나님의 용서하시는 공의나 보잘것없는 자에게 의를 수여하시는 은혜 차원에서 하나님의 백성은 '공의를 구하여야'(사 1:17) 한다. 물론 이때의 공의는 과부를 변호하고 가난한 자와 궁핍한 자를 신원하는(렘 22:16) 것을 뜻한다.

정리하자면, 하나님의 정의와 공의는 윤리, 도덕적 관계와 징벌적 관계 그리고 은혜와 구속적 관계를 거쳐 마침내 예수 그리스도의 십자가에 의해 전가된 관계의 공의로 하나가 되어 통합되는 것으로 나타난다. 그리스도 예수가 곧 정의이고 공의이다. 인간관계에서도 알 수 있듯이 어떤 사람이 새로운 관계를 맺자고 다가와 심중에 있는 비밀을 솔직히 털어 놓으며, 인생사에 대해 논하자고 제의한다면 반갑고 기쁜 일이다. 하나님의 비밀 인식에서도 우리가 더 적극적이고 능동적으로 마음속에 있는 자기 비밀 곧 탐욕과 거짓됨을 고백했을 때 어떠한 상황이 전개될지를 상상해 보는 것은 가슴 벅찬 일이다. 거기에 하나님의 용서와 사랑이 있다. 그분을 더 깊이 알면 알수록 지금까지 하나님을 알고 있다고 수다를 떨었던 관점과는 전혀 다른, 그저 따분하고 정체된 신앙에서 생동감 넘치는 신뢰와 믿음의 지평으로 기쁨이 펼쳐질 것이다.

하나님과 인격적 교제를 '하는 것'

하나님을 안다는 것은 인격적 관계와 교제로서 그분의 사랑과 은혜를 아는 것이다. 하나님은 율법에 매이도록 하시는 하나님이 아니라 해방과 자유의 하나님이시다. 만약 하나님의 사랑과 은총을 깨닫는다면 우리의 삶에 제약이 아니라 큰 힘이 되리라는 점을 분명히 전제한다. 제임스 패커는 인격적 교제 문제와 관련하여 이렇게 진술한다. "우리는 머릿속에서 모든 올바른 개념을 가지고 있으면서도 가슴으로는 그 개념이 언급하는 실재들을 전혀 맛보지 못할 수도 있다. 성령으로 충만해 성경을 읽고 설교를 듣는 순박한 사람들은, 신학적으로 자신이 옳다고 만족해하는 박식한 학자보다 그의 하나님과 구세주를 훨씬 더 깊이 알 것이다. 그 이유는 전자는 진리를 자기 삶에 실제 적용하는 것과 관련 하나님과 교제를 나누고 있지만 후자는 그렇지 않을 것이기 때문이다." 패커의 이 말은 옳다. 우리가 하나님과 인격적 관계를 인식하고 실제화하지 못하는 경우 하나님을 안다는 것에는 훨씬 못 미친다. 이 부족함을 진리로 가득 채울 때 비로소 우리는 예수 그리스도 하나님을 안다고 주장할 수 있을 것이다. 이에 관해 유의해야 할 관점에 대해 먼저 숙고해 보아야 한다.

> 지혜로운 사람은 자기 지혜를 자랑하지 못하게 하고 힘 있는 사람은 자기 힘을 자랑하지 못하게 하며 부자는 자기 부를 자랑하지 못하게 하라 자랑하는 사람은 오직 이것을 자랑하게 하라 **곧 그가 나를 깨달아 내가 이 땅에 인애와 정의와 의로움을 행하는 여호와인 것을 아는 것을 자랑하게 하라** 이것들을 내가 기뻐한다(렘 9:23, 24. 우리말 성경).

말씀하시는 하나님 자신이 그 중심축이며 지혜라는 것을 '나를 아는 것'이라고 단정하신다. 그런데 이 중심축의 한쪽 끝에 있는 인간적인 가치, 즉 자기 지혜와 자기 힘과 자기 부(富)를 자랑하지 못하게 하고 있음에 유념해야 한다. 오직 자랑할 것은 '하나님을 깨달아 정의와 의로움을 행하는 여호와인 것을 아는 것'이라고 함축적으로 정의해 주신다. 인애와 정의와 의로움 세 가지는 모두 사람들이 아주 소중하게 여기는 하나님의 선물이다. 구약성경 다른 곳에서는 이것들을 칭송하고, 좋게 말하며, 그로 인해 감사하고 있다. 그러나 이것들이 불의를 일으키는 요인이 될 수도 있다는 점을 유념해야 한다. 지혜가 자랑거리가 되면 지적 오만이 되고, 힘을 자랑거리로 삼으면 결국 폭력적이고 억압적인 불의한 힘이 되며, 탐욕을 채우려고 축적한 부는 사치, 무절제, 과시적 소비로 이어진다. 결국에는 남을 착취해 획득한 부와 비참한 영적 가난이 공존하며 사회적 갈등을 일으키는 끔찍한 불의가 된다.

예레미야서 9장 23, 24절 외에 22장 13-17절에서도 하나님이 베푸시는 최고의 선물보다 훨씬 귀한 것이 하나님을 아는 것이라는 논지를 펼친다. 당시 이스라엘 왕이 구체적으로 보여준 최고의 극악함과 대조하면서 실제적이고 윤리적으로 하나님을 아는 것에 대한 방향을 분명히 제시해 주고 있다. 지혜, 힘, 부와 같은 것들이 좋기는 하지만, 위험의 산물이 될 수 있다는 것이다. 무엇보다 그것들을 자랑하다 보면 그로 인해 끔찍한 죄악의 동굴로 빠져들어 갈 위험성이 크다. 하나님을 아는 것은 인격적인 지성과 의지와 감정에 직접적으로 관련된다. 만약 종교적 체험들에 근거한 것이라면 사도 요한이 형제 곧 예수 그리스도를 아는 것에 관하여 제기하는 관점에 대해 주목할 필요가 있다.

> 그를 아노라 하고 그의 계명을 지키지 아니하는 자는 거짓말하는 자요 진리가 그 속에 있지 아니하되 빛 가운데 있다 하면서 그 형제를 미워하는 자는 지금까지 어둠에 있는 자요 그의 형제를 미워하는 자는 어둠에 있고 또 어둠에 행하며 갈 곳을 알지 못하나니 이는 그 어둠이 그의 눈을 멀게 하였음이라(요일 2:4, 9, 11).
>
> 그 안에 거하는 자마다 범죄하지 아니하나니 범죄하는 자마다 그를 보지도 못하였고 그를 알지도 못하였느니라 우리는 서로 사랑할지니 이는 너희가 처음부터 들은 소식이라(요일 3:6, 11).
>
> 누구든지 하나님을 사랑하노라 하고 그 형제를 미워하면 이는 거짓말하는 자니 보는바 그 형제를 사랑하지 아니하는 자는 보지 못하는바 하나님을 사랑할 수 없느니라(요일 4:20).

이 모든 것에도 불구하고 하나님을 아는 것은 지적이고 의지적이며, 감정적인 관계이다. 만일 그렇지 않다면 실로 인격적인 깊은 신뢰의 관계는 성립되지 못한다. 예수 그리스도를 통해서 하나님과 그분의 은혜를 깨달아 알게 된 사람은 거짓말하는 자가 아니라 형제를 사랑하는 자다. 사실 하나님의 섭리란 처음부터 끝까지 그분의 주권에 의해 이루어지는 것이라서 부인할 수도 없고 수정할 수도 없다. 하나님은 너무나 완전하시고 거룩하신 분이시다. 이에 반해, 인간은 죄로 인해 그분의 은총을 요구할 자격도 권리도 모두 상실한 상태에 있다. 따라서 가장 먼저 선행되어야 하는 것은 하나님의 사랑과 은혜에 대한 자각이다. 우리가 하나님과 먼저 사귀고자 한 것이 아니라 하나님이 자신의 사랑을 우리에게 알리심으로 우리가 하나님을 알도록 하셨다. 그 결과로 하나님과 우리의 사귐이 이루어지고 있다는 점을 명심해야 한다.

이제는 너희가 하나님을 알뿐더러 하나님의 아신 바 되었거늘(갈 4:9).

이 말씀은 안다는 것의 상호관계성을 제기한다. 사도 바울은 갈라디아 교인들에게 하나님을 아는 우리의 지식에는 은혜가 우선되어야 한다는 점을 강조했다. 하나님을 아는 모든 지식은 계속 주도권을 쥐고 계시는 하나님에 의해서 그 아는 바가 좌우된다는 내용이다. 하나님이 먼저 나를 아셨고, 계속해서 나를 알아주시기 때문에 내가 하나님을 안다고 말할 수 있다. 하나님은 나를 사랑하는 분으로서 나를 아신다. 하나님의 눈이 내게서 벗어나거나, 그분의 주의가 다른 곳으로 돌려지는 순간은 결코 없으며, 그분의 인간 돌보심이 멈칫하는 때도 없다. 하나님의 사랑과 은혜는 한량이 없기 때문이다. 우리가 특별히 주목해야 할 점은 하나님의 사랑은 우리 죄악의 모든 것의 처음부터 끝까지를 미리 알고 계신 상태에서 주어지는 완전하고 현실적인 사랑이라는 점이다. 사랑은 하나님이시고 그분이 먼저 우리를 사랑하셨기에 그분이 주시는 사랑과 은혜를 깨닫고 그분의 사랑의 말씀을 전하는 것이 전도요 이웃 사랑이다. 사랑은 용서를 포함한다. 하나님으로부터 죄에 대한 용서를 받은 깨달음에 사랑도 함께 한다.

하나님은 인간들이 하나님 몰래 잘 감춰놓았다고 착각하고 있는 모든 죄악과 추악함, 거짓과 부패함, 흠집 들을 우리 안에서 보고 계시지만, 인내와 용서와 사랑의 은혜를 베풀어 주신다. 이 점을 생각할 때 우리는 좀 더 겸손하고, 더 낮아지며, 전적으로 그분의 은혜에 의지해야 한다. '아는 것'이란 단지 우리가 하나님을 아는 지식적 수준을 넘어서 하나님께서 우리를 알아주시는 것을 뜻한다.

하나님께서는 자신을 알게 되기를 바라며, 하늘 비밀을 알려주시려는 그분의 의지는 말씀을 통해 계시된다. **원래 하나님께서는 자신을 창조 안에 계시하셨다. 하지만 인간의 죄로 말미암아 본래의 '알림'이 희미해진 것이다.** 게다가 타락 이후 조성된 사물과 환경의 조건에서는 그 계시가 전적으로 불충분한 것으로 느껴졌다는 것이다. 이제는 말씀 가운데 있는 하나님의 계시와 섭리만이 순수하고 타당한 비밀로 인정될 수 있다. 그 비밀은 오류와 미신으로부터 자유로운 정보를 전달해 주어, 타락한 인간의 영적 필요에 응답하신다.[43] 주의를 요하는 점은, 하나님 비밀과 인간 정보 상호 간 관계성에 대한 확실한 인지 능력, 다시 말해 영적 존재의 실체와 분별력에 관한 인간의 탐구와 각성의 노력이 요구된다는 것이다.

하나님은 하나님 자신을 아신다. 이는 절대적이다. 하나님 자신의 피조물과 관련된 바로서의 당신 자신이나, 자신의 다양한 행동 및 그것들

---

[43] 하나님께서는 특별 계시를 일정 기간 성경에 나타내시기를 기뻐하셨기 때문에 성경은 바빙크의 말대로 '신학의 도구적 동인'이라는 성격을 갖는다.

의 지배적인 동인들에 있어서까지 아신다. 특히 하나님 자신의 본질적인 존재의 헤아릴 수 없는 깊이까지 아신다.[44] 하나님의 자기의식은 완전하며 무한하고, 자충적이며, 자족적이시다. 그분 안에는 의식 이하의 삶도, 무의식적인 정신성의 잠재적 영역도 없다. 따라서 우리는 인간 개개인의 행동이나 종교 단체의 행동을 보고 신앙을 평가하기보다는 신앙이 제시하는 시간을 초월하는 영적 진실을 보고 이해해야 한다. 하나님의 절대적이고, 완전하게 의식적인 자기 지식의 범주 가운데 생존하는 인간은 마땅히 신적 존재에 대해 진실로 아는 것만이 하나님과 교제하는 첫 걸음이 된다.

---

44 벌코프 조직신학 상. 루이스 벌코프. 권수경. 이상원 옮김. 크리스챤 다이제스트. p. 104.

제2장
그리스도 예수를 아는 지혜

예수 아는 것을 가로막는 무지

우리는 예수를 믿는다 혹은 신앙한다고 말한다. 어떤 사람은 지나치리만큼 자랑스럽게, 어떤 사람은 지나치리만큼 회의적으로 믿는다면 모두가 속앓이를 하고 있는 것이다. 그리스도 예수를 아는 지식은 그리스도 아는 것을 가로막고 있는 무지와 인식의 틀을 먼저 자각하고 바로 세우지 않는다면 결코 다가가기가 어렵다. 무조건 믿는다고 말만 하면 믿는 자라고 자부해도 되는 것처럼 말하는데 사실은 그렇지 않다. 그리스도 예수와 그분이 감당하신 십자가의 고난을 이해한다는 것이 생각만큼 쉽게 다가오지 않는다. 그래서 기독교는 결코 쉬운 종교가 아니며, 세상 종교와는 다르다. 가장 큰 이유는 하나님의 진리가 모두 역설적으로 들리기 때문이고, 다른 이유는 우리의 모든 사고와 관습 또한 죄라는 굴레에서 벗어나지 못한 죄성의 뿌리가 남아 있기 때문이다. 특히 우리가 자신의 탐욕에 스스로를 오염시키고, 세상 가치관과 정보 유혹에 심각할 정도로 갇혀 사는 까닭에 그리스도 예수 곧 하나님을 오염된 마음과 닫힌 눈으로 바라보고 있기 때문이다. 이것은 반드시 벗겨내야 할 껍질들이다. 이 껍질들이 벗겨지고, 그릇들이 깨뜨려짐으로써 진짜 알맹이의 진리를 먹을 수 있다. 그런 관점에서 우리 신앙의 현실 인식의 문제들을 따져 보며 오염된 곳을 바로잡을 필요성이 생겨난다. 진리는 모두가 역설적으로 들릴 것이다. 그러므로 때로는 깊은 묵상이 절실하다는 것을 전제하면서 몇 가지 관점을 정리해 보는 것이 좋겠다.

첫째, 우리가 하나님의 이름을 가장 오염시키는 순간은, 하나님의 종이 아니라 하나님 이름의(힘있고 능력있고 세상복을 많이 주시는 분으로서의) 종이 되려고 애쓸 때이다. 다시 말해서 하나님 중심의 부르심이 아니라 내가 중심이 되어 그분의 백성이나 아들이 되어 보겠다고 하는 열정 같은 것이다. 선택받지 않은 자가 스스로를 선택하는 모양새다.

둘째, 우리는 하나님의 엄청난 창조의 역사에 대해 말로는 경탄하면서도 우리 일상의 평범한 것들 속에 숨겨져 있는 광휘는 자꾸 망각함으로써 그분의 창조 역사와 능력을 더욱 오염시킨다. 우리 일상은 사실 그 정도로 평범한 게 아닌데도 말이다.

셋째, 우리는 하나님의 많고 많은 속성을 탐구하면서 하나님을 잘 안다고 생각할 때 우리의 어리석음 안에서 그분의 지혜를 더욱 오염시킨다. 최악의 경우는 하나님을 자신의 하잘것없는 이해의 수준으로 축소격시켜 놓고, 그 하나님조차 신뢰하지 못한 채 의문만을 제기한다. '하나님은 과연 존재하시는 것인가?', '하나님은 왜 이 시점에 가만히 계시는 것인가?' 진리를 체험하려 하지 않고 질문만 쏟다가 어느 날 자신의 일상 속으로 들이닥치는 고통에 대해서는 불평불만을 토로한다. 이런 인간의 이중적 속성에서 보면 하나님은 그 사람의 어리석은 기대에 부응하는 뻔하고 편한 응답을 주시는 것이 아니라 도리어 이의를 제기하는 편이 옳다. 왜냐하면 진리의 모든 것은 하나님의 뜻대로지, 인간의 뜻대로

가 아니라는 점을 자각해야 하기 때문이다.

넷째, 우리는 나름의 최고 어휘들을 동원해 하나님의 우주적 장대함을 어떻게든 암시하거나 표현해 보려고 애를 쓰는데, 그때 하나님의 초월성과 거룩성을 교만의 이름으로 오염하게 된다. 하나님의 통찰력과 경이로운 장엄함, 견고한 영존성과 영민하심, 그리고 우리를 긍휼히 여기심과 은혜로운 권능을 우리의 좁은 소견으로 탐구해 보려는 부적절한 시도를 벌이는 것이다. 우주 밖에 계시는 충만하신 그분의 존재를 감히 상상하고 표현하려고 할 때 인간의 어휘들이 얼마나 미미한 것인지를 안다면, 그 시도 자체가 어리석음이다. 모든 것을 그분께 맡김으로써 비밀 계시에 의해서 단계적으로 깨달아 알아갈 수 있기를 기대하는 것이 옳다.

다섯째, 우리는 자기의 앎의 한계 너머에 계신 하나님과 그분의 은혜가 없이는 그 어떤 말로도 하나님의 존재를 깨달을 수 없다는 자각을 하지 못 함으로써 계시를 오염시킨다. 어떤 표현이든 오직 하나님의 자비로만 회복될 수 있기 때문이다. 하나님이 모든 것 되시며, 하나님 없이 우리는 아무것도 아님을 깨달을 때 비로소 진리의 일부나마 잠시 깨달을 수 있을 뿐이다. 하나님이 지금 여기 계시고, 하나님이야말로 우리의 모든 것 되신다는 관점, 그 가운데 우리가 알아야 할 말씀을 반드시 들을 필요가 있다는 자각과 갈망이 솟아나야 한다.

여섯째, 우리는 교회와 신학과 일상에서 예수님의 말씀과 그 뜻을 얼마나 다양한 방식으로 왜곡하고 있는지를 인지하지 못함으로써 진리를 오염시키고 있다. 물론 얼굴과 얼굴을 맞대고 그분을 알게 될 그 영광스러운 날이 오기까지 앞으로도 계속 그럴 것이지만(고전 13장 참조), 우리는 너무나 동떨어진 관념과 고집으로 말씀을 왜곡하고 있다. 예수 그리스도가 정말 어떤 분이셨는지, 그분이 진정 어떤 말씀을 하셨는지, 당시는 왜 그런 행동과 결단을 하셨는지, 그분의 말씀이 현재와 미래의 나의 삶에 직간접적으로 어떤 의미를 주는 것인지 등을 고심해 보지 않는다. 모든 것이 정말 흐릿해질 때가 많아 보여도 미동조차 하지 않는다. 물론 그분은 우리 인간의 이해 능력을 초월하여 무한히 존재하시는 분이지만, 우리가 좀 더 주의를 기울이기만 한다면 적어도 그분의 말씀을 오염시키는 흔한 감정에 빠지는 실수는 어느 정도 피할 수 있을 것이다.

일곱째, 우리는 예수님이 어쩌다 성육신하시고 친히 십자가의 고난이라는 불가사의한 문제의 중심에 서게 되셨는가에 대해 고뇌하지 않음으로써 진리를 왜곡한다. 그리스도 밖의 어떤 사람들은 예수님의 일생은 날조되었다고 말하기도 하고, 어떤 사람은 그에 동조하면서도 겉으로 표현하지 않고 점잖은 체한다. 예수님의 십자가와 죽음, 빈 무덤과 부활을 믿으려 하지 않는다. 너무나 역설적이고 인간의 상상을 초월하는 대사건이라서 그럴 수 있다고 가정하더라도, 그리스도 예수의 삶과 죽음은 너무도 명쾌하고, 놀라운데도 말이다. 모든 사람의 기대와는 유난히도 상반된다는 점이 있다고 해서 결코 그것이 문제가 될 수 없다. 예수님의 행적은 비록 인간이 기대하고 있는 바와는 너무나 다르다고 할지라도 바로 그런 까닭에 우리로 하여금 쉽사리 외면할 수 없게 만든다. 그것이 바로 하나님이 역설적으로 일하시는 방법이다. 어느 순간 그분의 긍휼하심과 은혜가 우리를 매혹시켜서 설마 하던 의심들을 깨닫게 하신다. 그리스도 예수의 일생 즉, 그분이 일으키신 기적과 가르침과 교훈 그리고 친히 당하신 고난과 죽음, 부활과 승천이 한순간에 깨달아지는 성령의 역사를 체험할 수 있을 것이다. 그때는 진리를 이해할 수 없었던 부끄러움도 사라지고 사망에서 생명으로 옮겨진 자신을 발견하게 될 것이다.

여덟째, 우리는 성경의 진리, 특히 그리스도의 죽음과 부활, 그리고 보혜사 성령님과의 지극히 긴밀한 유기적 연관성을 이해하지 못함으로써 진리를 왜곡한다. 자동차 엔진 중에 어느 한 부분이 없다면 전체가 다 움직일 수 없게 되듯이 진리 가운데 어느 한 부분을 부정하거나 받아들이지 아니한다면 결국 십자가와 부활과 성령에 관한 모든 진리도 사실로 받아들여지지 않게 될 것이다. 그러므로 우리는 그분이 부르시는 자석과 같은 힘, 곧 그분 말씀의 위력과 증언에 대해 그리고 성령께서 우리 마음에 내주하셔서 역사하심에 관해 영적 차원에서 그 완전성과 완벽성을 깊이 묵상해야 한다.

아홉째, 우리는 예수께서 자기를 부인하고 자기 십자가를 지고 나를 따르라는 명령을 곡해함으로써 진리를 왜곡하고 있다. 마치 예수께서는 우리에게 너무 많은 것을 요구하신다고 미리 짐작부터 한다. 어쩌면 그런 관점이 바로 대다수 사람에게는 성경이 전하고자 하는 진리의 역사성을 지극히 불신하는 주된 이유가 되고 있는지도 모르겠다. 일부 그리스도인이나 신학자들이 복음서에 기록된 예수님 기사의 진실성을 부인하고 싶어 하는 것은 예수님의 말씀과 행적에 대해 성경이 주는 말씀에 순종하고 싶지 않기 때문인지도 모른다. 하지만 왜곡과 곡해를 뒤집은 쪽이 진실이다. 다시 말해, 우리가 무엇을 말할 때 그 말하는 방식이 기독교 신앙의 가장 깊은 진리를 고스란히 드러내지는 않는다면 그것은 그릇된 것이다. 그리스도의 말씀을 원래의 영광 그대로를 되살릴 수 있을까? 시공을 초월해 모든 교회와 그리스도인이 합력해서 진리의 참뜻을 올곧게 깨닫고, 그분의 말씀대로 온전히 변화되는 그리스도인, 행한 대로 말하는 법을 배우는 그리스도인이 되어야 하지 않을까?

이상의 관점들은 하나님의 비밀이면서 우리가 알아야 할 정보 사항들이다. 우리에게 다가와 하나님과 우리와의 관계의 핵심 요소로 작용할 진리에 관한 관점들이다. 이것은 그리스도인으로 살아가는 우리의 일상에서 믿음의 생동성을 가늠하는 중요 요소이므로, 새 생명의 역동성이 말씀을 읽고 기도할 때 그대로 반영되어 그리스도를 아는 지혜에 다가갈 수 있게 할 것이다.

구약성경의 최고 비밀 : 어린양 – 메시아

정보 신학은 각 사람이 저마다 가지고 있는 정보 인식 능력이 실재가 되고, 태초부터 갖고 계신 하나님의 천지창조 비밀이 인류의 세계관 형성과 신앙의 공고화에 어떠한 영향을 미치고 있는지를 알아내는 데서 출발한다. 하나님과 인간의 관계를 비밀과 정보의 관점에서 보고 성경 말씀을 풀어간다는 뜻이다.

하나님께서는 창조 직후부터 자신을 계시하여 첫 사람 아담과 이스라엘 백성들이 알아보게 하셨다. 중점 메시지는 '나는 너희의 하나님이고, 너희는 나의 백성'이라는 명제였다. 그걸 깨닫게 하시기 위해 여러 가지 다양한 수단과 방법과 도구들을 사용하셨다. 한편으로는 인간에게 죄성을 깨닫게 하시고, 다른 한편으로는 하나님의 사랑과 자비로 그 죄가 용서받게 되었고 그로 인해 새 생명을 얻는 구원을 받을 수 있게 되었다는 비밀까지 계시하셨다. 하나님의 한량없는 은혜는 거기에서 멈추지 않았다. 하나님의 최종 목적이 예수 그리스도와 십자가를 통한 인간 구원의 비밀에 있었다. 이 또한 독생자 예수 그리스도를 통해 하나님 자신을 우리에게 알려 주시는 또 다른 방식의 비밀 계시이며, 하나님의 자기 증거이다. 구약성경 곳곳에서 비밀과 암시, 비유의 방법으로 예수 그리스도는 계시되었다. 이는 확률적으로 환산해 볼 수 없을 정도로 하나님 비밀의 실제들이다.

구약성경은 그리스도 예수 관련 예언을 800회 이상 담고 있다. 그 비밀을 현실로 나타내 보이고 증명한 것이 바로 신약성경이다. 이 역사적 사건들은 신약성경을 통해 확인되고 깨닫게 하려고 우리를 진리로 안내한다. 대표적인 예로 창세기 22장은 모리아 산에서 일어난 아브라함이 이삭을 바치는 이야기 속에 그리스도 예수를 예표하고 있고, 이사야서 7장과 마태복음 1장은 이를 좀 더 구체적으로 묘사하고 있다.

그러므로 주께서 친히 징조를 너희에게 주실 것이라 보라 처녀가 잉태하여 아들을 낳을 것이요 **그의 이름을 임마누엘[45]**이라 하리라(사 7:14).
보라 처녀가 잉태하여 아들을 낳을 것이요 **그의 이름은 임마누엘**이라 하리라 (마 1:23).

왜 **임마누엘**인가? 왜 그리스도 예수인가? 왜 우리는 구원받아야 하는가? 우리는 변함없는 하나님의 말씀 곧 그분의 참뜻을 좀 더 정확하게 깨달으려는 노력을 아끼지 않아야 한다.

임마누엘은 신구약 성경을 연결하고 해석하는 방식을 매우 날카롭고 정확하게 드러내 준다. 예수라는 그리스도가 신구약 성경 전체는 물론이고 우리 신앙의 궁극적 비밀을 풀어 준다. 당시 유대인 입장으로 볼 때 예수님의 하나님 나라 선포는 하나님이 약속하신 메시아가 도래했다는 충격적인 선언이었다. 메시아의 임무는 이 땅에 하나님 나라를 세우는 것이기 때문이다. 그러므로 예수께서 그리스도이시며, 하나님이 자신을

---

45 임마누엘은 '하나님이 함께하신다'는 뜻이다.

통해 세상을 구속하실 것이라는 발언은 유대 세계의 근간을 뒤흔드는 주장이었다. 하지만 유대교 지도자들은 하나님의 비밀 계시를 올곧게 읽어내지 못하였다. 구약성경을 해석하는 데 실패했고, 예수께서 주시는 말씀에 대한 쉐마(경청)를 어떻게 해석하고 깨달아야 하는지에 대해서도 실패했다. **사실 쉐마는 '들은 대로 살기'이다.** 쉐마가 '듣다'라는 경청의 뜻이라면, 쉐마를 암송하는 것은 '들음으로서의 믿음'에 이르는 길이다. 그러므로 우리는 왜 그들이 이중의 실패를 했는지에 대한 더 깊은 질문을 계속해야 한다.

> 서기관 중 한 사람이 그들이 변론하는 것을 듣고 예수께서 잘 대답하신 줄을 알고 나아와 묻되 모든 계명 중에 첫째가 무엇이니이까 예수께서 대답하시되 **첫째는 이것이니 이스라엘아 들으라 주 곧 우리 하나님은 하나이시라** 네 마음을 다하고 목숨을 다하고 뜻을 다하고 힘을 다하여 주 너의 하나님을 사랑하라 하신 것이요 둘째는 이것이니 네 이웃을 네 자신과 같이 사랑하라 하신 것이라 이보다 더 큰 계명이 없느니라(막 12:28-31).

예수께서는 첫째를 '듣는 것, 경청'에 방점을 찍으셨다. 경청이 곧 순종이며 하나님 사랑과 이웃 사랑에 직접적으로 연결된 것이라는 비밀을 확인해 주신 것이다. 그러므로 우리는 어떻게 신약성경이 구약성경을 사용했는지에 대해서도 똑같은 질문을 해 볼 수 있다. 하나님의 최고 비밀이 예수 그리스도이시고, 예수 그리스도가 곧 하나님이시다. 이 비밀이야말로 결코 놓쳐서는 안 될 진리이다. 하나님의 비밀을 깨닫는다는 것은 곧 예수 그리스도를 아는 것이고, 예수 그리스도를 아는 것은 하나님의 비밀을 간직하는 것이다. 많은 경우에 신약성경 저자들은 구약성경을 독창적인 비밀사항으로 인용하는데, 겉으로 보기에 그 방법은 구약성경 저자들의 원래 의도와는 별로 상관이 없는 것으로 보인다. 특히 여호와 이레와 임마누엘, 예수 그리스도와 결혼의 비유, 그리고 하나 됨의 연합 문제는 에베소서가 창세기를 인용하고 있는 데서 그 비밀이 어떤 뜻을 담고 있는지를 발견하게 된다.

> 그러므로 사람이 부모를 떠나 그의 아내와 합하여 그 둘이 한 육체가 될지니 이 비밀이 크도다 나는 그리스도와 교회에 대하여 말하노라(엡 5:31, 32).

표면상 아담과 하와의 연합은 궁극적으로 그리스도와 교회, 하나님과 우리의 관계를 가리키는 말씀으로 이해된다. 사도 바울은 창세기 2장 24절의 원래 맥락인 '거기에' 그리스도가 실재한다고 믿고 있다. 이 창세기 본문에, 구약성경 저자의 생각에는 없는 듯 보이지만 신약성경 저자의 생각에는 '새로운' 비밀을 의미하는 층이 있다. 새로운 관점을 집어넣어 읽는 것이 아니라 하나님의 비밀 계시를 발견한 것이다. 신구약 성경 전체에 일관된 통일성이 있다고 여길 수 있는가? 그 해답은 예수께서 창세기 2장 24절에 대해 해석하신 방법과 바울이 사용한 방법의 공유성에서 그 실마리를 발견하게 된다. 놀랍게도 예수님이 언급하신 두 번째 계명인 ' 네 이웃을 네 자신과 같이 사랑하라'는 말씀은 레위기 19장 18절에서 그대로 가져온 것이다. 율법학자의 질문이 율법에 기초한 퀴즈였다면 예수님의 답변은 율법이 아닌 사랑에 관한 것이라서 듣는 사람에 따라서는 비밀 계시의 충격이 컸으리라 짐작된다. 예수님의 답변이 구약의 토라(레위기와 신명기)에서 토씨 하나 안 틀리고 가져온 것임을 주목해야 한다. 어떤 이들은 신약성경이 이스라엘의 이야기를 다시 시작하는 동안

구약성경과 연속성을 지니고 있지 않다고 말하지만, 성경 곳곳에 숨겨져 있는 연속성의 요소나 '새로움'이 신약성경 전체에 흐르고 있음은 확실하다. 하나님은 창조 이래 섭리하고 계신다는 점을 항상 기억해야 한다. 다만 주제에 따라 몇몇 요소는 구약성경과 더욱 연속적인 관계이지만, 다른 요소들은 불연속적인 관계일 수도 있다. 하나님 비밀의 인간 정보화 과정에서 발생할 소지가 있는 말씀의 왜곡을 방지하는 핵심은 신구약의 연속성과 불연속성의 관계를 충분히 이해하는 데 있다. 우리는 신약성경 저자들이 그러했던 것처럼 비밀이라는 용어를 이해하기 위해 연속성과 불연속 개념에 관심을 보여야 한다.

신약의 저자들은 비밀이라는 용어를 중요한 주제에 국한해서 사용하고 있는데 이는 비밀을 해석하는 데 있어서 그만큼 신중하게 접근하고 있다는 의미이다. 종말의 하나님 나라가 지니는 특성(마 13장 및 평행 본문)이나, 예수의 메시아 직분(고전 2:7)과 부활(고전 15장), 그리고 유대인과 이방인의 관계(엡 3장) 및 이스라엘의 회복 시기(롬 11장) 등이 모두 그런 성격을 띠고 있다. 특히 '비밀'은 다니엘서에서 연속성과 불연속성을 모두 구체적으로 나타내면서 우리로 하여금 충분히 이해하기를 기대하고 있는 듯하다. 비밀이라는 용어는 우리의 주의를 환기하여 해당 주제가 구약성경과 연속적인 동시에 불연속적인 관계에 놓여있음을 의식하게 한다.

하나님을 믿는다고 하는 사람 중에는 하나님의 비밀에 대한 호기심으로 탐구하기도 하지만, 상당수는 하나님 비밀 계시에 대한 이해가 빈약하거나, 조금은 알고 있다고 하더라도 왜곡된 계시(말씀)를 진리의 전부라고 믿을 수 있다. 문제는 연속과 불연속 개념을 정리해 놓지 않고 성경을 읽는 데 있다. 그것은 곧 하나님 비밀에 대한 정보 없음의 경고이다. 하나님 계시에 대한 정보가 거의 없거나 하나도 없는 경우는 성경 해석에 있어서 곁길로 빠지게 되어 있다. 구약성경 대부분이 비밀이고 일부만 계시된 정보였다고 한다면, 신약성경 전체는 예수 그리스도에 관한 비밀 계시로 가득하며 우리가 깨달아야 할 정보의 전부라는 점을 기억해야 한다.

손대지 않은 돌의 비밀 : 그리스도 예수

구약성경 중 다니엘서는 놀라운 예언의 비밀을 담고 있어 주목받는다. 예루살렘 성을 파괴한 바벨론 왕 느부갓네살에게 꿈(단 2장)으로 주신 하나님의 비밀 때문이다. 여기에 덧붙여 포로로 잡혀간 유대인 청년 다니엘 자신의 꿈(단 7장)도 나란히 등장하여 하나님 비밀의 뜻을 해석하는 과정을 묘사함으로써 그 의미를 더욱 강화하고 있다. 두 꿈은 모두 미래를 예언하는 비밀인데, 그 꿈 이야기 중에서도 더 깊은 비밀의 의미를 담고 있는 성경구절은 '사람이 손대지 않은 돌'(단 2:45. 참조)이란 표현이다. 물론 두 꿈은 로마 4대 제국의 흥망에 관한 예언으로 밝혀져, 제4 제국인 로마 시대에 '사람이 손대지 않은 돌이 로마 제국을 친다'고 씌어 있다. 하지만 더 큰 관심을 집중하게 하는 단어는 꿈 이야기의 키워드가 되는 '돌'에 관한 비밀이 무엇이냐이다.

성경에서 '돌'은 상징적으로 그리스도를 나타낸다. 그리스도가 활동한 시대는 유대가 로마 제국의 지배하에 있던 때다. 그러니 그 '돌'이 로마 제국을 치고, 그 후에 영원히 계속되는 나라가 흥하게 될 것이라고 한다면 그 나라란 도대체 무엇을 의미하는 것일까? 이것이야말로 또 다른 키워드인데, '하나님 나라'로 볼 수 있다. 이를 등식으로 정리하자면 **하나님의 비밀 = 손대지 않은 돌 = 그리스도 예수 = 하나님 나라**라는 등식이 성립된다.

그러므로 종말론의 핵심은 그리스도 예수이고, 하나님 나라이다. 예수께서는 이 땅에 오셔서 세례를 받으시고 광야에서 마귀의 시험을 받으신 후 첫 일성으로 **'회개하라 천국이 가까이 왔다'**(마 4:17)고 말씀하셨다.

당시 유대 사회에서는 '하나님 나라'에 대한 오해가 심각한 수준이었던 것 같다. 유대인들은 물론 예수님의 제자들까지도 이를 분명하게 인지하지 못하고 있었으니 말이다. 십자가 처형으로 의기소침해 있던 제자들이 예수님의 부활을 목격하고 새로운 힘을 얻었다고는 하지만 그들이 예수께 간구한 내용을 보면 비밀의 의미를 완전히 깨닫지 못했음을 알 수 있다. 여쩌오되 주의 영광 중에서 우리를 하나는 주의 우편에, 하나는 좌편에 앉게 하여 주옵소서(마 10:37)라고 말했을 때, 그것은 '지금이야말로 로마를 멸하고 이스라엘 국가의 독립을 선언하고 왕이 되실 것이라'라는 기대였다. 제자들은 하나님 나라가 로마 권력을 타도하고 유대 권력을 새롭게 수립할 수 있을 것으로 생각하고 있었다. 예수께서 말씀하신 하나님 나라는 곧 한 사람 한 사람의 마음속에 나타나야 할 변화라는 점을 꿈에도 생각하지 못했다. **한마디로 그들은 '유대인의, 유대인에 의한, 유대인의 나라'가 수립되어야 한다는 소망을 갖고 있었을 뿐, '하나님의, 하나님에 의한, 하나님을 위한 나라'가 임하는 것이 비밀의 핵심이란 점을 미처 깨닫지 못한 것이다.** 예수님을 가까이 모셨던 제자들까지 이런 허점을 보인 사실을 감안할 때 오늘의 제자 된 우리는 과연 어떠한가? '하나님 나라'에 대해, '사람이 손대지 않은 돌'에 대해 숨겨진 비밀을 정확히 깨닫고 있는 것인가? 좀 더 진지하게 숙고하며 깨우침을 받을 필요가 있다.

이런 관점에서 성경을 해석할 때 본문의 뜻에서 벗어나지 않도록 항상 주의해야 한다. 예를 들어 말씀을 읽고 해석할 때 '6하 원칙'을 적극 적용해 보는 것도 좋은 방안의 하나일 것이다. 언제(when), 어디서(where), 누가

(who) 성경을 기록하고 **무엇(what)을, 왜(why), 어떻게(How)** 전달하려고 한 것인지? 본문을 어떻게 해석해야 하는지? 객관적으로 잘 알 수 있는 내용은 무엇인지? 등 각각의 요소들을 심도 있게 관찰하고, 앞뒤 문맥을 잇는 어법과 용어를 바르게 이해하는 한편 문화적, 역사적 배경까지 숙고한다면 한 걸음 더 가까이 진리에 다가서게 될 것이다. 만약 문맥을 무시한 성경의 해석과 인용이 이루어진다면 하나의 말씀은 자칫 다른 말씀, 곧 세상적인 해석과 이해로 빗나가게 될 것이다. 성경의 예언들이 그리스도 예수 한 분에 초점을 맞춘 예표의 말씀이라는 관점에서 볼 때 하나님의 비밀 계시 방법은 대단히 신비롭고 독특하며 다양하다. 그런 까닭에 반드시 성령님의 도움을 받아야만 하는데, 바로 그때 하나님의 비밀은 순수성을 보존하면서도 누구나 탐구하면 깨달아갈 수 있도록 배려된 계시로 드러날 것이다. 정보 신학이 추구할 주안점은 하나님 비밀의 정확한 이해와 깨달음과 전도에 있다.

십자가 사랑과 은혜의 비밀 : 부활과 보혜사 성령

구약성경에 감춰진 비밀 중에 최후의 비밀이 그리스도 예수의 성육신과 십자가 죽음 그리고 부활이다. 성경의 모든 비밀이 십자가로 연결되어 이해되지 않는다면 하나님이 말씀하시는 진리의 참뜻을 아직 깨닫지 못한 것이다. 하나님의 비밀이 단지 비밀일 뿐 인간의 정보로 인식되지 못한 상태다. 자연법사상과 인과법칙에 의식이 고착된 채 평생을 살아온 인간이 십자가의 그 깊은 의미를 깨닫는다는 것이 그리 쉽지만은 않다는 점을 고백할 수밖에 없다. 너무나 역설적이며 많은 의문과 질문이 뒤따르기도 하지만 근본 원인은 인간의 자만과 죄악 때문에 그분 앞에 나아갈 생각조차 해보지 못했기 때문이다. 자기 힘으로 자신을 통제하고픈 욕구, 자신의 교만으로 선악과 따 먹는 자유를 지켜보겠다는 의지에서 나오는 필연적인 결과이기도 하다. 십자가 고난이나 부활이 의미하는 바를 깨닫지 못한 사람이라면 그는 아직도 자기 아집에 사로잡혀, 살아 있으나 사실상 죽어 있는 자이다. 죽은 자가 산자를 알아볼 수 없는 것은 너무도 당연한 이치이다. 이것이 십자가의 역설이다. 그래서 십자가는 하나님의 영역이면서 비밀 계시의 영역이다. 하나님이 인간이 되셨기에 자신의 의지를 포기하고 고통을 받고 죽을 수도 있다. 십자가의 고난과 부활을 실현할 수 있으려면 하나님이 먼저 인간이 되셔야만 했다는 진리를 깨달아야 한다. 우리가 자기를 부인하고 자기 십자가를 지고 예수를 따르려고 한다면(막 8:37; 마 16:24; 10:38; 눅 14:27), 다시 말해 우리가 부활하기 위해 죽을 수 있으려면 반드시 예수 그리스도의 죽음을 공유해야만 한다는 진리도 깨달아야 한다. **하나님이 죽지 않고서는 우리가 하나님의 죽음을 공유할 수 없고, 하나님은 인간이 아니고서는 죽을 수 없는 분이시다.** 하나님이 우리의 빚을 대신 갚고, 고통받을 이유가 전혀 없었는데도 우리를 위해 고난을 받으신 것은 바로 이런 의미에서 진리이다. 이 역설, 이 사랑, 이 은혜가 깨달아져야만 한다. 이것이 구약성경의 최후 비밀이 신약성경에 와서 실현되고 완성되는 탄식과 찬탄, 놀람과 부끄러움이다. 그 결과 또한 역설적으로 우리 인간에게는 복음이요 소망이고 부활의 기쁨이 된다.

하나님의 인간 사랑에 관한 헬라어 '아가페'는 동사 '아가파오, 사랑하다'에서 유래한 단어이다. 아가페로서의 사랑은 상호관계의 본질을 이루는 관계의 독립적 동인을 강조할 때 사용되는데, 존재론적 의미에서 심화된다. 다시 말해서 상호관계의 수준에서 사랑의 근원인 하나님을 제시하는 것이다. 우리가 하나님을 아바 아버지로 부를 수 있는 존재의 이름 그 자체가 사랑이고, 그리스도 예수의 존재와 그분의 가르침, 말씀을 통해 하나님을 발견하는 것, 그렇게 발견된 하나님이 바로 사랑이란 이름을 갖는다. **십자가에서 하나님을 발견한다면 그것이 곧 그리스도 예수의 사랑이다.** 이 사랑은 상대적, 가변적 사랑이 아니다. 사랑한다면 이러저러해야 한다는 식의 전제에 묶인 사랑도 아니다. 절대 항수로서의 영원한 사랑이다. 다시 말하면 **피조물인 우리가 창조주 하나님을 이해할 수 있다면 그 자체가 사랑이다.** 좀 더 깊이 생각하면 하나님이 우리에게 자신을 아버지로 나타내기 위해 독생자를 보내신 그 근원 추동력으로서의 사랑, 아가페를 아가파오 하는 사랑, 그러므로 하나님을 알리고, 하나님에 대해 말하고, 하나님을 발견하는 것이 궁극의 존재론으로 나타난 아가페, 사랑을 사랑하는 것이 본질적인 사랑의 실천이다.

하나님이 우리를 사랑하시는 사랑을 우리가 알고 믿었노니 하나님은 사랑이시라 사랑 안에 거하는 자는 하나님 안에 거하고 하나님도 그의 안에 거하시느니라(요일 4:16).
우리가 사랑함은 그가 먼저 우리를 사랑하셨음이라(요일 4:19).

하나님은 사랑으로 존재하신다는 뜻이다. 이는 하나님 존재 방식의 다른 표현이며, 하나님 비밀 계시의 다른 방식이다. 하나님이 사랑으로 존재하시는 의미의 영역은 바로 세상이다. 피조물인 인간이 살고 있는 이 세상 안에서 하나님의 존재 방식은 사랑이며, 이 사랑을 인식하기 위해 필요한 것은 사랑의 궁극을 펼쳐 놓은 하나님 말씀을 통해 하나님에 대해 적극적으로 알아가는 일이다. 하나님의 존재 방식을 사랑으로 이해하기 위해서는 그리스도 예수에 대한 기록인 신구약 성경을 통한 믿음과 깨달음이 전제된다. 여기에 하나 덧붙일 관점은 우리가 두려워함으로써 사랑을 놓치는 경우이다. 성경은 인간이 두려워하는 것은 영원과 무(無, nothing)를 향한 욕망으로 완전해지려고 하는 것임을 말해 준다. 인간이 노력하여 도달해 보겠다는 야무진 욕망이긴 하나 그렇게 노력하면 할수록 영원으로부터는 멀어질 뿐 아니라, 되돌아보면 언제나 제자리걸음인 자신을 발견하게 된다. 마침내 공포에 사로잡히는 악순환만 되풀이하게 되는 이 단단한 고리를 끊어내는 것이 참사랑이다. 요한일서가 제시하는 사랑은 하나님 그 자체를 말하는 것이며, 사랑 안에 거한다는 것 또한 하나님 안에서의 안식을 뜻한다. 이 말씀의 깊은 뜻은 하나님을 성찰하는 상태가 곧 사랑하는 것이며, 뿌리 깊은 욕망에서 비롯된 두려움과 심판의 악순환으로부터 해방과 참자유를 누리는 것임을 뜻한다. 여기에서 주목할 점은 관계로서의 사랑은 인간 본질인 사랑을 이해하기 위한 하나의 흔적, 그림자 역할을 담당한다고 하지만 그것은 오히려 그 반대로 눈에 보이는 표층 세계, 표적으로서 하나님을 찾으려 하는 역기능을 함으로써 모든 인간 존재 안에 자리 잡은 들보가 될 수 있다는 점이다. 사랑이신 하나님의 비밀 발견을 통해 하나님과 하나 되는 체험을 하게 됨으로써 관계로서의 사랑이나 율법 완성으로서의 사랑이 모두 이루어진다. 존재론적 사랑으로서의 아가페를 이루는 아가파오 곧 사랑하는 행위는 바로 사랑이신 하나님에 대한 앎과 발견, 그리고 하나님과의 교류 심화를 가능케 하는 생명에 대한 자기 노출이라는 점을 항상 기억해야 한다. 그것이 하나님의 사랑이고 은혜이다.

그리스도의 복음은 사랑이면서 또한 은혜이다. 복음은 영적 죽음을 영적 생명으로 전환 시키는 신비스러운 능력을 품고 있다는 점에서 하나님의 비밀이 온전한 구원의 선물로 계시되는 진리이다. 성경에서 은혜와 선물은 거의 같은 맥락으로 이해되고 있는데, 본래 선물은 어떤 대가를 바라지 않고 사랑하는 사람이 사랑하는 대상에게 아낌없이 주는 증여 행위이다. 세상에서의 은혜와 선물에는 인과(因果)의 자리가 물 샐 틈 없이 완고하게 자리 잡고 있지만 하나님의 사랑과 은혜에는 그 어떤 인과(因果)적인 의도가 전혀 없다. 세상이란 거대한 체계 속에서 선물은 항상 증여 대상을 향한 최소한의 인과(因果)적 연결 고리에 묶인 채로 이행되기 때문에 거기에서는 순수한 은혜의 선물이라는 개념을 찾아보기 어렵다. 본래 '인과 없음'의 무조건적인 베풂의 은혜가 인간 욕망에 따라 본질이 심하게 굴절, 왜곡된 까닭이다. 하나님의 은혜는 만남에 있고, 이 만남은 필연적인 갈망에 의해서만 이루어진다.

문제는 인간이 하나님을 만나고 싶어 하지만 만날 수 없는, 그러나 만나야 하고 반응해야 한다는 원초적인 종교심은 지속되지만, 정작 그 종교심의 근원을 궁리하면 궁리할수록 우리 안에 또 다른 우상만을 잉태하는 악순환이 반복되고 있다는 데 있다. 인간이 그리스도 예수를 만나는 은혜를 자각하지 못한 상태로 추구하는 모든 하나님 만남에 대한 원초적 갈망과 욕구는 자기 안에 또 다른 우상을 만들어 놓고 우상숭배의 기쁨을 누리려는 거짓 욕망으로 귀속될 수밖에 없다. 그래서 십자가 부활 사건은 바로 모든 인간 내면에 자리 잡은 원함은 있으나 그것을 실천할 생명 근원 자체가 죽어있는 인간 존재의 현실을 적나라하게 들춰내는 유일한 비밀의 증거요 표적이다. 이 역설로 보이는 십자가 부활이 모든 인류에게 주어진 하나님의 은혜요 축복이며 특별한 비밀 계시라는 사실이 놀랍지 않은가? 이 은혜는 인간의 감정적인 기쁨에 귀속되지 않고 **오히려 낯섦과 그 낯섦을 견뎌내야 하는 존재의 각성을 촉구하는 특징**을 함유하고 있다.

또 다른 역설은, 하나님 뜻의 전부가 은혜로서 인간의 공동체인 세상 안에 들어왔지만, 마침내 십자가에 못 박는 살해 행위를 서슴지 않았다는 인간의 죄성을 폭로하고 있다는 점이다. 그들은 그리스도 예수를 골고다 언덕, 저주의 상징 위에 세워 놓는 일이 하나님의 뜻이고, 섬기는 최상의 보답 행위라고 생각했다. 여기서 극단의 인식 대립과 반목, 말씀 왜곡과 절망을 보게 된다. 은혜란 결코 인과 없는 선물이요, 본질적인 만남의 기쁨인데 그 점을 깨닫지 못했다면 하나님 비밀을 깨닫지 못한 채 오류 속에 빠져있는 것이다. 오늘의 우리가 이 기쁨을 제대로 인식하기 위해선 이미 익숙해진 세상 속의 귀속 원리와 인과 체계에 뿌리를 둔 모든 세속적인 것들과 철저한 결별을 선언해야 한다. 그 이후에라야 본질의 은혜와 기쁨을 발견할 수 있고, 하나님과 예수 그리스도를 아는 영생의 길에 참여하게 될 것이다.

성경은 하나님을 아는 자 곧, 하나님 비밀 계시가 알려지는 것을 허락받은 자들에 대해 이렇게 묘사한다. 인간이 하나님을 안다는 것은 아들이 아버지를 아는 것처럼, 아내가 남편을 아는 것처럼, 또는 신하가 왕을 아는 것처럼, 양이 목자를 아는 것처럼 깊이 아는 것이다. 그렇다면 우리는 무엇을 위해 창조되었으며, 인생에서 어떤 목표를 세워야 하는가? 이 비밀에 대해 스스로 질문을 던져 볼 수 있어야 한다. 그에 대한 답변은 간단하다. 인간은 하나님을 '알기 위해서' 창조되었고, '하나님을 아는 것'이 인생의 주요 목적이다. 우리는 창조주의 피조물로서 영원한 생명, 구원을 소망하고 있으며, 하나님과 예수 그리스도를 아는 것이 곧 영생임을 알고 있기 때문이다.

> 영생은 곧 유일하신 참 하나님과 그가 보내신 자 예수 그리스도를 아는 것이니이다(요 17:3).

최고의 은혜와 선물은 하나님을 아는 지식이다. 예수 그리스도를 아는 지식이야말로 우리 삶에서 다른 그 어떤 것보다도 큰 기쁨과 즐거움, 그리고 가장 큰 만족을 가져다주는 최고의 선물이다. 성경은 육신으로 나타나신 예수 그리스도를 아는 것을 통해서만 하나님을 아는 은혜를 누릴 수 있다고 덧붙인다.

> 빌립아 내가 이렇게 오래 너희와 함께 있으되 네가 나를 알지 못하느냐 나를 본 자는 아버지를 보았거늘 어찌하여 아버지를 보이라 하느냐(요 14:9).
> 내가 곧 길이요 진리요 생명이니 나로 말미암지 않고는 아버지께로 올 자가 없느니라(요 14:6).

이 말씀은 예수 그리스도를 안다는 것이 과연 무엇을 의미하는지에 관해 우리 마음속에 분명한 개념 정리를 해 둘 것을 요구한다. 그리스도인이 경험해야 하는 가장 소중한 진리는 하나님과의 개인적 친밀 관계가 그리스도 새 언약의 피를 통해 이루어지는 것임을 깨닫는 일이다. 예수 그리스도를 아는 것이 제자들에게는 그 어떤 것과도 비교할 수 없을 만큼 큰 축복이었듯이 우리에게도 마찬가지다. 당시 예수님 제자들에게는 사람들의 관심을 끌 만큼 특출한 점을 찾아볼 수 없는 평범한 갈릴리 어부들이었다. 하지만 예수께서는 많은 경외심과 경건함을 불러일으켜 마침내 그들이 예수 그리스도를 하나님의 아들, 곧 하나님으로 인정할 수밖에 없는 하늘 비밀을 깨닫게 해주셨다. 제자들은 예수님을 '그리스도시요, 살아계신 하나님의 아들(마 16:16), 왕으로 나신 분(마 2:2), 영생의 말씀을 지니신 분(요 6:68)으로 인식했다. 예수께서는 그들을 부르사 자신의 비밀을 털어놓으시고, 그들을 제자로 삼아 하나님 나라를 세상에 선포하도록 하셨다. 심지어 그들을 친구(요 15:14, 15)라고까지 불러주셨다.

　제임스 패커는 예수님과 제자들의 관계에서 눈여겨볼 만한 몇 가지 관점을 제공하고 있다. 첫째는 예수님은 그리스도인들에게 육신이 아니라 영적으로 임재하심으로 우리의 육안에 보이지 않는다는 것이고, 둘째로는 그리스도인들은 신약의 증거에 의해서, 원래의 제자들이 일정한 기간에 걸쳐 점차 이해했던 예수님의 신성과 속죄의 희생에 대한 진리들을 처음부터 알게 됐다는 것이다. 그리고 세 번째로는 오늘날 예수님은 우리에게 새로운 어떤 말씀을 하시는 것이 아니라, 복음서들에 기록되어 있는 자신의 말씀을 다른 성경적 증거들과 함께 우리의 양심에 적용하심으로써 말씀하신다는 것이다. 하지만 예수 그리스도를 아는 것이 명확히 개인적 제자도와의 관계라는 점은 예수님과 열두 제자들의 관계가 그러했던 것과 마찬가지이다. 복음서 이야기들 속에서 행하시는 예수님이 이제는 그리스도인들과 함께 행하시며, 그때나 지금이나 예수님을 아는 것에는 예수님과 같이 행하는 것이 포함된다는 것이다. 예수께서는 하나님을 아는 것과 관련해서 그치지 않고 계속 예수님 자신을 알아야 할 논점들을 재차 강조하신다.

　내 양은 내 음성을 들으며 나는 저희를 알며 저희는 나를 따르느니라(요10:27)
　내가 곧 생명의 떡이니 … 나는 양의 문이라 … 나는 선한 목자라 … 나는 부활이요 생명이니(요 6:35; 10:7, 14; 11:25).
　이는 모든 사람으로 아버지를 공경하는 것 같이 아들을 공경하게 하려 하심이라 아들을 공경하지 아니하는 자는 그를 보내신 아버지도 공경하지 아니하느니라 내가 진실로 진실로 너희에게 이르노니 내 말을 듣고 또 나를 보내신 이를 믿는 자는 영생을 얻었고 심판에 이르지 아니하나니 사망에서 생명으로 옮겼느니라(요 5:23, 24).

수고하고 무거운 짐 진 자들아 다 내게로 오라 내가 너희를 쉬게 하리라. 나
는 마음이 온유하고 겸손하니 나의 멍에를 메고 내게 배우라 그리하면 너희
마음이 쉼을 얻으리니(마 11:28, 29).

내 양은 내 음성을 들으며 나는 그들을 알며 그들은 나를 따르느니라 내가 그
들에게 영생을 주노니 영원히 멸망하지 아니할 것이요 또 그들을 내 손에서
빼앗을 자가 없느니라(요 10:27, 28).

예수님의 음성은 분별 곧 거룩함을 의미한다. 그 음성은 곧 예수님의
말씀이요, 부르심이며, 약속이요, 성취이다. 예수님의 말씀(주장)이 인정
될 때, 예수님의 부르심에 응답이 있을 때, 그리고 예수님 약속들이 신뢰
받을 때, 바로 그때라야 예수님의 음성은 진리로 들려진다. 예수님의 음
성을 듣고 아는 것이 중요한 이유는 금세와 내세에서 그분에 의해 죄와
죄책과 사망으로부터 구원을 받는 근거가 되기 때문이다. 그러므로 그분
의 비밀을 완전히 깨닫고 이해하기 위해서는 그리스도 예수께 직접 나아
가야 한다.

내 아버지께서 모든 것을 내게 주셨으니 아버지 외에는 아들을 아는 자가 없
고 아들과 또 아들의 소원대로 계시를 받는 자 외에는 아버지를 아는 자가 없
느니라(마 11:27).

하나님의 비밀을 알 수 있는 범주는 계시받는 자로 제한되고 있음에
주목하자. 사도 바울도 '오직 하나님의 성령으로 이것을 우리에게 보이
셨으니 성령은 모든 것 곧 하나님의 깊은 것까지도 통달하시느니라'(고전

2:10b)고 말한다. 하나님의 뜻 곧 그분의 비밀은 그 어떤 허점이나 부족함이 없는 완벽하고 완전한 것이다. 그것을 알고 깨닫는 것은 성령에 의해서만 가능한 일이다. 만약 어떤 한 사람이 하나님 안에 있는 하나님의 자기의식과 동떨어지게 된다면 그에게는 하나님에 관한 그 어떤 정보도 갖고 있지 않는 것이 된다. 그래서 범신론은 모든 신앙을 죽음으로 몰고 가는 것이다.

무의식 세계에 있는 하나님으로부터 의식할 수 있는 하나님을, 스스로 알지 못하는 하나님으로부터 하나님을 알아내는 인간의 추론은 불가능하다. 우리는 자유롭게, 의식적으로, 그리고 참되게 스스로 계시하시는 인격적인 하나님, 자기의식에 있어서 완전하신 바로 그 하나님 안에서만 신앙의 원리를 발견할 수 있다. 우리는 신앙생활의 궁극적인 목적을 구원과 영생에 두고 있다. 유한한 존재인 인간이 무한하신 하나님으로부터 생명을 얻는 것을 인생의 최고 목표로 삼는 것인데, 이것은 절대적인 명제이다. 구원과 영생을 얻는 데는 다른 길이 없고, 오로지 한 길, 유일하신 하나님 예수 그리스도 뿐이다.

구원의 주 예수 그리스도 : '이것이' 아닌 '그것'

하나님의 비밀에는 하나님의 의(義)와 그리스도의 복음, 인간 구원에 관한 진리들이 담겨 있다. 신앙의 두 영역인 복음과 구원은 하나님의 비밀과 인간의 정보 사이에서 가장 주목받는 핵심 주제다. 하나님 비밀의 계시가 곧 복음이고, 구원에 관한 소식이다. 복음이란 보이지 않는 영이신 참 하나님, 곧 성령으로 잉태하여 오신 예수의 성육신과 그리스도 예수의 다시 오심을 알리는 소식이다.

예수께서 이 땅에 오신 것은 '이것'이 아닌 '그것'을 밝혀주시려고 오신 것이다. 율법이 아닌 은혜, 행위가 아닌 믿음, 구약을 넘어선 신약, 어둠이 아닌 빛, 그리고, 육이 아닌 영, 물리적 성전 같은 '이것이' 아닌 인간 마음의 성전 그리고 십자가 죽음이 아닌 십자가 부활의 '그것'에 관한 비밀을 계시하려고 오신 것이다. 예수께서는 산상수훈의 설교에서 항상 '옛사람에게 말한 바 … 너희가 들었으나'(마 5장 참조)를 전제하시고 말씀을 풀어 주셨는데 이는 또 다른 하나님 비밀의 계시 방법이다. 예수 그리스도는 그림자로서 아들 이삭 곧 아브라함에 대한 언약(창 17장, 22장)의 실체로 오신 하나님 아들이시다. 그분이 하나님 되심에 관한 것은 최고의 비밀이며 최후의 계시이다. 직설적으로 표현하자면 **'복음은 그리스도 예수의 존재 그 자체'**이다. 복음은 하나님의 존재와 섭리, 작정하심을 인류에게 바르게 알리시고자 하는 그분의 사역에 관한 것인즉 하나님의 아들 예수 그리스도의 성육신과 부활 그리고 성령으로 오심에 관한 것이 핵심 진리이고 복음이다.

복음은 그리스도인의 확신에 찬 믿음의 감정적 동의요, 그 산물인 존재이다. 결국 예수 그리스도의 복음 선포, 전파와 가르침, 설교 그리고 병 고침 등 모든 사역은 오직 하나님 자신을 바르게 알리기 위한 수단과 방법적인 것들이다. 이렇듯 현상으로 펼쳐지는 그러한 사건들의 내면에 담겨 있는 실상 곧 진리를 바르게 깨달아 알게 되었을 때 비로소 믿음의 사람은 영으로 변화되어 그리스도와 하나가 된 그리스도인이 된다. 바로 그 상태가 그리스도가 통치하는 하나님 나라이며, 우리는 하나님의 백성, 천국 백성이라는 존재로서 새로운 삶을 살게 되는 것이다. 이러한 존재가 되는 기적이 곧 복음의 핵심이다.

복음에는 하나님의 의가 나타나서 믿음으로 믿음에 이르게 하나니 기록된바 오직 의인은 믿음으로 말미암아 살리라 함과 같으니라(롬 1:17).

이 말씀은 '복음과 의(義)', '믿음과 살아나는 것'을 같은 맥락에서 이해하고 있다. 이에 대한 역순으로 복음에 대한 곡해 부분이 무엇인가를 먼저 알아 둘 필요가 있다. 복음의 헬라어 '유앙겔리온'은 복음이란 뜻 외에 '기쁜 소식', '-에 대한 교훈'이란 의미를 함유하고 있다. 동일 어원을 가진 동사 '유앙겔리조'의 경우도 '기쁜 소식을 전하는 것', '복음을 전하는 전도'라는 뜻을 담고 있다. '유앙겔리조'를 세분화해 보면 '좋은, good'에서 유래된 부사 '유'와 '알리다, 보고하다, 선포하다'는 의미가 있는 '앙겔리아'가 합해져 만들어진 합성어다. 접두어 '유'에는 '형통하다'라는 뜻이 있어 wellbeing 상태를 나타내기도 한다. 따라서 복음을 표층적 의미로만 보게 되면 인간을 기쁘게 하고 좋게 하는 모든 좋은 소식이란 의미로 받아들이게 된다. 그런데 복음의 의미가 여기에 머무르게 된다면 복음은 인간에게 wellbeing 상태를 이뤄 주는 제한된 목표와 가치로 전락하고 만다. 이것이 믿음의 함정이고 복음의 걸림돌이다.

그리스도 예수의 '인간 구원'에 대해 일반적으로 곡해된 두 가지 관점이 있다. 하나는 신앙의 핵심이 되는 사후세계의 천국 인도를 막연히 받아들이거나 외면해 버리고, 오로지 이 세상의 삶에서 복됨, wellbeing을 이루어 주시는 분으로써의 구세주란 표현을 아끼지 않는다는 사실이다. 이를 위해 예배하고, 기도하고, 헌신하려는 것이 일반적 현실이다. 다른 하나는 복음이 마치 자기 능력이나 의지와 노력으로 이룰 수 있는 것으로 착각하고, 일종의 자기 수행 수단으로 오용하는 경우이다. 자기를 부인하고 자기 십자가를 지라는 예수님의 명령을 도덕률의 지고선으로 상정하고, 값싼 복음이 아닌 진정한 복음을 얻기 위해서는 스스로 wellbeing 상태를 거부하고, 무언가 고행을 수행하는 수도자의 삶을 추구하는 경우이다. 하지만, 이 두 경우 모두 하나님 비밀을 왜곡하는 것으로 복음의 바른 의미와는 상당히 거리가 멀다. 왜냐하면 복음(good news)은 이렇게 저렇게 하라고 한다든가, 이렇게 따라서 하기만 하면 잘 살 수 있다는 그런 내용이 아니며, 그와는 반대로 극한의 고난과 고행을 통해서 깨달음을 얻을 수 있다는 매뉴얼도 아니다. **복음의 정수란 하나님의 뜻을 담고 이 땅에 오신 그리스도 예수 그분 자체가 우리 심령 안에서 울림을 만드는 것이다. 그에 따라 우리가 그분 존재에게 반응을 보이는 것, 그 자체가 복음이다.** 따라서 복음의 올곧고 바른 선포는 '이러저러한 강령'이나 '각론적 가르침'에 있는 것이 아니다. 복음의 컨텐츠, 이른바 핵심은 오직 헬라어 '앙겔로스'가 품고 있는 전달자, 사도라는 뜻에서 암시하고 있듯이 **'전달자 존재 자체의 현시'**에 있다. 복음 전달자는 하나님의 뜻을 선포하는 단 한 분 그리스도 예수이시며, 그분이 하나님 뜻의 전부이다. 그런 점에서 그리스도 예수는 하나님 자신이시다.

그러므로 우리가 할 수 있는 일이란 단지 구원은 자기의 노력이나 힘, 지혜나 행위에서 나는 것이 아니라는 점을 알고, 자랑하지 않고 겸손해지는 일이다. 구원은 전적으로 하나님으로부터 주어지는 것이라는 전제 위에서 우리의 안목을 가리고 있는 세상적인 편견들을 하나씩 떨쳐버리는 것이다. 태고로부터 쌓아온 원죄의 쓴 뿌리를 뽑아낸다는 것이 그렇게 간단한 일이 아니기 때문에 우리는 또다시 하나님 은혜의 믿음과 구원의 손길을 절실하게 갈망하지 않을 수 없다.

우리는 비밀을 몰라서 무식자가 되기도 하지만, 복음의 참뜻을 몰라서 무능한 자가 되기도 한다. 생명 비밀에 대한 깊은 관심을 쏟아 본 적이 없고, 하나님의 비밀과 예수 그리스도의 관계성에 대해서도 별다른 호기심을 가져보지 않았다면 그는 무지(無知)한 자다. 복음의 비밀을 모르는 자가 구원을 모르는 것은 당연하다. 문제는 성경이 '구원의 비밀에 대해 무지한 자는 살아 있다고 하나 곧 죽은 자'라고 정의한다는 점이다. 비밀은 모르고 있는 것이고, 정보는 알게 된 것이라고 정의할 때, 그들에게는 비밀도 없고 정보도 없다. 비밀 감각이 전혀 돋보이지 않는 어중간하고 어눌한 태도로 살아가는 하루살이 같은 인생으로 전락한 사람들이 있다. 혼돈을 적당히 넘어가려고 해서는 안 된다고 외치며 절망해야 할 자들이나 그 절망에 기댈 감각이 없어서 문제다. 신앙 곧 구원의 믿음에는 지름길(첩경)이란 없고 한없이 자각의 기회로 주어지지도 않을 것이라는 점을 기억해야 한다. 성경은 '구원이란 복음을 알고 깨닫는 자에게 부어지는 하나님의 은혜'라는 점을 분명히 밝히고 있다.

> **너희는 그 은혜에 의하여 믿음으로** 말미암아 구원을 받았으니 이것은 너희에게서 난 것이 아니요 하나님의 선물이라 행위에서 난 것이 아니니 이는 누구든지 자랑하지 못하게 함이라(엡 2:8, 9).

하나님 의존적 존재로서 그리스도인이 반드시 필수적으로 믿어야 하는 것은 복음 안에서 우리에게 약속된 **비밀 전부를 믿는 것(온전한 믿음)**이다. 예수 그리스도께서는 제자들에게 천국, 곧 하나님 나라를 비밀이라고 정의하셨다. 천국의 비밀을 아는 것이 너희에게는 허락되었으나 그들에게는 아니 되었나니(마 13:10) 라고 말씀하신다. 누가와 마가는 천국 비밀을 하나님 나라의 비밀(막 4:11; 눅 8:10)로, 사도 바울은 하나님의 비밀(고전 4:1)로 표현하고 있다. 비밀은 하나님과 하나님 나라에 직접 관련된 용어이다. 사도 바울은 에베소서 교인들에게 자신이 깨달은 하나님의 비밀 곧 그리스도의 비밀에 관해 전하면서 그것을 알라고 당부한다.

> 너희를 위하여 내게 주신 하나님의 그 은혜의 경륜을 너희가 들었을 터이라 곧 계시로 내게 비밀을 알게 하신 것은 내가 먼저 간단히 기록함과 같으니 그 것을 읽으면 **내가 그리스도의 비밀을 깨달은 것을 너희가 알 수 있으리라**(엡 3:2-4).
>
> 영원부터 만물을 창조하신 하나님 속에 감추어졌던 비밀의 경륜이 어떠한 것을 드러내게 하려 하심이라(엡 3:9).

여기에 덧붙여 우리가 알아야 할 것은 '예수께서 우리를 구원해 주신 다'라는 뜻을 막연하고 추상적으로 받아들이면서 세상의 구체적인 삶에서의 wellbeing을 모두 이뤄 주는 분이라고 왜곡해서는 안 된다는 점이다. 구세주에 대한 잘못된 개념을 덧붙이는 것은 빗나간 신앙이다. 그리스도는 인간의 존재와 믿음에서 최고의 핵심이며, 우리 신앙생활에서 지켜나가야 할 신뢰의 보루이기 때문에 복음과 구원에 관한 개념을 분명하게 이해하고 있어야 한다.

성경에서는 '좋은, 선함'이란 '하나님의 뜻이 곧고 바르게 선포되는 상태'에만 오롯이 집중되는 것임을 밝히고 있다. 다시 말해 하나님 뜻의 곧고 바른 선포의 맥락에서 삶의 유불리나 삶의 질 문제는 전혀 고려되지 않는다. 하나님의 좋으심, 선하심의 관심사는 오로지 염원해 오신 하나님의 사랑 표현이 온전히 인간의 귀에 들려 이해되고 있는가에 있으시다. 그러므로 복음(good news)은 하나님이 품고 계신 뜻의 곧고 바른 울림이며, 이것이 바로 정보 신학이 지향하는 핵심 목표이다. 우리 사회의 대다수 사람은 세상 것에 대해서는 정탐의 열정을 보이면서도 하나님 나라의 비밀에 대해서는 경홀히 대하고 있다. 왜 그럴까? 여기에 복음과 구원의 비밀에 대한 무지와 오판을 바로잡아갈 수 있는 정보 신학적 감각의 필요성이 대두된다.

유일한 기독교의 구원은 인간의 의식과 욕망으로는 결코 접근할 수 없는 바 깊은 생명의 묵상으로 참여할 수 있다. 이 구원은 창세 전부터 예비된 하나님의 묵시이며, 하나님의 시간과 약속 차원에서 분명 1회적이다. 그리스도 예수께서 하나님 시간에서 인간의 시간으로 들어오셔서 하나님을 볼 수 없는 근본적인 분리 상태의 원죄적 심연의 막힌 담을 허물어 내는 십자가와 부활의 역사를 이루신 것이다. 나의 지금 상태가 근본 주체로서의 구원자이신 그리스도의 말씀에 참여해야만 어둠에서 벗어날 수 있음을 지각하는 바로 그 자각이 과거, 현재, 미래의 시간을 살아가는 '나'에게 구원받는 존재로 압도해 갈 것이다. 예수의 머리에 접붙임이 되는 지체로서의 내가 근본 주체의 언어와 말씀을 받아들이는, 이른바 영적 상호작용을 일으키지 않는다면 전혀 무의미한 일이 되고 말것이다. 이 영적 상호작용을 일으키는 주체는 '나'이면서도 '나'가 아니다. 내 영적 자아가 죽어 있음을 그리스도 예수의 말씀을 통해 발견해야 한다는 관점에서 보면 상호작용의 촉발 지점은 바로 '나'로부터 일어나야 한다. 하지만 그 촉발 지점은 자신의 의지로 성취되고 정복하는 것이 아니라 '발견'되는 것이다. 하나님과의 만남을 가능케 하는 근본 주체로서의 그리스도 예수가 내 안에서 보혜사 성령의 능력으로 '나'를 구원의 지평으로 인도하며 압도하시는 것이다. 이 압도의 신비에 우리의 모든 시간을 열어 놓고자 애쓰는 것이 바로 구원에의 참여이다. 다시 말해 구원의 전제 조건인 의(義)에 이르려면 먼저 자신의 마음에 '그 의'가 믿어져야 한다. 자신의 마음 안에서 세상의 가치와 지식이 사라지고 그간 세상을 향하고 있던 자신의 지향성이 비워지고, 그 빈 자리에 모리아 산에서 아브라함에게 약속하셨던 그리스도라는 언약의 씨가 들어온 사실이 믿어지게 되는 것이다. 여기서 믿음이란 언약의 후손으로 언급된 그리스도 예수의 영이 자신 안에 들어와 사랑하고 계신 상태가 믿어지는 것이 존재적으로 그렇게 구현된 상태가 바로 의(義)에 이른 것이며, 현재의 부활이다. 이를 믿고자 하는 믿음이 생겼을 때가 바로 의(義)에 이른 상태이다. 의에 이르렀으면 자신 안에 씨로 들어오신 말씀의 싹이 나와 그 싹으로부터 나온 말씀을 존재 자신의 입으로 선언하게 된다. 그 내용이 바로 그리스도 예수와 동일한 말을 하게 되는 것으로써 구원에 이르게 된 것이 확인된다. 위로부터 거듭나 구원에 참여한 자일지라도 인생의 길 자체는 큰 구원을 향한 여정 안에 있는 것인 만큼 요한복음의 말씀을 다시 기억해 보자.

> 태초에 말씀이 계시니라 이 말씀이 하나님과 함께 계셨으니 이 말씀은 곧 하나님이시라(요 1:1).
> 새 계명을 너희에게 주노니 서로 사랑하라 내가 너희를 사랑한 것 같이 너희도 서로 사랑하라(요 13:34).

구원받은 자에게는 하나님을 향한 믿음과 사랑하는 마음 상태가 지속되어야 한다. 인간 구원(헬,소테리아)이 복음이며 비밀이다. 구원의 헬라어 동사 '소텔'이 '안전한 상태로서의 이동', '구조된, 보전된 등의 상태'를 의미하듯이 성경은 오직 예수 그리스도를 통해 구원을 얻게 됨을 확증하고 있으나 우리는 구원 문제와 관련하여 많은 의문과 질문을 던진다. '구원이 한 번 받으면 끝나는 거냐?', '아니면 우리가 거기에 뭔가를 더해야 하는 거냐?', '구원받았다가 타락할 수도 있는 것이냐?' 등등. 우리는 이와 같은 일상적인 궁리나 궁금증을 토로하는 수준에서 머물러서는 안 된다. 구원의 중요성에 걸맞는 더 깊은 내적 질문과 답을 얻는 우리의 혜안이 필요하다. 그리스도 예수께서 우리를 무엇으로부터 구원하는 것이며, 그 구원 주체와 어떤 상호작용을 일으키고 있느냐에 대한 깊은 묵상이다. 복음의 구원이 완성되는 지점이 바로 묵상과 기도로 깨달음에 이르는 자리이다. 그곳은 일어난 일들에 관해 '이것과 그것'을 구별 짓는 자리이기도 하다. 옛사람과 새사람일 수도 있고, 구약과 신약일 수도 있으며, 우리의 왜곡된 고정관념과 새로운 소망의 신앙관일 수도 있다.

신구약의 증거 개념 변화 : '〜하라' vs. '〜이다'

신구약 성경을 통해서 보면, 구약에서 법적 용어였던 '증거'가 신약의 관점에 들어오면서 큰 변화를 불러일으키고 있음을 알 수 있다. 성경에서의 증거는 알려지고, 확인되고, 증거되기 전까지는 비밀로서 감춰진다. 그러나 증거가 공표되고 나면 어떤 옳고 그름의 판단이나 죄의 심판에서 결정적인 영향을 미친다. 원래 증거(헬.마르튀리아)는 법적 용어인데, 진실 또는 옳게 인식되는 것으로서 그 효력을 발휘한다. 예를 들어 '살인하지 말라'는 계명은 분명 결정론적이지만 인간의 삶에서 살인을 금기시하게 되는 일종의 배경 역할을 한다. '살인하지 말라'는 결정론이 전제되기에 인간은 살인에 대해 금기시하며 살인해선 안 된다는 자각을 품게 된다. 이렇듯 하나님께서 줄곧 자기를 계시하시는 것은 하나님 자신에 대한 증거다. 우리는 통상 하나님을 반드시 알아야 한다는 결정론적인 명제를 확인하게 된다.

'~하라, ~하지 말라'의 명령형에 집착하여 선택적 행위를 하려고 한다. 그것은 말씀을 곡해하는 것으로 오히려 '~이다'에 대한 명제로의 발상 전환이 요구된다. 그 핵심은 바로 '예수가 그리스도이시다'라는 명제이다. 이 진리에 대한 명제가 성경 전체의 중심을 이루고 있는데, 그리스도는 구원자로서 인류의 보편적인 타락으로부터 인간을 길어 올리는 구원의 매개체가 된다. 바로 그 매개체의 현현으로서 예수가 나타난 것인데, 여기서 중요한 것은 두 가지 관점이다. 하나는 예수의 존재 자체가 증거란 사실이고, 다른 하나는 예수의 존재 자체가 그리스도란 사실을 증거하기 위해서 직접 보고 느낀 것을 말해야 한다는 것이다. 다시 말해 증거 제시 없이 예수란 존재 자체가 원래부터 그리스도였다고 말만 하는 것은 설득력을 잃은 증거다. 요한복음에서 예수께서는 자신을 믿지 못하겠거든 자신이 한 말과 일을 통해 믿으라고 하셨다. 이것이 예수의 그리스도 되심에 대한 비밀이다. 그렇다면 신약성경에서 예수께서 말씀한 증인이 되라는 명제를 우리는 어떻게 받아들여야 할까? 증거가 분명 법적 결정성을 갖는다면 '증인이 된다는 것'은 자신이 정확히 보고 들은 바를 이야기할 수 있어야 한다. **각 사람이 성경과 성령의 도우심으로 깨닫게 된 하나님의 비밀을 다른 사람에게 사랑으로 전하는 것, 그것이 하나님의 아들 됨이요 아들을 낳는 것이 된다.**

무릇 하나님의 영으로 인도함을 받는 사람은 곧 하나님의 아들이라 피조물이 고대하는 바는 **하나님의 아들들**이 나타나는 것이니(롬 8:14, 19).

너희가 다 믿음으로 말미암아 그리스도 예수 안에서 **하나님의 아들**이 되었으니(갈 3:26).

너희는 내 백성이 아니라 한 그곳에서 그들이 살아 계신 **하나님의 아들**이라 일컬음을 받으리라 함과 같으니라(롬 9:26).

하나님의 아들로 일컬음을 받는 조건이 하나님의 영으로 인도함을 받는 믿음이다. 인간의 마음속엔 언제나 구원의 매개체로서의 그리스도가 있었다. 그 이름이 그리스도가 아니라 부처나 마호멧이라 하더라도 상관없을 것이지만 주목할 점은 인간의 마음속에 내재된 그리스도는 보이는 것으로 나타나지 않기 때문에 증거가 되지 않는다는 오류의 문제이다. 여기에서는 특별히 '보이고 나타남, 실증의 토대'가 외적 현상이 아닌 마음 안에서 나타남을 뜻한다. 예수가 그리스도라며 2천 년 전 당시 많은 사람이 그를 믿고 따랐지만, 대부분은 예수의 기적과 먹는 떡을 보면서 그렇게 믿었다. 그런 믿음은 베드로의 그리스도 고백(마 16:18, 22, 23. 참조) 역시 과연 좋은 결과를 낳았는가를 생각해 보게 한다. 제자들이 그리스도의 증인으로서 바른 증거를 하지 못한 것이다. 결국 예수께서는 그 누구의 변호도, 단 한 명의 증인도 없이 십자가에 매달리셨다. 이것이 독특한 하나님의 증거 방법이라는 사실이다. **우리는 그 역설적인 비밀 계시의 방법에 경탄하지 않을 수 없다. 증인 없는 증거로서의 십자가다.** 여기서 증거되는 결정론은 이제 외부적 현상의 차원을 넘어서서 실증의 토대인 마음의 근원에서 일어남에 있다.

이 마음 사건은 필연적으로 생명과 반대되는 우리 안에 내재된 예수, 우상으로서의 그리스도를 폭로한다. 이 역시 역설적으로 감춰진 것을 드러내는 진리 곧 다른 그리스도, 우리 안의 적그리스도를 폭로하는 데 집중된다. 바로 이러한 마음 변혁 사건이 우리 마음속에서 우리의 안팎에서 생명의 울림으로 들려오고 만져지고 보여질 때, 우리는 그 듣고 보고 느낀 바를 사랑으로 증거하지 않을 수 없다. 그때라야 우리는 비로소 예수를 그리스도이시며 '나의 주님'이라고 부를 수 있다. 증인의 삶을 살 수 있는 것은 보혜사 성령을 느끼고 깨닫는 일과 오버랩된다. 증인의 삶은 외부적 결정론으로 규정된 삶의 궤적에 대한 변호와 변명에서 그 가치를 찾을 수 없다는 사실이 더 분명해졌다. 인간의 가장 깊은 곳, 마음 안에 똬리를 틀고 앉은 적그리스도를 예수의 진리 자체의 생명에 의한 폭로로서 들춰내는 영적 균열이 선행되어야만 우리 자신이 참 증거, 이른바 증인 된 삶을 사는 자가 될 것이다. 하나님께서 그리스도를 이 땅에 보내신 것은 우리로 하여금 일평생을 통해 하나님을 알고, 그분의 참뜻을 깨달아, 거룩하게 살다가 영원한 세계로 돌아오라는 것이며, 이는 태초에 묵시하신 하나님 일성의 실현이다.

제3장
인간 자신을 아는 지식

하나님을 모르는 자 : 짐승

오늘 우리가 사는 이 시대를 진단할 때 특히 믿음과 신앙의 측면에서 본다면 어둡기 한이 없다. 날이 갈수록 믿음을 지키기 어려운 문화의 늪으로 빠져들어 가고 있다. 코로나19 이후 교회를 떠나거나 아예 하나님 없이도 잘 살 수 있다고 하는 의식이 더욱 팽배해 있다. 스마트 폰에서 새로운 정보를 검색하느라 정신을 차리지 못하는 경우가 나날의 삶 속에 펼쳐지고 있다. 이러한 현실을 부정할 수 없는데 어떻게 대응하며 우리의 신앙을 지킬 것인가? 어떤 지혜와 감각으로 이 터널에서 빠져나갈 수 있을 것인가? 이것이 오늘의 우리 세대들이 스스로 던져야 하는 질문이다.

먼저는 하나님의 비밀 개념을 신앙의 중심에 두고 하나님의 계시와 인간의 감응이 상호 어떠한 작용을 하는지를 살펴보아야 한다. 비밀에 대한 몰이해와 무감각 그리고 현실에 만족하며 안주하려는 시대적 상황 속에서 어떻게 우리의 신앙을 회복할 것인가? 이 당면 과제는 인간 정보 욕망의 맹점을 파헤치다 보면 신앙의 현주소를 더 폭넓게 살펴볼 수 있을 것이다. 때때로 이런 현상을 하나님 비밀 계시의 신학적 관점에서 탐구해 보는 것도 좋은 방안의 하나이다. 지금 우리는 진리를 밝혀 주는 지혜곧 하늘의 비밀(秘密)이 절대적으로 요구되는 시대적 상황에 직면해 있다. 그리스도인이라면 이에 더 공감할 문제이지만 하나님을 아는 것, 알아가는 것, 진리를 깨닫고 체험하며 실제화하는 일은 시급한 과제다. 반드시 그러해야 하는 세 가지 이유가 있다.

첫째는 태초에 인간을 만드신 창조주가 하나님이시고 우리는 피조물이라는 역사 인식이 부족하기 때문이다. 여호와 **엘 오람**, 영원한 하나님은비밀처럼 감추어져 있는 신비스러운 분이시지만 동시에 인간과 직접 대화를 원하시는 우리 생명의 구원자로 나타나 계신다.

둘째는 성경이 교훈하고 있는 바와 같이 하나님의 형상으로 만들어진사람으로서 자신을 지으신 하나님을 모른 까닭에 '짐승 같다'든가, '짐승이다'라는 소리를 듣지 않기 위해서다.

나는 다른 사람에게 비하면 짐승이라 내게는 사람의 총명이 있지 아니하니라
(잠 30:2).
내가 내 마음속으로 이르기를 인생들의 일에 대하여 하나님이 그들을 시험하시리니 **그들이 자기가 짐승과 다름이 없는 줄을 깨닫게 하려 하심이라**(전 3:18).

구약성경 잠언서나 전도서는 창조주 하나님을 모르고 산다는 것이 곧짐승과 다를 바 없다고 지적하고 있다. 성경은 왜 곳곳에서 짐승과 다름이 없는 사람에 관해 기록하고 있는 것일까? 사람이 내일 모레에 일어날일들은 고사하고 단 한 치 앞도 알지 못한 존재로서 자기 자신이 누구인지도 모르고 있는데 자신의 죽는 날이 언제라고 주장할 만한 그 어떤 정보도 갖고 있지 않다. 하나님의 비밀에 관심조차 두지 않고 살아도 되는 인간은 아무도 없다.

> 사람이 장래 일을 알지 못하나니 장래 일을 가르칠 자가 누구이랴 바람을 주장하여 바람을 움직이게 할 사람도 없고 죽는 날을 주장할 사람도 없으며 전쟁할 때를 모면할 사람도 없으니(전 8:7, 8a).
> 분명히 사람은 자기의 시기도 알지 못하나니 물고기들이 재난의 그물에 걸리고 새들이 올무에 걸림 같이 인생들도 재앙의 날이 그들에게 홀연히 임하면 거기에 걸리느니라(전 9:12).

셋째로 하나님께서는 실제로 하나님 자신이 누구이며 어떠한 분인가를 알려주셨지만, 우리가 이 계시에 대해 전혀 귀 기울여 집중하지 않아 사형자에 해당하지 않기 위해서다. 하나님께서는 '주 여호와인 줄 알 수 있게' 하기 위하여 여러 가지 형태로 계시를 해 주고 계시지만 인간의 반응은 늘 미적지근하고 싸늘하다. 근본 원인은 여러 가지가 있겠으나 하나님과 인간 사이에 놓인 장벽, 즉 사탄의 가짜 진리와 불법의 유혹이 가장 심각한 장애물로 작용하는 데 있다. 사람들은 이런저런 핑계를 대며 무덤덤하게 눈만 흘기고 있을 뿐, 이 문제의 심각성은 전혀 느끼지 못하고 있는 것 같다.

> 하나님의 진노가 불의로 진리를 막는 사람들의 모든 경건하지 않음과 불의에 대하여 하늘로부터 나타나나니 창세로부터 그의 보이지 아니하는 것들 곧 그의 영원하신 능력과 신성이 그가 만드신 만물에 분명히 보여 알려졌나니 그

러므로 그들이 핑계하지 못할지니라 그들이 이같은 일을 행하는 자는 사형에 해당한다고 하나님께서 정하심을 알고도 자기들만 행할 뿐 아니라 또한 그런 일을 행하는 자들을 옳다 하느니라(롬 1:18, 20, 32).

인간이라면 누구나 태어나면서부터 하나님을 알기 때문에 무지해서 종교적 환상을 좇는 것이 아니라 진리가 뭔지 훤히 알면서도 잘못을 저지르고 있다. 그것이 문제다. 이는 하나님 나라의 메시지가 세상의 방법론에 희생되고, 진리를 왜곡되게 하는 우상들이 즐비하다는 것을 말해준다. 수많은 거짓과 허세라는 이질적 요소들이 하나님 말씀을 흐릿하게 변질시키고 있기 때문이다. 하나님의 말씀을 인간적으로 해석하고 편견을 가함으로써 결과적으로 사탄의 수법에 열심히 동조하고 있는 것이다. 하나님의 말씀을 전혀 다른 말씀으로 왜곡, 변질시켜 놓는 가짜 거짓 정보에 편승하여 자기만족을 누리는 영적 도둑질을 반복하며 즐기는 존재가 인간이다. 세상 정보에 집착하는 동안 하나님 비밀을 더 왜곡시키고, 마침내 그 죄악으로 영육의 질병을 고질화시킨다. 이것은 비밀의 역설이며 정보의 음모다. 좋은 게 반드시 좋은 것만은 아니다. 우리는 새로운 정보라는 이름으로 창안되고 확장되며 속고 속이는 거짓과 위선의 현장에서 하루를 보낸다. 거기에는 흙탕물에 뒤범벅이 된 혼돈과 공허와 흑암 속에서 방향을 잃고 방황하는 인간의 자화상이 초라한 모습으로 그려져 있다. 안타깝게도 교묘한 그 수렁에서 구원받지 못하고 어둠과 상실감으로 빛바랜 낙엽처럼 존재하고 있을 뿐이다. 이 문제를 해결할 수 있는 확실한 대안은 없고, 고작 생각해 낸 묘책이라 해도 인간적인 대증요법에 불과할 뿐이다. 현실은 거짓과 위선의 폐해에서 벗어날 수 없는 환경으로 확장되고 있어서 잠시도 마음을 놓을 수 없는 형국이다.

사실 신구약의 이스라엘 역사를 보면 이스라엘은 자기 말하기를 좋아하고 즐겼지만 하나님 말씀 듣기는 정말로 싫어하는 민족임이 들통났다. 성경이 왜 '쉐마, 들으라'를 강조하고 있는지를 알 수가 있다. 말씀을 듣지 않는 것도 문제지만 말씀을 왜곡하여 듣는 것 역시 큰 문제이다. 자기 말하기를 좋아한다는 것은 자기 주장과 자기 생각을 우선하는 자기 중심적인 인간이 되는 것이다. 말을 많이 하다 보면 반드시 거기에는 왜곡이 일어날 수밖에 없고, 특히 하나님 말씀을 인간의 생각으로 받아들여 다른 사람에게 전하는 곳에는 왜곡될 여지가 너무나 많다. 아담이 하와에게 최초의 하나님 명령을 전해 줄 때도 아마 그러했을 것이다. 아담은 하나님 말씀을 잘못 듣고 잘못 이해하여 하와에게 잘못 전했고, 하와 역시 잘못 듣고 잘못 말했던 까닭에 뱀에게 쉽게 속아서 하나님 말씀 왜곡의 합작판을 벌인 것이 아니겠는가!

인간은 하나님 말씀을 경청하는 데 주의력을 집중하지 않는 것도 문제이지만, 일반 계시로 주신 자연은 물론이고 특별 계시로 주신 성경을 잘못 읽고 잘못 해석하는 오독(誤讀)에 빠진 경우 문제가 더욱 심각하다. 이렇게 보면 인간은 의식 구조상으로 하나님 말씀을 경청하는데 게으르고, 성경을 읽고 해석하는 데도 엉뚱한 생각을 하는 존재로 정의할 수 있다. 이것이 인간의 한계이고, 구원의 문턱에서 직면하게 되는 신앙의 문제다.

C.S 루이스가 그의 책 《오독》에서 제안한 실험에 따르면, 우리가 성경을 읽는 데 갖게 되는 모순된 사고방식을 발견하게 한다. 전통적으로 문학 비평은 책을 판단하는 일을 하는 것으로, 그 책을 판단하고서 내놓은 이야기다. 나쁜 취향의 정의를 내린다면 '나쁜 책'을 좋아하는 취향인데, 이 판단의 순서를 뒤집으면 어떤 그림을 얻게 될지 알아보자고 한다. 그리고는 독자들, 또는 독서 유형을 둘로 구분해서 좋은 책을 '이런 방식으

로 읽게 되는 책'으로, 나쁜 책을 '저런 방식으로 읽게 되는 책'으로 정의하는 것이 과연 설득력이 있는가? 하는 질문을 던지면서 이것을 하나의 실험으로 제시한다. 책을 먼저 판단하는 경우 대개 잘못된 결론에 이른다고 말한다. 예를 들어 A는 여성지를 좋아하고(취향에 맞고), B는 단테를 좋아한다(취향에 맞다)고 말할 때, 두 대상에 적용되는 '좋아하다'라는 '취향'이 동일한 것처럼 들린다. 동일 행위가 다른 대상에 적용된 것처럼 들리는데, 관찰해 보면 대개는 사실이 아니라는 확신을 갖게 된다는 것이다.

우선 그 다수는 어떤 책도 절대 두 번 읽지 않는다. 확실한 증표는 '전에 읽었다'는 말이 그 책을 읽지 않을 결정적인 이유가 되기 때문이다. 각 사람이 전에 읽었다거나 들은 적이 있고, 한 번쯤 본적이 있다는 이유로 단순화하며 자기 선호를 결정한다면 그것은 오독, 오판, 오해의 첫 걸음이 된다. 하나님께서 천지를 창조하시며 '보시기에 좋았더라'고 하신 점과 인간이 좋아한다는 개념은 전적으로 다르며, 자기중심주의에 빠져 있기때문인데, 성경책도 그런 방식으로 대한다. 그러나 위대한 작품들을 읽는 이들은 같은 작품을 평생에 걸쳐 열 번, 스무 번, 서른 번씩 읽는다. 이것은 우리가 성경을 어떻게 읽어야 하는지를 말해 준다. 구약시대 이스라엘은 오늘날과 같지 않아서 책자로 된 성경을 접하기가 쉽지 않았다는 핑계를 댈 수도 있다. 그러면 그럴수록 그들은 '쉐마, 경청'에 더 깊은 관심을 쏟고 말씀을 올곧게 이해하려 노력했어야 했다. 신약시대에 와서는 바리새인이나 서기관들의 경우 나름 성경을 열심히 읽고 순종하는 듯했다. 하지만, 그들 역시 하나님의 진의를 올바로 깨닫지 못하고 율법주의에 빠졌다. 하나님의 뜻을 왜곡하여 외식주의와 형식주의에 빠진 신앙생활을 했던 바다. 말씀 듣기와 성경 읽기의 왜곡이라는 두 가지 늪에 빠진 것이다. C.S 루이스는 또 다른 문제를 제기한다. 다수의 사람은 책을 많이 읽기는 하지만, 읽는 행위를 중요시하지는 않는다는 것이다. 그들은 최후의 수단으로만 책을 찾는다는 것이다.

여기서 신학적으로 더 깊이 들어가 보면 짐승과 연관된 전혀 다른 문제를 살펴볼 수 있다.

> 그들이 그 증언을 마칠 때에 무저갱으로부터 올라오는 짐승이 이들과 더불어 전쟁을 일으켜 그들을 이기고 그들을 죽일 터인즉(계 11:7).

성경은 하나님을 모르거나 하나님을 대적하는 자는 사탄이나 불신자나 모두 짐승으로 표기하고 있음을 주목해야 한다. 영적 전쟁의 최후가 두 편으로 갈리는데, 반드시 모든 사람은 어느 편에 설 것인가를 선택해야 한다.

예수를 믿지 않는 자 : 죄 가운데 죽으리라

우리가 하나님을 안다고 하는 것은 그분이 창조주이시며 만물의 주인이시고 우리의 구원자이심을 아는 것이다. 우리가 하나님의 피조물임을 인정하는 것이며, 우리가 땅의 소속이 아니라 하늘 소속임을 밝히 아는 것이다. 왜냐하면 우리의 조상 아담과 하와는 선악과를 따 먹은 이후 창조주와 피조물 관계라는 사실을 모두 잊고 자기 중심주의의 역사를 써왔기 때문이다. 창조 직후 생존과 안전 문제에 집중한 이면에는 정보 탐욕이 도사리고 있었다. 그런 우리에게 어느 날 진리의 말씀이 찾아왔고, 우리는 그 말씀을 들었다. 그 말씀이신 예수님의 성육신은 우리로 하여금 하나님의 창조 비밀 곧 십자가의 비밀을 깨닫는 데 결정적인 중심 주제가 되었다. 그리스도 예수를 빼놓고 우리가 하나님을 예배하거나 성령의 내재를 논하거나 믿음의 확신을 주장하는 것은 어불성설이다. 왜냐하면 구약성경에는 적어도 800개의 예언이 있고 신약성경에는 약 200개 언약이 있다. 그중 구약에서 333개의 예언이 예수 그리스도를 상세하게 예언하고 있다. 그렇다면 지금 우리는 어떤 상황에 처해 있는가?

> 우리가 지금은 거울로 보는 것 같이 희미하나 그 때에는 주께서 나를 아신 것 같이 내가 온전히 알리라(고전 13:12).

이 말씀은 우리의 기도 가운데 계시는 진리이다. 우리가 지금 아는 것은 지극히 작은 지식에 불과하다. 그러나 우리는 이 지식의 소중함을 안다.

> 그러므로 내가 너희에게 말하기를 너희가 너희 죄 가운데서 죽으리라 하였노라. 너희가 만일 내가 그인 줄 믿지 아니하면 **너희 죄 가운데 죽으리라**(요 8:24).
> 다시 이르시되 내가 가리니 너희가 나를 찾다가 **너희 죄 가운데서 죽겠고** 내가 가는 곳에는 **너희가 오지 못하리라**(요 8:21).
> 너희가 나를 찾아도 만나지 못할 터이요 **나 있는 곳에 오지도 못하리라** 하시니(요 7:34).

진리에 대한 깨달음은 찰나이며 순간임을 우리는 너무나 잘 알고 있다. 귀를 기울이고 주의하여 듣다 보니 진리를 깨닫게 되고, 깨닫는 그 순간 우리에게 씌워진 죄의 형틀이 벗겨지고 새롭게 변화된다. 하지만 우리는 또한 예수께서 반복 경고하신 죄를 깨닫지 못한 자는 죄 가운데 죽는다는 말씀의 깊은 의미를 숙고해야 한다. 죄는 항상 우리의 깨달음의 생명과 직결되어 있다.

그렇다면 예수께서 강조하신 죄(헬.하마르티아)라는 의미를 다시금 새겨보아야 한다. 우리는 일상적으로 죄라고 하면 무언가 잘못된 행위의 결과로 인식하고, 이것은 비윤리적이고 비도덕적인 행위를 했기 때문에 처벌, 형벌 혹은 마음속 고통을 받는 것으로 이해한다. 성경이 말하는 죄의 본질과는 상당한 차이가 있다. 성경은 죄의 발견을 탁월하게 통찰하고 선명히 밝히는 역할을 한다. 성경 속에 담겨 있는 하나님의 뜻 안에서 찾을 수 있는 죄를 우리는 흔히 원죄로 표현하고, 이 원죄의 탄생을 첫 사람 아담의 불순종으로 정의한다. 기독교 교리는 이 땅에 유전된 죄를 말끔히 씻어낸 그리스도 예수를 믿기만 하면 구원을 얻는다고 말한다. 동시에 그 인식이 기독교 역사에서 왜곡된 심각한 부작용을 낳은 점도 외면해서는 안 된다.

죄로 번역된 헬라어 **하마르티아**의 의미는 과녁을 벗어난 화살 또는 빗나간 행위에서 유래했다. 이 말은 인간은 일단 과녁을 인지하고 그 과녁에 화살을 명중시키기 위해 화살을 쏘는 행위를 필연적으로 하고 있음을 전제하고 있다. 이것은 인간의 생존 본능이요 존재 의미인데, 하나님께서 그 자체를 죄라고 하신 이유를 설명해 준다. 이때의 죄는 부정적이지도 긍정적이지도 않다. 실존적 현상 그 자체인 까닭에 자기 잘못이나 조상 탓으로 고통을 받고 있다고 하는 식의 해석은 파기되어야 한다. **왜냐하면 죄는 존재가 각론적으로 무언가를 잘못했는지 점검하는 문제가 아니라 인간 존재의 실존적 현상을 표현하는 의미로 이해되어야 하기 때문이다.** 이 죄로부터 벗어나는 길은 바로 과녁에 대한 바른 인식에 있다. 성경은 과녁으로서 그리스도 예수를 보여주었다. 예수께서도 제자들에게 자신이 떠나고 보혜사 성령을 보내시겠다고 하시면서 '그가 와서 죄에 대하여, 의에 대하여, 심판에 대하여 세상을 책망할 것인데 죄에 대하여라 함은 그들이 나를 믿지 아니함'(요 16:8, 9)이라고 밝히셨다. **예수를 믿지 않으면 죄이고, 믿으려면 예수를 알아야 한다. 예수는 말씀으로 오신 분이므로 그분의 말씀과 뜻 곧 말씀의 진의를 옳게 알고, 옳게 믿어야 하는 것이다.** 말씀은 곧 생명이며, 일그러진 존재 의미를 하나님과 합한 존재 의미로 변혁시키는데, 그 과정이 바로 죄 사함이다.

죄가 더한 곳에 은혜가 넘쳤다(롬 5:20. 참조)고 하는 말씀의 의미를 깊이 음미해 보자. 이 말씀은 각론으로서의 비도덕, 비윤리적 죄의 창궐이 아니라 과녁을 향하는 우리의 화살 시위를 당기는 열정을 더하면 더할수록 존재의 모순은 심화되고, 사실상 과녁을 적확히 맞힐 수 없다는 데 초점이 맞춰 있다. 아담과 하와가 선악과를 따 먹은 때부터 화살은 이미 과녁을 빗나가 죄 가운데 빠져 있었고 우리 역시 죄 가운데서 진리를 향해 정조준하고 적확히 화살을 명중시킬 만한 능력이 없다. 예수께서 율법의 화살이 되셔서 십자가에서 돌아가심으로 말미암아 우리가 구원받게 된 것이다. 그러므로 죄 가운데 있는 자신을 발견하고 더욱 그리스도 예수께 의지할 때 죄는 더 많이 폭로되고, 그 가운데 자기 부인이 이루어지며 끝끝내 우리를 구원해 내신 독생자 그리스도 예수의 은혜를 발견하게 된다. 죄에 대한 근원적 인식으로 성경이 언급하는 죄를 처음부터 새롭게 읽어야 할 필요성이 대두된다. 다시 말해 본질로서의 죄는 윤리, 도덕적 선함의 끊임없는 추구를 통해 만족되는 것이 아니고, 강박으로서의 죄 사함이 아닌 해방으로서의 죄 사함을 일궈내는 발상의 전환을 말한다.

율법은 하나님이 비밀 계시를 깨달으라고 부여하신 것이지 인간이 힘써 지켜내기만 하면 된다고 주신 것이 아니다.

> 죄로부터 해방되어 의에게 종이 되었느니라(롬 6:18).
>
> 전에 율법을 깨닫지 못했을 때에는 내가 살았더니 계명이 이르매 죄는 살아
>
> 나고 나는 죽었도다(롬 7:9).

율법 즉 계명을 통해 존재로서의 죄는 철저히 폭로된다. 계명을 통해 죄가 드러났을 때, 인간은 죄의 궁극인 사망의 권세와 영향력 아래서는 스스로 그 어떤 행위나 노력, 다시 말해 계명을 지켜내는 일을 통해선 죄로부터 벗어날 수 없는 존재임을 깨닫는다. 그것은 바로 가장 바르고 참된 하나님 뜻에 순종하는 길이다. **율법을 지켜 의로움을 유지하려는 행위는 믿음이 아니며, 그런 열정은 결국 다른 복음인 우상으로서의 죄를 다시 살아나게 하여 자신을 지배하게 한다.** 다시 살아난 죄는 스스로 만들어낸 허상으로, 사도 바울이 철저하게 부정하고자 했던 어리석음이요 죄의 종(헬. 둘로스. 노예)[46]으로 만든다. 여기서 죄에 대한 새로운 개념이 분명하게 드러난다. 이 개념은 인간 스스로는 하늘 문을 여는 영적 통로를 만들어낼 수 없다는 한계성에 대한 자각을 바탕으로 하고 있다. 그 한계성을 자각하지 못한다면 과녁을 향해 쏘았으나 빗나가 버린 화살처럼, 그가 죄의 위기 상태에 빠져 있어 부활과는 먼 거리에 있다는 것만 확인할 수 있을 뿐이다.

예수의 말씀은 곧 부활하신 그리스도 예수의 말씀이다. 그분의 말씀은 악순환의 고리를 끊어낸 처음이요 마지막이다. 그러므로 처음과 마지막은 영원의 시간

---

[46] 그리스도의 종이란 자의적 발원심을 갖지만, 그 발원심의 틀을 해체하고, 타의(그리스도)에 의해서 새로운 발원심, 곧 생명 현현을 일으키는 새 창조에 돌입하는 것이다. 이때 자의와 타의가 동시적으로 뒤엉키는 상태에서 일어난 종의 자세는 곧 '그저 있음'의 참된 복종이다.

속에서 유일한, 단 한 번밖에 없는 표적임과 동시에 최고의 희소가치로서 하나님의 특급 비밀을 함유한다. 하나님의 관점에서 본 부활은 육체의 부활을 넘어 영의 부활이다. 영의 부활은 영적 죽음으로부터의 일어섬을 뜻한다. 단순히 시간 지속 차원으로 몰입되는 보편성으로서의 부활이 아닌 영의 부활, 생명의 부활이란 사실에 대한 깊은 묵상이 필요하다. 부활은 일회적 사건만이 아니라 우리에게 주어진 삶 속에서 매 순간 명징한 생명의 소리로 울려 퍼지는, 찰나이면서 지속적인 신비 사건이다. 그리스도의 부활은 우리에게 주어진 기다림의 시간을 아낌없이 소비하는 그리스도인이 되라는 참 자유를 향한 자극제이다.

여기서 예수 그리스도께서 당신의 제자들을 위한 기도에서 밝히신 점을 주목하자.

저희를 거룩하게 하옵소서 아버지의 말씀은 진리니이다 내가 비옵는 것은 이 사람들만 위함이 아니요 또 저희 말을 인하여 나를 믿는 사람들도 위함이니 (요 17:17, 20).

부활하신 그리스도 예수는 보혜사 성령으로 우리 마음에 찾아와 내주하시겠다고 약속하셨다. 예수께서는 그가 와서 죄에 대하여 의에 대하여 심판에 대하여 세상을 책망하시리라고 하시셨다.

죄에 대하여라 함은 그들이 나를 믿지 아니함이요 의에 대하여라 함은 내가 아버지께로 가니 너희가 다시 나를 보지 못함이요 심판에 대하여라 함은 이 세상 임금이 심판을 받았음이라(요 16:9-11).

예수께서 이 말씀을 남기신 이유는 무엇인가? 이제 성령의 시대, 성령의 역사가 우리 마음의 중심에서 일어나는 시대이니 그리스도인으로서 자기 마음이 성전이 된 데 대한 새로운 믿음의 스탠스를 취하라는 뜻이다. 이제 우리는 성령께서 책망하실 죄와 의와 심판에 대한 참뜻을 깨닫는 데 신앙의 초점을 맞추어야 한다. 세상의 소음과 정보의 유혹으로부터 자기 영혼을 지키기 위해 세상 욕망을 절제하고 주님의 말씀에 더 깊이 빠져드는 시공간을 만들어가야 하고, 이를 항상 스스로 질문해야 한다.

성령을 모독한 자 : 죄의 종

오늘 이 시대를 살아가는 우리가 하나님의 비밀을 깨닫는 데 장애물이 되는 것이 무엇인지를 간파하고, 이를 파쇄함으로써 비밀을 올곧게 해독하여 진리가 주는 기쁨의 복을 누려야 한다. 이 시대의 가장 큰 장애물은 바로 소리다. 사실 작금의 세상은 어디를 가나 온통 소리로 가득 차 있다. 인간들은 소리를 듣지 못하거나 이미지를 보지 않고서는 잠시도 견디지 못하고 불안해할 만큼 소리와 이미지에 중독되어 있다. 차를 운전하면서도 음악을 듣든 뉴스를 듣든지 해야 직성이 풀리고, 지하철을 타고 가면서도 스마트폰을 켜고 스포츠 경기나 연속극을 보아야만 안심한다. 마약과 술과 동성애는 또 다른 환상과 소음이다. 이런 우울한 사회적 환경에서 그리스도인들이 자기 신앙을 온전히 지키는 것은 결코 쉽지 않다. 그런데 지금은 성령의 음성에 귀를 기울여야 할 때인데 도리어 성령을 모독하고 있는 것은 아닌가? 예수께서는 성령 모독은 사하심을 얻지 못한다고 강조하셨다.

그러므로 내가 너희에게 이르노니 사람에 대한 모든 죄와 모독은 사하심을 얻되 성령을 모독하는 것은 사하심을 얻지 못하겠고(마 12:31).

소음의 시대에 성령의 음성을 듣는다는 것은 만만치 않은 일이다. 마음이 한 곳을 정하지 못하고 이곳저곳 새로운 정보와 즐길 거리를 찾게 되고, 사방에는 유혹의 손 길들이 너무나 많이 포진해 있기 때문이다. 그러니 성령의 음성에 귀 기울인다 한들 이 험악한 세상 가운데서 올곧게 참뜻을 듣고 깨달아 자신을 똑바로 세울 수 있을 것인가? 이 또한 심각한 논제가 아닐 수 없다. 예수께서는 성령을 거역한다는 의미에 관해 이렇게 말씀해 주신다.

또 누구든지 말로 인자를 거역하면 사하심을 얻되 누구든지 말로 성령을 거역하면 이 세상과 오는 세상에서도 사하심을 얻지 못하리라(마 12:32; 눅 12:10. 참조).

성령을 모독한다는 것은 그분의 음성을 경청하지 않거나 주신 말씀을 거역하여 순종하지 않는 것을 말한다. 그렇다면 성령을 모독하지 않기 위해 특단의 결심과 준비를 하는 것이 옳다. 바로 경청과 순종의 문제에 대한 올바른 이해와 실행이다. 성경적 들음은 세상에서 모든 소리와 말에 대해 무조건적으로 열어 놓는 것과는 다르다. '들음'의 헬라어 '아쿠오'가 이를 잘 설명해 주고 있는데, 곧 '들음'에 머무르지 않고 '귀를 기울이다, 주의하다'라는 뜻으로 확장된다. 그러니까 이 말은 귀를 기울일 만한 말이나 들을 만한 소리를 듣는 것을 뜻한다. 예수께서 제자들에게 귀 있는 자는 들으라고 강조하신 뜻도 성경의 이 가르침을 의미한다. 그런데 '들음'의 모든 문제가 이로써 완결되는 것이 아니며 성경에서 말하는

'들음, 아쿠오'는 단지 시작일 뿐이다. 여기에서 더 확장된 '들음' 곧 '알아듣다' 혹은 '알다'까지 이르러야 한다. 다시 말하면 하나님의 생명 소리를 듣는다는 것은 단지 그것의 기표를 듣고 방치하는 상태에 머무르지 않는 것이다. 그 들음이 자신의 마음을 울리게 하는 것, 곧 '들음'의 의미가 내 마음을 지배하는 역동적인 상태의 열림, 그 알아들음이 필요하다.

이 알아들음은 어떻게 가능한가? 흔히 성경을 오십 번, 백 번 이상 정독하고, 산 좋고 물 좋은 곳에 가서 세상 욕심 다 끊고 정진하는 소위 말하는 득음으로 알아듣게 되는 것일까? 물론 수양과 훈련의 반복 학습이 무의미한 것은 아니지만 성경에서 말하는 '들어서 알게 되는' 즉 '알아듣는 상태로 나아감'은 오직 성령의 견인을 통해서만 가능하다. 그렇다면 우리가 해야 할 일은 오로지 성령의 견인을 받는 생명의 통로로서 기능하는 자신의 깨달음, 즉 영적 직관의 **'호라오'**를 할 수 있는 안목을 키우는 일밖에 없다.

이와 같은 생명의 통로가 되기 위해선 몇 가지 관점이 요구된다. 첫째로는 신앙고백을 할 수 있어야 한다. 자기의 생각과 뜻으로 듣고 말하는 것을 포기하겠다는 영적 각성의 고백 말이다. 이 고백은 고해성사하듯, 기도하듯, 결의문 낭독하듯 하는 것이 결코 아니다. 둘째로는 이 고백을 위해서 듣는 작업, 곧 성경을 깊이 상고하는 것이 필요하다. 성경의 가르침을 통해 생명의 의미를 묵상하는 것, 그것이 바로 고백이다. 그 역설의 고백을 통해 성령의 견인이 이루어져 우리로 하여금 '참된 알아들음', '들을 귀를 가진 자의 상태'로 변화가 이루어질 것이다. 셋째 '들음, 아쿠오'엔 '깨닫다, 순종하다'라는 뜻을 포함하고 있다는 점에 주목해야 한다. 성경에서 말하는 깨달음이란 어떤 것을 자기 것으로 소유하는 것을 본질로 삼지 않는다. 오히려 순종하는 자세를 알아차리는 '발견' 자체에 집중해야만 성경이 말하는 깨달음을 얻게되는 것이다. 넷째 그 발견은 마침 내 우리가 완전한 순종에 이르도록 한다. 그렇다면 그 순종은 무엇일까? '깨닫는 자아'로서, '들을 귀 있는 자'로서 바로 서는 것과 날마다 성령의 견인을 받아 '자신의 마음 안에서 성령의 생명력이 살아 숨 쉬도록 하는 것', 그것이 바로 참된 순종이다

> 나는 내 아버지에게서 본 것을 말하고 너희는 너희 아비에게서 들은 것을 행 하느니라(요 8:38)**47**.

예수께서 공생애 기간 행한 모든 일들은 오직 아버지에게서 들은 것 만 말했다고 밝히셨다. 그런데 현상적인 유대인들은 자신들의 전통대로 이어온 확신으로 하나님을 섬긴다면서도 자신들을 아브라함의 자손이라 강변하며 예수님을 향해 대적했다. 이들이 아버지라 여기는 아브라함은 하나님 관점에서는 하나님의 자녀일 뿐인데, 전통적으로 아브라함을 아 버지라 부르고 있었다는 것은 참 하나님이신 예수님의 뜻과는 전혀 동떨 어진 악습이다. 이렇듯 누구나 아브라함을 전통적인 조상으로 부르고 있 다면 그들은 구약성경을 잘못 읽고, 잘못 이해한 것이다. '경청이 곧 순 종이고, 순종이 곧 들음'이라는 신앙의 동시적 원리를 깊이 깨닫지 못한 탓이다.

위 말씀 중에서 아버지에게서 '본 것'으로 번역된 **'헤오라카'**는 '보다, 쳐 다보다, 지각하다, 인식하다'는 의미인데 '영의 차원에서의 봄'을 뜻한다. 특히 '헤오라카'는 또 다른 '들음, 순종'이란 의미도 담고 있어서 '보는 것

---

47 참조: 요 8:40; 14:24; 계 1:10; 마 13:18; 눅 8:8.

이 듣는 것'이고, '듣는 것이 보는 것'이라는 논지가 상호동시적으로 이루어진다는 점에 주목해야 한다. '들음, 순종'이란 뜻의 히브리어 '샤마이'나, 헬라어 '휘포와 아쿠오'의 합성어인 **'휘파쿠오'**도 '듣다, 순종하다, 영접하다'라는 동시적 뜻을 함유하고 있다. 구약 선지자 '사무엘'이란 이름의 의미 또한 '하나님께 구하여 얻다'와 '하나님을 들음'이라는 이중적 의미를 담고 있다. 사무엘상 15장 22절에선 순종이 제사보다 낫고 듣는 것이 숫양의 기름보다 낫다고 기록한 걸 볼 수 있다.

> 사무엘이 이르되 여호와께서 번제와 다른 제사를 그의 목소리를 청종하는 것
> 을 좋아하심같이 좋아하시겠나이까 순종이 제사보다 낫고 듣는 것이 숫양의
> 기름보다 나으니(삼상 15:22).

이 말씀에서 순종이 제사보다 낫다고 할 때 순종의 의미를 더 깊이 이해할 필요가 있다. **'순종'의 헬라어 '휘파코스'는 '경청, 응낙'의 의미를 갖는 '휘파쿠오'의 명사형이고, 동사 '휘파쿠오'는 '주의 깊게 듣다'는 의미다.** 이 단어를 분석해 보면 전치사 '휘포'와 동사 '아쿠오'의 합성어이다. '아쿠오'는 마태복음 산상수훈에서 반복하여 등장하는 너희가 '들었으나'라는 의미이고, '휘포'는 '~아래'라는 뜻이다. 따라서 '휘파쿠오'는 '~아래에서 확실하게 듣다'라는 뜻이다. 다시 말해 경계 아래에서 듣고 경계 위의 사람이 되는 구원의 원리라는 관점에서 이해할 수 있는 단서를 제공하고 있다. 성경에 등장하는 '순종'은 먼저 '들음'을 전제하고, 그 '들음'으로 하나님 말씀의 진의를 깨달아 **'들음의 내용대로 되는 것'**을 뜻한다. 그러므로 진리만을 이야기하는 성경 구구절절이 모두 진리로 깨달아진다면 그것이 참 순종의 모습이다. 성경이 들려주려고 하는 진리를 깨달아 모든 말씀을 그

렇게 간직하는 사람, '말씀이 말씀 되게'하는 그런 존재가 되는 것이 바로 순종이다.

자유의지 오용—남용자 : 죄의 자발적 촉진

인간 사회가 공통으로 주장하고 있는 어젠다는 대체로 자유, 평등, 인권이다. 자유 없는 평등, 자유 없는 인권은 아무런 가치도 없다. 그리스도인에게 자유의 의미는 중요한 가치를 지닌다. 사전적 의미로 자유(liberty/freedom, 히,데로르, 헬, 엘류테로스)는 남에게 얽매이거나 구속받지 않고 자기 마음대로 행동할 수 있는 상태를 뜻하는데, 에덴 동산의 아담과 하와가 바로 이 자유의 개념을 남용하여 자기 임의로 선악과를 따 먹는 데 악용하였다. 그로부터 인간은 하나님이 주신 참자유를 상실한 죄인이 되었다. 이는 아담과 하와가 자유에 담긴 하나님의 비밀에 대해 깊이 생각해 보지 않고 죄의 정보를 선택한 데서 악용의 의미가 확인된다. 이사야 선지자는 이 뒤틀린 자유의 개념을 바로 잡아주는 메시지를 우리에게 제공하고 있다.

> 주 여호와의 영이 내게 내리셨으니 이는 여호와께서 내게 기름을 부으사 가난한 자에게 아름다운 소식을 전하게 하려 하심이라 나를 보내사 마음이 상한 자를 고치며 포로된 자에게 자유를 갇힌 자에게 놓임을 선포하며(사 61:1).

포로된 자에게 자유를 선포하기 위해서는 여호와의 영에 의해 기름이 부어지는 것이 전제되고 있다. 그만큼 자유란 신앙적으로나 인생의 관점에서나 대단히 중요한 명제이다. 구원의 최종 목표가 자유와 평강을 말한다면 그것은 죄악으로부터의 해방, 얽매임으로부터 풀려난 것을 의미한다. 자유는 방종과는 다르다. 자유는 법 안에서 구속받지 않는 상태이고, 방종은 법 없이 무질서하게 행동하는 상태이다. 이 자유의 개념은 성경에서 상당히 중요한 신학적 지위를 지닌다. 구약에서 자유의 의미는 출애굽 사건을 통하여 잘 나타나고 있는데, 당시 이스라엘 민족은 애굽의 압제 아래 종살이를 하고 있었으나 하나님은 자기 백성을 종살이에서 자유롭게 하셨고, 백성들이 언약을 통해 하나님을 섬기게 하셨다.

> 세계가 다 내게 속하였나니 너희가 내 말을 잘 듣고 내 언약을 지키면 너희는 모든 민족 중에서 내 소유가 되겠고 너희가 내게 대하여 제사장 나라가 되며 거룩한 백성이 되리라 너는 이 말을 이스라엘 자손에게 전할지니라(출 19:5, 6).

이 사건을 통해 이스라엘 백성은 일반적인 자유와 신앙의 자유를 동시에 얻게 된다. 이것은 하나님의 자기 백성을 향한 사랑의 총체적 표현이다. 그러나 이스라엘 백성들이 이 사랑을 저버리고 불순종하게 되면 하나님은 다시 그들을 다른 민족의 압제하에 둠으로써 백성들의 자유를 박탈해 버리실 것이다.

> 맹인이 어두운 데에서 더듬는 것과 같이 네가 백주에도 더듬고 네 길이 형통하지 못하여 항상 압제와 노략을 당할 뿐이리니 너를 구원할 자가 없을 것이며(신 28:29).

구약에서 자유를 박탈당한 개념이 예수 그리스도의 선포와 사역 속에서도 잘 나타난다. 예수님의 사역은 자유를 선포하면서 시작된다.

아들이 너희를 자유롭게 하면 너희가 참으로 자유로우리라(요 8:36; 참조. 눅 4:18).

하지만 유대인들은 자유의 참 의미를 몰랐고 그런 신앙생활을 하지도 못했다. 오늘의 우리는 자유의 참 의미를 제대로 알고 있는가? 성경은 진리 가운데 자유하고 있는가를 묻고 있다.

우리가 아브라함의 자손이라 남의 종이 된 적이 없거늘 어찌하여 우리가 자 유롭게 되리라 하느냐(요 8:33).

유대인들의 이 주장은 진실에서 빗나갔다. 그들의 역사를 되돌아보면 자유를 누린 적이 많지 않았다. 심지어 예수님 당시에도 로마 제국의 지배를 받았다. 예수님은 정치적 자유가 아닌 죄로부터의 자유를 가르치신 것인데 그들은 그걸 깨닫지 못했다.

죄를 범한 자마다 죄의 종이라(요 8:34b).

참된 자유라야 긍정적인 덕목이며, 그 자유를 누릴 수 있는 자는 예수를 믿는 자들이다. 오직 예수 그리스도만이 우리를 자유롭게 하실 수 있다. 사실 그리스도께서 진정한 자유를 소유하시며, 참된 그리스도인에게 그 자유를 허락하셨다. 그러므로 예수님이 말씀하시는 자유는 정치적 자유가 아니며, 육적 또는 방탕할 자유도 아니다. 오로지 영적 자유만을 말씀하신 것이다.

영적 자유의 특성은, 상상이 아닌 실제로 존재하는 완전하고도 영원한 자유이다. 물론 영적 자유는 현세에서 누리는 자유와 장차 하늘에서 누릴 자유를 포함하고 있다. 지금 우리가 누리고 있는 자유는 완전한 자유의 시작이다. 왜냐하면 자유의 폭이 넓기 때문이다. 사탄으로부터의 자유, 죄로부터의 자유, 사람들 눈치를 보는 복종으로부터의 자유 그리고 죽음으로부터의 자유와 무덤으로부터의 자유를 모두 포함하고 있다. 아무튼 우리는 예수 그리스도의 공로로 하나님의 진노 아래 놓인 상태에서 벗어나 그분의 긍휼과 은혜를 입는 상태로 바뀌었다(엡 2:1-10). 다시 말해 정죄된 상태에서 벗어나 의롭다 하심을 얻은 상태로 바뀌었는가 하면(롬 8:1), 하나님의 원수였던 상태에서 벗어나 그분의 친구가 되었으며(골 1:21, 22), 특히 죽었던 상태에서 생명을 얻었을 뿐만 아니라(엡 2:1-5), 하나님을 섬기게 되는 종의 영으로부터 양자의 영을 받았고(롬 9:23), 사망과 지옥으로부터도 자유롭게 되어 생명과 영광을 얻었다. 지금 우리는 천국에 들어갈 준비를 갖추는 하나님 자녀들의 영광의 자유를(롬 8:21) 허락받았으나, 현재로서는 이 자유의 의미를 온전히 이해할 수 없다는 점을 기억해야 한다.

기록된바 하나님이 자기를 사랑하는 자들을 위하여 예비하신 모든 것은 눈으로 보지 못하고 귀로 듣지 못하고 사람의 마음으로 생각하지도 못하였다 함과 같으니라. 오직 하나님이 성령으로 이것을 우리에게 보이셨으니 성령은 모든 것 곧 하나님의 깊은 것까지도 통달하시느니라(고전 2:9, 10).

사람의 일을 사람의 속에 있는 영이 알고 하나님의 일도 하나님의 영 외에는 아무도 알지 못하는 바(고전 2:11) 하나님의 비밀을 깨닫기 위해서 는 성령의 도움을 받아야 한다. 이로 보아 성경은 질병과 죄의 문제, 사탄의 종으로 예속된 상태로부터의 자유를 주제로 하고 있으며, 하나님의 다스림 상태인 천국으로 귀결된다.

> 그리스도께서 우리를 자유롭게 하려고 자유를 주셨으니 그러므로 굳건하게 서서 다시는 종의 멍에를 메지 말자(갈 5:1).

특히 예수께서는 율법과 귀신으로부터 자유하게 하심으로 말미암아 궁극적으로는 죄와 사망에서도 자유케 하셨다.

> 율법 아래에 있는 자들을 속량하시고 우리로 아들의 명분을 얻게 하려 하심이라(갈 4:5).
> 그가 우리를 흑암의 권세에서 건져내사 그의 사랑의 아들의 나라로 옮기셨으니(골 1:13).

이제 하나님 나라 안에서 누리는 자유를 깨닫는 것이 우리의 최종 목표이다. 그곳을 지향하며 올곧게 가고 있는가를 점검하는 바로미터는 우리 삶 속의 자유가 결코 이기적이 아니라 그리스도의 사랑에 기초하여 사용되고 있는지를 확인하는 것이어야 한다.

> 형제들아 너희가 자유를 위하여 부르심을 입었으나 그러나 그 자유로 육체의 기회를 삼지 말고 오직 사랑으로 서로 종 노릇하라(갈 5:13).

자유인은 노예에 대하여 대칭적으로 사용된 말로, 고대에는 많은 노예가 있었는데 이런 노예의 신분에서 해방되어 자유롭게 된 자를 가리킨다. 신약시대 때 아테네 인구 3분의 1은 노예였다. 이러한 시대적 상황 속에서 그리스도 안에서 자유인이 된다는 개념은 매우 인상적인 것이다. 따라서 우리가 신앙생활에 있어서는 율법에 매이고, 삶에 있어서는 세상 가치관과 정보 홍수에 매여 살게 되는 것은 결코 바람직한 자유인의 모습이 아니다. 우리는 세상 유혹에 노출되어 가짜 자유를 참 자유로 착각하는 한 탐심으로 비롯되는 보이지 않는 유혹과 위험에 묶여 방종하는 현대판 노예일 수 있다. 그러므로 진리의 성령을 깨달아 자유케 함으로써 그리스도 안에서 평강을 누리기 위해 자유 방종의 현실을 자각하는 것은 당면한 우리의 과제이다.

말씀 잘못 듣는 자 : 세상 소리 중독의 죄

하나님의 비밀은 들음의 진리이다. 하늘의 진리를 듣고 깨닫는 자는 하나님께 순종하는 것이고, 진리를 깨닫지 못하거나 듣기를 거부한 자는 죄의 종이다. 죄의 종이란 죄 그 자체를 의미하며 진리로 자유 하지 못한 자이고, 거룩하지도 못한 자이다.

> 진리를 알지니 진리가 너희를 자유롭게 하리라(요 4:23).
> 그들을 진리로 거룩하게 하옵소서 아버지의 말씀은 진리니이다(요 17:17).
> 예수께서 이르시되 내가 곧 길이요 진리요 생명이니 나로 말미암지 않고는 아버지께로 올 자가 없느니라(요 14:6).

이 말씀은 진리를 깨닫는 자는 하나님과 하나 된 자로서 참자유를 누릴 수 있지만, 진리를 거부한 자는 죄와 하나가 된 멸망 받을 자라는 역설적 경고 메시지다. 진리라는 개념도 유명론 관점에서 보면 예수 그리스도의 또 다른 이름이다. 예수께서는 자신을 길, 진리, 생명으로 밝히셨다. 예수의 자기 선언에 이미 그 전말이 드러난 대로, 진리는 그리스도 예수 그분 자신이시다. 그런데 진리 곧 예수 그리스도가 오늘의 우리와 무슨 상관이 있는지, 어떤 의미와 울림의 깊이를 갖고 있는지 생각해 보아야 한다. 헬라어가 의미하는 '진리, 알레데이아'는 부정 접두어로 합성된 '부정의 뜻'을 함유하고 있다. 합성된 동사 '레도'의 '숨기다, 감추다'란 뜻을 풀어보면 '감추지 않는다, 숨기지 않는다'란 뜻을 함유하고 있다. 흔히 진리를 깨달음과 연관 지어 생각할 때가 많은데, '이치를 깨달아 진리의 길을 걷는다'라는 것은 종교가 추구하는 기본 자세이다. 하지만 성경이 말하는 진리의 깨달음은 발견이란 의미와 궤를 같이하며 창세 전에 이미 우리에게 주어져 있다. 현상세계에서도 증명되듯 우리에게 주어진 설명할 필요가 없는 그 무엇이 바로 '생명'이다. 오늘 우리가 살아 숨 쉬는 근거는 바로 생명이 있기 때문이다. 그러므로 예수께서 자신을 가리켜 진리라고 말했을 때 이 진리는 우리에게 본래 주어져 있는 것을 더 이상 감추거나 숨기지 않음을 의미하는 비밀 계시를 뜻한다. 그 생명이 예수를 관통하는 신비적 몰입이 배제된 상태라면 여전히 감춰진 비밀이다. 깨달음은 바로 비밀로 감춰져 있는 우리 생명의 근원을 발견하는 정신적 행위로 볼 수 있다. 물론 현상세계에서는 물리적으로 지탱하고 우리의 생명이 있음을 자각하게 해준다. 하지만 성경은 생명이 지금 우리들의 눈과 머릿속에 철저히 가려져 있다고 말하는데, 그 생명이 바로 영적 생명이다.

영적 생명이란 초자연적 신비 체험을 뜻하는 것이 아니라 하나님을 보는 눈, 하나님께 반응하는 새로운 차원의 체질 출현이다. 창세기 타락 이야기에서의 죽음, 그 결과는 무엇이었는가? 아담과 하와는 가장 먼저 무화과나무 잎으로 자신의 치부를 감추었다. '감추고 숨는 행위'가 본질적으로 우리 존재를 장악하게 된 이 사태는 원죄의 한 측면이다. 이렇듯 우리는 영적 생명으로부터 철저히 감춰지고 숨겨진 존재이며, 그 상태를 성경은 죽음이라고 말한다. 그러므로 진리는 우리를 죽음으로부터 해방시키는 유일한 도구이다. 본래 우리에게 주어져 있었지만, 그것에 대해 눈을 감고, 귀를 막고 있던 욕망의 노예가 된 상태에서 새로운 차원을 맛보게 해주는 것이 바로 진리이다. 하나님을 알게 된다는 것은 더 이상 나를 감출 수 없다는 뜻이다. '나'를 숨기지 못하고 날 것으로 드러내 '참 나'와 대면하는 내가 될 수 있는 성숙한 존재가 되어야만 한다. 숨기지 않는 진리에 반응할 수 있기 위해선 영의 생명, 영의 세계를 두려워하지 않는 존재의 용기가 필요하다.

우리가 진리를 아는 지식을 받은 후 짐짓 죄를 범한즉 다시 속죄하는 제사가 없고 오직 무서운 마음으로 심판을 기다리는 것과 대적하는 자를 태울 맹렬한 불만 있으리라(히 10:26, 27).

이는 물과 피로 임하신 이시니 곧 예수 그리스도시라 물로만 아니요 물과 피로 임하셨고 증언하는 이는 성령이시니 성령은 진리니라(요일 5:6).

이는 그들이 하나님의 진리를 거짓 것으로 바꾸어 피조물을 조물주보다 더 경배하고 섬김이라 주는 곧 영원히 찬송할 이시로다 아멘(롬 1:25).

진리의 등장으로 감춰진 모든 것의 실상이 드러나고 발견된다. 일찍이 사도 바울은 인간 삶의 모든 전개 과정이 죄 아래 갇혔다고 규정했다. 이때의 죄는 하나님의 신성과의 단절을 뜻하는 것이며, 이 단절 상태에서 벌어지는 일련의 행위들은 본능적으로 죄의 종속과 은폐에 집중된다. 종속은 신성의 개념을 혈연, 전통, 샤머니즘으로 각색하고 종교성을 특화하거나 계급화하여 존재 모두를 종교성 안에 가둔다. 그로 인해 은혜는 왜곡되고 닫힌 종교성 속에서 모든 신성의 가능성을 소비해 버린다. 온갖 외향적 화려함과 세련된 문화적 도구를 이용해 본질의 의미를 은폐하는 것이다. 진리는 이 종속과 은폐의 본능을 처절히 폭로한다. 폭로의 대상은 다름 아닌 자기 자신에게 집중된다. 그것이 바로 자아의 해방 곧 자유이다. 다른 누군가, 타자를 자유롭게 했다는 자족감이 우선순위가 아니라 자신의 진정한 정체성인 '참 나'를 찾는 자유이다. 하나님 앞에서 분명함으로 설 수 있는 자신이 되는 것이 '참 나'이며, 이것은 진리에 대한 적극적인 반응으로 발견된다. 이렇게 나타난 '참 나'의 자유는 누구도 빼앗을 수 없는 것이다.

예수께서는 감취진 것을 들춰내는 진리의 선포를 신성모독으로 보는 이들의 마음을 극단까지 몰아붙이셨다. 자신들이 하나님에게서 나왔다고 자부하는 이들에게 예수는 그들의 아버지를 마귀라 말하고 처음부터 살인한 자라고 단정하신다. 이렇게 진리를 밝히는 절정에 내재된 의도는 뿌리 깊은 죽음에 대한 불안과 공포를 향한 폭로이다. 예수는 영원히 죽음을 보지 않을 것이라고 선포하며, 이러한 진리 절정으로의 진군에 있어 그리스도인을 위로한 것이다. 진리의 인간이 된다는 것은, 각 사람의 개인 능력에 의한 것이 아니라 하나님께서 그렇게 만들어 주시는 것이다. 이제 우리는 의의 종이 되었고, 옳은 길로 들어서서 하나님과 의로운 관계로 자유자가 된 것이다.

예수께서는 하나님의 입장과 구원받아야 할 우리 인간의 입장 모두를 고려하여 올리신 기도에서 하나님 말씀이 진리이고, 이 진리는 믿는 모든 사람임을 밝히셨다(요 17장). 하나님의 비밀 곧 말씀을 받아들이는 것과 영적 일치는 함께 한다. 우리가 다 하나님의 아들을 믿는 것과 아는 일에 하나가 되어(엡 4:13) 예수 그리스도의 비밀을 깨닫고 그 비밀 안에 존재함으로써 하나가 되는 것이다. 성경은 하나님의 말씀에 계시되어있는 진리를 무시하고도 아무 탈이 없을 것이라는 인상을 절대 주지 않는다. 예수께서는 진리를 강조하셨고[48], 사도들도 진리에 관해 열심이 있었다.[49] 비밀 계시의 중요성을 약화시키고, 무시하고, 소홀히 하는 사람은 결국 자기에게 남겨둔 것이 아무것도 없다는 것을 나중에야 알게 될 것이다. 그때는 이미 늦었다. 이 비밀을 깨닫는 지점에 도달해야 할 가장 중요한 목표가 생겨났을 때 기쁨이 시작된다.

성경의 마지막 요한계시록에서도 비밀을 깨달아 무지에서 탈출하도록 안내하고 있다. 일곱별의 비밀(계 1:20)이나 하나님의 그 비밀(계 10:7; 11:15), 짐승의 비밀이란 단어가 등장한다.

네가 본 것은 내 오른손의 일곱 별의 비밀과 또 일곱 금 촛대라 일곱별은 일곱 교회의 사자요 일곱 촛대는 일곱 교회니라(계 1:20).

일곱째 천사가 소리 내는 날 그의 나팔을 불려고 할 때에 하나님이 그의 종 선지자들에게 전하신 복음과 같이 하나님의 그 비밀이 이루어지리라 하더라(계 10:7; 11:15).

그의 이마에 이름이 기록되었으니 비밀이라, 큰 바벨론이라, 땅의 음녀들과

---

48 마 28:20; 요 14:26; 16:1-15; 17:3, 17.
49 롬 2:8; 고후 4:2; 갈 1:8; 3:1이하; 빌 1:15-18; 살후 1:10, 12, 13; 딤전 6:5; 딤후 2:15; 4:4; 벧후 1:3, 4, 19-21; 요일 2:20-22; 5:20.

가증한 것들의 어미라 하였더라 천사가 이르되 왜 놀랍게 여기느냐 내가 여자와 그가 탄 일곱 머리와 열 뿔 가진 짐승의 비밀을 네게 이르리라(계 17:5, 7).

하나님의 비밀에는 짐승의 비밀에 관한 것까지 포함되어 있는데, 이는 하나님의 전적인 주권 아래 그 비밀들이 풀려질 것임을 의미한다.

제7부

/

정보 신학의
시대적 요구

제1장
정보 신학의 기대와 모험

패러다임의 전환 : 새로운(창세 때부터 주신) 관점

　지금 우리의 시대는 악화가 양화를 구축한다는 경제 이론처럼, 세상 정보의 난립이 하나님의 비밀을 완전히 배척하는 형국으로 접어든 느낌이다. 이런 느낌과 논지는 있어서도 안 될 일이며 또한 일어날 수도 없는 일이지만 현실은 그렇지 않다. 그 소용돌이에서 빨리 헤쳐 나오지 않으면 그 사람에게는 치명적인 결과가 주어질 수 있을 만큼 세상의 정보 시장은 확장일로에 있다. 삶의 실제에서는 정보 욕망과 경쟁 심리가 인간의 영혼을 혼란스럽게 만들고 있어서 이러한 삶의 현실에 대한 자각과 함께 새로운 가치관으로의 도전이 필요하다. 새로운 패러다임의 변화로 자기 신앙의 정립에 큰 도움을 받아야 할 때다. 세계관의 변화는 인식의 전환을 요구한다. **사람 중심에서 하나님 중심으로, 율법 중심에서 은혜 중심으로, 행위 중심에서 믿음 중심으로 관점을 바꾸는 패러다임의 전환이 일어나야 한다. 고정관념**이 되어버린 기본 생각을 바꾼다는 것이 결코 쉬운 일은 아니다. 특히 신앙적인 측면에서는 정보화시대라는 생존 환경 때문에 하나님 비밀을 잠식하는 것들을 막아내는 일이 더 어려워지고 있으나 신실한 그리스도인이라면 여기에서 돌파구를 찾고, 믿음의 토대를 더 굳건하게 하라는 심령의 내적 속삭임을 감지할 수 있어야 한다. 하나님의 비밀계시를 인식하는 사람에게는 강력한 믿음의 원리가 작용한다. 이 원리를 새롭게 인식하는 것은 우리가 응답해야 할 몫이다.

하나님의 비밀은 바로 그분의 주권이요 능력이며 지혜이다. 이 믿음의 원리에는 외적 인식의 원리와 내적 인식의 원리가 있다. 우리는 외적 원리에서 내적 원리로 지향해야 하는 믿음의 실체를 밝히 볼 수 있어야 한다. 그 실체를 볼 수 없다면 그것은 하나님과 인간 자신 사이에 어떤 커다란 장벽이 놓여있기 때문일 것이다. 예를 들면 창세기 4장에서 아벨은 **양을 치는 자로** 등장하고 창세기 22장에서 모리아 땅으로 향하던 이삭의 입에서는 '**어린 양**'이란 단어가 최초로 나온다(창 22:7). 그런데 이삭은 어떻게 '**번제할 어린 양**'이라는 단어를 생각해 낸 것일까? 하나님의 의중이 담긴 이 단어는 미래 어느 날 '어린 양'이 그리스도 예수를 지칭한 예표로 밝혀진다.[50] 또한 '어린 양'은 구약의 제사 제도에서 주요 희생제물(레 4:35; 14:25; 민 28:4; 겔 46:15)이 되며, 마지막 날에는 구원받아야 할 **우리 인간을 '어린 양'으로 지칭**(눅 10:3; 요 21:15)하기도 한다. 이삭이 오랜 옛날 아벨의 제사와 먼 훗날 일어날 십자가 사건들을 알았을까? 아니다. '어린 양'은 하나님의 비밀이고, 계시이다. 따라서 하나님께서는 왜 '어린 양'이란 단어를 도입하셨으며 그 뜻은 무엇인지 성경에 질문하고 깨달아 알기 위해서는 다른 관점 즉 하나님의 관점으로 어린양을 탐구하는 발상의 전환이 요구된다. 그때라야 비로소 하나님의 비밀이 우리의 정보 지식이 된다. 궁극적으로 '어린 양'은 하나님의 비밀이지만, 우리에게는 귀한 생명

---

50 출 12:3, 4, 5, 21; 사 53:7; 66:3; 요 1:36; 행 8:32; 벧전 1:19; 계 5:6, 7, 12, 13, 17; 14:1, 4, 10; 15:3; 19:7, 9; 21:14, 22, 27; 22:3.

의 정보이며, 구원의 증거이다.

우리가 전혀 다른 관점으로 인식의 전환을 취함에 있어서 가장 큰 걸림돌이 있다. 그것은 하나님의 비밀을 받아들이는 인간의 이해력 부족으로 인해 예상치 않은 의사소통의 장애가 발생하는 경우이다. 이는 영적 세계와 육적 세계 간의 차이와 한계성에 따라 불가피하게 형성된 것이기는 하지만 심각한 불안정 요소다. 근본적으로 인간의 관심이 온통 세상을 향한 정보 욕망에 치우친 나머지 초월 세계를 바라볼 영적 눈이 흐려져 있기 때문이다. 보이지 않는 세계를 볼 수 없게 만드는 장벽은 하나님과의 단절을 일으키며, 비밀 계시를 인지하지 못하도록 방해한다.

성경은 때때로 거듭남(요 3:1-6; 고전 2:14)과 성령의 기름 부음(요일 2:20), 마음의 청결(마 5:8)과 하나님의 뜻을 행함(요 7:17)과 같은 내적 인식의 원리를 제시하고 있다. 특별히 하나님에 관한 지식의 내적 원리로 자주 제기되는 것은 믿음이다(롬 10:17; 갈 3:3, 5; 히 11:1, 3). 이 확고한 믿음이 바로 서지 않고는 그 두꺼운 장벽을 헐어낼 수 없다. 믿음만이 의심할 바 없이 가장 올바르게 하나님 비밀을 받아들일 수 있다.

하나님 비밀 계시의 근본 목적은 인간을 통해 존귀와 영광을 받으시는 데 있다. 따라서 하나님의 비밀을 사람 밖에서 끝내 버리지 말고, 각자의 마음속 깊숙이 끌고 들어가 묵상하며, 의심으로 닫혔던 문을 활짝 열어야 한다. 믿음에 의해서만 하나님의 비밀은 신적 진리로 받아들여질 수 있다. 믿음으로써 자기 의지를 하나님의 생각에 복종시킬 때 하나님은 그에 대해 응답하신다.[51] 이는 하나님의 비밀 계시가 인간 내적의 관계로 이어지는 신앙의 결국이다. 비밀 계시의 궁극은 하나님 자체이며, 최종

---

[51] 바빙크는 내적 원리는 종종 '내적 언어', 심지어는 '원리적 언어'라고까지 불린다고 말한다.

목표는 한 사람의 몸과 마음 전체가 하나님의 지혜로 덧입혀지는 것이다.

칼 바르트는 하나님에 관한 지식이 가능하게 되는 것은 오직 믿음에 의해서만이라고 강조한다. 성부 하나님께서 로고스인 성자 예수 그리스도를 통하여 성령 안에서 당신의 피조물들과 교제를 나누시는 데에서 신앙의 기본원리가 나왔다. 그렇다면 인간의 편향된 정보적 사고와 지식은 하나님 말씀 왜곡의 원인이 될 수 있다. 성경 말씀에 대한 편향적 이해에서 벗어나 종합적이고 통합적인 관점에서 진리이신 하나님의 뜻과 의지를 발견하기 위해 마음을 집중해야 한다.

아담과 하와는 인간적이고 세상적인 탐욕 즉 자기 중심성에 기초해서 선악과를 선택했다. 그것이 하나님이 의도하신 바와는 전혀 다른 인간적 관점에서 선택한 것이라면, 이와는 정반대로 하나님 관점에서 선악과 문제를 바라볼 수 있다면 깊은 깨달음을 얻을 수 있다. 하나님은 아담과 하와가 선악과를 따 먹으리라는 것을 정말 모르고 계셨을까? 전지전능하신 하나님이 모르셨을 리 없다. 선악과는 그들이 따 먹게 될 것이라는 사실을 알고도 하나님께서 허용하신 것이 된다. 그렇다면 하나님의 목적하신 바 의도가 있지 않으시겠는가! 이 세상 문화에 이미 익숙해져 있는 우리는 이와는 전혀 다른 새로운 비밀 탐구의 관점으로 죄악의 현실을 자각하며 하나님의 비밀 앞으로 나아가야 한다.

비밀 탐구의 전혀 다른 새로운 정보 신학적 관점이란 그간 지나치게 친숙해진 고정관념에서의 탈피를 의미한다. 현재의 관념이 잘못된 전통이나 세속 문화에 의해 형성된 것이라면 인류문명이 걸어온 길이만큼 그 장벽의 높이도 두텁다. 새로운 관점에서의 전혀 다른 관점이란 ①통합적 관점과 ②시차적 관점, 그리고 ③차원적 관점과 ④역지사지 등의 다양한 관점에서 진리를 향해 사고의 전환을 해보는 것이다. 끝없이 광활한 이 우주를 창조하신 무한하신 하나님의 섭리를 유한한 인간이 깨닫고 이해하는 데는 분명 한계가 있다. 그러므로 하나님 나라의 비밀을 이해하기 위해서는 새로운 다른 관점에 의해서만 접근할 수 있다. 그것은 인간의 자기 중심적 사고와 판단의 장벽을 무너뜨려야 할 전제이다. 그 공간을 채울 새로운 발상들은 정보 신학의 관점에서 계속 발굴해 가야 할 우리의 기대치이다.

정보화시대의 놀라운 효력 가운데 하나는 이해의 통합성을 깨뜨리고, 다양한 관심과 이해관계를 여기저기 분산시켜 놓은 현실이다. 지금껏 다양한 관심과 이해의 의미를 한곳으로 묶어 주었던 구심점이신 하나님의 존재는 거의 고려하지 않은 터라 사람들의 다양한 관심과 이해의 연결선을 상실하였다. 서로를 배려하는 깊은 연관성을 찾지 못하고 방황하며 좌절하는 소영웅 독불장군 시대의 문화를 탄생시켰다. 구심점이 되는 진리를 파괴해 버린 까닭에 개인주의이면서 상대주의적이고, 이기적이면서 종교주의적인 정보화 세상의 모순과 잡다한 일들이 주류를 이루고 있다. 한마디로 중심사상이 없어진 곳에는 올바른 생각이나 가치관, 삶이 되돌아올 여지가 없다. 중심이 없는 현대화, 도시화 그리고 소비사회는 거룩함을 찾는 영혼의 갈급함을 앗아갔다. 각 사람이 직면하는 여러 상황 가운데 반드시 있어야 할 불변의 진리, 파수꾼의 역할을 감당할 아름다운 진리의 말씀과 기도를 부식시켜가고 있었다.

지금 우리가 가져야 할 새로운 관점은 진리가 변두리로 추방되고, 중심축은 무너져 사고력이 분산됨으로써 인간의 건전한 생활 양태는 와해되고 붕괴당하고 있다는 현실 자각이다. 복음주의 신앙에도 이런 불순물들이 이미 침투해 들어와 있다. 이런 현상들이 믿음의 약화를 초래하고 껍데기 신앙만 남겨 놓는다는 심각한 위기의식을 조성하고 있다. 인간 존재의 절대적인 가치와 소망을 상실한 질곡의 현실만을 남겨 놓고 있다. 전혀 다른 관점으로의 인식 전환은 어려운 작업이지만 이 시대에 맞는 새로운 도전이며, 반드시 이루어 가야 할 신앙의 성화 영역이다.

정보 신학(Realization of God's secret)의 기대

하나님과 하나님의 말씀을 비밀과 정보의 관점에서 이해하고 그 깊은 뜻을 발견하는 데 주력해야 할 이유는 앞서 밝힌 바와 같다. 정보 혁명의 시대를 맞이하면서 우리의 눈과 귀가 수많은 소음과 현란한 이미지들에 포박되어 자기 존재의 의미를 놓치고 있다. 특히 하나님과 그분의 말씀을 경홀히 대하는 위기의 시대는 이미 도래해 있다. 이대로 가다가는 미래가 어찌 될는지 어둡기 짝이 없다. 이러한 현상을 바로 보고 새로운 신앙의 도약을 모색하기 위해 정보 신학이 어떤 역할을 감당할 수 있으리라는 기대감 또한 우리를 새로운 자각으로 무장하게 한다.

정보 신학은 각 사람이 저마다 가지고 있는 정보 인지 능력의 실재, 곧 태초부터 갖고 계신 하나님의 우주 창조 비밀이 인류의 세계관 형성과 신앙의 공고화에 어떠한 영향을 미치고 있는지를 깨달아 보려는 목적에서 출발한다. 다시 말해 성경을 중심으로 하나님 말씀을 따라가며, 숨겨진 비밀은 과연 무엇이고, 그 뜻은 어떠한지, 우리가 놓치고 있거나 곡해하고 있거나 풀어내지 못한 비밀들은 어떤 것이 있는지 알아가며, 하나님 앞으로 더 가까이 나아가고자 하는 것이다. 그 진리를 깨닫기 위해 성령님의 도움을 기대하려는 것이다. 하나님 나라를 지향하고, 하나님 백성으로서의 올바른 발걸음을 걸으려는 자각이다. 예를 들면 구약만 보더라도 305,000개의 히브리어 단어로 구성되어 있고, 어근별로 분류해 보면 히브리어 단어 8,700개와 아람어 단어 약 700개로 구성되어 있다. 히브리 단어 305,000개에 어근이 8,700개라는 것은 같은 어근이라도 그 뜻과 의미가 다를 수 있다는 뜻이다. 한 단어에 여러 의미가 있을 때 문맥에 따라 어떤 뜻을 사용해야 하느냐는 가장 힘든 탐구 부분이다. 이때 성령께 하나님의 참뜻을 깨우쳐 주시기를 간구해야만 한다. 다시 말해서 일상적인 우리말 사전적 단어의 의미를 추적하는 데 주력하기보다는 하나님 비밀에 대한 성령님의 깨우쳐 주심을 얻는데 모든 역량을 집중해야 한다는 뜻이다.

지금 이 시대는 하나님 비밀들이 두겹 세겹으로 왜곡되는 잡다한 정치 경제 사회 문화적 욕구들이 범람하고 있는 터라 그 실체를 규명할 필요성을 더욱 강렬하게 느끼게 된다. 이 과제가 인류의 올바른 신앙과 믿음을 지키기 위한 절실한 주제임을 다시 확인하게 된다. 하나님의 비밀 계시와 인간의 정보 인식의 상호성에서 분명히 규명해야 할 과제들이 있다.

여기에 하나의 새로운 과제로 더 해지는 것이 곧 **정보(intelligence-information)와 정보 신학(Realization of God's secret)**의 능력에 관한 문제이다. 과연 지금 인간이 직면하고 있는 하나님 비밀 왜곡의 인식구조를 어떻게 '다르게' '다른 관점'에서 볼 수 있도록 변화를 유도할 것인가? 다시 말해 정보 혁명의 AI 시대가 몰고 오는 난제들을 어떻게 정확히 알고 해소해 나갈 것인가? 정보 예측 능력과 판단의 문제이다. 이것은 기독교적인 논제인 동시에 인류 공동의 과제이다. 정보 신학이 다소 생소하다는 생각이 들 수 있어서 정보 신학과의 첫 만남은 조금 난해하고 종종 위협적인 것으로 느껴질 수도 있고, 일상의 비밀 – 정보 개념에서는 특별한 호기심과 자극성에 연결해 줄 것을 기대할 수도 있다. 하지만 하나님의 비밀과 인간의 정보 영역에서는 그와는 정반대로 하나님 비밀에 대해서는 엄격하게 순종하고, 인간 정보적 감각의 틀린 부분에 대해서는 과감하게 도려낼 것을 촉구해야 한다. 만약 하나님 비밀에 대한 충분한 자각이 없다면 세상이 주는 즐거움과 기쁨을 뛰어넘는 기회를 찾기가 어려워질 것이다. 신앙의 확신은 각자의 몫일 뿐 아니라 성령의 역사에 일임된 영역이다. 그래서 정보 신학은 성령의 역사에 다가가는 대단히 까다로운 모험을 시도하는 일일 수도 있다.

성경이 실증적으로 보여주는 하나님과 인간 사이에 일어난 긴 반목과 대립 국면은 우리가 세상에 태어나기 이전부터 시작된 일이다. 신구약 시대의 사람들은 하나님의 천지창조와 인간의 원죄 사건을 제대로 이해할 준비가 되어 있지 않았다. 하나님 비밀을 외면함으로써 실제적인 지혜의 부족으로 수많은 실패를 경험해야 했다. 거기에는 어떤 질문도 없었고, 질문하는 자도 없었을 뿐 아니라 하나님의 비밀 계시를 받아들이거나 적극적이고 능동적으로 이해할 의지도 부족했다. 하나님에 대한 궁금증이나 의구심도 없었고, 대안도 없이 이 땅의 삶이 인생의 전부라고 생각한 어리석음만 있을 뿐이었다. 미지의 먼 세계로 여행을 떠나는 것은 항상 위험한 행로라며 머뭇머뭇 망설이고 현실에 안주하려다가 터져 나온 실패들뿐이었다. 사실 오늘 우리 역시 하나님의 비밀이라는 주제와는 거리가 먼 곳으로 떠나와 살고 있다. 그래서 수시로 '너는 예수를 믿고 있느냐?, 하나님을 알고 있느냐?, 그분의 주권을 인정하고 있느냐?, 너는 누구냐?' 라는 질문들을 던지게 된다. 사실 모두가 온전한 믿음 가운데 있다면 불필요한 질문들이다. 이러한 반문이 자주 나오고 있다는 것은 불편한 진실이다.

어떤 사람들은 '창조 – 생명 – 섭리 – 구원'이라는 논제를 펼치려고 하면 정색을 하며 싫다고 말한다. 물론 각 사람에게는 종교의 자유가 있다는 것은 분명한 사실이다. 하지만 그들이 삶의 대부분을 유별난 철학이나 새로운 정보 욕망에 빼앗기고 있는 데 대한 선의의 설교권 행사를 마치 적의 침투라도 되는 양 경계심으로 무장하고 자기방어에 급급해한다. 그들 대부분은 세상 곳곳에서 밀려오는 정보의 홍수 속에서 선택의 문제를 놓고 어떤 것이 자신에게 유익하고, 믿을 만한 것인지를 따지고 의심하고 논쟁하지만, 실상은 공허한 갈등의 틈새에서 빠져 나오지 못하고 있다. 때때로 자기주장을 강력하게 내세우기도 하지만 보이지 않는 세상 문화의 유혹에 떠밀려가며 방향 감각조차 바로잡지 못하고 있다. 진리 탐구에 대한 능력과 소양이 극히 부실한 결과이다.

물론 인류가 역사적으로 올바르게 살아 보자고 외치는 순수한 열정이 없었던 것은 아니다. 남다른 삶에 대한 모험과 도전 의지도 있었고, 물질적인 성장의 기반을 쌓기도 했다. 하지만, 유한한 것으로 가득 채운 실속 없는 허상의 세계에서 하나님 진리의 말씀이 담긴 성경책을 멀리하는 속빈 강정의 도미노 현상은 암울한 일이다. 성경 해석에서 자신의 비뚤어진 생각을 덧붙이고 그 말씀을 삶에 적용하고 있다면 그것이 하나님 비밀의 왜곡이고 오류이다. 성경과의 접촉점을 잘못 연결한 탓이라고 핑계할 수도 없는 이런 사고와 행위들은 하나님에 대해 고의적인 반역을 도모하는 일이라고 단정해도 할 말이 없다.

믿음과 신앙의 관점에서 중요한 것은 **그리스도인인 우리에게 신앙이 있느냐 없느냐가 아니라 그 신앙이 왜곡, 변질된 믿음이냐, 아니면 바른 진리 안에서의 올바른 믿음이냐이다.** 다른 말로 우리가 자신의 사고와 인식 과정을 의식하고 있느냐 아니냐의 문제이다. 좀 더 구체적으로 표현하자면 우리의 모든 생각과 판단을 성경 말씀과 기도 곧 그리스도에게 복종시킬 수 있을 만큼 깊이 깨닫고 있느냐의 문제이다. 구약성경의 저자들에게는 하나님에 대한 확실한 신앙이 있었다. 예수께서도 성경 계시의 맥락에서 자신의 정체성을 설명해 주셨기에 사도들도 선지자들과 마찬가지로 그리스도에 대한 확신이 있었다. 그러나 예수님 당시의 유대인 제사장이나 무리는 달랐다.

> 너희가 성경에서 영생을 얻는 줄 생각하고 성경을 연구하거니와 이 성경이 곧 내게 대하여 증언하는 것이니라(요 5:39).
>
> **너희가 성경도 하나님의 능력도 알지 못하므로 오해함이 아니냐**(막 12:24).
>
> **너희는 나를 알지 못하고 내 아버지도 알지 못하는 도다 나를 알았더라면 내 아버지도 알았으리라**(요 8:19).

예수께서는 하나님과 일치되는 자기 사역과 하나님 나라의 관점에서 모든 증거가 성경과 그리스도 예수 자신이심을 밝히셨다. 하나님 아버지의 성품과 목적에서 비롯된 세계관을 우리에게 보여주셨다. **한마디로 하나님이신 그리스도 예수께서 하나님의 본체를 설명해 주신 것이다.** 그리스도께서는 하나님 아버지의 성품과 목적에서 비롯된 세계관을 가지고 말씀하고 행동하셨고, 모든 것을 우리가 이해하고 깨달을 수 있도록 도와주셨다. 예수께서 하나님과 관련해서 자기의 삶과 사역을 이해하셨던 것처럼, 그 관점에서 우리는 우리 삶의 모든 것을 바라보아야 한다.

여호와는 만군의 하나님이시라 **여호와는 그를 기억하게 하는 이름이니라** 그런즉 너의 하나님께로 돌아와서 인애와 정의를 지키며 항상 너의 하나님을 바랄지니라(호 12:5, 6).

이를 정리하자면, 우리 **신앙의 기본**은 첫째는 하나님과 하나님의 속성이 담긴 하나님의 비밀을 알고 깨달아 하나님의 정체성을 믿음으로 지키는 것이며, 둘째는 자기 부인과 자기 십자가를 지기 위해 참 자유와 거짓 자유를 분별하며, 셋째는 거짓 정보로 오염된 현실 세계에 대한 냉철한 자각과 악습으로 더러워진 자기 신앙을 재점검하는 것이다. 다시 말해 자기 삶 속에 잠재해 있는 가식과 위선, 외식과 거짓의 허황된 악습을 발견하여 폭로하고, 오직 하나님의 정의와 공의 앞에 바로 서는 것이다. 마지막으로는 그리스도는 '나의 주님이시요 나의 하나님이시니이다'(요 20:28)라고 선포하고, 성령 체험으로 종말의 믿음을 확증하는 일이다.

정보 신학의 모험 : 초점과 지향점

초점이 볼록 렌즈를 통해 빛을 한곳으로 모아 낡은 것들을 태워버리는 것이라면, 지향은 망원경(望遠鏡, 영어: telescope)이라는 렌즈의 광학기기를 이용하여 가시광선·적외선·자외선·엑스선·전파 등의 전자기파를 모아 멀리 있는 물체를 관측하듯 창공을 향해 비상하는 소망을 담는 것이다. 정보 신학은 초점과 지향의 두 관점에서 하나님의 비밀이 왜곡되는 현상을 자각하고, 계시된 말씀을 따라 진리의 원형으로 돌아가는 길을 밝히 보려는 데 목적을 두고 있다. 하나님 형상으로 지음을 받은 인간이 하나님 형상을 되찾아 본향으로 돌아가기 위해 자각하는 것은 자연스러운 소망이다. 이에 걸맞게 하나님 말씀의 원형을 발견하고 그것을 굳건한 믿음의 근거로 삼아 지키는 것 또한 아름답고 경건한 일이다. 한 걸음 더 나아가 하나님과 인간 사이에 휘장이 되는 장벽의 요인들을 일찍이 발견하고 깨뜨리는 것은 하나님의 영광에서 빛을 바라보게 되는 길이다. 우리의 모든 것은 그리스도 예수 그분 안에 있으며, 이 땅의 것들은 우리 소유의 전부가 아니다. 이 명제를 깨닫고 신앙의 완성 단계에 진입해 있는지를 늘 점검해 나가야 한다. 거룩을 벗어나 정보로 오염된 세상의 위기로부터 보호받아야 할 파수꾼 그리스도인을 위해 몇 가지 초점을 세워두는 일이 중요하다.

• 제1 초점 신앙 위기 사회의 재인식 : 그 절박성과 미래

그리스도인에게 신앙의 위기는 항상 있었던 역사적 사실이다. 새삼스럽게 논할 주제도 아닌 것 같지만, 현대는 이전 시대와는 달리 과학 문명이 고도로 발달한 가운데 인간의 자존심과 자기 능력 신뢰, 그리고 하나님을 경시하는 태도가 더욱 심화하는 상황에 이르렀다. 특히 앞으로 다가올 미래는 우리 인간이 어떻게 상상하고 추론하든 그런 것과는 관계없이 성경의 말씀대로 믿는다면 분명한 것은 하나님의 진노와 재앙 곧 환란과 고통이 기다리고 있다는 사실이다.

또 하늘에 크고 이상한 다른 이적을 보매 일곱 천사가 일곱 재앙을 가졌으니 곧 마지막 재앙이라 하나님의 진노가 이것으로 마치리로다(계 15:1).

물론 그때가 언제인지는 아무도 알 수 없고 하나님만이 알고 계시는 비밀이지만 이 비밀은 언젠가는 계시되고 우리 앞에 실제화될것이 분명하다. 이 재앙과 하나님의 진노를 피해 살아남을 수 있는 자는 누구인가? 이 땅에서 인간이 추구하는 인간을 위한 그 어떤 정보혁명도, 육체적 쾌락과 안락도 영생이 될 수 없다. 정보 사회의 어두움 속에서 하나님 말씀을 경청해야 하는 의미를 더 깊이 깨달아 가야 할 절박성을 항상 염두에 두어야 할 것인데, 이를 위한 두 가지 관점을 정리해 둘 필요가 있다.

첫 번째 경고는 세상이 정보 욕망의 그림자에 어두워져 가고 있으나 그걸 깨닫지 못하고 있다는 것이고, 두 번째 경고는 이 세상은 이상하게도 세상 정탐에는 혈안이 되어 가면서도 자신을 창조해 주신 하나님과 그분의 비밀을 아는 데는 전혀 관심조차 두지 않는 데 대한 경각심이다. 이것이 우리가 연구해야 할 과제이다. 하나님의 창조 이래 예수 그리스도가 이 땅에 오시기 전까지 그 무수한 역사의 발자취에는 하나님의 비밀 계시에 대한 저항과 반역, 곡해와 왜곡이 있었다. 끝끝내 그들은 비밀의 참뜻을 깨닫지 못했고, 십자가 처형을 외쳤다. 그들의 신앙에는 말씀의 꼬임이 있었다. 그리스도께서는 그것을 바로잡아 주시기 위해 이 땅에 오셨고, 각성의 말씀을 주셨다. 그러나 불행한 것은 그 진리를 깨닫는 사람이 아무도 없었다는 사실이다. 그 비밀에 대한 해답은 십자가였으나, 부활도 믿지를 못했다. 하나님 비밀 계시에 대한 그들의 아둔함은 두말할 나위 없이 어둠 그 자체였다. 인간의 초월 세계에 대한 인식 능력은 형편없는 무지몽매한 자의 수준이었다. 왜 그렇게 된 것일까? 결정적인 단서는 인간의 **생래적 욕망(에피뒤미아, lust)**에 있다. 욕망은 곧 갈망인데, 아담과 하와가 선악과를 따 먹은 이후 두 마음이 선악 판단의 주체가 되어 자기 원함을 선택하고 원하지 않는 것을 배제하는 하나님 같은 자리를 탐하게 되었다. 이 욕망은 인본주의와 율법주의의 대명사로 적용되고 있는데, 하나님 중심이 아닌 자기중심, 영적 세계 추구가 아닌 물질세계의 충족, 낮은 자가 아닌 큰 자가 되려는 경쟁에 가치를 두는 집착형 세계관을 말한다.

큰 자를 추구하던 사울이 다메섹에서 예수님을 만난 후 작은 자 바울로 변화된 것은 가장 좋은 신앙의 모범이다. 원래 사울의 밑바탕에는 살인과 박해와 십자가 처형이 숨겨져 있었으나 그리스도께서 빛을 비춰주심으로 말미암아 180도 U턴의 대반전이라는 변화를 이루게 된 것이다. 바울이 얻게 된 이 진리의 깨달음은 신학 전체의 핵심을 이루고 있다. 예를 들면 그는 예수님의 하나님 되심과 예수님의 성령님 되심을 깨달았고, 하나님이 직접 찾아오심과 살아 역사하심을 알게 되었다. 또한, 신앙의 핵심은 율법 지킴에 있는 것이 아니고 하나님의 은혜에 대한 순종에 있다는 점 등 굵직굵직한 신학 주제들에 대해 직접 체험하고 각성한 것이다. 이 보물들을 서신서로 남겨 오늘의 우리에게까지 안겨 줬다. 사울이 바울로 변화하는 데는 상당히 긴 시간이 걸렸다. 인간이 하나님 비밀 계시를 깨닫는다는 것은 전적인 하나님의 주권과 인간의 준비로 완성되는 어려운 과제다. 오늘날 정보화 사회에서 수많은 가치관에 둘러싸여 있는 우리에게는 깨달음보다 더 크고 중요한 과제가 있을 수 없다. 바울이 '나는 죄인 중의 괴수다'라고 말하기까지 낮아지는 죽음에 이르는 신앙이 역설적으로 하늘의 높은 자가 되는 이 과정을 깨닫는 것이 우리의 신앙의 목표이다.

오늘날의 상황은 어떠한가? 현재 우리가 굳게 믿고 의지하고 있는 정보 혁명 시대의 부산물들, 예를 들면 과학 문명의 발달에서 오는 편안과 안락과 쾌락의 도구들이 우리의 영혼을 앗아가고 있는 신앙의 위기 시대이다. 하나님의 목소리를 들을 수 없게 만드는 잡다한 소리, 소음들과 하나님과 만나고 대화할 수 없도록 유혹하고 있는 현란한 이미지들에 포위

된 채 하나님과 하나님 말씀을 왜곡하고 있다. 마음이 오염되어 불순해진 우리의 비성경적인 말하는 방식은 명확한 이해력과 큰 인내심 없이는 누구라도 일관된 의미 파악이 불가능하게 하는 혼란스런 말하기 방식이다. 특히 의미하지 않는 것을 의미하는 것같이 보이게 하는 불성실한 방식이 우리의 생활과 언어 구조를 장악하고 있다는 점은 경계해야 할 부분이다. 특히 저마다 간증이란 이름으로 행하는 경험주의적 말하기는, 말하는 자나 듣는 자 모두에게 심각한 위험을 끼칠 수 있는 방식이다. 하나님의 은혜를 강조하는 척하면서, 말하는 자 스스로를 치켜세우고, 자만심을 키우며, 스스로 고양하는 이런 행태는 마치 사울왕이 아말렉을 쳐서 모든 것을 진멸하라는 하나님 명령을 왜곡하였던 것과 다를 바 없다(삼상 15:3, 9, 15). 사울왕은 제사장을 제쳐두고 스스로 번제와 화목제물을 가져오라 하여 번제를 주도(삼상 13:9)하는가 하면, 자기를 위하여 비석을 세우고(삼상 15:12), '장로들과 이스라엘 앞에서 나를 높이사'(삼상 15:30)라고 요청하는 등 자기중심의 욕망에 사로잡혀 있었다. 이것은 하나님 앞에서 큰 자 곧 하나님같이 되겠다고 하는 인간의 욕망을 여과 없이 드러내는 아주 위험한 방식이다(삼상 13, 15장).

뜻밖에도 많은 사람이 예수 그리스도와 기독교 교리를 잘 알고 있다고 생각하지만, 조야하고 육적이며 엉성하게 알고 있을 뿐이다. 이와 같은 하나님 말씀 왜곡의 죄악 가운데서 탈출하는 일은 시대를 막론하고 그리스도인에게는 항상 긴급한 과제이다. 올바른 현실 인식과 죄에 대해 자각하는 것이 절박하다는 의미이다. 우리는 신명기(신 30:18, 19)에서 제시하고 있는 복과 저주 중 하나를 선택해야 하는 기로에 서 있다. 복과 저주의 선택 문제는 오늘에까지 그 맥이 이어지고 있는바, 그것을 다시 조명해 보는 데 초점을 맞출 때 오늘 우리의 신앙이 처한 위기 곧 죄악 된 세상 속에 갇혀 사는 처참한 현재를 발견할 수 있다. 이 전제 위에서 우리는 진리가 자유케 하는 신앙의 경지로 진입할 수 있어야 한다.

하나님의 비밀이 계시라는 공급을 전제로 한다면, 인간의 정보는 이해와 선택을 전제로 한다. 인간의 최초 정보 선택의 실험은 에덴 동산에서 하나님이 아담에게 부여하신 명령에서 비롯되었다. 아담은 정보 선택의 주체가 자신에게 있으며, 순전히 자신의 자유의지에 달려 있다고 생각한 것이다. 이는 자기중심적 사고로 정보 선택 실험에 응한 것이다. 하나님은 아담에게 '동산 각종 나무의 열매는 네가 임으로 먹되 선악을 알게 하는 나무의 열매는 먹지 말라 네가 먹는 날에는 반드시 죽으리라'(창 2:16b, 17a)고 하셨다. 이 명령은 인류에게 최초로 정보 선택의 자유가 부여된 사건이다. 그 명령에서 아담과 하와는 선악을 알게 하는 나무의 열매를 선택했다. 그의 선택은 구약성경 신명기(28장-30장 참조)에서 축복과 저주의 선택 문제로 경고를 제기하는 원인이 되었다.

네가 네 하나님 여호와의 말씀을 삼가 듣고 내가 오늘 네게 명령하는 그의 모든 명령을 지켜 행하면 ... (신 28:1a).

요약하자면, 만약 하나님의 말씀을 따르면 그들은 모든 민족 가운데 가장 축복받는 민족이 될 것이다. 하지만 만일 하나님 말씀을 따르지 않는다면 유대 민족은 타국의 침략을 받고 또다시 자기 땅에서 쫓겨나는 저주받은 자가 될 것이다. 그런데 특이하게도 유대인들은 축복보다는 저주를 선택한다. 그 결과들이 구약성경의 기록과 선지자들의 경고를 통해 선명히 나타난다. 특히 주목할 관점은 이스라엘 민족이 두 차례나 자기 땅에서 쫓겨나 떠돌이와 포로가 되는 큰 격동을 겪게 될 것이라는 예언이다. 먼저는 어떤 나라의 포로가 되는 것이고, 그다음에는 세계에 흩어져서 박해받게 될 것이라는 말씀이다. 이스라엘 민족은 모세에 의해 출애굽을 하고 여호수아에 의해 가나안 땅에 귀환하여 정착하였으나, 그들은 하나님의 언약을 잊어버리고 하나님 말씀을 따르지 않았을 뿐 아니라 우상숭배와 간음으로 일관했다. 축복이 아닌 저주만을 선택한 것은 자의적이었는가, 아니면 무의식적인 결과인가? 이상하리만치 선민이라던 이스라엘이 하나님의 말씀에 온전히 순종했다는 사례를 찾아보기가 어렵다. 이런 현상을 어떻게 해석해야 하는가? 그 원인은 무엇인가? 이스라엘은 어떤 나라의 포로가 될 것이라고 예언되었는가? 모든 것이 예언대로 이루어진 것인가? 신명기 28장 예언의 말씀이 실재의 현실이 된 것을 알려고 한다면 거의 같은 시기에 활동했던 선지자 이사야와 예레미야, 에스겔이 기록하고 있는 하나님 말씀과 비교해 볼 때 확연해진다.

여호와께서 **너와 네가 세울 네 임금을 너와 네 열조가 알지 못하던 나라로 끌어가시리니** 네가 거기서 목석으로 만든 다른 신들을 섬길 것이며(신 28:36).

여기에서 유대인은 알지 못하던 나라에 끌려가게 될 것이라고 분명하게 예언하고 있다. 그로부터 800년 뒤 이사야 선지자는 그 나라가 바벨론이라고 분명하게 알려준다.

보라 날이 이르리니 네 집에 있는 모든 소유와 네 열조가 오늘까지 쌓아 둔 것이 모두 바벨론으로 옮긴 바 되고 남을 것이 없으리라(사 39:6).

이 예언은 신명기에서 언급된 이후 약 900년이 지난 뒤에 그대로 실현되었다. BC 606년 느부갓네살 왕이 이끄는 바벨론 제국의 군대가 이스라엘을 침략해서 대부분 유대인을 포로로 잡아갔고, 결국 BC 586년에 예루살렘이 함락되고, 살아남은 사람들은 노예로 끌려갔다. 그뿐만이 아니다. BC 600년경 예레미야 선지자는 바벨론 포로 기간이 70년이 될 것이라고 정확하게 예언하고 있다.

> 이 온 땅이 황폐하여 놀람이 될 것이며 이 나라들은 **칠십 년 동안** 바빌론 왕을 섬기리라(렘 25:11).

예레미야 선지자의 예언대로 유대인은 정확히 70년 바벨론 포로 생활을 한 후 해방되어 조국으로 귀환한다. 특이하게도 그들의 귀환을 허용한 자는 바벨론을 정복한 페르시아 왕 고레스이다. 다시 말해 유대인 지도자에 의해 조국 귀환이 이루어진 것이 아니라 적국 페르시아 왕의 손에 의해 이루어진 것이다. **더욱 놀라운 사실은 이사야 선지자는 페르시아 왕 고레스가 태어나기 175년 전에 그의 이름을 실명으로 예언하였다는 점이다.** 하나님이 하늘 비밀을 귀띔해 주신 것이다. 이것이 바로 하나님 비밀의 신비이고, 성경의 말씀과 약속에 대한 신뢰이다.

> 고레스에 대하여는 이르기를 내 목자라 그가 나의 모든 기쁨을 성취하리라 하며 예루살렘에 대하여는 이르기를 중건되리라 하며 성전에 대하여는 네 기초가 놓여지리라 하는 자니라(사 44:28; 삼하 5:2; 대하 36:22. 참조).
> **여호와께서 그의 기름 부음을 받은 고레스에게 이같이 말씀하시되** 내가 그의 오른손을 붙들고 그 앞에 열국을 항복하게 하며 내가 왕들의 허리를 풀어 그 앞에 문들을 열고 성문들이 닫히지 못하게 하리라(사 45:1).

내가 공의로 그를 일으킨지라 그의 모든 길을 곧게 하리니 그가 나의 성읍을 건축할 것이며 사로잡힌 내 백성을 값이나 갚음이 없이 놓으리라 만군의 여호와의 말이니라 하셨느니라(사 45:13).

이보다 더 놀라운 하늘 비밀은 신명기 28장의 예언대로 유대인이 여전히 복이 아닌 저주를 선택하였고, 그 결과로 두 번이나 자기 땅 모국에서 쫓겨나 세계로 흩어져 유랑객이 된 사실이다. 이 비밀은 구약시대의 선지자 에스겔에 의해 예언되고, 신약시대인 AD 70년에 현실로 증명된 역사이다.

곧 여호와께서 멀리 땅끝에서 한 민족을 독수리가 날아오는 것 같이 너를 치러 오게 하시리니 이는 네가 그 언어를 알지 못하는 민족이요(신 28:49).

이 말씀의 특징은 다른 나라가 이스라엘을 공격해 올 것임을 예언하고 있다는 점이다. 그 나라는 바벨론에 이은 로마이다. 실제로 BC 68년에 시작된 유대인의 독립운동을 진압하려고 로마의 디도 장군이 군대를 이끌고 쳐들어와 AD 70년에 예루살렘을 철저하게 파괴하고, 100만 명이나 되는 유대인을 학살하였다. 그 당시 로마 제국의 상징이 독수리였다. 예수께서도 예루살렘 성전의 파괴를 예언하신 바 있는데 이는 실로 놀라운 비밀의 일치이다. 이때 살아남은 유대인은 생명을 구하려고 세계 여러 나라로 피난하는 방랑의 디아스포라(diaspora) 역사를 시작하였고 1948년 이스라엘이 건국될 때까지 계속되었다.

여호와께서 너를 땅 이 끝에서 저 끝까지 만민 중에 흩으시리니 네가 그곳에서 너와 네 조상들이 알지 못하던 목석과 우상을 섬길 것이라(신 28:64).

한편 예수께서는 성전에서 나와서 가실 때에 제자들이 성전 건물들을 가리켜 보이려고 나아올 때 이렇게 대답하신다.

너희가 이 모든 것을 보지 못하느냐 내가 진실로 너희에게 이르노니 돌 하나

도 돌 위에 남지 않고 다 무너뜨려지리라(마 24:1).

이는 그때에 큰 환난이 있겠음이라 창세로부터 지금까지 이런 환난이 없었고

후에도 없으리라(마 24:21; 계 7:14. 참조).

여기서 우려되는 점은 우리가 하나님 예언의 말씀이 현실로 증명된 긴 역사를 보면서 약간의 의문을 가질 수 있다는 것이다. 성경 말씀이 너무도 정확하게 맞아떨어진 데서 오는 역설적인 반문이다. 이스라엘이 두 차례의 대격변을 겪고, 조국에서 쫓겨나 1,900년이라는 긴 방랑의 세월을 보낸 것은 하나님 예언에 따른 운명인가? 아니면 이스라엘 민족의 선택적 자충수에 의한 것인가? 다시 말해 출애굽 이후 계속 주어진 하나님의 말씀과 뜻을 따르지 않고 저주를 선택한 결과인가?

여기서 잠시 모든 생각을 멈추고 깊이 숙고해 보자. 하나님은 창조주이시고 사랑과 은혜의 하나님이시다. 그분은 인간처럼 감정의 기복에 따라 조변석개하시면서 이성 없이 이스라엘을 괴롭히려 할 분이 아니며 인격적인 하나님이시다. 만약 이스라엘이 하나님의 예언에 의한 운명적 삶을 살아야 한다면 굳이 하나님께서 수차례에 걸쳐 미리 복과 저주를 선택할 수 있는 정보와 경고를 주실 이유가 없었을 것이다. 하나님께서 선지자들을 통해 예언으로 비밀을 계시해 주신 것은 이스라엘에게 복을 내

리시고 살리시려는 깊은 뜻이 담겨있다. 특히 바벨론 포로 생활 70년에 그들을 고국 땅으로 돌아오게 하겠다는 약속을 미리 하셨고, 그대로 실현되었다. 게다가 성전까지 재건축할 수 있도록 배려와 자비를 베푸셨다. 이스라엘이 조금만 신경을 써서 하나님 말씀에 귀를 기울였더라도 긴 방랑의 고난들을 피할 수 있었으리라. 그들은 엄격한 하나님의 공의와 정의를 깨닫지 못했을 뿐 아니라, 하나님이 약속하신 축복을 선택하는데 총력을 기울이지도 않았다. 여기에서 확인되는 진실은 인간의 한계, 즉 하나님을 깊이 알고 깨닫는 일이나 그분의 약속을 믿고 순종한다는 것은 사실상 절대 불가능한 수준이었다는 점이다. 그러기 때문에 이스라엘의 구원은 오직 하나님의 손에 의해서만 이루어질 수 있다는 사실이다. 단지 그들에게 축복과 저주의 선택을 맡기신 것은 하나님의 깊은 뜻이 녹아 있다. 인간의 불가능함을 깨부수고, 진리를 깨달아 구원에 이르도록 하시려는 하나님만의 독특한 통치 방법이다. 하나님은 전지전능하신 창조주이시기에 유대인들이 끝없이 저주를 선택하리라는 것을 예지하고 경고하신 것이다. 하나님께서는 은밀한 비밀을 계시해 주셨지만, 유대인들은 말씀에 주의를 기울여 경청하지 않았다. 이는 하나님 비밀의 인간 정보화 과정에서 하나님 비밀 자체가 묵살되고 불순종의 대상이 되는 최악의 사태가 벌어진 것이다. 하나님을 경홀히 대하고 말씀을 거부해 버리는 자기중심성이 인간에게는 상습화되었음을 알 수 있다. 그 폐해가 얼마나 심각한 결과를 낳는지도 깨닫게 된다. 그게 바로 타락한 인간이 자초한 하나님의 진노와 심판이다. 그런 점에서 지금의 우리도 크게 다를 바 없다. 경각심을 갖는 것이 중요해진 것은 지금 이 시대가 신구약 시대보다 하나님 말씀에 더 귀를 닫고 경청할 수 없게 만드는 자아와 환경, 즉 과학기술과 안락, 자기만족과 소비문화가 믿음을 굳건하게 지켜낼 수 없을 만큼 팽창해 있기 때문이다. 그렇게 만만한 사회 환경과 인간의 탐심이 아니다.

이제 우리에게 미래는 없다고 단정적으로 말해도 좋다. 자칫 이 뜻을 오해해서 미래를 포기하는 말로 곡해하지 않기를 바란다. 믿음은 미래의 일이 아니고 지금 당장의 과제라는 사실에 기반을 두고 하는 말이다. 신명기 28장 모세의 경고와 마태복음 24장의 예수님 말씀에서 이미 밝혀졌다. 우리는 미래에 대한 모든 근심과 걱정을 다 벗어버리고 오직 현재에 믿음으로 충실할 수밖에 없다. 우리는 현재에만 호흡할 수 있는 섭리에 매인 연약한 존재일 뿐이다. 만약 오늘의 선택이 곧 미래의 결론이라면 우리는 미래를 오늘로 앞당겨 사용하고 있는 셈이다. 이 원리는 아무리 강조해도 틀린 말이 아닐 것이다. 엄밀히 말해 미래는 지금, 이 순간 나의 현존재 앞으로 찾아온 찰나일 뿐이다. 거꾸로 말하면 미래는 현재의 결과이고, 오늘의 연장선상에 놓여있는 시간이다.

인간이 자신의 장래에 무슨 일이 일어날 것인가에 대해 궁금증을 갖는 것은 비단 어제오늘의 일만은 아니다. 그렇지만 여전히 자기 미래에 관한 정확한 정답을 찾아낸 사람은 아무도 없다. 그 답은 성경과 성령의 계시에 의해서만 알 수 있는 비밀 영역이다. 인간 사회는 일찍이 생존과 번영이라는 주제가 덧붙여지면서 세상의 정보 탐욕에 경쟁적으로 불을 붙이며 자기중심의 삶을 살아온 터라 한편으로는 현실에 몰두하다가도 다른 한편으로는 문득 장래에 대한 궁금증과 불안감을 안고 산다. 물론 각자의 욕망이 어떤 목적과 목표를 향하느냐에 따라 그 길은 사뭇 달라진다. 축복과 저주는 어렵게 생각할 일이 아니다. 우리의 관심을 하나님의 비밀 계시에 두느냐 아니면 인간 세상의 정보에 두느냐? 오로지 선택의 문제일 뿐이다.

• 제2 초점 초월 세계의 비밀 탐구 : 말씀의 능력과 성령의 역사

정보가 땅 차원이라면 비밀은 하늘 차원이다. 하나님의 궁극적인 비밀 메시지는 천지 차이의 통합 곧 하나 됨을 통해 천국을 알게 하고, 주님이 주신 참 자유를 누릴 수 있게 하는 데 있다.

우리가 신앙의 초점을 세우려고 할 때 명확히 해야 할 관점이 있다면, 하나님의 자기 계시는 이 땅에서 일어나는 문제에 초점이 맞춰져 있는 것만은 아니라는 점이다. 하나님이 정조준하고 계시는 초점은 하나님 존재의 비밀 계시에 정확히 맞추어져 있다. 이 땅 위에서 일으키시는 하나님의 모든 역사는 하나의 모형으로서 하나님과 하나님 나라를 설명하기 위한 하나의 도구와 수단들일 뿐 이다. 이 관점을 분명한 전제로 세우고 나서야 하나님의 비밀 계시를 올바로 깨달을 수 있다. 그리스도인이라면 당연히 그분의 깊은 뜻을 알기 위해 하나님 존재와 하나님 나라에 관한 논제를 초점으로 삼아야 한다. 왜냐하면 이 땅 차원에 묶여 있는 인생의 한계를 자각하고, 영원한 생명의 초월 세계가 우리의 지향점이 되어야 하기 때문이다.

성경의 역사는 하나님 말씀의 왜곡 역사라고 단정할 수 있다. 인간의 무지와 빈곤에서 오는 현상이긴 하지만 인간이 지향하는 초점 곧 과녁들이 분산되고 한곳으로 집중하지 못한 아쉬움이 있다. 그것은 인간 타락의 연속이었으며, 세대마다 죄가 죄를 낳는 형국으로 치닫고 있었다. 여기서 다시 에덴 동산으로 거슬러 올라가 아담과 하와의 선악과 선택에서 시작된 말씀 왜곡의 뿌리를 생각해 보지 않을 수가 없다. 최종적으로 하나님 말씀의 귀착 지점은 예수 그리스도다. 그러므로 말씀을 깨닫는 것이 전혀 불가능한 것은 아니었다.

사람의 정보 인식이 의문과 질문, 궁금증과 호기심에서 시작된다면, **하나님과 그분의 말씀과 빛, 생명과 어둠의 상관관계를 하나의 맥으로 꿰뚫어 볼 수 있는 안목과 깨달음(요 1:1-5. 참조)**이 있어야만 그리스도인은 바른 신앙의 자세를 견지할 수 있다. 정보 신학의 '전제'도 여기에서 출발한다. 그 전제는 항상 현재로 나타난 비밀 증거로서의 시작이며, 넓은 의미에서의 대전제는 하나님의 천지창조이다. 물론 우리가 사는 세상 정보의 근원도 창세기로 거슬러 올라가야 이해될 수 있으나 순수 하나님의 비밀이 아닌 인간의 모든 욕망과 의지가 섞인 세상적 정보 시각이란 점에서 경계와 분별을 요한다. 다시 말해서 하나님 비밀의 인간 정보화와 세상 비밀의 인간 정보화가 분명하게 구별되어야 한다는 것이다. 하나님과 그리스도 예수, 성령으로 이어지는 큰 맥락에서 하나님이 계시해 주신 비밀을 깨달아 가는 것과 세상 정보 영역과의 분별이다. 특히 신구약 성경의 모든 말씀 가운데서 하나님의 최고 비밀로 예언된 그리스도 예수와 십자가를 발견하고, 모든 사람의 믿음을 확고히 세워가는 일에 중점을 두는 것이 이 땅에서 탐구할 정보 신학의 영역이다.

예수께서 십자가의 고난을 겪고 부활하신 이후에 엠마오를 향해 걸어가던 두 제자 사이에 나타나셔서 그들의 대화에 참여하시고 예수님 자신이 구약성경과 깊은 관계에 있음을 계시해 주신 점을 주목하자. 예수께서는 제자들에게 '미련하고 선지자들이 말한 모든 것을 마음에 더디 믿는 자들이여'(눅 24:25)라고 강하게 질책하신다. 그러고는 놀랍게도 구약 성경 전체가 궁극적으로 자신을 가리키고 있음을 입증해 주신다. 요한복음에서는 예수께서 유대교 지도자들과 논쟁 중에 자신의 정체성에 관한 말씀을 주신다.

너희가 성경에서 영생을 얻는 줄 생각하고 성경을 연구하거니와 이 성경이 곧 내게 대하여 증언하는 것이니라 그러나 너희가 영생을 얻기 위하여 내게 오기를 원하지 아니 하는도다(요 5:39, 40).

구약성경을 해석하는 방식을 드러내는 예수님의 말씀은 명확하다. 구약성경 전체의 궁극적 의미가 십자가와 부활에 있음을 풀어 알게 하신다. 이는 당시 유대교 지도자들이 구약성경을 올바로 해석하는 데 실패했음을 의미한다. 그렇다면 그들은 왜 실패한 것일까? 알파와 오메가이신 하나님이 시작과 끝의 밖에 계신 영원한 분이시라는 사실을 인지하지 못한 것인가? 하나님의 비밀은 과거와 현재와 미래를 포함하는 포괄적 개념임을 인지하지 못한 것인가? 항상 앞서 행하시는 선재하시는 하나님의 비밀을 올곧게 좇아가는 것이 그토록 어려웠던 것인가? 이런 질문들이 정보 신학의 대전제이다. 인간에게는 좁은 의미에서 세상을 향한 인본위적 정보 욕망이 있지만, 넓은 의미에서는 하나님을 알고 깨달으려는 영적 비밀 세계를 향한 욕망이 있다. 두 욕망에는 출발의 동기가 전혀 다른 전제가 숨어있다. 모든 사람이 근본적으로 알고 싶어 하는 결정적인 정보는 자기 생명의 근원과 세상 종말에 관한 것이다. 하지만 대부분 사람은 그것을 관념으로만 둘 뿐 실제로는 세상 정보 욕망에 온통 자기 영혼을 빼앗기며 산다.

그런 의미에서 정보 신학은 새로운 신학적 관점으로 하나님과 인간의 관계가 비밀과 정보를 매개로 신뢰를 구축하고 있는 성경 말씀을 밝히 알아가는 데 초점을 둔다. **비밀과 정보 관계를 다르게 표현한다면 하나님 말씀에 대한 인간의 이해이다. 하나님은 유일한 한 분 하나님이시고 그분의 말씀도 하나이다. 그분의 말씀을 인간이 비밀 곧 진리로 인식하느냐 아니면 세상 정보의 하나로**

왜곡 인식하느냐의 문제가 있을 뿐이다. 따라서 정보 신학의 관점에서는 신앙의 실제를 하나님의 비밀과 인간 정보의 관계성이라는 관점에서 바라보며, 그릇된 길과 바른길을 분별하는 데 목표를 둔다. 오늘의 물질문명은 하나님의 비밀 계시를 정확하게 이해하고, 그 깊은 의미와 참뜻을 깨닫는 일이 더욱 중요해졌다는 사실을 우리에게 알리는 역설적인 경고장이다.

성경을 해석함에 있어서 먼저 성경 전체가 하나님 비밀로 가득하다는 관점에서 신구약 성경에 숨겨진 하나님의 비밀을 발견하자. 하늘 비밀에 대해 더 많은 관심을 쏟으며 올곧게 받아들여 올바른 신앙의 길에 들어서자. 다음으로 성경의 핵심 주어는 하나님이시고 비밀의 핵심 목적어는 예수 그리스도라는 관점에서 자각을 일으키자. 하나님의 깊은 뜻을 깨닫고 예수께서 제시해 주신 믿음의 방향으로 신앙생활을 올곧게 맞춰 나가는 데 그 목적을 두자. 마지막으로 우리가 마땅히 해야 할 일을 발견하는 것인데, 하나님의 참뜻을 가리기 위해 인간의 헛된 망상이 어떤 것인지를 분별하자. 모든 탐구의 역점을 여기에 두고 성경 전체를 아우르는 종합적이고 통합적인 차원에서 진리를 발견하고, 깨달은 비밀들을 순수한 사랑으로 이웃에게 전도할 수 있는 날까지 성경 탐구는 계속되어야 한다.

정보 신학은 대전제에 호응하는 소전제의 실제에도 집중력을 강화해 나가야 한다. 하나님 비밀 계시의 은혜를 받은 사람으로서 마땅히 하나님과 그분의 정체성에 관해 잘 알고 깨달아 반응해야 한다는 소명을 자각해야 한다. 하나님의 말씀에 즉각적인 수단과 방법으로 반응해야 한다. 하나님은 우리 인간을 만드실 때, 즉 자기의 형상과 모양으로 지으실 때(창 1:26, 27) 모든 부분에서 상응할 수 있는 속성들을 공유(communicated)

하셨다. 하나님은 인간을 자유로운 영적인 존재, 하나님과 교통할 수 있고, 그분의 말씀에 반응할 수 있는 존재, 선택과 행동을 결정할 능력을 지닌 책임 있는 도덕적 행위자로 창조하셨고, 본래의 선하고 진실하고 거룩하고 정직한(전 7:29) 존재, 한마디로 하나님처럼(Godly) 만드셨다. 그런데 사람들은 살기 바쁘다는 이유로 이 놀라운 비밀, 자기 생명의 근원에 대해 무관심으로 일관한다. 왜 그럴까? 애당초 과녁을 벗어난 허튼 정보 자료들의 입력으로 땅적, 육적 세계관이 형성되어 있기 때문이다.

사람은 누구나 자신만의 세계관을 가지고 산다. 세상을 바라보는 자기만의 눈에는 두 가지 창문이 있다. 하나는 눈에 보이는 자연 세계만 바라보는 눈이고, 다른 하나는 보이지 않는 초월의 세계를 바라보는 눈이다. 초자연적 세계관을 가진 사람에 대해서는 영적 세계를 깨달은 진리 안에 있는 존재라고 부르자. 이 세상만 바라보는 세계관으로 겨우 반쪽만 이해하고 있는 사시(斜視)적, 편견적 삶을 사는 사람을 비진리적 존재라고 부르자. 이성을 부여받은 존재로서 인간은 개별적으로 정보 수집 욕구가 있다. 세상 사람이라면 누구나 정보 수집의 열광에 만족하지 않고, 상호관계 속에서 더 나은 지식과 지혜를 얻고 싶어 하는 욕구를 가진다. 본능적으로 이성은 상호 무관한 정보들일지라도 한곳에 모아서 비교, 분석, 평가하고 판단하여 진리를 발견하려고 애를 쓴다. 그러나 만약 이 세상만을 향해 정보 욕망을 펼치는 경우라면, 자신이 누구이며 무엇을 위해 사는 존재인지 그 의미도 모른 채 사는 바보들이 된다. 그러므로 사람은 자신의 정체성을 먼저 정확히 알아야 하나님을 볼 수 있다. 인간에게는 하나님의 형상이 투영되어 있기 때문이다. 지금은 창조의 첫 번째 자리로부터 한참 빗나가 있어서 아름다운 종말을 보장받지 못하고 있는 어둠의 사람이 많다.

그러나 그리스도인이라면 그들과는 다르게 하나님 말씀에서 진리의 조각들을 찾고 모아서 조직적인 방식으로 기쁨을 누리려는 노력을 아끼지 않는다. 물론 거기에도 진리로부터 멀어지지 않을까 하는 두려움이나 불안감이 숨어있다. 하지만, 체계가 그릇된 철학의 근본 원리에 기초하지 않고 성경 자체의 영원한 진리에 기초한다면 위험성은 이미 제거된 것이다. 그러함에도 믿음이 작은 사람들에게는 여전히 염려와 근심의 요인들이 남아 있기 마련인데, 그런 경우는 자신이 종말을 전제하지 않고 세상에 기웃거리고 있기 때문이라는 사실을 자각하면 된다.

• 제3 초점 종말론적 숙고 : 존재의 한계성 자각

비밀이 미래지향적 종말론적 관점을 포함하고 있다면, 정보는 현재적 현상적 관점에 중점을 둔다. 정보 신학이 추구해야 하는 제3의 초점은 종말론적인 말씀과 자기 인식에 집중한다. 창조의 전제는 종말이고, 종말의 전제는 창조이다. 이 세상의 종말은 각 개인의 종말이기도 하다. 누구에게나 미래는 여전히 호기심의 대상이고, 종말도 그중의 하나이다. 분명한 것은 아무도 미래를 알 수 없다는 사실이다. 미래는 오직 창조주 하나님만이 알고 심판하실 그분만의 비밀 영역이다. 아무튼 사람들은 단지 종말, 끝, 마지막, 마감이라는 말 그 자체만으로도 피하고 싶어 한다. 종말은 정보가 없는 미지의 세계이다. 두려움과 불안을 불러오는 종말에서 도피처를 찾아 숨으려고 한다. 혹자는 종말을 무시하고 도망치지만, 그 어느 곳도 안전한 피난처가 아니다. 불행하게도 임박한 종말에 심판이 기다리고 있다는 정보조차 갖고 있지 못한 사람들이 많다는 것은 슬픈 일이다.

거기에는 무수한 종교적 교리와 철학적 논쟁, 사상과 이론적 논박, 생존 경쟁의 이전투구하는 모습들이 가중되고 있다. 가히 정보의 전쟁터라고 할 만큼 혼잡과 공허와 흑암의 세계화다. 이 전쟁터의 울타리 안에서는 결코 창조와 종말의 진리를 발견할 수가 없다. 오직 하나님에 대한 올바른 믿음에 의해서만 천국의 문이 열릴 것이기 때문이다.

'종말'(히,아하리트. 헬,에크바시스)은 일반적으로는 생애의 마지막, 일정 기간의 완료, 시작에 대한 끝 등의 의미를 가지나 구약에서의 종말은 주로 선지서에서 '여호와의 날'이란 말로 표현된다. 주로 포로기에 있던 이스라엘에게 희망을 주기 위한 내용과 하나님의 섭리와 목적이 성취되기를 대망하는 묵시적인 내용으로 되어 있다. 즉, 여호와 하나님의 계약 속에 있던 의로운 자는 구원의 소망을 얻지만, 반대로 불의하고 패역한 백성에게는 하나님의 징계가 임한다는 내용이다. 또한 이날은 이스라엘에게는 구원과 희망의 날이요 적에게는 멸망과 형벌의 날로 이해되었고, 하나님께서 심판과 구원의 완성을 위해 자기를 직접 나타내는 날이기도 하다. 이것은 전쟁이나 또는 천재지변을 통해서 올 수 있다(사 13:6, 9; 겔 13:5; 습 1:7).

구약의 여호와의 날은 신약에 와서 현재적인 종말인 예수의 초림과 미래적 종말인 예수의 재림으로 구체화된다. 현재적 종말은 이미 예수를 믿는 순간에 영생을 얻고(요 3:16), 심판에 이르지 아니하며 사망에서 생명으로 옮겨진 것을 말한다(요 5:24). 즉 예수를 믿는 순간 심판에 이르지 않고 영생에 이르게 되는 종말적 사건이 이미 이루어졌다는 뜻이다. 현재, 미래에 완성될 종말은 홀연히 이루어지며(살전 5:2), 예수께서는 그 전에 여러 징조들이 있을 것이라고 말씀하셨다(마 24장; 막 13장; 살후 2:1-4).

민족이 민족을 나라가 나라를 대적하여 일어나겠고 곳곳에 기근과 지진이 있으리니 이 모든 것은 재난의 시작이라 그 때에 사람들이 너희를 환난에 넘겨주겠으며 너희를 죽이리니 너희가 내 이름 때문에 모든 민족에게 미움을 받으리라 거짓 선지자가 많이 일어나 많은 사람을 미혹하겠으며(마 24:7-9,11). 영으로나 또는 말로나 또는 우리에게서 받았다 하는 편지로나 주의 날이 이르렀다고 해서 쉽게 마음이 흔들거나 두려워하거나 하지 말아야 한다는 것이라 누가 어떻게 하여도 너희가 미혹되지 말라 먼저 배교하는 일이 있고 저 불법의 사람 곧 멸망의 아들이 나타나기 전에는 그날이 이르지 아니하리니 **그는 대적하는 자라 신이라고 불리는 모든 것과 숭배함을 받는 것에 대항하여 그 위에 자기를 높이고 하나님의 성전에 앉아 자기를 하나님이라고 내세우느니라**(살후 2:2-4).

미래의 종말이 어떠한 모습일지를 아는 것은 세상 사람들이나 그리스도인에게나 아주 절실한 정보 사항이다. 성경과 예수께서 계시하신 종말론의 비밀에 관한 내용을 보면 긴장하지 않을 수 없다. 물론 그때와 시기는 분명하지 않지만, 어느 순간 누구에게나 다가올 일로서 구원의 최종 목적지인 하나님 나라에 들어가는 관문 입구에서 벌어질 일들이기 때문에 마지막 순간까지 긴장하게 한다. 최종 종말의 정착지가 곧 새 하늘 새 땅이라면 매우 긍정적인 소망이지만, 그 이전에 겪어야 할 또 다른 종말, 주의 날이 있다.

종말(말세)[52]에 관해 헬라어는 크게 세 가지로 나누어 의미를 부여한

---

52 종말(말세)이라는 말은 신 31:29에 단 한 번 나타나고 있는데 여기서는 종말적 의미라기 보다는 일반적인 의미로 사용되고 있다. 신약에서 말세는 약 5:3과 벧전 1:5, 20에서도 설명하고 있다.

다. 일반적으로 물질적, 공간적, 시간적인 마지막을 가리키는 '에스카토스', 결정적인 시점이나 가장 적절한 때 그리고 최후의 심판 때를 나타내는 '카이로스', 종말론적 결과나 마지막을 의미하는 '텔로스'가 있다. 그런데 사도 바울은 말세에 나타날 징조로서 도덕적인 타락과 종교적인 타락 그리고 개인적인 패악을 비롯한 세상의 부패상을 언급하고 있고, 베드로역시 말세에 기롱하는 자들이 와서 예수 그리스도의 재림을 비웃고 불신할 것임을 지적하고 있다.

먼저 이것을 알지니 말세에 조롱하는 자들이 와서 자기의 정욕을 따라 행하며 조롱하여 이르되 주께서 강림하신다는 약속이 어디 있느냐 조상들이 잔후로부터 만물이 처음 창조될 때와 같이 그냥 있다 하니(벧후 3:3, 4).
하나님이 말씀하시기를 말세에 내가 내 영을 모든 육체에 부어주리니 너희의 자녀들은 예언할 것이요 너희의 젊은이들은 환상을 보고 너희의 늙은이들은 꿈을 꾸리라(행 2:17; 욜 2:28).

성경은 종말 관련 두 부류의 사람을 설명하고 있다. 하나는 종말에 대해 별다른 신경을 쓰지 않는 부류이고, 다른 하나는 하나님의 영이 부어져 성취가 이루어지는 부류이다. 예수께서는 '세상 끝에는 무슨 징조가 있겠습니까?'라는 제자들의 질문에 이렇게 대답하신다.

내가 진실로 너희에게 말하노니 이 세대가 지나가기 전에 이 일이 다 이루리라(마 34:34).

'이 일'이란 각 사람의 깨달음 정도를 뜻할 수도 있지만 다가올 종말의 징조를 의미할 수도 있다. 역설적으로 종말의 시대에 일어날 이 일이 다 이루기 전에는 이 세대가 지나가지 않을 것이라는 논지이다. 이 문장을 원어로 읽으면 놀라운 비밀이 숨어있다. '세대'라고 번역된 헬라어 '제이나'는 제너레이션(generation)을 파생하는데, 여기에 민족(nation)이라는 의미도 포함하고 있다. 따라서 예수께서 유대인을 가리켜 '종말의 시대에 일어날 일이 전부 일어날 때까지 이 민족은 멸절하지 않는다'라고 하는 말씀의 뜻도 있다. 예수님 말씀을 다시 읽어보면 무섭고 두려운 생각까지 들 정도다.

> 저희가 칼날에 죽임을 당하며 모든 이방에 사로잡혀 가겠고 **예루살렘은 이방인의 때가 차기까지 이방인들에게 밟히리라**(눅 21:24).

이 말씀에서 특별히 관심을 끄는 부분은 '이방의 때가 차기까지 이방인들에게 밟히리라'고 하신 말씀이다. 지금부터 2,000년 전에 예언된 이 말씀은 유대인이 여러 나라에 포로가 될 뿐 아니라 지구상에서 사라지지는 않을 텐데, 그 조건이 이방인의 때가 차기까지이다. 이방인들에게 밟히리라는 것이다. 유대인들이 1948년 이스라엘을 건국하기 전까지 1,900여 년을 나라 없이 세계에 흩어져 홀로코스트 등 온갖 박해를 받으며 방랑했던 역사적 사실 위에 무엇을 더하여 증명할 필요가 있겠는가? 예수님의 예언이 매우 명료하고 알기 쉽게 역사 속에서 증명되고 있다는 사실은 경이로운 일이기도 하지만 우리를 바짝 긴장하게 한다. 이 말씀은 물리적인 현상으로서의 이방인들에게 밟히는 것만을 의미하지 않는다. 영적 세계에서의 혼돈과 공허와 흑암을 고려하고 빛을 발견하는 일이 그만큼 중요해졌다는 행간의 비밀도 읽어낼 수 있어야 한다. 성경 전체에 나타나는 종말론의 요지는 예수 그리스도를 증거하는 용기를 잃지 말라고 하는 것이다(마 24:13; 고전 15:58). 종말론에는 쓸데없는 사변이나 논쟁을 조장하려는 의도가 담겨 있지 않다. 하나님께서 우리에게 장차 일어날 일에 대하여 알 수 있도록 허락하신 이유는 우리 안에 내재하시는 성령님을 전적으로 의지하여 그리스도를 증거하도록 하기 위한 것이며, 오늘 이 자리에서 그를 섬기도록 하기 위한 것이다. 유대인의 역사는 기원전부터 성경을 통하여 자세하게 예언되었고, 그대로 역사가 이어져 왔다. 이것은 참으로 불가사의한 일이며, 정보 신학이 관심을 두어야 할 제3의 초점이다.

제2장
정보 신학의 주요 논점

제1 논점 하나님 비밀에 대한 몰입

하나님의 비밀이 빛이라면, 인간의 정보는 그 빛의 반사체이다. 하나님의 비밀이 뿌리라면 인간의 정보는 가지이다. 가지가 포도나무에 붙어 있지 아니하면 스스로 열매를 맺을 수 없음(요 15:4)과 같이 정보는 비밀이 없으면 스스로 존재할 수 없고, 생명이 없는 죽음의 상태이다. 정보는 빛을 향해야 하고 포도나무에 붙어 있어야 하지만 세상은 하나님의 비밀을 거부하고 왜곡하며 거짓 정보만 탐식하고 있다. 하나님의 비밀은 곧 하나님 자신의 계시이다. 예수께서는 '나는 포도나무요 너희는 가지라 그가 내 안에, 내가 그 안에 거하면 사람이 열매를 많이 맺나니 나를 떠나서는 너희가 아무것도 할 수 없음'(요 15:5)을 강조하셨다. 정보 신학은 하나님의 비밀이 세상의 비밀 분류법처럼 다양한 방식으로 우리에게 다가온다는 점에서 우리의 정보적 감각을 새롭게 할 것이다. 하지만 궁극의 지향점은 포도나무이신 예수 그리스도이심을 전제로 주요 논점들을 제기할 수 있을 뿐이다. 먼저는 하나님이 임재하시는 성전과 성례전을 통해 나타내시며, 마지막에는 하나님 최고의 비밀인 예수 그리스도와 십자가로 귀결된다는 관점이고, 다른 관점은 하나님께서는 우주 비밀 모두를 알고 계시는 까닭에 우리에게 지혜의 정보를 넘치도록 부어 주셔서 진리를 깨닫는 은혜를 베풀어 주고 계신다는 믿음이다. 하나님이 **창조의 비밀과 세상 정보의 근원**이시라는 주제는 흔들릴 수 없는 정보 신학의 기초다. 인간이 하나님 비밀에 몰입할 때 카이로스 시간을 사는 것이며, 평범한 일상의 관습으로 지낸다면 크로노스 시간을 사는 것이 된다. 성경으로부터 하나님 말씀의 진리를 깨닫기 위한 정보 신학적 인식의 틀이 될 만한 전제적 논점을 정리해 둘 필요가 있다.

하나님 비밀에 대한 몰입의 반대어는 하나님에 대한 초점 분산이나 산만함이다. 역설적으로 몰입은 분산과 산만함의 과정을 거쳐 종합, 통합을 통해 하나로 꿰뚫는 진리를 발견하는 것이다. 이것이 몰입의 비법이며 역설이다.

제2 논점 인류 최고의 비밀 : 예수

하나님께서는 특별 계시를 통해 하늘의 비밀을 단계적으로 계시해 오셨다. 그 많은 비밀은 한 곳을 지향하고 있었는데, 성경은 하나님 최후의 비밀이 그리스도 예수라고 밝히고 있다. 예수께서 성육신하신 때도, 하나님의 말씀을 전하신 공생애 기간에도, 그리고 십자가 처형의 순간과 부활하셨을 때에도 유대인들은 그분을 알아보지 못했다. 그분이 왜 성육신하셨으며, 전하시는 말씀이 진리와 어떤 관계가 있는지를 경청하고 순종하지 않았다. 왜 그리스도 예수가 인류 최고의 비밀이 되었는지에 대한 탐구가 없이는 우리가 하나님을 안다거나 그리스도 예수를 안다고 말할 수 없고, 믿고 구원받은 자의 삶을 살고 있다고 장담할 수도 없는 것은 분명하다. 우리는 그리스도를 향한 성경에 숨겨진 비밀을 다양한 말씀 가운데 탐구함으로써 진리에 한 걸음씩 더 가까이 나아갈 수 있게 될 것이다. 다행히 우리는 신구약 시대보다는 훨씬 더 쉽게 비밀의 핵심에 다가갈 수 있다. 흩어진 비밀의 퍼즐 조각을 맞추듯 그리스도 예수께로 믿음을 집중할 때 진리를 깨닫는 기쁨은 견딜 수 없을 만큼 큰 감격일 것이다. 사도 바울은 이 큰 비밀이 예수 그리스도이시며, 만세와 만대로부터 감추어졌던 것이 이제 드러난 것이라고 증거하고 있다.

> 이 비밀은 만세와 만대로부터 감추어졌던 것인데 이제는 그의 성도들에게 나타났고(골 1:26).
> 영원부터 만물을 창조하신 하나님 속에 감추어졌던 비밀의 경륜이 어떠한 것을 드러내게 하려 하심이라(엡 3:9).
> 곧 계시로 내게 비밀을 알게 하신 것은 내가 먼저 간단히 기록함과 같으니 그것을 읽으면 내가 그리스도의 비밀을 깨달은 것을 너희가 알 수 있으리라(엡 3:3, 4).

바울은 누구나 서신서를 읽으면 자신처럼 그리스도의 비밀을 깨달을 수 있으리라고 안내하고 있다. 이어서 그는 그리스도인이 하나님의 비밀을 맡은 자로서 담대히 알리는 전도자가 되기를 간구한다.

> 이 비밀이 크도다. 나는 그리스도와 교회에 대하여 말하노라(엡 5:32).
> 사람이 마땅히 우리를 그리스도의 일꾼이요 하나님의 비밀을 맡은 자로 여길지어다(고전 4:1).
> 또 나를 위하여 구할 것은 내게 말씀을 주사 나로 입을 열어 복음의 비밀을

담대히 알리게 하옵소서 할 것이니(엡 6:19; 행 4:29).

특히 사도 바울은 그리스도 예수에 대해 깊이 아는 것도 없으면서 자기의 믿음이 옳고 좋다고 말할 수는 없다고 강조한다. **'하나님 = 그리스도 예수'**를 모르는 것은 참 신앙이 아니라고 말하는 것이다. 하나님께서는 창세 전 묵시 속에서 이미 십자가를 설정해 놓으셨기 때문에 **'그리스도 예수 = 성령'**의 관계를 모르면서 영적 신앙생활을 잘하고 있다고 고백할 수도 없다는 것이다. 그러므로 우리는 **'하나님 = 그리스도 예수 = 성령'**의 비밀 계시에 귀를 기울여야 하고, 그리스도 예수가 하나님의 최고 비밀임도 깨달아야 한다. 그때 거기로부터 새 생명과 구원의 모든 것들이 선물로 주어질 것이다. 바울이 서신서를 통해 그리스도 예수가 하나님의 비밀 되심을 반복적으로 강조하고 있는 점을 깊이 묵상하면서, 그 비밀이 바로 우리의 비밀이 되도록 깨달음을 간구해야 한다.

그 뜻의 비밀을 우리에게 알리신 것이요 그의 기뻐하심을 따라 그리스도 안에서 때가 찬 경륜을 위하여 예정하신 것이니(엡 1:9).
사람이 마땅히 우리를 그리스도의 일꾼이요 하나님의 비밀을 맡은 자로 여길지어다(고전4:1) 곧 계시로 내게 비밀을 알게 하신 것은 내가 먼저 간단히 기록함과 같으니 그것을 읽으면 내가 그리스도의 비밀을 깨달은 것을 너희가 알 수 있으리라(엡 3:3, 4).

바울은 여기에서 그치지 않는다. 우리로 하여금 예수 그리스도의 비밀을 구하고 깨달아 아는 것에 적극적으로 나설 것을 촉구하고 있다.

또한 우리를 위하여 기도하되 하나님이 전도할 문을 우리에게 열어 주사 그리스도의 비밀을 말하게 하시기를 구하라 내가 이 일 때문에 매임을 당하였노라. 그리하면 내가 마땅히 할 말로써 이 비밀을 나타내리라(골 4:3, 4).

크도다 **경건의 비밀이여** 그렇지 않다 하는 이 없도다. 그는 육신으로 나타난 바 되시고 영으로 의롭다 하심을 받으시고 천사들에게 보이시고 만국에서 전파되시고 세상에서 믿은 바 되시고 영광 가운데서 올려지셨느니라(딤전 3:16).

예수님에 관한 비밀은 그리스도의 호칭에서부터 잘 나타나 있다.[53] **'예수', '그리스도(메시아)', '인성', '하나님의 아들'과 '주(kurios)'라는 호칭에 그 비밀이 담겨 있다.** 특히 '주(kurios)'라는 이름은 구약성경에서 하나님께 적용되었던 것인데, 신약성경에서도 그리스도께 똑같이 사용되고 있다. 구약에서는 '여호와'의 동격어를 '아도나이'로 번역하여 사용하는데, 인간적 경칭을 하나님께 적용시킨 것이었다. 반면 신약에서는 권위의 최고 함축어로서 인격을 표현하여 사실상 하나님과 동의어로 사용되고 있다(막 12:36, 37; 눅 2:11; 3:4; 행 2:36; 고전 12:3; 빌 2:11).

성경이 우리에게 전하고자 하는 가장 근본적인 주제는 두 가지다. 하나는 하나님의 자기 계시와 약속(예표)에 관한 것이고, 다른 하나는 예수 그리스도의 십자가와 부활을 통한 구원에 대한 약속의 성취이다. 그 중심은 하나님 곧 그리스도 예수이시다. 하나님의 마지막 최고의 비밀이 예수 그리스도라는 사실은 구약성경 곳곳에서 계시되어 온 하나님의 작품이다. 사실 구약성경의 전 과정이 기록된 목적은 그리스도 예수의 십자가 고난과 부활이라는 최고의 비밀을 알려주기(계시) 위한 것이다.

---

[53] 벌코프 조직신학 하. 루이스 벌코프. 권수경.이상원 공역. 크리스챤 다이제스트. p.543,544. 참조.

예를 들면 하나님께서는 특별히 믿음의 조상 아브라함과 그 아들 이삭을 통해 그 비밀을 계시하셨다. 아브라함과 이삭의 모리아산 번제 사건(창 22:1-12)을 살펴보면 그리스도 예수와 구원에 관한 메시지를 생생하게 전해 주고 있다. 이를 쉽게 이해하기 위해 대화체로 구성해 보면 이렇다.

여호와: 네 아들, 네 사랑하는 독자 이삭을 데리고 모리아 땅으로 가서 내가 네게 일러 준 한 산 거기서 그를 번제로 드리라(창 22:2).

이 삭: 불과 나무는 있거니와 번제할 어린 양은 어디 있나이까(창 22:7).

아브라함: 내 아들아, **번제할 어린 양은 하나님이 자기를 위하여 친히 준비하시리라**(창 22:8).

여호와 사자: 아브라함아, 아브라함아 … 그 아이에게 네 손을 대지 말라 … 내가 이제야 네가 하나님을 경외하는 줄을 아노라(창 22:11, 12).

아브라함: 눈을 들어 살펴본즉 **한 숫양이** 뒤에 있는데 뿔이 수풀에 걸려 있는지라. **가서 그 숫양을 가져다가 아들을 대신하여 번제로 드렸더라.** 아브라함이 그 땅 이름을 **여호와 이레**라 하였으므로 오늘날까지 사람들이 이르기를 **여호와의 산에서 준비되리라** 하더라(창 22:13, 14).

이상의 대화에서 특별히 주목하며 묵상해야 할 관점으로 다섯 가지를 꼽을 수 있다.

첫째, 하나님께서 독자 이삭을 번제로 바치라고 명령하신 의도는 무엇인가? 단지 아브라함의 믿음을 시험해 보시려고(창 22:1) 명령하신 것인가? 아니면 성경 전체를 아우르는 깊은 신학적 메시지를 주시려는 첫 단추로 제시하신 것인가?

둘째로, 아브라함은 번제할 어린 양을 하나님이 자기를 위하여 친히 준비하시리라고 했는데, 이 비밀은 도대체 어디서, 어떻게 깨달았는가? 하나님의 주권을 전적으로 인정하는 아브라함의 이 믿음과 깨달음이 곧 우리 신앙의 기본으로 자리 잡고 있는가?

셋째로, 하나님은 왜 어린 양이 아닌 숫양을 준비하신 것인가? 숫양은 어떤 의미가 있으며 어린 양과는 어떤 상관관계가 있는가?

네 번째로, 상징적이지만 아브라함의 숫양 제사는 이삭 대신에 하나님 자신을 제물로 삼은 것을 암시하고 있다. 그렇다면 그 숫양은 하나님의 언약과 어떤 의미의 관계를 맺고 있는가?

다섯 번째, 그 땅 이름을 '여호와 이레'라고 한 의미는 성경 말씀 전체의 흐름과 신학 전반에는 어떤 메시지를 제시하고 있는 것인가?(창 22:14)

여섯 번째, 모리아 땅과 골고다 언덕과는 어떤 관계적 의미가 있는가?

이상의 질문 답변으로 이어진 대화에서 그리스도 예수의 십자가가 하나님의 최고 비밀이라는 사실을 다시 한번 깊이 깨달을 때 우리는 비로소 하나님과 하나 되는 믿음의 최고봉에 서서 감격의 기쁨을 누릴 수 있을 것이다. 하나님의 주권에 대한 신뢰와 믿음이 더욱 강화될 수 있다면 그것이 바로 우리 신앙의 도약을 위한 발판이 될 것이 아니겠는가? 그 믿음의 도약을 위해, 더 깊이 하나님 나라의 섭리를 이해하면서 우리의 구원을 위해 앞서 했던 질문들에 이어서 또다른 다음 질문들도 음미해 보면 좋을 것이다.

일곱 번째, 하나님은 왜 소돔과 고모라를 멸망시키실 때 아브라함을 먼저 찾아가 비밀 정보를 알려주신 것인가?(창 18:16-22. 참조) 롯과 가족이 소돔에서 탈출을 머뭇거린 행동은 신앙의 관점에서 어떤 의미를 주는가? 우리는 구약성경을 통해 이삭은 그리스도 예수를 예표하는 것으로 어렴풋이나마 알게 되었고, 신약시대에 와서 그리스도 예수 자체가 하나님의 최고 비밀이며, 그 특급 비밀 속에는 십자가 고난과 부활이 감춰져 있었음을 알 수 있게 되었다. 그것을 깨달은 사람은 하나님의 비밀을 나의 비밀로 간직하고 있는 사람이다. 그 사람이 바로 구원과 영생이란 진리의 사람이 된 것이다. 하나님의 마지막 비밀 계시를 깨닫는 것은 그리스도 예수를 아는 것이고, 아는 것은 믿는 것이며, 이것이 바로 우리가 답해야 할 반응이다. 구약의 선지자 이사야는 그 비밀에 대해 이렇게 말한다.

> 너희는 내게 가까이 나아와 이것을 들으라 내가 처음부터 **비밀히 말하지** 아니하였나니 **그것이 있을 때부터 내가 거기에 있었노라** 하셨느니라 이제는 주 여호와께서 **나와 그 영을** 보내셨느니라(사 48:16).

신약의 사도 바울도 골로새서에서 하나님의 비밀이 그리스도라고 구체적으로 밝히고 있다.

> 이는 그들로 마음에 위안을 받고 사랑 안에서 연합하여 확실한 이해의 모든 풍성함과 하나님의 **비밀인 그리스도**를 깨닫게 하려 함이니(골 2:2).
> 하나님이 그들로 하여금 **이 비밀의 영광이** 이방인 가운데 얼마나 풍성한지를 **알게 하려** 하심이라 **이 비밀은 너희 안에 계신 그리스도시니** 곧 영광의 소망이니라(골 1:27).

특히 예수께서는 제자들에게 그 비밀이 곧 천국의 비밀(마 13:11)이요 하나님 나라의 비밀(눅 8:10)임을 밝혀 주신다. 마태는 '천국의 비밀을 아는 것이 너희에게는 허락되었으나 그들에게는 아니 되었나니'(마 13:11)라고 말하고, 누가는 '하나님 나라의 비밀을 아는 것이 너희에게는 허락되었으나 다른 사람에게는 비유로 하나니 이는 그들로 보아도 보지 못하고 들어도 깨닫지 못하게 하려 함이라'(눅 8:10)고 기록하고 있다. 이 말씀은 천상의 비밀이 하나님 나라와 예수 그리스도를 포괄하는 의미이며, 그 비밀을 아는 것도 하나님의 계시에 의한 것임을 알게 해 주신 말씀이다. 여기에서 관심을 끄는 점은 주 여호와께서 자기의 비밀을 그 종 선지자들에게 보이지 아니하시고는 결코 행하심이 없으시다(암 3:7)는 말씀이다.

제3 논점 보혜사 성령의 비밀 : 그리스도

예수의 십자가 부활 사건은 곧 성령 시대를 예고한 표상이다. 그리스도 예수의 부활은 하나님의 마지막 최고의 비밀계시이며, 인류에게는 그 무엇과도 비교할 수 없는 최상의 기쁜 소식이다. 영원을 사모하는 유한한 존재인 인간이 가장 두려워하는 죽음을 뛰어넘는 영원한 생명의 기회가 주어지는 순간이다. 텅 빈 무덤과 십자가와 부활은 예수께서 '나는 부활이요 생명이니 나를 믿는 자는 죽어도 살겠고'(요 11:25)라고 하신 말씀을 확인해 주는 충격적인 신비의 현장이다. 죽음으로부터 다시 일어나는 것만큼 간절하고 절박한 생명 사건은 없다. 예수님의 부활은 바로 우리 눈앞에 놓인 삶과 죽음의 표적에 집중하게 하며 동시에 보혜사 성령님의 임재하심을 감지하게 한다. 분명히 부활은 죽음으로부터의 살아남을 전제로 하는 까닭에 몸의 부활에 대한 우리의 관심을 더욱 증폭시킨다. 부활의 주체인 '몸'이 어떤 개념의 몸이냐는 것이다. 생물학적 몸의 보존과 지속이라는 개념이 전부인가? 우리는 육을 입고 있는 까닭에 이 부활의 텍스트를 접할 때 눈에 보이는 육신의 물리적 보존과 지속적인 것으로 이해해 보려고 시도하다가 풀리지 않을 때는 알 수 없는 어려운 신비로 방치해 버리기 쉽다. 여기에서 보편성으로서의 부활과 생명으로서의 부활을 분리해서 인식하는 지혜가 요구된다.

그 부활의 신비를 육신이 인지할 수 있는, 이른바 현상계의 세상 안으로 보여주신 분이 바로 그리스도 예수이시다. 그리스도의 부활은 분명 모든 사람의 눈과 귀에 보였고, 들렸다. 그리고 손으로 만져지기도 했고, 현상계인 이 땅의 역사에 분명한 흔적과 모습을 보여 주셨다. 현상계와 영의 세계를 관통하는 피할 수 없는 단 하나의 표적이며 증거가 되신 것을 확인케 해 주셨는데, 이때 예수의 몸은 그리스도로서의 몸이다. 그 몸은 현상계의 프레임 안에서만 인식되는 몸의 한계를 넘어서서 포용하는 몸이다. 인간의 시간과 하나님의 시간 즉 영원의 시간 속에 교류가 이루어지는 몸 형체의 변화 즉 **가시적인 몸에서 가시적인 영의 몸체로의 변화**다. 천지 두 영역은 전혀 다른 세계이기 때문에, 우리의 영혼이 새롭게 변해야 하는 것과 마찬가지로 이 땅에서의 몸과 천상에서의 몸은 분명 달라져야 한다. 이 영육의 변환과 교류가 이루어진 곳이 바로 하나님 나라이며, 하나님의 비밀이다. 이 영적 통로가 하늘 문의 열림이요, 새 하늘, 새 땅이며 거듭난 자에게 주어지는 신령한 복의 영역이다. **그러므로 신약성경이 확인해 주고 있는 예수님의 부활 이후 마지막 40일 동안의 지상 활동에 대해 살펴본다면 우리의 믿음은 더 확실해질 것이다.** 무덤에서 부활하신 예수께서는 맨 처음 마리아에게 나타나시고, 마가의 다락방에 나타나셨다. 그때 부활하신 예수님은 분명 어떤 몸의 형체로 나타나셨다. 하지만 세상에서의 그 육체는 아니었다. 여기에서 세상에서의 몸과 부활 후에 얻게 되는 신령한 몸의 다름이 확인된다.

이 말을 할 때에 예수께서 친히 그들 가운데 서서 이르되 너희에게 평강이 있을지어다 하시니 그들이 놀라고 무서워하여 그 보는 것을 영으로 생각하는지라 **예수께서 이르시되 어찌하여 두려워하며 어찌하여 마음에 의심이 일어나느냐 내 손과 발을 보고 나인 줄 알라 또 나를 만져보라 영은 살과 뼈가 없으되 너희 보는 바와 같이 나는 있느니라**(눅 24:36-39).

두 제자가 엠마오 가는 길에 나타나신 그리스도 영은 제자들과 동행하시며, 그들의 말을 듣고, 말씀하시며, 깨닫게 해주셨다. 제자들이 그분 영의 몸 형상은 어떠한지를 깨달아 보게(호라오) 하신다.

그들이 서로 이야기하며 문의할 때에 예수께서 가까이 이르러 그들과 동행하시나 그들의 눈이 가리어져서 그인 줄 알아보지 못하거늘 예수께서 이르시되 너희가 길 가면서 서로 주고받고 하는 이야기가 무엇이냐 하시니 두 사람이 슬픈 빛을 띠고 물러서더라(눅 24:15-17).
그들과 함께 음식 잡수실 때에 **떡을 가지사 축사하시고 떼어 그들에게 주시니 그들의 눈이 밝아져 그인 줄 알아보더니 예수는 그들에게 보이지 아니하시는지라**(눅 24:30, 31).

예수님이 떡을 떼심으로 제자들에게 알아보게 되신 것은 떡(만나)이 곧 하나님 말씀을 상징하는 것임을 감안할 때(요 6:26, 33, 51, 58) 제자들이 말씀 곧 성령에 의해 마음의 눈이 밝아지면서 깨닫게 되고, 영의 눈(호라오)

으로 보았다가 육의 눈으로 확인하려는 그 순간 예수님은 그들에게 보이지 않게 되었다. 예수의 성령 보내심과 말씀의 진리로 깨닫고, 우리 마음에 성령의 내주하심도 알게 하신 것이다. 이로써 하나님 비밀의 인간 정보화가 완성된 것이다.

> **내가 아버지에게서 나와 세상에 왔고 다시 세상을 떠나 아버지께로 가노라**(요 16:28a).
>
> 내가 아버지께 구하겠으니 **그가 또 다른 보혜사를** 너희에게 주사 **영원토록 너희와 함께** 있게 하리니 그는 **진리의 영**이라(요 14:16, 17a).
>
> 그러나 내가 너희에게 실상을 말하노니 **내가 떠나가는 것이 너희에게 유익이라 내가 떠나가지 아니하면 보혜사가 너희에게로 오시지 아니할 것이요** 가면 내가 그를 너희에게로 보내리니(요 16:7).

보혜사 성령을 보내시겠다고 하신 예수님 말씀은 '**하나님 = 예수 = 성령**' **삼위일체 하나님의 '하나 됨**'이라는 마지막 최특급 비밀을 계시해 주신 것이다. 더 중요한 것은 예수 자신이 떠나가는 것이 제자들에게 유익하다고 하신 말씀이다. 왜냐하면 **이제부터는 육신의 죄를 안고 있는 율법적인 예수가 죄인 중의 괴수들의 죄를 사하기 위해 죽으셔야만 율법과 죄에 묶여 있는 인간들의 매듭들을 풀어서 구원받을 수 있게 해야 하기 때문이다. 그러므로 예수께서는 반드시 죽으셔야 했고, 그것이 하나님의 뜻이며, 우리가 이해하기 어려운 하나님의 최고 비밀이었다.**

지금까지 말씀하신 바로는 예수님이 떠나가시고 대신 성령께서 오실 것이라고 하셨다. 그런데 우리가 더 깊이 깨달아야 할 점은 '예수께서 다시 오실 것'을 약속하신 말씀이다. 예수께서 이 땅을 떠나 하늘로 올려져

보좌에 앉아만 계시는 것이 아니라 다시 우리에게 오시겠다고 하신 약속의 깊은 뜻이 무엇이냐는 것이다.

내가 갔다가 너희에게로 온다하는 말을 너희가 들었나니 나를 사랑하였더라면 내가 아버지께로 감을 기뻐하였으리라 아버지는 나보다 크심이라(요 14:28).

그가 내 영광을 나타내리니 내 것을 가지고 너희에게 알리시겠음이라. 무릇 아버지께 있는 것은 다 내것이라 그러므로 내가 말하기를 **그가 내 것을 가지고 너희에게 알리시리라 하였노라 조금 있으면 너희가 나를 보지 못하겠고 또 조금 있으면 나를 보리라** 하시니(요 16:14~16).

이 말씀을 들은 제자들은 서로 '조금 있으면 나를 보지 못하겠고 또 조금 있으면 나를 보리라', '내가 아버지께로 감이라' 하신 말씀이 무슨 뜻이냐 또 '조금 있으면'이라 하신 뜻이 무엇이냐 무엇을 말씀하시는지 알지 못하노라(요 16:17, 18)는 반응을 보인다. 그들이 예수님 말씀의 뜻을 깨닫지 못하고 있는 것을 보면, 예수께서 계시하신 말씀의 진의가 인간에게는 이해하기 어려운 비밀 중의 비밀이 되고 있음을 알 수 있다. 예수께서 그들과 얼굴을 마주하고 비밀을 자상히 알려 주셨음에도 깨닫지 못하는 것이 인간 이해의 한계이며 성령의 역사에 의해서만 깨달을 수 있음을 암시하는 바이기도 하다.

그러므로 지금 우리가 신앙적으로 먼저 자각해야 할 점은 예수께서 제자들을 향하사 숨을 내쉬며 이르시되 **'성령을 받으라'**(요 20:22b)고 하신 말씀이다. 이 말씀은 지금 성령을 받으라는 직설적 표현이기도 하고 앞으로 보혜사 성령께서 제자들 안에 들어와 내주하실 거라는 진리를 알게 하는 예수님의 마지막 계시이기도 하다. 십자가 사건과 주님의 부활은 성령의 우리 마음 속 내주가 시작될 것임을 선포하는 것이다. 이제 우리는 그에 걸맞게 마음속에 찾아오시는 성령님과 깊은 대화를 나누며 그분의 인도하심을 받는 천국 백성으로 업그레이드된 신분이다. 우리 마음이 성전이 되고 삼위일체 하나님과 하나가 되는 이 신비의 역사를 깨닫고 체험하는 삶이 거룩한 자유의 신앙생활이다.

> 너희는 너희가 하나님의 성전인 것과 **하나님의 성령이 너희 안에 계시는 것을 알지 못하느냐**(고전 3:16).
> 보혜사 곧 아버지께서 **내 이름으로 보내실 성령** 그가 너희에게 모든 것을 가르치고 **내가 너희에게 말한 모든 것을 생각나게** 하리라(요 14:26).
> **내가 아버지께로부터 너희에게 보낼 보혜사** 곧 아버지께로부터 나오시는 진리의 성령이 오실 때에 **그가 나를 증언**하실 것이요(요 15:26).
> 내가 아직도 너희에게 이를 것이 많으나 **지금은 너희가 감당하지 못하리라**. 그러나 진리의 성령이 오시면 그가 너희를 모든 진리 가운데로 인도하시리니 그가 스스로 말하지 않고 오직 들은 것을 말하며 **장래 일을 너희에게 알리시리라**(요 16:12).

혹자는 예수의 재림과 관련하여 어떤 몸의 형상으로 오실까를 궁금해 한다. 그런데 지금까지의 성경 말씀을 보면 옛적 육신을 입은 형상으로 오시는 것이 아님을 분명히 알 수 있다. 예수께서 부활하신 후 하늘로 올려지실 때 천사들이 전해 준 힌트에서도 알 수 있다.

예수께서 그들을 데리고 베다니 앞까지 나가사 손을 들어 그들에게 축복하시더니 축복하실 때에 그들을 떠나 하늘로 올려지시니(눅 24:50, 51).

이 말씀을 마치시고 그들이 보는데 올려져 가시니 구름이 그를 가리어 보이지 않게 하더라 올라가실 때에 제자들이 자세히 하늘을 쳐다보고 있는데 흰옷 입은 두 사람이 그들 곁에 서서 이르되 갈릴리 사람들아 어찌하여 서서 하늘을 쳐다보느냐 **너희 가운데서 하늘로 올려지신 이 예수는 하늘로 가심을 본 그대로 오시리라** 하였느니라(행 1:9-11).

예수께서 하늘로 가신 모습이 세상 육신의 몸이 아님이 앞에서 증명된 바 있다. 그러므로 다시 오시는 주님의 모습은 신령한 몸으로 오실 것임을 추론할 수 있다. 특히 다메섹에서 사울(바울)에게 나타나셔서 **'사울아, 사울아 네가 어찌하여 나를 박해하느냐'**(행 9장 참조)고 말씀하신 예수 그리스도의 모습에서도 힌트를 얻을 수가 있다. 예수께서 성육신하신 목적은 먼저는 하나님을 증거하기 위한 것이고, 그다음은 예수 그리스도 자신을 증거하시는 것이며, 마지막으로 성령을 설명하시고, 성령을 보내셔서 우리 마음 안에 들어와 우리와 항상 함께하신다는 비밀의 계시다. 예수님의 부활과 보혜사 성령님의 우리 안 내재하심은 비밀 계시의 완성 지점을 암시한 것이다. 이로써 우리가 살아야 할 완료형의 삶 곧 하나님에 의해 준비되고 완성된 신앙의 방향을 알 수 있다.

특히 중요한 관점은 아버지 하나님과 예수님과 성령님이 하나이시고, 거기에 그리스도인도 하나가 된다는 메시지이다. 이는 예수께서 십자가에서 세상의 육신이 죽고 변화되어 새 몸을 입으신 것처럼 우리도 마땅히 다시 살기 위해 죽고, 죽어서 다시 살아나는 것이다. 다만 차이를 발견한다면 믿어서 죽는 자와 믿지 않고 죽는 자의 분명한 구별이 있다는 점이다. 영원의 관점에서 볼 때 우리 인생이 한순간, 찰나에 불과하다면 믿고 구원받는 자의 죽음은 영원한 천국을 향해 들어가는 완결, 완성의 입구가 된다. 그러므로 '그리스도 안에'(in christ)라는 개념은 우리의 일상의 삶 속으로 돌아와 있어야 한다.

제4 논점 불법의 비밀 활동 : 적그리스도

영적 전쟁은 곧 영적 정보전이다. 사도 바울은 데살로니가후서 2장에서 영적 비밀전쟁의 실상을 이렇게 밝히고 있다.

불법의 비밀이 이미 활동하였으나 지금은 그것을 막는 자가 있어 그중에서 옮겨질 때까지 하리라 그때에 불법한 자가 나타나리니 **주 예수께서 그 입의 기운으로 그를 죽이시고 강림하여 나타나심으로 폐하시리라**(살후 2:7, 8).

이 말씀은 하늘(공중) 영역에는 하나님의 비밀 외에 그에 대적하는 '불법의 비밀 활동'도 있음을 밝혀 우리로 알게 한다. 성경이 불법의 비밀이란 용어를 사용한 것은 '비밀 대 비밀'의 대립 구도를 나타낸 것이라기보다는 큰 비밀 안에 작은 비밀이 존재함을 알리는 계시라고 말할 수 있다. 하나님에게는 창조의 비밀 외에 그 어떤 비밀도 있을 수 없다. 전지전능하신 분에게 무슨 다른 비밀 정보가 필요하시겠는가? 하나님께서는 불법의 비밀 활동을 이미 다 파악하여 알고 계시기 때문이다. 그러므로 불법의 비밀 활동은 사탄 또는 적그리스도의 숨어서 하는 은밀한 활동을 말하는 것이지만, 그것은 하나님에 대하여서는 비밀 깜도 아니고 새로운 정보도 아니다. 다만 사탄의 목적과 수법이 하나님을 대적하려는 계획으로 하나님 몰래 비밀 공작하듯 인간에 대해 타락을 시도하고 있으나 우리가 구체적으로 인지하지 못하고 있다는 점에서 비밀스러운 일일 뿐이다. 사실 불법 비밀 활동을 전개하는 사탄에 대해 인간은 아무런 정보도 갖고 있지 않고 그의 정체나 비밀공작 수법도 잘 모르고 있는 우매한 자이다. 우리의 무지는 그 자체로 사탄에게 불법 활동의 먹잇감이 되게 한다. 사탄의 불법 비밀 활동으로부터 자신을 보호하기 위해서는 그에 관한 속셈을 알아내야 한다. 하지만 그런 정보는 영적인 비밀에 근거하고 있어서 인간이 쉽게 알아낼 수 있는 영역 밖의 문제이다. 그러므로 우리는 항상 성령의 말씀에 귀를 기울일 때라야 정확한 사탄의 불법 비밀정보를 감지할 수 있다. 잊지 말아야 할 것은 사탄의 그 어떤 불법도 하나님의 손안에 장악되어 있으며 그분의 묵인하에서만 활동이 가능한 존재라는 사실이다. 그렇다면 하나님은 왜 사탄의 불법 비밀 활동을 허용하고 계실까?

우리에게는 사탄의 불법 비밀 활동의 실상을 파악하여 즉시 대응하고, 신앙의 승리를 위한 또 다른 정보 신학의 목표가 여기에 설정될 수 있다. **하나님과 하나님 나라를 아는 것이 제1 목표라면, 제2의 목표는 하나님과 인간의 관계, 그리고 인간 자신을 아는 것이다.** 이에 못지않게 더 관심을 기울여야 할 **제3의 목표는 바로 사탄의 정체를 알고, 인간과 원수 관계로 설정된 실체를 해부하는 문제이다.** 유혹의 현실 세계에서 언제 어디서나 직면할 수 있는 **이 과제는 항상 우리 앞에 놓여 있다.** 사탄은 인간의 삶을 하나님으로부터 더 멀어지게 하는 신출귀몰한 수법으로 강렬한 유혹의 손길을 펴고 있다. 그렇기에 그의 정체를 파악하고, 매 순간 우리의 삶 가운데 일어나는 영적 전쟁의 실상을 정확히 알아야 한다. 영적 전투의 승패는 불법 비밀 활동의 실체를 알아내느냐의 여부에 달려 있다. 사도 바울이 불법의 비밀이 이미 활동하기 시작했다고 밝히고 있듯이 영적 전쟁은 선악과를 따 먹은 그 당시로부터 오늘에 이르기까지 계속 이어져 왔음을 알아야 한다. 요한계시록이 밝히고 있는 것처럼 사탄의 완전한 멸망이 이루어지기까지(계 20:7-10)는 앞으로 남아 있는 날들이 많아서 영적 전쟁은 계속될 것이다.

악한 자의 나타남은 사탄의 활동을 따라 모든 능력과 표적과 거짓 기적과 불의의 모든 속임으로 멸망하는 자들에게 있으리니 **이는 그들이 진리의 사랑을 받지 아니하여 구원함을 받지 못함이라** 이러므로 하나님이 미혹의 역사를 그들에게 보내사 거짓 것을 믿게 하심은 진리를 믿지 않고 불의를 좋아하는 모든 자들로 하여금 심판을 받게 하려 하심이라(살후 2:9-12).

이 말씀에서 영적 전투의 실상에 대한 정보적 접근이 어떠해야 하는지 새롭게 인식해야 함을 깨우쳐 준다. 특히 하나님이 미혹의 역사를 보내 거짓을 믿게 하심이 곧 불순종에 따른 것이며 심판을 위한 것이라는 메시지는 주목해야 할 부분이다. **역설적으로 우리의 믿음과 신앙을 강화시켜 가는 도구로서의 사탄의 불법 비밀 활동이 허용되고 있음도 이해해야 한다.** 그렇다면 우리는 더욱 사탄에 대해 긴장하며 영적 승리를 누리는 십자가로 달려 나가야 한다.

그리스도인이 사탄의 정체성에 관해 올바르게 이해하는 분명한 목표를 달성하는 것은 하나님과 하나님 나라를 아는 일에 달려 있다. 인간과 사탄의 영적 전투의 시발점이 되었던 에덴 동산으로 돌아가 상고해 보면 그 이해가 빨라질 것이다. 하나님의 창조가 완성된 이후 최초로 형성된 영적 관계의 구성이 어떠했을까? 창세기 2장과 3장이 밝히고 있듯이 하나님과 인간 그리고 사탄의 삼각구도였다. 이 관계는 이 세상 역사의 종말까지 인류가 체휼하며 극복해 가야 할 숙제이다. 성경은 종말의 비밀을 담고 있는 요한계시록 18-20장에 이르기까지 줄곧 사탄의 죄악과 그 실상을 폭로하여 우리로 참된 깨달음을 얻도록 촉구하고 있다. 사탄은 구약시대에는 '다른 신', '이방 신', '우상의 가짜 신'을 좇도록 아담의 후손들을 괴롭혀 오더니 예수님께도 공생애를 시작하시기 직전에 시험을 감행했다. 그러나 사탄은 요한계시록에서 보여주듯 마지막 발악을 하며 마침내 멸망의 자리로 사라질 존재이다.

그런데 오늘의 영적 세계에서 부딪치는 문제는 사탄의 거짓 정보를 인식하는 데 실패를 거듭하고 있다는 점이다. 날마다 번창하는 세상 문물의 유혹과 탐욕, 그리고 거짓말과 외식으로 오염된 상태에서 사탄의 위험성을 피부로 느끼지 못하고 있다. 그것은 영적 감각이 무디어졌다는 것이고, 사탄의 그늘에서 안락을 누리고 있다는 증거이다. 만일 악마가 '나는 악마다. 나에게 덤비는 자는 모두 죽여버리겠다' 라면서 공개적으로 가까이 다가온다면 누구나 어렵지 않게 알아차릴 수 있을 것이다. 하지만 악마는 결코 그런 공개적인 수단과 방법으로 다가오지 않는다. 전혀 다른 수단 방법 즉 인간이 좋아할 안락과 쾌락의 관점에서 가장 아름다운 문구들, 예를 들면 편리함이나 신속함, 또는 쾌적함이라는 키워드를 들고 은밀히 다가온다. 분별력 없이는 알아차릴 수 없는 연기자로 찾아온다. 거짓 정보의 왕이 벌이는 이런 유의 자작극에 동조하여 거짓말 따라하기 같은 것을 자랑스럽게 여기고 있다면 자기 신앙의 정체성에 대해 다시 숙고해 보아야 한다. 문제의식조차 없다면 그 사람은 날마다 거짓 정보와 가짜 진리에 속고 사는 자이다. 대부분 사람은 놀라울 정도로 많은 정보가 자신에게 들어오고 있다고, 스스로 정보의 왕이라도 된 것처럼 자랑하며 입방아를 찧는다. 소위 정보의 권력화나 돈의 우상화를 꿈꾸고 있는 것이다. 말도 안 되는 거짓 정보를 마치 사실인 것처럼 퍼뜨리는 그런 행동의 배후에는 무엇이 있는가? 소위 '관계 소식통'이라는 이름으로 언론에 가짜 뉴스를 퍼뜨리는 경우 말이다. 그 거짓의 출처와 그 집단의 의도를 정확히 알고 있으면서도 가짜를 말하며 추구하고 있는 것이 더 큰 문제요 병폐이다. 아마 가짜 정보일 것이라 의심은 하면서도 아무런 판단도 없이 그대로 믿고 따라가는 부화뇌동이 아닐까? 이런 경우가 그리스도인에게는 전혀 없는 일이라고 단정할 수 있을까?

우리는 사탄, 악인들에 의한 정보 조작 가능성이 있다는 것부터 먼저 차단해야 한다. 어떤 음모의 주동자는 자기가 주모자라는 사실이 알려지면 곤란해지는 까닭에 일부러 익명으로 거짓말을 흘리는 술수를 부린다. 정보 감각이 둔한 사람들에게 그것이 특별한 정보라도 되는 것처럼 믿게끔 속이는데, 한 개인에게 이보다 더 불행한 일은 없을 것이다. 인간은 자신의 대적자가 눈에 보이지 않을 경우 그에 대한 불안감과 두려움이 높아진다. 문제는 사람들이 이런 오작동을 어떻게든 없애면 좋겠다고 바라는 게 아니라 역으로 그 유혹에 속아 넘어가 동조하고 있다는 사실이다. 이것이 바로 마귀가 노리는 보이지 않는 비밀공작 수법이다. 앞으로 우리가 더 관심을 기울이며 눈을 돌려야 할 부분은 다니엘서 7장의 비밀에 관한 말씀이다.

그가 장차 말로 지극히 높으신 자를 대적하며 또 지극히 높으신 자의 성도를 괴롭게 할 것이며 그가 또 때와 법을 변개코자 할 것이며 성도는 그의 손에 붙인 바 되어 한때와 두 때와 반 때를 지내리라(단 7:25; 12:7; 계 12:14. 참조).

이 말씀의 핵심은 사탄의 정체와 지극히 높은 자를 대적하고 성도를 괴롭히는 자에게 허락된 '**한때와 두 때와 반 때**'에 관한 비밀에 있다. 요한계시록에도 3년 반이 반복되고 있고, 또 짐승이 **과장되고 신성모독을 말하는 입을** 받으며, 또 마흔두 달 일할 권세를 받은 사실을 밝히고 있다(계 13:5; 11:2. 참조). 여기서 하나님 말씀의 왜곡을 주도하는 사탄은 그 자체가 거짓 존재, 가짜임을 다시 확인해 주고 있다.

제5 논점 비밀 인식의 깊이와 믿음의 결국

하나님과 인간 사이에 의사(정보)소통의 장애 요인들이 심각한 수준에 있음은 이미 앞에서 논한 바 있다. 하나님은 천지를 창조하신 분으로 창조 비밀 그 자체이시다. 반면 인간은 하나님 나라에 대해서는 문외한으로서, 비밀을 계시해 주실 때만 그 비밀을 정보로 받아 읽을 수 있게 된다. 문제는 하나님의 비밀이 인간의 정보로 전해지고 이해되는 변곡점 곧 비밀 – 정보 사이에서 곡해나 왜곡에 의한 마찰이나 충돌이 발생한다는 사실이다. 이는 각 사람의 믿음을 방해하거나 포기하게 만드는 그릇된 신앙의 울타리를 치게 만들 수 있어서 주목하게 한다. 항상 문제의 핵심은 인간의 이해력에 한계가 있다는 점이다. 인간 삶의 복합적인 양상과 수많은 언어는 어느 한 곳에 몰입을 거부하고 하나님 비밀에 초점을 집중할 수 없게 만든다. 인간의 실존 그 자체가 본질적으로 모순적이다. 하물며 성경에 나타나는 끊임없는 인간과 하나님 사이의 모순, 죄와 거룩함의 모순, 본성과 은혜의 모순이 갈등으로 뭉쳐 한결같이 인간의 한계를 드러낸다. 모든 것에서 인간의 어쩔 수 없는 불합리한 모순의 끔찍한 양상들을 발견하게 되는데 우리는 이런 모순을 대충 잊어버리고 넘어갈 수는 없다. 하나님의 비밀을 깨닫는 귀중한 발상의 전환을 이끌어올 단서들이기 때문이다. 우리는 신념과 주장과 확신과 집착의 엄청난 자기 견해를 고집하지만, 결국은 어쩔 수 없음이라는 인간 한계를 인식하게 되는 결론에 도달한다. 선과 악, 하나님을 향한 순종과 불순종 간에 아무런 구분도 없이 인간의 모순적인 패턴만 남아 있을 뿐이다. 그러나 자끄 엘륄이 모순만이 발전을 가능하게 하며 비모순의 원리는 죽은 원리라고 주장하듯, 모순은 커뮤니케이션의 중요한 전제 조건이다. 모순만이 존재를 이해하게 하고, 용해를 통한 합치가 아닌 통합을 가능하게 한다. 통합은 동일한 존재들에게는 불가능하다. 모순적인 것들에게만 하나의 관계와 활동과 연합이 존재한다.

하나님은 천지를 창조하신 비밀의 선한 주인이시며, 세상 정보의 근원이시라는 점을 다시 상기할 때 하나님에게서 어떤 불합리한 점을 찾을 것은 하나도 없다. 오직 그분은 비밀을 말씀으로 열어 주시고 그것을 우리는 새로운 굿 뉴스(복음)로 소화해 내야 하는데, 거기에 우리의 능력과 인식의 한계가 있을 뿐이다. 그래서 인간 삶의 비극적인 자각은 실존하는 가운데 죽음을 경험해야 하는 난제이다. 삶은 비극이며 비극은 승리도 없고 승리의 소망도 없이 영원히 투쟁하는 하나의 모순이다. 살아 있는 모든 것은 이 모순 속에 있으며 이 모순 속에 있지 않으면 살아있는 것이 아니다. 참으로 아이러니와 역설이 아닐 수 없다.

하나님 말씀을 거부하거나 마찰이 일어나는 현상은 인간의 지적 능력이나 이해력 부족에서만 기인하는 것이 아니다. 애당초 하나님의 계시왜곡이나 변질, 또는 하나님의 뜻이 변개되는 충돌이 일어날 것을 예상치 못해서 그런 것도 아니다. 그렇다고 인류 파멸과 종말에 관한 정보가 없어서 그런 것도 아니다. 문제는 근본적으로 인간의 원죄적 속성, 탐욕에 있다. 다시 말하면 하나님의 비밀 계시를 외면하고, 자기중심의 인본주의적 정보 욕망에 사로잡혀 있는 근원적 족쇄에 문제가 있다. 하나님의 비밀 없음이 인간 비극의 원인이며, 세상 정보의 넘쳐남이 패망의 결국으로 몰아가고 있다. **여기에서 정말로 중요한 것은 정확한 이유를 우리가 입증하는 것이 아니라 눈앞에 있는 것을 보고, 보게 한 것을 어떻게 보았는가에 달려 있다는 점이다.** 그러므로 전체적인 맥락에서 보게 됨으로써 우리가 섣부른 결론에 집착하지 않고 그 과정을 세심히 성찰할 수 있게 되지 않을까?

첫 사람 아담은 에덴 동산에서부터 하나님의 최초 명령을 거역함으로 원죄를 낳았다(창 2:16, 17; 3:1-5). 그 이후의 인간 세상은 하나님의 무슨 말씀이든 자기 입맛대로 각색하거나 아예 외면해 버리려고 했다. 습관처럼 누적된 반역 의식은 심각한 모순과 갈등이라는 동맥경화 현상의 시작으로 만들었다. 혹자는 초월 세계와 자연 세계 간에 말씀의 소통에는 많은 장애요인이 있어 그럴 수밖에 없다고 변명하려 할 것이다. 다른 두 세계 간의 소통 문제는 차원이 다르기에 장애요인이 있는 것은 사실이다. 그렇다고 자연스러운 현상이니 그냥 넘어가자고 말할 수 있는 것도 아니다. 심각한 문제는 바로 거기에 있었다. 인간은 하나님이 창조하신 피조물이라서 태초부터 아무런 정보도 갖지 못한 존재였다. 전적으로 하나님만을 의존해야 하는 처지이니 그 어떤 변명이나 구실을 댈 여지가 없다. 게다가 하나님께서는 너무도 자상하게 다양한 수단과 방법으로 비밀을 계시해 주신다. 예를 들면 꿈이나 환상 또는 선지자들의 입을 통해 인간에게 자기를 계시하셔서 하나님과 하나님 나라를 알게 하시며 그 노력은 잠시도 멈추지 않으셨다. 그러나 인간은 그 자상한 하나님의 계시마저 놓치고 살아온 것이다.

구약의 긴 역사와 예수 그리스도의 십자가를 묵상해 보면 이에 대해서는 일말의 의문도 가질 수 없다. 모든 문제는 오로지 인간의 죄악 된 탐욕과 정보 욕망에 있음을 부정할 수 없다. 이 진단이 나온 것은 오래전의 일이나 여전히 문제 해결이 되지 않은 채 오늘에 이르고 있다. 그 근본 원인은 인간의 타락과 원죄의 속성에 있지만, 삶의 터전에 깔린 정보 욕망의 덫들이 문제이다. 사도 베드로가 구약의 시편을 인용한 말을 보자.

> 그러므로 생명을 사랑하고 좋은 날 보기를 원하는 자는 혀를 금하여 악한 말
> 을 그치며 그 입술로 거짓을 말하지 말라(벧전 3:10; 시 34:12-16. 참조)

유다서에는 '경건하지 않은 죄인들이 주를 거슬러 한 모든 완악한 말로 말미암아 그들을 정죄하려 하심이라'(유 1:15b)고 하고, 요한복음 또한 날 때부터 맹인이었다가 예수님의 고침을 받고 눈을 뜬 자가 한 말을 기록하고 있다.

> 하나님이 죄인의 말을 듣지 아니하시고 경건하여 그의 뜻대로 행하는 자의
> 말을 들으시는 줄을 우리가 아나이다(요 9:31).

우리가 살면서 어떤 말을 중심 주제로 삼느냐는 매우 중요한 관점이다. 모든 정보는 말로 전해지고 듣기 때문에 그 영혼에 미치는 영향 또한 막중하다. **특히 하나님의 말씀을 왜곡한 상태로 듣고 이해하고, 그걸 믿음이라고 착각하고 산다면 그것은 인생 최대의 오류에 빠진 덫이 된다.** 역설적이긴 하지만 모순의 그 깊은 골짜기를 자각하는 자만이 진리의 길에서 벗어나지 않을 수 있다. 죄와 율법과의 대칭점에는 항상 은혜가 있음을 기억해야 한다.

제6 논점 성경의 올바른 탐구와 진리 선포

인간의 말 한마디나 한 문장에 한 획이 잘못 쓰이거나 한 단어만 바뀌어도 그 의미는 달라지고 만다. 지혜도 취약하기는 마찬가지이다. 지혜의 말씀에서 한 줄만 바뀌어도 그 지혜는 사라져 버린다. 하물며 하나님 말씀에 대한 소홀함에는 더 이상 말할 나위가 없다. 성경 한 구절에 한 단어만 바뀌어도 그 진리는 아예 존재하지 않게 된다. 우리는 지금까지 논점이 된 인간의 타락과 일탈, 하나님 비밀을 거부하거나 말씀을 왜곡하는 문제들을 해결하는 열쇠는 바로 올바른 성경 탐구에 있음을 확인했다. 영이신 하나님의 말씀이 물리적인 책이 되어 내 무릎 위에 놓여 있다는 자각과 함께 진리의 말씀을 올바르게 읽고 이해하며 전파하는 일에 목표를 두는 성경 탐구에 대한 열정을 갖는다면 성경이 하나님께서 우리에게 주신 선물이 얼마나 큰 것인가를 아는 것이 먼저다. 굴곡진 인생길 한 가운데서 날마다 빈손으로 돌아가 쉴 수 있는 소중한 피난처가 바로 성경이다. 그 피난처에서 하나님의 비밀을 조금씩 깨달아 알아갈 때 그 기쁨은 큰 축복이다. 온통 사방에서 범람하는 허위와 거짓으로 진절머리 나는 **가짜 정보화 시대**에 우리의 죄악 된 마음 안에 무오하고 거룩한 진리의 근원을 가질 수 있다니 이 얼마나 큰 선물인가? 그 깨달음의 단계에 이르기까지 자기 마음의 문을 열고 열정을 불러일으켜야 한다. 비밀은 그 비밀을 캐려는 사람에게는 좋은 정보가 된다. 하지만 그 비밀을 모르는 사람에게는 여전히 비밀은 비밀이고, 그것을 알게(깨닫게) 되는 순간에라야 유익한 정보로 획득되는 것이다.

비밀은 감추는 것이 일차적 목적이지만 하나님께서는 자기 계시를 통해 비밀을 우리에게 알게 하신다. 하지만, 사람은 비밀 계시를 받으려고도 하지 않고, 열심히 알아가려고 도전하지도 않는다. 그렇게 지내다가 삶에 벼락같은 위기가 닥칠 때라야 급히 하나님을 찾지만, 그 비밀을 깨닫지 못한 상태에 머물러 있게 된다. 한마디로 무지의 상태에 있는데, 기도한다면서 즉각 응답해 주시지 않는다고 하나님을 불평하기 마련이다. 인간의 이율배반적이고 모순적인 행태는 자기중심성 강화에서 비롯된 문제이다. 하나님 비밀을 알아가는 것을 포기하는 것은 또 다른 형태의 말씀 왜곡이다. 하나님의 비밀 계시 곧 진리의 말씀을 거부하는 것은 가짜 정보로 혼탁해진 이 세상에 자신을 내맡기는 것이다. 하나님을 바로 알기, 하나님의 말씀을 올바로 깨닫기 위해서는 자기 믿음의 실상을 정보적 관점에서 풀어보는 것을 하나의 신앙 목표로 삼아도 좋을 것이다. 성경 연구 자체가 목적이 되기 보다는 하나님께서 성경을 주신 이유가 우리를 온전케 하고자 하는 뜻에 있음을 구체적으로 깨닫고 자기 삶에 옮겨 심는 것이 목적이 되어야 한다.

> 하나님의 사람으로 온전케 하며 모든 선한 일을 행할 능력을 갖추게 하려 함이라(딤후 3:17).

만약 하나님의 비밀 깨닫기를 소홀히 한다면 성경의 원래 목적과 의도는 상실되고 말 것이다. 비밀의 결국은 믿음에 있기 때문이다. 서로의 신뢰를 위해 비밀이 필요하고, 믿음의 확신을 위해 계시가 절박하다. 여기에서 분명히 해야 할 점은 인간의 정보 지식 측면만 강조되거나 감정과 의지적인 면만 부추겨져서는 안 된다는 것이다. 누구나 종합적이고 균형 잡힌 안목과 감각으로 하나님 비밀 앞에 담대히 나가야 한다. 에베소서는 하나님을 아는 지식을 많이 언급하고 있는 책이라서 실존적 관점에서 에베소서에 주신 말씀(엡 1:17; 3:14-19; 5:8-21)을 묵상하면 하나님의 비밀을 깨닫는 데 큰 도움이 될 것이다.

우리 주 예수 그리스도의 하나님, 영광의 아버지께서 **지혜와 계시의 영을 너희에게 주사 하나님을 알게** 하시고(엡 1:17).

너희가 전에는 어둠이더니 이제는 주 안에서 빛이라 빛의 자녀들처럼 행하라 (엡 5:8).

그러나 책망을 받는 모든 것은 빛으로 말미암아 드러나나니 드러나는 것마다 빛이니라. 그러므로 이르시기를 잠자는 자여 깨어서 죽은 자들 가운데서 일어나라 그리스도께서 너에게 비추이시리라 하셨느니라(엡 5:13, 14).

이 말씀들은 하나님을 아는 지식이 성령의 계시적이고 성화시키시는 증언과 분리할 수 없다는 것을 보여준다. 에베소서에서 정보 지식은 주로 개인이 가진 지식이 아닌, 교회가 하나의 몸으로 공유하라는 하나님의 비밀을 나타낸 것이다.

능히 모든 성도와 함께 지식에 넘치는 그리스도의 사랑을 알고(엡 3:18).

우리가 다 하나님의 아들을 믿는 것과 아는 일에 하나가 되어 온전한 사람을 이루어 그리스도의 장성한 분량이 충만한 데까지 이르리니(엡 4:13).

오직 사랑 안에서 참된 것을 하여 범사에 그에게까지 자랄지라 그는 머리니 곧 그리스도라 그에게서 온몸이 각 마디를 통하여 도움을 받음으로 연결되고 결합 되어 각 지체의 분량대로 역사하여 그 몸을 자라게 하며 사랑 안에서 스스로 세우느니라(엡 4:15, 16).

정리하자면, 성령께서 구약성경을 기록으로 전해 주신 것은 먼저는 인간에게 하나님을 알리고, 하나님을 알아보라는 것이고, 다음으로는 예수 그리스도를 알고 십자가와 부활의 비밀을 깨달으라는 것이다. 마지막으로 하나님의 자기 계시나 그리스도 예수를 예표하신 것은 결국 인간의 구원을 위한 것이다. 다시 말하면 우리의 믿음을 위한 하나님의 결단이다. 그러니 인간은 그리스도 예수를 알고 굳게 믿어야 한다.

정보 신학이란 하나님의 비밀 계시를 하늘에서 내려준 정보로 올곧게 인식하고 받아들이는 데 있으며, 동시에 그 계시가 왜곡되고 변질되는 원인 또한 어디에 있는가를 함께 발견하고 고민하려는 데 있다. 종교개혁 이전 사람들이나 오늘을 분망하게 사는 그리스도인들에게 성경은 부분적인 비밀일 수 있다. 하지만, 아직도 성경을 접해 보지 않은 많은 불신자에게 성경은 완전한 비밀로 남아 있다. 비록 그리스도인이라고 할지라도 성경 말씀의 진의를 올바로 깨닫지 못한 상태라면 그 역시 하나님 비밀을 공유하는 데서 오는 자유를 누리지 못하고 있다고 할 것이다. 신앙의 돌파구를 찾는 일은 성령의 역사와 함께 그리스도 예수께서 이미 이루어 놓으신 진리와 자유 곧 현재완료형의 강건한 신앙생활을 영위함으로써 이룰 수 있다. 그때는 온갖 세상의 유혹도 자연스럽게 물리칠 수 있는 견고한 믿음 위에 서 있게 될 것이다.

제7 논점 믿음의 성장을 위한 10가지 대전제

세상에 속한 두 종류의 사람이 있다. 성경을 아예 거부하는 사람이 있는가 하면, 성경을 하나님 말씀으로 알고 읽기는 하지만 그 깊은 의미를 깨닫지 못하는 사람이 있다. 전자는 자연 계시도 읽어낼 수 없을 것이므로 특별 계시도 이해에 한계가 있을 것이다. 그러므로 자연 만물이 살아 움직이고 있다는 그 생명은 어떻게 만들어진 것인지를 관찰하면서, 앞에서 제기한 바와 같이 A4 용지에 간단한 주제 하나를 선정하여 글짓기를 해보면 성경을 읽는 느낌이 달라지지 않을까 생각된다. 후자는 하나님 존재와 속성을 올곧게 이해하지 못하고 있는 경우로서, 세상 문화 속에 살다 보니 하나님의 섭리가 가슴에 와닿지 않을 수가 있다. 그러므로 말씀과 기도로 성경을 가까이하면서 항상 하나의 화두를 던지듯이 전체 성경을 관통하는 주제로 압축된 성찰을 시도하는 것이 좋은 방법이라는 생각이 든다. 정보 신학은 신앙의 파수꾼이라는 위치와 목적에서 출발한다. 믿음의 기준이나 관점이 조금씩은 다를 수 있지만 모든 인간이 마땅히 그리고 확실하게 인정하고 선포해야 할 신앙의 현주소가 우리에게 필요하다. 하나님의 비밀 계시에 대한 올바른 깨달음과 판단의 전제로서 세워지는 믿음의 초석들이 쌓이기를 기대하면서 우선적으로 전제할 다음 열 가지 주제를 정리해 보았다.

①하나님의 주권과 은혜, 전지전능하신 섭리와 통치를 전적으로 인정하는 것

②하나님의 비밀 계시와 복음에 대한 인간의 인지부조화를 자각하고 반응하는 것.

③에덴 동산에서 하와-아담의 선악과 선택이 땅적, 육적, 세상적인 자기중심성의 발현임을 깨닫는 것

④사탄의 거짓과 하와의 빗나간 욕망으로 하나님 말씀이 왜곡됨으로써 영적 전쟁의 근원이 된것을 인식하는 것

⑤하나님의 비밀 곡해와 율법의 죄성이 시내산 십계명의 왜곡 인식에서 비롯된 것임을 자인하는 것

⑥인간의 자기 부인에 대한 저항 심리를 인정하고 하나님을 향한 절대적 구원을 갈망하는 것이 곧 죽고 사는 문제임을 자각하는 것

⑦하나님 최고의 비밀인 예수 그리스도와 십자가의 약속이 이미 성취

된 것임을 깊이 묵상하는 것

⑧생명의 신비와 성령의 역사에 관한 실증적 체험으로 믿음을 강화해 나가는 것이 절대적으로 필요한 것임을 인식하는 것

⑨오직 믿음으로 순종하여 옛사람, 선입관, 고정관념들을 파괴하고 새로움을 추구하는 것

⑩**'하나님 = 비밀 = 말씀 = 계시 = 생명 = 예수 그리스도 = 십자가 부활 = 보혜사 성령'**에 대한 올바른 해석과 깨달음에 집중하는 것

이상의 논점을 중심으로 성경에서 하나님의 지혜를 발견하고 깨달아 그분의 말씀 앞에 모두가 올곧게 설 수 있어야 한다. 사도 바울은 서로가 증언하고 격려하며 진리를 실천해 나갈 토대를 마련해야 하는 강조점을 분명하게 밝힌다.

> 그러므로 여러분이 일깨어 내가 삼 년이나 밤낮 쉬지 않고 눈물로 각 사람을 훈계하던 것을 기억하라(행 20:31).

하나님의 비밀에 대한 올바른 깨달음과 종말에 대한 믿음의 확증, 그리고 하나님 영광과 기쁨 충만의 선포가 그리스도인 삶의 모범이다.

〈올바른 신앙의 전제적 요점〉

1. 하나님은 '스스로 있는 자'(출 3:14)로서 비밀의 근원

하나님은 온 우주 만물을 창조하신, 비밀 계시의 근원이시며, 세상 정보의 주권자이시다. 하나님은 세상 만물의 섭리자이시기에 '하나님의, 하나님에 의한, 하나님을 위한' 신앙의 기초가 되신다.

2. 창조 비밀에 대한 인간의 무지와 무능력 상태의 선언

하나님의 최초 비밀계시는 첫 사람 아담 그 자체와 그에게 주신 첫 명령(말씀)이다. 그러나 피조된 인간의 첫 출발은 완전한 정보 무능 상태였음을 인정하는 것이다.

3. 하나님 말씀을 왜곡, 변질시킨 인간 존재의 죄책 자각

하나님의 최초 명령(말씀)은 하와와 뱀(사탄)에 의해 왜곡, 변질되었다. 하나님께서는 명령과 함께 선택의 자유를 주셨지만, 인간은 이 자유를 임의로 남용하여 정보 욕망을 채우려고 선악과라는 부정적 금지명령을 임의로 선택하고 결정했다. 그 책임을 사탄에게만 돌릴 수는 없고, 인간 자신에게 더 큰 죄책이 있음을 인정해야 한다.

4. 하나님의 섭리(약속)와 구원, 인도하심의 확신

하나님의 아브라함과 모세를 부르심, 출애굽과 광야 생활, 그리고 제사 방법의 제정과 가나안 정착은 모두 하나님 비밀 계시의 각기 다른 모범이다. 하나님의 비밀 계시는 신실하신 약속(언약)이고, 인도하심이다. 이에 대한 확신이 믿음의 목적지이다. 그러므로 우리는 이 약속의 전후 범주를 폭넓게 이해해야 한다.

5. 오늘의 모순된 현실은 사탄과 인간이 합작한 거짓 정보로 오염된 결과이며 유물임을 인정

오늘의 이 시대는 온갖 거짓 정보들이 난무하며 인간의 영혼을 좀먹고 있다. 이것은 사탄의 거짓 정보로 오염된 현상의 끝자락이며, 하나님에 대한 뱀(사탄)의 반역 의도가 담긴 것이다. 사탄이 가짜 정보로 하나님의 뜻과 의지를 희석하여, 인간이 더 멀어지게 하려는 사탄의 속임수가 현재도 활동중임을 자각해야 한다. 거짓 진리는 빛이 없는 어둠이다.

6. 하나님 계시에 대한 인간의 인지부조화 자인

하나님은 인간을 향해 끊임없이 자기를 계시하시는데, 그것은 하나님을 알아보라는 뜻이다. 마치 너희가 땅에 내려갈 때는 창조 비밀도 모르는 무지의 빈손으로 태어났지만, 인생을 마감하고 천국에 돌아올 때는 '하나님을 아는 것(진리)' 한 가지만은 반드시 깨닫고 와야 한다고 말씀하신다. 우리의 신앙이 비밀 인지부조화로 방황해 왔음을 자인하고, 올바른 분별력과 판단 능력을 바로 세워 진리 곧 하나님의 아들이 될 것을 요구한다.

7. 십계명에 불복하고 다른 신, 다른 복음을 찾고 있는 왜곡에 얽매인 현실 인식

이스라엘은 하나님이 주신 십계명의 참뜻을 깨닫지 못하고 말씀(비밀 계시)을 곡해, 왜곡한 나머지 하나님 뜻을 등지고 살았다. 그들은 창조 비밀에 대한 무지(정보 없음)와 말씀 왜곡으로 하나님을 깊이 알지 못한 대적자의 자리에서 하나님 아닌 다른 신, 이방신을 섬기며, 율법주의 제사로 하나님의 진노를 일으켰다. 하나님을 똑바로 알지 못한 분명한 반증이 오늘 우리에게도 심각한 후유증으로 남아 있음을 발견한다.

8. 정보 탐욕의 실체적 자각과 죄를 짓고 있는 현상 폭로

신앙의 장애물은 무엇인가? 모든 영육 갈등의 문제는 인간의 선악과 탐심 곧 자기 정보화의 욕망에서 비롯된 것임을 폭로한다. 인간 탐욕의 실체를 자각하고 세상의 잡다한 유혹들과 결연히 단절하여, 오로지 하나님의 비밀 계시에만 관심을 기울인다. 하나님께 전적으로 의존하여 날로 새로워지는 내적 변화를 추구하는 과제를 완성한다.

9. 자기 부인과 자기 십자가의 비밀 선포

하나님 최후의 비밀 계시는 예수 그리스도의 성육신과 십자가 부활이다. 이 비밀을 깨닫는 것이 곧 자기 부인의 길이다. 그것은 하나님의 은혜와 사랑에 대한 철저한 자각과 그 거룩함 앞에서 인간은 nothing, zero, 무(無), 티끌에 불과한 자임을 자인함으로, 죽어서 다시 사는 자가 되는 진리를 깨닫는다. 특히 십자가의 피 흘리심이 믿음으로 굳게 다가와 새 생명을 얻게 될 소망으로 자기 십자가의 비밀을 선포한다.

10. 성령의 신비와 비밀의 경험 소망

성령이 말씀으로 우리 안에 내재하시어 진리를 깨닫게 하시고 인도하신다. 성령께서 역사하시는 말씀의 신비를 체험할 때 하늘 비밀도 함께 열리게 된다. 성령의 인도하심은 미래의 비밀이지만 미래는 또한 현재이다. 현재의 첫 입력이 곧 미래의 마지막 출력이다. 현대인은 하나님 비밀만 절대적이고, 세상 정보에는 아예 관심조차 두지 않는 현재적 자유 충만의 삶을 살아야 한다.

제3장
정보 신학의 통합성 주제 연구
: 전혀 다른 관점

정보 신학에 기초가 되는 것은 비밀과 정보의 개념이다. 이것은 진리의 불변 개념이면서 동시에 새로운 시각으로의 다른 관점이다. '다른 것'에서의 '다른'에는 세 가지 관점이 있다. **첫째는 본래의 것, 원천에 대한 '다른 관점'을 제기하는 것이고, 둘째는 원본을 아예 무시했거나 다른 것으로 대체해 놓았다는 의미에서의 가짜, 다른 것이며 세째는 원본이 이미 뒤틀린 점에 대해 깨닫고 본래적인 원천으로 되돌리는 환원이란 의미에서의 '다른'이다.**

소를 잡아드리는 것은 살인함과 **다름이 없이 하고** 어린양으로 제사드리는 것은 개의 목을 꺾음과 **다름이 없이 하며** 드리는 예물은 돼지의 피와 다름이 없이 하고 분향하는 것은 우상을 찬송함과 **다름이 없이 행하는** 그들은 자기의 길을 택하며 그들의 마음은 가증한 것을 기뻐한즉(사 66:3).

이는 성경의 말씀이나 예배, 기도 등이 다양한 전통, 문화나 세상적 가치관으로 이미 왜곡되어 근본 진리에서 벗어난 다른 신앙이 되어버린 문제를 제기한 것이다. 관찰과 회복을 위한 다른 각도의 시각이나 논점들을 찾아보며 정상적인 바른 궤도 위에서의 신앙생활을 영위할 것을 촉구하는 말씀이다. 그 범위는 굉장히 넓다고 할 수 있는데, 우선 말씀이나 차원, 시간, 비유 등 시급한 주제에서부터 착안해야 하고, 그보다 더 우선되어야 하는 것은 믿음이다.

믿음이 곧 삶이기 때문이다. 믿음은 기독교의 핵심을 이루는 본질적 가치이다. 믿음의 헬라어 '피스티스'는 신뢰, 신앙을 뜻하는데 동사 '피스튜오'에서 유래했다. '피스튜오'는 어떤 일어난 일을 정말 사실이라고 생각하는 것을 의미한다. 신뢰 관계는 먼저 신임이 강화되고 난 후 확신이 일어난다는 점을 고려할 때 '피스티스'는 신앙의 성장을 촉진한다. 만약 우리가 그리스도 예수의 역사적 실제를 믿지 않는다거나, 그분의 성육신(인카네이션)를 믿지 않고, 특히 그분의 부활과 승천 사건을 믿지 않는다면 더 이상 기독교는 종교적 기반을 잃어버리게 된다. 기독교의 최고 핵심 가치인 예수 그리스도를 발견하고 그 믿음을 굳건히 하기 위해서는 더 큰 안목을 키울 하나님 비밀 신앙의 새로운 관점들이 많이 발견되어야 한다.

전혀 다른 '하나님 말씀'의 관점 : 로고스와 레마

하나님의 비밀 계시와 인간의 정보 인식 사이에 유일한 의사소통 수단은 언어이다. 물론 꿈이나 환상을 통해 소통하는 경우가 있지만, 그것은 그다지 많지 않을 뿐 아니라 소수를 대상으로 이루어지는 하나님의 계시 방법이다. 하나님의 이스라엘 백성들을 대상으로 하는 메시지는 주로 하나님의 말씀하심과 선지자들의 영적 감응에 의한 상호교통이 이루어진 결과이다. 이때 주시는 하나님 말씀은 인간 언어로 표현하기에 충분치 않고, 우리가 알아듣는 데도 한계가 있다. 초자연 언어는 불가피하게 세상의 자연을 보조재료로 삼고, 인간의 언어와 문자로 해석되어 이해와 믿음에 이르기까지 많은 어려움이 있다. 왜냐하면 초월과 자연, 추상과 실제의 차이가 있어서 불가피하게 비유법으로 전해 들을 수 밖에 없기 때문이다. 이를 좀 더 쉽게 이해하기 위해서는 먼저 언어 소통의 이중구조를 이해해야 하고, 이어서 언어적 변화 현상을 알아야 한다. 그런 후에야 하나님 말씀의 본뜻이 올곧게 이해될 수 있게 된다.

예를 들면 우리가 사는 이 세상은 하나와 다른 하나가 서로 마주 바라보는 상대성의 연속으로 엮여 있는데 좌우, 음양, 남녀, 천지, 높음과 낮음 등 모든 현상이 대칭적으로 마주하면서 하나를 이루고 있다. 창조주 하나님과 피조물인 인간도 그와 같아서, **이를 관계(關係)라고도 하고 의(義. 헬, 디카이오쉬네)라고도 말한다.** 하나님이 먹지 말라고 명령하신 선악을 알게하는 나무의 열매를 먹는 불순종 곧 금령 파기로 인해 하나님과 인간의 질서가 파괴되어 버린 까닭에 천지 차이는 여전히 존재한다. 이 관계를 회복하기 위해서는 반드시 그 중간에 소통의 매개체가 있어야 한다. 거기 쓰일 유일한 수단은 소리요 언어이다. 하나님은 보이지도 않고, 만져지지도 않고, 형체도 없으신 분이시다. 그분에게 유일한 의사소통 수단은 말씀뿐이다. 하늘에는 하나님의 말씀이 있고 땅에는 인간의 언어가 있는데 두 언어는 전혀 다른 세계인 까닭에 의사소통 가능성이 거의 없다. 그러나 여기에 소통을 위한 하나의 공통성을 가진 계시의 언어가 있지만, 그 언어에도 인식과 이해의 차이, 내용과 의미의 격차가 있어서 소통의 어려움이 존재한다. 하나님께서는 사람을 창조하신 이후 그에 알맞은 수준의 영적 언어 소통이 가능하도록 준비하셨다[54]. 하늘의 뜻을 땅에

---

54 하나님께서는 말씀으로 자연을 창조하심으로 자연 안에는 자연 언어의 비밀이 들어 있다. 다만 문제는 인간들이 이 자연 언어를 읽어낼 수 있을 만큼 능력이 충분하지도 않고 감각도 둔하다는 것이다.

있는 인간의 말을 빌려 말씀하신 것이다. 그게 여호와 하나님의 호칭이며, 비유의 말씀이다. 하지만 창세기 11장의 바벨탑 사건은 인간 사회에 전혀 다른 언어상의 문제점이 있음을 말해 준다.

> 여호와께서 이르시되 이 무리가 한 족속이요 언어도 하나이므로 이같이 시작하였으니 이후로는 그 하고자 하는 일을 막을 수 없으리로다(창 11:6). **자 우리가 내려가서 거기서 그들의 언어를 혼잡하게 하여 그들이 서로 알아듣지 못하게 하자 하시고** 여호와께서 거기서 그들을 온 지면에 흩으셨으므로 그들이 그 도시를 건설하기를 그쳤더라 그러므로 그 이름을 바벨이라 하니 이는 여호와께서 거기서 온 땅의 언어를 혼잡하게 하셨음이니라 여호와께서 거기서 그들을 온 지면에 흩으셨더라(창 11:7-9).

언어는 인간 상호 간은 물론 하나님과 인간의 관계에서도 결정적으로 영향을 미치는 아주 중요한 의사소통 수단이다. 만약 언어 소통의 감각이 제자리를 잃게 된다면 하나님의 비밀 계시를 인간이 올바로 알아듣고 깨달을 수 없게 되는 것은 분명하다. 왜냐하면 에덴 동산에서 선악과를 따 먹은 아담과 하와는 이미 뱀(사탄)과 합작으로 하나님의 말씀을 왜곡해 버렸고 그 후손들은 그 왜곡된 말씀 곧 진리에서 벗어난 말씀을 진짜로 알고 살며 바벨탑 쌓기라는 자기들의 탐욕을 채우려 하고 있기 때문이다. 하나님께서는 태초에 진리의 말씀으로 하늘 비밀을 계시해 주셨고, 성경 말씀은 모두가 그분의 창조 비밀이지만 왜곡의 여지가 있었다는 점을 먼저 기억해야 한다.

하나님의 말씀을 헬라어는 '로고스'와 '레마'로 구별해 놓고 있다. 그러므로 이 말씀을 사람이 어떻게 받아들이느냐에 따라 진리와 비진리(거짓)

로 분별하게 된다. 그렇다면 과연 우리는 어떤 말씀을 어떻게 가지고 있는지 질문하게 된다. 진리의 말씀을 가졌는가 아니면 비진리의 악한 말, 거짓말을 가지고 있는가, 또는 말씀을 표피적인 껍데기로만 이해하고 있는가 아니면 말씀 속에 감춰진 비밀을 발견하고 있는가이다. 다시 말해 껍데기를 깨고 내용을 파고들어 진리를 진리로 이해하고 있느냐이다. 아직도 땅적 수준에 멈춰 있는가 아니면 초월의 영적 세계로 도약하고 있느냐에 따라서 우리의 인생관과 세계관이 달라지고, 신앙의 궁극적인 목적 또한 달라진다. 내가 어떤 믿음을 가졌는가에 따라 영적 세계에 대한 이해가 달라지듯이 하나님의 말씀은 우리 신앙에 결정적인 영향을 미친다. 더욱 중요한 것은 하나님 말씀을 로고스로만 읽고 있느냐 아니면 레마로 깨달았느냐이다. 말씀을 껍질의 로고스로만 이해하고 있을 때 그 말씀은 결국 사람이 넘어지게 하는 걸림돌이 될 수밖에 없게 된다. 이것이 성경 말씀의 이중성이다.

하나님의 말씀을 헬라어 로고스라 할 때 사탄의 말은 악한(카코스, 포네로스) 말이다. **사탄의 악한 말은 따로 존재하는 것이 아니라 하나님의 말씀을 어떻게 보고 있느냐에 따라 구별되는 개념이다. 다시 말해 하나님 말씀이 왜곡된 것은 모두 악한 말, 거짓말, 사탄의 말이다.** 세상에는 한 분 하나님만 존재하신다. 원래 말씀은 하나님 말씀 하나뿐이었다. 그런데 하나님의 말씀을 왜곡 변개시킨 악한 말 곧 사탄의 말이 있게 되었고, 또한 한 사람 개인의 의(義)가 진리를 왜곡시켜 뒤틀려버린 사람의 말이 있게 되었다. 선악과 의미에서 보면 사람의 뒤틀린 말은 곧 사탄의 악한 말을 완전 닮은 꼴이다. 로고스가 정태적인 의미로서의 하나님에 대한 대표성을 뜻한다면, 레마는 말하고 듣는 현장성에 주목한다. 좀 더 쉽게 말하면 **로고스는 그릇이고 레마는 그 그릇에 담긴 내용물이다.** 전자는 헬라 철학을 대표하는 상징적 의미로 사용된다면, 후자는 일상의 말이나 유한한 개념에 의존하는 경향이 있다. 또 다른 단어 레고(로고스에서 유래한 동사)는 레마의 의미에 더 부합되는 현장, 현재에서의 '말하기'란 뜻으로 사용된다. 그리스도의 말이 명사화되어 쓰일 때 영적 무게감을 갖게 하는데, 그 경우는 레마가 사용된다. 기독교에서 말씀이 갖는 위치는 상당하여 증거, 선포, 증인의 삶, 제자도 개념을 도출함은 물론 전례의 거의 모든 부분이 말씀에 근거한다. 한마디로 기독교는 로고스가 절대적 비중을 차지하는 말씀 종교다. 하지만 로고스가 갖는 무조건적 위대함에 집중한 나머지 로고스가 품고 있는 부정적 속성에 대해선 침묵하는 경우가 있는데, 각별한 주의를 요한다. 주목해야 할 것은 참 의미로서의 말씀 기독교가 되기 위해서는 말씀 로고스의 껍질을 벗겨내야 할 필요가 있다는 점이다. 그것이 하나님 말씀을 말씀답게 일으키는 생명 사건이 될 것이며, 그리스도 예수의 십자가와 부활이라는 전무후무한 역사적 비밀 계시를 통해 말씀의 해방이 선포되었다는 사실이다.

로고스의 부정적 속성이란 로고스의 범주 자체가 세상을 뜻하는 코스모스와 너무나 유사하여 말씀, 선언, 담화, 메시지 등의 의미 외에도 외양, 양상, 기술, 근거, 계산, 상환이란 채권, 채무 관련 용어로도 사용된다. 언뜻 보기엔 두 의미가 서로 다르게 보이지만 사실은 쌍생아처럼 닮았다. 선언과 메시지의 내용은 언제나 신용과 담보를 근거로 하는 만큼 인간 사회에서는 완벽한 합의가 없으면 선언이란 나올 수 없다. 그런데 완벽한 합의가 나오려면 인간과 인간, 공동체와 공동체 간의 신용 유지가 가능한 완벽한 질서와 철저한 보증의 거래관계가 전제되어야 한다. 게다가 그 거래를 유지하기 위해서는 폭력과 물리력, 법적 구속력이 동원되는데 이 모든 것을 시스템화해 놓은 곳이 바로 코스모스, 세상이다.

이 질서와 조화를 우선시하다 보면 인간의 바벨탑 쌓아 올리기에만 온통 관심을 쏟게 되어, 그 결과 코스모스가 낳은 것이 바로 로고스다. 그 로고스가 과연 참된 로고스인가? 하나님은 당신 자신인 그리스도 예수를 말씀 육화로써 이 땅에 보내시고, 세상을 사랑한다고 밝히셨는데 이때 말씀의 육화는 세상을 사랑하는 새로운 방법을 제시하신 것이다. 다시 말해 이제까지 생명 패러다임이 아닌 선악 패러다임에 철저히 세뇌당한 시스템으로서의 세상을 해체하고 새로운 세상을 구현해 내고자 함이 말씀 육화의 존재 의미였다. 말씀은 탈시간적이라서 그리스도 예수의 '말씀하심, 레고'는 역사적 가치로만 머물지 않고 증거의 보편성으로 우리 안에 면면히 흐르고 있는 것을 의미한다. 따라서 진정한 로고스는 인간과 인간의 수평적 합의가 아니라 하나님과 인간의 수직적 돌입, 생명의 발화가 일어나는 찰나이면서 영원이다. 이것이 '생명의 레고', '말하여지는 말씀'으로서의 '말씀의 육화'이며, 존재에게 부활의 생명체로 현시되는 것이다. 여기에서 다시 하나님 비밀의 인간 말씀화와 그 말씀의 인간 정보화 과정을 생각해 볼 수 있다. 말씀 왜곡의 고갯길이 되기 때문이다. 우리는 어떤 말씀을 가졌는가를 다시 묻는다. 그 안에는 성경과 예수, 교회와 율법, 인생과 역사 등 모든 게 다 포함된다. 이 모든 것들을 어떤 관점으로 바라보고 이해하여 자신의 인생관, 신앙관, 세계관으로 간직하느냐는 중요한 가치관의 선택 문제이다. 말씀이 자기 존재의 결국을 결정한다. 인간 존재는 당연히 말씀(말)에 종속되고, 그로 인해 형성된 세계관에 끌려가게 되어있다. 세계관은 우주관으로 자신의 목표 지향점을 설정하게 하여 그 목적에 이끌림을 받아 하나님 나라의 온전한 백성이 되게 한다.

전혀 다른 '악한 말'의 관점 : 사탄의 거짓말과 죽음

하나님의 진리 말씀에 대칭되는 말은 인간의 말, 악한 말, 사탄의 말이다. 만약 내 앞에서 누군가가 다른 복음, 다른 말씀, 다른 진리를 가지고 말한다면 그 사람이 하나님 말씀을 **로고스와 레마(레고)** 중 어느 단계에서 말하고 있는가를 먼저 살펴보아야 한다. 그다음에 관심을 두어야 하는 것은 무엇인가? 하나님 말씀에 대칭되는 악한 말인지 여부에 주의를 기울여야 한다. 하나님의 진리 말씀에서 떠난 말은 모두가 악한 말이다. 악한 말이란 하나님의 진리 말씀에 가감이나 첨삭을 한 왜곡된 말이며(창 3장 참조), 모든 사람은 이미 악한 말로 인해 벼랑 위에 서 있다. 그들이 가진 틀린 말, 그릇된 말, 거짓말들은 진리가 아니기 때문이다. 악한 말을 하는 사람은 자신의 세계관(관점)을 지탱해 주는 말이 '바른 복음, 바른 말씀, 바른 진리'라고 착각하고 있는 까닭에 영원한 멸망에 자신들이 삼켜지고 있다는 사실을 전혀 눈치채지 못한다. 그들은 모든 것들을 선과 악의 구조에 두고 비교, 분석, 평가, 판단하는 함정에 빠져든다. 그것은 자기중심주의와 율법주의, 인간중심주의라는 편협한 사고에 뿌리를 두고 있다. 결국 율법과 계명이 나쁜 게 되고, 죄와 어둠도 나쁜 게 되고, 성전도 나쁜 것으로 곡해되는 것이다. 사도 바울이 로마서 7장에서 그 맹점을 이렇게 깨부수고 있다.

전에 율법을 깨닫지 못했을 때는 내가 살았더니 계명이 이르매 죄는 살아나고 나는 죽었도다 **생명에 이르게 할 그 계명이 내게 대하여 도리어 사망에 이르게 하는 것이 되었도다** 죄가 기회를 타서 계명으로 말미암아 나를 속이고 그것으로 나를 죽였는지라 이로 보건대 율법은 거룩하고 계명도 거룩하고 의로우며 선하도다(롬 7:9-12).

바울의 이 말씀은 우리의 박제된 사고와 관점을 180도 다르게 생각해 보라는 강력한 메시지이다. 성경에서 '악한 말'은 '나쁜 말 = 푸뉴마 다이모니온 = 악한 영 = 귀신'으로 번역되고 있다. 말 그대로 나쁜 말이 곧 '악한 영, 귀신'이다. 이 점을 깨닫게 되면 하나님 말씀을 어떻게 바라보고 간직해야 할 것인지 바짝 긴장하지 않을 수 없게 된다. 왜냐하면 성경의 말씀을 어떻게 읽고 해석하느냐에 따라 진리와 비진리로 구별되기 때문이다. 성경을 하나님의 진리로 깨닫는 자와 세상의 관점에서 땅적 수준에 머물러 이해하는 자와는 확연히 구별된다. 다시 말해 말씀을 옳게 진의로 읽으면 진리가 되지만, 그릇되게 이해하면 말씀 왜곡이고, 나쁜 말, 악한 말이 된다. 통상 우리가 나쁜 것으로 알고 생각했던 것들이 우리 안에서 해놓은 일들을 다시 한번 눈여겨보면 잃어버린 반쪽의 진리를 발견할 수 있다. 속담에 '이이제이'(以夷制夷)란 말이 있는데 악을 악으로 물리친다는 역설적인 의미를 담고 있다. 이를 **바울의 로마서 관점에서 보면 정죄를 통해 선을 깨닫게 된다면 그 정죄는 좋은 역할을 한 것이다. 정죄는 괴로운 일이나, 깨달음을 얻게 됨과 동시에 그 죄는 물리쳐져서 죄 자체가 죽게 된다는 논리이다.**

그런즉 우리가 무슨 말을 하리요 **율법이 죄냐 그럴 수 없느니라 율법으로 말미암지 않고는 내가 죄를 알지 못하였으니** 곧 율법이 탐내지 말라 하지 아니하였더라면 내가 탐심을 알지 못하였으리라 그러나 죄가 기회를 타서 계명으로 말미암아 내 속에서 온갖 탐심을 이루었나니 이는 **율법이 없으면 죄가 죽은 것임이라**(롬 7:7, 8).

사도 바울은 율법을 통해서 자신의 탐심을 깨달을 수 있었고 그 율법이 죄를 살리고 그 죄가 자신을 죽게 만들었다고 말한다. 대단히 역설적인 표현인데 이 뜻을 헤아릴 수 있을 때 우리의 믿음은 그리스도의 십자가 안에서 도약하게 될 것이다.

> 전에 율법을 깨닫지 못했을 때에는 내가 살았더니 계명이 이르매 죄는 살아나고 나는 죽었도다 생명에 이르게 할 그 계명이 내게 대하여 도리어 사망에 이르게 하는 것이 되었도다 **죄가 기회를 타서 계명으로 말미암아 나를 속이고 그것으로 나를 죽였는지라** 이로 보건대 율법은 거룩하고 계명도 거룩하고 의로우며 선하도다(롬 7:9-12).

로마서 7장의 말씀은 우리 신앙에 있어서 아주 중요한 변곡점을 깨닫게 한다. 성경 전체 구도 속에서 하나님의 뜻을 올곧게 깨달을 수 있는 마지막 단서를 제공한다. 다시 말해 만약 율법이나 죄나 죽음 등에 관한 진의를 깨닫지 못하고 하나님 말씀을 계속해서 표피적으로만 이해한다면 그 말씀이 너희를 심판할 것이다. **역설적으로 성경의 말씀 때문에 죽고, 사망한다는 의미이다. 여기서 중요한 관점은 하나님의 말씀은 하나인데 그 말씀을 어떤 관점에서 어떻게 보고 받아들이느냐의 문제다.** 하나님 말씀을 올곧게 이해하고 있느냐 아니면 왜곡된 말씀으로 갖고 있느냐이다. 이를 쉽게 풀어서 이야기하자면 제발 거기 '악한 말, 나쁜 말'에서 좀 벗어나라, 그러면 살 것이라는 뜻이다. 제발 진리의 말씀, 선한 말씀을 발견하는 데 심혈을 기울여 보라. 그러면 살 것이다. 하나님 말씀을 아래가 아닌 위의 관점으로 보면 생명과 구원을 얻을 것이고, 만약 아래의 곡해된 왜곡의 관점으로 이해하고 있으면 그것이 멸망이고 저주이며 파멸이다. 결코 바른 신앙이 아니다. 사도 바울이 강조하는 말의 참뜻은 율법이 결코 나쁜 것이 아니라 하나님이 주신 거룩한 계명이니 그것으로 죄와 죽음의 진의를 깨달으면 된다는 교리이다.

죽음은 두 가지 차원으로 분류하여 사유된다. 물리적 죽음과 정신의 죽음이다. 죽음에 관해 헬라어는 '**다나토스**'와 '**아포드네스코**' 두 개념 즉, 명사로서 '사망'이란 뜻(전자)과 동사로서 '죽다, 썩어가고 있다, 포기하다'의 뜻(후자)으로 설명하고 있다. '다나토스'의 죽음은 정신의 깨달음이나 지고한 사상적 개화가 없는 상태의 일반적 죽음을 말한다. 즉 인간 이성이 살아나지 못하고 짐승과 같은 욕구와 본능 차원에서 살아가는 상태로 본 것이다. 그런데 헬라 철학의 표층적 의미에서의 정신적 죽음이 있다면 성경에는 '영의 죽음'이 있다. 이는 영으로서만 가능한 하나님과의 차원이 단절 상태에 있음을 말하는 것이다.

> 죄의 삯은 사망이요 하나님의 은사는 그리스도 예수 우리 주 안에 있는 영생이니라(롬 6:23).

성경에서 말하는 죄의 본질적 의미는 하나님 생명과의 교감이 없는, 하나님을 모르는 상태를 말한다. 이것은 인간의 지식과 이성을 기반으로 하는 깨달음이 아니라 그리스도 예수를 통해 이름도, 빛도, 실체도 없는 하나님을 깨닫고 이해하고 알게 해주는 유일한 길, 진리, 생명으로만 가능하다는 것을 강조하는 말씀이다.

'사망, 다나토스'가 정신의 죽음으로 하나님과 철저한 단절을 뜻한다면 동사로서의 죽음, '아포드네스코'는 동적 상태에로의 개안(開眼)을 의미한다. 다시 말해 '죽고 있음'은 두 가지 차원의 의미 즉 죽음을 향해 치닫는 지향성을 뜻하는 것과 하나님과 단절을 뜻하는 것이다. 잠정적인 단절 상태인 '다나토스, 사망'은 깨달음의 전이를 열어놓는다. 현재의 '나'는 생각과 의식을 갖고 존재하는 만큼 '나'의 인식 기반인 혼적 호흡이 하나님의 유일한 혼적 차원의 교감체인 그리스도 예수의 말씀을 혼적 호흡 상태에서 받아들여질 수 있다는 것이다. 이는 곧 영적 호흡 상태로의 전이로 개방함이며, 사망 상태로부터의 결별이고, 생명 상태로의 이행이다. 그러나 만약 혼적 차원의 그리스도 예수를 교감체로 받아들이지 않는다면, 바로 사망 다나토스가 '나'란 존재를 지배하는 상태가 지속되므로 이 상태가 곧 죽고 있음의 아포드네스코의 다나토스를 향한 지향성으로 읽을 수 있다. 그러나 또 다른 차원의 아포드네스코는 그 반대의 지향성을 나타내는데 이것이 죽음에 대한 또 하나의 해석이다. 헬라어의 어원적 의미로 풀어보자면 다나토스에서 유래한 합성어 아포드네스코는 '분리, 단절'의미의 전치사 '아포'와 '죽다'라는 동사 '드네스코'의 합성어이다. 이는 '죽음으로부터의 분리', '죽음으로부터 벗어나다'라는 의미다. 여기에서 죽음의 역설이 이해되어야 한다. 우리가 '아포드네스코'의 참된 죽음의 의미 울림에 집중한다면 하나님과의 온전한 교감, 황홀로 인도하는 거룩한 죽음(다나토스)이 될 것이다. 하나님과의 교감 단절로 혼적 호흡 속에서 죽을 수밖에 없었던 비참한 처지의 우리에게 영적 호흡의 숨길이 열려, 천지 간에 극적으로 전환되는 죽음으로부터 분리라는 새로운 차원으로 지향하는 '죽어야 산다'는 역설의 실현이다.

> 누구든지 제 목숨을 구원하고자 하면 잃을 것이요 누구든지 나를 위하여 제 목숨을 잃으면 찾으리라(마 6:25).

이 말씀은 본질적으론 '죽고 있다'(die)는 의미의 '아포드네스코'가 갖는 또 다른 의미를 깨닫게 해 주신다. 혼적 호흡으로서 우리의 지, 정, 의는 하나님과의 교감 단절을 심화시키는 본성적 딜레마에 직면해 있는 상태인데, 이것을 교리적 용어로 '원죄'라고 한다. 본성적 딜레마의 제한 속에서는 인간이 어떠한 노력을 기울이든 하나님과의 단절 상태인 '다나토스 죽음'의 지배에서 벗어날 수 없다. 오직 하나님의 유일한 교감체인 독생자 그리스도 예수에 의해서만 그 딜레마에 혁명적 균열을 일으킬 수 있는 것이다. 그리스도 예수의 교감은 말씀을 통해 이미 현시되어 있는 까닭에, 비록 말씀을 읽는 것은 우리의 지, 정, 의인 혼적 호흡이지만, 영적 호흡을 일으키는 부활의 영, 성령을 통해 말씀의 깨달음이 가능하다. **하나님 말씀을 받아들인다는 것은 본성적 딜레마의 억압으로부터의 결별을 뜻하는 것이며, 이 결별의 의지가 현상적 세계에선 죽음으로 읽히는 대목이다.** 그리스도인은 하나님과 교감의 단절인 '다나토스'의 잠정적 지배 강화의 고리를 끊어내는 '아포드네스코'의 지향성으로 전환해야 한다. 이 의무가 하나님을 사랑하고 이웃을 사랑하는 계명의 전부이며, 철저한 죽음을 향해 치닫는 영적 죽음의 현실로부터 해방, 진정한 자유를 향한 치닫기이다.

사도 바울의 강조는 헬라어 '다나토스'의 거룩한 죽음, 완성의 죽음. 히브리어 '무트' 죽음의 의미를 깨달아야 한다는 것이다. 율법이 그 죽음을 죽게 만든다. 그것은 우리를 창피하게 만들거나 괴롭히고 가치 없는 자로 폭로하려는데 목적이 있는 것이 아니라 단지 죄를 다른 차원의 것으로 보게 만드는 데 있다. 그 죄의 대가로 주어진 나쁜 사망으로부터 해방하여 자유를 누리게 된다는 것을 의미한다.

그런즉 선한 것이 내게 사망이 되었느냐 그럴 수 없느니라 오직 죄가 죄로 드

러나기 위하여 선한 그것으로 말미암아 나를 죽게 만들었으니 이는 계명으로

말미암아 죄로 심히 죄 되게 하려 함이라(롬 7:13).

그 선한 게 단지 나를 사망으로 끝장내 버리려고 나에게 왔겠느냐는 반문이다. 다시 말해 '다나토스'의 사망은 좋은 것이지만 우리가 이 세상 역사와 인생 속에서 그 사망을 감지하게 될 때는 진짜 세상으로부터 죽는 고통으로 감지하게 된다. 그것은 역설적으로 나는 '아무것도 아닌 자', '없음(無)'으로 폭로되고, 그것을 자인해야 하는 까닭에 차원이 다른 근원적인 고통이다. '나'가 부정되고 삭제되며 나의 세상적 꿈과 야망이 일시에 풍비박산하도록 자기 자신을 내려놓는 일이란 결코 쉬운 일이 아니다. 그러나 율법의 최종 목적지는 거기가 끝이 아니며 죽음은 어떤 목적지로 향하는 문이다.

그것은 바로 죄가 죄로 드러나고, 그 죄로 심히 죄 되게 하는 데 있으며, 그래야 죄는 죽고 우리는 생명의 구원에 이를 수 있다. 하나님 말씀을 전혀 다른 관점으로 정리하면 세상과 연결된 왜곡된 말씀의 종언을 고하는 말씀, 하나님 생명의 그 유래를 찾을 수 없는 내밀한 현장성, 레고의 깊이 아래 펼쳐낼 수 있도록 하는 것이다. 다시 말해 끊임없이 그 문을 열어놓는 말씀에 몰입되는 예배가 아니고선 새 생명, 새 말씀의 변혁의 역사에 동참할 수 없다는 것이다. 이것이 바로 말씀 육화의 총아인 그리스도가 남기고 가신 새로운 말씀임을 기억해야 한다.

태초에 말씀이 계시니라 이 말씀이 하나님과 함께 계셨으니 이 말씀은 곧 하나님이라(요 1:1).

요한복음은 특별히 말씀의 중요성을 강조하고 있는데, 말씀 존재론이

높이 부각되는 예시이다. 여기서 주의할 점은 우리는 '태초'라는 부사구를 '존재의 시작점으로 인식하는 경향'이 매우 강하다는 것이다. 태초의 '무(無)', 아무것도 존재하지 않았을 어떤 시점, 물질계와 현상계의 도래가 있기 전의 아무것도 없음에서 말씀이 발출되었고, 그 발출된 말씀이 하나님과 함께 있었으며, 그 말씀이 곧 하나님이라는 사실의 강조로 귀결될 때 그것은 오류다. 이러한 접근은 일반 역사의 토대 위에서 성경 말씀이 이루어진다는 모순을 낳을 수 있다. 다시 말해 창조의 시작을 물리적 시공의 조성 영역에만 국한시킴으로써 성경 말씀의 초월적 역동성을 어느 한 측면에만 머무르게 하는 오류를 낳게 된다. 그 오류를 벗어날 때 하나님과 함께하신 그리스도 예수를 옳게 이해할 수 있다.

전혀 다른 '성경 통섭'의 관점 : 세속화−단편적 사고의 탈피

인간의 가장 큰 오류는 어느 한쪽 면만을 보고 전부로 읽고 판단하는 것이다. 그것이 단편적인 사고이고 세속화의 길이다. 진리를 보지 못한 세상은 한쪽 면만을 보고 있는 것이고, 그것은 세속화의 특징이다. 한쪽 모습의 반대편에는 반드시 또 다른 한쪽 모습이 있기 마련이다. 세상도 그렇고, 사람의 마음도 그렇고, 모든 것이 그렇다. 그러므로 한쪽 면만을 보지 말고 양면을 다 보아야 한다. 그렇게 하지 않으면 거짓말을 하는 것이 된다. 거짓말은 비진리이고 속임이다. 그래서 우리가 알고 있는 세속의 정보는 모두가 거짓이다. 이차적인 의미를 차단해 버린 정보는 속삭임이 아니다. 우리가 성경을 읽고 그 깊은 뜻을 이해하려고 할 때 중요한 것은 성경 말씀의 겉과 속을 같이 읽고 깨달을 수 있어야 한다는 것이다. 성경의 한 구절이나 장절(章節) 또는 책의 한 부분만을 읽게 될 때 진리의 부분만을 깨닫는 것이거나 거의 깨닫지 못하여 신앙의 절름발이가 될 수 있다. 성경을 전체의 맥락에서 읽고 깨달으려고 통독의 시야를 넓힐 때 성경을 관통하는 하나의 핵심 주제를 발견하여 통합적 관점을 가질 수 있게 된다. 예를 들면 어떤 드라마를 제작하거나 건축물을 신축할 때 극히 당연하고 자연스럽게 종합적이고 통합적인 설계부터 먼저 구상하는 것과 다를 바 없다. 신앙에 대한 통합적 관점과 믿음을 바로 세울 때 세속화되고 한정적이며 단편적인 사고를 탈피하여 하나님 비밀 계시의 뜻을 충분히 알고 이해할 수 있게 된다. 부분적인 성경 몇 구절만 가지고 하나님의 뜻을 알고 이해했다고 하기에는 너무나 미흡하고 허술한 것이다. 종합적이고 통합적 관점의 틀을 먼저 세움으로써 성경 통달의 깨달음이라는 경지에 이르려고 하는 것은 매우 중요하다. 마치 나무와 숲을 먼저 보고 산과 봉우리를 보느냐, 아니면 산과 봉우리를 먼저 보고 나무와 숲을 보느냐의 문제처럼 어렵게 생각될 수도 있다.

그러나 하나님은 사람과 같지 않은 영원한 영이시며, 전지전능하시고, 만물을 창조하신 알파와 오메가이시라는 사실을 전제할 때 우리는 나무와 숲, 산과 봉우리 둘 다를 동시에 보고 이해할 수 있는 발상의 전환이 유일하고 유효한 방안임을 알게 된다. 물론 우리 인간의 좁은 생각과 시야로 그 크고 높고 넓은 그분의 뜻, 진리를 알아본다는 것은 사실상 불가능에 가까운 일이라는 점도 동시에 전제된다. 우리가 어떤 사물을 바라볼 때 어느 한 부분만 붙들게 되면 완전한 전체 모양을 보지 못하고 판단하게 되는 것처럼 무한하신 하나님의 참뜻을 알 길이 막연해진다는 사실을 부인할 수 없다.

혹자는 하나님의 모든 것은 신비의 비밀로 보물처럼 감춰져 있어 도저히 알 수도, 만질 수도 없다고 반론을 제기할 수 있다. 그러나 우리 인간은 총체적 사고와 신념을 가질 수 없도록 설계된 것은 아니며, 그 한계를 보충해 줄 수 있는 단서들이 주변에 많이 있어서 도움을 받을 수 있고, 특히 성령님의 깨달음으로 인도하심에 의존할 수 있다. 이런 현실을 확인하고 인정함으로써 제한된 사고에서 탈피할 수 있다. 다행히 하나님은 태초에 사람을 창조하실 때 그 수준에 맞게 사람의 언어와 비유를 들어 깨달을 수 있도록 해 놓으셨기 때문이다. 이런 관점에서 우리는 조금은 안도할 수 있다.

하나님은 우주를 전체적이고 일괄적으로 창조하신 만큼 인간이 총체적 관점에서 진리를 보고 이해하길 원하신다. 만약 하나님 말씀을 창조 시작의 관점에서만 읽는다면 종말은 보이지 않을 것이다. 그러나 부활하신 그리스도 예수께서는 요한계시록을 주시면서 종말론적 비밀을 계시해 주셨다. 그러므로 우리가 성경의 중간 부분만 붙들고 씨름한다면 이역시 말씀의 핵심에 접근하기가 그만큼 어렵고 성경 읽기에 흥미를 잃을수도 있다. 처음 성경을 펼치는 사람의 경우 성경 스토리가 낯설고 등장하는 인물이나 지명에 익숙하지 않아 소설이나 문학 서적을 읽고 그 뜻을 금방 알아채듯 할 수는 없어서 조금은 답답할 수도 있다. 만약 성경 말씀을 우리의 인생이 현재 진행 중에 있다는 '~ing' 개념과 함께 그것을 넘어서는 이해력을 갖추지 않는다면 하나님의 비밀과 섭리를 충분히 이해할 수가 없는 것도 마찬가지이다. 예를 들어 만약 성경의 주제들을 완료형으로서의 하나님 섭리로 이해하는 것이 전제되지 않는다면 태초의 창조도, 새 하늘, 새 땅의 종말도 안개와 같이 가려질 것이다. 현재의 삶을 올바른 의미로 붙잡지 못한 사람은 진리 가운데 자유하지 못하고, 세상에 묶여 사는 자가 되듯이 말이다. 모든 관점이 유한한 인간 차원의 좁은 시청각 수준에 머물러 있는 것에서의 탈출이 요구된다.

그러므로 하나님을 따라 그분의 영원한 진리 곧 역사와 전통 그리고 지금, 현재, 미래를 동시적으로 생각하고 묵상하는 것은 깨어 있는 그리스도인에게는 마땅한 의무요 기쁨이다. 이와 같은 이상적인 관점에 도달한다는 것은 분명 인간 사고의 한계를 넘어서 영적 세계를 알고 깨닫는 일에서만 발견하게 되는 기쁨이다. 따라서 하나님이 말씀하신 원본 그대로의 비밀을 믿고자 끊임없이 노력하는 것은 대단히 멋진 일이다. 바로 거기에 길이 있으며, 진리가 있다. 말씀하시고 섭리하시고 구원하시는 그분의 은혜가 바로 거기에 있다. 그리스도 예수가 나의 주인이심을 인정하고, 나의 몸과 마음 모두가 그분의 것임을 깨달아 아는 것만큼 영생의 기쁨을 누리는 일은 없을 것이다.

영생은 곧 유일하신 참 하나님과 그가 보내신 자 예수 그리스도를 아는 것이니이다(요 17:3).

사람이 마음으로 믿어 의에 이르고 입으로 시인하여 구원에 이르느니라(롬 10:10).

이는 하나님의 참뜻을 아는 일이 곧 하나님 말씀에 근거하며, 성경이 성경으로 풀어져야 함을 의미한다. 하나님을 알고, 그분의 뜻과 의지를 깨달아 가는 것은 성경의 시작과 끝(전후)을 아우르는 총체(통합)적이고, 전방위적 관점에서 진리를 발견하는 길이다. 첫 사람 아담이 태초에 맨 처음 창조된 후 지구상에 홀로 서서 자연과 사물들을 인식해 보려고 했던 바로 그 시작점에서부터 마지막 죄의 싹이 사망임을 인지하고 부활의 영생을 깨닫는 단계에 이르기까지 모두를 아우르는 관점이다. 물론 여기에는 여러 가지 어려움을 극복해야 하는 시간과 노력과 지혜가 필요하지만, 이는 신앙의 필요충분조건이며, 절대적으로 요구되는 종합적 사고와 관점의 기본 틀이다.

> 내가 받은 것을 먼저 너희에게 전하였노니 이는 성경대로 그리스도께서 우리
> 죄를 위하여 죽으시고 장사 지낸 바 되셨다가 성경대로 사흘 만에 다시 살아
> 나사(고전 15:3, 4).
> 너희가 성경에서 영생을 얻는 줄 생각하고 성경을 연구하거니와 이 성경이
> 곧 내게 대하여 증언하는 것이니라 그러나 너희가 영생을 얻기 위하여 내게
> 오기를 원하지 아니하는도다(요 5:39, 40).

우리는 다원사회에서 다문화적 가치관과 생활 습관에 익숙해져 있는 관계로 새로운 긴급 정보라고 하면 무조건 그 부스러기나 파편이라도 찾아 거기에서 만족을 얻으려고 한다. 이로써 사람의 속임수와 간사한 유혹에 빠져 온갖 교훈의 풍조에 밀려 요동치는(엡 4:14. 참조) 모습들을 자주 보게 된다. 이것이 바로 진리를 진리로 볼 수 없게 만드는 독소들이며, 가짜 정보, 불쾌한 거짓 진리들이다. 따라서 하나님의 말씀 한마디라도 그 참뜻을 올바로 깨닫고 기뻐하며 찬양하기 위해 성경 안에서의 해답 찾기에 열정과 시간을 쏟아야 한다. 진리만을 말하는 신앙의 원리 찾기를 해야 한다는 인식을 갖는 것이 정보 신학의 제1차적 목적과 방향이다. 성경의 다른 구절 말씀과 상호보완적으로 조화를 이룰 때 하나님 말씀의 정확한 뜻과 완전한 진리로의 깨달음에 도달할 수 있다. 물론 하나님의 비밀 계시에 대한 인식과 하나님 명령의 실천 과정에는 항상 많은 오해와 곡해, 착오와 실수들이 일어나는 경우를 피할 수는 없다. 인간은 태어날 때부터 가졌던 드센 고집의 틀을 폐기하는 데 쉽게 동의하기 어

렵기 때문이다. 사람은 자신이 갖고 싶은 것을 자신이 원할 때 갖기를 갈급해한다. 그리스도인 중에 어떤 이는 기독교 정신 위에 군림하여 자신의 고집을 정당화하며 온갖 변명과 괴변을 털어놓기도 한다. 하지만 시종일관 진리를 발견하려고 절대적인 노력을 기울이는 것은 그리스도인 각자의 몫이다. 그 몫은 하나님의 기쁘신 뜻을 좇는 일이며, 죄의 뿌리로부터 탈출하는 길이다. 여기서 죄는 부도덕하고 비윤리적인 행위들만을 말하는 것이 아니다. 하나님을 외면하고 항상 인간이 주체가 되어 자기 인생 자신이 책임지겠다고 하는 모든 사유와 행위, 율법적인 죄성을 포함하는 의미이다.

인간이 원죄의 틀에서 벗어난다는 것은 주체적인 자기 자리에서 내려와 피조물의 끝자락에 정확히 안착하는 일이다. 다시 말해 초심의 자리에서 하나님의 이끄심에 자신을 맡기고, 구원을 간절히 갈망하며, 용서받고 새롭게 되는 것을 의미한다. 자신의 주체성과 자아 실현의 야망을 버리는 쪽으로 점점 밀려 내려가다가 그곳에서 참된 자신을 발견하는 것을 말한다. 그게 선이며 믿음의 삶이다. **믿음이라는 것은 삶의 주체가 '나'에게서 대상에게로 옮겨지는 것이며, '나'라는 존재를 다른 타자에게 맡기는 행위이다.**

> 예수님께서 대답하여 이르시되 하나님께서 보내신 이를 믿는 것이 하나님의
> 일이니라 하시니(요 6:29).

이 말씀은 예수님 말씀을 전적으로 믿고 모든 것을 그분께 맡겨야 한다는 뜻이다. 예수를 믿는다는 것은 '나'라는 존재와 그 존재에서 나오는 모든 행위에 대해 스스로 불신하고 부정하며 모두 내려놓는다는 의미이다.

자기 스스로 부정하며 모든 것을 내려놓으려는 그리스도인의 몫은 기독교 교의(dogma, 신조)에서 발견할 수 있다. 자기 신앙의 핵심을 자신 있게 고백할 수 있게 되는 것이야말로 자기 몫이요 축복이다. 교의라는 이름의 헬라어 '도케인'이 그 뜻을 분명하게 제시해 준다. **고전 헬라어 '도케인 모이'의 뜻은 '내가 보기엔 어떻고, 내 생각에는 어떻다'와 '내 결론으로는, 내가 확신하기로는, 나는 이렇게 확신한다.'라는 의미를 포함한다.** 여기에는 특별한 확실성 개념이 숨어있다. 우리의 신앙고백이 일상적으로는 단순한 사적인 견해일 수도 있지만, 전문 분야에서는 일반적으로 공리나 자명한 진리, 공적인 규칙, 기초가 잘 잡히고 공식화된 신앙의 항목 등으로 인정되는데 기반을 두고 있다. 종교적인 것뿐 아니라 과학적, 철학적, 정치적 여러 분야에도 교의는 있다. 근본적이고 변하지 않는다고 생각되는 과학의 원리나 철학에서 자리 잡힌 가르침, 또는 정부의 법령이나 일반적으로 받아들여진 종교의 교리 등도 모두 신조(dogma)들이다.

루이스 벌코프는 현대의 자유주의 신학자들이 마땅히 염두에 두어야 할 점을 지적하고 있다. 교의(dogma, 신조) 개념에 대한 그들의 비판 중 많은 부분에서 교의의 공통점은 모두가 어떤 권위를 옷 입고 있다는 것이다. 물론 이 권위의 근거는 다르나 과학적 교의의 경우는 공리나 자명한 진리의 권위를 갖고 있고, 철학의 경우는 그 권위를 그 교의를 확립하는 일반적 논증에서 이끌어 온다는 것이다. 정치적 교의 또한 그것을 선포하는 정부의 권위를 입고 있다면 종교적 교의 역시 실재적이거나 가정된 신적 권위에 기초함으로써 권위를 갖는다는 것이다. 종교개혁자들과 개신교 신학자들은 모두 교권적인 관점을 떠나, 하나님 말씀에 계시된 어떤 합법적인 교회가 공식화한 교의(dogma, 신조)들을 신적인 진리로 인정함으로 권위를 갖는다고 믿는다. 하나님의 말씀에서 나온 것이므로 권위

있는 것으로 인정하는 것이다. 그들은 그 신조에 항구성과 안정성이 상당히 있다고 보지만, 교의가 무오하다고 보지는 않았다. 이런 관점은 지금도 마찬가지이다. 로마교회는 엄밀한 의미에서의 교의(dogma, 신조)를 가리켜 '기록되었거나 기록되지 않은 하나님의 말씀—즉 성경이나 전승—에 담겨있고, 교회가 신자들에게 믿으라고 제시하는 진리들'이라고 주장한다는 것이다. 그러나 역사적 개신교는 성경과 전승을 그렇게 동등한 것으로 보지 않는다. 개신교에서는 교의로 표현된 교리적 진리들은 성경에 명백하게 담겨있거나 '선하고 필연적인 추론'에 의해 성경으로부터 추론해 낼 수 있다고 강조한다.

교의(dogma, 신조)에 포함되는 요소들은 전통적 요소와 권위의 요소는 물론 사회적 요소가 모두 포함되는 종합적 총체적 개념이다. 루이스 벌코프는 기독교에 없어서는 안 될 교의를 다시 강조한다. 슐라이에르마허나 리츨의 추종자들까지도, 자기들의 주관주의나 신비주의와 도덕주의에도 불구하고 교의를 옹호하고 있다. 기독교에는 왜 교의가 없어서는 안 되는가? 그 이유가 즉각 나타난다고 말한다. 먼저는 성경의 진리는 기독교에 없어서는 안 되는 것으로, 교회의 통일성과 교회의 의무가 교리상의 일치를 요구하고 있고, 세상에서 교회의 위치가 일치된 증거를 요구하고 있는 데다, 교의가 없어서는 안 된다는 경험의 가르침 때문이다. 이런 관점이 개인 신앙의 핵심을 고백하는 데 그 이유와 근거가 될 수 있다.

오늘날 기독교는 종종 교리가 아니라 삶이라고 주장을 하는데, 이 말은 꽤 경건한 느낌을 준다. 어떤 사람들에게는 호감을 주는 것 같기도 하지만 실상은 위험한 거짓말에 불과하다. 복음은 그리스도 안에 있는 하나님의 자기 계시로서 진리의 형태로 우리에게 다가온다. 진리는 그리스도의 인격과 사역에만 계시된 것이 아니라, 성경에 나오는 해석에도 있다. 사람이 믿음으로 자기를 그리스도께 합당하게 복종시키고, 성령 안에서 새 생명에 동참할 수 있게 되는 것은 복음의 메시지를 올바르게 해석하고 믿음으로 받아들이는 데 있다. 그 생명을 받는 것은 그저 신비적으로 은혜를 주입하는 데 달려있다거나, 인간의 올바른 윤리적 행동에 매달려 있는 것이 아니다. 지식이 그 조건이다. 하나님에 관한 정보, 곧 창조 비밀의 계시가 전제된다. 그 전제와 하나 되는 것이 곧 생명이며 영생이다.

전혀 다른 '하나 됨'의 관점 : 생명 연합의 자각과 영광

앞에서 논한 통합의 관점에서 좀 더 깊이 들어가 보면 궁극은 하나됨의 관점에 이르게 된다. 그것이 바로 생명에로의 통합이다. 생명(헬. 명사 조에. 동사 자오)이란 인체의 숨, 호흡을 담당하는 목숨이란 뜻과 생활, 생애, 일생이란 뜻이 있다. 겉으로만 본 헬라어 '조에'에는 목숨이란 뜻을 품고 있어서 죽고 사는 생멸(生滅)과 연관되어 있다. 보통 우리는 '살아 있다'고 말할 때 현상계에 나타나 움직이고 말하는 활동에만 집중하는 경향이 있다. 하지만 일생이란 뜻 안에는 이미 시작과 끝, 열고 닫힘, 개방과 폐쇄라는 의미들을 아우르고 있다. 따라서 표층적 의미에서의 '조에'는 유한성을 담보하는 '목숨, 숨의 지속'으로 귀결된다. 하지만 성경이 말하는 '조에'는 다르다. 현세를 부정하고 내세만을 강조하는 논지와는 다르게 '조에'가 가지고 있는 이중의 신비를 말해 준다. 흔히 영원으로 번역되는 헬라어 '아이오니오스'와 '조에'는 함께 쓰이는데, 한자로는 '영생(永生)'으로 표현한다. 하지만 '아이오니오스'가 뜻하는 영원은 우리가 흔히 알고 있는 불멸의 시간과는 다르다. 불멸의 개념을 내포하고 있긴 하지만, '지속시간' 또는 '세대'란 의미로 사용되어 불멸의 의미를 직선의 시간으로 계속 확장하려는 의도를 품고 있다. 즉 불멸이라는 인식 속에는 우리가 살고 있는 현상계의 삶, 곧 직선의 시간이 끝나지 않고 지속되기만을 바라는 욕망이 도사리고 있다.

예를 들면 그리스도인으로서 영생을 꿈꾸고 천국을 소망한다고 말은 하면서도 건강에 좋다고 하는 것은 약이든 음식물이든 운동이든 지나친 열성으로 좇아 나서는가 하면, 조금만 아파도 죽을병에 걸린 것이 아닌지 두려워하고 불안해하는 경우다. 하지만 현상계의 삶, 직선의 시간 속에서의 삶, 곧 '조에'는 생멸 즉, 시작했으면 끝이 나는 결별과 중단의 의미에 예속되어 있다. 그러나 **성경의 '아이오니오스'에 담겨 있는 '조에'에는 또 하나의 '조에, 생명'을 부가하여 '아이오니오스 조에', 즉 영생이란 새로움을 펼쳐 놓고 있다.** 이때 죽고 사는 생멸의 배경 위에 새로운 생명, 새로운 시간성과 존재성을 뜻하는 생명을 드러내고 있다. 예수께서는 나사로의 부활 사건(요 11:17-44. 참조)에서 자신을 '생명, 조에'로 천명하신 바 있다. 실제 현상계에서 나사로를 부활시키고 자기 자신도 부활함으로써 예수님 자신이 '생멸의 시간성, 직선의 시간성'에 예속되지 않은 새로운 존재임을 단 하나의 표적으로 나타내신 것이다. 이 생명이 우리의 시간, 곧 생멸 역사 안으로 돌입해 들어왔는데 그것이 '아이오니오스 조에, 영생'의 이중 신비이다.

영생은 곧 유일하신 참 하나님과 그의 보내신 자 예수 그리스도를 아는 것이니이다(요 17:3).

예수께서 마지막 기도에서 정의하신 내용이다. 사도 바울은 하나님께서는 모든 사람이 구원받으며 진리를 아는 데 이르기를(딤전 2:4) 원하신다고 말한다. 그 사역의 위대한 이상 가운데 하나는 모든 신자가 '하나님의 아들을 믿는 것과 아는 일'에 하나가 되어 온전한 사람을 이루어 그리스도의 장성한 분량이 충만한 데까지 이르는 것(엡 4:13)이다. 사도 베드로 역시 이점을 강조하고 있다.

> 그의 신기한 능력으로 '생명과 경건에 속한 모든 것을 우리에게 주셨으니 이는 자기의 영광과 덕으로써 우리를 부르신 이를 앎으로 말미암음이라'(벧후 1:3).

신약성경 곳곳에서 기독교의 생명에 참여하는 것은 비밀을 계시하신 그리스도에 대한 믿음을 전제하고 있다. 여기에는 성경에 기록된 구속적 사실들에 대한 모든 정보 지식도 당연히 포함된다. 그리스도인이 그 중요성을 깨달아야 하는 이유는 신앙의 모든 통합적 사고의 귀결점이 생명 곧 영생에 있기 때문이다. 하나님과 하나 되고자 하는 그리스도인이라면 진리에 대해 단일한 믿음의 확신과 표현에 도달해 있어야 한다. 그러기 위해서는 일상의 관념과는 전혀 다른 하나님의 말씀 곧 성경을 관통하는 통합적인 사고와 생명 연합의 자각이 확립되어야 한다. 통합적 신앙관의 정립은 성경 이해의 궁극적인 목표로서 전지전능하신 하나님을 믿음으로 아는 것이다. 유한한 인간이 가장 놓치기 쉬운 관점이 바로 무한한 하나님의 전지전능하심이다. 하나님의 전지(全知)와 전능(全能)하심은 전 우주적으로 역사하시는 하나님 주권에 관한 하나님 비밀의 통합적 관점이며 동시에 인간 생명의 연합 관점이다. 비밀의 통합적 관점이란 오로

지 하나님 한 분만이 하늘 비밀의 모든 것이라는 뜻이 있고, 정보의 종합
적 관점이란 인간으로서는 존재와 인식의 한계성으로 하나님의 비밀 계
시를 한순간에 깨달을 수 없으므로 성경 말씀과 기도를 통해 은밀한 음
성들을 모아가며 진리를 깨닫게 된다는 의미이다. 그때라야 비로소 하나
님의 뜻과 의지가 담긴 말씀에서 올바른 깨달음이 가능해진다. 그 깨달
음이 가져오는 순종은 하나님에 대한 깊은 사유에서 비롯된다. 하나님의
영광에 관한 사유이며, 하나님과 생명 연합의 하나 됨에 관한 깨달음이
다. '하나 됨'의 뜻은 예수님의 마지막 기도에서 명확히 나타나고 있다.

> 내게 주신 영광을 내가 그들에게 주었사오니 이는 우리가 하나가 된 것 같이
>
> 그들도 하나가 되게 하려 함이니이다(요 17:22).

하나님 곧 그리스도와 하나 된다는 것은 아버지를 아는 것, 곧 그리스
도를 아는 것이다. 이는 물리적으로 하나가 됨을 뜻하는 것이 아니다. 하
나님을 바르게 아는 **'기노스코' 혹은 '야다'**에 그 핵심이 있다. 이는 곧 '깨닫
는', '동침하는' 일이 되어 진정한 '하나 됨', '영으로 하나가 되는 것'을 말
한다. 이것이 바로 영광(독사)이며, 구원을 이루는 것이다. **아버지인 하나님
을 알게 하는 것, 그것이 바로 우리를 향한 하나님의 사랑이 드러나는 가시적 현상이
다. 영광이란 본래 '생각하다', '사고하다'에서 시작된 동사 '도케오'에서 유래했다.** 사
유와 생각은 감성 측면의 발원만이 아닌 우리 존재 전체를 두고 일어나
는 총체적 사건이다. 그 총체적 사건의 대상이 영광이신 하나님이고, 바
로 그분을 총체적으로 사유하게 될 때 현세에서 나타나는 우리의 감응이
있게 된다. 좀 어려운 표현이지만 **그것의 귀결점은 곧 '사유의 정지' 곧 '자아의
죽음'이다.** 부활을 담보로 한 죽음의 감응은 도리어 표층 의미 곧 세상적

인 껍질 의미에서의 영광이나 생명과는 그 궤를 달리하는 '전혀 다른 영광', '전혀 다른 생명'의 깊이에 침잠할 것을 요구하는 것이다.

'영광'은 헬라어로 '독사'이고, 히브리어로는 '카보드'인데, 어원은 '무겁다'는 의미의 '카바드'에서 유래했다. 이는 예수께서 십자가에 달려 죽으심으로 말미암아 요한복음 12장 24절에 기록된 한 알의 밀이 땅에 떨어져 많은 열매를 맺는다는 말씀을 상징적으로 나타낸 단어이다. 이 깊은 침잠 속에서 하나님에 대한 사유는 지금까지 하나님과의 멸절 상태에서 우리가 쌓아 올린 바벨탑의 신화나 모든 우상숭배로서의 성전은 물론 우상숭배로서 영광의 상(像)이란 상을 모두 해체하는 것이다. 우리가 상상하고 기대하며 쌓아 올린 모든 조화의 응집체들이 한 터럭도 남지 않고, 모조리 분해되고 해체되는 것을 말한다. 철저하게 해체된 그 원소들이 하나의 씨앗, 겨자씨보다도 더 작은 한 알의 밀알이 되어, **전혀 새로운 응집, 생명 융합을 일으킬 때 우리는 '사유 정지' 곧 옛 자아의 죽음을 천명하고, '새로운 나', '그리스도 안에서의 나'가 새롭게 창조되기 시작한다. 새 창조에 대한 '나의 발견', '나의 감응'이 곧 '영광'이다.**

> 아버지여 내게 주신 자도 나 있는 곳에 나와 함께 있어 아버지께서 창세 전부터 나를 사랑하시므로 내게 주신 나의 영광을 그들로 보게 하시기를 원하옵나이다(요 17:24).

이 말씀은 '저를 사랑하셨기에 세상에 기초를 놓기 전부터 제게 주신 저의 그 영광'으로 직역되고 있는데, 우리의 믿음이 생기기 전, 곧 '나'라는 존재를 상징하는 세상을 짓기 전, 즉 창세 전에 예수에게 주신 것이며, 예수가 소유한 이 영광을 아들인 우리에게도 동일하게 주어 그 사랑하심을 세상이 알게 되길 바라시는 것이다. 여기서 관심을 끄는 대목은 영광과 관련된 '표층 의미'와 '심층 의미'이다. 이는 '비 본래의 것'과 '본래의 것'으로 구분해서 묵상할 필요를 제기한다. 생명 사전에서는 분리 묵상의 목적이 마치 영, 육 이원론과 같이 표층 의미를 저급한 것으로 배제하고 심층 의미만 받아들이려는 태도와는 그 궤를 달리한다고 밝히고 있다. 분리 묵상의 취지는 본래의 하나를 위한 것이다. '본래의 하나'라는 함의는 지금 우리에게 주어진 신비의 말씀이 비본래성에서 파생된 의미의 지배를 받기 때문에, 그 지배로부터 탈각시켜 본래 의미로서의 참뜻을 흠향하는 것이다. 다시 말해 코스모스 세상의 만물에는 분명히 영원하신 능력과 신성이 들어 있는 만큼(롬 1:20. 참조), **비본래의 껍질을 깨버리고 표층 의미와 심층 의미가 하나로 이해되는, 표리일체의 관점을 깨달을 수 있다**는 것이다.

그런 맥락에서 영광을 살펴볼 때 표층 의미로서의 영광은 곧 빛, 하나님의 위엄, 존엄의 발현, 찬미함 등의 다양한 뜻을 함유하고 있다. 이 영광의 대상은 오직 한 분 아버지 하나님이시다. 우리는 아버지 하나님의 영광을 온 누리에 알리기 위해 세상의 빛과 소금이 되려고 애를 쓴다. 하지만 그것들이 다분히 눈에 보이는 현세적 장엄, 존엄, 찬미 행위, 인간의 감정 터전에서 억지로 짜낼 수 있는 반응의 증폭과 고양에 집중될 수도 있다는 사실은 각별히 주의해야 할 점이다. **표층적 의미로서 소위 하나님께 영광 돌림에 집중할 때 그것은 오히려 우리를 사로잡고 있는 악마적 비본래성에 대한 집착일 수 있다. 사실 하나님은 우리 감성에서 우러나오는 어떤 행위의 결과를 받으실 이유나 필요가 없으신 분이다.** 그러므로 하나님에 대한 호소가 내면 깊이와 연결되지 않은 채 겉으로만 떠돈다면 공허한 메아리에 지나지 않는 심각한 문제가 된다. 하나님 비밀의 참뜻에 다다르지 못한 것들은 모

두가 완전하지 못한 거짓과 위선이다. 하나님 비밀에 대한 감응이 일어
날 때 비로써 감정 층위에서 받아들이던 하나님을 향한 경외심, 예배자
를 향한 존엄의 갈망이 비로소 의미 있는 것으로 변화될 수 있게 된다.

   본래의 영광이 오늘의 나를 압도할 때 그간 내가 열심히 쌓아 올린 모
든 것들은 해체되고 새 창조에 돌입하게 되는 것이다. 그 영광이 오늘의
그리스도인을 넉넉히 압도할 수 있게 되길 기도해야 하는 이유가 바로
여기에 있다. 하나님의 뜻과 의지를 총체적으로 간파하고 순종한 사람은
모세이다. 하나님께서 모세를 가장 온유한 자로 칭찬하신 것은 바로 그
의 믿음의 관점에서 나온 것이 분명하다.

> 이 사람 모세는 온유함이 지면의 모든 사람보다 더하더라(민 12:3).
>
> 온유한 자를 정의로 지도하심이여 온유한 자에게 그의 도를 가르치시리로다
> (시 25:9).
>
> 나는 마음이 온유하고 겸손하니 나의 멍에를 메고 내게 배우라 그리하면 너
> 희 마음이 쉼을 얻으리니(마 11:29; 약 1:21. 참조).

   온유(溫柔, meekness. 히, 아나와. 헬, 프라우테스)는 예수 그리스도의 모본과
가르침에 기인하는 신앙의 중요 덕목이다. 인간의 미덕 가운데 하나인
온유함이 가지는 고귀함이며, 근본적인 의미는 가난함과 애통함으로 연
결된다. 그러므로 이것들로부터 인내의 복종, 겸손의 영적인 성질들이
나오게 된다(시 22:26; 25:9; 사 29:19)는 사실을 기억해 둘 필요가 있다.

전혀 다른 '역지사지'의 관점 : 자기중심성 해체와 우상화 파괴

하나님은 인간의 상상을 초월하는 전지전능하신 분이다. 그분이 지상에서 행하신 섭리의 방법 역시 우리의 보편적인 인식의 차원을 뛰어넘는다. 예를 들면 출애굽 때 홍해를 건너는 일이라든지, 시내산이 평범한 산이 아니라 돌과 바위로 구성된 험악한 산악이라든지, 그 산 위로 80세가 넘은 고령의 모세를 불러 십계명을 주시고 이스라엘을 이끌게 하신 일이라든지, 광야 40년의 불기둥과 구름 기둥으로 인도하신 방법 등 성경 전체에 나타난 하나님의 역사는 평범한 인간의 사고로 접근하면 이해하기 어려운 것들이 많다. 필자의 생각으로는 하나님께서 다른 쉽고 간편한 방법이 있음에도 그렇게 하신 것은 더 깊은 뜻이 있는 듯하다. 인간이 하나님의 뜻을 이해하기 어렵게 하기 위한 것이 아니라 그 깊이를 깨닫고 오래 기억하게 하기 위한 것이다. 그러므로 우리가 평범한 일상적인 사고로 하나님과 그분의 말씀을 이해하려고 한다면 실패할 가능성이 높다. 바로 이 지점에서 하나님 비밀의 참뜻에 접근하기 위한 역지사지의 사고 전환이 절대적으로 요구된다. 우리가 어떤 사람이나 사물을 이해하고 공감하는 데는 몇 가지 관점이 있다. 예를 들면 천지 차이의 사고를 좁히는 문제에 있어서 땅적인 것을 땅적으로 보는 것, 하늘적인 것을 땅적인 관점으로 이해하는 것, 그리고 하늘의 것을 초월적인 관점으로 깨닫는 것과 같은 방법들이 있다.

역지사지(易地思之)란 상대방 입장, 즉 나와는 반대편의 입장으로 생각하고 판단해 보는 관점의 전환을 의미한다. 예를 들면 옛사람과 새사람, 부정과 긍정, 적그리스도와 그리스도, 율법과 은혜, '예'와 '아니오'와 같은 것들이 모두 상반된 입장에 포진해 있다. 역지사지는 항상 대칭적 관계에서 양립하고 있지만 관점의 전환을 통해서 자신의 옛것인 한쪽을 과감히 포기하고, 전혀 다른 새로운 반대편으로 이동해서 보고 판단하는 인식의 전환을 도모하는 것이다. 역지사지에서 먼저 생각할 바는 상대방 입장으로부터 새로운 시각과 관점을 얻어내는 일이다. 그리스도인에게 더욱 중요한 것은 우리가 이미 익숙해져 있는 땅적 사고와 가치관에서 벗어나 하늘의 초월적 관점으로 나아가는 첫 관문이 역지사지라는 것을 아는 일이다. 이에 대한 시편 기자의 고백은 영감의 단초를 제공한다.

> 이는 그가 우리의 체질을 아시며 우리가 단지 먼지뿐임을 기억하심이로다(시 103:14).

하나님께서 인간의 체질을 아실 뿐만 아니라 우리가 단지 먼지뿐임을 기억하고 계신다는 시편 기자의 신앙고백은 매우 깊은 곳에서 우러나온 깨달음이다. 이는 우리의 신앙고백 역시 사람은 단지 흙이요 먼지일 뿐이라는 사고의 수준까지 내려가야만 역지사지가 가능하다는 점을 일깨워 준다. 우리의 체질을 아시는 분에게 숨길 것이라고는 단 하나도 없다. 그분 앞에서 좀 더 솔직하고, 정직해야 한다는 것은 당연한 일이다. 이처럼 자기중심성 사고에서 하나님 중심의 사고로 반전을 도모하는 의식 전환이 곧 역지사지의 신앙이다.

이 의식 전환에는 불가피하게 모순을 일으키는 어려운 순간도 직면하기 마련이다. 인식의 전환에는 반드시 역지사지라는 단계를 거쳐야 하고, 거기에서 깨달음과 결단은 절대적인 필요충분조건이다. 성경에서 말하는 첫 사람 아담에서 둘째 아담 그리스도 예수를 믿고 건너간 후에 삼위일체 하나님과 하나가 된다는 것은 예사로운 일이 아니다. 두 아담 사이에 놓인 우리는 두 단계 과정을 거치면서 대상의 실체를 깨닫고 자각하고 자유하게 된다. 첫 번째 역지사지에서는 옛사람 아담이 선악과를 따 먹은 죄에 속한 사람이라는 실상이 가차없이 확인되고, 그로 인해 자신 역시 원죄를 남긴 아담과 똑같은 존재라는 동일시 상태로 인식하며, 두 번째 역지사지에서는 그리스도 예수의 십자가 처형을 바라보면서 나 역시 유대인들과 똑같이 사형 판결에 서명한 자의 한 사람으로 죄인임을 자인하며, 원죄자인 첫 사람 아담과의 거리감을 느끼게 된다. 여기에서 자기 자신이 자신과 동일 존재가 아니며, 스스로 자신을 객관화 대상으로 볼 수 있는 수수께끼 같은 가능성이 생겨난다면 비로소 역지사지의 내외적 요구 조건은 모두 충족된다. 그 즉시 자신은 보이지 않는 그리스도와 동일성의 새사람으로 설정되고, 그 동일성은 전체 과정에서의 의미와 조건으로 전제되는 역지사지의 신비가 이루어진다.

인간은 기본적으로 선악과 선택의 경우처럼 모든 문제를 둘로 나누어 대칭적으로 놓고 판단하려는 태생적 성향이 있어서 전혀 다른 역지사지의 관점에 주의를 기울여야 한다. 자신 이외의 모든 것을 대칭으로 놓고 자기 판단 내리기를 원하고 즐긴다면, 그 행태에는 여러 모양이 있겠지만 항상 절반의 미완성이다. 예를 들면 상하 대칭이나 좌우 대칭 혹은 평면 대칭 등이 있을 수 있다. 천지 차이가 상하 수직적 대칭으로 이해된다면 역지사지는 '너와 나'의 수평적 대칭 개념이다. 이는 모든 사람이 가지고 있는 본질적인 특성인 자기중심성과 외고집으로 항상 자기 편견과 오류, 자기편향을 낳는다. 하나님 중심성을 배제하고 인간 중심의 세계관을 가지는 형태라는 점에서 역지사지의 투입이 중요해진다. 우리의 신앙생활에서도 모든 사고와 행동이 인간 중심으로 가득하다면 인간 사회에서도 이기적이라며 환영을 받지 못할 것이다. 성경 말씀은 곳곳에서 자신을 비우고 이웃을 사랑하라고 역설하고 있는데 바로 역지사지(易地思之)의 결단과 실행을 강조하시는 말씀이다. 또 다른 역지사지의 중요성을 일깨우는 점은 자기

중심의 입장에서 상대방 입장으로 자리를 완전히 바꾸어 놓는 틈새에서 필연적으로 발생하는 정보의 비교, 분석, 평가, 판단의 과정에서 사람에 의해 하나님의 진리를 헝클어지게 할 수 있기 때문이다. 하나님 비밀에 대한 인간의 이해관계에서는 더욱 민감해진다.

예를 들어 우리가 어떤 비밀을 획득하였을 때 그 비밀을 창안해 낸 상대방(개인 혹은 집단이나 국가)의 입장과 의도를 충분히 고려해 본 후 그 비밀을 분석하고 대처 방향을 설정하는 것은 정보 판단의 기본이다. 상대방은 왜 이 비밀을 만들어 놓았을까? 어떤 목적과 의도가 있는가? 다양한 질문을 통해 비밀이 품고 있는 숨은 뜻을 정확히 간파하게 될 때 비밀의 가치도 높게 드러난다. 모든 정보의 판단 과정에는 비밀이 담고 있는 창안자의 원래 뜻하는 바와 그 배경을 알아내는 것이 필수적이다. 만약 그 비밀 창안의 뜻을 발출해 내지 못한다면 비밀로서의 가치는 평가절하되기 마련이다. 비밀은 속성상 그 가치를 보존하기 위해 본래의 의도나 목적을 은밀히 감추고 있기 때문이다. 하나님의 비밀은 그와는 전혀 다르게 친히 계시해 주시는 것이다. 그래서 비밀을 쉽게 이해하고 깨달을 수 있을 것 같지만 사실은 그렇지 못하는 어려움을 겪게 된다. 그 이유는 초월 세계의 언어에 대한 인간의 인지 능력 한계성 때문이다. 하늘 비밀에 담긴 하나님의 진의를 제대로 깨닫지 못한다면, 전혀 예상치 못한 결정적인 정보 실패를 경험하게 된다. 비밀이 국가 간의 외교전이나 군사 작전 또는 대테러나 마약 범죄와의 전쟁 등에서 특히 중요시되는 이유가 바로 여기에 있다. 상대방의 숨은 의도를 미리 파악하여 대비함으로써 안전을 도모하는 안보 효과가 크기 때문이다. 간혹 우리는 세상을 이해하려고 할 때 먼저 자기 이익을 앞세워 판단하고 마무리함으로써 상대방의 은밀한 의도까지 왜곡, 변질시켜 버리는 경우가 많다. 이는 자기중심적이고 이기적인 속성 때문이기도 하지만 대부분은 정보 판단에 대한 능력과 지혜의 부족에 따른 뒤틀림 현상에서 나오는 것들이다.

만약 하나님의 비밀 접근에도 그런 방식을 적용한다면 계시의 참뜻이나 목적을 제대로 간파할 수 없을 것이다. 하늘 비밀의 가치를 얻지 못하는 것은 물론이고, 엉뚱하게도 사탄에게 매인 영적 전쟁의 포로가 되고 말 것이다. 그러므로 비밀을 획득하는 정보 수집도 중요하지만, 그 비밀의 진의를 제대로 파악하기 위해 올곧게 비밀을 비밀로 인식할 수 있는 배경 즉 하나님의 뜻을 반드시 알아야 한다는 중요성은 두말할 필요가 없다. 만약 하나님의 말씀을 접할 때 여전히 옛 관습의 틀에서 벗어나지 못한다면 올바른 역지사지의 자세가 준비된 것이 아니다. 하나님 말씀은 왜곡되고 신앙도 약화되며 믿음 또한 무용지물이 될 것이므로 신중하고 정확한 태도로 하나님 계시에 접근해야 한다. 현대인은 너무도 자주 하나님 뜻을 오해(곡해)하고 있는데, 심각한 것은 하나님의 말씀이 자신에게 왜곡 인식되고 있는데도 아무렇지 않게 생각하고 넘어간다는 사실이다. 왜 그러는가? 그 이유는 간단하다. 먼저는 자기의 일상이 복잡다단한 정보사회의 혼탁한 유혹에 깊이 노출되어 있기 때문이며, 다음으로는 자신의 뇌에 잘못 입력된 세상 가치관이 선제적으로 작동하기 때문이다. 한번 입력된 자료가 그대로 다시 출력되는 컴퓨터 시스템과 같이 이미 형성된 그릇된 선입관이나 가치관을 근거로 쉽게 결론을 도출해 버리는 우를 범한다. 인본주의적 사고에 젖어 있는 사람이라면 어떻게 결론을 도출할까?

세례 요한의 때부터 지금까지 천국은 침노당하나니 침노하는 자는 **빼앗느니**라(마 11:12).

이 말씀에 대해 생각해 보면, 먼저는 천국을 나의 열심과 노력, 행위와 공로로 침노하여 쉽게 빼앗을 수 있는 것으로 오해하기 쉽다. 과연 천국은 자기가 원하는 현세 구복적인 방법으로 쟁취할 수 있는 것쯤으로 생각하여 열심히 행동을 보일 때 얻을 수 있는 것인가? 아니다. 하나님의 방법은 세상 방법과는 정반대이다. 때로는 역설적이고 때로는 이해할 수 없을 정도이다. 여기에서도 예수님 말씀의 진의는 첫째로 천국이 사람들 앞에 드러났다는 것, 둘째로 이것은 전적으로 급진적인 하나님의 은혜라는 것, 셋째로 이 기회를 붙잡으라는 것이다. 사람이 하나님의 비밀 말씀을 정확하게 해석하지 않고 자기중심적 사고로 듣고, 읽고, 천국을 상상하게 된다면 왜곡은 일어날 수밖에 없고, 위험천만한 일이다. 마치 개인적 노력으로 천국 침노가 가능할 뿐 아니라 신앙 자체가 자신의 만사형통이나 소원 성취를 위한 도구쯤으로 생각할 수 있는 기복신앙이 될 수 있기 때문이다. 이것은 참신앙이 아니며 대단히 위험한 신앙관이다.

이러한 위험한 선입관은 현대인의 사고 범주에 더 쉽게 녹아 들어가 있다. 포스트모더니즘(postmodernism)[55]과 상대주의(relativism)[56]와 같은 잘못된 가치관들이 세상을 휩쓸고 있는 환경 속에서 살아가기 때문이다. 오늘날 인간 중심의 시대를 살아가는 그리스도인에게는 믿는 바를 올바로 정리해 놓는 일이 그 어느 시대보다 중요해졌다. 포스트모더니즘의 영향은 이론, 이념, 교리 같은 것에 대한 믿음을 말할 수 없이 약화시켜 놓았

---

55 모더니즘이 확립하여 놓은 도그마, 원리, 형식 따위에 대한 거부 반동으로 고급문화와 대중문화의 엄격한 구분, 예술 각 분야 간의 폐쇄성, 그리고 새로움, 원본성, 작가성의 원리를 거부하는 경향을 보이는 가치관이다.

56 상대주의란 모든 진리나 가치 따위의 절대적 타당성을 부인하고 모든 것은 상대적이라고 주장하는 사상이다. 문화 상대주의, 언어 상대주의, 대중적 상대주의 또는 상대주의 비평 등으로 확장되어 있다.

기 때문이다. 절대적인 진리를 상대적인 것으로 밀어내 놓고, 그 어느 것도 영원할 수 없으며 절대적일 수 없다는 폐쇄적인 사상으로 세상을 오염시켜 놓았다. 이런 왜곡된 가치관이 우리 사회 전반에 편만하게 퍼져 있는 까닭에 우리는 우리가 믿는 바 하나님의 절대성과 진리 되심을 올바로 배우고 깨닫고 숙지하여 이단 사설이나 거짓 사상에 현혹되는 일이 없도록 긴장해야 한다. 상대주의라는 개념도 이와 다를 바 없다. 상대주의는 상대로서는 인정하되 절대자는 인정하지 않는 사고방식이다. 대중은 자기중심의 편향된 관점과 사고를 문화적으로 숙성시켜 놓았다. 물론 이것은 이기적이고 집단적인 무지에 따른 것이지만, 어느 쪽이든 자신만의 입장에서 세상을 바라보고 판단하며 자기주장만을 펼치려는 바탕 위에서 서로 공감해보자고 하는 것은 모두 부조리한 것이다. 사실 상대방 입장을 전혀 고려하지 않는 사고와 태도는 세상을 그릇되게 보고 판단하는 원인이며, 자가당착에 빠지는 이유이다. 절대자이신 창조주 하나님의 주권을 인정하지 않으려는 것은 인간의 월권이며 교만이다.

이렇듯 신구약의 역사 내내 하나님과 갈등을 빚은 문제들은 모두가 인간의 자기중심주의에서 파생된 것들이다. 인간은 모름지기 자기중심적 입장에서 벗어나 하나님과 예수 그리스도의 입장에서 성경 말씀을 이해할 수 있어야 한다. 그러기 위해서는 자기중심적 사고의 심각성을 먼저 자각하는 일이 일어나야 한다. 진리를 깨달은 이후 새롭게 된 심령의 눈으로 하나님의 주권적 사역을 시종일관 바라보며, 그분이 나의 주인 되심을 고백할 수 있어야 한다. 그것은 성령의 역사로 깨우침을 받는 신비한 선물이다. 그때라야 비로소 정상적인 하나님 비밀의 깨달음과 진리로의 진입이 가능해진다. 그러므로 성경 말씀을 '~로서 보는 것'이 '과연 그러하냐?'고 하는 관점은 매우 중요한 덕목이다. 주관적이냐 아니면 객관적이냐, 역지사지의 관점이냐 아니냐를 분별하는 언어와 사고의 구조 말이다.

역지사지는 올바른 정보적 시각을 갖기 위해 절대적으로 필요한 요소이다. 세상의 모든 문제를 상대방의 입장으로 생각하고 이해하고 그 의도를 파악함으로써 옳음에 이르게 된다. 그렇다면 모든 신앙의 주제들을 창조주 하나님의 입장으로 역지사지하고 이해함으로써 진리에 이르게 될 것이다. C.S.루이스는 그의 책 《영광의 무게》에서 이렇게 서술하고 있다. "우리가 하나님에 대해 어떻게 생각하는지는 그리 중요치 않다. 오히려 하나님이 우리에 대해 어떻게 생각하는지가 언제나 중요한 것이다." 그러므로 우리는 항상 역지사지하면서 반드시 '왜?'라는 질문을 던짐으로써 상대편에게 더 가까이 다가갈 수 있게 된다. 왜 하나님께서 성경에서 이런 말씀을 하셨을까? 하나님이 의도하신 바는 무엇이고, 하나님이 목적하신 바는 어디에 있는가? 이런 질문들을 하며 성경을 읽을 때 진리에 대한 큰 깨달음이 찾아올 것이다.

전혀 다른 '차원'의 관점 : 땅적, 육적, 세상 인본주의적 관념 탈피

우리는 차원을 논할 때 선을 1차원, 면을 2차원, 입체를 3차원이라고 표현한다. 신학적으로 천지 차이를 말한다면 하늘의 것과 땅의 것은 차원이 전혀 다르다는 점을 밝힌다. 다른 말로는 거듭남과 거듭나지 못함을 의미하기도 한다. 이 세상 차원에서 벗어나 초월 차원의 사고와 깨달음으로 전혀 다른 차원의 존재가 되는 개념이다. **차원이 전혀 다른 관점이란 모든 사물의 관찰과 사고에 있어서 완전히 다른 각도 즉, 더 높은 하늘 차원에서 '다르게 보거나', '다르게 생각해 보는' 패러다임의 전환을 말한다.** 차원이 전혀 다른 관점에서 생각한다는 것은 그간 익숙해진 겉보기에 만족하기보다는 속내, 참뜻을 알아내려는 노력이며, 현상 타파의 성격을 띤다. 고정관념에서의 탈피이고, 악습으로부터의 탈출이며, 우선순위를 확 바꿔보는 발상의 전환이다. 더 나아가 현재의 자연 중심의 사고에서 초월 중심의 사고로 발상의 전환을 도모하는 것이다. 땅적, 육적, 세상의 인본주의적 관념에서 탈피를 시도할 때 3차원 이상의 세계를 상상해 볼 수 있을 것이다. 환언하면, 자연과 초자연이 하나로 연합된 입체적 개념, 다시 말해 세상의 것을 통해 하나님의 섭리, 진리의 성령을 깨닫고 감지하는 초월의 실재를 경험하는 일이다.

이것은 하나님의 말씀을 진리로 이해하는 데 절대적으로 중요한 발상의 전환이다. 왜냐하면 인간은 태생적으로 흙으로 지어진 존재로, 땅에서 생육하고 번성하다 보니 자연의 인과 원리에 익숙해졌고 이 3차원 세계를 떠나 살 수 없다는 유한한 카테고리에 갇혀있기 때문이다. 물론 차원을 달리하는 초자연의 영적 세계를 깨닫고 이해하는 데는 어려움이 있을 수 있지만 차원을 뛰어넘는다는 것은 하루살이 인간에게는 결정적인 패러다임의 전환을 요구한다. 태어나면서부터 육과 영을 함께 가진 존재였던 아담과 하와가 선악과의 탐욕으로 원죄를 지은 이후 결정적으로 상실한 것이 영적 생명이다. 그 이후 그들의 눈길은 세상에만 초점을 맞추게 되었고, 오로지 땅적 생존과 번영만을 위한 욕망으로 열심을 내는 인간이 되었다. 천만다행으로 오늘날의 우리에게는 예수 그리스도 십자가의 피 흘리심과 부활, 성령의 임재하심으로 3차원의 세속을 넘어서 차원을 달리하는 무한의 초월 세계로 향한 깨달음을 얻을 수 있는 길이 열려있다. 예수 그리스도가 길이요 진리요 생명(요 14:6)이시기 때문에 성경은 위의 것, 그리스도의 비밀을 생각하라고 강권하고 있다.

위의 것을 생각하고 땅의 것을 생각하지 말라. 이는 **너희가 죽었고** 너희 생명
이 그리스도와 함께 하나님 안에 감추어졌음이라(골 3:1, 2).

이 역설은 두 가지 관점에서 차원을 달리하는 발상의 전환을 권고하고
있다. 하나는 아래의 것들 곧 세상 것은 후패(朽敗)해서 썩어질 것들이기
때문에 생각할 가치가 없다는 것이고, 다른 하나는 우리는 이미 죽은 자
인데 그리스도 예수 안에서 다시 생명을 얻어 산자가 되었다는 것이다.
그러므로 그리스도와 함께 다시 살리심을 받은 자라면 마땅히 그리스도
께서 하나님 우편에 앉아 계시는 것을 바라볼 수 있어야 한다. 우리가 여
전히 육적, 세상적 3차원에 묶여 있음에 경각심을 갖도록 인식의 변화를
촉구하는 말씀이다. 예를 들면 유대의 공회 의원이었던 니고데모가 밤에
예수님을 찾아와 나눈 대화에서 차원을 달리하는 거듭남의 관점이 제시
되고 있다.

육으로 난 것은 육이요 영으로 난 것은 영이니(요 3:6).
살리는 것은 영이니 육은 무익하니라 내가 너희에게 이른 말은 영이요 생명
이라(요 6:63).

니고데모는 구약성경에 관한 한 지식수준이 아주 높은 사람이었지만
복음의 진의를 깨닫지 못했다. 밤에 예수님을 찾아온 그에게는 하나님
비밀에 대한 궁금증이 컸다(요 3:1-21. 참조). 니고데모는 예수님으로부터
육과 영의 세계가 단절되어 있고, 육적 세계에서 영적 세계로 넘어가는
것이 인간의 힘으로는 불가능하다는 말씀을 듣고 금방 알아차렸다. 곧
성령의 도움으로 차원을 달리하는 거듭나는 중생의 절대성을 깨달은 것

이다. 세상의 인본주의적 사고에서 벗어나 하나님이 열어 주시는 영원한 생명을 받는 것이야말로 인간이 추구해야 할 최고의 가치이다. 요한복음 4장에 등장하는 사마리아 우물가 여인 또한 여섯 남편을 두기까지 세상 속에 갇힌 삶을 살았지만, 예수님을 만나는 순간 영적 깨달음을 얻었다.

> 하나님은 영이시니 예배하는 자가 영과 진리로 예배할지니라(요 4:24).

이 말씀에 수가성 여자는 즉시 물동이를 버려두고 동네로 들어가서 사람들에게 이 놀라운 복음의 소식을 전한다.

> 내가 행한 모든 일을 내게 말한 사람을 와서 보라 이는 그리스도가 아니냐 하니(요4: 28. 29).

참으로 놀라운 반응이다. 땅적, 육적, 인본위적 저차원의 편향성에서 하나님 말씀을 듣자 즉시 깨닫고 새로운 도약의 변화를 얻게 된 것이다. 원인과 결과라는 자연적 사고의 테두리를 벗어나 하늘의 위에 있는 것, 초자연의 영적 세계로 향하는 깨달음을 얻는 것이야말로 전혀 다른 차원으로의 초월 경험이다. 진리의 삶을 사는 지혜는 겉만 보고 판단하는 외식과의 단절이며, 속과 겉, 첩보와 정보 그리고 로고스와 레마의 차이를 분별하여 진리를 깨닫는 능력자가 되는 축복이다. 혼돈과 공허와 흑암의 현주소를 자각한 결과로 부어지는 거룩한 선물이다. 우리가 더 높은 차원의 다른 안목을 가지려고 할 때, 성경은 우리를 초월의 비밀 세계로 안내할 것이다. 반쪽짜리 자연 세계가 온전한 전부라고 인식하는 착시 현상의 신앙에 갇혀 있다면 그것은 큰 두통거리라는 사실을 깨우쳐 줄 것이다. 이 우주 코스모스 세상에서 온갖 잡다한 타락의 관념들로 염색된 고정관념과 편향성은 우리 인생을 좀먹는 벌레와 같은 것일 뿐이다. 이제 신앙인이 직면한 과제가 무엇인지 분명해졌다. 이미 익숙해진 고정관념 곧, 분별력을 상실한 정보화 세계의 가치관으로 얼룩진 가짜의 유혹과 거짓의 텃밭에서 계속 중독증을 앓고 있을 것인가를 반문할 수 있게 된 것이다. 이제는 사이버 가상현실에서 다른 차원의 세계 맛보기를 즐겨하는 것은 심각한 영혼의 문제라는 사실도 깨닫는다. 그것은 현실도 아니고 진리도 아닌 허울 좋은 가상 세계일 뿐이며 인간의 영혼을 망가뜨리는 도피처다. 사이버 가상 세계를 놀이터 삼아 즐기는 사람은 초자연의 초월 세계에 접근조차 하기 힘들어진다. 인간 스스로가 자기의 오락과 쾌락을 쌓는 거짓과 가짜로 오염된 허상 세계를 언제까지 좇아갈 것인가! 얼마나 더 대리만족을 즐겨야 충분하다 할 것인가! 자기중심의 사고가 고착되고 있는 현실이 심각한 질병을 앓고 있는 상황이라는 것을 모르는 체하고 넘어갈 것인가? 그것이 하나님 말씀을 가로막는 장벽이라는 것을 언제쯤 깨달을 수 있을 것인가? 변두리로 달아난 모든 사람에게 던지는 질문이다.

우리는 자연의 세계관에서 차원이 다른 초자연의 세계관으로 시야를 넓히는 신앙의 재도약을 다시 도전하고 모험해야 한다. 그 후에야 비로소 창조와 피조 된 인간의 본성, 삼위일체 하나님, 그리고 예수 그리스도의 성육신과 십자가 부활, 하나님의 영원한 생명이 통치하는 영적 세계에 대한 깨달음을 얻을 수 있다. 우리가 분명히 기억해야 할 것은 현재 우리가 사는 세상이 가짜 정보가 넘쳐나는 혼돈과 타락의 현장이라는 사실을 먼저 자각하는 일이다. 그때 비로소 신앙의 대모험이 시작되고, 하나님 말씀과 지혜의 틀을 구축할 수 있게 된다. 특히 율법적 사고를 벗어나 참 진리를 향한 변화를 경험하게 될 것이다.

사도 바울의 회심 경험은 하나님 비밀의 영적 변화를 논하면서 빼놓을 수 없는 결정적인 사례이다. 바울은 자기 고백처럼 나사렛 예수의 이름을 대적하여 많은 일을 행하여야 할 줄 스스로 생각하고 예루살렘에서 이런 일을 행하여 대제사장들에게 권한을 받아 가지고 많은 성도를 옥에 가두며 또 죽일 때에 찬성투표를 하였던 인물이다(행 26:9, 10). 그런 그가 **다메섹으로** 가던 중에 하늘로부터 해보다 더 밝은 빛이 나와 비추므로 땅에 엎드러져 예수님 말씀을 듣고 영적 세계를 깨닫게 된다. 그의 큰 변화는 예수께서 주신 말씀이며 천지개벽을 경험하는 대전환의 시점이 되었다.

> 일어나 너의 발로 서라 **내가 네게 나타난 것은 곧 네가 나를 본 일과 장차 내가 네게 나타날 일에 너로 종과 증인을 삼으려 함이니** 이스라엘과 이방인들에게서 내가 너를 구원하여 그들에게 보내어 **그 눈을 뜨게 하여 어둠에서 빛으로 사탄의 권세에서 하나님께로 돌아오게 하고** 죄 사함과 나를 믿어 거룩하게 된 무리 가운데서 기업을 얻게 하리라 하더이다(행 26:16-18).

부활하신 예수께서 박해자 사울을 찾아와 주신 말씀인데, 하나님 비밀을 고스란히 계시해 주셨다. 왜 인간이 하나님을 찾고 예수 그리스도를 믿어야 하는지 그 핵심을 알게 하는 표적을 깨닫게 하신 것이다. 사울이 바울로 변화되는 이 지점이야말로 차원을 넘어서는 하늘 비밀을 탐구하는 성경 말씀의 지향점이며 한 모델이다. 어둠과 빛, 사탄의 권세와 죄 사함, 그리고 믿음과 거룩함, 종과 증인 됨이 모두 포함된 진리이다.

전혀 다른 '시간 – 영원'의 관점: 기도 – 응답의 시차와 영원의 시차 성

하나님은 시작부터 끝을 보시며 모든 측면을 지배하신다. 그러나 우리는 이야기 속에 들어가 그 내용이 서서히 전개되는 대로 경험하기 때문에 시야가 제한되고 좁아진다. 그래서 하나님의 뜻이 숨어있다고 하는 것은 그분이 영원한 목적을 이루시기 위해 일하시는 방식을 우리가 주어진 순간에 이해하지 못하기 때문에 나온 말이다. 그러다 보니 인간은 역설적으로 정보의 세상을 펼치면서 시간과 시간 사이에 촌각을 다투는 경쟁의 굴레를 만들어 놓고 한편으로는 즐기고, 다른 한편으로는 고뇌하고 좌절하며 한탄하고 후회하는 시간을 보낸다. 정보란 적절한 타임을 놓치면 즉시 쓰레기 같은 구문(舊聞)이 되고, 그 누구의 관심도 받지 못하기 때문이다. 정보의 경쟁적 속도전은 날이 갈수록 치열해지고 있다. 자랑거리로서의 자격을 박탈당한 정보는 무기력에 빠지고 만다. 그 이유는 너도 알고 나도 알고 모두 알아 버렸기에 정보 욕망의 대상에서 무참히 삭제당하기 때문이다. 이는 냉혹하고 비참한 경쟁 사회의 한 단면을 보여주는 것이다. 정보 공급자이든 수급자이든 비참하고 냉혹한 정보 실패를 경험하게 되면 즉시 눈길을 다른 곳으로 돌려 또 다른 정보를 탐색하고, 새로운 유혹에서 자신의 갈망과 만족을 채우려 한다. 세계 여러 나라 간의 무역 경쟁이나 군비 경쟁도 예외일 수 없다. 나라마다 자기 표준시간을 설정해 놓고 나라 간의 시간 차이의 틈새를 메꾸려 정보 경쟁에 열을 올린다. 한국과 미국 사이에는 약 12시간이란 시차가 있는데, 낮과 밤의 차이이다. 지구촌의 시간 기준은 영국 그리니치 천문대를 기준으로 삼고 있지만 각 나라의 시간대를 똑같이 맞추어 놓을 수는 없어서 시간 차이는 불가피하게 발생한다. 이 시차는 인간의 삶에 긍정적인 요인을 제공하는 측면도 있으나 정보의 세계에서는 칼날 같은 긴장과 오해와 왜곡을 낳는다. 그 이유는 정보의 생명인 선착순 때문에 발생하는 어찌해 볼 수 없는 구조 때문이다.

그런데 땅과 하늘 간의 시차 문제는 이보다 더 큰 불편과 오해를 불러 올 수 있다. 하나님과 인간 사이에 존재하는 시간 개념은 영원성과 유한성의 관점에서 보면 대비할 수조차 없기 때문이다. 만약 우주적 시간과 지구적 시간 차 문제를 잘 이해할 수 있다면 신앙에서 괴리처럼 느껴지는 문제들도 모두 해소될 수 있을 것이다. 특히 기도 응답의 문제에서 발생하는 하나님의 무응답에 대한 오해 문제를 극복할 수 있을 것이다. 우리는 먼저 하나님은 무한하시고 영원하시기에 시간 개념 자체가 없으신 분이라는 사실을 분명히 해 둘 필요가 있다. 그분은 이 세상 자연과의 관계에서 인간의 인식 범주에 맞춰 시간을 말씀하시고 행동하시긴 하지만 우리의 시간 개념과는 전혀 다르게 존재하는 분이시다. 우리가 하나님의 비밀을 깨닫는 데 먼저 이해해야 할 것은 하나님의 시간이 우리의 시간 개념을 초월한 그 위에 있다는 사실이다. 이 점이 충분히 이해되지 않았을 때는 하나님의 약속과 성취에 대한 오해가 발생한다. 다시 말해 우리가 기도하고 하나님으로부터 응답 받는 과정에는 반드시 시차 문제가 발생할 수 있다. 그런데 인간들은 기도한 후 즉시 응답이 없으면 하나님에 대해 불평불만을 표출하거나 곧잘 실망한다. 하나님의 기도 응답은 즉각적인 경우도 있지만, 인간의 시간 개념으로 볼 때 너무도 긴 기다림의 시간으로 느껴질 때가 있다.

구약성경에서 몇 가지 예를 들자면 400년, 40년, 70년, 그리고 350년이란 시간의 길이가 한눈에 들어온다. 400년이란 아브라함의 후손이 애굽에서 노예 생활을 한 기간이고, 40년이란 이스라엘 후손들이 가나안 정탐 실패로 광야 생활을 한 시간이다. 그리고 70년이란 이스라엘이 바벨론 포로를 경험한 기간이고, 350년이란 마지막 선지자 말라기부터 예수 그리스도가 성육신하시기까지의 기간이다. 누가 보아도 이 기간은 하나님의 긴 침묵의 시간이었다. 이것은 시간을 '길이의 개념'보다는 '차이의 관점'에서 보아야 한다는 것을 말해 준다. 이 세상은 누구보다 먼저 자신이 앞서려고 치열한 경쟁을 벌이고 있고, 만약 피크 타임을 놓친다면 그 즉시 정보로서의 가치를 상실하고 말기 때문에 항상 위기의 시간에 매여 산다. KTX 시간을 놓친 사람이 그 열차에 탑승할 수 없게 된 것과 같다. 그런 이유에서일까? 사람은 자신이 비밀처럼 간직하고 있는 정보나 자랑거리들이 쓰레기 취급 받는 것을 가장 두려워하며 경계한다. 특히 시간을 다투는 정보 쟁탈전은 생존 경쟁이 치열해질수록 더욱 험악해진다.

여기서 주목할 것은 하나님의 시간과 약속은 인간이 이해할 수 있는 범주를 넘어서 있다는 점이다. 세상 수준의 정보 가치나 시간은 하늘 비밀의 영원한 관점에서 보면 전혀 무가치한 것들이다. 하늘 비밀에 숨어 있는 시간은 영원한 천국 보화이지만 세상 정보들은 모두 무의미한 허상들일 뿐이다. 이것이 하나님 비밀과 인간 정보 사이에서 구별되는 시간 개념의 특성이다. 성경에서 읽게 되는 하나님의 영원한 무시간과 우리가 인식하고 있는 현재적 시간 사이의 격차를 살펴볼 수 있다. 바로 이때 기도 응답에서 오는 오해를 풀고 하나님의 뜻에 한 걸음 더 가까이 나아갈 수 있게 된다. 이 관점은 우리의 신앙생활에서 아주 중요한 비중을 차지하기 때문에 성경에서 구체적인 사례들을 살펴보는 것이 좋겠다.

첫째, 여호와께서는 아브람에게 이렇게 명령과 약속을 주신다.

너는 너의 고향과 친척과 아버지의 집을 떠나 내가 네게 보여줄 땅으로 가라
(창 12:1).

왜 하나님은 아브람이 좀 더 젊었을 때 하란을 떠나게 하시지 않고 75세가 되어서야 가나안을 향하도록 하셨을까? 하나님께서는 아브라함을 찾아와 1년 후에 아들이삭을 주시겠다고 약속하셨다(창 18:10-15). 왜 하나님은 아브라함과 사라가 좀 더 젊었을 때 아들을 주시지 않고, 고령이 다 된 99세의 아브라함과 90세의 사라에게 약속을 하신 것일까? 왜 하나님은 아브라함의 후손들이 400년, 4대라는 긴 시차를 두고 애굽에서 종살이할 것을 약속(창 15:13, 14)하셨을까? 그 약속은 400년이 지난 후 출애굽 실현이라는 결실로 확증되었지만, 우리로서는 하나님의 의중을 알 길이 없다. 하나님의 약속들은 몇 년 혹은 몇 세대가 죽고 난 이후에 실현될 약속들이라는 점에서 대부분 인간이 쉽게 이해할 수 없다. 그런 까닭에 하늘 비밀을 해석해 주실 성령의 임재가 기다려진다. 이것이 인간에 대한 하나님만의 독특한 통치 방식임을 이해해야 한다.

내가 그에게 복을 주어 그가 네게 아들을 낳아 주게 하며 여러 민족의 어머니가 되게 하며 민족의 여러 왕이 그에게서 나리라(창 17:16).
이에 아브라함이 엎드려 웃으며 마음속으로 이르되 백 세 된 사람이 어찌 자식을 낳을까 사라는 구십 세이니 어찌 출산하리요(창 17:17).
그가 이르시되 내년 이맘때 내가 반드시 네게로 돌아오리니 네 아내 사라에게 아들이 있으리라 하시니 사라가 그 뒤 장막 문에서 들었더라 아브라함과 사라는 나이가 많아 늙었고 사라에게는 생리가 끊어졌는지라 사라가 속으로 웃고 이르되, 내가 노쇠하였고 내 주인도 늙었으니 내게 무슨 즐거움이 있으

리요(창 18:10-12).

이 반응은 너무 인간적이고 솔직한 표현이다. 우리도 사라가 아브라함처럼 일종의 비웃음으로 반응한 데 대한 그 사정을 충분히 이해할 수 있을 정도이다. 그들이 하나님 약속의 실현 가능성에 대해 대단히 회의적인 생각을 가졌던 것도 부인할 수 없다. 하지만 아브라함이든 사라든 하나님의 약속에 대해 비웃는 반응을 보일 정도로, 인간으로서는 이해가 가지 않는 것이 하나님의 섭리요 역사를 전개하시는 방법이다. 여기에서 역설적으로 하나님의 인류를 향한 깊은 뜻과 숨은 능력의 비밀에 관한 힌트를 얻는다. 이 약속은 하나님의 자기 계시와 증거이며, 인간이 하나님의 존재를 깨닫고 기억하도록 장고 끝에 나온 한 방편인 것 같다. 하나님의 약속과 시간 안에는 아브라함뿐 아니라 먼 훗날 그의 후손에 관한 약속까지 포함되어 있다. 이삭은 아브라함의 아들에 그치지 않고 그리스도를 예표한다. 하나님의 약속과 그 이행의 시간까지는 우리의 상상을 초월하는 길고 긴 시간이 준비되고 있는 것이다. 그러므로 하나님의 비밀은 촌각을 다투는 세상 뉴스와 같은 수준에서 성급하게 이해하려고 해서는 안 된다. 하나님의 뜻은 전혀 다른 영원의 차원에서 이해되어야 하는 것이 절대적 조건이다.

여호와께서는 아브람에게 너는 반드시 알라 네 자손이 이방에서 객이 되어 그들을 섬기겠고 그들은 **사백 년 동안** 네 자손을 괴롭히리니 그들이 섬기는 나라를 내가 징벌할지며 그 후에 네 자손이 큰 재물을 이끌고 나오리라(창 15:13, 14).

너는 장수하다가 평안히 조상에게로 돌아가 장사될 것이요 네 자손은 **사대**

만에 이 땅으로 돌아오리니(창 15:15, 16; 왕상 21:26. 참조).

여기서 하나님의 영원한 시간과 인간의 유한한 시간의 차이와 개념을 충분히 이해하기 위해 다시한번 정리할 필요가 있겠다

첫째, 하나님께서는 왜 아브람에게 그의 후손들이 50년이나 100년이 아니고 400년이란 긴 기간 동안 이방에서 객이 되었다가 4대 만에 돌아오리라는 약속을 하신 것일까? 아브라함은 어차피 얼마를 살다가 막벨라 굴에 장사될 터인데 말이다.

둘째, 하나님께서는 가나안 정탐 결과에 불평불만을 토로하며 애굽으로 돌아가자고 울부짖는 이스라엘 후손들에게 독특한 징벌을 내리신다. 정탐 실패의 기간인 40일의 1일을 1년으로 환산하여 40년이라는 광야 생활을 하도록 명령하신다.

너희의 자녀들은 너희 반역한 죄를 지고 너희의 시체가 광야에서 소멸되기까지 사십 년을 광야에서 방황하는 자가 되리라 너희는 그 땅을 정탐한 날 수인 사십 일의 하루를 일 년으로 쳐서 그 사십 년간 너희의 죄악을 담당할지니 너희는 그제서야 내가 싫어하면 어떻게 되는지를 알리라 하셨다 하라(민 14:34, 35).

40년이란 세월은 그 당시 인간의 평균 수명 40~50세를 감안한다면 거의 한 세대가 죽은 후에야 이루어질 일이었다. 광야 생활 40년을 마친 모세를 포함한 모두는 정작 가나안에 들어가지 못하게 되었고, 다만 그들의 자손들만 여호수아와 갈렙의 인도로 가나안에 들어갈 수 있었다. 이 또한 하나님의 시간에 대한 비밀 개념이 우리의 상상을 초월하고 있다는

사실을 알 수 있다. 가나안 정탐의 실패로 시작된 40년 광야 생활은 이스라엘 회중이 하나님의 가나안 정탐 명령을 곡해하고 불순종한 결과로 주어진 징벌의 역사이다. 하나님의 최초 정탐 명령이라는 점에서 하나님의 비밀을 풀어갈 정보 신학적 접근으로 많은 의미와 단서들을 발견할 수 있다. 광야 40년은 하나님의 징벌적 성격을 넘어서, 궁극적으로는 이스라엘 민족을 훈련시켜 구원해 내시려는 그분의 진심이 숨어있기 때문이다. 원래 이스라엘에 대한 진노가 전염병으로 그들을 쳐서 멸하고 네게 그들보다 크고 강한 나라를 이루게 하리라(민 14:12)고 말씀하셨지만, 모세의 중보 기도로 40년 징벌이 내려졌다. 이 점이 암시하는 바가 크다.

> 여호와께서 이르시되 내가 네 말대로 사하노라 그러나 진실로 내가 살아 있는 것과 여호와의 영광이 온 세계에 충만할 것을 두고 맹세하노니 **내 영광과 애굽과 광야에서 행한 내 이적을 보고서도 이같이 열 번이나 나를 시험하고 내 목소리를 청종하지 아니한** 그 사람들은 내가 그들의 조상들에게 맹세한 땅을 결단코 보지 못할 것이요 또 나를 멸시하는 사람은 한 사람도 그것을 보지 못하리라(민 14:20–23; 미 7:18–20. 참조).

하나님의 정의와 공의의 엄격성을 보여주는 장면이다. 특히 하나님께서 정탐이 갖는 의미에 대해 높은 관심을 가지시면서 우리로 하여금 정보적 감각을 키워 영적 분별력을 갖도록 하시려는 훈련과 교육의 의미를 알아차리도록 의도하신 바를 읽어낼 수 있어야 한다. 가나안을 향한 길은 광야에서 냉정한 정보 현실을 경험하고, 천국 백성으로 준비되는 발상의 전환 기회임을 알아야 한다.

셋째, 이스라엘 민족의 바벨론 포로에 관한 징벌과 회복에 왜 70년이란 긴 기간을 책정하셨을까? 이 기간 역시 한 세대가 이방 땅 바벨론에서 노예처럼 살다가 죽고 난 후의 다음 세대와 겹치는 징벌이며 약속이다. 인간의 인식과 기억이 살아남아 하나님의 약속이 실현될 것이라는 믿음을 굳게 지키기에는 거의 불가능한 기간처럼 보인다. 그러나 이스라엘 모두가 이방 땅에서 이방 나라의 통치를 받는 처지였지만 70년의 하나님 약속을 굳게 믿는 사람들이 있었다. 결국 그 약속은 실현되었고, 하나님의 방법으로 느헤미야에 의해 예루살렘 성전도 재건축되었다. 바벨론 포로기와 관련해서는 예레미야를 비롯해 에스겔, 이사야 선지자 그리고 스가랴서, 다니엘서가 하나님의 말씀을 소상히 전하고 있다.

> 이 모든 땅이 폐허가 되어 놀랄 일이 될 것이며 이 민족들은 **칠십 년** 동안 바벨론의 왕을 섬기리라 여호와의 말씀이니라 **칠십 년**이 끝나면 내가 바벨론의 왕과 그의 나라와 갈대아인의 땅을 그 죄악으로 말미암아 벌하여 영원히 폐허가 되게 하되(렘 25:11, 12).
>
> 여호와께서 이와 같이 말씀하시니라 바벨론에서 **칠십 년**이 차면 내가 너희를 돌보고 나의 선한 말을 너희에게 성취하여 너희를 이곳으로 돌아오게 하리라 (렘 29:10).
>
> 곧 그 통치 원년에 나 다니엘이 책을 통해 여호와께서 말씀으로 선지자 예레미야에게 알려 주신 그 연수를 깨달았나니 곧 예루살렘의 황폐함이 **칠십 년** 만에 그치리라 하신 것이니라(단 9:2).
>
> 여호와의 천사가 대답하여 이르되 만군의 여호와여 여호와께서 언제까지 예루살렘과 유다 성읍들을 불쌍히 여기지 아니하시려 하나이까 이를 노하신 지 **칠십 년**이 되었나이다 하매(슥 1:2).
>
> 온 땅의 백성과 제사장들에게 이르라 너희가 **칠십 년** 동안 다섯째 달과 일곱

째 달에 금식하고 애통하였거니와 **그 금식이** 나를 위하여, 나를 위하여 한 것
이냐(슥 7:5).

하나님께서는 이스라엘이 완전한 깨달음이나 회개가 부족함에도 약
속대로 그들을 구원하신다. 하나님의 약속이 먼저다. 하나님은 약속하
시고 성취하시는 하나님이시다.

이에 토지가 황폐하여 땅이 안식년을 누림같이 안식하여 **칠십 년**을 지냈으니
여호와께서 예레미야의 입으로 하신 말씀이 이루어졌더라(대하 36:21).

여기에서 주목할 관점은 인간의 칠십 년이란 시간의 전과 후가 회개하
거나 변화되지 않고 똑같을 것이라고 진단하시는 하나님의 예지이다.

칠십 년이 찬 후에 여호와께서 두로를 돌보시리니 그가 다시 값을 받고 지면
에 있는 열방과 음란을 행할 것이며(사 23:17).

70년 이전 두로의 상황이 열방과 음란을 행하는 짓이었는데 왜 그들
은 자기 죄악을 깨닫지 못한 것일까? 그러함에도 하나님은 변함없는 구
원의 약속을 이행하신다. 그분의 사랑과 용서의 깊이가 얼마나 되는 것
일까? 우리의 상상으로는 다다를 수가 없다.

넷째, 구약의 마지막 선지자 말라기 이후 예수님 오시기까지 350년이
란 시간이 걸렸다. **구약성경** 곳곳에 예표된 예수 그리스도의 이 땅에 오시
는 비밀이 밝혀져서 오늘에 이르는데도 2,000년이란 시간이 걸렸다. 왜
그렇게 긴 시간 침묵하셔야만 했을까? 말라기서 한 구절이 이를 설명해

준다.

> 너희가 말로 여호와를 괴롭게 하고도 이르기를 우리가 어떻게 여호와를 괴롭
> 혀드렸나이까 하는 도다 이는 너희가 말하기를 모든 악을 행하는 자는 여호
> 와의 눈에 좋게 보이며 그에게 기쁨이 된다 하며 또 말하기를 정의의 하나님
> 이 어디 계시냐 함이니라(말 2:17).

다섯째, 하나님은 창조 직후에는 인간의 수명을 100년 단위로 1,000
살에 가깝게 살도록 하셨다. 에녹 365세, 아담 800세, 노아 950세 그리
고 므두셀라는 969세까지 살았다. 오늘날의 인간 수명과 비교할 때 이것
이 과연 가능한 일인가 의아심이 들 정도다. 그런데 왜 하나님은 그 이후
노아의 홍수 때 인간의 수명을 120세로 정하시고, 시편에 와서는 연수가
70이요 강건하면 80세로 한정하셨을까?

> 여호와께서 이르시되 나의 영이 영원히 사람과 함께 하지 아니하리니 이는
> 그들이 육신이 됨이라 그러나 그들의 날은 백이십 년이 되리라 하시니라(창
> 6:3).
> 우리의 연수가 칠십이요 강건하면 팔십이라도 그 연수의 자랑은 수고와 슬픔
> 뿐이요 신속히 가니 우리가 날아가나이다(시 90:10).

인간의 수명이 오늘날과 같이 짧아진 것은 타락이 문제였던 것 같다.
창세기 6장은 이에 대한 단서를 제공한다.

> 여호와께서 사람의 죄악이 세상에 가득함과 그의 마음으로 생각하는 모든 계

획이 항상 악할 뿐임을 보시고 땅 위에 사람 지으셨음을 한탄하사 마음에 근심하시고 이르시되 내가 창조한 사람을 내가 지면에서 쓸어버리되 사람으로부터 가축과 기는 것과 공중의 새까지 그리하리니 이는 내가 그것들을 지었음을 한탄함이니라 하시니라(창 6:5-7).

여기서 주목해야 할 또 하나의 관점은 하나님께서 한탄하실 정도로 상황을 만든 원인이 어디에 있었느냐는 것이다. 창세기 6장이 다시 그에 대한 답을 주고 있다.

사람이 땅 위에 번성하기 시작할 때에 그들에게서 딸들이 나니 하나님의 아들들이 사람의 딸들의 아름다움을 보고 자기들이 좋아하는 모든 여자를 아내로 삼는지라 하나님께서 이르시되 나의 영이 영원히 사람과 함께 하지 아니하리니 이는 그들이 육신이 됨이라(창 6:1-3a).

'육신이 됨'이 결정적 원인이다. 하나님은 **하나님의 아들들을 낳기 위해** 계시를 주시는 데 인간 세상은 땅적, 세상적, 육신적 자기 욕망에 사로잡혀 사람의 아들들만을 계속 낳는다. 이것이 바로 하나님에 대한 인간의 죄이다. 그 이전으로 거슬러 올라가 창세기 3, 4장을 보면 동생 아벨을 죽인 가인, 그 이전 에덴 동산에서 벌어진 아담과 하와의 선악과로부터 누적되어 온 죄의 결과물이다.

• 시간과 영원의 즉시성

예수께서 가버나움에 있던 왕의 신하의 아들 병을 고치실 때 신하가 '주여 내 아이가 죽기 전에 내려오소서'라고 간구했을 때 '가라 네 아들이 살아 있다' 고 말씀만 하셨다. 그런데 바로 그때 그 아들이 살아났다(요 4:46~54. 참조). 또한 예루살렘에 있는 양문 곁에 베데스다(히브리어)라 하는 못의 행각 다섯이 있는 곳에서 서른여덟 해 된 병자에게도 '네가 낫고자 하느냐?'고 물으신 후, '일어나 네 자리를 들고 걸어가라'고 하시니 그 사람이 곧 나아서 자리를 들고 걸어갔다. 이처럼 예수님의 모든 말씀은 즉시성의 실제를 보여주시는 기적들이다. **예수님이 영원한 하나님이시라는 관점에서 보면 즉시성은 곧 영원성이다. 영원성은 곧 즉시성이며 동시성이다.** 왜냐하면 영원의 세계에서는 우리와 같은 시간 개념이 존재하지 않기 때문이다. 그러므로 예수님 기적의 즉시성, 동시성에서 인간에 대한 무한한 사랑과 은혜에 신뢰를 바탕으로 하는 인격적 관계성과 하나님의 영원성을 발견할 수 있어야 한다. 특히 하나님께서는 우리 인간과의 관계를 아버지와 아들 관계, 부부 관계로 묘사하셨듯이 하나님 기적의 즉시성, 동시성, 영원성에 대한 믿음으로부터 우리 신앙의 근본을 깨닫는 영원한 생명의 비밀을 계시하신다.

그러므로 하나님께 기도할 때 조급한 마음으로 응답을 갈망하는 것은, 역설적으로 하나님과 그분의 사랑, 계획에 대해 불신과 불만을 표하는 것이 된다. 베데스다의 병자는 38년을 기다렸다. 하나님은 전지전능하신 분으로 우리의 기도를 언제나 다 듣고 계시는 분이시고, 그 기도를 들으신 즉시 응답해 놓고 계신 것이다. 아니 그보다 더 이전에 우리의 모든 것들을 알고 계시는 하나님은 우리가 간구할 것조차도 미리 아시고 친히 응답을 준비해 놓고 계신 것이다. 하나님은 어떤 판단과 결정을 하기 위해 장시간 심사숙고해야 한다거나 미루며 머뭇거리실 이유도 없으시고, 어정쩡하게 시간을 보내야 하는 순간도 결코 없으신 분이시다. 혹시 우리가 기도와 응답이 일치되지 않는다고 느끼는 경우는 시간과 영원 사이에 있는 시차 감각의 문제 때문이라는 것을 알아차려야 한다. 우리가 그분께 강력한 신뢰와 믿음을 두고있다면 단지 기도할 바를 기도하면 되고, 하나님께서는 자기 결정에 따라 우리에게 응답을 주셔서 깨닫게 하시면 되는 상호 신뢰의 관계임을 기억해야 한다. 하나님의 시간 단위와 관련하여 결코 놓칠 수 없는 몇 가지 더 중요한 관점은 없을까 생각해 보자.

첫째, 시간은 하나님이 영원히 살아계신 분이라는 사실을 증명해 준다. 우리에게 보여주신 하나님의 시간은 100년에서 1,000년 단위 혹은 그 이상으로 굵직굵직한 우주 역사를 매듭지어 가신다. 하나님은 아브라함의 하나님이시면서 이삭과 야곱의 하나님이시고, 요셉의 하나님이시면서 오늘 우리의 하나님이시다.

둘째, 시간은 하나님이 우주를 통제하고 섭리하시는 분이심을 확인해 준다. 우주 만물을 창조하신 그 목적과 뜻은 결코 현상에 머물러 있을 수 없다. 마치 복음이 잠시라도 정체되거나 머뭇거리지 않고 세상으로 전파되어 가는 것과도 같다. 하나님의 섭리는 매일매일 조금씩 실제화되어 가고 있다. 지구는 지금도 돌고 있고 태양은 여전히 빛을 비추어 생명을 유지하게 하고 있다.

셋째, 시간은 하나님은 알파와 오메가의 하나님이시며 시작과 끝을 모두 헤아리시는 분이심을 확신하게 한다. 하나님은 정의와 공의, 그리고 종말의 시간에 책임과 심판을 염두에 두고 계시는 분이시다. 하나님이 자신의 의지를 우리의 시간 개념 안에 담고 계심을 인식하게 될 때 그분의 징계나 심판 역시 즉시, 즉각적 이행으로 나타내 보이시기도 하지만, 종말의 심판 때까지 회개하고 돌아오기를 기다리며 인내심을 발휘하시는 분이시다. 그리스도 예수께서는 제자들에게 두 가지 극명한 결과를 밝히 알게 하셨다.

> 가라지를 뽑다가 곡식까지 뽑을까 염려하노라 둘 다 추수 때까지 함께 자라게 두라 추수 때에 내가 추수꾼들에게 말하기를 가라지는 먼저 거두어 불사르게 단으로 묶고 곡식은 모아 내 곳간에 넣으리라 하리라(마 13:29b, 30).

이 말씀은 악한 자를 심판 때까지 기다리며 두고 보시겠다는 뜻이다. 그렇지 않을 때도 있는데, 베드로가 아나니아에게 '어찌하여 사탄이 네 마음에 가득하여 네가 성령을 속이고 땅값 얼마를 감추었느냐?'고 반문할 때, 아나니아는 이 말을 듣자마자 엎드러져 혼이 떠나는 일이 발생했다(행 5:3, 5. 참조). 지체 없는 심판이 일어난 경우이다. 하루가 천년 같고 천년이 하루 같으신 하나님의 영원 속에서는 시간이나 기간이 문제가 될 수 없다. 하나님께서 하시고자 한 일들은 반드시 일어날 것이고, 이미 시작된 일은 더더욱 확실하게 끝을 향해 달리고 있다. 이 점을 기억하는 일은 신앙의 결정적인 요소이다. 성경에서는 구원과 심판에 관해 속히 될 일이라 정의하고 있는데 이는 시간적인 면을 강조하는 것이 아니라, 하나님 나라 완성의 필연성과 확실성에 강조를 둔 말씀이다.

• 시간과 영원의 제약성

시간의 영원성은 우리의 개념일 뿐 하나님께는 시간 개념 자체가 없으시다. 그런데 역설적으로 영원성이 시간의 세계로 들어와 유한성에 경고음을 낸다. 사실 논리적으로 보면 영원은 영원한 것일 뿐 유한과는 아무런 관계도 없다. 그러므로 영원성이 유한성 안으로 들어온다는 것은 전혀 불가능한 일이며 다만, 영원과 유한이 공유하는 찰나의 순간만 가능한 일이다. 영원이 유한에 진입해 들어 온다고 하더라도 오래 머물러 있을 수 없기 때문이다. 여기에서 순간의 찰나 개념이 확실하게 제기된다. 영원은 한순간에 찾아오고, 그 순간을 포착하는 자에게만 하나님의 말씀이 진리로 깨달아지면서 무한한 생명으로 느껴지는 찰나를 경험하게 된다. 이것이 시간과 영원의 역설이다. 하나님은 왜 우리에게 사탄, 마귀를 허락하시고 그들을 즉시 징벌하지 않으시며, 인류 역사 내내 살려두시는지도 이런 관점에서 숙고해 볼 필요가 있다. 요한계시록에서 사탄이 천년 동안 결박되는 이유와 목적도 모든 일이 하나님의 손안에서, 영원 안에서 일어난다는 전제하에서 읽다 보면 큰 깨달음이 찾아올 듯하다.

> 용을 잡으니 곧 옛 뱀이요 마귀요 사탄이라 잡아서 천 년 동안 결박하여 무저갱에 던져 넣어 잠그고 그 위에 인봉하여 천 년이 차도록 다시는 만국을 미혹하지 못하게 하였는데 그 후에는 잠깐 놓이리라(계 20:2, 3).
> 천 년이 차매 사탄이 그 옥에서 놓여(계 20:7).

천년의 시간을 두고 신학자들은 전천년설과 후천년설 그리고 무천년설을 각기 주장하고 있다. 하나님과 인간 사이에도 40년~1,000년이나 되는 긴 시간 차이가 생겨났고, 이로 인한 인식의 차이는 더 크고 멀어 보인다. 인간의 한 세대는 기껏해야 80~100년을 살 수 있는데, 1,000년 이라는 시간이나 영원이란 무시간 개념을 이해한다는 것은 결코 용이한 일이 아니다. 만약 이 관점을 이해하지 못한다면 우리는 기도 응답의 측면에서 큰 타격을 입을 것이다. 우리의 시간은 유한하기에 당장 오늘을 조급해하고, 내일이나 모래는 기도에 대한 응답이 이루어지길 원한다.

하나님께서 즉시 응답해 주시지 않는다고 항상 불만족으로 가득할 것이며, 때로는 하나님을 원망하고 믿음까지 포기할 것이다. 우리는 하나님과 우리 사이의 시차 개념을 자주 망각하고 의심과 불만을 하게 됨으로써 하나님 능력에 대한 오해와 편견의 늪에 빠지게 된다. 우리의 기도에 대한 하나님의 반응은 너무 느린 것처럼 보이지만, 그것은 인간만의 주어진 시간 조건이다. 하나님의 영원성 관점에서 보면 기도 응답이 늦어질 수도 있고, 결코 늦어질 수도 없는 법이다. 그분은 신실하시기에 반드시 약속을 지키실 것이므로 기도 응답의 기다림은 곧 믿음이다.

> 범사에 기한이 있고 천하만사가 다 때가 있나니 날 때가 있고 죽을 때가 있으며 심을 때가 있고 심을 것을 뽑을 때가 있으며 … (전 3:1, 2).

전도서 기자는 우리가 기도할 때가 있고 하나님께서 응답하실 때가 있다고 말한다. 여기에 하나님의 시간에 관한 비밀이 숨어있다. 하나님의 비밀이 인간에게 정보로 읽히기까지의 시간 차이는 우리의 탐구 대상이 된다. 하지만 하나님의 영원성을 인정하고 믿음으로 지켜내야 할 부분은 우리의 책임이요 의무이다. 하나님은 영원한 존재이시고 그분 말씀 또한 영원을 가르치고 있기 때문이다.

사랑하는 자들아 주께는 하루가 천 년 같고 천 년이 하루 같다는 이 한 가지를 잊지 말라(벧전 3:8).

주의 목전에는 천 년이 지나간 어제 같으며 밤의 한순간 같을 뿐임이니이다 (시 90:4).

여기서 깊이 간직해야 할 세 관점이 있다. 먼저는 '그가 비록 천 년의 갑절을 산다 할지라도 행복을 보지 못하면 마침내 다 한 곳으로 돌아가는 것뿐이 아니냐'(전 6:6)는 말씀에 대해 묵상해 보자. 이에 대한 대답이 말씀으로 주어져 있다. 첫째 부활에 참여하는 자들은 복이 있고 거룩하다. 주요 관점은 복과 거룩이다. 다음으로 '사망이 그들을 다스리는 권세가 없고 도리어 그들이 하나님과 그리스도의 제사장이 되어 **천 년 동안** 그리스도와 더불어 왕 노릇 하리라'(계 20:6, 4, 5)는 말씀이 주어졌다. 성경의 이 말씀은 미래의 일이지만 현재를 지칭하는 또 다른 의미를 지니고 있다. 우리 믿는 자들이 천 년 동안 왕 노릇 한다는 것은 각별하다. 그간 죄의 종노릇 하며 세상 임금의 통치를 받아 왔다면 이제는 다스리는 왕, 섬기는 왕으로 신분이 바꾸어졌기 때문이다. 마지막으로 하나님의 시간이 우리의 오해처럼 항상 늦는 것만은 아니라는 점이다. 하나님은 선재하는 정보의 하나님이시라 모든 부분에서 항상 우리보다 앞서가신다.

여호와께서 그들 앞에서 가시며 낮에는 구름 기둥으로 그들의 길을 인도하시고 밤에는 불기둥을 그들에게 비추사 낮이나 밤이나 진행하게 하시니(출 13:21; 민 14:14; 느 9:12, 19).

낮에는 구름 기둥 밤에는 불기둥이 백성 앞에서 떠나지 아니하니라(출 13:22).

이스라엘이 광야 생활을 하던 때만 하나님이 앞에 가신 것은 아니다. 하나님은 항상 우리를 앞서가시며 인도하고 계시지만 동시에 우리와 나란히 걷거나 혹은 뒤를 따라오시면서 우리를 보호하시고 필요한 것들을 공급해 주시는 분이시다. 하나님은 전지전능하신 분이시며, 시공을 초월해 계신 분이시다. 이 관점에서 보면 인간의 삶의 모든 현실이 하나님의 섭리 안에 있음을 깨달을 수 있다. 전도서 기자가 헛되고 헛되다면서 우리에게 평화를 이루고 사랑을 하는 것이 좋다거나, 전쟁을 일으키고 증오를 하는 것이 나쁘다고 말하지 않는 점을 주목해 볼 필요가 있다. 각각의 행위와 느낌이 다 때가 있듯이, 어떤 일을 두고 판단하거나 충고하기보다는 하나님께서 각각의 일에 알맞은 때를 주셨다고 믿는 것이 옳은 일이다. 기도 응답 역시 하나님께서 우리 기도에 대해 이미 응답해 놓으셨거나, 즉각적으로 반응하시는 분이라는 점을 기억할 필요가 있다. 능력의 하나님이시라는 사실을 믿는 믿음이야말로 우리가 지켜야 할 가장 큰 덕목이 아닐까?

제4장
정보 신학의 이중성 주제 연구
: 전혀 다른 관점

전혀 다른 '비유'의 관점 : 하늘 비밀과 세상 정보 구별

성경에서 비유(比喩)의 말씀은 하나님 뜻을 해석하고 진리를 깨닫는 데 중요한 단서를 제공한다. 하나님께서 인간과 소통하는 유일한 방법에는 꿈이나 환상 그리고 자연 계시가 있고, 이외에 가장 많이 사용하는 수단과 방법은 말씀(특별 계시)이다. 그 말씀은 오묘한 말(시 49:4)이라서 비유로밖에는 표현할 길이 없다. 사람과 하나님 간에는 공통 언어나 문자가 없는 까닭에 말씀 비유는 중요한 의사소통의 수단이다. 비유는 이 세상의 인간적인 것, 자연적인 것들을 예로 들어 천국을 설명하며 이해하게 하는 유일한 방법이다. 유한의 한계 안에 살고 있는 인간으로서는 그 비유의 의미를 깨닫기 위해 이성과 지성을 충분히 투입하여 올곧게 이해하도록 심혈을 기울여야 한다. 만약 하나님의 비유를 세상적이거나 인간적 관점에서 받아들이고 자기 입맛대로 해석하게 된다면 그것은 곧 하나님의 뜻을 왜곡하는 것이고, 때로는 하나님을 대적하는 사탄의 일이 된다. '영적 맹인'이란 말은 바로 이런 경우를 두고 한 말이다. 이 모든 현상은 하나님 비밀의 인간 정보화 과정에서 파생되는 하나님 말씀의 왜곡과 변개이다. 성경은 비유의 의미를 명확하게 제시하고 있는 만큼 하나님 말씀의 원래 뜻을 고스란히 받아들여야 한다.

> 내가 여러 선지자에게 말하였고 이상을 많이 보였으며 **선지자들을 통하여 비유를 베풀었노라**(호 12:10).
> **내가 입을 열어 비유로 말하며** 예로 감추어졌던 것을 드러내려 하니(시 78:2).
> **잠언과 비유와 지혜 있는 자의 말과 그 오묘한 말을 깨달으리라**(잠 1:6).
> 딸 예루살렘이여 내가 무엇으로 증거하며 **무엇으로 네게 비유할까** 처녀 딸 시온이여 **내가 무엇으로 네게 비교하여 너를 위로할까** 너의 파괴됨이 바다 같이 크니 누가 너를 고쳐 줄 소냐(렘 2:13).
> 인자야 너는 이스라엘 족속에게 **수수께끼와 비유를 말하라**(겔 17:2).

성경은 인간이 하나님의 말씀 비유를 깨달으려고 노력하지 않는 것을 강력하게 경고하고 있다. 하나님의 말씀 대언자인 선지자들의 말 또한 비유로 표현할 수밖에 없다. 왜냐하면 하나님은 영이시고, 보이지 않는 영적 세계를 전한다는 것은 결코 다른 묘안이 없기 때문이다. 하나님께서 에스겔에게 비유에 관한 경고와 힐책을 하시기도 한다.

> 너는 이 반역하는 족속에게 **비유를 베풀어 이르기를** 주 여호와께서 이같이 말씀하시기를 가마 하나를 걸라(겔 24:3a).
> 너는 반역하는 족속에게 묻기를 **너희가 이 비유를 깨닫지 못하겠느냐** 하고 그들에게 말하기를 바벨론 왕이 예루살렘에 이르러 왕과 고관을 사로잡아 바벨론 자기에게로 끌어가고(겔 17:12a).

내가 이르되 아하 주 여호와여 그들이 나를 가리켜 말하기를 **그는 비유로 말하는 자가 아니냐 하나이다** 하니라(겔 20:49).

신약성경에서 가장 인상적인 예수님의 비유를 든다면 씨뿌리는 자의 비유와 그 비밀성이다

예수께서 **비유로 여러 가지를 그들에게 말씀하여** 이르시되 씨를 뿌리는 자가 뿌리러 나가서(마 13:3, 10, 13, 18; 막 4:2; 눅 8:4).
이는 선지자를 통하여 말씀하신바 **내가 입을 열어 비유로 말하고** 창세부터 감추인 것들을 드러내리라 함을 이루려 하심이라(마 13:35).

하나님 나라를 비유 말씀으로 전할 수밖에 없는 동기를 밝히신 것이다. 천국 비유는 예수님 공생애의 가장 핵심이 되는 사역이다. 예수께서는 '천국은 마치'라는 비유법을 써서 우리의 이해를 촉구하셨다.

천국은 마치 사람이 자기 밭에 갖다 심은 겨자씨 한 알 같으니(마 13:31).
천국은 마치 밭에 감추인 보화와 같으니(마 13:44).
또 천국은 마치 좋은 진주를 구하는 장사와 같으니(마 13:45).
또 천국은 마치 바다에 치고 각종 물고기를 모는 그물과 같으니(마 13:47).
천국은 마치 자기 아들을 위하여 혼인 잔치를 베푼 어떤 임금과 같으니(마 22:2).

예수께서는 이외에도 많은 비유로 말씀하셨고[57] 성경은 '예수께서 이 모든 것을 무리에게 비유로 말씀하시고 비유가 아니면 아무것도 말씀하지 아니하셨다'(마 13:14)고 밝히고 있다. 이는 예수께서 말씀하실 때마다 그 말씀을 받아들이는 자에 의해 왜곡될 여지가 많았다는 것을 의미한다. 이때 제자들이 예수께 나아와 '어찌하여 그들에게 비유로 말씀하시나이까'라고 질문하자 예수께서는 아주 특별한 답변을 내놓으셨다.

> 천국의 비밀을 아는 것이 너희에게는 허락되었으나 그들에게는 아니 되었나니(마 13:11).
>
> 그러므로 내가 그들에게 비유로 말하는 것은 그들이 보아도 보지 못하며 들어도 듣지 못하며 깨닫지 못함이니라(마 13:13).
>
> 이 백성들의 마음이 완악하여져서 그 귀는 듣기에 둔하고 눈은 감았으니 이는 눈으로 보고 귀로 듣고 마음으로 깨달아 돌이켜 내게 고침을 받을까 두려워함이라(마 13:14; 막 4:11, 12; 사 6:9).

이 말씀에서 독특한 점은 대제사장들과 바리새인들이 예수님의 비유를 듣고 자기들을 가리켜 말씀하심인 줄 알고 잡고자(마 21:45, 46a) 했다는 사실이다. 얼핏 보기에 예수님의 비유 말씀을 그들이 알아들은 것같이 보이지만, 실제로는 전혀 이해하지 못한 것이다. 예수님이 주신 비유의 진의는 깨달음과 회개에 있다. 그런데 그들은 회개하지 않았고, 결국 예수님을 십자가에 처형하기에 이른다. 특이하게도 예수님의 비유 말씀들이 본래 의도한 대로 긍정적 효과로 나타나는 것이 아니라, 대체로 부

---

57 비유로는 가라지의 비유(마 13:36–43), 포도원 농부의 비유(마 21:33–40), 무화과나무 비유(마 24:32; 막 3:23), 사탄의 비유(막 3:23–29).

정적인 결과를 보이고 있는데, 이는 인간의 비유 이해에 한계성과 왜곡성이 심각하다는 점을 말해 준다. 하나님의 비밀을 비유로 표현할 수밖에 없는 것은 말씀 자체의 초월성과 하나님만의 독특한 계시 수단 방법 때문이다. 우리는 이를 올바로 이해하고 깨닫는 데 심혈을 기울여야만 하고, 그렇지 못할 경우 하나님의 비밀은 왜곡될 수밖에 없다. 그리고 그 결과는 하나님의 심판으로 이어진다. 비밀을 어떻게 인지해야 할지를 분명하게 자각해야 한다. 구약성경에서 비유의 독특한 적용 사례를 찾아본다면 나단 선지자가 밧세바와 간음한 다윗에게 하나님의 질책을 전하면서 응용한 암양 새끼의 비유가 단연 으뜸이다.

> 여호와께서 나단을 다윗에게 보내시니 그가 다윗에게 가서 그에게 이르되 한 성읍에 두 사람이 있는데 한 사람은 부하고 한 사람은 가난하니 그 부한 사람은 양과 소가 심히 많으나 가난한 사람은 아무것도 없고 자기가 사서 기르는 작은 암양 새끼 한 마리뿐이라 그 암양 새끼는 그와 그의 자식과 함께 자라며 그가 먹는 것을 먹으며 그의 잔으로 마시며 그의 품에 누우므로 그에게는 딸처럼 되었거늘 어떤 행인이 그 부자에게 오매 부자가 자기에게 온 행인을 위하여 자기의 양과 소를 아껴 잡지 아니하고 가난한 사람의 양 새끼를 **빼앗아**다가 자기에게 온 사람을 위하여 잡았나이다 하니(삼하 12:1-4).
> 다윗이 그 사람으로 말미암아 노하여 나단에게 이르되 여호와의 살아계심을 두고 맹세하노니 **이 일을 행한 그 사람은 마땅히 죽을 자라** 그가 불쌍히 여기지 아니하고 이런 일을 행하였으니 그 양 새끼를 네 배나 갚아 주어야 하리라 한지라(삼하 12:5, 6).
> 나단이 다윗에게 이르되 **당신이 그 사람이라**(삼하 12:7a).

예수님의 천국에 관한 비유가 세상 모든 사람을 일깨우기 위한 것이라면, 나단 선지자의 비유는 땅에서 일어난 사건 곧 밧세바와 간음한 다윗의 회개(시 51편)를 위한 것이었다. 이처럼 비유는 하나님의 뜻을 알리는 대화법으로서 중요한 위치를 차지하고 있다. 하나님의 비밀은 하나님 나라에 관한 것인 만큼 우리가 즉시 알아듣지 못한다는 것은 당연하지만, 하나님께서는 그 점까지도 이미 알고 계시기에 반복된 말씀으로 비밀을 계시해 주고 계신다. 그러므로 우리는 어렵지 않게 비밀과 비유를 깨닫기 위한 열정으로 의사소통의 장벽을 넘어서 하나님을 알고 천국 백성이 될 수 있다. 거기에는 다른 어떤 방법도 없고 오로지 하나님의 지혜에 전적으로 의존하는 길밖에 없다. 오로지 궁금증을 가지고 말씀에 귀를 기울이며 비유의 참뜻이 무엇인지를 풀어가는 정보 감각이 요구된다. 하나님의 비밀이나 비유는 어려운 것이 아니다. 단지 하나님과 하나님 나라 예수 그리스도를 알아보게 하려는 사랑의 강권이다.

> 그리스도의 사랑이 우리를 강권하시는 도다 우리가 생각하건 대 한 사람이
>
> 모든 사람을 대신하여 죽었은즉 모든 사람이 죽은 것이라(고후 5:14).

전혀 다른 '역설'의 관점 : 하나님 특유의 방식과 원리

우리는 전혀 예상 밖의 어떤 주장이나 논리가 펼쳐질 때 역설(逆說)적이라고 표현한다. 역설의 사전적 정의는 어떤 주의나 주장에 반대되는 이론, 또는 겉으로는 모순되고 불합리하여 진리에 반대하고 있으나 실질적인 내용은 진리인 말을 뜻한다. 예를 들면 우리는 일상에서 '소문난 잔

치에 먹을 것이 없다'거나 '사랑이 매다'라는 말을 할 때는 상상을 초월하는 의외의 정반대 이론이나 결론을 의미하는 것으로 알아듣는다. 또다른 예로 예수께서 십자가에서 돌아가신 후 장사 지낸 곳이 빈 무덤이었다고 할 때 일반 사람들 같으면 '거참 이상하다, 그럴 리 없다. 거짓말이다'라거나, '누군가가 다른 곳으로 이장했거나 시신을 감췄을 것'이라는 주장을 할 수 있다. 그러나 역설적으로 그 주장들은 예수께서 죽으신 것이 사실임을 확증해 주고, 빈 무덤은 예수의 부활을 확증해 주는 증거가 된다. 성경에는 비유의 말씀보다 더 해석하기가 난해한 역설들이 많이 있다. 역설은 거꾸로 말하는 것이고 숨은 행간을 말하는 것이지 거짓말을 하는 것은 아니다. 인간은 자연 섭리 가운데서 인과법칙에 익숙한 삶을 살아온 탓에, 자연의 이치를 거스르는 것같이 보이는 역설의 말씀을 이해하기 쉽지 않아 말씀 자체를 거부감으로 느낀다. 성경에서 '죽어야 산다'라고 말할 때 그 의미를 도무지 이해할 수 없을 것이다. 이는 정반대로 듣고, 거꾸로 생각해 보아야 알 듯 말 듯하다. 세상에서 역설은 문학작품이나 말싸움에서 눈에 띌 뿐 그다지 많이 경험되는 것은 아니다. 반면 성경에서는 어느 곳보다도 가장 많은 이야기 속에 역설이 비밀처럼 숨어있다. 세상은 인과의 자연 섭리가 반복되는 곳이지만 성경은 초월 세계에 관한 하나님 말씀을 세상에 전달하고 있기 때문이다. 거의 모든 말씀이 역설적으로 들릴 수밖에 없다. 인간의 이성과 지식으로는 이해되지 않는 말씀이 너무 많다고 느껴지면 그만큼 더 깊은 숙고를 해야 한다.

앞에서 논한 '차원의 문제'나 '시차의 문제'가 그렇듯이 무한 세계를 유한세계에 모두 담아낼 수가 없다. 예수 그리스도께서 사역하실 당시에 주신 말씀도 유대인에게는 거의 역설처럼 들렸을 것이다. 그들은 전통과 관습과 율법적 신앙관에 너무 완고하게 묶여 있었기 때문이다. 예수님의 말씀은 율법주의를 뒤엎는 새 창조, 진리의 참뜻을 깨우치는 역발상 같은 개념들이라서 항상 비유로 설명하실 수밖에 없었다. 가장 대표적인 예가 바로 십자가의 죽음과 표적의 문제이다. 십자가는 육신적인 피 흘림의 겉만 보는 데 그치게 되면 진리를 온전히 발견했다고 말할 수 없다. 예수께서 친히 육체의 고난을 감당하신 데에는 또다른 깊은 의미가 있다. 표적의 경우 하나님 비밀의 섭리와 통치의 영역에 속하지만, 기적이 일어난 결과 그 자체에만 초점을 맞추고 있다면 표적에 숨은 하나님 비밀의 깊은 뜻을 헤아린 것이 아니다. 그것은 언제나 미완성에 머물러 있는 불신앙 상태가 되고 만다.

요한복음서가 기록하고 있는 예수님의 대표적인 7가지 표적들은 역설의 실체를 설명해 주고 있다. 모두가 자연 현상 원리나 인간의 고정관념들을 깨부수고 역행하고 있기 때문이다. 가나 혼인 잔치에서 포도주를 만든 표적(요 2:1-12)이나 왕의 신하의 아들 병을 고친 일(요 4:46-54), 38년 된 병자를 고친 일(요 5:1-15), 그리고 광야에서 오천 명을 먹이시는 일(요 6:1-15)과 물 위를 걸으시는 일(요 6:16-21), 날 때부터 맹인 된 사람을 고치신 것(요 9:1-41)과 죽은 나사로를 살리신 일(요 9:1-44) 등이 모두 역설이다. 이 외에도 많은 기적을 행하셨는데 모두가 하나님 비밀의 계시 수단이며, 우리에게는 정보 신학적 의미를 더 깊게 한다.

'표적'(헬, 세메이온)은 '지시, 표식'이란 의미다. 무언가를 지시한다는 가리킴이나 그 가리킴이 하나의 신호로 나타나기도 한다. 성경에서의 표적은 하나님의 아들 예수 그리스도의 나타남에 집중한다. 그분은 하나님의 뜻을 전달하고자 했지만, 공생애를 시작하셨을 당시 유대인들, 종교지도자들, 심지어 제자들조차 표적에 대해선 예수님과 다른 생각을 가졌다. 그들은 표적을 어떤 능력 있는 이가 일으키는 명백한 하나의 기적 행위나 기적적 출현으로만 믿었을 뿐 예수님 존재 자체를 표적으로 보는 것엔 주저함이 있었다. 왜 그랬던 것일까?

구약시대의 하나님은 누구에게도 자기의 모습을 드러내지 않으셨다. 그 대신 선지자나 대언자, 영적 지도자를 통해 뜻을 피력하거나 천재지변을 이용하여 초자연적 능력을 보여줌으로써 백성들이 자기의 뜻을 이해하도록 유도하셨다. 그런 맥락에서 이스라엘 백성은 자신의 환경 속에서 일어나는 모든 초자연적 행위를 통해 메시아를 만나고자 했다. 그러므로 초자연적 이적이나 시대 징후들은 각 사람의 내면에서 일어나는 하나님의 뜻, 하나님의 소리를 제대로 이해하기 위한 부차적인 징조의 하나였다.

하나님의 최후 비밀이 예수이듯이 모든 만물의 방향과 지시, 암시, 표식의 총아가 예수 그리스도를 통해 나타나게 되었다. 하지만 예수께서 말하고자 했던 표적은 행위나 언행을 통해 나타난 결과물, 어떤 이적의 결과를 말하고자 함이 아니었다. 예수 그리스도께서는 자신이 곧 표적이라 말하고자 하셨다. 이 점에 주목해야 하는 이유는 표적이란 결국 눈에 보이는 세계에서 보이지 않는 세계를 가리키는 유일한 신호등, 방향타 역할을 하기 때문이다. 방향의 지시등 역할을 하는 그 존재가 바로 예수 그리스도 자신이며, 인간이 이해할 수 없었던 불가지의 지평에서 영적인 말씀으로 우리를 찾아오신 것이다. 따라서 우리가 받아들여야 할 표적은 예수 그리스도의 말씀과 공생애 속에 숨은 의미, 곧 보이지 않는 세계다. 하나님의 뜻을 헤아리는 생명 성찰 바로 그 자체가 표적이며, 사랑과 은혜의 현시이다. 예수께서는 악하고 음란한 세대가 표적을 구하나 선지자 요나의 표적밖에는 보일 표적이 없다(마 12:39, 41; 16:4; 눅 11:29, 32)고 하셨다. 그 뜻은 철저하게 자기 생각을 멈추고 그리스도를 깊이 사유하라는 메시지이다. 요나의 표적에 대해 생각하려는 의지 자체가 우리 마음 안에 내주하는 십자가와 부활이라는 전무후무한 비밀의 뜻을 깨닫도록 영적인 눈을 열어 줄 것이기 때문이다. 그리스도인은 보이는 것을 바라며 믿음을 시작하고, 이성으로 보이지 않는 초월의 영적 세계를 바라보는 안목을 갖게 된다. 마침내 보이는 것과 보이지 않는 두 세계를 동시에 보며 살아가는 부활한 그리스도인으로 변화된다.

이 땅에서 하나님 나라를 동경하며 믿음으로 사는 삶 곧 하나님 비밀 계시 안에 머물러 사는 인간 존재가 되는 것이 유일한 비밀 해법의 창이다. 비밀과 비유와 역설이 어우러져 있는 성경의 말씀과 역사에서 그리스도 예수와 십자가 의미를 깨닫게 된다. **십자가의 속성은 '나'가 부인되고(죽고) '너'를 살아나게 하는 진리이기 때문에 깨달음의 신비이고 기적이다.** 더욱이 인간이 자기 힘과 능력으로는 자기를 부인할 수 없고, 자신을 하나님께 온전히 맡길 수도 없기에 깨달음이 중요하다. 예수께서 친히 십자가의 죽음으로 '내가 네 삶의 주인이 되어서 네 삶을 주관하겠다'고 하신 이유이다.

십자가는 우연히 발생한 어떤 사건의 결과물이 아니다. 아브라함의 모리아 산 번제 때에(창 22장) 하나님께서 계시해 놓으신 예언의 성취이다. 선악과 따 먹고 내가 내 삶의 주인이 되겠다고 하는 것이 '원죄'였다면, 그리스도의 십자가는 '원의'(原意)이다. 그리스도께서는 '그게 아니다'를 설명하고 이해시키기 위해 십자가 고난을 감내하신 것이다. 만약 우리가 그 참뜻을 깨닫고 '아, 예수님 그렇군요, 그 말씀이 맞습니다', '그간 제가 알고 믿고 있었던 것이 '진실이 아니었군요.'라고 깨닫고 찬탄을 터뜨릴 때 비로소 구원받은 그리스도인이라 정의할 수 있다. 자기 자신을 비우고, 맡기고, 포기한다는 이 역발상이 어찌 그리 쉬운 일이겠는가? 모든 것을 거꾸로 보고 느끼고 생각하게 하는 이 역설은 참으로 이해하기 힘든 진리로 생각될 수 있다. 하지만 십자가의 도가 절대적으로 필요하다는 것을 깨닫는 바로 그 지점에서 우리의 믿음은 아주 쉽게 완성될 것이다.

분명하게 다시 생각하고 넘어가야 할 관점은 하나님이 예수님 안에서 역사하시는 방식은 감춰진 방식, 즉 연약함과 겸손, 고난과 죽음이라는 방식이라는 사실이다. 이것은 하나님 비밀만이 가지고 있는 특성이다. 하지만 가장 놀라게 하는 것은 역시 역설적으로 예수님의 기적이나 가르침을 전하는 복음서의 기록을 폄하하고 부인하는 사람들이 많다는 점이다. 그들은 예수께서 왜 십자가에 달려 돌아가셔야 했는지를 성경이 충분히 설명하지 못하고 있어서 자신들이 이해할 수 없다고 주장한다. 역사적 사실과 일치하는 성경의 기록들에 대해 그 신빙성을 깎아내리려 하는 일부 학자들은 예수님이 그저 인간적 증오심의 결과로 돌아가셨을 뿐이라고 주장한다. 하지만 복음서가 상세히 설명하듯, 예수께서 자신이 메시아이심을 은연중에라도 주장하시지 않았다면 역설적으로 당시 유대 종교 지도자들이 왜 그분을 그토록 증오했겠는지를 거꾸로 생각해 보아야 한다. 예수를 따르는 자들을 그렇게 핍박하던 사울이 어떻게 돌연 예수께 절대적 순종을 하는 사도 바울이 되었는지를 탐구해 보아야 한다. 만일 예수님의 신성을 삭제하려고 축소한 사역과 가르침에 그분의 삶이 일치되셨다면, 그분의 십자가 죽음은 그분 삶의 자연스러운 결과일 수가 없다. 단지 평범한 인간으로 사셨다면 그런 죽음의 고난을 감당하셨을 리가 없고, 만약 우리 같은 보통의 사람처럼 죽음이 두려우셨다면 잠시 시골로 도피하여 숨어지내면 육신의 목숨만은 지킬 수 있었지 않겠는가?

보라 우리가 예루살렘으로 올라가노니 인자가 대제사장들과 서기관들에게 넘겨지매 그들이 죽이기로 결의하고 이방인들에게 넘겨주어 그를 조롱하며 채찍질하며 십자가에 못박게 할 것이나 제삼일에 살아나리라(마 20:18, 19). 너희가 아는 바와 같이 이틀이 지나면 유월절이라 인자가 십자가에 못 박히기 위하여 팔리리라 하시더라(마 26:2).

그러나 예수께서는 제자들에게 자신이 십자가에 못 박힐 것을 미리 예언하셨고, 그것도 반복해서 말씀해 주셨다.

빌라도가 이르되 그러면 그리스도라 하는 예수를 내가 어떻게 하랴 그들이 다 이르되 십자가에 못박혀야 하겠나이다 빌라도가 이르되 어찜이냐 무슨 악한 일을 하였느냐 그들이 더욱 소리질러 이르되 십자가에 못 박아야 하겠나이다 하는지라(마 27:22, 23).

유대인들이 십자가에 못 박아야 한다고 외치며 자기 죽음이 압박해오는 그때에도 빌라도 앞에서 당당한 모습을 보이지 않으셨던가? 그런데 세상의 불신자들은 왜 그분이 그런 십자가의 고난을 선택하셔야만 했는지에 관하여 그 어떤 질문도 하지 않았고, 그들 자신의 깨달음 없음에 대한 탄식함도 없었다.

그런데 슬프게도 예수님의 신성을 받아들이고 믿는 사람 중에도 그분이 엄청나게 그리고 철저하게 고난을 감당하셨다는 사실에 대해서는 인정하기를 꺼리는 경우가 있다. 그들은 승리하시는 하나님이나 일상에서 자신들을 승리자로 만들어 줄 수 있는 그런 하나님을 원한다. 하지만 우리는 예수님이 십자가를 지기 위해 오신 종이심을 고백하고, 남을 위해 고난받고, 심지어 저주받은 자라는 수치까지 당하는 것들을 감내하시는 역사를 이루신 것을 믿고 사실로 받아들인다. 왜냐하면 이것이 **하나님만의 역설적인 독특한 구원 방식이며 하나님 나라의 원리임**을 깨닫게 해주셨기 때문이다. 과연 우리는 기꺼이 어린 양의 방식으로 살다가 죽을 수 있는가? 이 역설을 이해하고 깨닫는다는 것은 하나님의 자비와 은혜가 임하지 않고는 상상할 수조차 없는 기적을 넘어서는 일이다.

우리는 다시금 새롭게 역설의 진리에 대해 깊은 묵상을 해야 한다. 예수께서 '나를 따르라'고 하신 부르심, '네 십자가를 지고 나를 따르지 않는 한 내 제자가 될 수 없다'고 하신 그분의 단호한 메시지를 결코 무시할 수 없다. 그분의 말씀이 오염된 것은 우리가 그분의 죽음을 함께 나누고 싶어 하지 않기 때문일 것이다. 우리는 여전히 영원한 생명을 위해 자신을 죽음에 내어주는 것이 예수님 안에 계신 하나님께서 이 세상에서 역사하시는 방식이요 원리임을 인정하고 싶어 하지 않는 것 같다. 그 길만이 우리에게 주어진 삶의 상황과는 상관없이 무한한 기쁨으로 이 세상을 살아갈 수 있는 유일한 방법이요 진리인데 말이다.

전혀 다른 '비밀 왜곡'의 관점 : 정보 탐심의 차단

인간이 하나님과의 관계에서 가장 많은 오해와 곡해를 불러일으키며 가장 큰 실수를 저지르는 부분은 어떤 것인가? 하나님 비밀의 계시를 인간의 정보로 받을 때 올곧게 이해하지 못하는 데 있다. 하나님 비밀의 인간 정보화 과정에서 각 사람이 자기중심성과 이기심에 의해 하나님 말씀을 거부하거나 왜곡하기 때문이다. 물론 최초의 하나님 말씀 왜곡과 변개는 에덴 동산에서 뱀(사탄)과 하와의 합작으로 시작된 것이다. 하지만 그 사실을 알고 있는 지금의 우리 세대까지도 말씀 왜곡을 답습하는 죄악이 그치지 않고 있다. 그 이유는 무엇 때문인가? 아직도 우리 사회가 세상 정보를 탐하는 바람에 하나님의 존재와 섭리에 대해서는 외면하거나 부정적인 관념을 갖고 있기 때문이다. 이는 예수께서 강조하신 자기 부인과 자기 십자가를 지려는 깨어남은 더욱 찾아보기 힘들다는 것을 반증하는 것이다. 인간들은 자기 가치관과 세계관을 수시 점검하고 잘못된 곳을 향하고 있는 자기 인식의 문제를 개선할 의지나 노력의 흔적을 보이지 않는다.

파스칼은 '인간은 오류로 가득 차 있는 주체일 뿐이며 그 오류는 천부적이어서 은총 없이는 벗어날 수가 없다'고 말한다. 그래서 하나님이 없는 인간은 참으로 비참한 존재다. 인간은 완전하기를 원하나 자신이 불완전하다는 것을 발견할 수 있을 뿐이다. 보이지 않도록 눈을 가리고 무작정 절벽을 향해 달려가는 우매한 자와 같다. 인간은 비참한 자신의 상태를 의식하지 못하고 아주 교만하게 하나님 말씀의 왜곡과 변질을 계속 확장해 나가고 있다. 헤겔이 말한 것처럼 역사의 최대 교훈은 '인간이 역사에서 아무것도 배우지 않는다'는 것 다시 말해 '과거의 잘못에서 아무것도 배우지 않는다'는 것이다. 인류의 이율배반의 칼날이 죄수인 자신의 목을 죄고 있는 꼴이다.

하나님 말씀 왜곡의 문제를 풀어가기 위해서는 인간의 사고와 인식의 과정을 더 깊이 들여다볼 필요가 있다. 인간의 모든 인식은 '정보-지식-지혜'에 이르는 흐름 안에서 역동적으로 움직이고 있다. 인간은 일단 정보 욕구가 발동되면 의식적이든 혹은 무의식적이든 간에 무차별적으로 그에 관한 정보를 얻으려고 분망하다. 그리고 거기에서 얻어진 정보는 지식의 과정을 거쳐 인간의 지혜로 활용한다. 그 과정에서 정보의 비교, 분석, 평가, 판단과 선택 결정이 이루어지는데 결국은 삶의 모든 부분이 정보로 치장된다. 에덴 동산에서 선악과를 선택했던 자유의지가 현대사회의 정보 영역에서도 그대로 작용하고 있다. 정보의 적용(사용) 단계에 있는 인간의 지혜 역시 자기중심성과 탐욕에 의지하며 끊임없이 발전한다. **'정보-지식-지혜'**라는 인식 구조는 목적의 방향에 따라 선(善) 또는 악으로 작용한다. 그러므로 하나님 비밀에 대해서는 여과 없이, 즉 자기 분석이나 평가 없이 원안 그대로 이해하고 전적으로 믿고 의지한다면 순기능을 발휘할 것이다. 하지만 거기에 개인적 욕망이나 의견이 개입하게 되면 그 즉시 하나님의 뜻은 왜곡되고, 하나님과 대척의 위치에 서는 죄악에 빠지고 마는 이중 구조이다. 이러한 정보 인식(인지)의 구조를 잘 이해함으로써 순간순간 자신이 하나님의 비밀을 왜곡하고 있는 것은 아닌지를 점검하며 자각할 수 있다. 하나님의 비밀 계시를 받아 인간의 자기 정보 분석의 틀에 넣게 될 경우 그 결과는 두말할 것도 없이 왜곡되고 만다. 이를 미연에 방지하여 진리를 진리로 받아들이고 이해할 수 있게 된다면 거짓 진리를 분별할 능력을 갖춘 참된 그리스도인이다. 이로써 그리스도인은 하나님의 아들 됨, 양자 됨의 진리 가운데서 성령님의 도움을 받고 있다는 사실이 체험적으로 자각되고, 하나님의 아들로서의 자유와 평강을 누릴 수 있게 된다.

> 무릇 하나님의 영으로 인도함을 받는 사람은 곧 하나님의 아들이라(롬 8:14).
> 성령이 친히 우리의 영과 더불어 우리가 하나님의 자녀인 것을 증언하시나니
> (롬 8:16).

이 경우는 확실한 믿음의 기초 위에 서서 자기 부인과 순종의 자세로

유혹과 시험을 능히 이겨낼 수 있을 뿐 아니라 초자연적, 초법적, 성령의 역사를 경험하며 기쁨 속에 사는 하나님의 아들들이라 일컬어질 수 있다. 이것이 바로 하나님 은혜이고 그리스도인이 누릴 축복이다.

전혀 다른 '선후, 순서'의 관점 : 그의 나라와 그의 의(義)

인간의 삶 속에서 우선순위를 정하는 일은 항상 매우 중요한 어젠다이다. 우선순위에 따라서 의미 있는 인생이 될 수도 있고, 절망과 좌절의 늪에 완전히 빠지는 비극의 일생이 될 수도 있다. 다른 말로 하자면 선후 순서가 바뀌면 둘 다 쓸모가 없어지거나 둘 중 하나만 겨우 가치를 지니기 때문인데, 성경과 신앙에서는 독특하리만치 결정적인 영향을 미치는 것을 확인할 수 있다. 정보의 세계에서는 촌각을 다투는 선취(先取) 경쟁이 치열한 구조이다. 예를 들면 어떤 기자가 특종 기사를 취재했다고 기뻐하며 자랑스럽게 본사에 송고했는데, 다른 언론사 기자가 한발 앞서 그것을 보도해 버렸다면, 스스로 기대했던 특종은 물거품이 되고 만다. 게다가 만약 그 기사를 하루 뒤에야 취재해서 송고한다면 그것은 더더욱 아무런 쓸모도 없는 쓰레기에 불과한 것이 되고 만다. 뉴스 특종의 원칙이란 다른 언론사가 보도하지 않은 것을 제일 먼저 취재하여 보도할 경우에만 인정되고, 뒤늦은 취재는 아무런 의미가 없이 김빠진 소식이 되고 만다. 이처럼 정보적 관점에서 선후 문제는 대단히 중요한 의미를 갖게 된다. 정보는 늘 촌각을 다투곤 하는데, 적시 안타라고 할 만큼 때에 맞는 시간을 놓치거나 적절한 순서를 놓치면 아무것도 아닌 것이 되고 만다. 이렇듯 우리가 어떤 일을 함에 있어서 특히, 신앙생활에 있어서 반드시 먼저 해야 할 일이 있는데, 만약 선후(先后)관계를 뒤바꿔 놓는다면 모든 것이 허공을 치듯 뒤틀려 버리고 만다. 믿음에서 선후관계가 각별한 의미를 갖는 것은 언론의 특종 경쟁처럼 촌각을 다투는 경우와는 조금 다를지라도 신앙의 성패에서도 선후 순서는 결정적이다.

> 그런즉 너희는 먼저 그의 나라와 그의 의를 구하라 그리하면 이 모든 것을 너희에게 더하시리라(마 6:33).

예수께서는 이에 앞서 염려에 관한 것을 말씀하신다. 염려하여 무엇을 먹을까, 무엇을 마실까, 무엇을 입을까 하지 말라. 이는 다 이방인들이 구하는 것이며 너희 하늘 아버지께서 이 모든 것이 너희에게 있어야 할 줄을 아신다(마 6:31, 32. 참조)고 하셨다. 세상 것에 대한 욕망은 아예 생각조차 하지도 말고, 고려조차 할 필요가 없다는 것이다. 왜냐하면 하나님 나라와 그의 **의(義)**를 먼저 구하면 거기에는 하나님의 모든 목적과 뜻 그리고 인간의 물질적 축복까지를 모두 포함하고 있기 때문이다. 하나님께서 친히 준비하시고 예비하신다는 강력한 메시지를 신뢰할 때 우리는 내일 일을 위하여 염려하지 않아도 될 것이며, 삶에서 오는 고난에서 자유를 누릴 수 있다. 만약 하나님 나라와 그의 의를 먼저 구하지 않고 세상 것을 먼저 구하려고 집착한다면, 결국에는 하나님 나라도 얻지 못하고 세상의 모든 것들도 잃고 말 것이다. 세상 것을 먼저 좇는다면 하나님 나라는 그에게 요원한 나라가 되고 말 것이다.

그런데 여기서 주의해야 할 관점 하나가 있다. 세상에 '신법 우선의 법칙'이 있듯이, 성경에도 '신약 우선의 법칙'이 있다는 생각이 그것이다. 구약보다는 신약의 메시지가 우월한 위치에 있다는 논리이다. 어떤 경우에는 구약을 완전히 무시하고 신약만 옳은 듯한 해석으로 말씀을 왜곡할 소지도 많다. 사실 구약의 하나님이나 신약의 예수님은 같은 삼위일체 하나님이시고, 동일 맥락에서 비밀을 계시해 주신다. 하지만 인간들이 항상 하나님 말씀을 충분히 이해하지 못하고 왜곡하는 경우가 많고 심각할 정도여서 오죽했으면 하나님께서 육의 몸을 입고 친히 이 땅에 오셨을까? 예수님의 성육신은 불가피할 만큼 인간은 하나님에 대해 알지 못하고 무지했다. 하나님께서는 인간 구원에 절대적으로 필요하다고 보신 까닭에 하나님의 아들 예수 그리스도를 친히 보내신 것이다. 그러므로 예수님 사역의 중심에는 구약의 곡해된 부분을 바로 잡아주는 한편 하나님의 약속들이 성취 중임을 알리는 내용이 들어 있다. 그러나 당시 유대인들이나 오늘의 우리 역시 구약의 하나님 비밀 계시를 곡해하는 경우가 많았다. 당장의 눈앞에 펼쳐지는 현상에만 몰두한 나머지 선후 순서 문제를 전혀 고려하지 않았던 까닭에 십자가 죽음이나 부활 사건에도 충분한 이해를 하지 못하고 있었던 것이다.

또 다른 예를 든다면 성경은 '진리를 알지니 진리가 너희를 자유롭게 하리라'(요 8:32; 롬 6:14, 18, 22)는 자유를 선포하고 있다. 이 말씀은 자유를 누리려면 먼저 우리 자신이 무엇에 묶여 속박당하고 있는지 그 실상을 알아야 한다는 것을 전제한다. 그때라야 비로소 묶은 매듭에서 풀려나는 해방의 기쁨과 자유를 누릴 수 있다. 또한 예수께서는 자기를 부인하고 자기 십자가를 지라(마 16:24; 막 8:34; 눅 9:23)고 강조하셨는데, 이는 그 실천적 깨달음을 얻을 수 있도록 전제하신 말씀이다. **자기 자신의 죄성도 모르면서 어떻게 자기를 부인할 수가 있는가?** 자기 부인을 위해서는 먼저 자기 자신이 어떠한 존재의 위치에 있는지에 대한 냉철한 자기성찰이 먼저 있어야 한다. 자신의 죄인 됨을 자각한 후라야 진정한 자기 부인이 가능한 것이고, 자기를 부인한 후라야 비로소 하나님의 은혜를 은혜답게 깨달을 수 있는 것이다. 그러므로 신앙생활에서 더욱 긴급한 마음으로 선제적 인식을 해야 할 관점은 자신이 하나님의 일을 하고 있느냐 아니면 사람의 일을 하고 있느냐이다. 하나님의 일과 사람의 일은 질적으로나 차원적으로 완전히 달라서 선후 순서가 어떠한지는 결정적인 신앙의 문제가된다. 이에 대한 극명한 차이는 예수께서 베드로에게 질책하신 말씀 가운데 적나라하게 표현되고 있다.

> 예수께서 돌이키시며 베드로에게 이르시되 사탄아 내 뒤로 물러가라 너는 나를 넘어지게 하는 자로다 네가 하나님의 일을 생각하지 아니하고 도리어 사람의 일을 생각하는도다 하시고(마 16:23; 참조 막 8:33).

이 강렬한 질책을 하신 동기는 이에 앞서 예수 그리스도께서 자기가 예루살렘에 올라가 장로들과 대제사장과 서기관들에게 많은 고난을 받고 죽임을 당하고 제삼 일에 살아나야 할 것을 제자들에게 비로소 나타내시니 베드로가 예수를 붙들고 항변하여 이르되 '주여 그리 마옵소서 이 일이 결코 주께 미치지 아니하리이다'(마 16:21, 22)고 하며 십자가의 죽음과 부활의 길을 가로막았기 때문이다. 여기에서 예수님의 제자라도 한 순간에 사탄으로 전락할 수 있음을 본다. 예수께서는 하나님의 일을 생각하고 말씀하시는데 베드로는 사람의 일을 생각하고 그렇게 들은 것이다. 예수께서는 하나님의 일이 곧 자신을 믿는 것임을 확인해 주신다.

> 그들이 묻되 우리가 어떻게 하여야 하나님의 일을 하오리이까고 묻자 예수께서는 대답하여 이르시되 하나님께서 보내신 이를 믿는 것이 하나님의 일이니라 하시니(요 6:28, 29).

이 말씀을 통해 예수께서는 왜 먼저 그의 나라와 그의 의를 구하라고 말씀하셨는지 그 깊은 뜻을 알아챌 수 있어야 한다. 굳건한 믿음의 신앙에는 선후 순서 문제가 대단히 중요한 요인이다. **정보가 비밀을 앞설 수 없는 것처럼** 세상의 정보와 물질 욕망이 결코 하나님 나라와 그 의를 앞서가려 해서는 안 된다. 그보다 앞서갈 수도 없을 뿐만 아니라 패망의 길로 들어서는 길이 될 것이므로 항상 깨어 있어야 한다.

베드로가 그리스도의 고난에 대해서 그렇게 뜨겁게 반응을 보이고 십자가에 대해 그렇게 깜짝 놀라는 것을 보면, 그에게서 육적 지혜의 냄새가 물씬 풍긴다. 이렇듯 부패한 부분이 껍데기 표면 속에 깊숙이 잠재되어 있음을 알아야 한다. 베드로는 아마 '주여 그리 마옵소서. 주께서 고난당하고 죽으시다니 절대로 그럴 수 없나이다. 그런 생각만으로도 저는 도저히 참을 수 없나이다. 주여, 주님 자신을 말리소서. 당신 자신에게 긍휼을 베푸소서. 어느 누가 감히 당신께 그렇게 잔인할 수 있겠습니까? 당신 자신을 불쌍히 여기소서. 그러면 이 일이 결코 주께 미치지 아니하리이다' 라는 마음이었을 것이다. 베드로는 제법 의리가 있고 소박한 마음으로 항거했을 수도 있다. 그러나 그게 함정이다. 이를 역으로 생각해 보면 마치 베드로 자신이 하나님이나 되는 듯 자기 생각과 주관을 앞세워 항변하며 진짜 하나님의 하실 일을 가로막은 것이다. 하나님 일의 방해자가 되는 것이 곧 사람의 일이요 사탄의 일이다. 이 둘은 종이 한 장의 차이밖에 나지 않는다.

우리는 세상을 살아가면서 최우선 순위를 두는 곳이 바로 세상의 삶과 쾌락에 관한 것들이다. 하루 중 시간의 거의 전부는 먹는 것, 입는 것, 보고 즐기는 것과 두려워하고 염려하며 괴로워하는 것들에 점령당하고 있다. 삶의 목적과 중심이 세상에 있다 보니 그 결과물도 뒤따라온다. 남과 비교하고, 비판하고, 정죄하며 세상 것을 탐하는 정보의 눈초리를 휘둘러 댄다는 것 그 자체로 이미 멸망으로 인도하는 문에 들어선 것이다. 그 문은 크고 그 길이 넓어 보이는 함정인데도 자각하지 못하고 빠져들어간다. 그래서 주님께서는 이렇게 강조하셨다.

> 공중의 새를 보라 심지도 않고 거두지도 않고 창고에 모아들이지도 아니하되 너희 하늘 아버지께서 기르시나니 너희는 그것들보다 귀하지 아니하냐 너희 중에 누가 염려함으로 그 키를 한 자라도 더할 수 있겠느냐 또 너희가 어찌 의복을 위하여 염려하느냐 들의 백합화가 어떻게 자라는가 생각하여 보라 수고도 아니하고 길쌈도 아니하느니라(마 6:26-28).

우리는 항상 정보 선택의 위험한 함정을 경계해야 한다. 정보 선택의 실패는 아담과 하와가 이미 경험했던 일이지만 우리 가운데도 너무 많은 사람이 선택이라는 신의 제단을 숭배한다. 우리는 수확 체감의 법칙이 우리의 결정을 괴롭게 할 때 놀라서는 안 된다. 우리가 선택하는 것이 많을수록 각각의 선택은 그만큼 가치가 떨어질 것이기 때문이다. 아직 더 좋은 물건이 다른 곳에 있을 것 같은 궁금한 상태에 점점 빠지게 되면 또 다른 정탐을 하게 된다. 우리는 희한하게도 자주 인생의 중요한 결정 앞에서 때로는 정보 선택의 쾌감을 느끼기도 하지만 때로는 무력함을 느끼곤 한다. 우리의 모든 정보 선택은 대부분 실험실에서 안전하다고 검증을 받은 것들이기 때문에 그 선택만으로 충만히 세상을 살 수가 있을거라 생각할지 모르겠다. 하지만 선택 행위 자체는 현세적인 것이든 영원한 것이든 이 순간에 최고라고 느끼는 것에 대한 행위가 되어 버린다. 이는 곧 다른 선택을 하기 위해 마음 바꾸기를 시작할 것이기 때문에 믿음과 신앙에는 대단히 좋지 않은 영향력을 미친다. 기독교 신앙에서는 선택이란 존재하지 않는다. 하나님은 한 분뿐이시기 때문이다.

전혀 다른 'All & Nothing'의 관점 : 100% 은혜 vs. 0% 율법

정보 신학에서 연구해야 할 주제 중 가장 깊고 완벽하게 이해해야 할 부분이 All & Nothing이다. "창조주이신 하나님은 언제나 All(全部)이시고, 피조물인 나는 항상 Nothing(없음, 全無)이다"라는 깨달음이다. all이 하나님의 전지전능하심을 뜻하는 것이라면, Nothing은 인간의 Zero(0), 무능함을 의미한다. 이 주제는 선후 문제가 아니며 동시적이지도 않다. 하나님이 창조이래 모든 주권과 통치, 섭리에 있어서 항상 먼저 친히 준비하시는 분이기 때문이다. 피조물인 인간은 항상 피동적이며 수혜적이라서 모든 사고와 행동, 그 어느 것도 하나님을 앞서 갈 수 없는 후순위자이다. 더 엄격히 말하자면 아예 차례가 정해진 순위 자체를 부여받지 못한 무순위자일 뿐이다. 창조주의 빛 아래 자동으로 생겨나는 그림자와 같은 존재일 뿐이라는 자기 인식을 깨닫는 것이 중요하다. 당연한 말이지만 우리는 항상 '나 먼저 하나님 나중'이라는 탐욕, 하나님같이 되려고 하나님과 대적하는 자리에서 얼룩진 삶, 진리와는 정반대로 인식하는 삶을 살아왔다. 불신자나 신앙심이 낮은 사람들 대부분은 조물주 하나님의 존재 자체를 아예 무시하거나 후순위에 두고 깜빡깜빡 기억을 넘나들며 겉치레로 인사만 해 왔을 뿐이다. 그런 까닭에 'All & Nothing'이란 주제에 대해 심도 있게 묵상해보지 않았을 것이다. 하나님이 All이신데 내가 All이라고 자만심을 키워왔고, 내가 Nothing인데 마치 하나님이 Nothing인 양 시도 때도 없이 폭군처럼 횡포를 부려 왔다. 'All'은 '전부'를 뜻하는 것인 만큼

'하나님의, 하나님에 의한, 하나님을 위한 것'으로 인식되어야 한다. 하나님은 천지를 창조하신 전지전능자 이시며 '시작과 끝' 모두를 섭리로 좌지우지하고 계시기 때문이다. 이에 반해 인간은 하나님의 창조 당시 흙에 '르아흐'(숨결, 영)를 불어넣어 생명이 된 존재이다. 그러니 자신을 주장할 아무런 근거도 없고, 헌신이나 공로를 내세울 것도 없다. All의 정반대 편에 있는 것이 Nothing이며 Zero(영, 0)와 무(無)라는 사실만 깨닫고 살면 된다.

우리는 자신이 Nothing이라는 존재의 근원을 깨닫고, 자신의 All(모든 것)을 그분 앞에 내려놓고 포기할 수 있을 때 비로소 진리와 함께하는 진리가 될 수 있다. 자신의 Nothing 됨을 실제로 자각하고 인정한 후에라야 그 위에 하나님이 주시는 All의 덧입혀 주심을 기대할 수 있다. 달리 말하면 하나님과 예수 그리스도, 그리고 우리 인간이 '하나 됨', '연합'하는 구원이 이루어지게 된다. 당연한 귀결이지만 믿음이 전제되지 않는 구원이란 결코 이루어질 수 없다. All로 흡수되어 버린 Nothing은 그때라야 비로소 그 연합된 하나 됨(요 17:21-23) 안에서 새 생명을 얻게 될 것이다.

하나 더 생각해 볼 점은 All이 하나님의 은혜를 말하는 것이라면, Nothing은 인간의 율법주의 신앙을 겨냥한다는 사실이다. 100%의 은혜 앞에 인간의 노력이나 주장은 있을 수 없으며, 존재 그 자체에 대한 인식은 100% Nothing의 수준에까지 내려가 있어야 한다. 단 1%라도 하나님 은혜가 부족하다면 그것은 은혜가 아니다. 단 1%라도 인간 기여와 참여 의식을 갖는다면 창조 섭리의 전체 구도를 깨뜨리는 것이다. 율법과 신앙의 문제에서도 마찬가지이다. 율법으로 인간의 공로를 세우고자 한다면 100% 율법을 지켜내야 한다. 그러나 의인은 한 사람도 없으니 인간이 행할 수 있는 범주를 넘어선다. 오로지 하나님의 사랑으로만 완성될 수 있는 것이 율법의 영역이다. 그러므로 어떤 경우이든 단 1%의 인간적 공간도 없다는 것을 깨달아야 비로소 우리는 자기를 부인하고 자기 십자가를 진 하나님의 아들이 되는 것이다. 그런데 아직도 자기의 힘과 능력으로 율법을 지키고 하나님의 역사에 동참하여 하나님께 보답하고 기여해 보겠다고 벼른다면 그것은 뒤틀린 믿음이다. 속내는 하나님의 인정을 받아서 자아를 성취하겠다는 숨은 욕망이고, 음흉함일 수도 있다. 마침내 하나님의 통치와 섬김의 원리까지 부인하는 인간의 치욕일 수 있다. 전지전능하신 하나님의 능력과 주권을 무시하는 행위는 하나님의 구원 원리에 정면으로 배치된다. 우리 인간은 태초에 흙으로 지어지지 않았는가! 하나님의 생기로 생명을 얻지 않았는가! 그 초심의 자리로 돌아가 자신을 인식하고 자기 자리를 지킴으로써 '나는 Zero(0)이고 하나님은 All이시다'라는 하나님 나라의 원리가 바르게 적용되는 것이다. 따라서 여기에서 선후의 비밀을 찾으려 해서는 결코 안 된다. 하나님의 비밀 곧 All이 먼저이고 Nothing은 그 뒤를 따라가는 것일 뿐이다. 바로 그곳에서 은혜가 은혜 되고, 죄인이 죄인으로 드러나며, 구원의 빛이 폭발하여 우리 내면을 밝게 비추어주는 믿음, 소망, 사랑이 될 수 있다.

하늘과 땅의 차이를 깊이 들여다보면, 하늘은 눈에 보이는 것이라고는 아무것도 없는 텅 빈 공간, Nothing-Zero(영)의 영역처럼 보이나 그곳은 사람 눈에 보이지 않지만 아주 중요한 그 무언가가 존재하는, '무(無)라는 비밀의 근원'으로 인지되어야 하는 신비한 영역이다. 반면 땅은 사람이 인지하고 알아갈 수 있는 공간인 듯하지만, 원래는 그 어떤 비밀이나 정보의 단서도 없는 혼돈하고 공허하며 흑암이 깊음의 위에 있는(창 1:2) 빈터였다. 하지만 하나님의 창조하심으로 온갖 동식물과 물질들로 가득 채워진, 눈에 보이는 자연의 영역(창 1:3-27)이 되었다. 이렇듯 우리 인간에게 주어진 깨달음의 fact는 하늘과 땅 사이에서 사람의 눈에 보이는 것과 눈에 보이지 않는 것, 하나님의 존재를 인식하는 것과 하나님의 존재를 인식하지 못하는 것의 차이를 분별해 낼 수 있는 영적 눈을 떴느냐 못 떴느냐에 관한 것이다. 만약 아담과 하와가 처음 선악과를 선택하기 전에 이렇게 하나님께 고백하고 응답을 기다렸다면 어떠했을까?

"하나님 아버지! 우리 부부는 지금 전적으로 무지한 Nothing, 무(無), Zero(영) 상태에 있습니다. 흙으로 만들어진 티끌이나 먼지 같은 존재일 뿐입니다. 우리의 처음 자리에서는 생명나무나 선악과나무 중 어느 것도 선택할 아무런 능력도, 자격도 없다는 것을 잘 알고 있습니다. 모든 것들을 주님께 맡기고 의지하고자 하오니, 하나님 도와주소서."

이런 관점이 아담과 하와에게 먼저 있었더라면 하나님이 금지명령을 내리신 선악과를 따 먹지 않았을 것이 분명한가? 하나님의 All과 인간의 Nothing, Zero를 더 깊은 신학적 관점으로 보자. Nothing이라는 뜻은 하나님이 행하시는 구원 사역에 인간이 단 1%의 그 어떤 것도 더 할 수 없다는 것이며, 모든 것들이 전적인 하나님 은혜로 이루어졌음을 다시 확인하는 것이다. 또한 Nothing은 내가 그리스도 예수와 함께 십자가 위에서 죽은 자임을 고백하는 의미도 공유한다. **그러므로 Nothing은 인간에게는 자신을 완전히 부인해야 하는 최고의 절망이며, 죽음과 같은 것이지만 동시에 다시 사는 길이 된다.** 다른 말로 내 안의 그리스도 예수의 몸이 죽었으니, 나의 몸 곧 세상 율법적인 욕망과 소돔과 고모라 같은 타락의 죄악도 그렇게 죽게 된다는 것이다. 예수의 십자가와 함께 죽은 자가 된 나는 자기를 부인함으로써 죽고, 믿음으로써 그리스도와 함께 부활한다. 그리스도 예수의 죽음의 가치가 곧 내 죽음의 가치이다. 그러므로 내가 죽지 않은 십자가, 내가 부인되지 않은 죽음이라면 나는 그리스도 예수와는 아무 관계도 없는 사람이다. 이로써 예수께서 누구든지 나를 따라오려거든 자기를 부인하고 자기 십자가를 지고 나를 따를 것이니라(마 16:24b)고 하신 말씀의 참뜻을 깊이 묵상해야 한다.

전혀 다른 '영 분별'의 관점 : 영적 전쟁의 실제

구약성경에서 이스라엘과 유다의 행적을 보면, 세대를 이어가며 영적 분별력이 없이 방황하는 안타까운 모습들이 곳곳에서 드러난다. 그에 반해 하나님께서는 사랑과 은혜를 아끼지 않으시고 그들을 깨우쳐서 인도하시려는 강력한 의지를 보여주신다. 하지만 분명한 것은 인간이 영적 분별력을 갖는다는 것은 그렇게 간단한 문제가 아니라는 사실이다. 영적 전쟁 상태에 직면해 있는데도 전혀 긴장하지도 않고, 자각하지도 못하고 있는 것이 인간의 실존이다. 영적 분별력이 무뎌져서 사탄의 유혹에 번번이 넘어질 수밖에 없는 구조다. 하나님께서는 이를 부부 관계에 빗대거나, 아버지와 아들 관계나 친구와 벗, 왕과 백성의 관계로 표현하시면서 아주 친밀한 '하나 됨의 원리'를 설정해 놓으셨다. 그러나 인간은 처음부터 간음으로 이혼당하는 상태, 불순종하는 백성에 이르렀다. 그러함에도 하나님께서는 반드시 이 관계를 다시 회복하는 영적 분별력을 새롭게 해 주시겠다고 약속하셨다.

> 이 언약은 내가 그들의 조상들의 손을 잡고 애굽 땅에서 인도하여 내던 날에 맺은 것과 같지 아니할 것은 내가 그들의 남편이 되었어도 그들이 내 언약을 깨뜨렸음이라(렘 31:32).
> 여호와의 말씀이니라 그때에 내가 이스라엘 모든 종족의 하나님이 되고 그들

은 내 백성이 되리라(렘 31:1).

맑은 물을 너희에게 뿌려서 너희로 정결하게 하되 곧 너희 모든 더러운 것에서와 모든 우상숭배에서 너희를 정결하게 할 것이며 또 새 영을 너희 속에 두고 새 마음을 너희에게 주되 너희 육신에서 굳은 마음을 제거하고 부드러운 마음을 줄 것이며 또 내 영을 너희 속에 두어 너희로 내 율례를 행하게 하리니 너희가 내 규례를 지켜 행할지라(겔 36:25-27).

이 말씀은 한마디로 부부 관계의 언약을 깨뜨렸음에도 다시 이스라엘 집과 유다 집에 새 언약을 맺으리라는 약속이다.

내가 또 내 영을 너희 속에 두어 너희가 살아나게 하고 내가 또 너희를 너희 고국 땅에 두리니 나 여호와가 이 일을 말하고 이룬 줄을 너희가 알리라. 그들이 그 우상들과 가증한 물건과 그 모든 죄악으로 더 이상 자신들을 더럽히지 아니하리라(겔 37:14, 23a).
내가 그들을 그 범죄한 모든 처소에서 구원하여 정결하게 한즉 그들은 내 백성이 되고 나는 그들의 하나님이 되리라(겔 37:23b).
네가 너희 조상들에게 준 땅에서 너희가 거주하면서 내 백성이 되고 나는 너희 하나님이 되리라(겔36:28)
너희는 내 백성이 되겠고 나는 너희들의 하나님이 되리라(렘 30:22; 호 2:23. 참조).

하나님의 권능과 인간의 한계를 극명하게 대조하여 여실히 보여주는 말씀이다. 영적 분별이 대단히 어려운 주제가 되는 것은 물질적인 현상이 아니라 영적 세계에서 일어나는 일이기 때문이다. 그런 면에서 우리

는 가장 먼저 **말씀과 기도 응답에 관한 우리의 편견**을 자각하고 깨 버릴 각오
가 되어 있어야 한다. 사도 바울의 서신서를 보면 영적 분별이 더 어렵다
는 것을 실감하게 된다.

> 형제들아 내가 여러 번 너희에게 가고자 한 것을 너희가 모르기를 원치 아니
> 하노니 이는 너희 중에서도 다른 이방인 중에서와 같이 열매를 맺게 하려 함
> 이로되 지금까지 길이 막혔도다(롬 1:14).
> 성령이 아시아에서 말씀을 전하지 못하게 하시거늘 브루기아와 갈라디아 땅
> 으로 다녀가 무시아 앞에 이르러 비두니아로 가고자 애쓰되 **예수의 영이 허**
> **락하지 아니하시는지라**(행 16:6, 7).
> 그러므로 또한 내가 너희에게 가려 하던 것이 여러 번 막혔더니 이제는 이 지
> 방에 일할 곳이 없고 또 여러 해 전부터 언제든지 서바나로 갈 때에 너희에게
> 가려는 원이 있었으니 이는 지나가는 길에 너희를 보고 먼저 너희와 교제하
> 여 약간 만족을 받은 후에 너희의 그리로 보내줌을 바람이라(롬 15:22-24).

우리는 바울의 서신서를 보면서 바울이 기도하여 자기 뜻대로 응답받
으려 하는 것과는 먼 거리에 있었음을 알 수 있다. 바울의 기도는 하나님
의 일 곧 예수 그리스도를 알고 전파하는 일에 열심을 다 하겠다는 의지
가 담겨있다. 그러함에도 하나님께서는 어떤 경우에 부정적인 반응을 보
이셨다. 왜 그러셨을까? 거기에는 하나님이 자신의 뜻과 계획대로, 모든
것을 친히 성취해 가시겠다는 메시지가 담겨있다. 다른 말로 하자면 하
나님은 인간의 기도에 따라 자신의 계획을 수시로 바꾸거나 변경하지 않
으시는 분임을 나타내고 있다.

하나님은 하나님의 일을 하신다. 그러므로 '보좌를 흔드는 기도' 같은

것은 없다. 그렇다면 하나님은 왜 우리에게 기도하라고 하시는 것인가? 성도의 기도는 자기 뜻이나 하고 싶은 일을 성취하는 것에 일차적인 목적이 있는 것이 아니고, 하나님의 영광 앞에 항복하는 데에 주목적이 있음을 깨닫는 데 있다. 하나님의 뜻대로 이루어지는 것을 보면서 하나님의 위대하심과 신실하심을 인정하며, 그것이 바로 참이요 선이라는 자각과 함께 자기 부인의 과정을 통과하게 하는데 주목적이 있다. 그런 측면에서 보면 성도의 기도에 응답이 너무 쉽게 이루어진다고 할 때조차 너무 좋아할 것이 아니며 도리어 주의 깊게 따져볼 일이다. 여전히 육적 자아를 소유하고 있는 인간에게서 나오는 계획과 뜻과 소원이 뭐 그리 선한 것이 있겠는가?

> 그러므로 나는 할 수 있는 대로 로마에 있는 너희에게도 복음 전하기를 원하노라(롬 1:15).

이 구절에서 사도 바울이 복음 전하기를 원했다는 것을 어떻게 이해해야 하는가? 왜냐하면 그는 이미 믿음이 있는 그리스도인들에게 편지를 쓰는 것이기 때문이다. 그러므로 복음 전하기를 원한 이유는 진리의 복음에 대한 인식이 흐트러지고 있는 것은 아닌지 점검하고 '믿음을 더욱 견고하게 하기 위함'에 있다. 즉 '이미 받은 복음을 더욱 명료하게'하는 데 있다. **성도의 육적 자아가 변화한다는 말이 아니라 도리어 육적 자아가 부인됨으로 인해 보배로우신 예수 그리스도가 더욱 선명히 드러나게 되는, 성숙을 지향하게 하려는 것이다.** 묵시 속의 구원은 이미 창세 전에 완료가 된 상태이지만, 이 역사 속에서의 구원은 과거, 현재, 미래의 세 가지 시제로 나누어지고 있고, 세대가 바뀔 때마다 진리의 본질이 정확하게 전수되고 있는가를 살펴보게 된다. 성도는 어떤 지향점 곧 하나님 나라를 향한 방향성을 가진 역동적인 존재라는 것이다. 육적 자아의 측면에서 성도를 관찰할 때, 죽는 날까지 죄만 쏟아놓고 가는 것처럼 보이지만, 그 안에 역사하시는 성령의 열심이란 관점으로 관찰해 보면 분명 하나님의 일하심이 성도의 삶 속에 나타난다. 변화는 인간의 열심에 의해 성취되는 것이 아니라, 하나님의 주권 하에 하나님의 말씀으로 무장 해제되고, 육적 자아가 부인되는 것으로 나타난다.

> 너희 안에서 행하시는 이는 하나님이시니 자기의 기쁘신 뜻을 위하여 너희로 소원을 두고 행하게 하시나니(빌 2:13).

모든 행함의 주체가 인간 자신이 아니라 하나님이심을 분명히 해야 한다. 인간의 행함이란 어떤 행동으로 하나님께 보답할 수 있는 것은 아무것도 없고 오로지 하나님 말씀을 올곧게 깨달아 기뻐하는 것이 곧 믿음의 행동이고, 순종이며, 성취이다. 바울이 병 좀 고쳐 달라고 그렇게 애타게 기도했는데도 예수 그리스도께서는 '내 은혜가 네게 족하다'(고후 12:9 참조)고 거절하셨다. 우리는 성령께서 바울이 아시아에서 말씀 전하려는 것을 막으신 점을 어떻게 이해해야 할까?

전혀 다른 '기도 공간'의 관점 : 골방 기도의 새로운 의미

인간이 하나님과 가장 긴밀하게 의사소통하는 길은 오직 말씀과 기도이다. 말씀과 기도가 하나님의 비밀을 듣고 깨달을 수 있는 가장 신뢰할만한 통로라는 것은 두말할 필요가 없다. 성경에서 기도란 인간의 영혼이 하나님께 가까이 나아가면서 영혼 전체로 드리는 예배이다. 그리스도인은 하나님을 예배할 때 기도를 통하여 그분께 찬양과 고백과 탄원을 올린다. 영혼의 지고한 활동인 기도 역시 주도권이 하나님께 있다는 전제하에서만 하나님과 풍성한 교제를 나눌 수 있다. 기도에 대한 성경의 가르침은 하나님의 은혜로운 성품을 강조해 주고 구원과 약속의 교제를 나누며, 하나님이 주신 모든 특권과 의무를 완벽하게 소유하는 것이 필수 요소라는 사실을 일깨워 준다.

기도는 근원적으로 인간에게 있어서 마음 상태의 점검과 자신이 섬기는 신에 대한 간절함이 전달되는 매우 원초적이고 대표적인 종교 행위로 이해된다. 예수께서는 한 마디로 그동안 해 왔던 방식의 기도를 하지 말라고 가르치셨다. 이 역설은 기도의 본질에서부터 기존의 기도와 큰 차이점이 있음을 깨닫게 하시는 말씀이다. 헬라어 기도 **'프로수케'**는 동사 **'프로슈코마이'**에서 유래했다. '프로슈코마이'는 '~을 향하다'라는 전치사 **'프로스'**와 '바라다, 소원하다'는 뜻이 담긴 동사 **'유코마이'**의 합성어로 인간의 마음이 '간절히 원하는 것을 향한다'는 뜻이다. 또한 유사어 동사 **'프로세코'** 역시 '마음에 두다, 집착하다, ~에 빠지다'는 뜻으로 쓰여 인간이 간절히 원하는 바에 완전히 빠져든 부정적 상태를 묘사하기도 한다. 예수께서는 이를 내적 속성으로 풀어내어 인간의 마음 안에 하나님과 대치되는 **'다른 속성, 다른 갈망'**을 지적하신 것이다. 다시 말해 간절한 원함이 하나님의 속성과 반대되는 바벨탑을 쌓아 올리는 욕망에 기인한 상태라면, 그것이 바로 이방인의 기도라는 것이다.

기도의 본질은 우리 내면에 똬리를 틀고 자리 잡은 원함과 갈망, 그 본능의 속성을 향하는 방향성을 근본적으로 뒤바꾸는 변혁의 의지에 눈을 뜨는 데 있다. 이 갈망을 넘어서는 기도는 하나님 나라와 뜻을 향하는 기도이며, 주기도문의 본질이다. 말씀의 신비에 참여하는 영과 진리 안에서의 예배를 통해 하나님과 대적 상태에 묶여 있는 매듭들을 풀어낼 수 있게 된다. 특별히 주목해야 할 관점은 우리가 기도하는 것이 아니라는 점이다. 주기도문의 주체가 우리의 머리 되시는 그리스도이듯, 그 내면 세계에 왜곡되고 뒤틀렸던 것을 생명의 방향으로 바로잡는 그리스도의 내적 행보, 영적 행보에 주목하고 그에 반응하는 바로 그 행위가 곧 기도의 궁극이다.

> 이와 같이 성령도 우리의 연약함을 도우시나니 우리는 마땅히 기도할 바를 알지 못하나 오직 성령이 말할 수 없는 탄식으로 우리를 위하여 친히 간구하시느니라(롬 8:26).

작금의 그리스도인 기도는 일반적으로 하나님을 믿는 자가 간절한 마음으로 구하면 응답하실 것이라는 확신 아래 구하고 있다. 이는 전적으로 말씀을 곡해함으로 인해 발생하는 것으로 자칫 하나님을 거짓말쟁이로 만들어 버리는 악한 일이 될 수 있다는 점을 명심해야 한다. 성경에 나타나는 기도는 어떤 '자발적인 반응'이 아니라는 점을 주목해야 한다.

> 하나님은 영이시니 예배하는 자가 영과 진리로 예배할지니라(요 4:24).
> 육으로 난 것은 육이요 영으로 난 것은 영이니(요 3:6).
> 형제들아 내가 이것을 말하노니 혈과 육은 하나님 나라를 이어 받을 수 없고 또한 썩는 것은 썩지 아니하는 것을 유업으로 받지 못하느니라(고전 15:50).
> 예수께서 대답하여 이르시되 바요나 시몬아 네가 복이 있도다 이를 네게 알게 한 이는 혈육이 아니요 하늘에 계신 내 아버지시니라(마 16:17).

이상의 말씀을 정리해 보면 육과 영의 두 세계가 소통할 방법이 거의 없다. 유일한 길은 성령의 역사에 의해서만 길이 열린다는 점이다. 하나님께서 이미 그의 영혼을 움직이셨기 때문에 사람은 기도하게 되는 것이다. 육으로 난 것은 육이다. 따라서 주님께서는 육의 생각을 하는 우리의 모든 기도를 다 들어주시는 것은 아니라는 점을 항상 주목하여야 한다. 하나님 앞에 기도할 때 자기 말만 일방적으로 외치고 끝낼 것이 아니라 처음부터 끝까지 하나님의 음성을 경청하는 자세를 갖추는 것이 더 중요하다.

너희가 손을 펼 때에 내가 내 눈을 너희에게서 가리고 너희가 많이 기도할지라도 내가 듣지 아니하리니 이는 너희의 손에 피가 가득함이라(사 1:15).

특별히 기도의 자리에 가서 앉은 사람은 하나님의 초대를 받은 자리라는 사실을 분명히 해야 한다. 다시 말해 초청받은 사람은 화자(speaker)가 아니라 청자(reasoner)의 입장이라는 것이다. 하나님과 올바른 관계를 유지하는 첫 번째 조건은 수동적 능동형의 청자가 되는 것이다. 하나님 말씀을 듣고 반응하는 것이지 내가 먼저 말하고 자기 주장만 펼치는 것은 아니다. 예수께서 가르쳐주신 주기도문에서는 하나님 중심으로 기도하는 모범을 보여주신다.

하늘에 계신 우리 아버지여 이름이 거룩히 여김을 받으시오며 나라가 임하시오며 뜻이 하늘에서 이루어진 것같이 땅에서도 이루어지이다(마 6:9-13).

기도는 하나님의 이름이 거룩히 여김을 받으심과 나라가 임하는 것,

그리고 하늘의 뜻이 땅에서 이루어지는 것이 먼저이다. 기도하는 자가 기도의 자리에 앉자마자 자기 입술을 먼저 떼고 자기 말만 중언부언하다가 더 할 말이 없다고 돌아서 나온다면 그것이 과연 올바른 기도의 자세일까? 만약 자기 원함만을 채우려는 욕망의 기도가 전부라면 골방의 개념도 다시 생각해 보아야 한다. 하나님의 비밀 계시가 인간의 마음속에 임할 여백을 아예 없애 버리는 그런 기도의 골방이란 있을 수 없다. 욕망의 기도라면 굳이 골방이 아니더라도 어디서나 가능할 것이기 때문이다. 더욱이 영원의 하나님께서 유한의 공간에 존재하는 우리에게 주시는 깨달음(응답)은 찰나의 한순간인 까닭에 기도는 집중되어야 하고, 찰나의 순간들이 이어지는 그분의 음성을 듣기 위해서는 끊기지 않도록 침묵해야 한다.

기도는 하나님을 올바로 깨닫게 하는 것이며, 귀신을 내쫓는 일이며, 생명을 전해 주는 행위로서 하나님과 하나 되는 것이다. 그런 후에야 율법적 행위에서 영으로서의 본질로 바르게 세워질 수 있다. 기도란 우리가 하는 어떤 행위 이전에 기도의 내용을 주관하시는 참 하나님, 즉 그리스도 예수의 존재 자체를 뜻한다. 그러므로 그리스도인이 바라는 것은 실체인 그리스도 예수와 하나 된 믿음 안에서 기도하는 것을 말한다.

우리는 '기도하면 곧 골방'이라는 고정관념을 가지고 있는데 이 역시 다시 생각해 볼 문제이다. 문자적으로 골방(closet. 히.리쉬카. 헬.타미에이온)은 큰 방들 외에 뒤쪽에 딸린 방으로 햇볕이 잘 들지 않는 작은 방을 말한다. 구약에서는 제사에 필요한 용품 등을 제조 또는 보관하던 방을 말한다면, 신약에서는 그와는 다른 개념의 골방을 의미한다.

너는 기도할 때에 네 골방에 들어가 문을 닫고 은밀한 중에 계신 네 아버지께

기도하라 은밀한 중에 보시는 네 아버지께서 갚으시리라(마 6:6).

예수님이 말씀하시는 기도의 골방은 우리가 생각하는 것보다 훨씬 더 깊은 의미를 지니고 있다. 기도의 골방을 말씀하시면서 강력한 비밀의 느낌을 주는 '은밀한 중에'라는 단어를 두 번이나 반복하고 계시는 점을 주목해야 한다. 응답을 얻기 위해 간절하게 드리는 '기도의 방'(마 6:6)은 비밀의 방 곧 '코람데오' 하나님과 대면하는 장소임을 암시하고 있다. 하지만 이와는 달리 '골방'이 다른 의미로 변용된 경우도 많아서, 그것이 오늘날 우리에게 기도의 골방 의미로 와전된 것일 수도 있다.

성경에서 골방은 성전 안에 있는 방(대상 23:28; 스 8:29; 느 10:37; 13:4)이다. 하지만 산당에서 제사 음식을 보관하는 방이나, 궁전에 있는 방(왕상 6:5, 8), 그리고 보물과 귀중품을 저장해 두는 창고(마 24:26) 등을 가리키기도 했다. 요엘서 2장 16절에서는 '신랑을 그 방에서 나오게 하며 신부도 그 신방에서 나오게 하고'라는 이색적인 표현이 나오는데 이 말은 결혼한 후 처음 거하는 은밀한 장소로서 신랑, 신부의 방을 가리킨다. 이는 기도가 신랑 신부의 은밀함처럼 하나님과 속삭임의 대화를 나눈다는 의미이기도 하고, 성회를 선포하고 백성들을 모을 때 골방에 있는 신랑과 신부도 나오게 한다는 뜻도 있다. 이 말씀의 참뜻은 회개하는 집회에 연령이나 계층을 막론하고 모든 사람이 참여해야 한다는 것을 의미한다.

그렇다면 성전 안의 골방, 하나님을 만나는 공간을 좀 더 다르게 표현한다면 말씀을 '경청하는 기도 공간' 즉 '경청의 기도 골방'으로 표현하는 것이 더 바람직할 것이다. 경청의 공간이란 곧 마음의 공간, 묵상의 공간이다. 기도 공간이란 물리적 공간을 말하기도 하지만 심리적 공간에 더 큰 비중을 둔다. 하나님의 말씀을 듣고 받아들이며 깨닫는 영적 공간이다. 세상의 온갖 유혹과 인간 욕망의 덫에서 벗어나 자기만의 사유 시간, 하나님과 독대하는 경청의 기도 공간으로 준비되어야 한다.

우리가 기도를 시작할 때 가장 먼저 마음의 언저리로 치고 들어오는 것은 항상 자기 삶에서 오는 잡다한 생각과 잡념들이다. 이는 보이지 않는 영적 세력들이 짓궂게 방해하고 있다는 실증적 자각이다. 게다가 우리가 비록 골방에 앉아 있다 하더라도 하나님을 향해 자기 말만 일방적으로 쏟아놓고 일어서는 경우를 참다운 기도라고 말할 수 없다. 하나님께 집중하는 공간과 묵상하고 기도하는 시간 곧 마음의 기도 골방을 스스로 준비해야 한다. 그때라야 비로소 하나님은 우리에게 말씀하시고, 우리는 그분의 음성을 들을 수 있다.

제5장
그리스도인의 시대적 소망과 책무

신앙의 위기 다시 발견하기

하나님의 비밀 계시 곧 성령의 역사는 이 세상이 존속하는 한 영원히 지속될 것이다. 하나님의 섭리는 우주의 종말 이후까지 계속될 것이다. 이렇듯 긴 영원의 시간 속에서 하나님이 창조주로서, 그리스도 예수가 하나님과의 중보자로서 하늘의 비밀로 존재하고 계신다는 점은 우리에게 큰 위안이다. 하나님 나라를 알리고, 하나님을 알아보도록 열정을 쏟아 자신을 증거하고 계신 하나님 그리스도 예수를 우리가 깊이 알아갈 때 진리의 성령께서 주시는 영적 호흡을 하며 영원한 삶을 살 수 있다. 이 비밀을 아는 자가 바로 인생을 올바로 사는 자요 믿음이 있는 사람이다. 하나님을 깊이 알아가는 첫걸음은 창조 직후 그분이 무엇을 사유하고 열망하셨을까, 하나님의 섭리가 지금 어떻게 나타나고 있는가를 묵상하는 것이다. 하나님의 진리를 제대로 인식하지 못하고 인간 생존의 삶터에서 겪고 이겨내야 할 당면 과제가 무엇인지를 알지 못한다는 것은 불행이다. 성경적으로 볼 때 자기 마음 안에 성령의 역사가 일어나지 않고 있다면 이보다 더 심각하고 고통스러운 문제는 없다. 아무런 영적 자각과 깨달음이 없는 그 사람은 살아 있다고 하나 사실은 죽은 자다. 죄에 대하여 죽은 자여야 하는데, 하나님에 대하여 죽은 자이다.

> 이와 같이 너희도 너희 자신을 죄에 대하여는 죽은 자요 그리스도 예수 안에
> 서 하나님께 대하여는 살아 있는 자로 여길지어다 그러므로 너희는 죄가 너
> 희 죽을 몸을 지배하지 못하게 하여 몸의 사욕에 순종하지 말고(롬 6:11).

지금 우리 인생의 좌표는 어디쯤인가? 죽은 자인가? 살아 있는 자인가? 우리는 하나님을 중심으로 나의 좌표를 찍어볼 수 있다. 나는 과연 하나님의 뜻을 올바로 정확히 알아 그분의 백성으로 올곧게 서 있는가? 불합리하고 부조리한 현실에 대한 자각 증상이 나에게 있기라도 한 것인가? 세상 사람들은 두리뭉실하게 적당히 살자고 다짐하고 있는 것 같은데, 나는 그 그룹에 포함된 자인가 아닌가?

하나님은 항상 선하시고, 인간은 언제나 악하다. 하나님께서 영원한 생명과 구원의 비밀을 알려 주시려고 남다른 열정을 보이신다. 이에 반해 피조물 인간은 그 비밀에 대해 반가워하지 않고 도리어 일시적인 대용품에 불과한 세상의 정보 지식을 추구하며 거기에 만족하고 있다. 더욱이 이스라엘과 유대인들은 하나님에 대해 끊임없는 저항과 반역을 멈추지 않았다. 예수께서 하나님 나라가 가까이 왔다는 메시지를 선포하실 당시에도 그들은 반항의 모습을 보이다가, 마침내 십자가 처형이라는 죄악의 본질을 드러냈다. 이같이 거짓말에 오염된 대적자의 악하고 헛된 망발은 비록 시대적 환경은 달라졌으나, 신구약 시대에서 현대에 이르기까지 계속 이어져 온 인간의 부끄러운 자화상이다. 모든 사람이 **하나님 비밀 왜곡의 달인**이 되었다고 평가해야 할 정도가 되었으니 말이다.

이 시대를 살아가는 사람들은 창조 당시의 에덴 동산보다 훨씬 더 심각할 정도로 정보 탐심에 흔들리고 있다고 해도 과언이 아니다. 인간은 날이 갈수록 착하고 선해지는 것이 아니라 더 사악해지며 죄악 위에 죄악을 더하고 있다. 우리 삶의 전 영역을 지배하는 소위 자기 중심주의나 상대주의적 가치관은 절대 진리이신 하나님을 외면하게 만들고 있다. 믿음의 탈선을 후원하고 있는 것들은 **미디어, 영상, 뉴스, 드라마, 각종 오락물뿐만이 아니다. 마약과 동성애, 영아 살해, 거짓말과 거짓 증언 등 말조차 꺼내기 부끄러운 단어들로 가득 채워져 있다.** 너도나도 하루 종일 세상에 범람하고 있는 헛된 정보 탐색에 여념이 없다. 정보 과잉에 의해 인간은 부지불식간에 진리로부터 무장 해제되고, 무의식, 무감각으로 목적 없이 살아가는 정보 노예로 전락해 가고 있다.

대단히 역설적인 상황 전개다. 이구동성으로 지금이야말로 정보 혁명의 시대라고들 말하고 있지만, 정작 하나님의 비밀에 대해서는 아는 바 없는 신앙의 위기 시대이다. 도리어 언젠가는 불타 버릴 세상 정보에 목숨 걸고 전투적으로 살려는 불균형과 불규칙의 시간으로 채워지고 있다. 이 세상 사람이라면 누구나 현실 정보에 혈안이 되어 있어서 눈과 귀는 가려지고, 초월 세계를 사모하는 아름다운 거룩은 찾아보기 힘들다. 세상 문물에 눈이 어두워져서 말씀을 진리대로 받아들이지 못한다는 점이 우리의 아픈 현실이다. 앞서 논했던 것처럼 지금 이 세상의 모든 환경과 가치관은 죄 가운데 죄만 낳고 있고, 유한하고 허탈한 일만 벌일 뿐이다. 영원한 생명을 향해 나아갈 수 없도록 발목을 붙잡는 것들뿐이다. 우리는 시간과 공간의 개념에 대해 너무 집착하고 있다. 무한의 생명을 받은 자로서 살지 못하고 이 땅의 것에 대해 찐한 애착만 나타낸다. 특히 그리스도인은 현재완료형의 시간과 삶을 살아야 하는데 그렇지 못하고 있는 것이다.

이런 현상에서 탈출구는 없는 것인가? 우선은 이런 현실에 대한 자각과 자기모순에 대한 인정이 있어야 한다. 인간의 자력으로는 이미 편향과 불법의 늪에 빠져버린 질병을 치유할 비법이 없다. 이 비참한 현실을 하나님께 고백함으로써 왜곡된 말씀을 올바로 듣고, 자신도 똑바로 설 수 있게 해야 한다. 치유의 비밀이 쏟아지는 것을 목도할 수 있어야 한다. 죄악이 망각되고 회개의 시간이 매몰되어 버린 이 세상에는 인간의 생명을 도둑질해 간 증거들이 너무나 많이 있다. 여기에서 비밀 계시의 관점으로 신학의 좌표를 새롭게 할 당위성이 나타난다.

모세가 시내산에서 깨달은 믿음이 나의 것이 되어야 하고, 예수 그리스도가 주신 말씀이 나의 것이 되어야 하며, 십자가 고난의 죽음과 부활도 나의 것이 되어야 한다. 예수 그리스도 안에서 내가 녹아, 내가 새롭게 되어야 하는 것이다.

하나님의 비밀 거꾸로 읽기

우리의 신앙생활에서 가장 핵심이 되는 믿음의 줄기는 과거와 현재, 그리고 미래를 연결 짓는 하나님의 정체성으로부터 새로운 믿음의 관점들을 발견하는 데 있다. 그 연결이 곧 영원이기 때문이다. 따라서 하나님의 비밀을 단순히 과거나 현재적 입장에서 이해하려고 하거나 인간 중심에서 답을 찾으려고 할 때 영적 시야의 제약을 받을 수 있다. 그러므로 우리는 하나님의 비밀을 접할 때 총체적인 종말론적 거꾸로 보는 관점에서 계시에 귀를 기울이는 신앙이 필요하다. 예를 들면 아브라함이 모리아 산에서 깨달은 믿음, 곧 번제할 어린 양은 하나님이 자기를 위해 친히 준비하시리라고 하는 **'여호와 이레'**의 깊은 뜻과 성령이 밝혀주신 **'임마누엘'**

하나님 혹은 평강의 하나님 '여호와 살롬'의 깊은 뜻을 깨닫고 간직하는 신앙이다[58]. 여호와 이레, 임마누엘, 여호와 살롬 이 셋을 삼위일체적 관점에서 우리 신앙의 주춧돌로 삼아 깊이 묵상하며 믿음 생활을 한다면 하나님 정체성의 곡해로 인한 믿음의 흔들림 같은 일은 없을 것이다. 우리는 그리스도의 희생(사 53:5)과 화목케 하심(골 1:20), 그리고 칭의의 결과(롬 5:1)로 평강을 누릴 수 있도록 하는 구원이 현재완료형이라는 결론을 이미 받았기 때문이다.

만약 여기에 우리가 소망하는 모든 것은 하나님의 전지전능하심에 하나로 연합된다는 관점을 덧붙이게 된다면 신앙의 총체적인 관점을 바로 세울 수 있을 것이다. 전지전능하심은 하나님의 주권과 섭리를 뜻하는 편재하시는 하나님, 알파와 오메가, 시작과 끝을 주관하시는 영원히 살아 계시는 하나님을 마음속에 굳게 간직할 수 있다. 그러므로 신앙의 모든 이해와 깨달음은 바로 여기에서부터 시작된다고 말할 수 있다. 앞에서 제기한 여호와 하나님의 세 칭호 중 특히 '여호와 이레' 하나님과 관련하여 구약성경에서 아브라함의 행적을 주의 깊게 읽어 보면(창 12-26장), 천지를 창조하신 이래 하나님 자신의 비밀을 인간에게 '알리고, 알게 하는 것'을 최고의 목적으로 설정해 두신 사실을 발견하게 된다. 여호와 이레 하나님은 친히 준비하시는 분이기 때문에 번제할 어린 양을 준비하시고 이삭을 준비하시고 아브라함을 준비하셨을 뿐 아니라 번제할 숫양도 준비하셨다. 그리고 아브라함의 칼을 멈추게 하는 것까지 준비하셨다. 거기에 아브라함이 할 일은 아무것도 없었다. 인간이 더하거나 뺄 것이 없다. 단지 하나님의 전지전능하심과 인간의 무능력, 무지함의 차이를 깨닫고 그분께 순종하는 것 외에 다른 길은 없다. 바로 여호와 하나님께서

---

58 하나님의 정체성을 밝히는 칭호는 이 외에도 치료하시는 '여호와 라파', 승리 주시는 '여호와 닛시', 목자 되시는 '여호와 로이', 거하시는 '여호와 삼마' 등이 있다.

친히 준비하고 계시기 때문이다. 거기에는 하나님 비밀 완성의 의미까지 포함하는 예수 그리스도의 십자가를 예표하고 있기 때문이다.

이를 통해 우리의 눈에는 보이지 않고, 감지할 수도 없는 영이신 하나님께서 친히 자신의 사랑과 은혜와 능력의 속성까지 알리시고, 인간의 타락과 죄성 또한 얼마나 심각한 상태에 놓여 있는지를 알게 하신다. 이것이 성경이 밝히고 있는 진리요 비밀 계시이다. 하나님의 말씀 안에서 하나님 비밀에 한 걸음 더 가까이 다가갈 수 있을 때 하나님의 궁극적인 창조 목적에 인류를 영원한 생명의 나라로 구원해 내고야 말겠다고 하는 강력한 뜻과 의지가 담겨 있음을 깨닫게 하신다. 그러므로 하나님에 관한 그 어떤 형상이나 이미지보다도 그분의 전지전능하심을 충분히 이해하는 것이 결정적으로 중요하다. 우리 믿음과 신앙의 주춧돌이 되기 때문이다. 모든 자연 현상과 초월 세계의 비밀을 깨달을 수 있는 튼튼한 기초로 우리의 믿음이 자리잡게 한다면 정보 신학은 그 소임을 다한 지점에 이르렀다고 말할 수 있을 것이다.

이에 앞서 하나님께서 신명기를 통해 이스라엘 후손이 어떠함을 예언하신 것과 그 맥을 같이 하는 사도 바울의 고별사를 눈여겨볼 필요가 있다. 사도행전 20장에서 죽음을 앞두고 선포한 사도 바울의 마지막 고별사에서 독특한 관점을 발견하게 된다. 주위 사람들이 다 크게 울며 바울의 목을 안고 입 맞추는(행 20:37) 장면이 나온다. 그런데 특이하게도 바울의 고별사는 우리의 예상을 벗어나 있다. 바울은 '형제 여러분 나의 죽을 날이 가까이 다가와 있습니다. 마지막 간절히 당부하고 싶은 것은 예수 그리스도를 잘 믿고 순종하는 신앙생활 열심히 하십시오'라고 말하지 않았다. 이와는 전혀 다른 정반대의 믿음의 문제를 제기한다.

보라 이제 나는 성령에 매여 예루살렘으로 가는데 거기서 무슨 일을 당할는
지 알지 못하노라 오직 성령이 각 성에서 내게 증언하여 결박과 환난이 나를
기다린다 하시나(행 20:22, 23).

그러므로 오늘 여러분에게 증언하거니와 모든 사람의 피에 대하여 내가 깨끗
하니 이는 내가 꺼리지 않고 하나님의 뜻을 다 여러분에게 전하였음이라(행
20:26, 27).

바울은 '피'를 이야기한 후 이어진 고별사에서도 인지상정의 덕담이
아닌 날카로운 신앙적 경고의 말을 전하고 있다.

내가 떠난 후에 사나운 이리가 여러분에게 들어와서 그 양 떼를 아끼지 아니
하며 또한 여러분 중에서도 제자들을 끌어 자기를 따르게 하려고 **어그러진
말을 하는 사람들이 일어날 줄을 내가 아노라**(행 20:29, 30).

'사나운 이리가 들어와서'라는 표현은 매우 쌀쌀맞고 위협적인 발언이
다. 하지만 바울 고별사의 핵심 주제어는 '피와 환난', '사나운 이리와 어
그러진 말'에 있다. 이 네 가지 언어는 한마디로 그리스도의 십자가와 관
련되어 있고, 오늘의 그리스도인에게 제기하는 신앙의 표지이다. 외적
결박과 내적 위기를 예고하는 믿음의 위기 선포다. **정보의 주요 임무가 위기
와 위협을 신속히 알리는 파수꾼 역할을 하는 것이라면, 바울이 제기한 전제 중 우리
를 가장 긴장하게 하는 현실 언어는 '어그러진 말'에 관한 것이다.** 왜냐하면 '어그
러진 말'은 외부로부터 오는 것이 아니라 '여러분 중에서 오는 것'이라고
지적하고 있기 때문이다. 이는 교회 내에서 하나님 말씀의 왜곡이 있게
될 것을 예단하며 경고하는 말이다. 외부의 적보다 내부의 적이 더 무섭

다는 경고이다. 그러므로 우리는 먼저 믿음의 위기를 점검하고, 신앙의 안보를 지키는 망대를 세우며, 그 비용을 계산해야 한다(눅 14:28). 이 말씀은 첨병 역할을 감당하는 정보 파수꾼에게 주는 책무이다. 시편 기자와 이사야 선지자는 이렇게 고백하며 호소한다.

> 여호와여 내 입에 파수꾼을 세우시고 내 입술의 문을 지키소서(시 141:3).
>
> 파수꾼이 아침을 기다림보다 내 영혼이 주를 기다리나니 참으로 파수꾼이 아침을 기다림보다 더하도다(시 130:6).
>
> 파수꾼이 사자 같이 부르짖기를 주여 내가 낮에 늘 망대에 서 있었고 밤이 새도록 파수하는 곳에 있었더니(사 21:8).

신구약 역사 이래 일관된 핵심 메시지는 하나님의 비밀 계시에 대한 인간의 무지, 무감각, 무능이 무책임하게 그분의 참뜻을 왜곡해 버리고 있음을 폭로하는 내용들이다. 유대 민족이 두 차례나 자기 조국에서 외세에 의해 쫓겨나 1,900년 동안 유랑의 떠돌이가 된 원인은 하나님의 정체성을 올곧게 깨닫지 못하였을 뿐 아니라 그분의 말씀을 왜곡해 듣고 있었기 때문이다. 이보다 더 무서운 결론은 이스라엘 민족 자신들도 모르는 사이에 저주의 길을 선택하는 늪에 빠지고 있었다는 사실이다. 그만큼 인간의 죄악의 뿌리가 견고하고 강력하다는 것을 반증해 준다. 하나님께서 끊임없이 자기를 계시할 수밖에 없으셨을 것이라는 점을 다시 인식하게 해준다. 하나님 비밀의 진의를 깨닫지 못했고, 그 결과는 이스라엘 민족 전체가 저주받는 시련을 겪어야 했다.

그리스도인의 자유 누리기

"보라 새것이 되었도다"(고후 5:17). 사도 바울의 외침이다. 누구든지 그리스도 안에 있으면 새로운 피조물이다. 그런데 너희는 진짜 그리스도 안에 있느냐고 묻는다. 우리는 스스로 이전 것은 지나갔고, 지금은 현재 완료형의 신앙생활을 하고 있는지를 묻는다. 마지막 질문으로 던져야 할 주제는, 하나님께서 우리에게 주시고자 하는 궁극적인 선물은 사랑이라는 것이다. 우리가 비록 이 땅에 살고 있으나 성령님과 함께 부활의 삶을 산다면, 이미 천국에 들어간 자라면 믿음과 소망은 더 이상 필요 없게 될 것이다. 유일하게 남는 것은 하나, 즉 사랑으로, 하나님만을 경배하는 그리스도와 함께하는 영광이 우리의 전부가 되리라. 그 사랑은 또한 자유이다. 십자가의 부활과 영적 자유는 그리스도인이 누려야 할 진정한 자유이다. 땅적 차원에 매여 있는 곳으로부터 하늘적 차원으로 비상하여 십자가의 피 흘리심으로 덮어 주시는 자유를 누리는 삶이다. 그가 참 그리스도인이다.

> 네가 눈먼 자들의 눈을 밝히며 갇힌 자를 감옥에서 이끌어 내며 흑암에 앉은 자를 감방에서 나오게 하리라(사 42:7).
> 주의 성령이 내게 임하셨으니 이는 가난한 자에게 복음을 전하게 하시려고 내게 기름을 부으시고 나를 보내사 포로된 자에게 자유를 눈먼 자에게 다시 보게 함을 전파하며 눌린 자를 자유롭게 하고(눅 4:18).

하나님께서 감옥, 감방, 흑암에 포로 된 눈먼 자, 눌린 자에게 자유를 주시겠다고 선포하신 것은 하나님 비밀 계시를 깨닫지 못하고, 비진리에 매여 있는 자를 향한 사랑의 메시지이다. 다른 말로 지옥을 향해 질주하는 열차에 꽁꽁 묶여 꿈쩍도 하지 못하는 자들에게 깨달음을 촉구하는 자유 메시지이다. 인간은 신구약 시대는 물론이고 현대에 사는 우리에 이르기까지 보이지 않는 그 무엇에 묶여 살아 왔다. 자기 눈 속에 있는 들보를 깨닫지 못해 밝히 보지 못하는 자처럼 여전히 동아줄에 꽁꽁 묶여 사는 나날을 보낸 시간이 거의 전부였음을 확인했다. 그 어둠과 흑암의 매듭을 풀어 주실 은혜 앞으로 나아가야 한다. 진리 앞으로 나아가는 길목을 가로막고 있는 죄악의 장애물들이 너무 많이 쌓여 있다는 자각이 먼저 일어난다면, 각 사람 마음의 한쪽 구석에 응어리진 매듭들이 풀리며 즉시 자유하게 될 것이다. 인간의 지혜와 능력만으로는 풀어 나갈 수 없는 심령의 자유, 그것이 우리를 향한 하나님의 궁극적인 목적이다. 창조 직후의 아담과 하와 앞에 선악과가 있었다면, 출애굽 이후에는 이스라엘 앞에 율법주의가 있었고, 현대를 사는 우리 앞에는 정탐 의식이 자리 잡고 있다. 나무와 율법과 외식이 그 매듭이었다. 인간 의식이 나무와 법을 어떻게 보고 받아들이느냐가 해방과 자유의 관건이다.

아들이 너희를 자유롭게 하면 너희가 참으로 자유로우리라(요 8:36).

예수님은 지금 하나님의 말씀을 깨달을 때 비로소 참 자유자가 될 것임을 교훈하고 계시는 것이다. 우리가 믿음으로 그리스도인이 되고, 제자가 되며, 진리가 되므로 자유자가 된다는 것이 강조점이다. 그런데 예수님의 말씀에 대한 유대인들의 반응은 전혀 엉뚱하다. 종된 적이 없으니 지금 자신들은 자유롭다는 것이다. 정말로 그러한가? 무엇에 대한 종인가를 깨닫지 못하고 있는 그들은 가짜 자유를 진짜 자유로 착각한 말을 하고 있다.

> 우리가 아브라함의 자손이라 남의 종이 된 적이 없거늘 어찌하여 우리가 자유롭게 되리라 하느냐(요 8:33).

그러나 유대인의 역사를 돌아보면 자유를 누린 적이 거의 없다. 심지어 예수님이 계신 당시에도 그들은 로마 지배를 받았다. 예수님은 이 사실을 상기시킬 수도 있었지만 그러지 않으셨다. 그분은 정치적 자유가 아닌 죄로부터의 자유, 심령의 자유를 심중에 두고 계셨기 때문이다.

> 죄를 범하는 자마다 죄의 종이라(요 8:34).

이 말씀의 핵심은 자유라는 긍정적 덕목으로서의 참된 자유 즉, '누가 이 자유를 소유하는가?', '누가 우리를 자유롭게 하는가?'라는 질문에 대한 답변으로 예수 그리스도 자신을 제시하고 계신다. 이는 곧 모든 사람이 속박 상태에 있는데 어떤 사람들은 속박 상태에 있었으나 그리스도에 의해 자유를 얻게 되고 그들은 진정으로 자유롭게 될 것이다. 즉 그리스도께서는 진정한 자유자이시며, 참된 그리스도인에게 그 자유를 허락하신다는 뜻이다.

자유의 종류는 다양하여 분별력을 요구한다. 우선 크게는 두 가지로 나누어 생각할 수 있다. 하나는 영적 자유이고 다른 하나는 세상적 자유이다. 세상적 자유는 다양하여 육적 자유 곧, 방탕할 자유를 비롯하여 정치적 자유, 선택의 자유, '~할 자유'와 '~을 하지 않을 자유' 등이 모두 포함된다. 사도 바울은 육적 자유에 대해 경고하고 있고, 유다서는 세상 죄에 대해 또한 경고한다.

> 형제들아 너희가 자유를 위하여 부르심을 입었으나 그러나 그 자유로 육체의
> 기회를 삼지 말고 오직 사랑으로 서로 종노릇 하라(갈 5:13).
> 이는 가만히 들어온 사람 몇이 있음이라 그들은 옛적부터 이 판결을 받기로
> 미리 기록된 자니 경건하지 아니하여 우리 하나님의 은혜를 도리어 방탕한
> 것으로 바꾸고 홀로 하나이신 주재 곧 우리 주 예수 그리스도를 부인하는 자
> 니라(유 1:4).

사람들이 하나님의 은혜를 남용해 죄를 짓는 기회로 삼는 것은 참으로
안타까운 일이다. 그들은 하나님의 참된 자녀가 아니다. 예수님이 강조
하시는 자유는 영적 자유이며, 성경은 이 자유를 굳게 지키라고 명령하
고 있다.

> 그리스도께서 우리를 자유롭게 하려고 자유를 주셨으니 그러므로 굳건하게
> 서서 다시는 종의 멍에를 메지 말라(갈 5:1).

예수께서 말씀하신 종의 멍에를 벗어나는 영적 자유의 특성은 무엇인
가? 한마디로 상상이 아닌 실제로 존재하는 자유로서 완전한 자유이며,
그리스도와 함께하는 영원한 자유이다. 현세에서 이 자유를 누리고, 장
차 하늘에서 완전히 누릴 자유이다. 우리가 누리는 자유는 완전한 자유
의 시작일 뿐이다. 왜냐하면 이 세상에 존재하는 한 영적 자유를 방해하
는 요소들이 너무나 많기 때문이다. 그 대표적인 예가 죄로부터의 자유
곧, 사탄으로부터의 자유 그리고 죽음으로부터의 자유와 무덤으로부터

의 자유이다.

첫째, 사탄과는 진리의 말씀 왜곡에서 시작된 죄로부터 자유가 억압받고 있는데, 그 죄는 죽음에 묶여 있는 굵은 매듭이다. 예수께서는 사탄에게서 이 매듭을 풀어 우리를 해방하셨다.

그도 또한 같은 모양으로 혈과 육을 함께 지니심은 죽음을 통하여 죽음의 세력을 잡은 자 곧 마귀를 멸하시며 또 죽기를 무서워하므로 한평생 매여 종노릇 하는 모든 자들을 놓아주려 하심이니(히 2:14, 15).

이스라엘이 애굽으로부터 구원받았듯, 예수님은 그 강력한 손으로 우리를 사탄에서 구원하심과 동시에 죄와 죽음으로부터도 구원하신 것이다. 그리스도인은 죽음의 저주에서 자유롭게 되어 이제 죽음은 잠시 잠자는 것과 같아서 육신의 죽음을 두려워할 필요가 전혀 없게 되었다. 그리스도인은 하나님이 정하신 때가 되기 전에는 죽지 않는다. 죽어야 할 때가 되어야만 죽는다. 이 진리를 마음 깊이 새길 때 비로소 진정한 자유를 누리는 자가 될 것이다.

둘째, 죽음으로부터의 자유와 함께 무덤으로부터의 자유다. 사실 이 자유는 우리가 천국에서 누릴 자유이다. 우리의 육신은 티끌이나 먼지처럼 죽으면 흙으로 돌아가게 된다. 그러나 장차 육신은 다시 생명을 얻고 부활하여 질병과 같은 모든 결함에서 완전히 자유롭고 영광스러운 육체, 곧 영원히 죽지 않는 영의 몸으로 변모할 것이다. 부활한 몸은 우리가 전에 가졌던 육체와 똑같지만, 영광스럽게 되어 영혼과 하나로 결합할 것이다. 아무도 이해할 수 없는 신비이지만 성경이 가르치는 진리이다.

내가 그를 보리니 내 눈으로 그를 보기를 낯선 사람처럼 하지 않을 것이라 내 마음이 초조하구나(욥 19:27).

자유에는 소극적인 측면과 적극적인 측면이 있는데, 전자가 무엇으로부터의 자유인가를 의미한다면 후자는 우리가 어떤 상태로 바뀌었는지에 초점이 맞춰져 있다. 본다는 것의 '호라오, 마음으로 본다'는 의미의 깨닫는 자유이다. 우리는 하나님의 진노 아래에서 벗어나 그분의 긍휼과 은혜를 아는 상태로 바뀌었을(엡 2:1-10) 뿐만 아니라, 정죄된 상태에서 벗어나 의롭다 하심을 받아(롬 8:1), 이제 두려움이 아닌 사랑으로 하나님을 섬기게 되었고(눅 1:74), 생명을 얻어(엡 2:1-5), 죄의 종의 영으로부터 자유롭게 되어 양자의 영을 받았고, 새로운 본성과 욕구를 지니게 되었다.

셋째, 신앙생활의 측면에서 보면, 사람들에게 하는 복종으로부터의 자유와 율법으로부터의 자유가 더 중요해 보이며, 진정한 자유를 누리는 실천적 삶에서의 자유다. 우리는 율법의 저주로부터의 자유, 율법의 고발로부터의 자유, 율법의 불가능한 요구로부터의 자유를 생각해 볼 수 있다.

넷째, 율법과 관련한 질문들이 많이 쏟아진다는 점이다. 예를 들면 율법에서 자유한데 율법을 반드시 지켜야만 하는가? 왜 우리는 하나님의 도덕법에 순종해야 하는가? 율법과 은혜는 모순되지 않는가? 죄로부터 자유라고 한다면, 징벌에서도 자유한 자가 아닌가? 그리스도인의 순종과 자유는 모순되지 않는가? 그리스도인의 참된 순종이란 무엇인가? 순종에 대한 상급을 기대해도 되는가? 우리는 다시 죄의 종이 될 수도 있는가? 등등의 의문들이다. 질문이 많아지는 만큼 율법은 우리 신앙의 관점을 행위 중심으로 전락시키는 일과 밀접하게 관련된다고 말할 수 있다.

그리스도를 믿지 않는 사람은 죄를 주인으로 모시며, 죄의 종이 되었음을 행복하게 여긴다. 그는 죄를 섬기는 일을 즐거워하기에 죄에서 자유롭게 되려는 마음이 없다. 세상은 죄 지은 사람을 서로 격려하며 칭찬하고 소영웅시하며 흠모한다. 그러니 복음의 메시지를 여러 번 들었다고 하지만, 여전히 죄 섬기기를 좋아한다. 그는 죄의 종이 되어 살아가는 데 적극적이며, 끊임없이 죄의 욕망을 좇고, 그 욕망을 만족시키려고 애쓴다. 죄의 욕망을 만족시키는 데는 시간과 돈과 정력을 아낌없이 바칠 준비가 되어 있으면서도, 하나님을 믿고 의지하는 데는 그 무엇도 희생할 생각이 없는 죄의 종이다. 참으로 심각한 일이 아닐 수 없는 것은 영적으로 속박된 탓에 그의 영혼이 자유롭지 못하다는 사실이다.

속박된 삶이란 어떤 경우이든, 그 무엇이든 간에 끔찍한 일이다. 영적 속박의 심각성은 속박된 그 자체를 인지하지 못하고 있다는 데 있다. 지금 죄의 종이 되어있으나 함정에 빠진 현실을 자각하지 못하며, 스스로 종이 된 사실 자체에 대해 아무 생각도 하지 않고, 거짓 자유의 착각 속에 있다. 가장 위험한 환자는 스스로 증세를 의식하지 못하는 환자이듯 영적 질병도 그렇다. 죽은 양심은 죄책감을 느끼는 양심보다 훨씬 더 위험하다.

이제 우리는 사망과 지옥으로부터 자유롭게 되어, 생명과 영광을 얻은 하나님 아들의 신분 곧 하나님의 자녀들의 영광의 자유(롬 8:21)를 얻었다. 지금 우리는 우리의 기업인 천국, 곧 우리를 위해 예비된 장소에 들어갈 준비를 갖추는 중이다(롬 9:23). 현재로서는 이 자유의 의미를 온전히 이해할 수 없으나(고전 2:9), 성경은 이 자유를 영원한 생명과 영광, 우리의 기쁨과 주님의 기쁨, 아버지의 집과 영광의 나라로 묘사하고 있다. 이것은 영광의 자유를 누릴 수 있는 하나님의 자녀 된 자들이 찾고, 간구하고, 발견해야 할 하나님 비밀의 핵심이다. 이제 당신은 참된 자유를 얻었는지를 스스로 다시 물어야 한다. 우리가 말하기 쉬운 자유에 대한 왜곡된 실언은 없는가? 혹은 그리스도를 믿는 자가 직면한 위험은 무엇인가? 우리가 이런 질문을 하지 않아도 될 만큼 율법과 은혜의 관계를 충분히 이해하고 있다면, 우리는 튼튼한 신앙을 지닌 자유자라는 결론을 내릴 수 있을 것이다. 자유와 사랑은 죄인들이 그리스도 예수의 은혜와 자비로 베풀어 주신 믿음으로 말미암아 모든 것들을 통달한 성화와 영화의 최종 종착 지점이다. 이것이 정보 신학이 추구하는 하늘 비밀을 진리로 깨닫는 영적 자유의 완결지점이다.

정보 신학(Realization of God's Secret)의 남은 과제

하나님은 창조주로서 모든 비밀의 주인이시며 계시를 통해 그 뜻을 알게 하시며, 우리는 그 말씀을 정보로 인식하여 깨닫게 된다는 정보 신학의 논지로 여기까지 달려왔다. 굳이 원리라는 단어를 붙여 표현하자면 초점의 원리, 탐색의 원리, 깨달음의 원리, 또는 방향의 원리, 균형의 원리 정도로 압축해 볼 수 있을 것이다. 그러나 성경이 제시하고 있는 새 하늘 새 땅에 이르기까지는 정보 신학이 탐색해야 할 부분이 아직도 많이 남아 있다. 왜냐하면 하나님 비밀의 인간 정보화 과정에서 불거지는 하나님 말씀에 대한 왜곡과 곡해, 거부와 일탈이라는 인간 측의 불순종을 조장하는 현실적 요인들이 신구약 시대의 그들에게 있었던 것처럼 우리의 앞날에도 여전할 것이기 때문이다. 특히 하나님과의 대립을 촉발하는 동인이 단순히 인간에게만 있는 것이 아니라서 더욱 그렇다. 창세기 2

장과 3장에서 계시하신 하나님과 사람(아담-하와)과 뱀(사탄)의 영적 삼각 전쟁이 그리스도 예수의 십자가에 의한 사탄의 패배로 판결이 났으나 마무리 전투는 아직 끝나지 않았기 때문이다. 성경은 새 하늘과 새 땅으로 완성될 때 비로소 영적 전쟁의 끝자락이 깔끔히 마무리될 것임을 예언해 왔다. 창세기부터 이어져 온 하나님의 말씀과 그에 대한 인간의 불순종 그리고 여기에 사탄(귀신, 악한 말, 비진리)이 때로는 하나님을 향해, 때로는 인간을 향해 저항의 가라지를 뿌리고 있었던 그 갈등과 격돌의 틈새에서 깨닫게 하셨다. 성경의 마지막 책인 요한 계시록은 마지막 종말의 순간에 일어날 심판 곧 사탄과 그 추종자들의 멸망을 기록하고 있다. 이 과정 또한 우리가 반드시 통과해 가야 할 터널이라서 더욱 주목하게 한다.

> 또 그들을 미혹하는 마귀가 불과 유황 못에 던져지니 거기는 그 짐승과 거짓 선지자도 있어 **세세토록 밤낮 괴로움을 받으리라**(계 20:10)
>
> 천년이 차매 사탄이 그 옥에서 놓여 나와서 땅의 사방 백성 곧 곡과 마곡을 미혹하고 모아 싸움을 붙이리니 그 수가 바다의 모래 같으리라 **그들이 지면에 널리 퍼져 성도들의 진과 사랑하시는 성을 두르매 하늘에서 불이 내려와 그들을 태워버리고**(계 20:7-9)
>
> 그러나 두려워하는 자들과 믿지 아니하는 자들과 흉악한 자들과 거짓말하는 모든 자들은 **불과 유황**으로 **타는 못에 던져지리니 이것이 둘째 사망이라**(계 21:8)

모든 영적 전쟁과 인간의 종말은 이러한 모습으로 심판을 받고 이 세상의 끝을 맞이한다. 그 결과는 두 부류로 나누어진다. 하나는 영원한 천국으로, 다른 하나는 영원한 지옥 불로 들어가게 된다. 이 두 갈래로 갈라지는 길 위의 이정표가 심판의 자리라면 우리로서는 거기에서 어찌해 볼 도리가 없다. 다만 유일한 가능성은 이정표 앞에 다다르기 이전에는 각 사람이 스스로 자각하고 판단할 여지가 있어 보인다. 그 기준은 엄격한데 바로 신성모독의 말을 하느냐 아니냐의 문제이다. 쉽게 말하자면 하나님의 비밀 계시의 내용을 올곧게 깨닫고 진리를 향해 매진해 왔느냐? 그 진리를 발견하려고 몸부림쳐 보았느냐? 의 문제이다.

> 또 짐승이 과장되고 신성모독을 말하는 입을 받고 또 마흔두 달 동안 일할 권세를 받으니라 **짐승이 입을 벌려 하나님을 향하여 비방하되** 그의 이름과 그의 장막 곧 하늘에 사는 자들을 비방하더라(계 13:5,6)
>
> 개들과 점술가들과 음행하는 자들과 살인자들과 우상 숭배자들과 및 거짓말을 좋아하며 지어내는 자는 다 성 밖에 있으리라(계 22:15)
>
> 말씀이 육신이 되어 우리 가운데 거하시매 우리가 그의 영광을 보니 우리의 독생자의 영광이요 은혜와 진리가 충만하더라(요 1:14)

성경의 이 경고 말씀을 믿지 않는다면 그리스도께서 주신 자유도 이 땅에서 누릴 수가 없을 것이다. 신앙의 위기를 감지하지 못하고 하나님을 거꾸로 보고 깨닫는 지혜가 부족하기 때문이다. 요한 계시록이 밝혀 주는 종말의 비밀을 정보 신학(Realization of God's Secret)의 관점에서 읽다 보면 하나님 비밀이 계시 되었을 때 우리가 왜 감지해야 하고 그에 대해 어떻게 반응해야 하며, 만약 비밀(말씀)에 대한 왜곡의 뿌리가 뽑히지 않았다고 할 때 이를 극복하기 위한 최소한의 자각과 대응 자세를 어떻게 세워야 할지를 더 많이 고심하지 않을 수 없게 한다.

여기서 좀 더 명확하게 이정표를 앞에 두고 핵심 정리를 해본다면 두

가지로 압축할 수 있다. 하나는 하나님으로부터 받은 꿈과 환상, 우림과 둠임, 선지자의 경청과 미래에 일어날 모든 예언의 비밀을 기록하고 있는 진리의 종합판이 성경책(요한 계시록 등)이라면 악한 말, 거짓 꿈, 거짓 선지자를 비롯한 복술가, 술사, 요술 자들이 앞장서서 하나님 말씀을 왜곡하고 대적하는 짝퉁 정보를 담은 비진리의 종합판이 바로 거짓 계시책이다. 왜냐하면 사탄(짐승)과 그를 추종하는 무리는 유황불에 던져지는 마지막 순간 직전까지도 '내가 옳고 내 말이 진리다. 너희가 죽지 않고 이 세상에서 영원히 살게 해 줄 것이다'라고 혹세무민할 것이기 때문이다. 그 어떤 경우라도 만약 하나님이 직접 주신 말씀이 아니거나 하나님 주권과 하나님의 전지전능하심을 인정하지 않는, 인식하지 못하는 사람 또는 종교, 종파라면 모두가 짝퉁의 비진리 그룹이다. 그들은 거짓으로 출발해서 가짜로 머물러 있다가 종말의 끝에 이르러서는 하나님의 진노에서 도피하고 숨으며 버텨보려 해도 버텨지지 않아 몸부림치는 절망과 멸망으로 이 세상을 마감할 것이다.

만약 진리의 책인 성경을 짝퉁의 여타 종교의 경전과 혼란케 하는 경우가 있다면 그것이 바로 '정보 교란'의 술책이며 사탄의 영역에서 흘러나온 거짓 짝퉁의 비진리이다. 이제 다시 한번 자연 세계와 초월 세계 간의 언어 소통의 문제와 우리와는 전혀 다른 하나님을 심령으로 호라오(보는) 하는 데 있어서 결정적인 차원의 문제가 우리 눈 앞을 가리고 있는 것은 아닌지? 혼잡한 세태의 흐름 가운데 서 있는 나라는 존재의 어떠함을 냉정하게 직시해야 한다. 인간의 탐욕과 물질 의존적인 삶, 자기중심의 사고와 안전−생존 문제에만 몰입하고 있는 유한한 인간의 안타까운 모습이 내 안에서도 일어나는 현장이 되지 않도록 해야 한다. 진리를 더 가까이하며 하나님의 숨결 가운데서 호흡하는 그리스도인, 하늘 백성으로 만들어가시며 친히 인도하시는 그분의 영광을 찬양할 수 있어야 할 것이다. 그러한 하나님의 계시 된 비밀을 깨닫고 거짓의 비진리에 대한 올바른 정보판단을 내릴 수 있는 비법이 있는가?. 바로 하나님 말씀과 인간의 말 사이에 있다.

이 사람들은 여자와 더불어 더럽히지 아니하고 순결한 자라 **어린 양이 어디로 인도하든지 따라가는 자며** 사람 가운데에서 속량함을 받은 처음 익은 열매로 **하나님과 어린 양에게 속한 자들이니 그 입에 거짓말이 없고 흠이 없는 자들이더라**(계 14:5)

우리 영혼이 여호와를 바람이여 그는 우리의 도움과 방패시로다(시 33:20)